보면 보이는

우리말 한자漢字

보면 보이는 우리말 한자漢字

1판 1쇄 발행 ∣ 2015년 2월 25일
1판 2쇄 발행 ∣ 2016년 12월 20일

지은이 ∣ 장의균
고 문 ∣ 김학민
펴낸이 ∣ 양기원
펴낸곳 ∣ 학민사

등록번호 ∣ 제10-142호
등록일자 ∣ 1978년 3월 22일

주소 ∣ 서울시 마포구 토정로 222 한국출판콘테츠센터 314호(㉾ 04091)
전화 ∣ 02-3143-3326~7
팩스 ∣ 02-3143-3328
홈페이지 ∣ http://www.hakminsa.co.kr
이메일 ∣ hakminsa@hakminsa.co.kr

ISBN 978-89-7193-224-7 (03710), Printed in Korea
ⓒ 장의균, 2015

이 도서의 국립중앙도서관 출판사도서목록(CIP)은 e-CIP홈페이지(http://www.no.go.kr/ecip)와
국가자료공동목록시스템(http://nl.go.kr/kolisnet)에서 이용하실 수 있습니다.
(CIP제어번호:CIP2015004098)

우리말에의한 우리말을위한 우리말한자사전

보면 보이는
우리말 한자 漢字

· 장의균

학민사
Hakmin Publishers

우리말을 위한, 우리말에 의한
'우리말 한자 사전'

이 책은 우리말로 된 '우리말 한자(漢字) 사전'을 만들기 위한 노력의 첫 열매(묶음)이다. 한자의 원형이라 할 갑골문(甲骨文)과 최초의 한자사전이라는 〈설문해자(說文解字)〉 등 이제까지의 한자에 관련된 연구 결과를 가능한 한 모두 참조해서 우리말을 위한, 우리말에 의한 '우리말 한자(漢字) 사전'을 만들고자 했다.

한자(漢子)가 모든 인류 공통의 그림문자 중에 하나라는 것과 그 발음(發音)이 우리 소리 말에서 비롯되었다는 것, '동녘 동(東)'자의 '동'이라는 발음이 우리말 '동여매다, 동그랗다, 동이 트다'라는 뜻을 나타내기 위해 '동그랗게 동여맨 보따리'의 모습에 붙여진 우리말이라는 것을 깨닫게 된 것은 25년 전 8년간의 징역살이를 시작하면서부터이다. 법적으로 공부 외에는 아무 것도 허가되지 않는 세월이었지만 한자로 된 고전(古典)만은 까다로운 검열 없이 들여올 수 있었다. 우리말로 번역되지 않은 한문책은 한자를 잘 모르니 그냥 사전만 보고 우리말로 읽어서 뜻이 통하면 읽었다. 발음을 모르면 최초의 한자인 갑골문(그림)으로만 이해하며 그냥 우리말로 읽었다. 읽다보니 원래 우리말이었다. 어떤 한자이건 모두 우리 소리말로 읽을 수 있었다.

그런데 징역을 살고 나온 후 다른 한문학자들이 낸 한글 번역, 해설 본들을 읽어보니 글자만 한글일 뿐 무슨 뜻인지 알 수가 없었다. 더구나 12년 전 아이들에게 한자를 가르치며 살게 되고 보니 더 큰 문제에 부닥쳤다. 우리 아이들이 우리말의 7, 80%나 되는 한자로 된 우리말을 잘못 이해하고 있는 경우가 너무 많았다. 더구나 〈전운옥편(全韻玉篇)〉, 〈신증유합(新增類合)〉 등 원래의 우리 한자사전은 일본의 식민지 시절이던 1932년을 끝으로 다 사라지고 말았다. 아이들이 쓸 수 있는 한자사전이라고는 일본과 중국의 것을 베낀 사전들뿐이었다. 그 답답함을 이해해준 한 후배가 필요한 만큼의 책과 관련 자료들을 다 사주었다. 갑골문과 우리말로 아이들을 가르치기 위한 교재를 만들기 시작한지 10년, 학민사의 도움으로 이제 겨우 책 모습을 갖추었다.

글자보다는 말이 먼저다. 한자 역시 글자로 쓰이기 전에 말이 먼저 있었다. 한자에 쓰인 발음이 바로 우리말이었다는 뜻이다. 한자말은 당연히 우리말이다. 그 확실한 증거는 세종대왕 때 나온 〈동국정운(東國正韻)〉과 〈훈몽자회(訓蒙字會)〉에 있다. 〈동국정운〉은 당시에 이미 망가지고 있었던 한자의 원 발음을 우리의 토속어에 남아있는 발음에서 되찾아 살려낸 정통 한자 표준 음운(音韻)서이자, 우리말 한자 사전이다. 〈동국정운〉은 우리말 단어가 먼저 있고 그 단어 하나하나에 들어 있는 뜻을 여러 한자로 나타내는 형식으로 짜여졌다. 그리고 〈훈몽자회〉는 당시 점점 더 어려워지고 있는 한자를 보다 쉽게 이해하고, 또한 한글로도 쓸 수 있도록 풀어 쓴 책이다.

이 책은 그동안 일본어 문법을 추종해온 한글학자들에 의해 왜곡된 아름다운 우리말을 되살려나가기 위한 책이기도 하다. 이 책은 쉽다. 전혀 외울 필요가 없다. 그림이니 알아보면 되고 발음과 뜻은 우리말이니 저절로 알게 된다. 300여 개의 기본 글자로 2,700여 개의 글자를 알아보고 쓸 수 있도록 엮었다. 엮는 방법은 스웨덴의 B. Karlgren이 제창하고 일본의 토오도오 아키야스(藤堂明保)가 발전시킨 '단어가족 묶기', 그리고 '우리말 뿌리 찾기'에 두었다.

보면 보인다. 보아야 알고 알아야 보인다. 우리말을 제대로 아는 사람은 안보아도 안다.

2015년 1월 **장 의 균**

차 례

제2장　보면 보이는 글자

제3장 **보아야 알고 알아야 보이는 글자**

是(시) 匙(시) 提(제) 題(제) 堤(제) 隄(제)

推(추) 隻(척) 誰(수) 雛(수) 崔(추) 奪(확) 嚄(획) 攫(획,확)
穫(확) 獲(획) 護(호) 離(리) 雙(쌍) 焦(초) 奮(분)

叚(가) 假=叚(가) 仮=假(가) 暇(가) 蝦(하) 瑕(하) 霞(하) 遐(하)

제4장　아직 묶지 못한 글자들

제 1 장

보이는 대로
그린
글자

001_ 보이는 대로 그린 상형(象形)문자

鳥魚燕象龜馬豕鼠虎鹿

| 鳥 조 | 뾰족한 주둥이, 날개와 꼬리가 분명한 '새 조(鳥)'. |

| 魚 어 | 지느러미와 꼬리가 분명한 '물고기 어(魚)'. |

| 漁 어 | '물 수(氵)'와 '물고기 어(魚)'를 더해 '물에 고기를 잡으러 가다'라는 뜻을 나타낸 '고기 잡을 어(漁)'.
▶ 어부(漁夫), 어업(漁業), 어촌(漁村), 어선(漁船), 어부지리(漁父之利) |

| 燕 연 | 날렵하고 꼬리가 두 갈래인 새 '제비 연(燕)'. |

| 象 상 | 코가 별나게 긴 '코끼리 상(象)'. |

| 龜 구 | 등이 유별난 '거북 구(龜)'. |

| 馬 마 | 긴 머리와 말발굽, 말갈기가 분명한 '말 마(馬)'. |

| 豕 시 | 뚱뚱하고 주둥이가 뭉툭한 '멧돼지 시(豕)'. |

| 犬, 犭 견 | | 잘 짖고 꼬리가 긴 '개 견(犬, 犭)'. 犭은 짐승을 나타 내는 변으로 쓰임. |

| 鼠 서 | | 곡식( )을 먹어대는 이빨이 강조된 모습( )의 '쥐 서(鼠)'. |

| 虎 호 | | 무섭게 아가리를 벌린 '범 호(虎)'. |

| 鹿 록 | | 뿔( )과 눈( )이 큰 '사슴 록(鹿)'. |

| 麗 려 | | 사슴 중에도 (뿔이) 더 멋지고 아름다운 사슴으로 나타 낸 '고울 려(麗)'. |

| 塵 진 | '사슴 록(鹿)'과 '흙 토(土)'를 더해 '사슴 떼가 달려갈 때 일으키는 먼지'라는 뜻을 나타낸 '흙먼지 진, 티끌 진(塵) |

>> 진세(塵世), 분진(粉塵), 진토(塵土)

| 慶 경 | | '사슴 록(鹿), 마음 심(心), 걸을 치(夂)'를 더해 '사슴 을 잡아 돌아가는 마음, 혹은 (남의 좋은 일에) 사슴 가죽을 가지고 가는 기쁜 마음'이라는 뜻을 나타낸 '기쁜 일 경(慶)'. |

>> 경사(慶事), 경축(慶祝), 국경일(國慶日)

002_ 돼지 뼈 해(亥)

| 亥 | 돼지를 격(뼈)만으로 그린 모습 |

亥 해

'돼지(豕: 돼지 시)'의 주요 뼈(골격) 부분만을 그려서 '중요한 뼈대 혹은 핵심'이라는 뜻을 나타낸 '돼지 해 혹은 뼈대 해(亥)'.
>> 계해(癸亥: 육십갑자(六十甲子)의 마지막인 예순째), 해시(亥時: 12支(지)의 끝시간(時間), 곧 밤 9시~11시까지의 시간(時間))

骸 해

'돼지의 골격 부분'만을 그린 '돼지 해(亥)'와 '뼈 골(骨)'을 더해 '죽은 몸의 뼈'라는 뜻을 나타낸 '백골 해(骸)'.
>> 유해(遺骸), 해골(骸骨), 잔해(殘骸)

孩 해

'새끼 자(子)'와 '중요한 뼈대'라는 뜻을 지닌 '돼지 해(亥)'를 더해 '뼈대가 갖추어진 아이'라는 뜻을 나타낸 '아이 해(孩)'.
>> 해동(孩童: 어린아이, 젖먹이), 해제(孩提: 어린아이)

核 핵

'나무 목(木)'과 '중요한 뼈대'라는 뜻을 지닌 '돼지 해(亥)'를 더해 '나무 열매의 씨, 혹은 그 씨의 구조'라는 뜻을 나타낸 '씨 핵(核)'.
>> 중핵(中核), 핵심(核心), 핵폭탄(核爆彈)

劾 핵

'뼈대 해(亥)'와 '힘쓸 력(力)'을 더해 '뼈대만 남도록 다그치다'라는 뜻을 나타낸 '캐물을 핵, 꾸짖을 핵(劾)'.
>> 탄핵(彈劾), 논핵(論劾)

該 해

'중요한 뼈대, 전체 골격'이라는 뜻을 지닌 '돼지 해(亥)'와 '말씀 언(言)'을 더해 '전체 골격에 맞는, 전체를 아우르는 말'이라는 뜻을 나타낸 '갖출 해, 맞을 해 혹은 그 해(該)'.
>> 해당(該當), 해박(該博)

刻 각

'중요한 뼈대, 전체 골격'이라는 뜻을 지닌 '돼지 해(亥)'와 '칼 도(刀=刂)'를 더해 '전체 모습이 잘 들어나도록 중요한 부분만 남을 때까지 파내는 일'이라는 뜻을 나타낸 '새길 각(刻)'.
>> 심각(深刻), 각박(刻薄), 시각(時刻), 즉각(卽刻)

003_ 맛있는 양 양(羊)

ᱣ	양의 머리 모습

羊 양
ᱵ ᱣ 羊

'뿔과 코를 그린 양의 머리 모습(ᱣ)'으로 나타낸 '양 양(羊)'.
산양(山羊), 양모(羊毛), 양피(羊皮)

美 미
ᱹ 美

'양(ᱵ=羊)'과 '사람이 당당하게 서있는 모습(᱘=大: 큰 대)'을 더해 '맛있는 고기 혹은 멋있는 사람'이라는 뜻을 나타낸 '아름다울 미(美)'.
➤➤ 미인(美人), 미술(美術), 미덕(美德), 미추(美醜)

善 선
ᱶ

'칼로 새기듯 분명하게 말을 하다'라는 뜻을 지닌 '말씀 언(ᱷ=言)' 자를 양쪽에 세운 모습(ᱸᱷ)과 가운데에 '양 양(ᱦ=羊)'을 놓은 모습(ᱶ)으로 '양을 어떻게 바칠 것인가 혹은 어떻게 나누어 먹는 게 좋은가를 토론해서 분명하게 결정하다'라는 뜻을 나타낸 '옳을 선, 좋을 선(善)'.
➤➤ 개선(改善), 최선(最善), 선악(善惡), 선의(善意)

姜 강

'양 양(羊)'과 '계집 녀(女)'를 더해 '양을 토템으로 숭배하던 씨족'이라는 뜻을 나타낸 '성씨(姓氏) 강(姜)'.
➤➤ 강태공(姜太公)

詳 상

'말씀 언(言)'과 '양 양(羊)'을 더해 '사람들에게 아주 소중한 (어느 하나도 버릴 것 없는) 양의 이모저모에 대하여 자세히 말하다'라는 뜻을 나타낸 '자세할 상(詳)'.
➤➤ 상세(詳細), 소상(昭詳), 미상(未詳)

祥 상

'제단'의 뜻을 지닌 '보일 시(示)'와 '양 양(羊)'을 더해 '양중에서도 제단에 바쳐질만한 아주 분명한(좋은) 조짐이 느껴지는 양이다'라는 뜻을 나타낸 '상서로울 상(祥)'.
➤➤ 불상사(不祥事), 발상(發祥)

洋	양

‘물 수(氵)’와 ‘양 양(羊)’을 더해 ‘큰 물결이 양떼처럼 넘실거리는 여러 육지들이 하나로 이어지는 큰 물’이라는 뜻을 나타낸 ‘큰 물결 양, 바다 양(洋)’.

>> 해양(海洋), 대양(大洋), 동양(東洋), 태평양(太平洋)

義	의

義 義 義

‘양 양(羊=羊)’과 ‘짐승(양)을 잡는데 쓰는 도구(무기)’의 뜻을 지닌 ‘나 아(我, 我=我)’를 더해 ‘양을 잘 잡아 잘 나누다’라는 뜻을 나타낸 ‘옳을 의(義)’.

>> 의무(義務), 의리(義理), 강의(講義), 의인(義人)

양(羊)은 참 맛있는 고기입니다. 그 양(羊)을 잘 나누어 먹는 건 쉬운 일이 아니지요. 힘없는 노인과 아이, 여자 그리고 아픈 사람들까지 그 형편과 필요에 맞도록 모두가 함께 먹자면 말입니다. 아(我)와 양(羊)을 더해 ‘옳을 의(義)’가 된 것은 그 도구(我 = 我)가 단순히 양(羊)을 잡기만 할 뿐 아니라 제대로 옳게 잡고 반듯하고 고르게 잘 나누는데 편리한 도구이기도 했기 때문입니다. 맛있기만 해서는 안 되는 올바름(義 = 我)이 필요했던 것이지요. 그 양(혹은 짐승)을 잘 잡기 위해서는 목숨을 걸 수도 있을 뿐 아니라 또한 엄격하고 공평하기도 한 의인(義人)이 있어야 했을 것입니다. 지금도 남도에서는 잔칫날 필요한 짐승(고기)을 멋있고 맛있게 잘 잡을 뿐 아니라, 누구 한 사람 서운한 사람이 없도록 그 고기를 잘 잘라서 고르게 나누어주는 칼잡이 겸 책임자를 두는데 ‘고기를 감독하다’라는 뜻의 ‘육감(肉監)’이라고 합니다.

羨	선

羨 羨

처음에는 ‘무언가 먹고 싶어서 입을 벌리고 침을 흘리며 앉아 있는 사람의 모습(羨)’이었는데 나중엔 ‘양 양(羊=羊)’과 ‘입을 벌린 사람의 모습(羨=欠: 하품 흠)’ 그리고 ‘침’이라는 뜻의 ‘물 수(氵=水)’를 더해 ‘침을 흘리며 먹고 싶어 하다’라는 뜻을 나타낸 ‘탐낼 선, 부러워할 선(羨)’.

>> 선망(羨望), 흠선(欽羨: 공경(恭敬)하고 부러워함)

羞	수

羞 羞 羞

‘양(羊 = 羊)’을 들고 있는 손(又) 혹은 움켜쥐려는 손(丑)을 더한 모습(羞, 羞)’으로 ‘양을 들고 (누구에게) 주다 혹은 양을 움켜쥐며 부끄러워하다’라는 뜻을 나타낸 ‘드릴 수, 수줍어 할 수(羞)’.

>> 수치(羞恥: 당당(堂堂)하거나 떳떳하지 못하여 느끼는 부끄러움), 수색(羞色: 부끄러운 기색(氣色)), 수오지심(羞惡之心)

어른에게 먹을 것을 드리며 수줍게 웃는 어린아이의 모습이 떠오릅니다.

鮮 선

‘물고기 어(魚)’와 ‘양 양(羊)’을 더해 ‘싱싱하게 빛나는 (한 번 먹기가 쉽지 않은) 날것으로 먹어도 되는 물고기와 양고기’라는 뜻을 나타낸 ‘고울 선, 싱싱할 선, 혹은 드물 선(鮮)’.

▶▶ 신선(新鮮), 조선(朝鮮), 선혈(鮮血)

群 군

‘동그랗게 모은 두 손(尹=臼)’과 ‘입 구(口=ㅂ)’를 더해 ‘모이도록 하다’라는 뜻을 나타낸 ‘임금 군(尹, 冎=君)’과 ‘양 양(羊=羊)’을 더해 ‘양떼처럼 모여 무리를 이루다’라는 뜻을 나타낸 ‘무리 군(群)’.

▶▶ 군중(群衆), 증후군(症候群), 군계일학(群鷄一鶴)

004_ 소 우(牛)

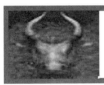

소 머리 모습

牛 우

소의 머리를 그려서 나타낸 ‘소 우(牛)’.
우유(牛乳), 한우(韓牛), 교각살우(矯角殺牛: ‘쇠뿔을 바로 잡으려다 소를 죽인다’라는 뜻으로, 결점(缺點)이나 흠을 고치려다 수단(手段)이 지나쳐 도리어 일을 그르침), 구우일모(九牛一毛: 아주 많은 것 중의 아주 적은 것 하나), 우이독경(牛耳讀經: ‘쇠귀에 경 읽기’란 뜻으로, 아무리 가르치고 일러주어도 알아듣지 못함을 비유하는 말)

牝 빈

‘소 우(Ꝩ, ꝩ=牛)’와 ‘엉덩이가 강조된 사람(여자)의 모습(ꞁ, ꞁ=匕:숟가락 비)’을 더해 나타낸 ‘암소(암컷) 빈(牝)’.

▶▶ 빈우(牝牛: 암소), 빈마(牝馬: 다 자란 암말), 빈와(牝瓦: 암키와), 현빈(玄牝: 생명이 태어나는 암컷의 신비한 자궁)

牡 모

‘소 우(ꝩ=牛)’과 ‘남자 성기의 모습(丄=士)’을 더해 나타낸 ‘수소(수컷) 모(牡)’.

▶▶ 빈모(牝牡: 암컷과 수컷), 모려(牡蠣: 굴조개), 모란(牡丹)

한자의 뿌리가 된 갑골문이 완성되고 난 얼마 후, 지금부터 약 2500년 전에 편집된 시경(詩經)에만 하더라도 분명히 당시에는 ‘선비가 아닌 사내’라는 뜻의 ‘선비(사내) 사(丄＝

士)'로 쓰인 '건상(褰裳: 치마 걷어 올리고)'이라는 연애 시가 나옵니다.

자혜사아(子惠思我: 그대 날 사랑한다면)
건상섭유(褰裳涉洧: 치마 걷고 유수라도 건너련만)
자불아사(子不我思: 그대 나를 사랑하지 않는다면)
개무타사(豈無他'士': 어찌 다른 '사내' 없을까)
광동지광야차(狂童之狂也且: 미친놈아! 이 또 미친놈아!)

'소 우(♀=牛)'와 '막대기를 들고 있는 손(攵=攵: 칠 복)' 더해 '소 (가축)를 치다'라는 뜻을 갖게 된 '칠 목(牧)'.
>> 목장(牧場), 목동(牧童), 목사(牧師)

'소 우(牛)'와 '여러 가지 색깔로 펄럭이는 깃발의 모습(勿=勿: 깃 발 물)'을 더해 '모습과 색깔이 다른 소, 혹은 여러 가지 사물들을 견주어 보다'라는 뜻을 나타낸 '사물 물 혹은 견줄 물(物)'.
>> 물건(物件), 물가(物價), 물정(物情), 물색(物色)하다

'소 우(牛)'와 '사람 인(亻)'을 더해 '사람 손에 끌려온 소 혹은 사 람이 소를 부리게 되었듯이 무엇인가 쓸모 있게 된 사물'을 나타낸 '물건 건(件)'.
>> 물건(物件), 사건(事件), 조건(條件), 여건(與件: 주어진 조건)

'집 면(宀)'과 '소 우(牛)'를 더해 '(짐승의) 우리 뢰(牢)'.
>> 뇌옥(牢獄: 짐승의 우리'와 같은 감옥), 주뢰(周牢: 죄인(罪人)의 두 다리를 한데 묶고 다리 사이에 두 개의 주릿대를 끼워 비트 는 형벌(刑罰)로, 주뢰(周牢)가 변하여 '주리'로 쓰임), 망우보뢰 (亡牛補牢: 소 잃고 외양간 고친다는 뜻으로, 이미 실패한 뒤엔 뉘우쳐도 소용이 없음)

'소 우(牛)'와 '어느 한 곳을 지키다'라는 뜻을 지닌 '절 사(寺)'를 더 해 '어느 한 곳에 우뚝 서서 자기의 암소들을 지켜보고 있는 수소' 를 나타낸 '수컷 특(特)'.
>> 특권(特權), 특기(特技), 특이(特異), 특별(特別), 특수(特殊)

'소 우(牛)'와 '(양고기를) 바르게 나누어 먹다'는 뜻을 지닌 '옳을 의 (義)'를 더해 '신(모든 사람)에게 바치는 희생물'이라는 뜻을 나타낸 '바칠 희(犧=犧)'.
>> 희생(犧牲), 희준(犧尊: 제사 때 쓰는 술 항아리의 하나)

005_ 토끼 토(兎)

  달아나는 토끼의 뒷모습

兎 _토

'톡, 톡 튀어 달아나는 토끼의 뒷모습(兎 = 兎)'으로 나타낸 '토끼 토(兎)'.

이 '토끼 토(兎)'는 중국이나 일본에서도 같은 발음인 '토' 혹은 '투'라고 읽고 있습니다만, '토'라는 발음과 관련된 다른 소리 말이 없는 중국과 일본 사람들로서는 어째서 '토'라는 소리 말이 '兎 = 兎 = 兎'자에 붙게 되었는지는 알 길이 없으며, 't'aog(토그, 토끼)'라는 고대(古代)의 소리 말(발음)을 찾아낸 학자들 역시 단지 토끼(兎)에 해당되는 발음이 먼저 있어서 어디선가 빌려왔을 거라고만 추측 할 뿐입니다. 그러나 우리말에는 '튀다'라는 말과 함께 또 다른 표현인 '토끼다, 토사리치다'라는 말까지도 그대로 살아 남아있습니다.

결국 '토끼 토(兎)'자는 '토끼'라는 말의 주인인 우리가 바로 '톡, 톡 튀어 달아나는 뒷모습(兎)'을 보고 만든 '우리말 한자(漢字)'라고 할 수밖에 없을 것입니다.

逸 _일

'토끼 토(兎)'와 '갈 착(辶)'을 더해 '토끼가 달아났다'는 뜻을 나타낸 '달아날 일(逸)'.

❯❯ 안일(安逸: 저 편한 데로 달아나다)

006_ 코끼리 상(象)

코끼리와 코끼리를 길들이는 사람의 모습

象 _상

코가 긴 코끼리를 그린 '코끼리 상(象)'.

❯❯ 상징(象徵), 현상(現象), 대상(對象), 추상적(抽象的)

像 상

'사람 인(亻)'과 '코끼리 상(象)'을 더해 '그 형체가 크면서 모양도 특이해서 설명만 들은 사람도 보기만 하면 알아 볼 수 있다, 닮게 설명할 수 있다'라는 뜻을 나타낸 '형상 상, 닮을 상(像)'.

▶▶ 상상(想像), 영상(映像), 화상(畫像)

爲 위

코끼리(象)의 코 위에 사람의 손(爪 = 爫)을 그려 '코끼리를 길들이다(부리다) 혹은 ~ ~하게 하다'라는 뜻을 나타낸 '부릴 위, 할 위(爲)'.

▶▶ 행위(行爲), 인위(人爲), 위정자(爲政者)

'위할 위(爲)'로 써서 '위국(爲國: 나라를 위한다)', '위민(爲民: 국민을 위한다)'이라는 말을 좋아하는 정치가들이 많습니다만, 실은 옛날부터 '위할 위(爲)'가 아니라 '(길들여) 부릴 위(爲)'로 썼던 말입니다.

僞 위

'~ ~하게 하다'라는 뜻을 지닌 '할 위(爲)'와 '내가 아닌 남'이라는 뜻을 지닌 '사람 인(亻)'을 더해 '하기 싫은 일을 하게 하다 혹은 싫은 일을 (거짓으로) 하게 되다'라는 뜻을 나타낸 '거짓 위(僞)'.

▶▶ 위폐(僞幣), 위조(僞造), 허위(虛僞)

'위정자(爲政者: 정치를 하는 사람)'들이 흔히 '거짓으로 나라와 백성들을 위하는 체'를 하면서 '부릴(다스릴) 위(爲)'자를 '위할 위(爲)'로 많이 쓰게 되자, 아예 그러한 정치를 하는 사람이라는 뜻으로 '사람 인(人 = 亻)'자를 더해 만든 '거짓부렁 할 위(僞)'자도 됩니다.

007_ 벼 화(禾)

	조, 벼 등 곡식의 이삭이 고개를 숙인 모습

禾 화

'이삭이 여물면 고개를 숙이는 조, 벼 등 곡식'이라는 뜻을 나타낸 '벼(쌀) 화(禾)'.

▶▶ 화묘(禾苗), 화곡(禾穀: 벼에 속하는 곡식을 통틀어 일컫는 말)

利 이

‘벼 화(禾 = ✘)’자와 ‘칼 도(刂)’자를 더해서 ‘(벼 이삭을 베어 먹으니) 이롭다, 혹은 (그 벼를 베는 칼이) 날카롭다’는 뜻을 나타낸, ‘이로울 이, 혹은 날카로울 이(利)’.
▶▶ 이용(利用), 이익(利益), 이해(利害), 감언이설(甘言利說: 달콤한 말과 이로운 이야기로 남을 꾀는 말), 견갑이병(堅甲利兵: 단단한 갑옷과 날카로운 무기라는 뜻), 이해타산(利害打算: 이로운지 해로운지를 이모저모로 따져 헤아리는 일)

秀 수

‘벼 화(禾=✘)’자와 ‘이에(이윽고, 겨우) 내(乃=ﾌ)’자를 더해 ‘(이윽고) 벼에서 이삭이 뾰족하게 나올 때의 참으로 빼어난 모습’이라는 뜻을 나타낸, ‘이삭 팰 수, 혹은 빼어날 수(秀)’.
▶▶ 우수(優秀), 수재(秀才), 준수(俊秀)

透 투

‘걸을 착(辶)’과 ‘삐져(빠져)나온다’는 뜻을 지닌 ‘빼어날 수, 사무칠 수(秀)’를 더해 만든 ‘뚫고 나갈, 혹은 꿰뚫을 투(透)’
▶▶ 투명(透明), 침투(浸透)

誘 유

‘빠져 나온다’는 뜻을 지닌 ‘빼어날 수(秀)’와 ‘말씀 언(言)’을 더해 ‘말로 꼬여서 어디에선가 빠져나오게 하다’라는 뜻을 나타낸 ‘꾈 유(誘)’.
▶▶ 유혹(誘惑), 유인(誘引), 유괴(誘拐), 유도(誘導), 유치(誘致), 유발(誘發)

委 위

‘벼 화(✘=禾)’와 ‘계집 여(ﾍ=女)’를 더해 ‘여자가 익은 벼처럼 고개를 숙인다, 혹은 벼이삭을 거두어 오는 일은 여자에게 맡긴다.’라는 뜻을 나타낸 ‘숙일 위, 혹은 맡길 위(委)’.
▶▶ 위원(委員), 위임(委任), 위탁(委託)

萎 위

‘숙일 위(委)’자와 ‘풀 초(艹)’자를 더해 ‘풀이 시들어 고개를 숙이다’라는 뜻을 나타낸 ‘시들 위(萎)’.
▶▶ 위축(萎縮), 위락(萎落)

季 계

‘벼 화(禾)’와 ‘새끼 자(子)’를 더해 ‘벼가 다 자라 익어가는(새끼를 치는) 시기’를 나타낸 ‘(벼가 익는 한 철(3 개월)’을 나타낸 ‘철 계, 혹은 끝 계(季)’.
▶▶ 계절(季節), 우계(雨季), 계간(季刊), 사계(四季), 백중숙계(伯仲叔季: 형제 중의 차례를 나타내는 말) 백(伯)은 맏이, 중(仲)은 둘째, 숙(叔)은 셋째, 계(季)는 막내.

年 년

'벼 화(禾=禾)'와 '사람 인(亻=人)'을 더해 '(일 년에 한 번씩) 사람이 볏단을 짊어지는 가을 수확기'의 모습으로 '1 년'이라는 뜻을 나타낸 '해 년(年)'.

>> 작년(昨年), 내년(來年), 명년(明年), 매년(每年), 백년하청(百年河淸: 백 년을 기다린다 해도 황하(黃河)의 흐린 물은 맑아지지 않는다는 뜻)

香 향

'벼 화(禾=禾)'와 그릇의 의미를 지닌 '달 감(甘)'을 더해 '그릇에 담긴 맛있는 밥의 냄새'라는 뜻을 나타낸 '향기 향(香)'.

>> 향기(香氣), 향료(香料), 향수(香水), 향유(香油), 향취(香臭)

그릇에 담긴 밥의 모습이 단지 '한 그릇의 밥'이 아니라 어떻게 해서 거기에서 나는 '좋은 냄새'까지를 나타내는 글자가 된 것일까요. 아마도 방귀냄새를 맡고 내는 '퀴-!' 소리와는 다른 좋은 냄새를 나타내는 '향(히야!)'이라는 소리 말이 먼저 있었기 때문일 것입니다.

008_ 빗자루 혜(彗)

빗자루로 쓸 듯이 지나가는 꼬리별의 모습

彗 혜

'오른 손'의 뜻을 지닌 '또 우(又=⺕)'와 '(2개의) 빗자루(丰丰=丯丯)'를 더해 '빗자루로 (작은 것들까지 깨끗이) 쓸어내다'라는 뜻을 나타낸 '비(빗자루) 혜 혹은 살별 혜(彗)'.

>> 혜소(彗掃: 비로 깨끗이 싹 쓸어냄), 혜성(彗星: 먼지꼬리 별)

[먼지꼬리]혜성(彗星) 또는 살별은 태양계를 구성하는 천체 중의 하나로, 태양 복사에 의해 핵으로부터 발생한 코마(핵을 둘러싼 구름층)와 꼬리를 갖는다. 혜성은 홍수, 기근, 전염병등을 불러일으키는 불길한 징조로 여겨졌음. 혜성은, 동양에서는 빗자루, 서양에서는 머리를 푼 별로 인식되었다. (위키백과에서)

雪 설

'비 우(雨)'와 '비(빗자루) 혜(彗)'자를 더해 '이 세상을 깨끗이 (쓸어내듯)만드는 하얀 눈'이라는 뜻을 나타낸 '씻을 설, 눈 설(雪)'.

>> 설욕(雪辱: 욕을 씻음), 백설(白雪), 적설(積雪), 설경(雪景), 설상가상(雪上加霜)

慧 _혜
彗

'비(빗자루) 혜(彗)'와 '마음 심(心＝♥)'을 더해 '(작은 것들까지 다 비추어내는) 깨끗이 씻어진 마음'이라는 뜻을 나타낸 '슬기로울 혜(慧)'.
>> 지혜(智慧), 혜안(慧眼)

009_ 흰 백(白)

떡갈나무 도토리 열매

白 _백
♠ ♠ 白

도토리의 열매를 그린 모습(♠)으로 '그 열매 속이 하얗다'라는 뜻을 나타낸 '흰 백(白)'. (藤堂明保 선생의 설)
>> 고백(告白), 결백(潔白), 백두산(白頭山), 백기(白旗), 백악관(白堊館)

'흰 백(白)'자의 고대 한자발음(漢音)인 '하쿠'는 '하얗다'라는 우리말의 고어(古語) 발음인 '허걸다'와 같으며 지금도 전남지방에서는 낯이 '하얘지다'를 '허-게지다'라고 하고 있습니다. 결국 '허-게지다'가 '하쿠'로 되고 '하쿠'가 다시 '바쿠', '박', '백'으로 변화해 왔는데, 중국에서는 아예 '빠이'가 되어 종적이 묘연해 졌고 일본에서는 지금도 '하쿠(白)'라고 발음은 하면서도 원래의 일본 말인 '시로(白)'가 따로 있으니 '허-게지다'라는 말의 근원을 따져 볼 수는 없겠지요. 물론 우리나라 양반들도 중국식 한자를 재수입해서 쓰다 보니 발음이 그만 '백'으로 바뀌어 그 근원을 잊게 되었을 뿐입니다.

柏 _백

'나무 목(木)'과 '속이 허-건 (먹음직스러운) 도토리'라는 뜻을 지닌 '흰 백(白)'을 더해 '도토리 열매(♠, ♠＝白)가 열리는 나무'라는 뜻을 나타낸 '떡갈나무 백(柏)'.
>> 송백(松柏: 소나무와 잣나무), 동백(冬柏),

이 떡갈나무 잎은 '떡 밑에 깔거나 싸서 먹는데' 쓰며 일본에 수출도 합니다. 그러니까 '떡깔'이라는 말은 바로 '떡을 깔다'라는 말의 줄임말이겠지요.

拍 _박

'도토리'라는 뜻을 지닌 '흰 백(白)'과 '손 수(手＝扌)'를 더해 '도토리를 손에 쥔 사람들이 달그락 달그락 하고 박자(拍子)를 맞추며 즐거워하다'라는 뜻을 나타낸 '(박수) 칠 박(拍)'.
>> 박수(拍手), 박자(拍子), 박장대소(拍掌大笑)

| 泊 박 |

'물 수(水=氵)'와 '하얀 속살이 나오도록 빡빡(白白) 닦아내야 먹을 수 있는 도토리'라는 뜻을 지닌 '흰 백(白)'을 더해 '물가에 바짝(빡빡하게) 배를 대다'라는 뜻을 나타낸 '배 댈 박(泊)'.
▶▶ 정박(碇泊), 숙박(宿泊), 민박(民泊)

| 迫 박 |

'갈 착(辶)'과 '빡빡하게 (닦아내야) 하다'라는 뜻을 지닌 '흰 백(白)'을 더해 '바짝 다가가다'라는 뜻을 나타낸 '닦아 세울, 다그칠 박(迫)'.
▶▶ 압박(壓迫), 협박(脅迫), 절박(切迫)

| 皆 개 |

'두 사람이 나란히 앉다'라는 뜻을 지닌 '견줄 비, 따를 비(𣥐=比)'와 '코의 모습(甴=自=白)'을 더해 '다 같이 코끝을 나란히 한 사람들'이라는 뜻을 나타낸 '모두 개(皆)'.
▶▶ 개근(皆勤), 거개(擧皆), 개기일식(皆旣日蝕)

| 樂 락 |

도토리의 모습을 그린 '흰 백(白=白)'과 두 개의 '실 사(糸)'와 '나무 목(木)'을 더해 '먹을 수 있는 도토리와 실을 내는 뽕나무가 있으니 즐겁다'라는 뜻을 나타낸 '즐거울 락(樂)'.
▶▶ 음악(音樂), 오락(娛樂), 낙관(樂觀)

| 藥 약 |

'사람을 즐겁게 구슬려주는 소리'라는 뜻을 지닌 '즐거울 락(樂)'자와 '풀 초(草=艹)'를 더해 '사람의 병을 구슬려주는(고쳐주는) 풀'이라는 뜻을 나타낸 '약 쓸 약(藥)'.
▶▶ 약초(藥草), 의약품(醫藥品), 약국(藥局), 마약(痲藥), 화약(火藥).

원래 병(病: 깊어져 눕게 된 병)이란 갑자기 확 뚜드려 고치는 게 아니라 우선 살살 구슬리고 함께 살면서 차차 고쳐나가야 하는 것입니다.
바로 그 '구슬리다'는 말이 일본으로 건너가서는 '병을 고치는 약(藥)', '구스리'라는 말로도 쓰이게 됩니다.

| 櫟 력 |

'실(누에고치)과 열매(도토리)를 얻을 수 있는 나무(상수리)'라는 뜻을 지닌 '락(樂)'자가 '즐거울 락(樂)'자로만 쓰이게 되자 '나무 목(목)'자를 다시 더해 만든 '상수리나무 력(櫟)'.
▶▶ 櫟翁稗說(역옹패설), 저력지재(樗櫟之材)

실제로 옛날에는 '상수리나무(?)'에서 야생나방의 누에고치를 거두었다고도 합니다.

010_ 개구리밥, 평평할 평(平)

 평평하게 떠 있는 개구리밥의 모습

平 (평)
乎

물 위에 평평히 떠있는 개구리밥의 모습으로 나타낸 '개구리밥 평, 고를 평, 평평할 평(平)'.

>> 평안(平安), 평화(平和), 평소(平素), 평온(平穩), 평균(平均), 평등(平等), 태평성대(太平聖代), 천하태평(天下泰平)

'평(平)'자의 '평'이라는 발음은 원래 우리말의 '펴지다' '펼쳐지다'에서 나온 것으로, 중국말이나 일본말에서는 그 발음의 근거를 찾을 수 없는 우리가 만든 우리말 한자(漢字) '평평할 평(平)'. 모심기 전에 논바닥을 '평평(平平)하게' 고르려면 반드시 논에 물을 넣고 '물 수평'을 보아 마무리를 하는데 그때 논물 위에 떠 있는 개구리밥의 모습을 보고 만든 글자겠지요. 지금도 집의 기초를 닦거나 기둥의 높이를 맞출 때는 역시 물로 '수평(水平)'을 보기 마련이며, 현대의 어떤 과학적 기구로도 '물 수평(水平)'을 대신 할 수는 없다고 합니다.

坪 (평)

'흙 토(土)'와 '고를 평(平)'을 더해 '넓고 고르게 펼쳐진 땅'이라는 뜻을 나타낸 '들 평(坪)'

>> (땅의 평수를 따지는) 평당(坪當), 건평(建坪)

評 (평)

'말씀 언(言)'과 '고를 평(平)'을 더해 '어떤 일이나 사건 등에 걸맞게(평등하게) 맞춰서 하는 말'을 나타낸 '품평할 평(評)'.

>> 품평(品評), 평가(評價), 비평(批評), 혹평(酷評), 평론(評論), 군맹평상(群盲評象: 장님들이 코끼리 몸을 만져보고 제 각기하는 말), 하마평(下馬評: 벼슬을 받게 될 후보자에 관해서 사람들 사이에 떠돌아다니는 말)

萍 (평)

'개구리밥 평(平)'이기도 한 '평(平)'자가 주로 '평평할 평, 고를 평(平)'으로만 쓰이게 되자, '물 수(氵)'와 '풀 초(艹)'를 더해서 다시 만든 '개구리 밥 평(萍)'

>> 부평초(浮萍草: 개구리 밥)

011_ 저울대, 권세 권(權)

 = 🦉 커다란 두 눈이 특징적인 올빼미, 부엉이의 모습

蒦 환
𮥪

커다란 두 눈이 특징적인 새를 그린 '부엉이 환(蒦)'.

올빼미나 부엉이는 그 모습에서도 알 수 있듯이 커다란 두 눈이 특징으로 어두운 밤에도 숲 속의 나무 사이를 뛰어난 평형감각으로 내리꽂히며 먹잇감을 잡아냅니다.

權 권

'양쪽의 큰 두 눈만큼이나 균형을 잘 잡다'라는 뜻을 지닌 '부엉이 환(蒦)'을 더해 무게의 균형을 잡아주는 막대기라는 뜻을 나타낸 '저울대 권(權), 혹은 권세 권(權)'.

>> 권세(權勢), 권력(權力), 권한(權限), 권리(權利), 정권(政權), 집권(執權)

권세나 권력이라는 말을 지금은 흔히 '제 마음대로 할 수 있는 어떤 힘이라는 뜻으로 쓰고들 있습니다만, 원래의 권력(權力)이라는 말은 그 누가 일방적으로 독점할 수 있는 물건 같은 게 아니라 '저울대처럼 단지 사람과 사람 사이가 공평해지도록 균형을 잡아주는 어떤 힘'이라는 뜻에서 나왔습니다.

觀 관

'양쪽의 균형을 잘 잡다'라는 뜻을 지닌 '부엉이 환(蒦)'에 '볼 견(見)'을 더해 '양쪽을 대비해서 균형감각을 가지고 보다'는 뜻을 나타낸 '볼 관(觀)'.

>> 관찰(觀察), 관측(觀測), 객관적(客觀的), 명약관화(明若觀火: 불을 보는 것 같이 밝게 보인다는 뜻)

灌 관

'양쪽의 균형을 잘 잡다'는 뜻을 지닌 '부엉이 환(蒦)'과 '물 수(水 = 氵)'를 더해 '양쪽의 물이 고르게 되도록 물꼬를 터준다'는 뜻을 나타낸 '물 댈 관(灌)'.

>> 관개(灌漑: 물을 논밭에 대는 것), 관수량(灌水量), 관목(灌木: 나무의 키가 작고 밑동에서부터 가지를 많이 쳐서 원 줄기와 가지가 분명하지 않은 진달래, 수국 등의 떨기나무)

| 罐 _관 | '양쪽의 균형을 잘 잡다'는 뜻을 지닌 '부엉이 환(萑)'자와 '물 그릇(동이)'의 뜻을 지닌 '장군 부(缶)'자를 더해 '우물물을 길을 때 사용하는 두 개의 물 그릇'을 나타낸 '두레박 관(罐)'자. |

>> 다관(茶罐), 탕관(湯罐 : 국을 끓이거나 약을 달이는 그릇)

| 勸 _권 | '나란히 함께 한다'는 뜻을 지닌 '부엉이 환(萑)'자와 '힘 력(力)'을 더해 '무슨 일인가를 함께 하기위해 힘을 나누다, 혹은 함께 하도록 부추기다'는 뜻을 나타낸 '(따라서) 힘쓸 권, 부추길 권(勸)'자. |

>> 권고(勸告), 권면(勸勉), 권장(勸奬), 권유(勸誘), 강권(强勸), 권 선징악(勸善懲惡)

| 歡 _환 | '나란히 함께 한다'는 뜻을 지닌 '부엉이 환(萑)'자와 '입을 딱 벌리 다'라는 뜻을 지닌 하품 흠(欠)자를 더해 '음식을 앞에 두고 여럿이 함께 입을 벌린다, 혹은 좋아서 함께 소리를 지른다'는 뜻을 나타 낸 '기뻐할 환(歡)'자. |

>> 환호(歡呼), 환영(歡迎), 환희(歡喜), 환심(歡心), 환호작약(歡呼 雀躍: 기뻐서 소리치며 날뜀)

012_ 오이 과(瓜)

외롭게 매달린 외(오이)의 모습

| 瓜 _과
（古文） | 밭 가운데 넝쿨 사이 외롭게 매달려 있는 '참외'의 모습을 그린 '오 이 과(瓜)'. |

>> 모과(木瓜), 과전불납리(瓜田不納履: 오이 밭에서는 신을 고쳐 신 지 않는다는 뜻으로, 의심(疑心)받을 짓은 처음부터 하지 말라는 말)

눈코 뜰 새 없이 몰아치는 김을 매느라 진이 다 빠질 무렵 한 여름 더위도 식힐 겸 어슬렁거 리며 그늘을 찾다보면, 어느 밭 한 모퉁이에선가 언뜻 노랗게 익은 '외' 하나가 눈에 비칩니 다. 풀 더미 속 그늘을 갓 뚫고 나온 달고 시원한 '(참)외'입니다.

'오이'는 '외(瓜)'가 결코 아닙니다. 원래의 달고 맛있는 '(참)외'가 아닌, 나중에 외국에서 들어온 '길고 물만 많은 (물)외'를 똑같은 '외'로 부르기는 뭐 해서 '오이'라고 했던 것입 니다. '오이'도 좋은 먹거리이기는 하지만, '오이'는 '오이'지 '외(瓜)'는 아니라는 말입니 다. 국어학자들이 단순하게 한글의 글자 구조만을 보고 '외(瓜)'를 '오이'의 준말이라고 하는가 하면, 한문학자들도 그만 '외'와 '오이'를 구분 못하고 옥편에까지 '오이 과(瓜)'라고 해놓는 바람에 그만 우리말과 '우리말 한자(漢字)'를 둘 다 버려 놓고 있습니다. 하지만 그런 교육을 안 받은 시골 사람들은 책에 나오는 '오이'는 '물 외'라고 할망정 '외'라고는 안하는데 말입니다.

'외로운 열매'라는 뜻을 지닌 '외 과(瓜)'와 '새끼 자(子)'를 더해 '외로운 아이'라는 뜻을 나타낸 '외로울 고(孤)'.
▶ 고독(孤獨), 고립(孤立), 고아(孤兒)

'짐승'의 뜻을 지닌 '개 견(犬＝犭)'과 '외롭다'는 뜻을 지닌 '외 과(瓜)'를 더해 '외롭게 혼자 다니는 여우'라는 뜻을 나타낸 '여우 호(狐)'.
▶ 호사수구(狐死首丘: 여우는 죽을 때가 되면 제가 살던 굴 있는 언덕으로 머리를 돌린다는 뜻으로, 죽을 때라도 자신의 근본을 잊지 않고 고향을 그리워함을 이르는 말)

O13_ 싹틀 철(屮)

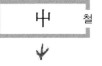

얼어붙은 땅 움을 틔워
새 하늘 여는 봄 철 새싹

새싹이 돋는 모습(屮, 屮,)을 그린 '움틀 철, 혹은 싹틀 철(屮)'.
한자로는 잘 안 쓰이게 되었지만, 우리말에서는 '철이 난다, 철을 안다, 봄철, 모내기철, 철부지(屮不知; 철을 모르다)'등으로 지금도 흔히 쓰고 있는 바로 그 '철(屮)'자로 대표적인 '우리말 한자(漢字)'의 하나.

'움틀 철, 혹은 싹틀 철(屮)'자 두 개로 나타낸 '풀 초(艸, 艹)'.

'땅에서 초목의 싹이 솟아(살아) 나오는 모습(屮)'과 그 줄기 부분에 점을 찍은 모습(生)으로 '살아 나오다 그리고 그 자라나는 힘'까지를 나타낸 '날 생, 살 생(生)'.
▶ 생명(生命), 생활(生活), 생기(生氣), 생산(生産), 발생(發生)

性 성

‘살 생(生)’과 ‘마음 심(↑)’을 더해 ‘생명이 시작되는 심장, 혹은 모든 생명을 아우르는 마음’이라는 뜻을 나타낸 ‘성품 성(性)’.
>> 성격(性格), 성질(性質), 특성(特性), 남성(男性), 여성(女性)

姓 성

‘날 생(生)’과 ‘계집 녀(女)’를 더해 ‘생명을 낳는 여자, 여자로부터 받는 생명, 혹은 성씨(姓氏) 성(姓)’.
>> 성명(姓名), 성씨(姓氏), 백성(百姓)

牲 생

‘살 생(生)’과 ‘소 우(牛)’를 더해 ‘산채로 제사에 바쳐지는 소’라는 뜻을 나타낸 ‘희생 생(牲)’.
>> 희생(犧牲), 특생(特牲: 소의 희생)

笙 생

‘살 생(生)’과 ‘대 죽(竹)’을 더해 ‘대나무 피리 소리를 더 잘 살려내기 위해 여럿을 묶어 만든 악기’라는 뜻을 나타낸 ‘저 생, 혹은 생황생(笙簧笙)’.
>> 생황(笙簧), 고슬취생(鼓瑟吹笙: 비파(琵琶)를 치고 저를 부니 잔치하는 풍류임)

旌 정

휘날리는 깃발의 모습(𣎴, 𣎴)과 ‘살 생(生)’을 더해 ‘눈에 잘 띄는 생생한 깃발’이라는 뜻을 나타낸 ‘기 정(旌)’.
>> 정려(旌閭: 충신(忠臣)·효자(孝子)·열녀(烈女) 등을 그 동네에 정문(旌門)을 세워 표창(表彰)하는 것), 정선(旌善: 선행(善行)을 드러내어 포상함)

甦 소

‘다시 갱(更)’과 ‘날 생(生)’을 더해 ‘(거의) 죽었다가 다시 살아나다’라는 뜻을 나타낸 ‘다시 살아날 소(甦)’.

草 초

‘풀 초(卄)’와 ‘일찍 조(早)’를 더해 ‘막무가내로 빨리 올라오는 잡초 떼’라는 뜻을 나타낸 ‘풀 초(草)’.
𦯶
>> 화초(花草), 초목(草木), 초안(草案)

014_돌석(石)

'깨진 돌조각의 모습'으로 '도끼로 쓰다'라는 뜻을 나타낸 '도끼 독(⌇)'.
지금도 남도 지방에서는 돌조각과 도끼를 모두 '독' 이라고도 합니다.

'그릇, 혹은 사람의 입모습'으로 나타낸 '입 구(⊔ = 口)'.

石 석

'돌조각, 혹은 도끼 독(⌇)'과 그릇의 뜻을 지닌 '입 구(⊔=口)'를 더해 '도끼, 그릇, 절구 등의 여러 가지 편리한 도구를 만드는데 쓰는 돌, 깨진 돌 조각이 닳고 닳아 잘 굴러다니는(돌아가는) 센 돌, 혹은 여러 가지로 '돌'려 쓸 수 있는 잘 '돌'아가는 돌'이라는 뜻을 나타낸 '돌 석(⌇⊔= 石)'.

▶▶ 석유(石油), 석탄(石炭), 석류(石榴), 암석(巖石)

독도(獨島)는 원래 '바위 덩어리로 도끼처럼 생긴 '독(도끼)섬'이었는데 지금은 '도끼 독(⌇)'과 발음이 같은 '홀로 독(獨)'을 쓰는 '독도(獨島: 외로운 섬)'로 바뀐 것입니다. 그리고 '독(도끼)섬'을 잘 모르는 일본 사람들은 '독섬'이라는 말을 '다께(竹: 대나무 죽의 일본 말)'와 '시마(島: 섬의 일본 말)'가 합쳐진 말로 알아듣고 '다께시마(竹島)'라고 쓰게 된 것입니다.

父 부

'손에 소중한 도구이자 무기가 되는 돌도끼를 든 모습(⌇)'으로 나타낸 '아비 부(父)'.

▶▶ 부모(父母), 부친(父親), 조부(祖父), 학부형(學父兄)

釜 부

'쇠 금(金)'과 '가장 힘 있고 쓸모 있는 도구(무기)'라는 뜻을 지닌 '아비 부(⌇, ⌇ =父)'를 더해 '쇠로 만든 힘 있고 쓸모 있는 도구'라는 뜻을 나타낸 '쇠 가마(솥) 부(釜)'.

▶▶ 부산(釜山), 유어부중(游於釜中: 가마솥 속에서 논다는 뜻으로, 생명(生命)이 매우 위험(危險)한 상태(狀態)에 놓여 있음)

碩 석

'(도끼나 절구 등의 여러 가지 편리한 도구를 만드는데 쓰는) 돌 석(石)'과 '머리 혈(頁)'을 더해 '잘 돌아가는 단단하고 충실한(큰) 머리'라는 뜻을 나타낸 '클 석(碩)'.

▶▶ 석사(碩士), 석좌교수(碩座教授), 석학(碩學)

拓 척,탁	'돌 석(石)'과 '손 수(扌)'를 더해 '돌을 주어내다, 황무지의 돌들을 주어내서 쓸 수 있는 땅으로 만들어 넓히다'라는 뜻을 나타낸 '주울 척, 넓힐 척(拓)'. 혹은 '돌에 있는 문양이나 글씨 등을 (종이에) 박아내다'라는 '박을 탁(拓)'으로도 쓰임.

>> 개척(開拓), 간척(干拓), 동양척식주식회사(東洋拓植株式會社), 탁본(拓本), 어탁(魚拓)

岩 巖 암	'뫼 산(山)'과 '돌 석(石)'을 더해 '산을 이루고 있는 돌, 혹은 산처럼 큰 돌'이라는 뜻을 나타낸 '바위 암(岩)'.

>> 암석(巖石), 암벽(巖壁), 암반(巖盤)

妬 투	'계집 녀(女)'와 '돌 석(石)'을 더해 '여자가 짝을 뺏기니 막 바로 독(도끼:石)처럼 되다'라는 뜻을 나타낸 '샘낼 투(妬)'.

>> 질투(嫉妬), 투기(妬忌)

砂 사	'돌 석(石)'과 '작게 하다(되다)'라는 뜻을 지닌 '작을 소(少)'를 더해 '돌이 가루가 되다'라는 뜻을 나타낸 '모래 사(砂)'.

>> 사막(砂漠), 사탕(砂糖), 황사(黃砂)

硏 연	'돌 석(石)'과 '위를 평평하게 맞추다'라는 뜻을 지닌 '평평할 견(幵=開)'을 더해 '돌의 표면을 갈다'라는 뜻을 나타낸 '갈 연, 벼루 연(硏)

>> 연구(硏究)

硯 연	'돌의 표면을 갈다'라는 뜻을 나타낸 '갈 연, 벼루 연(硏)'과 같이 쓰는 '벼루 연, 갈 연(硯), 곱고 얼굴이 비쳐 보일만큼 잘 갈리는 돌, 윤택한 돌 견(硯)'.

>> 연적(硯滴), 필연(筆硯: 붓과 벼루), 동연(同硯: 같은 곳에서 학업을 닦음)

破 파	'가죽 피(皮)'와 '돌 석(石)'을 더해 '돌로 가죽을 벗기니 모양이 흩어지다(깨지다)'라는 뜻을 나타낸 '깨뜨릴 파(破), 무너질 파(破)'.

>> 파탄(破綻), 파괴(破壞), 돌파(突破)

砲 포	'돌 석(石)'과 '쌀 포(包)'를 더해 '옛날 전쟁 때 돌덩이들을 싸서 쏘던 쇠뇌, 혹은 그 돌덩이'라는 뜻을 나타낸 '돌쇠뇌 포(砲)'.

>> 포수(砲手), 대포(大砲), 발포(發砲)

礫 력	'돌 석(石)'과 '즐거울 락(樂)'을 더해 '밟으면 짜르락 짜르락 즐거운 소리가 나는 조약돌'이라는 뜻을 나타낸 '조약돌 력(礫)'. ≫ 사력(沙礫: 자갈), 와력(瓦礫:깨진 기와조각)
礦 광	'돌 석(石)'과 '(널리)빛나다(黃: 불화살 황)'라는 뜻을 지닌 '넓을 광(廣)'을 더해 '빛을 내는 쇳돌'이라는 뜻을 나타낸 '쇳돌 광(礦)'. ≫ 광석(礦石＝鑛石), 매광(煤礦)
碁 기	'돌 석(石)'과 '사각형'으로 생긴 '키 기, 그 기(其)'를 더해 '사각형으로 생긴 (바둑) 돌판'이라는 뜻을 나타낸 '바둑 기(碁)'. ≫ 기석(碁石: 바둑돌), 기반(碁盤: 바둑판)
碎 쇄	'돌 석(石)'과 '해어진(다 떨어진) 옷을 입은 졸병'이라는 뜻을 지닌 '군사 졸(卒)'을 더해 '(딴딴한) 돌이 (졸병처럼) 부서지다'라는 뜻을 나타낸 '부술(부서질) 쇄(碎)'. ≫ 분쇄(粉碎), 파쇄(破碎), 마쇄(磨碎)
磁 자	'돌 석(石)'과 '불을 자(玆)'를 더해 '뭔가가 따라붙어 불어나는 돌'이라는 듯을 나타낸 '자석 자(磁)'. ≫ 자석(磁石), 자기장(磁氣場), 도자기(陶磁器)
礎 초	'돌 석(石)'과 '(매를 치기 위해) 여러 개를 늘어놓다'라는 뜻을 지닌 '회초리 초(楚)'를 더해 '돌을 늘어놓아 주춧돌을 삼다'라는 뜻을 나타낸 '주춧돌 초(礎)'. ≫ 기초(基礎), 초석(礎石), 주초(柱礎: 주춧돌)
碧 벽	'돌 석(石)'과 '푸른색이 비쳐나는 흰 옥'이라는 뜻을 지닌 '호박 박(珀)'을 더해 '푸른 옥돌'이라는 뜻을 나타낸 '푸른 옥 벽(碧)'. ≫ 벽창우(碧昌牛), 상전벽해(桑田碧海)
砦 채	'돌 석(石)'과 '발이 서 있는 곳'이라는 뜻을 지닌 '이 차(此)'를 더해 '돌로 쌓은 성'이라는 뜻을 나타낸 '돌 울타리 채, 진 친 터 채(砦)'. ≫ 성채(城砦), 보채(堡砦: 보루)

015_ 산 부추 섬(韱)

 계속 베어서 먹는 길고 가느다란 '산 부추'

韱 섬
𧤨

'사람들(𠈌)을 창칼(𢦏)로 베는 모습(𢦏)'과 '가느다란 산 부추의 모습(韭)'을 더해 '계속 베어서 먹는 산 부추'라는 뜻을 나타낸 '부추 섬(韱)'.

纖 섬

'(가늘고 긴) 산 부추 섬(韱)'과 '실 사(糸)'를 더해 '길고 가는 실로 짠 곱고 얇은 비단'이라는 뜻을 나타낸 '가늘 섬, 고운 비단 섬(纖)'.
>> 섬유(纖維), 섬세(纖細), 섬섬옥수(纖纖玉手: 가녀리고 가녀린 옥 같은 손이라는 말로, 가냘프고 고운 여자(女子)의 손)

殲 섬

'(가늘고 긴) 산 부추 섬(韱)'과 '부서진 뼈 알(歹)'을 더해 '부추 베어내듯 사람을 무더기로 베다'라는 뜻을 나타낸 '다 죽일 섬(殲)'.
섬멸(殲滅), 섬박(殲撲: 때려 부숨), 진섬(殄殲: 무찔러서 모두 없애버림, 남김없이 멸망(滅亡)시킴)

懺 참

'(가늘고 긴) 산 부추 섬(韱)'과 '마음 심(忄)'을 더해 '괴로운 마음을 끝없이 베어내고 또 베어내다'라는 뜻을 나타낸 '뉘우칠 참(懺)'.
>> 참회(懺悔), 사참(事懺: 기도하며 죄(罪)를 뉘우쳐 회개(悔改)하는 일)

籤 첨

'(가늘고 긴) 산 부추 섬(韱)'과 '대 죽(竹)'을 더해 '여러 개의 가느다란 대나무 쪽 무더기 중 그 어느 하나에 표를 해놓고 찾아내게 하는 짓'이라는 뜻을 나타낸 '제비뽑기 첨(籤)'.
>> 당첨(當籤), 추첨(抽籤), 죽첨(竹籤: 얇고 반반하게 깎은 대의 조각)

讖 참

'(가늘고 긴) 산 부추 섬(韱)'과 '말씀 언(言)'을 더해 '시중의 떠도는 말과 말 사이에 살그머니 끼워 넣는 예언'이라는 뜻을 나타낸 '비결 참(讖)'.
>> 참언(讖言＝讒言), 도참(圖讖), 참위설(讖緯說: 중국 진(秦)나라

말기에 유행한 예언설(豫言說) 일식(日蝕) · 월식(月蝕) · 지진(地
震) 등의 천이지변(天異地變)이나 위서(緯書)에 의하여 운명(運
命)을 예측(豫測)하는 것)

016_ 우거질 봉(丰)

| 丰 | 잘 자란 곡식이 봉우리를 맺는 모습 |

丰 봉

잘 자란 곡식이 봉우리를 맺는 모습(,)으로 나타낸 '우거질 봉,
봉우리 봉(丰)'.
>> 풍봉(風丰: 살찌고 아름다운 용모(容貌))

豐 풍

'굽이 높은 제기 그릇'의 뜻을 지닌 '콩 두(豆)'와 '뫼 산(山)' 그리고 '잘
열린 곡식'의 뜻을 지닌 '우거질 봉, 봉우리 봉(丰)'을 더해 '제상 위에
푸짐하게 곡식을 올리다'라는 뜻을 나타낸 '푸지게 오를 풍(豐=豊)'.
>> 풍성(豐盛), 풍요(豐饒), 풍부(豐富), 풍년(豐年), 풍족(豐足)

禮 례

'제단'의 뜻을 지닌 '보일 시(示)'와 '풍성하고 정연하게 올려놓은 제
물'의 뜻을 지닌 '넉넉할 풍(豊)'을 더해 '조상께 제물을 바치고 절
을 올리는 법도'라는 뜻을 나타낸 '예절 례(禮)'.
>> 예절(禮節), 예법(禮法), 혼례(婚禮)

夆 봉

'발걸음'의 뜻을 지닌 '뒤처질 치(夂)'와 '봉우리 봉(丰)'을 더해 '뾰
족한 산봉우리로 이끌어 만나다'라는 뜻을 나타낸 '(산꼭대기로)
이끌어 만날 봉(夆)'.

우리말의 '봉'은 '보다'에서 나온 말이며, '보자'는 것은 곧 '만나자'는 것과 같습니다. '봉우리'
가 바로 어느 양쪽이 꼭대기에서 서로 만나는 어떤 모습이듯이 말입니다. 그래서 '서로
만나 마주 보는 만날 봉(夆)'이라는 우리말 한자(漢字)도 만들게 된 것이지요.

峯 봉
峰

'봉우리'의 뜻을 지닌 '이끌어 만날 봉(夆)'과 '뫼 산(山)'을 더한 '산
봉우리 봉(峯=峰)'.
>> 최고봉(最高峰), 첨봉(尖峰), 봉애(峯崖: 산의 험악하게 된 언덕)

蜂 봉	'(꼭대기로) 이끌어 만날 봉(夆)'과 '벌레 충(虫)'을 더해 '여왕벌에 이끌려 높은 나무 가지 등에 봉우리 모습의 집을 짓고 무리 지어 사는 벌레'라는 뜻을 나타낸 '벌 봉(蜂)'. ▶▶ 봉기(蜂起), 양봉(養蜂), 밀봉(蜜蜂: 꿀벌)

烽 봉	'(산꼭대기로) 이끌어 만날 봉(夆)'과 '불 화(火)'를 더해 '서로 연락하기 위해 산꼭대기에서 연기가 올라가도록 피우는 불'이라는 뜻을 나타낸 '봉화 봉(烽)'. ▶▶ 봉화(烽火), 봉수군(烽燧軍)

逢 봉	'이끌어 만날 봉(夆)'과 '갈 착(辶)'을 더해 '서로 이끌리어 가서 만나다'라는 뜻을 나타낸 '만날 봉(逢)'. ▶▶ 상봉(相逢), 봉변(逢變), 봉착(逢着)

縫 봉	'만날 봉(逢)'과 '실 사(糸)'를 더해 '천의 양 쪽을 이끌어 실로 꿰매다'라는 뜻을 나타낸 '꿰맬 봉(縫)'. ▶▶ 미봉(彌縫), 재봉(裁縫), 봉합(縫合)

奉 봉	'봉우리 봉(丰)' 혹은 '(산꼭대기로) 이끌어 만날 봉(夆)'과 '두 손의 모습(廾)'을 더해 '두 손을 받들어 모시다'라는 뜻을 나타낸 '받들 봉(奉)'. ▶▶ 봉양(奉養), 봉사(奉仕), 봉헌(奉獻)

O17_ 해(日), 별(星)

	밤하늘 별들의 모습

日 일	날마다 떠오르는 동그란 해의 모습(O)에 그 안에 세상을 비춰주고 따듯하게 해주는 무엇인가 들어있다는 뜻의 표시(-)를 더한 형태(⊙)로 나타낸 '(해가 떠 있는)날 일(日)'. ▶▶ 일출(日出), 일기(日記)

旦 단
旦

어두움 속에서 나타나는 혹은 수평선이나 지평선 위로 떠오르는 해의 모습(旦, 旦)으로 나타낸 '새벽 단(旦)'.
>> (새해) 원단(元旦)

但 단

'새벽 단(旦)'에 '사람 인(人=亻)'을 더해 '새벽이면 새빨간 아침 해가 떠오르듯 서로 발가벗고(탁 까놓고)살자 혹은 오직 이것만은 진짜'라는 뜻을 나타낸 '다만 단(但)'.
>> 단지(但只), 비단(非但: 이것뿐만이 아니라)

昌 창
日日

해(日)를 두 번 그린 모습(日)으로 '환하고 환하다'는 뜻을 나타낸 '환할 창(昌)'.
>> 번창(繁昌), 창성(昌盛), 창세(昌世)

昌 창
日曰

'날 일(日=日)'과 '가라사대 왈(曰=曰)'을 더한 모습(昌)으로 '밝은 해(日)처럼 명백하게 말하다(曰)'라는 뜻을 나타낸 '명백히 말할 창(昌)'으로 '환할 창(昌)'과 혼용됨.

唱 창
唱

'명백히 말할 창(昌)'이 '환할 창(昌)'과 혼동되어 쓰이게 되자, 원래의 '명백히 말하다'라는 뜻을 보다 분명히 하기 위해 '입 구(口=口)'를 다시 더해 '어떤 말이나 이야기가 보다 널리 알려지도록 환하게 말하다'라는 뜻으로 다시 만든 '노래 할 창(唱)'.
>> 합창(合唱), 독창(獨唱), 가창력(歌唱力)

晶 정
晶

밤하늘의 맑고 밝은 수많은 별들을 '밤하늘의 해(O=日)들이 모인 모습(晶)'으로 보고 만든 '(맑고 밝은) 별 정 혹은 맑을 정(晶)'.
>> 수정(水晶), 결정체(結晶體)

星 성
星

'(맑고 밝은) 별 정(晶)'이 '맑을 정(晶)'자로만 쓰이게 되자 '해맑게 솟아나는 새싹'의 모습에서 나온 '날 생(生)'을 더해 다시 만든 '별 성(星)'.
>> 성운(星雲), 성단(星團), 북극성(北極星)

昆 곤

'날 일(日)'과 '견줄 비(比)'를 더해 '햇빛에 견줄 만큼이나 미치지 않는 곳이 없는 것처럼 수없이 많은 (모든 동물의 4분의 3이나 될 만큼 으뜸으로 많은 벌레들)'이라는 뜻을 나타낸 '벌레 곤, 뒤섞일 곤, 맏 곤(昆)'.
>> 곤충(昆蟲), 곤계(昆季), 후곤(後昆)

| 混 혼 | ‘벌레 곤, 뒤섞일 곤, 맏 곤(昆)’과 ‘물 수(氵)’를 더해 ‘큰물이 져서 모든 것들이 섞여서 떠내려 오는 상태’라는 뜻을 나타낸 ‘뒤섞일 혼(混)’. |

>> 혼란(混亂), 혼돈(混沌), 혼성(混聲)

| 崑 곤 | ‘벌레 곤, 뒤섞일 곤, 맏 곤(昆)’과 ‘뫼 산(山)’을 더해 ‘수많은 산들이 모여 있는 산중의 산’이라는 뜻을 나타낸 ‘곤륜산 곤(崑)’. |

>> 곤륜산(崑崙山), 곤약판(崑蒻版)

| 普 보 | ‘아우를 병, 나란할 병(並)’과 ‘날 일(日)’을 더해 ‘태양빛이 널리 고르게 퍼지다’라는 뜻을 나타낸 ‘넓을 보 두루 보(普)’. |

>> 보통(普通), 보급(普及), 보편(普遍)

| 譜 보 | ‘말씀 언(言)’과 ‘넓을 보 두루 보(普)’를 더해 ‘여러 말이나 기록들을 두루 펼쳐 적어 놓다 보(譜)’. |

>> 악보(樂譜), 족보(族譜), 계보(系譜)

018_ 범 호(虎)

| | 호랑이가 입을 크게 벌린 모습 |
| = 虎, 虍 | 호랑이의 약자 |

| 虎 호 | 호랑이를 그린 ‘범 호(虎) |

>> 호시탐탐(虎視耽耽), 호가호위(狐假虎威)

| 處 처 | 발(止)을 강조해서 그린 호랑이(虎)가 안석(几)위에 걸터앉아 있는 모습(處)으로 ‘호랑이가 제 집에서 안심하고 쉬듯이 지낼 수 있는 곳’이라는 뜻을 나타낸 ‘곳 처, 머무를(살) 처(處)’. |

卢 호

'범 호(𠂆 = 虎)'의 약자. 변으로 쓰는 '범 호(虍)'.

虐 학

호랑이(虍), 호랑이의 앞발(손 = 彐)과 사람(冖)을 더해 '호랑이가 사람을 할퀴다'라는 뜻을 나타낸 '사나울 학(虐)'.
>> 학대(虐待), 학살(虐殺), 학정(虐政), 가학(苛虐)

遞 체

'덮을 엄(冖 = 厂)'과 '범 호(𠂆 = 虎)'를 더해 '먹이를 앞에 두고 엎드린 호랑이가 덮칠 기회를 노리느라 옆으로 기는 모습'을 나타낸 '옆으로 길 치(虒 = 虒)'와 '갈 착(辶)'을 더해 '옆으로 번갈아 보내다'라는 뜻을 나타낸 '번갈아 보낼 체(遞)'.
>> 우체국(郵遞局), 체감(遞減), 체귀(遞歸)

虛 허

'범 호(虎 = 虍)'와 사방이 높은 언덕(절벽)이고 가운데는 텅 비어 있는 모습에서 나온 '언덕 구(丘 = 业)'자를 더해 '호랑이 아가리처럼 크고 황량한 공간'이라는 뜻을 나타낸 '빌 허(虛)'.
>> 허구(虛構), 허위(虛僞), 허점(虛點), 겸허(謙虛)

虔 건

'범 호(虎 = 虍)'와 '글월 문(文)'을 더해 '호랑이 같이 무섭고 엄격한 태도 혹은 그 앞에 선 듯 조심스러운 태도'라는 뜻을 나타낸 '삼갈 건(虔)'.
>> 경건(敬虔: 두렵고 조심스러운), 각건(恪虔: 삼가고 조심함), 공건(恭虔: 공손하고 삼감)

虜 로

'범 호(虎)'와 '꿰뚫을 관(毌)', '힘쓸 력(力)'을 더해 '호랑이가 사람을 납치하듯 힘으로 사람을 줄줄이 엮다'라는 뜻을 나타낸 '포로 로(虜)'.
>> 포로(捕虜), 노획(虜獲: 적을 사로잡거나 목을 베는 것)

擄 로

'포로 로(虜)'와 '~하다'라는 뜻을 지닌 동사 부호 '손 수(扌)'를 더해 '강제로 뺏거나 끌어오다'라는 뜻을 나타낸 '사로잡을 로, 노략질 할 로(擄)'.
>> 노략(擄掠)

慮 려

'범 호(虎)'와 '생각 사(思)'를 더해 '호랑이를 무서워하듯이 걱정하다, 조심스럽게 생각하다'라는 뜻을 나타낸 '걱정할 려(慮)'.
>> 배려(配慮), 고려(考慮), 염려(念慮)

膚 부	'밥그릇 노(盧)'와 '고기 육(肉＝月)'을 더해 '여러 내장을 싸고 있는 속껍질'을 나타낸 '살갗 부(膚)'. ≫ 피부(皮膚), 신체발부(身體髮膚)

據 거	'호랑이 호(虎＝虍)'와 '멧돼지 시(豕)'를 같이 쓰고 '~~하게 하다'의 뜻을 지닌 동사 부호 '손 수(扌)'를 더해 '호랑이나 멧돼지처럼 아무런 위험 없이 편히 지낼 수 있게 하다 혹은 그렇게 의지할 수 있는 곳'이라는 뜻을 나타낸 '의지할 거, 바탕 거(據)'. ≫ 근거(根據), 증거(證據), 점거(占據)

劇 劇 극	'범 호(虎)'와 '멧돼지 시(豕)' '칼 도(刂)'를 더해 '멧돼지와 호랑이가 되지도 않는(진짜 승부는 안 나는) 싸움을 심하게 하다'라는 뜻을 나타낸 '심할 극 혹은 연극 극(劇)'. ≫ 연극(演劇), 비극(悲劇), 극장(劇場)

號 호	'부르짖을 호(号)'와 '호랑이 호(虎)'를 더해 '호랑이가 으르렁거리듯 혹은 어흥! 하고 호령하듯 부르는 소리'라는 뜻을 나타낸 '부르짖을 호(號)'. ≫ 호실(號室), 호수(號數), 번호(番號), 기호(記號)

盧 盧 로	'호랑이 호(虍)', '자루 서(由)', '그릇 명(皿)'을 더해 '호리병처럼 주둥이가 작고 자루처럼 속은 넓게 물레를 돌려 만든 그릇'이라는 뜻을 나타낸 '밥그릇 로(盧)'. ≫ 포로(蒲盧: 나나니벌), 사로(斯盧: 신라), 노생지몽(盧生之夢: 인생의 덧없음을 뜻함)

爐 로	'불 화(火)'와 '밥그릇 로(盧)'를 더해 '열이 덜 새나가도록 감싸서 만든 화로'라는 뜻을 나타낸 '화로 로(爐)'. ≫ 화로(火爐), 용광로(鎔鑛爐), 경수로(輕水爐)

O19_ 개 견(犬, 犭)

犬 견	개를 그린 '개 견(犬)'. ≫ 견마(犬馬), 견원지간(犬猿之間: 개와 원숭이의 사이처럼, 매우 사이가 나쁜 관계)

'사람이 팔다리를 펴고 정면으로 서 있는 모습을 그린 큰 대(大)'자에 점(丶) 하나를 찍은 글자(犬)처럼 되어 '개가 사람을 졸졸 쫓아다니다'라는 뜻이라는 얘기도 생겼습니다만, 그런 뜻으로는 '엎드릴 복(伏)'이 따로 있습니다.

伏 복

'사람 인(人=亻=亻)'과 '개 견(犬=犭)', 즉 '사람(亻)을 따라다니는 개(犭)의 모습(亻犬)'으로 '개가 사람을 따르다 혹은 사람에게 엎드리다'라는 뜻을 나타낸 '엎드릴 복(伏)'.

▶▶ 항복(降伏), 굴복(屈伏), 복병(伏兵)

犯 범

'짐승'이라는 뜻을 지닌 '개 견(犬=犭=亻)'과 '어떤 틀을 벗어나다'라는 뜻의 부호(㔾)를 더해 '(개가) 틀을 벗어나다, 거스르다, 어긋나다'라는 뜻을 나타낸 '범할 범(犯)'.

▶▶ 범죄(犯罪), 침범(侵犯), 범칙금(犯則金), 범법(犯法)

狂 광

'개 견(犭)'과 '큰 도끼'라는 뜻을 지닌 '임금 왕(王)'을 더해 '개가 임금처럼 굴다 혹은 임금이 개처럼 굴다'라는 뜻을 나타낸 '미칠 광(狂)'.

▶▶ 광우병(狂牛病), 열광(熱狂), 광기(狂氣)

狐 호

'짐승'이라는 뜻의 '개 견(犭)'과 '외롭다'라는 뜻을 지닌 '외(참 오이)과(瓜)'를 더해 '외롭게 외톨이로 다니는 짐승'이라는 뜻을 나타낸 '여우 호(狐)'.

▶▶ 구미호(九尾狐), 호가호위(狐假虎威: 여우가 호랑이의 위세를 빌려 호기를 부린다는 뜻으로, 남의 세력을 빌어 위세를 부림)

狙 저

'짐승'이라는 뜻의 '개 견(犭)'과 '제사상 위에 겹겹이 쌓여있는 음식'이라는 뜻을 지닌 '또 차(且)'를 더해 '제사상 위의 음식을 노리고 있는 교활한 원숭이'라는 뜻을 나타낸 '노릴 저, 원숭이 저(狙)'.

▶▶ 저격(狙擊)

狡 교

'짐승'이라는 뜻의 '개 견(犭)'과 '엇갈릴 교(交)'를 더해 '짐승이 잽싸게 이리저리 뛰며 달아나다 혹은 짐승이 울타리를 요리조리 뚫고 들어오다'라는 뜻을 나타낸 '잽쌀 교, 교활할 교(狡)'.

▶▶ 교활(狡猾), 교토사주구팽(狡兎死走狗烹: 토끼가 죽으면 사냥개를 삶아 먹는다는 뜻으로, 일이 있을 때는 실컷 부려먹다가 일이 끝나면 돌보지 않고 학대함)

狩 수

'짐승'이라는 뜻의 '개 견(犭)'과 '둘러싸다'라는 뜻을 지닌 '지킬 수(守)'를 더해 '짐승을 둘러싸서(몰아서) 잡다'라는 뜻을 나타낸 '사냥 수(狩)'.

▶▶ 수렵(狩獵), 수인(狩人: 사냥꾼), 순수비(巡狩碑: 임금이 변경(邊境)을 순수(巡狩)한 기념(紀念·記念)으로 세워둔 비)

狹 협	'짐승'이라는 뜻의 '개 견(犭)'과 '양 옆구리에 끼다'라는 뜻을 지닌 '낄 협(夾)'을 더해 '짐승이 양쪽으로 몰리다(쫓기다)'라는 뜻을 나타낸 '비좁을 협 혹은 쫓길 협(狹)'. ▶▶ 편협(偏狹), 협착(狹窄), 협소(狹小)

狗 구	'짐승'이라는 뜻의 '개 견(犭)'과 '구부릴(웅크릴) 구(句)'를 더해 '집 한 구석에 웅크리고 있는 (쓸모없는) 개'라는 뜻을 지닌 '개 구(狗)'. ▶▶ 구육(狗肉), 당구풍월(堂狗風月: 서당개 3년이면 풍월을 읊는다)

狼 랑	'짐승'이라는 뜻의 '개 견(犭)'과 '쌀눈조차 안 보이도록 말갛게 베껴낸 쌀'이라는 뜻을 지닌 '깨끗할(좋을) 량(良)'을 더해 '생기기는 개처럼 생겼지만 냉혹한 짐승다운 짐승'이라는 뜻을 나타낸 '이리 랑(狼)'. ▶▶ 낭패(狼狽), 시랑(豺狼: ①승냥이와 이리 ②탐욕(貪慾)이 많고 무자비(無慈悲)한 사람의 비유)

猜 시	'개 견(犭)'과 '차갑고 시린 (너무 깊고 맑아서 시커멓게 보이는) 물'이라는 뜻을 지닌 '푸를 청(靑)'을 더해 '개가 푸른 물에 비친 제 모습을 보고 화를 내며 싫어하다'라는 뜻을 나타낸 '싫어할 시(猜)'. ▶▶ 시기(猜忌), 시오지심(猜惡之心: 샘을 내고 미워하는 마음)

猛 맹	'짐승'이라는 뜻의 '개 견(犭)'과 '맏이 맹, 첫 맹(孟)'을 더해 '물이 처음으로 끓어오를 때 (갑자기) 뚜껑을 제치고 나오는듯한 기세'라는 뜻을 나타낸 '매섭고 사나울 맹(猛)'. ▶▶ 맹렬(猛烈), 맹수(猛獸), 용맹(勇猛)

獵 렵	'긴 갈기를 가지고 있는 새나 짐승의 모습(巤)'과 '개 견(犬)'을 더해 '개를 써서 동물을 사로잡다'라는 뜻을 나타낸 '사로잡을 렵(獵)'. ▶▶ 엽기(獵奇), 섭렵(涉獵), 밀렵(密獵), 수렵(狩獵)

默 묵	'까매서 안 보이다'라는 뜻을 지닌 '검을 흑(黑)'과 '개 견(犬)'을 더해 '사냥으로 잠복할 때 개의 눈을 가려서 짖지 않게 하다 혹은 개를 짖지 않고 잠잠히 따라오게 하다'라는 뜻을 나타낸 '잠잠할 묵(默)'. ▶▶ 침묵(沈默), 묵인(默認), 묵살(默殺), 묵념(默念)

拔 발

개(犬)의 뒷발 부분에 동작을 나타내는 표시(丿)를 해서 나타낸 '개가 튀어나갈 자세를 취하기 위해 발 디딜 곳의 쓸데없는 것들을 뒷발로 걷어내는 모습(犮 =)'과 '손 수(手 = 扌)'를 더해 '적절한 조건을 선택하기 위해 쓸데없는 것은 버리고 좋은 것을 뽑다(선택하다)'라는 뜻을 나타낸 '뽑을 발, 빼어날 발(拔)'.
>> 선발(選拔), 발췌(拔萃), 발탁(拔擢)

髮 발

'늘어진 머리카락 혹은 긴 머리가 휘날리는 모습() 혹은 말갈기)'을 나타낸 '터럭 발(髟)'과 '쓸데없는 것은 걷어내고 좋은 것만 뽑다'라는 뜻을 지닌 '뽑을 발, 빼어날 발(拔)'을 더해 '성가시지 않도록 늘 관리해야(다듬어야)하는 머리카락'이라는 뜻을 나타낸 '터럭 발(髮),'.
>> 백발(白髮), 가발(假髮), 이발(理髮)

狀 상,장

'넓고 기다랗게 컨 널조각, 혹은 기다란 침대'라는 뜻을 지닌 '널조각 편(爿)'과 '개 견(犬)'을 더해 '제단 위에 개가 희생으로 받쳐진 모습, 혹은 개가 올라가서 누워 뒹굴어도 될 정도의 어떤 판이 벌어질만하다'라는 뜻을 나타낸 '모양 상, 혹은 문서 장(狀)'.
>> 상황(狀況), 상태(狀態), 현상(現狀), 상장(賞狀)

020_ 방패 간(干)

방패의 모습

干 간

'끝이 갈라져 있는 나무를 쥐고() 적을 막고 자신을 지키는 데 쓰는 무기'라는 뜻을 나타낸 '방패 간(干)'.
>> 간섭(干涉), 간여(干與), 약간(若干)

岸 안

'뫼 산(山)'과 '벼랑 한(厂)', '방패 간(干)'을 더해 '물을 막아서 있느라 벼랑이 있는 물가'라는 뜻을 나타낸 '기슭 안(岸)'.
>> 연안(沿岸), 해안(海岸)

肝	간

‘방패 간(干)’과 ‘몸’의 뜻을 지닌 ‘고기 육(肉＝月)’을 더해 ‘몸에 들어오는 독을 막아주는 역할을 하다’라는 뜻을 나타낸 ‘간 간(肝)’.
>> 간염(肝炎), 간담(肝膽), 간요(肝要), 간담상조(肝膽相照: 간과 쓸개를 내놓고 서로에게 내보인다는 뜻으로, 서로 마음을 터놓고 친밀(親密)히 사귐)

汗	한

‘몸속에 들어온 불순물과 노폐물을 내보내는 역할’을 하는 ‘땀 한(汗)’.
>> 발한(發汗), 한증탕(汗蒸湯), 한우충동(汗牛充棟: 수레에 실어 운반(運搬)하면 소가 땀을 흘리게 되고, 쌓아올리면 들보에 닿을 정도(程度)의 양이라는 뜻으로, 장서(藏書)가 많음을 이르는 말)

軒	헌

‘방패 간(干)’과 ‘수레 거(車)’를 더해 ‘수레를 덮는 지붕’이라는 뜻을 나타낸 ‘추녀 헌 혹은 집 헌(軒)’.
>> 헌등(軒燈: 처마에 다는 등), 동헌(東軒: 지방(地方)의 고을 원이나 감사(監司)・병사(兵使)・수사(水使) 그밖에 수령들의 공사(公事)를 처리하는 대청(大廳)이나 집)

幹	간

‘힘들게(乁) 떠오르는 해(⊙) 혹은 메마른 하늘’이라는 뜻을 지닌 ‘아침 해 빛날 간(乾＝乹)’과 나무의 튼튼한 줄기로 만드는 ‘방패 간(干)’을 더해 ‘메마른 하늘에도 꿋꿋하게 버티며 크다’라는 뜻을 나타낸 ‘줄기 간(幹)’.
>> 간부(幹部), 간사(幹事), 간선도로(幹線道路), 근간(根幹)

刊	간

‘나무줄기’라는 뜻을 지닌 ‘방패 간(干)’과 ‘칼 도(刀＝刂)’를 더해 ‘나무줄기로 만든 판자에 칼로 글을 새겨 책을 만들다’라는 뜻을 나타낸 ‘책 펴낼 간(刊)’.
>> 간행(刊行), 발간(發刊), 계간(季刊)

竿	간

‘나무줄기’라는 뜻을 지닌 ‘방패 간(干)’과 ‘대 죽(竹)’을 더해 ‘대나무 줄기로 만든 장대’라는 뜻을 나타낸 ‘장대 간(竿)’.
>> 괘간(掛竿: 바지랑대), 조간(釣竿: 낚싯대), 간죽(竿竹: 담배설대)

旱	한

‘날 일(日)’과 ‘방패 간(干)’을 더해 ‘해를 막아야할 만큼 가물다’라는 뜻을 나타낸 ‘가물 한(旱)’.
>> 한발(旱魃: 가물), 한도(旱稻: 밭에 심는 벼), 대한(大旱: 큰 가뭄)

奸 _간	'계집 녀(女)'와 '방패 간(干)'을 더해 '여자가 자신을 지키기 위한 수단'이라는 뜻을 나타낸 '꾀 낼 간(奸)'. 후대의 가부장적 편견에 의해 주로 '범할 간, 간사할 간(奸)'으로 쓰이게 됨. ➤ 간신(奸臣), 간사(奸邪), 간교(奸巧), 농간(弄奸)

021_ 노적가리 유(臾)

 논 가운데 쌓아놓은 노적가리

臾 _유	볏단을 두 손(ㅌ ㅋ)으로 노적가리를 힘들게(亻) 쌓아 올리는 모습(臾)으로 '들에 임시로 쌓아두는 노적가리'라는 뜻을 나타낸 '노적가리 유, 임시 유, 잠깐 유(臾)'.
諛 _유	'노적가리 유(臾)'와 '말씀 언(言)'을 더해 '노적가리 쌓듯 말로 치켜 올리다'라는 뜻을 나타낸 '아첨할 유(諛)'. ➤ 첨유(諂諛: 알랑거리며 아첨(阿諂)하는 것), 유녕(諛佞: 남에게 아첨(阿諂)함)
庾 _유	'노적가리 유(臾)'와 '집 엄(广)'을 더해 만든 '곳집 유(庾)'. ➤ 유름(庾廩: 곡식(穀食) 창고)

022_ 서울 경(京)

 바닥을 높여 지은 곡식 창고의 모습

京 경

물이나 짐승들의 피해가 없도록 바닥을 높여 지은 곡식 창고의 모습으로 나타낸 '큰 창고 경, 서울 경(京)'.
>> 경관(京觀: 전공(戰功)을 기념하기 위하여 세운 합동 무덤), 경성(京城), 경기도(京畿道)

景 경

'큰 창고 경, 서울 경(京)'과 '날 일(日)'을 더해 '높은 건물 위에 해가 멋있게 비치다'라는 뜻으로 나타낸 '볕 경(景)'.
>> 경치(景致), 경기(景氣), 배경(背景), 풍경(風景)

影 영

'큰 창고 경, 서울 경(京)'과 '빛이 비추는 모습'을 나타낸 '빗살무늬 삼 혹은 터럭 삼(彡)'을 더해 '큰 건물의 햇살이 만들어 내는 그림 같은 그림자'라는 뜻을 나타낸 '그림자 영(影)'.
>> 영향(影響), 촬영(撮影), 반영(反影)

凉 량

'높은 건물'이라는 뜻을 지닌 '큰 창고 경, 서울 경(京)'과 '얼음 빙(冫)'을 더해 '높은 곳은 시원하다'라는 뜻을 나타낸 '서늘할 량(凉)'.
>> 황량(荒凉), 납량(納凉), 처량(凄凉), 청량(淸凉)

諒 양

'명백하게 들어나는 높은 건물'이라는 뜻을 지닌 '큰 창고 경, 서울 경(京)'과 '말씀 언(言)'을 더해 '어떤 말(의사)을 명백하게 드러내다'라는 뜻을 나타낸 '참 량, 살필 량(諒)'.
>> 양해(諒解), 양지(諒知), 양촉(諒燭: 헤아려서 살핌)

掠 략

'큰 창고 경(京)'과 '손 수(扌)'를 더해 '손 타기 쉽다'라는 뜻을 나타낸 '노략질 략(掠)'.
>> 침략(侵掠), 공략(攻掠), 약탈(掠奪)

鯨 경

'큰 창고 경(京)'과 '물고기 어(魚)'를 더해 '큰 건물처럼 큰 물고기'라는 뜻을 나타낸 '고래 경(鯨)'.
>> 포경(捕鯨), 경랑(鯨浪: 큰 파도), 경골(鯨骨)

就 취

'높은 건물'이라는 뜻을 지닌 '큰 창고 경, 서울 경(京＝京)'과 '무언가를 잡으려는 손짓(尤)'을 더한 모습(就)으로 '쫓다, 나아가다, (나아가게 되다)이루다'라는 뜻을 나타낸 '나갈 취, 이룰 취(就)'.
>> 취업(就業), 취임(就任), 성취(成就), 거취(去就)

商 상	'새김 칼'의 뜻을 지닌 '매울 신(𢆶=辛)'과 '단단히 쌓은 제단'의 뜻을 지닌 '굳셀 병(丙=丙)'을 더해 '말을 새기는 글(갑골문)로 하늘에 제사를 드리는 일 혹은 그 장소'라는 뜻을 나타낸 '서울 상(商)'.

'도끼(𢆶)와 제단(丙), 그리고 말하는 입(日)을 더한 모습 혹은 은나라의 수도에 있었던 건물의 모습'으로 변형된 '(은나라의) 서울 상(商)', 나중에는 그 뜻도 '상인 상, 장사 상(商)'으로 바뀜.

▶▶ 상인(商人), 상품(商品), 상업(商業)

이제까지의 학자들은 이 '상(𢆶, 𢆶=商)'자를 높은 건물의 모습으로 보고 고대 은(殷)나라의 서울을 뜻하는 글자라고 해석해 왔으나 이는 은(殷)나라의 뒤를 이었다는 주(周)나라 때부터의 왜곡된 역사적 해석일 뿐입니다. 다시 말하면 최초의 갑골문(한자의 원형)을 만들었던 우리 동이족(東夷族)의 은나라를 멸망시키고 주나라를 세운 지금의 중국 한족(漢族)들이 원래의 한자(漢字)인 갑골문(甲骨文)을 땅에 묻어 숨기고(폐기하고), 마치 새로운 글자인 것처럼 금문(金文)으로 대치하는 과정에서 그 원뜻이 왜곡되었다는 것입니다.

023_ 칼 도(刀)

 멋있게 생긴 청동기 시대 '외날 칼'의 모습

刀 도	'외날 칼'로 나타낸 '칼 도(刀)'. ▶▶ 장도(長刀), 단도(短刀)

刃 인	'칼 날'을 그리려고 우선 칼(刀)은 그렸지만, 칼의 날 부분을 따로 그리기가 어렵다보니 칼의 날 부분에 '점(丶)'을 찍은 모습으로 나타낸 '칼 날 인(刃)'. ▶▶ 병인(兵刃: 칼, 창 따위처럼 날이 서 있는 병기), 상인(霜刃: 서슬이 시퍼렇게 선 칼날)

忍 인	'(단단한 물체에 부딪쳐도 깨지지 않고 견뎌낼 수 있도록 잘 벼려서 써야하는) 칼 날 인(刃)'과 '마음 심(心)'을 더해 '견디고 참아내는 마음'이라는 뜻을 나타낸 '참을 인(忍)'. ▶▶ 인내(忍耐), 인고(忍苦), 잔인(殘忍)

| 認 인 | '참을 인(忍)'과 '말씀 언(言)'을 더해 '마음에 담고 변하지 않는 어떤 말이나 약속'이라는 뜻을 나타낸 '(새겨서) 알 인(認)'.
≫ 승인(承認), 인정(認定) |

024_ 화톳불(모닥불) 료(寮)

달집 태우기

寮 료 	장작을 많이 쌓아놓고 불태우는 모습으로 나타낸 '화톳불 료 혹은 큰불 제사 이름 료(寮)'. 옛날부터 정월 대보름이 되면 해충이나 병균, 악귀들을 물리치기 위해 큰 불을 놓아 하늘에 제사를 지내는 풍속이 있었는데, 우리나라에 지금도 남아있는 '달집태우기'와 같은 것입니다.
燎 료	'료(寮)'자가 큰불을 태우는 제사 이름으로만 주로 쓰이게 되자 '불 화(火)'를 더해서 다시 만든 '화톳불(모닥불) 료, 횟불 료(燎)'. ≫ 촉료(燭燎: 촛불과 횃불), 교료(郊燎: 들판에 불을 놓고 하늘에 지내는 제사)
僚 료	'화톳불 료(寮)'와 '사람 인(人＝亻)'을 더해 '화톳불을 지필 때 땔감을 구하고 계속해서 넣어주는 일을 함께 하는 사람들'이라는 뜻을 나타낸 '벗 혹은 동무 료(僚)'. ≫ 동료(同僚), 관료(官僚), 각료(閣僚)
寮 료	'(모닥불을 피우려면) 함께 일을 해야 한다'는 뜻을 지닌 '모닥불(화톳불) 료(寮)'와 '집 면(宀)'을 더해 '함께 일하는 사람들이 사는 집'이라는 뜻을 나타낸 '집 료(寮)'. ≫ 기숙료(寄宿寮), 학료(學寮: 학교의 기숙사), 요사채(寮舍寨: 절의 스님들이 기거하는 곳)
遼 요	'모닥불 료(寮)'와 '걸을 착(辶)'을 더해 '모닥불의 불빛이 멀리까지 가다'라는 뜻을 나타낸 '멀 요(遼)'. ≫ 요원(遼遠)의 불길, 요원(遼遠)하다, 요동(遼東)

| 瞭 료 | '화톳불 료(尞)'와 '눈 목(目)'자를 더해 '모닥불을 피우니 눈이 환하고 밝아지다'라는 뜻을 나타낸 '(눈)밝을 료(瞭)'.
▶▶ 명료(明瞭)하다, 일목요연(一目瞭然: 한 눈에 환하게 보임) |

| 療
療 료 | 사람이 병들어 자리에 누운 모습(疒)에서 나온 '병들어 누울 녁(疒 = 疒 = 广)'과 '해충이나 병균, 악귀들을 물리치기 위해 큰 불을 놓아 하늘에 지내던 제사'의 뜻을 지닌 '화톳불 료(尞 = 尞 = 尞)'를 더해 '병을 물리치다'라는 뜻을 나타낸 '(병) 고칠 료(療)'.
▶▶ 치료(治療), 요양원(療養院) |

025_ 창 과(戈)

찌르고 걸고 자르는(┼) 고대의 무기, 창

| 戈
┼ ┼ 과 | 찌르고 걸고 자르는 고대의 무기 중의 하나인 '창 과(戈)'.
▶▶ 간과(干戈: 창과 방패), 지과(止戈: 전쟁을 멈춤) |

| 武
┼ 戈 무 | '창 과(戈 = 戈)'와 '가다'라는 뜻을 지닌 '발지(止 = 止)'를 더해 '무기를 들고 가는 (굳센) 사람'이라는 뜻을 나타낸 '굳셀 무(武)'.
▶▶ 무기(武器), 무사(武士), 무력(武力), 무장(武裝) |

| 戔
┼ 戔 잔 | '창 과(戈)'를 두 번 겹친 모습으로 '자르고 또 자르다'라는 뜻을 나타낸 '자르고 자를 잔(戔)'. |

| 殘 잔 | '자르고 자를 잔(戔)'과 '뼛조각 알(歹)'을 더해 '작은 뼈 조각이 되도록 자르고 부수다'라는 뜻을 나타낸 '해칠 잔(殘)'.
▶▶ 잔혹(殘酷), 잔인(殘忍), 잔존(殘存), 잔류(殘留), 잔액(殘額) |

踐 천

‘거듭 자르다’라는 뜻을 지닌 ‘해칠 잔(殘)’과 ‘발 족(足)’을 더해 ‘발로 밟고 또 밟다’라는 뜻을 나타낸 ‘밟을 천(踐)’.

>> 실천(實踐), 천답(踐踏: 짓밟다), 천도(踐倒: 밟아 넘어뜨림)

盞 잔

‘자르고 자를 잔(戔)’과 ‘그릇 명(皿)’을 더해 ‘작게 나눠먹을 때 쓰는 작은 그릇’이라는 뜻을 나타낸 ‘작은 그릇 잔(盞)’.

>> 등잔(燈盞), 찻잔(茶盞), 잔대(盞臺: 술잔을 받치는 접시 모양의 그릇)

錢 전

‘자르고 자를 잔(戔)’과 ‘쇠 금(金)’을 더해 ‘작은 돈’이라는 뜻을 나타낸 ‘잔돈 전 혹은 푼돈 전(錢)’.

>> 금전(金錢), 환전(換錢), 전대(錢臺), 동전(銅錢), 엽전(葉錢)

淺 천

‘자르고 자를 잔(戔)’과 ‘물 수(水 = 氵)’를 더해 ‘물이 (잘게) 줄어들어 거의 안 남다’라는 뜻을 나타낸 ‘얕을 천(淺)’.

>> 천박(淺薄), 비천(鄙淺)

賤 천

‘자르고 자를 잔(戔)’과 ‘재물’이라는 뜻을 지닌 ‘조개 패(貝)’를 더해 ‘재물이 (잘려 나가) 바닥이 나다’라는 뜻을 나타낸 ‘천할 천(賤)’.

>> 귀천(貴賤), 천대(賤待), 천시(賤視), 천민(賤民)

伐 벌

창칼()로 사람(亻)의 목을 치는 모습()으로 나타낸 ‘칠 벌(伐)’.

>> 벌목(伐木), 토벌(討伐), 긍벌(矜伐)

戒 계

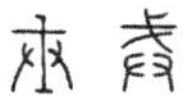

‘두 손의 모습(廾)’과 ‘창 과(戈)’를 더해 ‘창을 들고 무엇인가를 지키다, 망을 보다’라는 뜻을 나타낸 ‘조심할 계, 주의할 계(戒)’.

>> 경계(警戒), 훈계(訓戒), 계엄령(戒嚴令)

或 혹

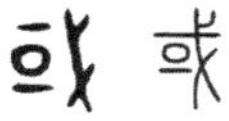

‘어느 지역()을 경계 짓다()’라는 뜻과 ‘창 과( = 戈)’를 더해 ‘지역과 지역의 경계를 나누다, 혹은 혹시나 하고 경계를 지키다’라는 뜻을 나타낸 ‘지역 혹 또는 혹시 혹(或)’.

>> 혹시(或是), 간혹(間或), 설혹(設或), 혹자(或者)

域 역

‘지역 혹, 또는 혹(或)’에 ‘흙 토(土)’를 다시 더해 만든 ‘지경 역(域)’.

>> 지역(地域), 구역(區域), 영역(領域)

惑 _혹	'지역 혹 또는 혹(或)'과 '마음 심(忄)'을 더해 '이럴까 저럴까 망설이는 마음'이라는 뜻을 나타낸 '망설일 혹, 헷갈릴 혹(惑)'. >> 의혹(疑惑), 현혹(眩惑), 미혹(迷惑)

'지역 혹 또는 혹(或)'과 '마음 심(忄)'을 더해 '이럴까 저럴까 망설이는 마음'이라는 뜻을 나타낸 '망설일 혹, 헷갈릴 혹(惑)'.
>> 의혹(疑惑), 현혹(眩惑), 미혹(迷惑)

'지역 혹 또는 혹시 혹(或)'과 '둘레를 에워싸다'라는 뜻을 지닌 '에워쌀 국(囗)'을 더해 다시 만든 '나라 국(國)'.

'날 끝이 들쭉날쭉한 톱, 혹은 창의 모습'으로 '무기를 들고 나야, 나! 하고 자신을 내세우다'라는 뜻을 나타낸 '나 아(我)'.
>> 아집(我執), 자아(自我), 아전인수(我田引水)

026_ 도끼 근(斤)

= 토기 위에 그려진 도끼의 모습(斤)

도끼를 그린 모습(斤)으로 나타낸 '도끼 근, 벨 근(斤)'.
>> 근량(斤量), 근수(斤數)

여기서 '벨 근(斤)'은 '도끼로 한 번 찍어낸(베어낸) 만큼의 무게'를 나타낸 '(1근, 2근 할 때의) 근 근(斤)'으로도 쓰입니다.

'가까운 거리에서 찍어내는 도구'라는 뜻을 지닌 '도끼 근(斤)'과 '걸을 착(辶)'을 더해 '가까이 가다 혹은 가깝다'라는 뜻을 나타낸 '가까울 근(近)'.
>> 근처(近處), 근방(近方), 근대(近代), 근시안(近視眼: 가까운 것만 보는 눈)

제단(祭壇)의 모습을 그린 '(신이) 보일 시(示)'와 '가까이 가다'라는 뜻을 지닌 '도끼 근(斤)'을 더해 '신(神)에게 가까이 가다(빌다)'라는 뜻을 나타낸 '빌 기(祈)'.
>> 기도(祈禱), 기원(祈願), 기우제(祈雨祭)

斥 척

'도끼 근(斤)'의 자루 부분에 동작을 나타내는 부호인 '점 주(丶)'를 더해 '무엇인가를 쳐내다'라는 뜻을 나타낸 '물리칠 척(斥)'.
>> 배척(排斥), 척사(斥邪: 사악함을 물리침)

또한 이 '척(斥)'은 '(도끼를 써서) 우거진 숲을 제거하고 앞길을 열다'라는 뜻의 '넓힐 척(斥)'이 되어 척지(斥地), 척토(斥土) 개척 등에도 쓰이며, 또한 '적의 내부를 (도끼로 찍어내듯) 그 틈을 열어 살피다'라는 뜻의 '엿볼 척(斥)'이 되어 '척후병(斥候兵)' 등에도 쓰입니다.

訴 소

'말씀 언(言)'과 '물리칠 척(斥)'을 더해 '부당하다고 생각되는 일을 물리치기 위한 말을 하다'라는 뜻을 나타낸 '호소할 소(訴)'.
>> 소송(訴訟), 소추(訴追), 기소(起訴)

析 석

'나무 목(木)'과 '도끼 근(斤)'을 더한 '쪼갤 석(析)'
>> 분석(分析), 해석(解析)

折 절

'도끼 근(斤))'과 '~ ~을 하다'라는 뜻을 지닌 '손 수(手=扌)'를 더한 '끊을 절 혹은 꺾을 절(折)'.
>> 요절(夭折), 좌절(挫折), 절충(折衷)

質 질

'도끼 근, (무게의 단위를 나타내는) 근 근(斤=斤, 斤)'자 2개와 '재물이나 돈'이라는 뜻을 지닌 '조개 패(貝=貝, 貝)'를 더해 '조개가 그 크기에 맞는 무게 혹은 그 크기에 맞는 바탕(실속)을 지니다'라는 뜻을 나타낸 '바탕 질(質)'.
>> 질문(質問), 질량(質量), 성질(性質), 물질(物質)

哲 철

손의 모습(屮)과 '도끼 근(斤=斤)', 그리고 '마음 심(心)'을 더해 '사물을 도끼로 잘라내듯 분명히 구별해내는 생각이나 마음'이라는 뜻을 나타낸 '밝을 철(哲)'.
>> 철학(哲學), 명철(明哲)

誓 서

'옛날에 서로 어떤 약속이나 맹세를 할 때 무엇인가에 표시를 한 후 끊어서 나누어 가지다'라는 뜻을 지닌 '꺾을 절, 끊을 절(折)'과 '말씀 언(言)'을 더해 '약속의 말을 하다'라는 뜻을 나타낸 '맹서할 서(誓)'.
>> 맹세(盟誓), 서약서(誓約書), 선서(宣誓)

逝 서

'꺾을 절, 끊을 절(折)'과 '갈 착(辶)'을 더해 '(갑자기) 끊어지듯이 가버리다(죽다)'라는 뜻을 나타낸 '갈 서, 죽을 서(逝)'.
>> 서거(逝去), 급서(急逝), 추불서(雛不逝)

| 斷 단 | '실로 짠 천조각의 모습(👹)'과 '끊어내다'라는 뜻을 지닌 '도끼 근(斤)'을 더한 '끊을 단(斷)'.
▶▶ 재단(裁斷), 중단(中斷), 절단(切斷) |

| 斯 사 | '곡식을 고르기 위해 늘 써야하는 키, 그 것'이라는 뜻을 지닌 '그기(其)'와 가까운 거리에서 찍는데 쓰는 도구로 '가깝다'라는 뜻을 지닌 '도끼 근(斤)'을 더해 '(키처럼) 늘 정해져 있는 곳에 두는 그것'이 아니라 '(도끼처럼) 늘 차고 다니는 이것'이라는 뜻을 나타낸 '이(것) 사(斯)'.
▶▶ 사민(斯民), 사계(斯界), 여사(如斯 : 이와 같다) |

| 斬 참 | '수레 거(車)'와 '도끼 근(斤)'을 더해 '수레의 바퀴를 도끼로 찍어 끊어내다'라는 뜻을 나타낸 '끊을 참(斬)'.
▶▶ 참수(斬首), 참살(斬殺) |

| 慚 참 | '수레바퀴가 부서지다'라는 뜻을 지닌 '끊을 참, 벨 참(斬)'과 '마음 심(忄)'을 더해 '타고 가던 수레의 바퀴가 부서져 부끄러운 꼴을 당한 마음'이라는 뜻을 나타낸 '부끄러울 참(慚)'.
▶▶ 무참(無慚), 수참(羞慚), 해참(駭慚) |

| 新 신 | 날카로운 칼의 모습으로 된 '매울 신(辛)'과 '나무 목(木)'이 합쳐져서 '나무를 다루는데 꼭 필요한 칼은 서로 가까운 물건이다'라는 뜻을 갖게 된 '가까울 친(親)'과 '쪼개다'라는 뜻을 지닌 '도끼 근(斤)'을 더해 '갓 쪼개 놓은 나무'라는 뜻을 나타낸 '땔감 나무 신 혹은 새로울 신(新)'.
▶▶ 신부(新婦), 신랑(新郎), 신선(新鮮) |

| 薪 신 | '땔감 나무 신 혹은 새로울 신(新)'이 주로 '새로울 신(新)'으로 쓰이게 되자 '풀 초(草＝艹)'를 다시 더해 만든 '땔감 나무 신, (땔감용) 섶나무 신(薪)'. |

027_ 계집 녀(女)

女 녀

가슴이 큰 여자(🐾) 혹은 (앉아서) 집안일을 하고 있는 여자(🐾)의 모습으로 나타낸 '계집 녀(女)'.
» 여자(女子), 여성(女性), 여왕(女王)

汝 여

'물 수(氵)'와 '계집 녀(女)'를 더해 '여자 같은, 살림하는 여자처럼 고마운 강물'이라는 뜻을 나타낸 '물 이름 여(汝), 너 여(汝)'.
» 괴여만리장성(壞汝萬里長城), 오심즉여심(吾心卽汝心)

'너 여(汝)'는 글자가 생길 때부터 그 발음이 '너 혹은 녀'였습니다. 우리말 한자(漢字)로 말하면 '너 녀, 너 녀(汝)'로 훈(訓: 풀어주는 말)이 따로 필요 없는 '너(汝 = 女)'라는 글자였다는 말입니다. 그리고 원래는 반말이 아니라 지금으로 치면 '사랑하는 당신 혹은 고마운 님'에 해당되는 말이었는데 한족(漢族)식으로 더 복잡한 존칭어가 생기면서 그만 반말처럼 되고 만 것이지요. 하지만 지금도 정말로 서로 좋아하게 되면 저절로 '너'라는 호칭이 나오기도 하지요.

姦 간

'계집 녀(女)' 셋을 더해 '여자들이 모여 쑥덕거리다, 뒷소리를 하다'라는 뜻을 나타낸 '어지럽게 할 간, 옳지 않을 간(姦)'.
» 계간(鷄姦), 간음(姦淫), 간특(姦慝)

姉 자

'계집 녀(女)'와' 제일 먼저 올라온 이삭, 혹은 덩굴손의 제일 윗부분'을 더해 '제일 손 위의 여자 형제'라는 뜻을 나타낸 '누이 자(姉)'.

妥 타

앉아 있는 혹은 일어나려는 여자(🐾, 🐾)를 손(🐾)으로 누르는 모습으로 나타낸 '온당할 타, 편안할 타(妥)'.

'편안할 타(妥)'라는 해석이 옥편에 나오기는 합니다만 이는 참으로 부당하게 해석되는 글자입니다. 어쩌면 '머리채 잡혀 끌려가는 여자의 모습'일지도 모르는데 말입니다. 그 결정적인 증거로는 잘 알려진 두보(杜甫)의 시(詩)에 나오는 '花妥…'라는 표현에 있는데, 그 뜻인즉 '꽃이 지다(여자가 짓눌려서…)'입니다. 그런데 남자 중심의 가부장제가 공고해지면서 어느덧 '여자의 기세를 눌러두어야 집안이 편하다. 그래야 마땅하다'라는 식으로 '편안(便安)할 타', '온당(穩當)할 타' 등의 뜻으로 쓰게 된 것입니다. 따라서 '어떤 분쟁이 타결(妥結)되었다'할 때의 '타결(妥結)'이란 말 역시 실은 상당히 문제가 있습니다. 합의(合意)나 화해(和解)라면 서로가 좋게 되었다는 뜻이 되겠지만, '타결(妥結)'이란 아무래도 어떤 일방적인 해결이라는 느낌이 드니 '종결(終決)'이라고 해야 할 듯합니다.

好 호

'계집 녀(女=🐾)'와 아기의 모습을 그린 '새끼 자(子=🐾, 🐾)'를 더해 '어미와 아기가 함께 있으니 좋다'라는 뜻을 나타낸 '좋을 호(好)'.
» 호황(好況), 호조(好調), 호기심(好奇心), 호전(好轉), 선호(選好)

妾 첩

'새김 칼'의 뜻을 지닌 '매울 신(辛=辛)'과 '계집 녀(ㅕ=女)'를 더해 '붙잡아 와서 몸에 문신을 새겨놓은 여자 몸종'이라는 뜻을 나타낸 '계집종 첩(妾)'.

▶▶ 처첩(妻妾), 애첩(愛妾)

O28_ 그릇 명(皿)

 여러 가지 그릇의 모습.

皿 명

(밑에 굽이 있고 양쪽에 손잡이가 달린) 청동기로 만든 '제기(祭器)' 그릇의 모습으로 나타낸 '그릇 명(皿)'.

▶▶ 기명(器皿: 그릇붙이), 기명도(器皿圖: 진귀한 그릇을 그린 그림)

보다 원초적인 형태의 '그릇'을 나타내는 글자는 바로 '입 구(ㅂ,ㅂ = 口)'입니다. '4개의 입 구(口)'가 들어 있는 '그릇 기(器)'에 보다 구체적인 흔적이 남아 있는데, 실은 이 '그릇 기(器)' 또한 단순한 '하나의 그릇'이라기보다는 '여러 개의 잘 갖추어진 그릇들'로, '그릇 명(皿)'과 함께 또 다른 형태의 '잘 갖추어진 제기(祭器)들'을 나타내는 글자라 할 것입니다.

器 기
器

여러 개의 그릇(器)과 종류가 많은 '개 견(犬 = 犭, 犬)'을 더해 '여러 가지의 그릇이나 도구'라는 뜻을 나타낸 '그릇(도구) 기(器)'.

▶▶ 무기(武器), 기관(器官), 기구(器具), 장기(臟器)

盤 반

'배처럼 물건을 나르고 (이곳저곳으로) 돌리다'라는 뜻을 지닌 '돌릴 반(般)'과 '그릇 명(皿)'을 더해 '배처럼 생긴 큰 그릇'이라는 뜻을 나타낸 '쟁반 반(盤)'.

▶▶ 기반(基盤), 지반(地盤), 음반(音盤)

盆 분

'나눌 분(分)'과 '그릇 명(皿)'을 더해 '나누어 먹을 수 있을 만큼 큰 동이 그릇'이라는 뜻을 나타낸 '동이 분(盆)'.

▶▶ 화분(花盆), 분재(盆栽), 분지(盆地)

盛 성

'이룰 성(成)'과 '그릇 명(皿)'을 더해 '그릇 위에 음식들을 잘 쌓아 놓다'라는 뜻을 나타낸 '(풍성하게 채워) 담을 성(盛)'.
>> 무성(茂盛), 왕성(旺盛), 풍성(豊盛)

益 익

'물 수(水=川)를 눕혀놓은 모습'과 '그릇 명(皿)'을 더해 '(신명들이 좋아 하도록) 그릇에 물이 넘치도록 붓다'라는 뜻을 나타낸 '더할 익(益)'.
>> 수익(收益), 이익(利益), 익충(益蟲)

蓋 개

'그릇 명(皿=皿)'과 '큰 뚜껑의 모습(夫)' 그리고 다시 '풀 초(++)'를 더해 '그릇의 뚜껑을 덮듯이 풀로 덮다'라는 뜻을 나타낸 '덮을 개(蓋)'.
>> 개연성(蓋然性), 복개(覆蓋), 구개음화(口蓋音化)

孟 맹

'새끼 자(子)'와 '제사'의 뜻을 지닌 '그릇 명(皿)'을 더해 '제사를 책임 져야하는 맏이, 첫 자식'이라는 뜻을 나타낸 '맏이 맹(孟)'.
>> 맹자(孟子), 맹랑(孟浪), 맹모삼천지교(孟母三遷之教)

盟 맹

'밝을 명(明=◐◑)'과 '피 혈(血)'을 더해 '밝은 천지신명들 앞에 함께 피를 받치다'는 뜻을 나타낸 '맹세할(굳게 맺을) 맹(盟)'.
>> 연맹(聯盟), 맹세(盟誓), 동맹(同盟), 혈맹(血盟)

血 혈

제기(祭器)에 핏방울을 떨어뜨리는 모습으로 나타낸 '피 혈(血)'.
>> 혈기(血氣), 혈육(血肉), 혈색(血色), 혈관(血管), 혈통(血統)

사람은 같은 생명, 같은 짐승을 잡아먹고 살아야 했습니다. 다른 수많은 생명들의 피가 희생되어야 했으며 자신들의 피 또한 희생하지 않고는 살아 올 수가 없었습니다. 그래서 '피'를 함부로 대할 수는 없었습니다. 하늘에 제사를 지냈습니다. 가장 좋은 그릇에 그 '피'와 '피'에 대한 감사와 슬픔을 함께 담아 제사를 지내왔습니다. 그래서 사람이 '그릇(皿)'에 가장 먼저 담게 된 것이 '피(血)'이었습니다.

盜 도

'물 수(氵)'와 '입을 벌리고 있는 사람'의 뜻을 지닌 '하품 흠(欠)' '그릇 명(皿)'을 더해 '(먹을 것이 들어 있는) 그릇 앞에서 입을 벌리고 (물처럼)침을 흘리는 것처럼 남의 것을 갖고 싶어 하는 일, 혹은 그런 사람'이라는 뜻을 나타낸 '훔칠 도(盜)'.
>> 도청(盜聽), 도용(盜用), 강도(强盜), 절도(竊盜)

<table>
<tr><td>寧 녕
(옛글자)</td><td>'집 면(宀)'과 '그릇 명(皿)', '마음 심(心)', 그리고 '한 곳에 머무르다'라는 뜻을 지닌 '못 정(丁)'을 더해 '집에서 밥 먹으며 잘 지내다 혹은 조상께 제사지내며 잘 지내다'라는 뜻을 나타낸 '편안할 녕(寧)'.
≫ 안녕(安寧), 강녕(康寧), 영가(寧暇)</td></tr>
</table>

O29_ 수레 거(車)

 수레(바퀴)의 모습

<table>
<tr><td>車 거,차
(옛글자)</td><td>수레바퀴의 (車)으로 그린 '수레 거(車) 혹은 구루마 차(車)'.
≫ 자동차(自動車), 승차(乘車), 자전거(自轉車)

'구루마'는 일본 말이 아니라 우리말 '굴러가는 말(마차)'의 줄임말이 일본으로도 간 것이라고 생각됩니다.</td></tr>
<tr><td>輪 륜
(옛글자)</td><td>'수레 거(車)'와 '순서 세울 륜(侖)'을 더해 '동그랗게 하나로 잘 어울려야 하는 수레바퀴 살'이라는 뜻을 나타낸 '수레바퀴 륜(輪)'.
≫ 윤곽(輪廓), 윤회(輪廻), 차륜(車輪), 연륜(年輪)</td></tr>
<tr><td>軋 알
(옛글자)</td><td>'수레 거(車)'와 '칼로 글을 (지그재그로 삐걱거리며) 새기다'라는 뜻을 지닌 '새(길) 을(乙)'을 더해 '수레가 삐걱거리며 가다'라는 뜻을 나타낸 '삐걱거릴 알(軋)'.
≫ 알력(軋轢) 알궁(軋弓: 아쟁을 긋는 활)</td></tr>
<tr><td>軌 궤
(옛글자)</td><td>팔뚝을 잔뜩 구부린 모습(㠯)으로 우리말의 '꽉 찬 아홉(9), 혹은 다 모이다'라는 뜻을 지닌 '아홉 구(九 = 㠯)'와 '수레 거(車)'를 더해 '수레가 많이 다니는 길에 수레바퀴 자국이 다 모여 일정한 길이 생기다'라는 뜻을 나타낸 '바퀴자국 궤 혹은 그 일정한 길(궤도)을 지켜야한다'는 뜻을 나타낸 '법 궤(軌)'.
≫ 궤도(軌道), 궤적(軌跡)</td></tr>
</table>

軍 군

'수레 거(車)'와 '쌀 포(勹)'를 더해 '수레(車)로 에워싸다 (勹)'라는 뜻을 나타낸 '진칠 군 혹은 군사 군(軍=軍)'.

>> 군대(軍隊), 군인(軍人), 군함(軍艦)

連 련

'걸을 착(辶=辶)'과 '수레 거(車)'를 더해 '수레(車)들이 열을 지어 가다 혹은 수레바퀴(輪)가 돌아가듯 끊임없이 이어지다'라는 뜻을 나타낸 '이어질 련(連)'.

>> 연락(連絡), 연쇄(連鎖), 연결(連結), 연루(連累)

蓮 련

'잇닿을 련(連)'과 '풀 초(艹)'를 더해 '연달아 뿌리 열매가 달리는 꽃'이라는 뜻을 나타낸 '연꽃 련(蓮)'.

>> 연화(蓮花), 목련(木蓮), 연근(蓮根)

輕 경

'베틀의 날줄(巠)'과 '수레 거(車)'를 더해 '베틀의 날줄(巠)처럼 어느 지점과 지점 사이를 곧장 (가볍게) 갈 수 있는 수레(車)'라는 뜻을 나타낸 '가벼울 경(輕)'

>> 경감(輕減), 경시(輕視), 경박(輕薄), 경거망동(輕擧妄動)

軸 축

'수레 거(車)'와 '비롯할 유(由)'를 더해 '수레바퀴의 살이 비롯되는 바퀴의 중심'이라는 뜻을 나타낸 '(수레바퀴의 중심을 꿰뚫는) 굴대 축(軸)'.

>> 주축(主軸), 차축(車軸), 천방지축(天方地軸)

輛 량

'수레 거(車)'와 '두 량(兩)'을 더해 '수레의 양쪽을 이루는 두 바퀴'라는 뜻을 나타낸 '수레 량(輛)'.

>> 차량(車輛)

輝 휘

'둥그렇게 진을 치다'라는 뜻을 지닌 '진칠 군(軍)'과 '빛 광(光)'을 더해 '빛이 둥그렇게 퍼져나가다'라는 뜻을 나타낸 '빛날 휘(輝)'.

>> 휘석(輝石), 휘황찬란(輝煌燦爛), 광휘(光輝: 아름답게 번쩍이는 빛)

揮 휘

'진칠 군(軍)'과 '~ ~을 하게 하다'라는 뜻을 지닌 동사 기호 '손 수(扌=手)'를 더해 '군사들을 이끌다'라는 뜻을 나타낸 '휘두를 휘(揮)'.

>> 지휘(指揮), 발휘(發揮), 휘발유(揮發油)

이 '휘두를 휘(揮)'의 '휘'라는 발음과 뜻 역시 '휘두르다'의 '휘'에서 나온 명백한 우리말 한자(漢字)입니다.

範 범	'대 죽(竹)', '수레 거(車)', '(눌려서) 쪼그리고 앉은 사람의 모습(㔾)'을 더해 '수레의 바퀴와 몸체가 벌어져 떨어지지 않도록 잡아주는 대나무 틀'이라는 뜻을 나타낸 '틀 범, 법 범(範)'. ≫ 모범(模範), 시범(示範), 규범(規範)

030_ 가득 찰 복(畐)

	배가 불룩한 항아리의 모습

畐 복	'배가 불룩한 항아리의 모습(㽅)'으로 나타낸 '(먹을 것이) 가득 찰 복(畐)'.

福 복	'제사상'의 뜻을 지닌 '보일 시(示)'와 '가득 찰 복(畐)'을 더해 '천지신명의 은혜로 곡식을 많이 거두는 복을 받다'라는 뜻을 나타낸 '복 받을 복(福)'. ≫ 행복(幸福), 복지(福祉), 명복(冥福)

富 부	'집 면(宀)'과 '가득 찰 복(畐)'을 더해 '집에 곡식이 가득하다'라는 뜻을 나타낸 '넉넉할 부(富)'. ≫ 빈부(貧富), 풍부(豊富), 부자(富者)

輻 복	'수레 거(車)'와 '가득(꽉) 찰 복(畐)'을 더해 '수레의 바퀴살이 꽉 차도록 몰려 있는 부분'이라는 뜻을 나타낸 '바퀴살 복(輻)'. ≫ 복사열(輻射熱)

逼 핍	'가득(꽉) 찰 복(畐)'과 '갈 착(辶)'을 더해 '꽉 낄 만큼 다가가다'라는 뜻을 나타낸 '닥칠 핍(逼)'. ≫ 핍박(逼迫), 능핍(凌逼), 핍절(逼切), 핍탈(逼奪: 위협(威脅)하여 빼앗김, 임금을 협박(脅迫)하여 그 자리를 빼앗음

幅 폭	'넓은 천'의 뜻을 지닌 '수건 건(巾)'과 '가득(꽉) 찰 복(畐)'을 더해 '양쪽으로 꽉 채운 넓이'라는 뜻을 지닌 '너비 폭(幅)'.

>> 대폭(大幅), 증폭(增幅), 전폭적(全幅的)

副 부	'항아리'의 뜻을 지닌 '(먹을 것이) 가득 찰 복(畐)'과 '(음식을 요리할 때 꼭 필요한) 칼 도(刀=刂)'를 더해 '(먹을 것이 담긴) 항아리 옆에 꼭 따라다녀야 할 무엇 혹은 (대신 쓸 수 있도록) 그 짝이 되는 것'이라는 뜻을 나타낸 '버금(갈) 부(副)'.

>> 부작용(副作用), 부회장(副會長), 부응(副應)

이 '버금(갈) 부(副)'를 '해부(解剖)하다'의 '쪼갤 부(副)'로도 쓰는 건 '쪼갤 부(剖)'의 와전인 듯합니다.

O31_ 고기 육, 육달월 肉(月)

고기 조각의 모습

有 유	손(⺼)에 고기 조각(⺼)을 들고 있는 모습(⺼)으로 나타낸 '있을 유(有)'. '몸'을 나타내는 부수(肉=月)로도 쓰임.

>> 유무(有無), 유명무실(有名無實), 유한(有限), 유효(有效), 유용(有用)

胚 배	'몸'의 뜻을 지닌 '고기 육(肉=月)'과 '꽃의 씨방'이라는 뜻을 지닌 '부풀을 비 혹은 클 비(丕)'를 더해 '커가는 씨방(씨앗)'의 뜻을 나타낸 '아이(씨앗) 밸 배(胚)'.

>> 배아(胚芽: 씨눈), 배태(胚胎: 아이를 뱀)

肥 비	'몸'의 뜻을 지닌 '고기 육(⺼=肉=月)'과 '엎드린 사람의 모습(⺈=巴)'을 더해 '(엎드려 놓고 있으니) 살이 점점 찌다'라는 뜻을 나타낸 '살찔 비(肥)'.

>> 비만(肥滿), 비옥(肥沃), 비료(肥料), 비대(肥大)

胃 위

'몸'의 뜻을 지닌 '고기 육(肉＝月＝🖐)'과 '무언가 여러 가지가 담겨 있는 모습(🔲)'을 더해 '몸속의 밥 통'이라는 뜻을 나타낸 '밥 통 위(胃)'.

➤ 위장(胃腸), 위통(胃痛), 비위(脾胃), 건위(健胃)

胎 태

'몸'의 뜻을 지닌 '고기 육(肉＝月＝🖐)'과 '자유롭게 움직이고(㠯) 먹다(ㅂ)'라는 뜻을 지닌 '기뻐할 태(台＝🖐)'를 더해 '뱃속의 아이가 자라기 시작하다'라는 뜻을 나타낸 '아이 밸 태(胎)'.

➤ 잉태(孕胎), 태아(胎兒), 태생(胎生), 태교(胎敎)

脊 척

'몸'의 뜻을 지닌 '고기 육(肉＝月＝🖐)'과 '등골뼈(🔲)'를 더한 모습(🖐)으로 나타낸 '등골 마루 척(脊)'.

➤ 척수(脊髓), 척추(脊椎), 척량산맥(脊梁山脈: 여러 산맥의 원줄기가 되는 큰 산맥)

脣 순

'몸'의 뜻을 지닌 '고기 육(肉＝月＝🖐)'과 '조개가 문을 열고 혓바닥을 내밀고 먹이를 먹는 모습'에서 나온 '별 신(辰＝丙, 兩, 兩)'을 더해서 나타낸 '입술 순(脣)'.

➤ 구순(口脣: 입과 입술), 순망치한(脣亡齒寒: 입술을 잃으면 이가 시리다는 뜻으로, 가까운 사이의 한쪽이 망(亡)하면 다른 한쪽도 그 영향(影響)을 받아 온전(穩全)하기 어려움을 비유(比喩・譬喩)하여 이르는 말, 서로 도우며 떨어질 수 없는 밀접(密接)한 관계(關係), 또는 서로 도움으로써 성립(成立)되는 관계(關係)를 비유(比喩・譬喩)하여 이르는 말)

育 육

머리를 아래로 향한 아기(🖐)의 모습으로 '새끼(子＝🖐)를 낳다'라는 뜻과 '고기 육(🖐＝月＝肉)'을 더해 '(살이 붙도록)키운다'는 뜻을 나타낸 '기를 육(育)'.

➤ 교육(敎育), 육아(育兒), 육성(育成), 육묘(育苗)

肝 간

'방패 간(🖐 ＝ 干)'과 '고기 육(🖐＝月＝肉)'을 더해 '몸을 지키는 방패'라는 뜻을 나타낸 '(몸에 들어오는 여러 가지 독을 풀어주는) 간 간(肝)'.

➤ 간담(肝膽), 간염(肝炎), 간담상조(肝膽相照: 간과 쓸개를 내놓고 서로에게 내보인다는 뜻으로, 서로 마음을 터놓고 친밀(親密)히 사귐)

肖 초

'작을 쇼(川=小)'와 '고기 육(⑨=月=肉)'을 더해 '아직 덜 자랐지만 그 부모의 몸과 마음은 이어 받았다(닮았다)'는 뜻을 나타낸 '닮을 쵸(肖)'.

>> 초상화(肖像畵), 불초(不肖: 못나고 어리석음, 또는 그런 사람. 어버이의 덕행(德行)이나 사업(事業)을 이을 만한 능력(能力)이 없음, 또는 그런 사람 ,자기(自己)를 겸손(謙遜)하여 이르는 말)

腔 강

'몸'의 뜻을 지닌 '고기 육(肉=月)'과 '빌 공(空)'을 더해 '몸속의 비어있는 부분'이라는 뜻을 나타낸 '속 빌 강(腔)'.

>> 복강(腹腔), 구강(口腔), 흉강(胸腔)

肺 폐

'새싹(屮)이 양쪽(朮)으로 갈라지는 모습(朮)'과 '몸'의 뜻을 지닌 '고기 육(⑨=肉=月)'을 더해 '새싹의 두 잎처럼 가슴 양쪽에 있는 허파'라는 뜻을 나타낸 '허파 폐(肺)'.

>> 폐렴(肺炎), 심폐(心肺), 폐활량(肺活量)

032_ 어미 모(母)

母 모

앉아있는 여자를 그린 '계집 녀(女=⑨)'에 '젖꼭지'를 더한 모습 (⑨)으로 나타낸 '어미 모(母)'.

>> 모자(母子), 모친(母親), 모성(母性), 모유(母乳)

每 매

젖먹이 어미가 머리를 틀어 올리고 집안일을 하고 있는 모습(⑨, ⑨)으로 '어두운 새벽부터 밤늦게까지 아이에게 젖을 물려가며 끼니마다 음식물을 챙기고 날마다 때맞춰 집안일을 하다'라는 뜻을 나타낸 '매양 매, (때)마다 매(每)'.

>> 매일(每日), 매주(每週), 매년(每年), 매월(每月)

敏 민

'아기에게 젖을 물려가며 매 끼니와 빨래, 청소 등 집안일까지 늘 함께 챙기다'라는 뜻을 지닌 '매양 매(每)'와 '~~하게 하다'라는 뜻을 지닌 '칠 복(攴=攵)'을 더해 '부지런히 재빠르게 일을 하다'라는 뜻을 나타낸 '재빠를 민(敏)'.

>> 민첩(敏捷), 민감(敏感), 예민(銳敏), 민활(敏活)

| 晦 _회 | '어두운 밤, 안 보이는 중에 일을 하다'라는 뜻을 지닌 '매양 매(每)'와 '날 일(日)'을 더해 '가장 어두운 음력 그믐날'이라는 뜻을 나타낸 '그믐 회(晦)'. |

'어두운 밤, 안 보이는 중에 일을 하다'라는 뜻을 지닌 '매양 매(每)'와 '날 일(日)'을 더해 '가장 어두운 음력 그믐날'이라는 뜻을 나타낸 '그믐 회(晦)'.

>> 회일(晦日: 그믐날), 회간(晦間: 그믐께쯤), 회명(晦明: 어둠과 밝음)

'어둡다'라는 뜻을 지닌 '매양 매(每)'와 '마음 심(忄)'을 더해 '마음이 어두워지다, 잘못을 스스로 깨닫다'라는 뜻을 나타낸 '뉘우칠 회(悔)'.

>> 회한(悔恨), 회심(悔心), 후회(後悔), 통회(痛悔)

'어둡다, 안 보이다'라는 뜻을 지닌 '매양 매(每)'와 '사람 인(亻)'을 더해 '(사람을) 마치 안 보이는 듯, 없는 듯이 여기다'라는 뜻을 나타낸 '업신여길 모(侮)'.

>> 모욕(侮辱), 모멸(侮蔑), 수모(受侮)

'어둡다, 안 보이다'라는 뜻을 지닌 '매양 매(每)'와 '물 수(氵)'를 더해 '깊고 어두운 (바다 속처럼) 안 보이는 곳에서 수많은 생명을 낳고 기르는 어미 물(바다)'이라는 뜻을 나타낸 '바다 해(海)'.

>> 해양(海洋), 해외(海外), 해군(海軍), 해일(海日)

이 '어미 물(海)'이 지금은 '우미(海), 우무(生: 낳을 생)'라는 일본말로 남아 있음.

'새끼를 (많이) 낳고 기르다'라는 뜻을 지닌 '매양 매(每)'와 '나무 목(木)'을 더해 '(산모에게 좋은 신맛을 내는) 열매(새끼)를 많이 낳는 나무'라는 뜻을 나타낸 '매화 매(梅)'.

>> 매화(梅花), 매실(梅實)

'아기에게 젖을 물려가며 매 끼니와 빨래, 청소 등 집안일까지 늘 함께 챙기다'라는 뜻을 지닌 '재빠를 민(敏)'과 '실 사(糸)'를 더해 '여러 가지 일을 (빨리) 하다 보니 엉킨 실타래처럼 일이 더 많아지고 번거롭게 되다'라는 뜻을 나타낸 '많을 번, 뒤섞일 번(繁)'.

>> 번성(繁盛), 번잡(繁雜＝煩雜), 번창(繁昌), 번식(繁殖), 빈번(頻繁)

033_ 버틸 항(亢)

亢 항

두 다리를 벌려서 버티고(힘을 주고) 서 있는 사람의 모습(亢)으로 나타낸 '버틸 항, 겨룰 항, 높일 항(亢)'.
>> 항진(亢進: 기세(氣勢) 높아짐), 항조(亢燥: (땅이) 높아 메마름)

抗 항

'버틸 항, 겨룰 항, 높일 항(亢)'과 '손 수(扌)'를 더해 만든 '막을 항, 들어 올릴 항(抗)'.
>> 저항(抵抗), 대항(對抗), 반항(反抗), 항거(抗拒)

航 항

'배 주(舟)'와 '버티다, 겨루다, 높이다'라는 뜻을 지닌 '겨룰 항(亢)'을 더해 '파도를 거스르며(겨루며) 직진하는 배'라는 뜻을 나타낸 '배 항(航)'.
>> 항해(航海), 항공모함(航空母艦), 항로(航路), 운항(運航)

坑 갱

'흙 토(土)'와 '막을 항, 들어 올릴 항'의 뜻을 지닌 '버틸 항, 겨룰 항, 높일 항(亢)'을 더해 '땅 속을 파고 들어갈 때 위와 옆에 버팀목을 받쳐주어야 하다'라는 뜻을 나타낸 '구덩이 갱(坑)' 혹은 '구들 항(坑)'.
>> 갱목(坑木), 갱도(坑道), 갱유분서(坑儒焚書)

034_ 큰 대 (大)

大 대

사람이 정면으로 서있는 모습으로 나타낸 '떳떳할 대, 큰 대(大)'.
>> 대인(大人), 대통령(大統領), 대학(大學), 확대(擴大), 막대(莫大), 최대(最大)

天 천

사람이 정면으로 서있는 모습에서 머리 부분이 더 강조되어있는 모습으로 나타낸 '머리 천, 하늘 천(天)'.
>> 천지(天地), 천명(天命), 천수(天壽)

夫 ^부	서있는 사람(大)의 머리 부분에 '어떤 표시(一)'를 한 모습으로 '머리를 올려 묶고 비녀를 꽂은 어른이다'라는 뜻을 나타낸 '지아비(어미) 부(夫)'.

▶▶ 부부(夫婦), 부인(夫人), 공부(工夫)

扶 ^부	'머리가 흐트러지지 않도록 붙들어 매다'라는 뜻을 지닌 '지아비(어미) 부(夫)'에 다시 '~~하게 하다'라는 뜻을 지닌 '손 수(扌)'를 더해 '(사람이 쓰러지지 않도록) 붙들어 주다'라는 뜻을 나타낸 '붙들 부, 도울 부(扶)'.

▶▶ 부조(扶助), 부양(扶養), 상부상조(相扶相助)

芙 ^부	'어른'이라는 뜻을 지닌 '지아비(어미) 부(夫)'와 '풀 초(艹)'를 더해 '어른처럼 크고 큰 그릇처럼 풍성한 꽃'이라는 뜻을 나타낸 '부용꽃 부(芙)'.

▶▶ 부용(芙蓉), 아부용(阿芙蓉: 양귀비꽃)

O35_ 미칠 급(及)

(도망가는) 사람(亻)의 뒤를 손(又)으로 잡은 모습

及 ^급	'(도망가는) 사람(亻)의 뒤를 손(又)으로 잡은 모습(及=及)'으로 '따라 붙다, 손으로 잡다, 손길이 미치다'라는 뜻을 나타낸 '미칠 급(及)'.

▶▶ 소급(遡及), 보급(普及)

扱 ^급	'손 수(扌)'와 '미칠 급(及)'을 더해 '잡고 다루다'라는 뜻을 나타낸 '다룰 급(扱)'.

▶▶ 취급(取扱)

| 急 | 급 |

'따라붙다'라는 뜻을 지닌 '미칠 급(芻=阝=及)'과 '마음 심(心)'을 더해 '미치겠는 마음'이라는 뜻을 나타낸 '급할 급(急)'.
>> 급격(急激), 급증(急增)

| 汲 | 급 |

'물 수(氵)'와 '미칠 급(及)'을 더해 '물을 찾아서 긷다'라는 뜻을 나타낸 '길을 급(汲)'.
>> 급급(汲汲), 급수(汲水: 물을 길음)

| 吸 | 흡 |

'입 구(口)'와 '미칠 급(及)'을 더해 '무엇인가를 입으로 잡다(빨아들이다)'라는 뜻을 나타낸 '들이킬 흡(吸)'.
>> 호흡(呼吸), 흡연(吸煙)

O36_ 하품 흠(欠)

𣴴	고개를 들고 앞으로 입을 벌리고 있는 모습

| 欠 | 흠 |

몸에 공기가 부족해져서 하품을 할 때처럼 고개를 들고 앞으로 입을 벌리고 있는 모습(𣴴)으로 '(부족한)무엇인가를 간절히 바라다'라는 뜻을 나타낸 '부족할 흠 혹은 하품 흠(欠)'.
>> 흠결(欠缺), 흠점(欠點), 흠석(欠席)

| 欲 | 욕 |

'(부족한)무엇인가를 간절히 바라다'라는 뜻을 지닌 '부족할 흠(欠)'과 '물이 흘러내리는 산의 입구'라는 뜻을 지닌 '골짜기 곡(谷=𠔌)'을 더해 '무엇인가를 바라다'라는 뜻을 나타낸 '바랄 욕(欲)'.
>> 욕구(欲求), 의욕(意欲), 욕심(欲心), 욕속부달(欲速不達: 빨리 하고자 하면 도리어 이루지 못함)

慾 욕	'바랄 욕(欲)'과 '마음 심(心)'을 더해 '무엇인가를 바라는 마음'이라는 뜻을 나타낸 '욕심 욕(慾)'. » 의욕(意慾), 욕심(慾心), 탐욕(貪慾), 욕망(慾望)
欣 흔 欣	가까이서 사용해야하기 때문에 가깝다는 뜻을 지니게 된 '도끼 근(斤)'과 '입을 크게 벌린 모습(冕 = 旡)으로 무엇인가를 바라다'라는 뜻을 지닌 '하품 흠(欠)'을 더해 '바라는 것을 가까이해서 기쁘다'라는 뜻을 나타낸 '기쁠 흔(欣)'. » 흔쾌(欣快), 흔연(欣然: 기쁘거나 반가워 기분이 좋은 모양)
次 차 旡	'두 이(二)'와 '한숨을 내쉬는 모습(旡)'으로 된 '하품 흠(欠)'을 더해 '두 번째로 (이어서) 잠시 한숨을 쉬다'라는 뜻을 나타낸 '버금(두 번째) 차, 이을 차(次)'. » 차례(次例), 절차(節次), 점차(漸次), 조차불리(造次不離: 잠깐도 떠나지 않음)
吹 취	'입 구(=口)'와 '입 벌린 사람의 모습'으로 나타낸 '하품 흠(=欠)'을 더해 '사람이 입을 벌리고 숨을 내 쉬다(불다)'라는 뜻을 나타낸 '불 취, 부추길 취(吹)'. » 고취(鼓吹), 취주악(吹奏樂)
欺 기	'곡식을 고르는데 쓰는 키'라는 뜻을 지닌 '키 기 혹은 그 기(其)'와 '입을 벌린 모습(冕)'으로 된 '하품 흠(欠)'을 더해 '(그럴듯한) 키만 가지고 무엇인가 먹을 것이 잔뜩 있는 것처럼 보이도록 과장을 해서 입이 벌어지도록 만들다'라는 뜻을 나타낸 '과장해 보일 기(欺)'. » 사기(詐欺), 기만(欺瞞)

037_ 어릴 요(夭)

 뛰노는 어린이(夭)의 모습

夭 요

夭(그림)

뛰노는 어린이의 모습으로 나타낸 '어릴 요(夭) 혹은 부드러울 요(夭)'.

>> 도요시절(桃夭時節: 복사꽃이 아름답게 피는 때라는 뜻으로, 처녀(處女)가 시집가기에 좋은 꽃다운 시절(時節)을 이르는 말), 면요(免夭: 요사(夭死)를 면함이라는 뜻으로, 나이 쉰 살을 겨우 넘기고 죽음을 이르는 말)

시경(詩經)에 '도지요요(桃之夭夭)'라는 구절이 나오는데 '복숭아 꽃가지가 마치 웃으며 뛰노는 어린 소녀처럼 춤을 추다'로 해석되고 있으며, '요도(夭桃): 복숭아 꽃 같은 소녀'라는 말도 있습니다. 그런데 이 '어릴 요 혹은 부드러울 요(夭)'를 학교에서는 '일찍 죽을 요 혹은 요절(夭折)할 요(夭)'로도 배웠습니다. '어릴 요(夭)'에 '꺾어질 절(折)'을 더해 '요절(夭折): 어려서 죽다'라고 쓰는 말을 '어릴 요(夭)'에 제멋대로 갖다 붙인 해석인데, 지금도 그렇게 나와 있는 옥편이 있습니다.

笑 소

笑(그림)

'어릴 요(夭=夭)'와 '대 죽(艹=竹)'을 더해 '바람에 흔들리는 시누대의 사르락 거리는 소리와 계집아이들의 재잘대며 웃는 소리'라는 뜻을 나타낸 '웃을 소(笑)'.

>> 미소(微笑), 담소(談笑), 조소(嘲笑)

妖 요

'계집 녀(女)'와 '어릴 요(夭)'를 더해 '어린 소녀처럼 아리따운 모습'으로 나타낸 '아리따울 요(妖)'. 후대에 유교적 관념에 의해 '요망할 요(妖)' 혹은 '괴이할 요(妖)'로도 쓰이게 됨.

>> 요염(妖艶), 요부(妖婦), 요괴(妖怪)

沃 옥

'물 수(水=氵)'와 '부드러울 요(夭)'를 더해 '물이 풍부하고 부드러운 땅'이라는 뜻을 나타낸 '기름질 옥(沃)'.

>> 옥토(沃土), 비옥(肥沃)하다

殀 요

'어릴 요(夭)'와 '뼈 조각 알(歹)'을 더해 '어렸을 때 죽다'라는 뜻을 나타낸 '일찍 죽을 요(殀)'.

038_ 달 월(月)

月 = 🌙 🌙 🌙 🌙 달의 모습

明 명

어두운 밤 창문(⽈=囧: 창문 경)에 비치는 달(⽉=月)을 보니 참으로 밝았겠지요. '밝힐 명(明)' 혹은 '(달이) 나타날 명(明)'.

明 명

해(☉=日)와 달(⽉=月)을 같이 그린, 달이 지기 전 해가 떠오르는 '동틀 무렵'을 나타낸 '밝아올 명(明)'.
명확(明確), 명백(明白), 투명(透明), 규명(糾明), 설명(說明)

外 외

찼다가 기울고, 보였다 안 보였다 하는 '달 월(月)'과 '점칠 복(卜)'을 더해 '알다가도 모르고 모르다가도 알게 되는 세상의 모든 일, 즉 점을 쳐볼 수밖에 없는 일이라는 뜻, 혹은 달의 보이는 부분과 안 보이는 부분이 끊임없이 갈라지고 바뀌는 일 중에서 특히 안쪽의 알만한 일이 아니라 바깥쪽의 모르는 부분이라는 뜻'을 나타낸 '바깥 외(外)'.
≫ 외국(外國), 외환(外換), 제외(除外)

夕 석

'초승달의 모습'으로 '어두워지는 저녁, 밤'이라는 뜻을 나타낸 '저녁 석(夕)'.
≫ 추석(秋夕), 조석(朝夕), 칠석(七夕)

039_ 돼지 시(豕)

豕 시

'(멧)돼지의 모습'을 그린 '돼지 시(豕)'.
'늘 다니는 길로만 다니는 멧돼지'의 모습을 그린 '멧돼지 시(豕)'.
≫ 시심(豕心)

豙 시

'시(豕)'로 잘못 쓴 것 같은 의심이 든다는 뜻으로, 옮겨 쓰다 보면 반드시 잘못 쓴 글자가 생김을 비유하는 말)

遂 수

'멧돼지 시(豕)'와 '갈 착(辶)'을 더해 '늘 다니는 길로만 다니는 멧돼지 길에 이르다 혹은 그 길을 드디어 찾았다'라는 뜻을 나타낸 '이를 수, 따를 수, 드디어 수(遂)'.
≫ 수행(遂行), 미수(未遂), 완수(完遂)

逐 _축 img	'(멧)돼지 시(豕)'와 '갈 착(辶)'을 더해 '멧돼지를 몰며 쫓아가다'라는 뜻을 나타낸 '쫓을 축(逐)'. >> 축출(逐出), 구축(驅逐), 각축(角逐)

'(멧)돼지 시(豕)'와 '갈 착(辶)'을 더해 '멧돼지를 몰며 쫓아가다'라는 뜻을 나타낸 '쫓을 축(逐)'.
>> 축출(逐出), 구축(驅逐), 각축(角逐)

豚 돈

'고기 육(肉＝月)'과 '멧돼지 시(豕)'를 더해 '살찌게 만든 (멧)돼지'라는 뜻을 나타낸 '돼지 돈(豚)'.
>> 양돈(養豚), 미돈(迷豚), 돈아(豚兒)

家 가

'돼지 시(豕)'와 '집 면(宀)'을 더해 '돼지를 신으로 모시고 살던 씨족(부족)'의 사당, 혹은 그 일족(一族)이라는 뜻을 낸 '집 가, 일족 가(家)'.
>> 양돈(養豚), 미돈(迷豚), 돈아(豚兒)

040_ 눈 목(目)

目 목

눈을 그린 '눈 목(目)'.
>> 목표(目標), 목적(目的), 주목(注目)

睦 목

'눈 목(目)'과 '언덕이 연이어 계속되다'라는 뜻을 지닌 '언덕 륙(坴)'을 더해 '이웃해 살고 있는 많은 사람들이 서로 다 같이 온순한 눈빛으로 사이좋게 지내다'라는 뜻을 나타낸 '온순할 목, 화목할 목(睦)'.
>> 친목(親睦), 화목(和睦)

面 면

'얼굴'의 뜻을 지닌 '눈 목(目＝目)'과 '얼굴의 전체 테두리(囗)'를 그려 '얼굴의 정면 모습 혹은 어떤 사물의 전체를 보여주는 한 면'이라는 뜻을 나타낸 '낯 면(面)'.
>> 면접(面接), 면적(面積), 면모(面貌), 반면(反面), 측면(側面)

貢　宋　大　豪　子　絲　穴　益
心　尤　貢　見　也　原　齋　荊
央　肯　烈　孕　車　穴　鼎　酉
卅　且　大　豪　子　絲　井　至
穴　孕　人　鼎　央　齋　省　酋
豪　省　貢　絲　也　原　此　見
車　烈　至　見　車　人　申　烈
貢　宋　大　豪　子　絲　穴　益

제 2 장

보면
보이는
글자

041_ 물 수(水)

 모이며 흐르는 물의 모습

水 수

모이며 흐르는 물의 모습으로 나타낸 '물 수(水)'.

: '흐르는 물과 양쪽의 둑'을 그린 모습

▶ 수로(水路), 홍수(洪水), 수준(水準)

川 천

'흐르는 물과 양쪽의 둑'을 그려서 나타낸 '내 천(川)'.

▶ 하천(河川), 산천(山川)

訓 훈

'말씀 언(言)'과 '내 천(川)'을 더해 '어떤 문제나 문장이 잘 풀리도록(흐르도록) 말로 깨우쳐주다'라는 뜻을 나타낸 '가르칠 훈(訓)'.

▶ 훈련(訓練), 교훈(敎訓), 훈민정음(訓民正音)

巡 순

'내 천(巛＝川)'과 '갈 착(辶)'을 더해 '냇물이 흘렀던 길을 따라 다시 흐르듯, 이미 점령했던 곳들을 한 바퀴 돌아보다'라는 뜻을 나타낸 '돌 순(巡)'.

▶ 순찰(巡察), 순회(巡廻), 순방(巡訪)

州 주

냇물이나 강물 한 가운데 생겨난 모래톱 혹은 섬의 모습으로 나타낸 '섬 주(州)'였는데 그 곳이 농사가 잘 되어 사람들이 많이 살게 되자 '사람들이 모여 사는 고을'이라는 뜻으로 바뀐 '고을 주(州)'.

▶ 광주(光州), 제주도(濟州道), 상주(尙州)

洲 주

'섬 주(州)'가 주로 '고을 주(州)'로만 쓰이게 되자 '물 수(水＝氵)'를 더해 다시 만든 '섬 주(洲)'.

▶ 삼각주(三角洲), 대주(大洲: 넓은 육지)

冰 빙

'얼음 빙(冫)'에 '물 수(水)'를 다시 더해 만든 '얼음 빙(冰)'.

▶ 냉어빙인(冷語冰人)

042_ 조개 패(貝)

벌려 진 조개의 여러 모습

벌린 조개를 그릇처럼 받쳐놓은 모습

貝 패

귀중한 먹거리였던 조개의 벌어진 모습, 혹은 귀중한 그릇으로 받쳐 놓은 모습으로 '귀한 것, 혹은 돈'이라는 뜻을 담고 있는 '조개 패(貝)'.
➤ 패물(貝物), 패각(貝殼: 조개껍데기), 패화(貝貨: 조가비 돈)

買 매

'그물 망(网=罒)'과 '재물'을 뜻하는 '조개 패(罒=貝)'를 더해 '그물로 걷듯이 재물을 걷어 들이다'라는 뜻을 나타낸 '살 매(買)'.
➤ 매수(買收), 매점(買占), 구매(購買)

賣 매

'재물을 걷어 들이다'라는 뜻의 '살 매(買)'와 '나가다'라는 뜻의 '날 출(出=士(出의 잘못)'을 더해 '산 것을 다시 팔다'라는 뜻을 나타낸 '팔 매(賣)'.
➤ 매각(賣却), 매진(賣盡), 경매(競賣), 매국(賣國)

販 판

'재물'을 뜻하는 '조개 패(貝)'와 '되돌릴 반(反)'을 더해 '재물이 돌려쓰일 수 있도록 사고파는 일'을 나타낸 '(사고파는) 장사 판(販)'.
➤ 판매(販賣), 판로(販路), 공판(共販), 총판(總販), 가판(街販)

財 재

'돈과 재물'을 뜻하는 '조개 패(貝)'와 '여러 가지 재료(材料)나 축적된 솜씨'를 뜻하는 '바탕 혹은 솜씨(재주) 재(才)'를 더한 '재화 혹은 재능 재(財)'.
➤ 자재(資財), 재물(財物), 재산(財産), 재력(財力)

貨 화

'돈'을 뜻하는 '조개 패(貝)'와 '바뀔 화(化)'를 더해 '여러 가지 물건이나 재주와 바꿀 수 있는 돈'을 뜻하는 '돈 화 혹은 재화 화(貨)'.
➤ 화폐(貨幣), 통화(通貨), 금화(金貨), 화물(貨物), 화차(貨車)

負 부

'돈'을 뜻하는 '조개 패(貝)'와 '엎드리거나 구부린 사람의 모습(ク)'을 더해 '(남의) 재물에 엎드리거나 재물을 등에 졌다'는 뜻을 나타낸 '짐질 부 혹은 힘입을(신세 질) 부(負)'.
>> 부담(負擔), 부채(負債), 부상(負傷), 승부(勝負)

賀 하

'재물'을 뜻하는 '조개 패(貝)'와 '힘을 더 내도록 응원하다'는 뜻의 '더할 가(加)'를 더해 '재물을 얹어 힘을 보태다'라는 뜻을 나타낸 '(예물로) 축하할 하(賀)'.
>> 축하(祝賀), 하객(賀客), 연하장(年賀狀)

貢 공

'재물'을 뜻하는 '조개 패(貝)'와 '뚫다'라는 뜻을 지닌 '장인 공(工)'을 더해 '지방이나 타국에서 먼 지역을 뚫고 중앙으로 직접 보내는 (바치는) 재물'을 뜻하는 '바칠 공(貢)'
>> 공납(貢納), 조공(朝貢), 공물(貢物), 공헌(貢獻)

貿 무

'거래'를 뜻하는 '조개 패(貝)'와 '문을 여닫다(ヒヒ)'라는 뜻을 더해 '문을 여닫듯 (장벽을 넘어) 거래를 하다'라는 뜻을 나타낸 '(갈마들 무, 바꿀 무(貿)'.
>> 무역(貿易), 무란(貿亂: 난리가 갈마들다)

賃 임

'재물'을 뜻하는 '조개 패(貝)'와 '맡을, 맡길 임(任)'을 더해 '돈을 받고 일을 맡거나, 돈을 주고 일을 맡기다'라는 뜻을 나타낸 '품살 임 혹은 품 팔 임(賃)'.
>> 임금(賃金), 운임(運賃), 임차(賃借)

貸 대

'재물'을 뜻하는 '조개 패(貝)'와 '번갈을 대, 바꿀 대(代)'를 더해 원래는 '재물의 주인 혹은 그 책임을 바꾸다'라는 뜻이었는데 지금은 '(일시적으로) 빌려주다'라는 뜻을 갖게 된 '빌릴 대(貸)'.
>> 임대(賃貸), 대차(貸借), 대여(貸與)

貰 세

재물이나 돈을 뜻하는 '조개 패(貝)'와 '30년'이라는 뜻을 지닌 '세대 세(世)'를 더해 '오랜 기간 동안 재물을 쓰도록 하다'라는 뜻을 나타낸 '세낼 세(貰)'.
>> 삭월세(朔月貰: 사글세), 전세(傳貰), 세가(貰家: 셋집)

賂 뢰

'제자리로 돌아오다'라는 뜻을 지닌 '돌아올 각(各)'과 '재물의 뜻을 지닌 '조개 패(貝)를 더해 '무엇인가 돌아올 것을 바라고 바치는 재물'이라는 뜻을 나타낸 '뇌물 뢰(賂)'.

賓 빈

처음엔 '집 면(∩=宀)'과 '돼지 해(豕=亥)', '그칠(머물) 지(㐀止)'를 더해 '집에 들어온 돼지'라는 뜻이었는데 나중에 '돼지 해(豕=亥)'가 '조개(재물) 패(貝)'로 바뀌어 '재물을 가져온 손님'이라는 뜻을 나타내게 된 '손님 빈(賓)'.

賊 적

'재물'을 뜻하는 '조개 패(貝)'와 '무기 융(戎)'을 더해 '무기로 재물을 약탈하는 짓'을 나타낸 '도적 적(賊)'.
▶▶ 도적(盜賊), 산적(山賊), 간적(奸賊), 적반하장(賊反荷杖: 도적이 오히려 매를 든다)

賜 사

'조개(재물) 패(貝)'와 '쉬울 이, 바꿀 이(易)'를 더해 '편히 지내도록 재물을 내려주다'라는 뜻을 나타낸 '내려줄 사(賜)'.
▶▶ 하사(下賜), 사약(賜藥)

賠 배

'조개(재물) 패(貝)'와 '자라는 식물의 뿌리에 걸맞게 흙을 북돋아 주다'라는 뜻을 지닌 '북돋을 부(咅)'를 더해 '손해를 끼친 만큼의 재물을 되갚다'라는 뜻을 나타낸 '물어줄 배(賠)'.
▶▶ 배상금(賠償金)

賦 부

'조개(재물) 패(貝)'와 '무기 무, 굳셀 무(武)'를 더해 '강제로 구실(세금)을 거두다'라는 뜻을 나타낸 '구실 부(賦)'.
▶▶ 부과(賦課), 부여(賦與), 할부(割賦)

賴 뢰

'(남의) 재물에 엎드리거나 그 재물을 등에 지다'라는 뜻을 지닌 '짐질 부 혹은 힘입을(신세 질) 부(負)'와 '묶을 속(束)'을 더해 '남에게 짐을 지우다'라는 뜻을 나타낸 '덮어씌울 뢰(賴)'.
▶▶ 신뢰(信賴), 의뢰(依賴)

贈 증

'조개(재물) 패(貝)'와 '겹치다'라는 뜻을 지닌 '더할 증(曾)'을 더해 '재물을 보태주다'라는 뜻을 나타낸 '보낼 증(贈)'.
▶▶ 기증(寄贈), 증여(贈與), 증유(贈遺)

贖 속

'조개(재물) 패(貝)'와 '팔 매(賣)'를 더해 '(갚아야할 죄 값이나 빚을) 재물 대신 몸으로 갚다'라는 뜻을 나타낸 '속바칠 속, 속죄할 속(贖)'.
▶▶ 속죄(贖罪), 속전(贖錢), 대속(代贖)

043_ 익힐 습(習)

 양 날개를 올리고 나는 연습을 하는 모습

羽 우

'새의 날개 깃'을 나타낸 '깃 우(羽)'.
▶▶ 궁우(宮羽: 동양 음악에서, 오음 가운데 궁(宮)과 우(羽)의 소리)

習 습

새가 양 날개를 올리고 나는 연습을 하는 모습으로 나타낸 '익힐 습(習)'.
▶▶ 습관(習慣), 학습(學習), 관습(慣習)

翌 익

'날 일(日: 해)'과 '설 립(立)'을 더해 '떠오르는 아침 해'로 나타낸 '다음 날 혹은 빛날 욱(昱=翌)'이었는데, 주로 '빛날 욱(昱)'으로만 쓰이게 되자 다시 '반복되다'는 뜻을 지닌 '되풀이 할 습(習=翌)'자를 더해서 만든 글자가 생략되어 지금의 형태로 바뀐 '다음날 익(翌)'.
▶▶ 익월(翌月), 익조(翌朝: 다음날 아침), 익일(翌日)

翼 익

'깃 우(羽)'와 '다를 이(異)'를 더해 '날개 짓을 서로 다르게 해야만 이리저리 날 수 있는 양쪽의 두 날개'를 뜻하는 '날개 익(翼)'.
▶▶ 우익(右翼), 좌익(左翼), 비익조(比翼鳥)

044_ 격낼 분(賁)

 땅을 가르며 솟아오르는 풀들의 모습

賁 분,비

'마구 솟아나는 풀의 모습(艸)'과 '갈라(쪼개)지다'라는 뜻을 지닌 '조개 패(貝=貝)'를 더해 '무엇인가 부풀어 오르며 표면을 가르고 나오다'라는 뜻을 나타낸 '결낼 분, 꾸밀 비(賁)'.
▶▶ 비식(賁飾: 예쁘게 꾸밈), 마분(麻賁: 삼씨)

墳 분	'무엇인가 부풀어 오르다'라는 뜻을 지닌 '결낼 분(賁)'과 '흙 토 (土)'를 더해 '둥그렇게 솟아오른 흙더미'라는 뜻을 나타낸 '언덕 분, 무덤 분(墳)'. >> 분묘(墳墓), 봉분(封墳)
噴 분	'무엇인가 부풀어 오르며 표면을 가르고 나오다'라는 뜻을 나타낸 '결낼 분(賁)'과 '입 구(口)'을 더해 '터뜨리듯 뿜어내다'라는 뜻을 나타낸 '뿜을 분(噴)'. >> 분출(噴出), 분화구(噴火口), 분수(噴水)
憤 분	'터뜨리듯 뿜어내다'라는 뜻을 지닌 '결낼 분(賁)'과 '마음 심(忄)'을 더해 '마음속 억눌려 쌓여있는 화를 터뜨리다'라는 뜻을 나타낸 '결낼 분, 성낼 분(憤)'. >> 분노(憤怒), 분개(憤慨), 격분(激憤)

맹자(孟子)에 '文王一憤怒而安天下之民(문왕일분노이안천하지민)'이라는 말이 있는데, '분노(憤怒)'라는 말은 '뿜어내다(憤), 마음속에 쌓인 화(怒)를'이라는 뜻이 됩니다. '주나라의 문왕(文王)이 한번(一) 내뿜었다(憤), 쌓인 화(怒)를! 그래서(而) 편해졌다(安), 천하의 백성들이(天下之民)!'라는 뜻입니다.

O45_ 번개 신(申)

하늘에서 번쩍이며 내리 꽂히는 번개의 모습

申 신	하늘에서 번쩍이며 내리 꽂히는 번개의 모습(🗲)으로 나타낸 '번개 신(申)'.

| 電 전 | '번개 신, 뻗칠 신(申)'이 주로 '뻗치다, 펴다'의 뜻으로 쓰이게 되자 '비 우(雨)'를 더해 '(비와 함께하는) 번개'라는 뜻을 나타낸 '번개 전(電)'.
>> 전광(電光), 전기(電氣), 전류(電流), 전송(電送), 전격(電擊: 번개 치듯이) |

神 신

祚禵

(신을 모시는) 제단의 모습에서 나온 '(신의 뜻이) 나타날 혹은 보일 시(示)'와 '번개 신(申)'을 더한 '귀신 신(神)'.
≫ 신비(神秘), 신성(神聖), 귀신(鬼神), 정신(精神)

하늘에서 커다란 마차바퀴들이 굴러가고 있는 듯 들려오는 천둥소리'를 나타낸 그림

雷 뢰

'비 우(雨)'와 '번개 신(申＝   )'과 '커다란(우뢰) 소리(   )'를 더해 만든 '우뢰 뢰(雷)'.
≫ 낙뢰(落雷), 뇌성(雷聲), 뇌관(雷管)

046_ 구름 운(云)

수증기가 하늘로 올라가 뭉쳐서 생긴 구름의 모습

云 운

云

'수증기가 하늘로 올라가다 막히어(다 이르러) 뭉치는 현상 혹은 그래서 생기는 구름'을 나타낸 '(~~에) 이를 운 혹은 구름 운(云)'. 한 편, '원래 하늘에 있던 구름이 비나 눈이 되어 내려왔다가 다시 돌아가는 것'이라는 뜻의 '돌아갈 운(云)' 그리고 뭉게뭉게 피어오르는 많은 생각들이 입안에서 (나오지는 못하고) 뱅뱅 도는 '(구체적인 말로는 나타내기 어려운) 그 어떤 것'이라는 뜻의 '거시기 운(云)'.

雲 운	'구름 운(云=𠃊)'이 '말할 운(云)' 등의 다른 뜻으로 쓰이게 되자 원래의 뜻을 살리기 위해 '비 우(雨)'를 더해 다시 만든 '구름 운(雲)'.
藝 예 埶	'초목을 심는 모습(埶)', '풀 초(艹)'로 된 '심을 예(埶)'에 '구름 운(雲)'을 더해 '구름처럼 다양한 모습으로 초목을 길러내는 기술'이라는 뜻을 나타낸 '재주 예(藝)' ▶ 예능(藝能), 예술(藝術), 원예(園藝)
魂 혼	'귀신 귀(鬼)'와 '구름 운(雲)'을 더해 '땅에 있는 귀신이 아니라 구름처럼 떠다니는 귀신'이라는 뜻을 나타낸 '넋 혼(魂)'. ▶ 혼령(魂靈), 혼비백산(魂飛魄散),
耘 운	'쟁기 뢰(耒)'와 '구름 운(雲)'을 더해 '땅을 뒤집어 파서 구름처럼 부풀어 오르도록 하다'라는 뜻을 나타낸 '김맬 운(耘)'. ▶ 경운기(耕耘機)
陰 음 霒	'언덕 부(阝)'와 '(시간을) 걸어 묶었다'라는 뜻을 지닌 '이제 금(今=今)' 그리고 '구름 운(云=𠃊)'을 더해 '구름이나 언덕에 묶이어 (가려서) 생기는 그늘'이라는 뜻을 나타낸 '음(陰)'. ▶ 음양(陰陽), 음습(陰濕), 음울(陰鬱), 음력(陰曆: 달의 그늘져 안 보이는 부분으로 미루어 날짜를 헤아리는 법)

047_ 골짜기 곡(谷)

물이 흘러나오는 산골짜기의 모습

谷 곡 㕣	'산골짜기에 물이 모여들어 흘러나오는 모습(八)'과 '입 구(ㅂ=口)'를 더해 '물이 모여 흘러 나가는 골짜기'라는 뜻을 나타낸 '골 곡(谷)'. ▶ 계곡(溪谷), 산곡(山谷)

浴 욕

'물이 모여들고 흘러나오는 골짜기'라는 뜻을 지닌 '골 곡(谷)'과 '물 수(氵)'를 더해 '물을 끼얹다 혹은 물속에 들어갔다 나오다'라는 뜻을 나타낸 '몸 씻을 욕 혹은 목욕할 욕(浴)'.
≫ 목욕(沐浴), 욕실(浴室), 욕탕(浴湯), 해수욕장(海水浴場)

俗 속

'물이 모여들고 흘러나오는 골짜기'라는 뜻을 지닌 '골 곡(谷)'과 '사람 인(亻)'을 더해 '여러 사람들이 모여들어 함께 흐르는 (골짜기 같은) 세상과 그 풍속'이라는 뜻을 나타낸 '풍속 속(俗)'.
≫ 민속(民俗), 풍속(風俗), 속담(俗談)

欲 욕
慾

'물이 모여들다'라는 뜻을 지닌 '골 곡(谷=𧮫=㕥)'과 뭔가 바라는 듯 입을 벌리고 있는 모습의 '하품 흠(欠=𣢪=𣢼)'을 더해 '계곡으로 물이 흘러들 듯 사람들이 (무언가를 바라는 듯) 입을 벌리고 달려들다'라는 뜻을 나타낸 '~가 하고자 할 욕, 바랄 욕(欲)'.

慾 욕

'~가 하고자 할 욕, 바랄 욕(欲)'과 '마음 심(心)'을 더해 '~가 바라는 마음'이라는 뜻을 나타낸 '욕심 욕(慾)'.
≫ 욕심(慾心), 욕망(慾望), 탐욕(貪慾), 의욕(意慾)

裕 유

'(사방에서) 물이 모여들었다가 흘러 나가는 골짜기'라는 뜻을 지닌 '골 곡(谷)'과 '옷 의(衣=衤)'를 더해 '몸의 팔다리 모두가 들어갔다 나왔다 할 만큼 넉넉한 옷'이라는 뜻을 나타낸 '넉넉할 유(裕)'.
≫ 여유(餘裕), 부유(富裕)

容 용
宭

'(사방에서) 물이 모여들었다가 흘러 나가는 골짜기'라는 뜻을 지닌 '골 곡(谷)'과 '집 면(宀)'을 더해 '세상의 공기, 색깔, 소리, 냄새, 먹을 것 등 모든 것이 모여 드는 혹은 담아내는 집과 같다'라는 뜻을 나타낸 '얼굴 용 혹은 담을 용(容)'.
≫ 용기(容器), 용서(容恕), 허용(許容), 수용(受容)

溶 용

'모든 것을 담아내다'라는 뜻을 지닌 '담을 용(容)'과 '흐르다'라는 뜻을 지닌 '물 수(氵)'를 더해 '물이 모여들어 질펀하게 흘러내리다'라는 뜻을 나타낸 '질펀히 흐를 용(溶)'.
≫ 용해(溶解), 용매(溶媒), 용액(溶液)

鎔 용	'모든 것을 담아내다'라는 뜻을 지닌 '담을 용(容)'과 '쇠 금(金)'을 더해 '쇳덩이들을 (녹이기 위해) 거두어 넣다 혹은 쇳물을 넣는 거푸집'이라는 뜻을 나타낸 '녹여 넣을 용 혹은 거푸집 용(鎔)'. >> 용광로(鎔鑛爐), 용융점(鎔融點: 녹는점)

熔 용	'모든 것을 담아내다'라는 뜻을 지닌 '담을 용(容)'과 '불 화(火)'를 더해 '쇳덩이들을 거두어 녹이다'라는 뜻을 나타낸 '녹일 용(熔)'. >> 용암(熔岩), 용화(熔化)

蓉 용	'모든 것을 담아내다'라는 뜻을 지닌 '담을 용(容)'과 '풀 초(초)'를 더해 '모든 것을 감싸 안는 듯 넉넉한 얼굴로 피는 꽃'이라는 뜻을 나타낸 '연꽃 용, 목련 용(蓉)'. >> 부용(芙蓉), 아부용(阿芙蓉: 양귀비꽃)

048_ 하얀 두루미 학(鶴)

하얘서 눈에 확 뜨이는 두루미의 모습

雚=雀 확	'새 추(隹=佳)'와 '새가 높이 솟아올라 편편히 나는 모습(丷)'을 더해 '높이 솟아올라 편편히 나는 하얀 두루미'라는 뜻을 나타낸 '두루미 확(雚)'.

鶴 학	'두루미 확(雚)'이 '높이 오르다, 하얗다(허옇다), 고상하다' 등의 여러 뜻으로 쓰이게 되자, '새 조(鳥)'를 더해 다시 만든 '하얀 두루미 학(鶴)'. >> 단정학(丹頂鶴: 두루미), 학수고대(鶴首苦待)

崔 최 崔 崔	'뫼 산(山)'과 '새 추(隹))'를 더해 '돌무더기가 산처럼 쌓여 오르다'라는 뜻을 나타낸 '높을 최(崔)'.
確 확	'돌 석(石)'과 '높이 솟아올라 편편히 나는 하얀 두루미'라는 뜻을 지닌 '두루미 확(隺)'을 더해 '하얘서 눈에 확 뜨이는 단단한 돌'이라는 뜻을 나타낸 '분명하고 단단할 확(確)'. ▶▶ 확정(確定), 확신(確信), 확실(確實), 확연(確然), 정확(正確)
皭 학	'하얀 깃털을 지닌' '두루미 확(隺)'과 '흰 백(白)'을 더해 '두루미의 흰 깃털'이라는 뜻을 나타낸 '흴 학, 새의 깃 학(皭).
催 최	'돌무더기가 산처럼 쌓여 오르다'라는 뜻을 나타낸 '높을 최(崔)'와 '사람 인(亻)'을 더해 '돌을 쌓아 올리듯 부지런히 어떤 일을 하다'라는 뜻을 나타낸 '(모이도록 일을 낼) 열 최, 재촉할 최(催)'. ▶▶ 개최(開催), 주최(主催), 최고장(催告狀)

049_ 어조사 야(也)

	머리를 들고 있는 꼬리가 긴 뱀(코브라)

也 야 也	고개를 쳐든 뱀의 모습(也)으로 '뱀처럼 기다랗게 이어지다'라는 뜻을 나타낸 '잇달을 야, 어조사(~이냐? ~구나, ~도다) 야(也)'. ▶▶ 급기야(及其也: 마침내, 필경에는, 마지막에는), 혹야(或也: 만일에, 가다가 더러, 행여나)
弛 이	'길다'라는 뜻을 지닌 '잇달을 야(也)'와 '활 궁(弓)'을 더해 '활줄을 길게 풀어주다'라는 뜻을 나타낸 '(느슨하게) 풀어줄 이(弛)'. ▶▶ 이완(弛緩), 해이(解弛)

| 地 지 | '흙 토(土)'와 '길다'라는 뜻을 지닌 '잇달을 야(也)'를 더해 '(흙이) 길게 이어진 땅'이라는 뜻을 나타낸 '땅 지(地)'.
▶ 지반(地盤), 지표(地表), 지구(地球), 지평선(地平線) |

| 池 지 | '물 수(氵)'와 '길다'라는 뜻을 지닌 '잇달을 야(也)'를 더해 '물이 길게 이어지는 못 혹은 성곽 주위를 파서 길게 둘러친 못'이라는 뜻을 나타낸 '못 지(池)'
▶ 건전지(乾電池), 저수지(貯水池), 함지(咸池), 소택지(沼澤地) |

| 施 施 시 | '깃발 언(㫃=㫃)'과 '길다'라는 뜻을 지닌 '잇달을 야(也)'를 더해 '~인가를 길게 풀어주다'라는 뜻을 나타낸 '베풀 시(施)'
▶ 시행(施行), 시술(施術), 시공(施工), 실시(實施) |

| 他 타 | '남'이라는 뜻을 지닌 '사람 인(亻)'과 '뱀'의 뜻을 지닌 '잇달을 야(也)'를 더해 '낯설고 두려운 다른 사람이나 물건'이라는 뜻을 나타낸 '다를 타(他)'.
▶ 타국(他國), 타향(他鄕), 타인(他人), 배타(排他) |

050_ 아니 불(不)

 꽃이 피면서 봉오리를 싸고 있던 겉 이파리 부분은 밑으로 처져 내려 꽃받침이 되고 안쪽이 불어나며 꽃으로 피는 모습.

| 不 불
不 不 | 꽃봉오리 안쪽 씨방이 불어나면서 '밑으로 처져 내리는(버려지는) 겉 이파리의 모습'으로 나타낸 '아니 불(不)'.
▶ 불문(不問), 불능(不能), 불멸(不滅), 불면(不眠) |

否 부

'아니 불(不)'과 '입 구(口＝ㅂ)'를 더해 '아니라고 말하다'라는 뜻을 나타낸 '아닐 부, 아닐 비, 악할 비(否)'.
>> 부정(否定), 부인(否認), 부결(否決), 가부(可否), 안부(安否), 비색(否塞: 운수가 나빠 막힘)

杯 배

'나무 목(木)'자와 '부풀어 오르는 씨방의 모습(ㅈ)'을 지닌 '아니 불(不)'을 더해 '씨방처럼 생긴 나무 술잔'을 나타낸 '잔 배(杯)'.
>> 고배(苦杯), 독배(毒杯)

盃 배

'그릇 명(皿)'과 '부풀어 오르는 씨방의 모습(ㅈ)'을 지닌 '아니 불(不)'을 더해 '씨방처럼 생긴 잔'이라는 뜻을 나타낸 '잔 배(盃)'. '배(杯)'와 같이 쓰임.
>> 건배(乾杯), 우승배(優勝盃＝優勝杯: 우승기념 술잔)

丕 비

'아니 불(不)'과 '한 일(一)'을 더해 '꽃봉오리와 꽃받침 사이에서 부풀어 오르는 씨방'의 모습(ㅈ)으로 나타낸 '부풀을 비 혹은 클 비(丕)'.
>> 비현(丕顯: 부풀며 나타남), 비업(丕業: 커다란 사업)

胚 배

'몸'의 뜻을 지닌 '고기 육(肉＝月)'과 '씨방'의 뜻을 지닌 '부풀을 비 혹은 클 비(丕)'를 더해 '커가는 씨앗의 뜻을 나타낸 아이(씨앗) 밸 배(胚)'.
>> 배아(胚芽: 씨눈), 배태(胚胎: 아이를 뱀)

咅 부

꽃봉오리 겸 씨방의 모습(ㅈ)을 지니고 있는 '아닐 부(ㅈ＝否)'와는 달리 윗부분에 점을 찍어 꽃봉오리를 강조한 '꽃봉오리 보(咅＝咼)'였는데, 후대의 한문 식자들이 '말씀 언(言＝言)', 즉 입(口＝ㅂ) 위에 (새김칼을 그린) 혀(ㅜ)를 그린 모습(咅)으로 잘못 보고 쓰이게 된 '침 뱉을 부(咅)'.

菩 보

'꽃봉오리 보(咅＝咼)'를 '침 뱉을 부(咅)' 등으로 잘못 쓰게 되자 원래의 뜻을 살리기 위해 '풀 초(草＝艹)'를 더해 다시 만든 '꽃봉오리 보 혹은 보살 보(菩)'. 지금은 주로 불교 용어로만 씀.
>> 보살(菩薩), 보리수(菩堤樹)

| 培 배 培(흙) | ‘(점점 부풀어 오르는) 꽃봉오리 보(音＝咅)’와 ‘흙 토(土)’를 더해 ‘(초목의 뿌리를 튼튼히 하기 위해) 흙을 봉긋하게 북돋아준다’는 뜻을 나타낸 ‘북돋을 배(培)’. |

‘(점점 부풀어 오르는) 꽃봉오리 보(音＝咅)’와 ‘흙 토(土)’를 더해 ‘(초목의 뿌리를 튼튼히 하기 위해) 흙을 봉긋하게 북돋아준다’는 뜻을 나타낸 ‘북돋을 배(培)’.
>> 배양(培養), 재배(栽培)

剖 부

‘(꽃봉오리가 부풀어) 꽃잎이 피어날수록 꽃받침은 밑으로 처져 내리는 모습에서 아래 위 둘로 갈라지다’라는 뜻을 지니고 있는 ‘아닐 부(咅)’와 ‘칼 도(刀＝刂)’를 더해 ‘둘로 가르다’라는 뜻을 나타낸 ‘가를 부(剖)’.
>> 해부(解剖), 부관참시(剖棺斬屍: 관을 쪼개고 시체를 베는 형벌)

部 부

‘아래위 둘로 갈라지다’라는 뜻을 지니고 있는 ‘아닐 부(咅)’와 ‘사람이 모여 사는 언덕’의 뜻을 지닌 ‘언덕 부(阝)’를 더해 ‘나뉘어 있는 마을이나 각자 나뉘어 거느리고 다니는 떼거리’라는 뜻을 나타낸 ‘마을 부, 떼거리 부(部)’.
>> 부분(部分), 부문(部門), 부락(部落), 부서(部署), 국방부(國防部), 문교부(文敎部)

倍 배

‘(점점 부풀어 오르는) 꽃봉오리 보(音＝咅)’ 그리고 ‘아래위 둘로 갈라지다’라는 뜻을 지니고 있는 ‘아닐 부(咅)’와 ‘사람 인(人)’을 더해 ‘사람들이 (부풀어) 많아지다 혹은 서로 갈라지니(나뉘니) 두 배로 많아진다’라는 뜻을 나타낸 ‘갑절 배, 곱 배(倍)’.
>> 배가(倍加), 배수(倍數), 백배(百倍)

※ ‘안이 불어나니’, ‘아니 불(咅＝不)’. 우리말 한자(漢字)

051_ 안 보일 막(莫)

풀 초(艹) 2 개, 혹은 숲 속(茻)에 가려진 해(日)의 모습

莫 막	'풀 초(艹)' 2개와 '날 일(日＝☉)'을 더해 '해가 숲 속에 가려서 안 보이다'는 뜻을 나타낸 '안 보일 막, 혹은 (해가) 없을 막, 혹은 (숲이 해를) 덮을 막(莫)'. ≫ 적막(寂莫), 삭막(索莫), 막대(莫大: 아득할 정도로 한없이 크다), 막상막하(莫上莫下)

艹 艹

暮 모	'안 보일 막(莫)'과 '날 일(日)'을 더해 '해가 수풀 뒤로 가려져 안 보이기 시작하는 때'라는 뜻을 나타낸 '저물 모, 혹은 저녁 모(暮)'. ≫ 모춘(暮春), 모년(暮年), 박모(薄暮: 어슴푸레 어두워지는 저녁, 땅거미로 순화)

墓 묘	'안 보일 막(莫)'과 '흙 토(土)'를 더해 '흙에 묻혀 안 보이게 되었다'는 뜻을 나타낸 '무덤 묘(墓)'. ≫ 묘소(墓所), 성묘(省墓), 묘비(墓碑), 분묘(墳墓)

幕 막	'안 보일 막(莫)'과 '수건 건(巾)'을 더해 '수건이나 천으로 안 보이게 막아서 가리다'는 뜻을 나타낸 '막을 막, 혹은 장막 막(幕)'. ≫ 장막(帳幕), 막사(幕舍), 군막(軍幕), 흑막(黑幕)

慕 모	'안 보일 막(莫)'과 '마음 심(心)'을 더해 '안 보이는 사람을 그리워하고 찾는 마음'을 나타낸, '사모할 모(慕)'. ≫ 사모(思慕), 연모(戀慕), 애모(愛慕), 추모(追慕), 흠모(欽慕)

募 모	'안 보일 막(莫)'과 '힘 력(力)'을 더해 '안 보이지만 어딘가에는 있을 누군가를 애써 찾아 모은다.'는 뜻을 나타낸 '모을 모(募)'. ≫ 모집(募集), 모병(募兵), 응모(應募), 공모(公募)

摸 모	'손 수(手＝扌)'와 '안 보일 막(莫)'을 더해 '안 보이는 것을 찾아 더듬는다.'는 뜻을 나타낸 '더듬어 찾을 모(摸)'. ≫ 모색(摸索), 모의(摸擬)

模 모	'(안 보이게) 덮어씌운다.'는 뜻을 지닌 '안 보일 막(莫)'과 '나무 목(木)'을 더해 '그릇 등의 토기를 만들 때 같은 모양의 틀을 나무로 짜거나 여러 개 만들기 위해 같은 모양으로 나무를 파낸 거푸집'이라는 뜻을 나타낸 '거푸집 모, 본 뜰 모, 혹은 법 모(模)'. ≫ 모조(模造), 모방(模倣), 모범(模範), 모의고사(模擬考査)

膜 막

몸을 뜻하는 '고기 육(肉＝月)'과 '(해가) 덮어 씌워졌다'는 뜻을 지닌 '덮을 막(莫)'을 더해 '몸의 내장 기관들을 덮고 있는 얇은 막'을 나타낸 '막 막(膜)'.

>> 횡격막(橫膈膜), 안막(眼膜), 각막(角膜), 박막(薄膜: 얇은 막)

052_ 나비 접(蝶)

나뭇잎과, 나비가 날개를 접은 모습

葉 엽
枼 葉

나무(木) 위에 무성한 잎사귀(世)들을 그린 '나뭇잎 엽(枼)'. 그리고 다시 '풀 초(艹)'를 더한 '잎새 엽(葉)'.

>> 낙엽(落葉), 침엽수(針葉樹: 소나무, 잣나무와 같이 잎이 바늘 모양으로 생긴 나무들), 지엽(枝葉: 나뭇가지와 잎, 덜 중요한 부분), 금지옥엽(金枝玉葉: 금 가지에 옥 잎사귀), 일엽지추(一葉知秋: 나뭇잎 하나가 떨어짐을 보고 가을이 옴을 안다는 뜻), 엽전(葉錢), 엽서(葉書: 나뭇잎 같은 편지), 일엽편주(一葉片舟: 나뭇잎 같은 배)

蝶 접

'나뭇잎 엽(枼)'과 '벌레 충(虫)'을 더해 '나뭇잎 같은 날개를 가진 벌레'라는 뜻을 나타낸 '나비 접(蝶)'.

>> 접영(蝶泳: 두 팔을 뒤에서 앞으로 크게 휘둘러 물을 끌어당기고, 두 다리로 동시(同時)에 물을 차며 나아가는 나비처럼 보이는 수영법), 봉접(蜂蝶: 벌과 나비)

나방은 앉으면 날개를 양쪽으로 내리는데 비해 나비는 앉을 때 반드시 두 날개를 위로 접어 올립니다. 조지훈의 시 승무(僧舞)에 나오는 '고이 접어 나빌레라'라는 시구(詩句) 그대로의 나비 모습인 '나비 접(蝶)'이 됩니다.

| 諜 첩 |

'나뭇잎 엽(枼)'과 '말씀 언(言)'을 더해 '해서는 안 될 말을 함부로 나뭇잎처럼 나불대다'라는 뜻을 나타낸 '함부로 말할 첩 혹은 고자 질 할 첩(諜)'.

≫ 첩보(諜報: 상대방의 정보나 형편을 몰래 탐지하여 보고함), 방 첩(防諜), 첩자(諜者)

| 牒 첩 |

'나뭇잎 엽(枼)'과 '나무 조각 편(片)'을 더해 '나뭇잎처럼 작고 납작 한 나뭇조각에 쓰인 문서'라는 뜻을 나타낸 '편지 첩(牒)'.

≫ 통첩(通牒: 관청이나 단체 등에서 문서로 통지하는 일), 청첩장 (請牒狀)

| 喋 첩 |

'입 구(口)'과 '나뭇잎 엽(枼)'을 더해 '바람에 흔들리는 나뭇잎처럼 입을 나불대며 지껄이다'라는 뜻을 나타낸 '나불댈 첩(喋) 혹은 쪼 아 먹을 접(喋)'.

≫ 첩첩남남(喋喋喃喃: 작은 목소리로 즐겁게 이야기를 주고받는 모습), 남남첩첩(喃喃喋喋: 입술로 냠냠 쩝쩝하며 먹는 소리)

'나뭇잎 엽(枼)'의 '엽'이라는 발음의 원음(原音)은 음운학(音韻學)상으로 'dep'으로 밝혀져 있습니다. 바로 우리말 '덮다'의 '덮(dep)'과 그 어소(語素)가 같습니다. 실제로 '나뭇잎'은 '나무를 덮는 무엇'으로 '덮다'의 '덮'에 그 말의 뿌리가 있습니다. '덮(dep)'이라는 발음이 지 금의 '접(蝶)'이 되었다는 것이지요. 지금도 '덮다'와 '접다'라는 말은 '책을 덮다'와 '책을 접 다'에서처럼 거의 같이 쓰이고 있습니다.

당(唐)나라 때까지는 중국에서도 (한자를 잘 아는 지배계층에서만은) '접(蝶)'을 'diep, 혹은 tiep'으로 발음하고 있었는데, 받침을 함께 발음하기 어려운 중국말의 특성상 'diep'에서 'p (ㅍ)'음이 사라지고 '디에(die)'가 되어 그 소리 말만 듣고는 도대체 자신들도 무슨 말인지 알 수가 없어졌습니다. 하지만 우리말에서는 '나무가 잎(닢)새를 덮다'라고 하든 '이(니)불을 덮다'라고 하든, 아니면 '책을 덮다'를 '책을 접다'라고 하든 '덮(dep)'이 '접(diep 혹은 tiep)' 이라는 발음으로 이어지면서 나비의 날개나 나무의 닢(잎)새 같은 소리 말과 '우리말 한자 (漢字)'가 함께 살아있는 것이지요 참고로 중국보다 훨씬 늦게 한자를 가지고 간 일본에서 는 '잎새 엽(葉)'은 '요(葉)', 그리고 '나비 접(蝶)'은 '쵸(蝶)'가 되어 지금도 나비를 '쵸쵸(蝶蝶)'라고 합니다.

O53_ 샘 천(泉), 넓은 벌 원(原)

 = 옹달샘의 모습

泉 천

땅 속에서 새롭게 솟아나는 물을 나타낸 '샘 천(泉)'.
>> 원천(源泉), 온천(溫泉), 황천(黃泉:사람이 죽어서 가는 원래의 고향)

線 선

'실 사(糸)'와 '샘 천(泉)'을 더해 '끊이지 않고 흘러나오는 샘처럼 길게 줄줄이 이어지는 실'이라는 뜻을 나타낸 '줄 선(線)'.
>> 시선(視線), 혼선(混線), 노선(路線), 전선(電線)

 = 높은 산 바위틈에서 솟아난 샘물이 계곡을 따라내려 드넓은 평야를 휘돌아 더 넓은 바다로 흘러가는 모습.

原 원

'절벽 한(厂)'과 '샘 천(𤁉 = 泉)'을 더해 높은 산 암벽 밑에서 솟아난 샘물이 흘러가는 모습(𤁉=原)으로 나타낸 '(샘) 찾을 원, 근원 원, 혹은 넓은 벌 원(原)'.
>> 원인(原因), 원칙(原則), 원리(原理), 평원(平原), 고원(高原)

源 원

'(샘) 찾을 원, 근원 원, 혹은 넓은 들 원(原)'이 주로 '넓은 들 원(原)'으로만 쓰이게 되자 원래의 '샘물'이라는 뜻을 강조하기 위해 '물 수(水=氵)'를 더해 다시 만든 '(샘) 찾을 원, 근원 원(源)'.
>> 원천(源泉), 근원(根源), 자원(資源), 재원(財源), 발본색원(拔本塞源: 뿌리를 뽑고 원천(源泉)을 막아 버린다)

願 원

'샘물이 솟다'라는 뜻을 지닌 '근원 원(原=𤁉)'과 '머리 혈(頁=𩑋)'을 더해서 '샘이 솟듯 머리에 끝없이 떠오르는 생각'을 나타낸 '바랄 원(願)'.
>> 끝없이 바라는 소원(所願), 기원(祈願), 민원(民願), 지원(志願)

054_ 마를 근(堇)

불같이 뜨거운 햇볕에 바짝 마른 가죽

堇 근

圣 菐 蕃

'가죽 혁(革, 堇)'과 '불 화(火 = ⚊, 灬)'를 더해 '불같이 뜨거운 햇볕에 가죽이 바짝 마르다'라는 뜻을 나타낸 '마를 근(堇).'

勤 근

'마를 근(堇)'과 '힘 력(力)'을 더해 '힘이 바짝 마르도록 일을 하다'라는 뜻을 나타낸 '애쓸 근(勤)'.
➤ 근면(勤勉), 근로(勤勞), 출근(出勤), 근무(勤務)

僅 근

'마를 근(堇)'과 '사람 인(人)'을 더해 '겨우 살아간다, 바짝 말라붙어 아주 적다'라는 뜻을 나타낸 '겨우 근, 가까스로 근(僅)'.
➤ 근소(僅少)하다, 근근(僅僅)히.

槿 근

'마를 근(堇)'과 '나무 목(木)'를 더해 '하루 만에 피었다 지는 꽃송이를 무수히 끊임없이(100여일) 피어내는 꽃나무'라는 뜻을 나타낸 '무궁화 근(槿)'.
➤ 근화(槿花), 근역(槿域)

謹 근

'마를 근(堇)'과 '말씀 언(言)'을 더해 '말을 (조심해서) 적게 하다'라는 뜻을 나타낸 '삼갈 근(謹)'.
➤ 근조(謹弔), 근신(謹愼), 근하신년(謹賀新年)

饉 근

'바짝 마를 근(堇)'과 '먹을 식(食)'을 더해 '먹을 것이 다 떨어지다'라는 뜻을 나타낸 '흉년들 근(饉)'.
➤ 기근(饑饉), 흉근(凶饉: 흉작으로 인한 기근)

歎 탄

'마를 근(堇)'과 '하품 흠(欠)'을 더해 '놀란 나머지 입이 바짝 말라서 아-! 소리도 겨우 내다'라는 뜻을 나타낸 '탄식할 탄(歎)'
➤ 개탄(慨歎), 한탄(恨歎), 탄식(歎息), 감탄(感歎)

難 난	'마를 근(堇)'에 '새 추(隹)'를 더해 '바짝 가물어서 새들이 말라죽을 정도로 어렵다'는 뜻을 나타낸 '어려울 난(難)'. ≫ 곤란(困難) 난제(難題), 논란(論難), 비난(非難), 각골난망(刻骨難忘)

漢 한 漢	'마를 근(堇)'과 '물 수(水=氵)'를 더해 (물은 있는지 없는지 잘 모르지만) '하늘에서 흐르는 강처럼 보이는 은하수'라는 뜻을 나타낸 '은하수 한(漢)' 혹은 '은하수의 별들처럼 무수히 많은 떼거리를 지어 몰려다니는 뭇 사내들'을 나타내는 '사내 한(漢)'. ≫ 한수(漢水: 은하수와 같은 방향으로 흐르는 중국 양자강의 한 지류), 한강(漢江: 갈라진 은하수처럼 두 줄기 물이 하나로 합쳐지는 모습을 지닌, 부여반도의 남북을 꿰뚫고 흐르다가 '두 물머리(祖江: 조강)'에서 만나는 강), 문외한(門外漢: 뭘 모르는 떼거리의 한 사람)

O55_ 차례 제(弟)

丰	지게 작대기의 갈라진 윗부분부터 차례차례 잘 감은 모습

弟 제 丰 弟	'말뚝 익 혹은 주살 익(弋)' 혹은 '창 과(戈)'의 자루 부분을 끈(乙)으로 갈라진 윗부분부터 차례차례 잘 감은 모습(丰)으로 '차례 혹은 차례가 있는 형제'라는 뜻을 나타낸 '차례 제 혹은 아우 제(弟)'. ≫ 형제(兄弟), 자제(子弟: 자식 형제), 제자(弟子), 제수(弟嫂)

第 제 𥴩	'차례 제 혹은 아우 제(弟)'가 주로 '아우 제(弟)'로만 쓰이게 되자 '(차례차례 마디가 나 있는) 대나무 죽(竹=𥫗)'을 더해 다시 만든 '차례 제(第)'. ≫ 제일(第一), 차제(次第), 급제(及第)

梯 제	'차례차례'의 뜻을 지닌 '아우 제(弟)'와 '나무 목(木)'을 더해 '차례차례 올라가다'라는 뜻을 나타낸 '사다리 제(梯)'. ≫ 계제(階梯: 일의 단계), 운제(雲梯: 높은 사다리)

娣 제

'차례가 있는 형제'라는 뜻을 지닌 '아우 제(弟)'와 '계집 녀(女)'를 더해 '여자 형제'라는 뜻을 나타낸 '누이 제(娣)'.

➤➤ 제사(娣姒: 손아래 누이와 손 위 누이, 손아래 동서와 손위 동서), 제부(娣婦: 손아래 동서)

O56_ 드리울 수(垂)

위로 자라던 풀이나 곡식열매가 밑으로 드리워지는 (내려오는) 모습

垂 수

위로 자라던 풀이나 곡식열매가 밑으로 드리워지는(내려오는) 모습으로 나타낸 '드리울 수(垂)'.

➤➤ 수직(垂直), 현수막(懸垂幕)

睡 수

'드리울 수(垂)'와 '눈 목(目)'을 더해 '(졸려서) 눈꺼풀이 내려오다'라는 뜻을 나타낸 '睡(잘 수(睡)'.

➤➤ 수면(睡眠), 혼수상태(昏睡狀態)

錘 추

'드리울 수(垂)'와 '쇠 금(金)'을 더해 '위에서 아래로 드리워 보아 수직(垂直)인가 아닌가를 가늠하는데 쓰는 손저울로, 어떤 물건의 무게를 알아보기 위해 저울대의 반대편에 매다는데 쓰는 쇳덩이'라는 뜻을 나타낸 '저울 추(錘)'.

➤➤ 시계추(時計錘), 추선(錘線:추에 맨 줄)

唾 타

'밑으로 떨어지다'라는 뜻을 지닌 '드리울 수(垂)'와 '입 구(口)'를 더해 '입에서 밑으로 흘러내리거나 땅바닥으로 내뱉는(떨어뜨리는) 침'이라는 뜻을 나타낸 '침 (뱉을) 타(唾)'.

➤➤ 타액(唾液), 해타(咳唾: 기침과 침)

郵 우

'드리울 수(垂)'와 '고을 부(阝)'를 더해 '(어떤 소식이나 물건 등을) 고을마다 떨어뜨려주고 가기 위해 마련된 곳'이라는 뜻을 나타낸 '역참 우(郵)'.

➤➤ 우편(郵便), 우표(郵票), 우체국(郵遞局)

057_ 붉을 주(朱)

 잘린 나무 밑동의 모습

朱 주

末 朱

'나무 목(木=朮)'자의 가운데 부분에 '동그라미(○)'표시를 한 모습(朱)으로 '나무줄기 밑동(그루터기) 혹은 그 (잘린) 밑동 한가운데 붉게 보이는 부분'이라는 뜻을 나타낸 '그루터기 주 혹은 붉을 주(朱)'.
▶▶ 주황(朱黃), 주작(朱雀), 인주(印朱)

株 주

'그루터기 주 혹은 붉을 주(朱)'가 주로 '붉을 주(朱)'라는 뜻으로 쓰이게 되자 '나무 목(木)'을 다시 더해 만든 '그루터기 주(株)'.
▶▶ 주식(株式), 주주(株主), 주가(株價)

珠 주

'붉을 주(朱)'와 '구슬 옥(玉=王)'을 더해 '붉은 (옥)구슬'이라는 뜻을 나타낸 '구슬 주(珠)'.
▶▶ 진주(眞珠), 주옥(珠玉), 주산(珠算)

殊 수

'밑동을 자르다'라는 뜻을 지닌 '붉을 주(朱)'와 '부서진 뼈 알(歹)'을 더해 '끊어지다, 죽이다, 유다르다'라는 뜻을 나타낸 '죽일 수, 유다를 수(殊)'.
▶▶ 특수(特殊), 수방(殊邦: 다른 나라), 수은(殊恩: 특별(特別)한 은혜(恩惠))

誅 주

'밑동을 자르다'라는 뜻을 지닌 '붉을 주(朱)'와 '말씀 언(言)'을 더해 '확실히 주어야 할 죄명을 천명하고 죽이다'라는 뜻을 나타낸 '벨 주(誅)'
▶▶ 가렴주구(苛斂誅求), 주책(誅責: 엄하게 꾸짖고 나무람)

058_ 가지런할 제(齊)

잘 올라와 여문 이삭들의 모습

齊 = 𠂤 제

𠂤 𣎆

가지런히 올라와 잘 여문 이삭들의 모습(𠂤, 𣎆)과 그 이삭들을 널리 싸 담아 낼 수 있는 넓은 천이나 판자의 모습(𠁩, 𠁩)을 더해 '가지런히 잘 자란 이삭들을 골고루 넓게 싸안다'라는 뜻을 나타낸 '가지런히 할 제(齊)'.

▶▶ 잘 올라와 여문 이삭들의 모습수신제가(修身齊家: 자신을 가다듬고 가족들을 (다스리는 게 아니라) 상하 좌우가 잘 어울리도록 가지런히 한다)

'고를 평(平)'이 '위아래 없이 똑같이 고르게 하다'라는 뜻이라면, '가지런히 할 제(齊)'는 '상하좌우가 고르게 잘 어울리게 하다'라는 뜻입니다.

臍 제

臍

'가지런할 제(齊=𠂤)'와 몸을 나타내는 '고기 육(肉=𠕎=月)'을 더해 '상하좌우가 골고루 잘 갖추어진 몸의 중심'을 나타낸 '배꼽 제 혹은 열매꼭지 제(臍)'.

▶▶ 제대(臍帶: 탯줄)

劑 제

劑

'가지런할 제(齊=𠂤)'와 '칼 도(刂=刀=𠚕)'를 더해 '(한약재를 자를 때처럼) 필요한 부분을 가지런하게 자르다'라는 뜻을 나타낸 '약재 제(劑)'.

▶▶ 약제(藥劑), 정제(錠劑), 소화제(消化劑)

濟 제

濟

'가지런할 제(齊=)'와 '물 수(氵=水=𣱱)'를 더해 '강물이나 봇물 혹은 밭의 물이 그 높낮이에 따라 양이 넘치거나 부족하지 않도록 가지런하게 조절한다는 뜻'을 나타낸 '도울 제 혹은 건넬 제(濟)'.

▶▶ 경제(經濟: 여러 가지 생산품들이 서로 잘 유통될 수 있도록 어느 한 쪽으로 치우치지 않도록 필요에 따라 가지런히 하는 일), 구제(救濟)하다, 중생을 제도(濟度)하다

齋 재

'가지런히 할 제(齊＝斉)'와 '제사(祭祀), 제단(祭壇)'의 의미를 지닌 '보일 시(示)'를 더해 '제사(祭祀)'를 올리기 위해 각자의 몸과 마음 그리고 그 제물(祭物)들을 가지런히 하다 혹은 그렇게 하는 집'이 라는 뜻을 나타낸 '삼가 할 재(齋)' 혹은 '집 재(齋)'.
>> 목욕재계(沐浴齋戒), 재실(齋室)

059_ 빛날 요(曜)

날개를 한껏 치켜세우고 나는 새의 모습(𝕩)

翟 적
𝕩 翟

'날개를 한껏 치켜세우고 날아오르는 새의 모습(𝕩)'으로 나타낸 '꿩 적(翟)'.
>> 적의(翟衣: 붉은 비단(緋緞) 바탕에 청색(靑色)의 꿩을 수놓고, 깃고대 둘레에 붉은 선을 두른 옛날 황후(皇后)가 입던 옷), 적 거(翟車: 황후(皇后)가 타는 수레 이름), 묵적지수(墨翟之守: 묵 적(墨翟)의 지킴이라는 말로, 성의 수비(守備)가 굳세고 튼튼하 다는 뜻)

擢 탁

'(날아) 오르다'라는 뜻을 지닌 '꿩 적(翟)'과 동사 기호로 쓰는 '손 수(扌)'를 더해 '무엇인가를 위로 (뽑아) 올리다'라는 뜻을 나타낸 '뽑을 탁(擢)'.
>> 발탁(拔擢), 탁발난수(擢髮難數: '머리카락을 뽑아 다 헤아리기 어렵다'라는 말로, 지은 죄(罪)가 너무 많아 다 헤아릴 수도 없 다는 뜻)

濯 탁

'치켜 올린다'는 뜻을 지닌 '꿩 적(翟)'과 '물 수(氵)'자를 더해 '무엇 인가를 물에 담갔다가 높이 들어 올리면서 헹구어내다'라는 뜻을 나타낸 '씻을 탁(濯)'.
>> 세탁(洗濯), 탁족(濯足)

曜 요	'날(해) 일(日)'과 '높이 날아오르다'라는 뜻을 지닌 '꿩 적(翟)'을 더해 '해가 높이 떠서 환하게 빛나다'라는 뜻을 나타낸 '빛날 요(曜)'. 〉〉 요일(曜日), 일요일(日曜日), 칠요(七曜: 해(日)와 달(月)과 목화토금수(木火土金水)의 오성(五星))

耀 요	'불 화(火)'와 '높이 날아오르다'라는 뜻을 지닌 '꿩 적(翟)'을 더해 '타오르는 불처럼 환하게 빛나다'라는 뜻을 나타낸 '빛날 요(耀)'. 〉〉 영요(榮耀: 영광), 광요(光耀: 광채)

躍 약	'발 족(足)'과 '높이 오르다'라는 뜻을 지닌 '꿩 적(翟)'을 더해 '높이 뛰어오르다'라는 뜻을 나타낸 '뛸 약(躍)'. 〉〉 도약(跳躍), 약동(躍動), 약진(躍進), 암약(暗躍), 환호작약(歡呼雀躍: 참새들이 짹짹거리며 뛰듯이 기쁘게 소리치며 날뜀)

060_ 동아리 원(員)

세발솥의 동그란 윗부분 모습

員 원 	'솥 정(鼎=鼎=貝)'자 위쪽에 동그라미(○)가 (마치 위에서 본 것처럼) 따로 그려져 있는 모습(員)으로 '둥근 테두리, 혹은 한 동아리'라는 뜻을 나타낸 '둥글 원, 동아리 원(員)'. 〉〉 위원(委員), 직원(職員), 의원(議員), 구성원(構成員)

圓 원	'둥글 원, 동아리 원(員)'이 주로 '동아리(구성원) 원(員)'으로만 쓰이게 되자 '에워쌀 위(口=○)'를 다시 더해 만든 '둥글 원(圓)'. 〉〉 원활(圓滑), 원만(圓滿), 타원(橢圓)

損 손	'둥글 원(員)'과 '~~하게 하다'라는 뜻의 동사 기호 '손 수(扌)'를 더해 '무언가를 둥그렇게 파내다(덜어내다)'라는 뜻을 나타낸 '덜 손, 줄일 손(損)'. ▶▶ 손상(損傷), 손해(損害), 손실(損失)

爾 = 爾 木 + 爾 이	'옆에서 본 손잡이 부분(木)'과 '아래에서 본 (도장의) 밑 부분(爾)'을 같이 그린 모습(爾)으로 '(글씨나 문양을 새긴) 도장, 혹은 너! 하고 도장을 찍다'라는 뜻을 나타낸 '너 이, 그것 이(爾)'. ▶▶ 요이(聊爾), 준이(蠢爾), 이래(爾來)

璽 새	'도장'이라는 뜻을 지닌 '너 이, 그것 이(爾)'와 '구슬 옥(玉)'을 더해 '옥으로 만든 (임금의) 도장'이라는 뜻을 나타낸 '옥새 새(璽)'. ▶▶ 옥새(玉璽), 국새(國璽), 이상은 藤堂明保의 설(說)

061_ 또 차(且)

	고깃덩어리(𠕊 = 肉)를 차곡차곡 채워 놓은 모습

且 = 𠕊 차 𠕊 𠕊 且	'무엇인가를 (차)곡(차)곡, 혹은 (차)례(차)례 쌓고 (또) 쌓는 모습(𠕊, 𠕊, 且)'으로 나타낸 '또 차(且)'. ▶▶ 중차대(重且大), 구차(苟且), 차치(且置)

查 사	'나무 목(木)'과 '또 차(且)'를 더해 '나무를 계속 이어놓은 뗏목, 혹은 나무가 자라고 또 자라온 연륜을 알 수 있는 나이테'라는 뜻을 나타낸 '뗏목 사, 혹은 나이테로 나무의 나이를) 사실(조사)할 사(査)'. ▶▶ 수사(搜査), 조사(調査), 검사(檢査), 심사(審査)

여기서 '사실(조사)할 사(査)'라는 뜻으로 쓰이게 된 이유로 '사실할 사(査)'자가 '나이테'의 뜻을 지녔기 때문이라고 하는 것은 전적으로 본인의 가설에 의한 추론임을 밝힙니다.

俎 저

부엌이나 제사상 위에 고기조각(ㄲ)을 쌓아두는 적대(도마)의 모습
(🐚)으로 나타낸 '도마 조(俎)'.
>> 도조(刀俎: 칼과 도마), 조상육(俎上肉)

阻 조

'언덕 부(阝)'와 '쌓고 또 쌓이다'라는 뜻을 지닌 '또 차(且)'를 더해
'언덕이 있고 또 있는, 혹은 겹겹이 쌓여있는 언덕'이라는 뜻을 나
타낸 '험할 조(阻)'.
>> 격조(隔阻)하다, 조면(阻面: ①(오랫동안)서로 만나 보지 못함 ②
절교(絶交))

沮 저

'물 수(氵)'와 '쌓고 또 쌓이다'라는 뜻을 지닌 '또 차(且)'를 더해 '물
이 가로막고 또 가로막다'라는 뜻을 나타낸 '막을 저(沮)'.
>> 저지(沮止), 저해(沮害), 저알(沮遏: 막아서 못하게 함)

助 조

'힘 력(力)'과 '또 차(且)'를 더해 '힘에 또 힘을 보태다'라는 뜻을 나
타낸 '도울 조(助)'.
>> 조력(助力), 보조(補助), 조산원(助産員), 조수(助手), 협조(協助)

宜 의

'집 면(宀)'과 '또 차(且)'를 더해 '(고기를) 마땅하게 잘 쌓아서 간수
하다'라는 뜻을 나타낸 '마땅할 의(宜)'.
>> 의당(宜當), 편의(便宜), 의도(宜稻: 벼를 심기에 적당함)

詛 저

'말씀 언(言)'과 '또 차(且)'를 더해 '(욕이나 원망의 말을) 하고 또
하다'라는 뜻을 나타낸 '저주할 저(詛)'.
>> 저주(詛呪), 저작구(詛嚼口: 곤충(昆蟲) 따위에서 아래위턱이 단
단하여 식물(植物)을 씹어 먹기에 알맞은 입 메뚜기ㆍ잠자리의
입 따위)

咀 저

'입 구(口)'와 '또 차(且)'를 더해 '먹고 또 먹다 혹은 말을 하고 또
하다'라는 뜻을 나타낸 '씹을 저 혹은 저주할 저(咀)'.
>> 저주(咀呪), 저작(咀嚼: 음식물을 씹음)

組 조

'실 사(糸)'와 '또 차(且)'를 더해 '실을 엮고 또 엮다'라는 뜻을 나타
낸 '짤 조(組)'.
>> 조직(組織), 조합(組合), 조성(助成), 조립(組立)

| 粗 조 | '쌀 미(米)'와 '또 차(且)'를 더해 '한 종류가 아닌 여러 종류가 겹겹이 거칠게 섞인 쌀(보리쌀 좁쌀 수수쌀도 쌀임)'이라는 뜻을 나타낸 '거칠 조(粗)'. |

▶ 조잡(粗雜), 조악(粗惡), 조조(粗造: 거칠게 만듦), 조미(粗米: 거친 쌀 현미)

| 租 조 | '벼 화(禾)'와 '또 차(且)'를 더해 '벼가 쌓이고 쌓이는 대로 (그에 따라) 구실을 붙여 거두어가는 곡식(세금)'이라는 뜻을 나타낸 '구실 조(租)'. |

▶ 조세(租稅), 도조(賭租: 남의 논을 부치고 빌린 대가로 내는 벼), 십일조(十日租)

| 疊 첩 | 세 개의 '밭 전(田)'과 '아우르다'라는 '부호(冖)'와 '또 차(且)'를 더해 '밭이 계속 이어지고 이어지다'라는 뜻을 나타낸 '겹쳐질 첩(疊)'. |

▶ 중첩(重疊), 첩어(疊語), 첩첩산중(疊疊山中)

| 姐 저 | 계집 녀(女)'와 '또 차(且)'를 더해 '여자 위의 여자'라는 뜻을 나타낸 '누이 저(姐)'. |

▶ 소저(小姐: 아가씨), 저저(姐姐: 누님)

| 祖 조 | '조상에게 제사를 올리는 제사상의 모습'으로 그려진 '보일 시(示)'와 '또 차(且)'를 더해 '제사상을 차리고 또 차려야 하는 선조'라는 뜻을 나타낸 '할아버이(조상) 조(祖)'. |

▶ 선조(先祖), 조상(祖上), 조국(祖國)

어떤 학자는 '또 차(且)'자를 옛날의 여러 글자들(且, 且, 且, 且) 중에서 남성의 성기 모습(且)처럼 생긴 것만 보고 이 '조상 조(祖)'를 '할아버지 조(祖)'로도 해석합니다.

O62_ 홑 단(單)

  짐승(새)를 잡기 위해 올가미를 던지려는 모습

單 단

새나 짐승을 잡는 '(던져서 얽어매는) 올가미 채의 모습'으로, 처음에는 단지 '두 개의 돌멩이를 끈으로 연결한 던지는 올가미( )'였는데 차차 '올가미에 자루와 납작한 그물' 부분이 첨가 된 '올가미 채'의 모습( )으로 바뀌어 '두 개의 돌멩이가 달린 자루 달린 올가미 채'라는 뜻을 나타낸 '올가미 채 단, 홀 단, 다만 단(單)'.
>> 단순(單純), 단위(單位), 단독(單獨), 간단(簡單)

지금은 주로 '홀 단, 다만 단(單)'으로만 쓰이게 되어 원뜻을 찾기 어려우나, 중국의 '나시족'은 아직도 그 '던지는 올가미( )'로 사냥을 하고 있으며, '벌레를 잡거나 먼지를 터는 데 쓰는 중국식 총채(파리채)인 탄자(撣子)'의 모습(= = 單:단)에도 그 흔적이 남아있습니다.

撣 탄

'손 수(扌)'와 '올가미 채 단, 홀 단, 다만 단(單)'을 더해 '하루살이 등을 두들겨 잡다'라는 뜻을 나타낸 '다닥칠 탄(撣)'.

彈 탄

'악기의 활줄'이라는 뜻을 지닌 '활 궁(弓)'과 '올가미 채 단, 홀 단, 다만 단(單)'을 더해 '악기의 줄을 튕기다, 올가미 채에 매달린 (두 개의) 돌멩이를 탄알처럼 튕기다'라는 뜻을 나타낸 '튕길 탄 혹은 탄알 탄(彈)'.
>> 탄력(彈力), 탄핵(彈劾), 탄성(彈性), 탄환(彈丸), 규탄(糾彈)

憚 탄

'마음 심(心=忄)'과 '올가미 채 단, 홀 단, 다만 단(單)'을 더해 '마음이 타닥거리고 활줄 떨리듯 떨리다'라는 뜻을 나타낸 '떨릴 탄, 거리낄 탄(憚)'.
>> 기탄(忌憚: 어렵게 여겨 꺼림), 탄복(憚服: 두려워서 복종함)

蟬 선

'벌레 충(虫)'과 '올가미 채 단, 홀 단, 다만 단(單)'을 더해 '날개를 비벼 (떨어서) 우는 곤충'이라는 뜻을 나타낸 '매미 선(蟬)'.
>> 선음(蟬吟), 선퇴(蟬退: 매미 허물), 선각(蟬殼: 매미 허물)

獸 수

'올가미 채 단(=單)'과 '입 구(口)' 그리고 동물을 나타내는 '개 견(犬)'을 더해 '사람이 잡아먹는 동물'을 나타낸 '짐승 수(獸)'.
>> 맹수(猛獸), 야수(野獸), 수의사(獸醫師)

戰 전	'창 과(戈)'와 '올가미 채 단, 홑 단(單)'을 더해 '파리채 (𝖸 = 𝖸 = 單)'로 파리를 두들겨 잡듯 '무기(戈: 창 과)를 휘두르다'라는 뜻을 나타낸 '(두려워) 떨 전, 싸울 전(戰)'.
戰	

>> 전쟁(戰爭), 전략(戰略), 전투(戰鬪), 전력(戰力), 전술(戰術)

禪 선	'제사상'의 뜻을 지닌 '보일 시(示)'와 '올가미 채 단, 홑 단, 다만 단(單)'을 더해 '천지신명과 하늘 앞에 맹세코 어지러운 세상을 파리채로 두들기듯 떨어 버리고(𝖸 = 單), 제단과 제사권(示)을 새로이 하다'라는 뜻을 나타낸 '봉선할 선(禪)'.
禪	

>> 선사(禪師: 높은 도를 쌓은 승려), 참선(參禪), 좌선(坐禪)

봉선(封禪): 임금이 흙으로 단을 모아 하늘에 제사(祭祀) 지내고, 땅을 깨끗이 쓸어 산천(山川)에 제사(祭祀) 지내던 일), 참선(參禪 : 세상의 더러운 먼지들을 털어서 물리치다, 혹은 범어의 'dhyana(번뇌를 끊고 고요함을 구하다)

063_ 더할 합(合)

合 합	'모이(으)다'라는 뜻을 지닌 '모을 집(亼)'과 그릇의 뜻을 지닌 '입 구(口)'를 더해 한 그릇에 다 모으다'라는 뜻을 나타낸 '모을 합(合)'.
合	

>> 합의(合意), 합석(合席), 합창(合唱), 합장(合掌), 화합(和合),

拾 습	'손 수(扌)'와 '모을 합(合)'을 더해 '거두어 모으다 주워 모으다'라는 뜻을 나타낸 '주을 습(拾)'.

>> 습득(拾得), 수습(收拾)

盒 합	'합할 합(合)'과 '그릇 명(皿)'을 더해 '칸이 나뉘어 있어 여러 개의 그릇을 합쳐서 쓰듯이 쓸 수 있는 큰 그릇'이라는 뜻을 나타낸 '합(그릇) 합(盒)'.

>> 찬합(饌盒: 여러 반찬을 넣는 그릇), 설합(舌盒: 서랍)

蛤 합	'합할 합(合)'과 '벌레 충(虫)'을 더해 '큰 그릇 2개를 합친 것 같이 생긴 조개'라는 뜻을 나타낸 '대합 합(蛤)'.

>> 대합(大蛤), 홍합(紅蛤), 백합(白蛤)

恰 흡

'합할 합(合)'과 '마음 심(忄)'을 더해 '합쳐지는 모습이 마치 원래의 제 짝인 듯 마음에 들다'라는 뜻을 나타낸 '마치 흡, 꼭 맞을 흡(恰)'.
▶▶ 흡사(恰似)

洽 흡

'합할 합(合)'과 '물 수(氵)'를 더해 '물이 필요한 만큼 (그릇에) 차다'라는 뜻을 나타낸 '넉넉할 흡(洽)'.
▶▶ 흡족(洽足), 미흡(未洽)

荅 답

'합할 합(合)'과 '풀 초(艹)'를 더해 '위아래의 껍질이 꼭 맞는(합쳐지는) 콩깍지'라는 뜻을 나타낸 '콩깍지 답(荅)'.

塔 탑

'위아래가 잘 합쳐지다(맞물리다)'라는 뜻을 지닌 '콩깍지 답(荅)'과 '흙 토(土)'를 더해 '위아래가 잘 맞물리도록 흙을 쌓아 올리다'라는 뜻을 나타낸 '탑 탑(塔)'.
▶▶ 석탑(石塔), 첨탑(尖塔), 상아탑(象牙塔)

搭 탑

'위아래가 잘 맞물리도록 흙을 쌓아 올리다'라는 뜻을 지닌 '탑 탑(塔)'과 '~~하게 하다'라는 뜻을 지닌 '손 수(扌)'를 더해 '무엇인가를 담거나 싣는 용기(容器) 위에 잘 맞추어 얹어 올리다(태우다)'라는 뜻을 나타낸 '실을 탑, 태울 탑(搭)'.
▶▶ 탑재(搭載), 탑승(搭乘), 철탑(鐵搭: 농기구 중 하나)

給 급

'합할 합(合)'과 '실 사(糸)'를 더해 '천을 짤 때 빠지는 곳이 없게 잘 짜지도록 실을 맞추어 대주다'라는 뜻을 나타낸 '대줄 급(給)'.
▶▶ 공급(供給), 수급(需給), 지급(支給), 급여(給與)

答 답

'합할 합(合)'과 '대 죽(竹)'을 더해 '쪼개졌던 대 쪽이 다시 꼭 맞춰지다'라는 뜻을 나타낸 '맞출 답(答)'.
▶▶ 답변(答辯), 대답(對答), 응답(應答), 문답(問答)

會 회

'모일 집(亼)'과 '음식을 쪄서 불어나게 하는 시루의 모습'에서 나온 '일찍이 증(曾)'을 더해 '모여서 점점 많아지다'라는 뜻을 나타낸 '모일 회(會)'.

➤➤ 사회(社會), 기회(機會), 국회(國會), 회담(會談)

O64_ 술 주(酒)

 단단한 마개가 있는 그릇의 모습.

酉 유

'마개가 있는 그릇'의 모습(酉)으로 '단단히 마개를 해 두지 않으면 안 되는 술이나 발효된 음식을 담는 그릇'이라는 뜻을 나타낸 '익을 유(酉), 혹은 닭 유(酉)'.

➤➤ 을유(乙酉: 60갑자의 스물둘째), 유시(酉時: 오후 다섯 시부터 일곱 시까지의 시각)

酒 주

'발효되다'라는 뜻을 지닌 '익을 유(酉)'와 '물 수(水=氵)'를 더해 '발효된 물'이라는 뜻을 나타낸 '술 주(酒)'.

➤➤ 주모(酒母), 주점(酒店), 주량(酒量), 음주(飲酒), 주연(酒宴), 주독(酒毒)

酵 효

'섞다'의 뜻을 지닌 '괘 효(爻=✖)'와 '씨(종자)'라는 뜻을 지닌 '새끼 자(子=㇗)' 그리고 '익을 유(酉=酉)'를 더해 '어떤 재료들이 서로 섞여서 발효되도록(새끼 치도록) 밑받침하는 종자'라는 뜻을 나타낸 '술 밑 효(酵)'.

➤➤ 효소(酵素), 발효(醱酵), 효모(酵母)

酸 산

빼어날 준(夋=㇗)'과 '익을 유(酉=酉)'를 더해 '발효가 지나쳐서 시어지다'라는 뜻을 나타낸 '실 산(酸)'.

➤➤ 산성(酸性), 산소(酸素), 산화(酸化), 유산균(乳酸菌), 황산(黃酸)

醉 취

醉

'술'의 뜻을 지닌 '익을 유(酉)'와 '엉성한 (갑)옷'의 뜻을 지닌 '병사 졸(卒=⊗)'을 더해 '술(酒=酉)을 먹고 졸(卒)이 됐다'라는 뜻을 나타낸 '(술)취할 취(醉)'.

>> 숙취(宿醉), 취한(醉漢), 마취(痲醉), 심취(心醉), 취흥(醉興)

醜 추

'술'의 뜻을 지닌 '익을 유(酉)'와 '귀신 귀(鬼)'를 더해 '술에 취해 귀신처럼 되다'라는 뜻을 나타낸. '추할 추(醜)'.

>> 추태(醜態), 추문(醜聞), 추녀(醜女), 추행(醜行), 추잡(醜雜)

醒 성

'술그릇'의 뜻을 지닌 '익을 유(酉)'와 '맑고 밝게 빛나다'라는 뜻을 지닌 '별 성(星)'을 더해 '술 마시고 취했던 사람이 맑고 밝은 정신을 다시 차리다'라는 뜻을 나타낸 '술 깰 성(醒)'.

>> 각성(覺醒), 반성(半醒), 소성(蘇醒)

配 배

酉⊅ 配

'발효음식이나 술 담는 그릇'을 뜻하는 '익을 유(酉=酉)'와 '쪼그리고 앉은 사람의 모습(⊅)'을 더해 '발효 음식을 담는 단지와 늘 그 옆에 쪼그리고 앉아서 보살피는 사람의 모습(酉⊅)'으로 '둘은 늘 함께 한다'라는 뜻을 나타낸 '짝 배(配)'.

>> 배필(配匹), 배려(配慮: 짝이 맞게 생각해 주는 일), 배분(配分: 짝이 맞게 나누어 주는 것), 배당(配當), 배합(配合), 배치(配置), 배급(配給), 배달(配達), 배포(配布), 지배(支配), 유배(流配)

어쩌면 '술 단지 옆에 늘 붙어 앉아 있는 사람의 모습(酉⊅)'으로 '(아예) 둘이 붙어서 짝이 되었다'는 뜻의 '짝 배(配)'자일지도 모름.

醫 의

醫

수술할 때 쓰는 도구인 '화살촉(矢)'을 담은 상자(匚)의 모습(医)'과 '~ ~ 하게 하다'라는 뜻의 동사 기호로 쓰는 '몽둥이 수(殳)' 그리고 '수술할 때 쓰는 술이나 약물'의 뜻을 지닌 '익을 유(酉=酉)'를 더해 '병을 고치다'라는 뜻을 나타낸 '병 고칠 의(醫)'.

>> 의사(醫師), 의원(醫院), 의료(醫療), 수의(獸醫), 군의관(軍醫官)

065_ 벗 붕(朋)

朋 붕

'조개껍질을 줄로 엮어 양쪽으로 나란히 늘어뜨린 모습(丰)'으로 '양쪽을 나란히 하다, 어깨를 나란히 하는 무리 혹은 이웃'이라는 뜻을 나타낸 '벗 붕, 무리 붕(朋)'.

>> 붕우(朋友), 백붕(百朋: 많은 보배), 시붕(詩朋: 한데 어울려 시를 짓는 벗)

棚 붕

'양쪽을 나란히 하다'라는 뜻을 나타낸 '무리 붕(朋)'과 '나무 목(木)'을 더해 '긴 나무를 가로질러 여러 칸의 선반처럼 만든 시렁'이라는 뜻을 나타낸 '시렁 붕, 사다리 붕, (문과 벽이 없는) 오두막 붕(棚)'.

>> 대륙붕(大陸棚), 빙붕(氷棚: 거대(巨大)한 얼음 덩어리)

066_ 북 고(鼓)

 승리의 잔치 때 쓰던 승전고의 모습

壴 주

받침대와 위에 장식이 달려 있는 청동기로 만든 '북 주(壴)'.

鼓 고

'북 주(壴=壴,壴)'와 '북치는 손'을 그린 '칠 복(攴=乀,攴)'을 더해 만든 '북칠 고(鼓=鼓)'.

喜 희

'북 주(壴=壴,壴)'와 '입 구(口=ㅂ)'를 더해 '북소리와 함께 노래하며 희희낙락 웃고 있는 모습'을 나타낸 '기쁠 희(喜=喜)'.

>> 환희(歡喜), 희열(喜悅), 희사(喜捨), 희로애락(喜怒哀樂)

囍 희

'기쁠 희(喜)' 2개를 더해 '경사스러운 날을 축하하는 장식, 가구나 옷 등을 꾸미는 문양'으로 변형시킨 '기쁠 희(囍)'.

嘻 희

'기쁠 희(喜 = 喜)'와 '웃고 있는 입'의 뜻을 지닌 '입 구(口 = ㅂ)'를 다시 더해 '기쁜 일에 모여서 히히, 하하 웃고들 있다'라는 뜻을 나타낸 '웃을 희(嘻)'.

憙 희

'기쁠 희(喜 = 喜)'와 '마음 심(心)'을 더해 '기쁜 일에 마음이 흐뭇해지다'라는 뜻을 나타낸 '흐뭇할 희(憙)'.

嬉 희

'기쁠 희(喜 = 喜)'와 '계집 녀(女)'를 더해 '여자와 아이들이 덩달아 킥킥 대고, 낄낄 대며 즐거워하다'라는 뜻을 나타낸 '즐거워할 희(嬉)'.
➤ 희유(嬉遊), 희소(嬉笑)

熺 희

'와, 와 하고 함성을 지르다'라는 뜻을 지닌 '기쁠 희(喜 = 喜)'와 '불 화(火)'를 더해 '불빛이 환하게 타오르다 혹은 아침햇빛이 환하게 밝아오다'라는 뜻을 나타낸 '타오를 희(熺)'.

嘉 가

嘉

'기쁠 희(喜 = 喜)'의 뜻을 지닌 '북 주(壴 = 喜 = 喜)'와 '더할 가(加 = 加)'를 더해 '(좋은 음식과) 좋은 음악 혹은 기쁨에 기쁨이 더해지다'라는 뜻을 나타낸 '크게 기쁠 가 혹은 아름다울 가(嘉)'.
➤ 가배일(嘉俳日: 음력 팔월 보름날. 추석날)

尌 주

喜Y 喜尌

'북 주(壴 = 喜)'와 '∼∼하게 하다'라는 뜻의 동사 부호 '(손가락)

마디 촌(寸 = 寸)'을 더해 '(잔칫날) 북을 세우다 혹은 잔치를 준비하고 그 잔치자리를 책임지고 받쳐주는 사람'이라는 뜻을 나타낸 '(북) 세울 주, 집사(執事) 주(尌)'.

조선 시대에는 '하인 주(尌)'라는 뜻으로 많이 쓰였는데 요즈음엔 다시 '셰프(책임 요리사)'라는 말로 각광을 받고 있습니다.

廚 주

'(잔칫날) 북을 세우다 혹은 잔치를 준비하고 그 잔치 자리를 책임지고 받쳐주는 사람'이라는 뜻을 나타낸 '(북) 세울 주, 집사(執事) 주(尌)'와 '집 엄(广)'을 더해 '부엌, 찬장(饌欌: 음식이나 그릇 따위를 넣어 두는 장), 주방장, 집사(執事)'라는 뜻을 나타낸 '부엌 주, 주방장 주(廚)'.

≫ 주방(廚房), 어주(御廚: 수라간), 주고(廚庫: 절의 부엌)

樹 수

'세울 주(尌)'와 '나무 목(木)'을 더해 '나무를 세우다'라는 뜻을 나타낸 '나무 심을 수 혹은 심은 나무 수(樹)'

≫ 수립(樹立), 수목(樹木), 식수(植樹)

彭 팽

'북 주(壴=효)'와 '눈부신 빛 혹은 윤기 나는 머리칼'의 뜻을 지닌 '빛날 삼(彡=彡)'을 더해 '팽팽하게 당겨져 빛을 내는 북'이라는 뜻을 나타낸 '팽팽할 팽(彭)'.

膨 팽

'팽팽할 팽(彭)'과 '고기 육(月)'을 더해 '팽팽하게 부풀어 오르다'라는 뜻을 나타낸 '부풀을 팽(膨)'.

≫ 팽창(膨脹), 팽만(膨滿)

豈 기

'북에 깃발을 꽂고 공격, 또는 승리의 행진을 할 때 치는 북'의 모습(효)'으로 '어찌할 것이냐 너희들이! 우리 화평한 세상도 좀 살자'라는 뜻을 나타낸 '어찌 기, 화락할 기(豈)'.

≫ 기감(豈敢: 어찌 감(敢)히), 기불(豈不: 어찌 ~않으랴)

凱 개

'깃발을 꽂은 북'의 뜻을 지닌 '화락할 기(豈=효)'와 '휘날리는 깃발, 잘 차린 잔칫상'의 뜻을 지닌 '돛 범(凡) 혹은 책상 궤(凡=几)'를 더해 '승리의 북소리와 승리의 깃발을 함께 휘날리며 돌아오다'라는 뜻을 나타낸 '승전고 울릴 개 혹은 크게 즐길 개(凱)'.

≫ 개선(凱旋), 개가(凱歌), 개풍(凱風: ①따뜻한 바람 ②남풍(南風)

067_ 밭 전(田)

경지 정리된 밭의 모습

田 田 **전**

'잘 나누어(펼쳐)진 사냥터 혹은 잘 나누어진 논밭'을 나타낸 '밭 전(田)'.

>> 전렵(田獵: 사냥), 전답(田畓), 전원(田園), 아전인수(我田引水: 자기 논에만 물을 끌어넣는다는 뜻), 상전벽해(桑田碧海: 뽕나무 밭이 푸른 바다가 되었다는 뜻), 과전불납리(瓜田不納履: 오이 밭에서는 신을 고쳐 신지 않는다는 뜻)

畓 **답**

'물 수(水)'와 '밭 전(田)'을 더해 '물을 많이 대주어야하는 농사를 지을 수 있는 논'이라는 뜻을 나타낸 '논 답(畓)'.

>> 전답(田畓), 천수답(天水畓: 오직 빗물에 의해서만 농사를 지을 수 있는 논, 천둥지기), 문전옥답(門前沃畓: 집 가까이에 있는 좋은 논)

男 叫 畀 **남**

'밭 전(田)'과 '힘 력(丿=㐀=力)'을 더해 '사냥터나 밭에서 힘을 쓰는 사람'이라는 뜻을 나타낸 '사내 남(男)'.

>> 남자(男子), 남편(男便), 남매(男妹), 남부여대(男負女戴: 남자는 짐을 지고, 여자는 짐을 인다는 뜻으로, 가난한 사람이나 어려움을 당한 사람들이 살 곳을 찾아 이리저리 떠돌아다니는 것을 이르는 말)

界 畍 **계**

'밭 전(田)'과 '(양쪽 사이에) 끼일 개(价=介)'를 더해 '사냥터나 논밭 사이에 끼어 양쪽으로 가르다'라는 뜻을 나타낸 '지경 계(界)'.

>> 경계(境界), 한계(限界), 세계(世界), 업계(業界), 학계(學界), 타계(他界: 살아있는 사람의 세상이 아닌 다른 세상), 별세계(別世界), 선계(仙界)

略 **략**

'밭 전(田)'과 '따로 따로 다니는 길'의 뜻을 지닌 '따로 각(各)'자를 더해 '밭과 밭 사이의 길을 (서로의 경계가 얽히지 않도록) 잘 이어주는 일 혹은 밭이 생긴 대로만 다니려다가는 서로 불편하므로 그 사이에 지름길을 만들다'라는 뜻을 나타낸 '다스릴 략 혹은 간략할 략(略)'.

>> 전략(戰略), 모략(謀略), 약탈(略奪), 간략(簡略), 생략(省略)

畜 畜 **축**

'누에가 입에서 가물가물해서 잘 보이지도 않는 실을 내어 고치를 짓고는 그 안에서 한 동안을 지나고(쉬고) 나면 새로운 나비가 되는 신비한 현상과 그 힘'의 뜻을 지닌 '가물 현(玄=ㅎ,ㅎ)'과 '밭 전(田)'을 더해 '밭이 새로운 힘을 기르다 혹은 새로운 생명을 기르다'라는 뜻을 나타낸 '힘 기를 축 혹은 (기르는) 짐승 축(畜)'.

>> 가축(家畜), 축산(畜産), 축사(畜舍)

蓄 축
蓄

'힘을 기르다'라는 뜻을 지닌 '축(畜)'자가 주로 '짐승 축(畜)'으로만 쓰이게 되자 '풀 초(草＝艹)'를 더해 '밭이 새로운 힘을 쌓도록 쉽게 하다 혹은 거름이 생기도록 풀이 자라게 하다)'라는 뜻을 나타낸 '(힘) 쌓을 축(蓄)'.

▶▶ 축적(蓄積), 함축(含蓄), 축음기(蓄音機), 근검저축(勤儉貯蓄: 부지런하고 알뜰하게 재물을 모음)

여기서 '축(畜)'자가 '짐승'이라는 뜻을 갖게 된 이유는 '사람이 먹이고 길러주어야 하는 짐승'이라는 뜻도 되겠지만, 역사적 기록으로는 중국의 수(隋)나라 문제(文帝)가 태자에게 '축생(畜生: 짐승) 같으니라구! 큰일을 맡길 수가 없겠다'라는 말을 들 수가 있으며 일본 사람들이 욕으로 쓰는 '치쿠쇼오(畜生: 짐승)'라는 말하고도 관계가 있습니다. 하지만 여기서도 원래 '축생(畜生)'이라는 말은 꼭 무슨 짐승(동물)이라는 뜻보다는 '밭을 묵히듯이 내버려 두어야 할 혹은 더 길러야할 놈(생명체)'이라는 뜻이었을 것입니다.

苗 묘
苗

'풀 초(艹)'와 '밭 전(田)'을 더해 '밭에 나는 풀처럼 보이는 곡식의 어린 모'라는 뜻을 나타낸 '모 묘(苗)'.

▶▶ 종묘(種苗), 육묘(育苗), 묘목(苗木)

畺 강

'밭 전(田)과 밭 전(田) 사이에 경계를 이루고 있는 굳은 땅(밭두둑)의 모습'으로 나타낸 '지경 강, 굳은 밭두둑 강(畺)'.

彊 강

'굳은 땅'이라는 뜻을 지닌 '지경 강 , 굳은 밭두둑 강(畺)'과 '활 궁(弓)'을 더해 '굳세다'라는 뜻을 더욱 강조한 '굳셀 강(彊)'.

▶▶ 강구(彊求)

疆 강

'굳셀 강(彊)'에 '흙 토(土)'를 더해 원래의 '지경 강, 굳은 밭두둑 강(畺)'이라는 뜻을 다시 살린 '지경 강 혹은 가장자리 강(疆)'.

▶▶ 강계(疆界), 강역(疆域), 강역다사(疆場多事)

畢 필
畢

'사냥터(밭)'의 뜻을 지닌 '밭 전(畕＝田)'과 '(새나 오리 등의 날짐승을 잡는) 자루 달린 그물채의 모습(畢)'을 더해 '군인이 훈련을 마치고나서야 총을 들고 전쟁터로 나갈 수 있듯이 사냥터(밭)에 나갈 수 있는 제몫의 연습(훈련)을 마치고 그물채를 잡다, 드디어 그물채를 들고 사냥(밭)에 나갈 수 있는 과정을 마치다'라는 뜻을 나타낸 '마칠 필(畢)'.

▶▶ 필경(畢竟), 필생(畢生), 예필(禮畢)

O68_ 배 주(舟)

구름에 달( ) = 月) 가듯이 하늘가는 배(= 舟 = 舟)

舟 주	배를 그린 '배 주(舟)'.
	▶ 방주(方舟), 편주(扁舟: 조각배), 단주(單舟: 한 척의 배)

朝 조	'아침 해 빛날 간(=)'과 '배 주(,月,舟 = 月)'를 더해 '아침 해 빛나는 하늘가 사라지는 어둠과 함께 유유히 떠가는 배'라는 뜻으로 나타낸 '아침 조(= 朝)'.
	▶ 조석(朝夕), 조정(朝廷), 왕조(王朝), 조삼모사(朝三暮四)

廟 묘	'집 엄(广)'과 '조상께 예를 갖추다'라는 뜻을 지닌 '아침 조(朝)'를 더해 '조상을 제사지내는 곳'이라는 뜻을 나타낸 '사당 묘(廟)'.
	▶ 종묘(宗廟), 가묘(家廟)

服 복	'배 주(舟 = 月)'와 '사람 등에 무엇인가를 붙이는 모습(𠬝)'을 더해 '배의 양쪽에 붙이는(입히는) 널빤지'라는 뜻을 나타낸 '입힐 복, 옷 복(服)'.
	▶ 극복(克服), 의복(衣服), 굴복(屈服), 항복(降服)

船 선	'배 주(舟 = 月)'와 '물 흘러나올 연(㕣)'의 뜻을 지닌 '물 따라 흐를 연(沿)'을 더해 '물을 따라 흐르는 배'를 나타낸 '배 선(船)'.
	▶ 선박(船舶), 어선(漁船), 선원(船員), 우주선(宇宙船)

艇 정	'배 주(舟)'와 '똑바로 나아가다'라는 뜻을 지닌 '조정 정(廷)'자를 더해 '똑바로 빨리 나갈 수 있도록 날씬하게 만든 배'를 나타낸 '거룻 배 정(艇)'.
	▶ 경비정(警備艇), 어뢰정(魚雷艇), 함정(艦艇)

艦 함	'배 주(舟)'와 '내려다보다'라는 뜻을 지닌 '살필 감(監)'자를 더해 '다른 배들을 감시하거나 지휘할 수 있도록 크고 높게 만든 배'를 나타낸 '큰 배 함(艦)'.
	▶ 군함(軍艦), 함대(艦隊), 구축함(驅逐艦), 잠수함(潛水艦)

舶 박	'배 주(舟)'와 '엄지손가락의 모습(θ=白)'에서 나온 '일백 백(百=一+白) 혹은 맏(형) 백(伯=亻+白)'의 뜻을 더해 '엄지손가락 같은 마지(맏)형의 역할을 하는 커다란 배'를 나타낸 '큰 배 박(舶)'.

'배 주(舟)'와 '빡빡 씻어서 먹어야하는 도토리의 하얀 속살'이라는 뜻을 지닌 '흰 백(白)'을 더해 '바다 위에서 풍랑에 엎어지지 않도록 배와 배를 모아서 빡빡(白)하게 바짝 붙여 놓는 혹은 그렇게 할 수 있는 큰 배'라는 뜻을 나타낸 '큰 배 박(舶)'.

>> 선박(船舶), 박래품(舶來品: 외국에서 배로 들어온 물품)

'배와 배를 모아서 바짝 붙여 놓는 일'을 일본 말로는 '모야이'한다고 하는데 이 말 또한 '(배를) 모아, 모아!'하는 우리말이 건너간 듯합니다.

舫 방	'배 주(舟)'와 '양쪽, 이쪽저쪽의 방향(方向), 이 구석 저 구석의 모서리'라는 뜻을 지닌 '모서리 방(方)'을 더해 '여러 척을 이어놓은 배'라는 뜻을 나타낸 '뗏목 배, 쌍 배 방(舫), 방주(方舟: 네모진 모양의 배) 방(舫)'.

>> 화방(畫舫: 용이나 봉황 따위로 꾸미고 그림을 그리어 곱게 단청(丹靑)을 한 놀잇배)

艕 방	'배 주(舟)'와 '곁 방, 두루 방(旁)'을 더해 '여러 척을 이어놓은 배'라는 뜻을 나타낸 '뗏목 배, 쌍 배 방(舫)'.

履 리 履	'앉아있는 사람(尸)과 배 주(舟)', '갈 행(彳)과 걸을 치(夂)'로 '배를 타고 가듯 무엇인가를 타고(신고)가다, 어딘가를 밟고 가다'라는 뜻을 나타낸 '신 리, 밟을 리(履)'.

>> 이행(履行), 이력(履歷), 이수(履修)

069_ 나무틀 정(井)

	사각형으로 짠 '나무틀 정(井=开)

井 정	우물을 파거나 광석을 캐기 위해 땅을 파 들어갈 때 흙이 무너지지 않도록 하는 '나무틀'의 모습으로 나타낸 '우물 정(井)' 혹은 정자형(井字形)으로 '나뉜 땅 정(井)'.

>> 유정(油井), 시정(市井), 정저지와(井底之蛙: 우물 안 개구리)

形 형
形

'어떤 틀을 뜻하는 부호(廾=開)'와 '여러 가지 모양'의 뜻을 지닌 '꾸밀 삼(彡)'을 더한 '꼴(형상) 형(形)'.
>> 형태(形態), 형상(形象), 형성(形成)

刑 형
刑

'(사람을 가두어두는 나무 틀(廾=開)'과 '강제하다'라는 뜻의 '칼 도(刂 = 刀=刂)'를 더해 '어떤 틀(감옥)을 벗어나지 못하도록 강제하다'라는 뜻을 나타낸 '형벌 형 혹은 억지로 따르게 할 형(刑)'.
>> 형사(刑事), 형벌(刑罰), 형법(刑法)

型 형
型

'어떤 틀을 벗어나지 못하도록 하다'라는 뜻을 지닌 '억지로 따르게 할 (刑=刑)'과 '흙 토(土)'를 더해 '어떤 물건과 똑같은 물건들을 만들어 찍어내기 위해 원래 물건의 모양 겉에 흙을 씌워 고정시키는 나무 틀'이라는 뜻을 나타낸 '거푸집 형 혹은 본받을 형(型)'.
>> 대형(大型), 유형(類型), 모형(模型)

井 정
井

'나무 틀(廾)' 안에 '무엇인가(물이) 나오다'라는 뜻으로 점(丶)을 찍어 나타낸 '우물 정(井 = 井)'.

丹 단
日

'나무 틀(廾)' 안에 '광석이 나오다'라는 뜻의 점(丶)을 찍은 모습(丹)으로 나타낸 '붉을 단(丹)'.
>> 단장(丹粧), 단풍(丹楓), 단청(丹青)

'붉을 단(丹)'이라는 글자가 된 이유는 광물 중에서도 단사(丹沙: 붉은 염료나 한약재로 쓰던 붉은 모래)라는 광물질이 특히 우물처럼 깊이 파들어 가야만 캘 수 있었기 때문입니다.

070_ 이제 금(今)

함경도 북청군 토성리에서 출토된 청동기 방울
벼농사 흔적과 함께 발견 된 것으로, 함께 해야 했던 농사일에 꼭 필요했던 도구.
종을 울려서, 지금이다. 모이자. 가자…….

今 금

'종(𝕒 = ⌂)'과 '울리다(방울)'라는 뜻의 점(丶)을 더한 모습(⌂, ⋀)으로 '종을 울려 함께 해야 할 어떤 시각(지금)'을 나타낸 '이제 금(今)'.
>> 지금(只今), 금년(今年), 금래(今來), 작금(昨今: 어제와 오늘, 요즘), 금시초문(今時初聞)

| 含 함 | '이제 금(今)'과 '입 구(口)'를 더해 '입에 무엇인가를 품고 있다'라는 뜻을 나타낸 '머금을 함(含)'. |

'이제 금(今)'과 '입 구(口)'를 더해 '입에 무엇인가를 품고 있다'라는 뜻을 나타낸 '머금을 함(含)'.
>> 함유(含有), 함축(含蓄), 함량(含量), 포함(包含)

'이제 금(今)'과 '마음 심(心)'을 더해 '지금 마음에 있는 무엇'이라는 뜻을 나타낸 '생각 념(念)'.
>> 이념(理念), 사념(思念), 염두(念頭), 염원(念願)

'(지금의 나를) 붙들고 있는 시간'이라는 뜻을 지닌 '이제 금(今)'과 '재물과 돈'을 뜻하는 '조개 패(貝)'를 더해 '어떤 재물에 붙들려 있다'라는 뜻을 나타낸 '탐할 탐(貪)'.
>> 탐욕(貪慾), 탐관오리(貪官汚吏), 탐구(貪求: 탐내어 구함), 식탐(食貪)

'옷 의(衣＝衤)'와 '붙들다'라는 뜻을 지닌 '이제 금(今)'을 더해 '옷의 양쪽을 붙들어 주는 옷 깃'이라는 뜻을 나타낸 '옷깃 금(衿)'.
>> 청금단령(靑衿團領: 유생(儒生)들이 입던 푸른 깃의 도포(道袍))

'종소리(시간)에 붙들리다(덮이다)'라는 뜻을 지닌 '이제 금(今＝亼)'과 '구름 운(雲＝云＝𠃌)'을 더한 모습(䧹)으로 '구름에 붙들린(가려진) 그늘'이라는 뜻을 나타낸 '그늘 음(陰＝䧹)'. 나중엔 '언덕 부(阝)'까지 더한 '(언덕에 가려진) 그늘 음(陰)'이 됨.
>> 음양(陰陽), 음습(陰濕), 음흉(陰凶), 음해(陰害), 광음(光陰)

'창 모(矛)'와 '이제 금(今)'을 더해 '(나는) 지금 창을 가지고 있다'라는 뜻을 나타낸 '자랑할 긍(矜)'.
>> 긍지(矜持), 긍휼(矜恤), 자긍(自矜)

'종소리'의 뜻을 지닌 '이제 금(今)'과 '입 구(口)'를 더해 '입으로 종소리 같은 어떤 울림소리를 내다'라는 뜻을 나타낸 '읊을 음(吟)'.
>> 음미(吟味), 음영(吟詠), 음풍농월(吟風弄月: 바람을 읊고 달을 보고 시를 짓는다는 뜻으로, 시를 짓고 흥취(興趣)를 자아내며 즐김)

'모을 집(亼＝人)'과 '꿇어앉은 사람(卩＝㔾)'을 더해 '사람(노예?)들에게 모이라고 령을 내리다'라는 뜻을 나타낸 '령 내릴 령(令)'.
>> 명령(命令), 법령(法令), 시행령(施行令), 호령(號令)

'령 내릴 령(令)'에는 '종을 울리다'라는 뜻이 들어 있습니다. 꼭 말로만 '령(令)'을 내리는 게 아니라 '령(링)-, 령(링)-!'하고 종을 울리는 것, 또한 명령이었을 테니 말입니다.

冷 랭

'얼음 빙(冫)'과 '(맑은) 방울소리'라는 뜻을 지닌 '령 령(令)'을 더해 '차갑고 시원한 소리'라는 뜻을 나타낸 '찰 랭(冷)'.
>> 냉철(冷徹), 냉혹(冷酷), 냉각(冷却)

命 명
命

'모이다'라는 뜻의 '모일 집(亼=亼)'과 '쭈그리고 앉은 사람(卩= 卩)' 그리고 '말하다'라는 뜻의 '입 구(ㅂ=口)'를 더해 '모여 놓고 ~하라고 말을 하다, 함께 의논을 해서 결정 하다 혹은 모두의 목숨이 달린 꼭 해야 할 일'이라는 뜻을 나타낸 '목숨 명 혹은 (결정을 해서) 명할 명(命)'.
>> 생명(生命), 운명(運命), 명명(命名), 임명(任命), 지천명(知天命: 나이 50세를 말함. 50세에 드디어 천명(天命)을 알게 된다는 나이)

玲 령

'옥(구슬) 옥(玉=王)'과 '종소리'의 뜻을 지닌 '령 령(令)'을 더해 '옥이 부딪쳐서 나는 맑은 소리'라는 뜻을 나타낸 '옥 소리 령(玲)'.
>> 영롱(玲瓏)한 소리.

鈴 령

'종소리'의 뜻을 지닌 '령 령(令)'과 '쇠 금(金)'을 더해 '청동으로 만든 종'이라는 뜻을 나타낸 '(쇠)방울 령(鈴)'.
>> 묘두현령(猫頭懸鈴: 고양이 목에 방울 달기라는 속담(俗談)의 한역으로, 불가능(不可能)한 일을 의논(議論)함을 이르는 말)

琴 금

두 개의 '구슬 옥(玉=王)'과 '종소리'의 뜻을 지닌 '이제 금(今)'을 더해 '여러 개의 옥이 부딪치며 내는 것과 같은 소리를 내는 악기'라는 뜻을 나타낸 '거문고 금(琴)'.
>> 금슬(琴瑟), 수금(竪琴: 하프(harp))

禽 금
禽

'자루가 달린 그물(畢)로 (날) 짐승을 (산 채로) 붙들다(禸)'라는 뜻을 나타낸 '날 짐승 잡을 금(禽)'.
>> 금수(禽獸), 가금(家禽), 한금(寒禽: 겨울새)

擒 금

'날 짐승 잡을 금(禽)'이 주로 '날 짐승 금(禽)'으로만 쓰이게 되자, 다시 '손 수(扌)'를 더해 만든 '사로잡을 금(擒)'.
>> 금생(擒生: 새나 짐승 따위를 산 채로 잡음), 금착(擒捉: 사로잡음)

全 전
全 全

'모을 집(亼=亼)'과 '일할 공, 장인 공(工=工)'을 더해 '이것저것을 거두어 모아 일할 준비가 다 되다'라는 뜻을 나타낸 '모두 전, 온전 전(全)'.

'들 입(入)'과 '구슬 옥(玉=王)'을 더해 '옥을 갈아낼 준비가 다 되었다 혹은 (다 갈아져서) 옥답게 되다'라는 뜻을 나타낸 '온전 전(全)'.

>> 전체(全體), 전면(全面), 온전(穩全), 안전(安全), 완전(完全)

071_ 콩 두(豆)

 콩처럼 동그랗고 '굽이 높은 제사용 그릇'

豆 두
'굽이 높은 제사용 그릇'으로 '윗부분이 콩알처럼 생겼다'는 뜻을 나타낸 '제기이름 두 혹은 콩 두(豆)'.

>> 두부(豆腐), 대부(大豆), 녹두(綠豆), 두유(豆乳)

頭 두
'콩 두(豆)'와 '머리 혈(頁)'을 더해 '콩처럼 생긴 머리'라는 뜻을 나타낸 '머리 두(頭)'.

>> 두뇌(頭腦), 두서(頭緖), 두발(頭髮), 두괄식(頭括式)

痘 두
'콩 두(豆)'와 '병들 녁(疒)'을 더해 '몸에 콩알 같은 것이 돋아나는 병'이라는 뜻을 나타낸 '마마 두 혹은 천연두 두(痘)'.

>> 천연두(天然痘), 수두(水痘), 두창(痘瘡)

短 단
'화살 시(矢)'와 '콩 두(豆)'를 더해 '작고 짧다'는 뜻을 나타낸 '짧을 단(短)'.

>> 단축(短縮), 장단(長短), 단편소설(短篇小說), 단기(短期)

登 등
제사상에 올리는 제기를 뜻하는 '콩 두(豆)'와 '오르다'라는 뜻을 지닌 '두 발 발(癶=ꑑ)'을 더해 '(스스로를) 올리다. 혹은 오르다'라는 뜻을 나타낸 '올릴 등, 오를 등(登)'.

>> 등장(登場), 등교(登校), 등록(登錄), 등산(登山), 등용문(登龍門)

燈 등
'올릴 등, 오를 등(登)'과 '불 화(火)'를 더해 '불빛을 높이 올리다'라는 뜻을 나타낸 '등잔 등(燈)'.

>> 등유(燈油), 점등(點燈), 등잔(燈盞)

證 증

'말씀 언(言)'과 '올릴 등, 오를 등(登)'을 더해 '말을 (재판정에)올리다'라는 뜻을 나타낸 '증명할 증(證)'.

≫ 증거(證據), 증명(證明), 증서(證書), 수료증(修了證)

豊
豊 풍

'굽이 높은 제기 그릇'의 뜻을 지닌 '콩 두(豆)'와 '뫼 산(山)' 그리고 '풍성해진 곡식'의 뜻을 지닌 '우거질 봉, 봉우리 봉(丰)'자를 더해 '제상 위에 풍성한 곡식을 올리다'라는 뜻을 나타낸 '풍성할 풍(豐=豊)'.

≫ 풍성(豊盛), 풍요(豊饒), 풍부(豊富), 풍년(豊年), 풍족(豊足)

鬪 투

처음엔 '두 사람이 치고받는(鬥=鬥) 혹은 머리채 잡고 싸우는(鬥 =鬥) 모습'이었는데 나중엔 '베고 자르다'라는 뜻을 지닌 '쪼갤 착(斲)'자가 더해져 '서로 베고 자르는 싸움'이라는 뜻을 나타내게 된 '싸움 투(鬪)'.

≫ 투쟁(鬪爭), 투혼(鬪魂), 전투(戰鬪)

O72_ 외짝 문 호(戶)

戶 외짝 문 '호(戶)'	門 두짝문 '문(門)'

戶 호

'옛날 움집이나, 쪽방 혹은 방과 부엌 사이 등에 달린 (지게를 지듯) 허리를 숙이고 드나들 만큼 작은 문'을 나타낸 '지게문 호(戶)' 혹은 움집 자체를 나타내는 '집 호(戶)'

≫ 호수(戶數: 집의 수효), 호구(戶口: 집과 인구의 수효), 호적(戶籍), 호주(戶主) 문호(門戶)

房 방

'작은 문'의 뜻을 지닌 '지게문 호(戶)'와 '양쪽 모서리'의 뜻을 지닌 '모 방(方)'을 더해 '집 안의 공동으로 쓰는 자리(마루)를 사이에 두고 양쪽 모서리에 칸을 막아 작은 문을 달았던 (최초의) 방'을 나타낸 '방 방(房)'.

>> 난방(暖房＝煖房), 주방(廚房), 냉방(冷房), 약방(藥房), 점방(店房), 상점(商店), 다방(茶房), 책방(冊房)

啓 계

'문(月)'과 '여는 손(扌)' 혹은 '~~하게 하다'라는 뜻의 동사 부호인 '칠 복(攵)' 그리고 '말하는 입(口)'을 더해 '무엇인가 (새로운) 문을 여는 말을 하다'는 뜻을 나타낸 '열 계, 일깨울 계(啓)'.

>> 계몽(啓蒙), 계발(啓發) 계도(啓導), 계몽(啓蒙)

肩 견

'납작한 (판자)'의 뜻을 지닌 '지게문 호(戶)'와 몸을 뜻하는 '고기 육(肉＝月)'을 더해 '납작한 지게문 형태의 어깨 뼈'를 나타낸 '어깨 견(肩)'.

>> 비견(比肩: (낮고 못함이 없이) 어깨를 나란히 함), 견장(肩章), 견갑골(肩胛骨)

肇 조

'지게문 호(戶)'와 '~~하게 하다'라는 뜻의 동사 부호인 '칠 복(攵)' 그리고 '붓 세울 율(聿)'을 더해 '새롭게 세우는 세상의 문을 열다 혹은 그 계획을 세우다'라는 뜻을 나타낸 '비롯할 조(肇)'.

>> 조국(肇國) ＝ 건국(建國), 조추(肇秋: 초가을)

扇 선

(문짝을 납작하게 만든) '지게문 호(戶)'와 '깃 우(羽)'를 더해 '지게문처럼 가볍게 움직이는 깃털로 만든 부채'라는 뜻을 나타낸 '부채 선(扇)'.

>> 합죽선(合竹扇), 선풍기(扇風機), 하로동선(夏爐冬扇: 여름의 화로와 겨울의 부채)

所 소

'드나들다'라는 뜻을 지닌 '지게문 호(戶)'와 '가깝다'라는 뜻을 지닌 '도끼 근(斤)'을 더해 '(문 가까이에서) 막 들어가거나 나가려는 참이나 그 자리 혹은 ~~하려는 바로 그 때 그 곳'이라는 뜻을 나타낸 '바 소, 곳 소(所)'.

>> 소속(所屬), 소득(所得), 장소(場所), 처소(處所), 무소불위(無所不爲)

雇 고

'새 추(隹＝隹)'와 '집 호(月＝戶)'를 더해 '(새장의) 문 안에 새를 가두고 기르다 혹은 그렇게 사람을 잡아 놓고 부리다'라는 뜻을 나타낸 '새장 고 혹은 품 살 고(雇)'.

>> 고용(雇用), 해고(解雇), 고용(雇傭: 품삯을 주고 사람을 부리는 일)

顧	고

'새를 돌보다'라는 뜻을 지닌 '새장 고(雇)'와 '머리 혈(頁)'을 더해 '새장을 돌보듯 고개를 돌아보며 생각하다'라는 뜻을 나타낸 '돌아볼 고(顧)'.

›› 회고(回顧), 고려(顧慮), 고문(顧問), 고객(顧客: 늘 와서 돌아봐 주는 손님), 삼고초려(三顧草廬), 좌고우면(左顧右眄: 왼쪽을 돌아보며 오른쪽도 옆 눈질을 한다)

扁	편

'(가볍게 움직일 수 있도록 얇고 납작하게 만든) 지게문 호(戶)'와 '대나 싸리나무 등을 엮은 울타리 책이나 글을 쓴 대나무 조각을 엮은 책 책(冊)'을 더해 '책으로 쓸 수 있는 납작한 조각'이라는 뜻을 나타낸 '납작할 편(扁)'.

›› 편액(扁額: 방이나 문 위 등에 거는 액자), 일편주(一扁舟), 편도선(扁桃腺)

偏	편

'납작할 편(扁)'과 '사람 인(亻)'을 더해 '납작해서 자체의 중심이 없이 어느 한 쪽으로 기울기 쉽다'라는 뜻을 나타낸 '기울 편, 치우칠 편(偏)'.

›› 편견(偏見), 편파(偏頗), 편협(偏狹)

篇	편

'대나 싸리나무 등을 엮은 책(冊)'의 뜻을 지닌 '납작할 편(扁)'과 '대 죽(竹)'을 더해 '글을 쓴 대나무 조각들을 엮은 책(冊)'이라는 뜻을 나타낸 '책 편(篇)'.

›› 옥편(玉篇), 단편(短篇), 장편(長篇), 천편일률(千篇一律: 여러 시문(詩文)의 격조가 모두 비슷비슷해서 특색(特色)이 없음)

遍	편

'걸을 착(辶)'과 '넓적하게 엮다'라는 뜻을 지닌 '납작할 편(扁)'을 더해 '널리 돌아다니다'라는 뜻을 나타낸 '두루 편(遍)'.

›› 편력(遍歷), 편재(遍在), 보편(普遍)

編	편

'실 사(糸)'와 '엮다'는 뜻을 지닌 '납작할 편(扁)'을 더해 '발이나 책 등을 엮다'는 뜻을 나타낸 '엮을 편(編)'.

›› 개편(改編), 편성(編成), 편찬(編纂), 위편삼절(韋編三絶: 종이가 없던 시절, 공자(孔子)가 책을 하도 많이 읽어서 그것을 엮어 놓은 끈이 세 번이나 끊어졌단 데에서 비롯된 말이라고 함)

073_ 불 밝힐 형(熒)

화톳불을 밝혀 나가는 모습

炏 형

'불 화(火)'가 하나, 둘 ---, 불(火)로 둘러싸는(冖) 모습을 그린 '불 밝힐 형(炏)'.

熒 형

원래의 '불 밝힐 형(炏)'에 다시 '불 화(火)'를 더한 '등불 형(熒)'. 형촉(熒燭: 반짝이는 촛불), 형혹(熒惑: 정신이 어수선하고 의혹함)

螢 형

'불 밝힐 형(炏)'과 '벌레 충(虫)'을 더해 '동그랗게 둘러싸는 반지 모양'의 불빛을 내는 개똥벌레'라는 뜻을 나타낸 '반딧불 형(螢)'.
▶ 형설지공(螢雪之功: 반딧불과 하얀 눈 빛 아래서 일 혹은 공부를 하는 것), 형광등(螢光燈)

勞 로

원래의 '불 밝힐 형(炏)'과 '힘 력(力)'을 더해 '(밤늦도록) 불을 밝히고 일을 하다'라는 뜻을 나타낸 '애쓸 로(勞)'.
▶ 노력(勞力), 노동(勞動), 노고(勞苦)

營 영

'불 밝힐 형(炏)'과 '연이어 세워진 막사나 건물의 모습(呂)'을 더해 '어떤 일이나 군대를(진영안의 불빛이 꺼지지 않도록) 잘 다스리다'라는 뜻을 나타낸 '다스릴 영(營)'.
▶ 영양(營養), 경영(經營), 진영(陣營), 운영(運營)

榮 영

'등불(火)로 둘러싼다(冖)'는 뜻을 지닌 '불 밝힐 형(炏)'과 '나무 목(木)'을 더해 '벗꽃이나 복숭아꽃처럼 나무를 동그랗게 온통 뒤덮은 꽃들이 마치 전체가 불타는 듯이 보이다'라는 뜻을 나타낸 '꽃 영(榮)'.
▶ 영화(榮華), 번영(繁榮), 영광(榮光)

074_ 깃발 기(旗)

휘날리는 깃발의 모습

언 바람 부는 대로 나부끼는 '깃발 언(认)'.

어 '깃발 언(认)'과 '얼음 빙(冫=冫)'을 더해 '(깃발이) 어디서인가 멈추다'라는 뜻을 나타낸 '기댈 어, 있을 어, ~ ~에서 등으로 쓰이는 어조사 어(於)'.
>> 어차피(於此彼), 어중간(於中間), 청출어람(靑出於藍)

어 '병들 녁(疒)'과 '~인가가 굳어지다'라는 뜻을 지닌 '어조사 어(於)'를 더해 '굳어지는 병에 걸리다'라는 뜻을 나타낸 '어혈 어(瘀)'.
>> 어혈(瘀血)

기 '깃발 언(认)'과 '사각형 모양의 키'라는 뜻을 지닌 '그 기(其=其)'를 더해 '사각형 모양의 제대로 된 깃발'이라는 뜻을 나타낸 '깃발 기(旗)'.
>> 기치(旗幟), 태극기(太極旗), 백기(白旗), 국기(國旗)

선 바람 부는 대로 나부끼는 '깃발 언(认=厂)'과 '발 소(足=足)'를 더해 '마음대로 돌아다니다'라는 뜻을 나타낸 '돌 선(旋)'.
>> 알선(斡旋), 주선(周旋), 선회(旋回), 선풍적(旋風的)

시 '깃발 언(认=厂)'과 '긴 뱀'의 뜻을 지닌 '잇달을 야(也)'를 더해 '길게 늘어뜨리다'라는 뜻을 나타낸 '베풀 시(施)'
>> 시설(施設), 시행(施行), 실시(實施)

족 '화살 시(矢=矢=矢)'를 더해 '무기를 들고 한 깃발 아래 모이다'라는 뜻을 나타낸 '겨레 족(族)'.
>> 족보(族譜), 족벌(族閥), 가족(家族), 민족(民族)

旅 여

'깃발 언(󰀀=󰀁, 󰀂)'과 '쫓을 종(從=󰀃)'을 더해 '깃발을 들고 떠돌아다니는 무리'라는 뜻을 나타낸 '무리 여, 나그네 여(旅)'.

▶▶ 여행(旅行), 여권(旅券), 여정(旅程), 여객선(旅客船)

激 격

'물 수(氵)', '흰 백(白)', '흩어지다'의 뜻을 지닌 '놓을 방(放)'을 더해 '물결이 부딪쳐서 하얗게 흩어지다'라는 뜻을 나타낸 '부딪쳐 흐를 격(激)'.

▶▶ 격려(激勵), 격렬(激烈), 과격(過激)

075_ 가운데 중(中)

옛날 군대의 주둔지에 세운 깃발들의 모습

주둔지 한 가운데 세운 혹은 단 하나의 깃발

위 깃발들의 그 어디에나 포함되어 있는 중심 부분의 모습

中 중

'입 구(口=󰀄)'와 '꿰뚫을 곤(丨)'을 더해 '무엇인가의 테두리 한 가운데를 '丨'자로 꿰뚫다 혹은 깃발이 잘 돌아가도록 해주는 굴대'라는 뜻을 나타낸 '(굴대의) 가운데 중 혹은 '맞힐 중(中)'.

여기서 어떤 글자에도 다 들어있는 '中, 中' 등의 모습을 통해 '중간(中間)', '중심(中心)' 등에 쓰는 '한 가운데 중(中)'이라는 뜻이 짐작되며, '中'은 '투호(投壺)놀이(항아리 입(󰀄)에 화살(丨) 던져 넣기)'를 할 때 제대로 들어가는 모습(󰀅)으로 '명중(命中)하다', '중풍(中風: 바람을 맞아 손발이 마비됨)'에 걸리다', '중독(中毒: 독이 들어감)되다' 등에 쓰는 '맞힐 중(中)'이라는 뜻이 짐작됩니다.

그리고 '󰀆'의 모습으로는 어떤 '원(○)'이나 '테두리' 한 가운데에 깃발을 세워 군대가 그 일정한 구역(□)을 모두 장악하고 있다는 뜻이 짐작되기도 하며, 양 쪽으로 깃발을 세운 '󰀇'이나 '󰀈'을 통해서는 '전 구역(□)을 모두 빠짐없이 장악하고 있다'라는 뜻도 짐작이 됩니다.

그러나 '가운데 중 혹은 '맞힐 중(中)'에 대한 보다 정확한 해석을 위해서는 또 다른 '중(中)'자의 모습들(󰀉, 󰀊, 󰀋)을 좀 더 살펴보아야 하겠습니다. 그 이유는 중앙에 있는 '○'이나 '□'가 아무래도 군대의 주둔지 같은 어떤 '구역'의 표시가 아니라 실은 그 깃발의 깃대 자체를 감싸고 있는 '굴대(바람에 흔들리는 깃발과 함께 그 깃대가 자유

롭게 돌아가도록 해주는)'로 보인다는 점입니다.

특히 '　'자를 보면 가운데의 조그만 원(○)이 어떤 '구역(□)'의 표시로는 전혀 안 보이며, 분명 깃발을 휘날리며 빙빙 돌아가고 있는 깃대의 모습 그 자체로 보입니다. 그 '바람개비'처럼 돌아가고 있는 깃대를 싸고 있는 작은 중심 원을 나타낸 것으로 보이는데, 바로 이 지점이 '中'자에 대한 이제까지의 모든 한문, 한자 해석들이 잘못 되어온 결정적인 단서이자 새로운 해석의 분기점이기도 합니다.
道沖而用之或弗盈(도충이용지혹불영) : 도는 텅 비어있다. 그러나 그 작용은 끝이 없다. 노자(老子) 도덕경(道德經) 제 4장에 나오는 유명한 말입니다만, 이는 바로 '바람개비의 굴대'라는 뜻을 지닌 '가운데 중(中)'자에 대한 설명에 다름 아닐 것입니다.

沖 충

'물 수(氵)'와 '돌아가는 굴대의 한 가운데'라는 뜻을 지닌 '가운데 중(中)'을 더해 '물이 돌아가는 소용돌이'라는 뜻을 나타낸 '소용돌이 충, 빌 충(沖)'.
≫ 상충(相沖), 충적(沖積)

이 '소용돌이 충, 빌 충(沖)'자가 지금은 네이버 사전에도 나오듯이 '1. 화하다(和-: 따뜻하고 부드럽다), 겸허하다(謙虛--) 2. 담백하다(淡白--) 3. 비다, 공허하다(空虛--) 4. 깊다, 심원하다(深遠--) 5. 어리다 6. 오르다, 솟구치다 7. 높이 날다 8. 꺼리다, 상충되다(相衝--)……' 등 여러 가지 뜻으로 쓰이고 있어서 상당한 식자들조차 실은 그 때 그 때 자전에 나와 있는 고전의 용례들을 찾아보지 않으면 도저히 알 수 없는 글자가 되고 말았습니다. 그 이유는 바로 '소용돌이 충(沖)'라는 말 자체가 없어지면서 그 함축된 뜻의 유래 또한 함께 사라졌기 때문입니다. 그러나 '소용돌이'라는 말만 알아도 실은 어째서 그 많은 해석들이 나오게 되었는지를 쉽게 알 수 있습니다. 하수구에 물이 빠지고 있는 모습에서도 보입니다. 물들이 하나로 어울려 돌아가면서 깊이 내려갑니다. 가운데에는 태풍의 눈과 같은 텅 빈 구멍이 새깁니다. 물들이 서로 부딪히면서 솟구치기도 합니다. 그러나 결국은 모든 걸 스스로와 함께 쓸어가며 사라집니다. 고요함만 남긴 채. 이제껏 나온 그 어떤 고전의 용례들의 뜻도 모두 담아 하수구로 소용돌이치며 빠져나가는 물의 모습입니다.

忠 충

'가운데 중(中)'과 '마음 심(心)'을 더해 '그 어떤 소용돌이 속에서도 제자리를 지키며 정성을 다하는 마음'이라는 뜻을 나타낸 '충성 충(忠)'.
≫ 충성(忠誠), 충고(忠告), 충의(忠義)

076_ 주살 익, 말뚝 익(弋)

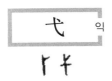

弋 익

'땅을 파거나 뿌리 등을 캐기 위해 지게 작대기(ㅏ)의 윗부분처럼 가장귀진 나무로 만든 작대기(농기구 혹은 무기)'라는 뜻을 나타낸 '주살 익, 말뚝 익(弋)'.
≫ 익렵(弋獵:날짐승을 활로 쏘아 잡고, 길짐승은 쫓아가 잡음. 사냥), 유익(遊弋: 군함(軍艦)이 바다 위로 돌아다님)

杙 익	'주살 익(弋), 말뚝 익'이 주로 '주살 익(弋)'으로만 쓰이게 되자 '나무 목(木)'을 더해 다시 만든 '말뚝 익(杙)'. ≫ 목익(木杙: 말뚝)
弌 일	'한 일(一)'자가 위조되지 않도록 '말뚝 익(弋)'을 더해 다시 만든 '한 일(弌)'.
戈 과	찌르고 베고 자르는 고대의 무기 중의 하나인 '창 과(戈)'. ≫ 간과(干戈: 창과 방패), 지과(止戈: 전쟁을 멈춤)
代 대	'도구'라는 뜻을 지닌 '말뚝 익(弋)'과 '사람 인(人＝亻)'을 더해 '사람의 손이 할 일을 대신하다'라는 뜻을 나타낸 '번갈을 대, 대신 할 대(代)'. ≫ 대신(代身), 대리(代理), 대표(代表), 대체(代替)
式 식	기술 일을 뜻하는 '장인 공(工)'과 '도구'의 뜻을 지닌 '말뚝 익(弋)'을 더해 '일하는 방법'이라는 뜻을 나타낸 '법 식(式)'. ≫ 방식(方式), 공식(公式), 형식(形式), 주식(柱式)
拭 식	'일하는 방법'이라는 뜻을 지닌 '법 식(式)'과 '손 수(扌)'를 더해 '(일을 하려면) 우선 잘 닦아내야한다'라는 뜻을 나타낸 '닦을 식(拭)'. ≫ 불식(拂拭: 말끔하게 치워 없앰), 소식(掃拭: 쓸고 닦음)
試 시	'일하는 방법'이라는 뜻을 지닌 '법 식(式)'과 '말 씀 언(言)'을 더해 '(우선) 말로라도 설명이 되는지 알아보다'라는 뜻을 나타낸 '간 볼 시(試)'. ≫ 시도(試圖), 시험(試驗), 시료(試料), 입시(入試)

077_ 납작할 비(卑)

 납작한 밥주걱의 모습

卑 _비 界	옛날에 삶은 야채나 건더기를 건질 때 쓰던 납작한 체 혹은 밥주걱의 모습(甲)과 그 것을 쥐고 있는 손(⺈)의 모습(界)으로 나타낸 '납작할 비(卑)'. ≫ 비겁(卑怯), 비열(卑劣), 비하(卑下)
婢 _비	'계집 녀(女)'와 '체나 밥주걱'의 뜻을 지니고 있는 '납작할 비(卑)'를 더해 '요리하는 여자'라는 뜻을 나타낸 '여자 종 비(婢)'. ≫ 노비(奴婢), 관비(官婢: 관가의 계집종), 시비(侍婢: 곁에 모셔 시중드는 계집종)
碑 _비	'돌 석(石)'과 '납작할 비(卑)'를 더해 '(비석으로 쓴)납작한 돌'이라는 뜻을 나타낸 '납작한 돌기둥 혹은 비석 비(碑)'. ≫ 비석(碑石), 비문(碑文), 묘비(墓碑)
牌 _패	'나무 조각 편(片)'과 '납작할 비(卑)'를 더해 '옛날 벼슬아치들의 나무 조각으로 만든 신분증'이라는 뜻을 나타낸 '(나무 조각) 패 패(牌)'. ≫ 방패(防牌), 명패(名牌), 위패(位牌)
稗 _패	'벼 화(禾)'와 '납작할 비(卑)'를 더해 '벼처럼 생겼는데 열매가 납작하고 시원치 않은 벼'라는 뜻의 '피 패(稗)'. ≫ 패관(稗官), 패관잡기(稗官雜記: 조선(朝鮮) 명종(明宗) 때의 학자(學者)인 魚叔權(어숙권)의 필기집(筆記集)

078_ 화살 시(矢)

	돌(촉) 화살을 그린 모습 쇠(촉) 화살의 화살대 부분에 원 혹은 짧은 직선을 그어 곧바른 화살대라는 점을 강조한 화살

矢 시

화살을 그린 '화살 시(矢)'.

短 단

'화살 시(矢)'와 '콩 두(豆)'를 더해 '짧은 화살과 작은 콩알 같다'라는 뜻을 나타낸 '짧을 단(短)'.
>> 장단(長短), 단검(短劍), 단점(短點), 단축(短縮), 단명(短命)

知 지

'화살 시(矢=矢)'와 '입 구(口=ㅂ)'를 더해 '화살로 맞추듯이 바로 알고 하는 말'이라는 뜻을 나타낸 '알 지(知)'.
>> 지각(知覺), 지식(知識), 지능(知能), 지인(知人), 예지(豫知)

智 지

'알 지(知)'와 '가로 왈(曰)'을 더해 '아는 것과 말하는 것이 같다, 혹은 말하는 것만큼 제대로 알고 행동한다.'라는 뜻을 나타낸 '슬기로울 지(智)'.
>> 지혜(智慧), 기지(機智)

申 신

무엇인가를 두 손으로 곧게 펴는 모습 혹은 곧게 펴서 바치는 모습(ㅂ)으로 나타낸 '펼 신 혹은 곧바로 아뢸(申)'.
>> 신고(申告), 신청(申請), 상신(上申), 신신부탁(申申付託)

伸 신

'사람 인(亻=人)'과 '펼 신(申=ㅂ)'을 더해 '사람이 허리를 편다'는 뜻을 나타낸 '펼 신(伸)'
>> 신장(伸長), 신축(伸縮), 굴신(屈伸)

呻 신

'입 구(口)'와 '펼 신(申)'을 더해 '소리를 길게 내다'라는 뜻을 나타낸 '비명 지를 신(呻)'.
>> 신음(呻吟: 울며 끙끙대는 소리)

紳 신

'실 사(糸)'와 '펼 신(申)'을 더해 '(옛날 벼슬아치들이 허리에 두르던) 길고 반듯하게 펼치는 큰 띠'를 나타낸 '큰 띠 신(紳)'.
>> 신대(紳帶), 신홀(紳笏: 옛날 벼슬아치들이 두르는 큰 띠와 손에 쥐는 명패), 신사(紳士: 일본에서 영어의 gentleman을 한자로 번역한 말)

坤 곤

'흙 토(土)'와 '펼 신(申)'을 더해 '흙이 펼쳐져 있는 땅'이라는 뜻을 나타낸 '땅 곤(坤)'.

坤

>> 건곤(乾坤), 곤궁(坤宮)

寅 인

'집 면(宀)'과 '화살을 곧게 펴는 모습(⿱)'을 더해 '(사냥을 나가기 위해) 동이 트기 전 집에서 화살을 곧게 펴다 혹은 아침에 일어나 몸을 쭉 펴고 몸가짐을 바로하다'라는 뜻을 나타낸 '삼갈 인, 바로 잡을 인(寅)'.

>> 인시(寅時: 새벽), 인외(寅畏:삼가 조심하다), 인청(寅清:몸을 깨끗하게 가다듬다)

演 연

'화살을 멀리 나가게 하기 위해 추를 달거나 반듯하게 펴다'라는 뜻을 지닌 '나아갈 인(寅)'과 '물 수(氵)'를 더해 '펴다, 늘이다, 자세히 설명하다'라는 뜻을 나타낸 '펼칠 연(演)'.

>> 연설(演說), 연극(演劇), 연기(演技)

到 도

'화살이 어떤 표적이나 땅에 이르러 닿는 모습'으로 나타낸 '이를 지(⿱ =至)'와 '휘어지다'라는 뜻을 지닌 '칼 도(刀 = 刂)'를 더해 '이러저러한 곡절 끝에 이르다'라는 뜻을 나타낸 '이를 도, 찬찬할 도(到)'.

>> 주도면밀(周到綿密), 도착(到着), 도달(到達), 쇄도(殺到)

倒 도

'사람(⿰)이 칼처럼 휘어져(刂) 땅에 떨어진 화살처럼 머리를 처박다(⿱)'라는 뜻을 나타낸 '넘어질 도(倒)'.

>> 매도(罵倒), 압도(壓倒), 전도(顚倒), 포복절도(抱腹絶倒)

規 규

'(곧바른) 화살 시(矢=⿱)'와 '볼 견(見)'을 더해 '화살로 길이와 넓이를 재어 보거나 원을 그리는 도구로 쓰다'라는 뜻을 나타낸 '법(척도) 규(規)'.

>> 규모(規模), 규정(規定), 규제(規制)

079_ 실 감는 북 임(壬)

'북 (실패)'에 실이 감기며 불어나는 모습

| 壬 임 |
| 工 壬 |

베틀의 북 혹은 베를 짤 때 실을 감아두는 '실패'의 모습으로, 북에 실이 감기면서 '점점 부풀어 오르다'라는 뜻을 나타낸 '부풀 임(壬), 북돋을 임(壬)'.

| 妊 임 |

'부풀 임(壬)'과 '계집 녀(女)'를 더해 '아이 밴 여자의 배가 점점 불러오다'라는 뜻을 나타낸 '아이 밸 임(妊)'.
>> 임신(姙娠), 피임(避妊), 회임(懷妊), 불임(不姙)

| 任 임 |

'부풀 임(壬)'과 '사람 인(人＝亻)'을 더해 '(사람이) 무엇인가를 허리에 끼거나 배에 차다'라는 뜻을 나타낸 '맡을 임(任)'.
>> 책임(責任), 취임(就任), 임무(任務), 임명(任命)

| 賃 임 |

'돈'의 뜻을 지닌 '조개 패(貝)'와 '맡을 임(任)'을 더해 '돈을 주고 품을 사다'라는 뜻을 나타낸 '품살 임(賃)'.
>> 임금(賃金), 임대(賃貸), 운임(運賃), 임차(賃借), 노임(勞賃)

080_ 구석 구(區)

구석구석 여러 칸으로 나뉘어 있는 상자

| 區 구 |
| |

'그릇'의 뜻을 지닌 '입 구(口＝ㅂ)' 3개와 '상자 방(匚)'을 더한 모습(區)으로 '여러 개의 그릇을 하나로 묶은 것 혹은 (무엇인가를 나누어 보관하기 위해) 구석구석 여러 칸으로 나뉜 곳'이라는 뜻을 나타낸 '나눌 구(區)'.
>> 구별(區別), 구분(區分), 구역(區域), 구간(區間)

軀 구

'몸 신(身)'과 '구석구석으로 나뉘어 있는 하나의 그릇'이라는 뜻을 지닌 '나눌 구(區)'를 더해 '눈, 귀, 코, 입, 손, 발, 등으로 나뉘어 있는 하나의 몸'이라는 뜻을 나타낸 '몸 구(軀)'.

▶▶ 체구(體軀), 거구(巨軀), 노구(老軀)

謳 구

'구석구석, 이런저런 모든 것을 아울러 담아 노래하다(말하다) 혹은 그 모든 것을 느끼는 대로 (아이)처럼 옹알대다'라는 뜻을 나타낸 '노래할 구(謳)'.

▶▶ 구음(謳吟: 여러 가지 감정을 담아 읊조리다), 구가(謳歌: 슬프거나 기쁜 마음을 거리낌 없이 노래함)

樞 추

'구석구석 나눌 구(區)'와 '나무 목(木)'을 더해 '모든 것을 한 구석에서 잡아(버틸 수 있도록)주는 버팀목 혹은 문짝을 한 곳에서 잡아주는 지도리'라는 뜻을 나타낸 '지도리 추(樞)'.

▶▶ 중추(中樞), 추기경(樞機卿), 중추신경(中樞神經: 신체상 모든 부분의 기능을 통솔하고, 그 모든 자극을 전달하는 신경)

驅 구

'나뉜 것을 하나로 묶어낸다'는 뜻을 지닌 '나눌 구(區)'와 '말 마(馬)'를 더해 '말이 네 다리와 온 몸의 힘을 다해 달리도록 몰다'라는 뜻을 나타낸 '몰 구(驅)'.

▶▶ 구사(驅使: 사람이나 동물을 몰아서 부리는 것), 구축함(驅逐艦), 구충(驅蟲: 해충들을 몰아서 없애 버림)

嘔 구

'나뉜 것을 하나로 묶어낸다'는 뜻을 지닌 '나눌 구(區)'자와 '입 구(口)'자를 더해 '몸속에 잘못 들어와 있는 모든 것들을 다시 입 밖으로 뱉다'라는 뜻을 나타낸 '게울 구(嘔)'.

▶▶ 구토(嘔吐), 구역(嘔逆: 구역질)

歐 구

'모든 것을 하나로 묶어낸다'는 뜻을 지닌 '나눌 구(區)'와 사람이 입을 벌리고 있는 모습을 그린 '하품 흠(欠)'을 더해 '모든 것을 한꺼번에 토해내다'라는 뜻을 나타낸 '토할 구(歐)'.

▶▶ 구토(歐吐＝嘔吐), 서구(西歐), 구라파(歐羅巴: '구(歐)'자를 '오우'라고 읽는 일본에서 음역(音譯)한 말)

鷗 구

'새 조(鳥)'와 '구석구석 여러 칸으로 나뉜 곳'이라는 뜻을 지닌 '나눌 구(區)'의 발음(소리)을 빌려 '넓은 바다의 이곳저곳을 다니며 먹이를 구하는 새'라는 뜻을 나타낸 '갈매기 구(鷗)'.

▶▶ 백구(白鷗: 갈매기과에 딸린 물새), 구로(鷗鷺: 갈매기와 해오라기)

| 嫗 구 |

'계집 녀(女)'자와 '구석구석 나뉜 곳'이라는 뜻을 지닌 '나뉠 구 (區)'자를 더해 '구석구석 자상하게 마음을 써주는 여자'라는 뜻을 나타낸 '할머니 구(嫗)' 혹은 '이것저것 잔소리가 많은 할머니'라는 뜻을 나타낸 '할망구 구(嫗)'.
▶▶ 매구(媒嫗: 중매쟁이 노파), 온구(嫗嫗: 늙은 할머니)

081_ 날줄 경(經)

베틀의 위쪽에서 아래쪽으로 당겨 놓은 '날줄'

| 巠 경 |

짚신을 삼거나, 가마니, 옷감 등을 짤 때 쓰는 베틀의 위쪽에서 아래쪽으로 당겨 놓은 '날줄'을 그린 모습으로 나타낸 '날줄 경(巠)'.

이 '날줄 경(巠)'은 갑골문이 발견되어 스웨덴의 칼그렌(B. Karlgren)이라는 상형문자 학자가 '(날줄을 걸어놓은) 베틀의 모습'임을 밝히기 전까지 무려 2000여 년 동안이나 중국을 비롯한 한자권의 대다수 지식인들이 '물줄기 경(巠)'으로 잘못 알고 써온 글자입니다.

| 經 경 |

원래는 '경(巠 = 𢀖)'자 자체가 '(베틀의) 날줄'을 나타내는 글자였지만, '물줄기 경, 지하수 경(巠)'으로만 쓰이게 되자 원래 '베틀의 날줄'임을 나타내기 위해 '실 사(糸)'를 더해 다시 만든 '날줄 경(經)'
▶▶ 동경(東經), 서경(西經), 경도(經度: 지구의 날줄)

또 한편으로는 '날줄을 잘 세워야 엮어내려는 모양이나 (세상의) 틀이 잘 잡혀 진다'는 뜻으로 쓰이는 '다스릴 경 혹은 경전 경(經)'. 경세제민(經世濟民: 온 세상을 잘 다스려서 만백성이 고르게 어울려 살도록 함), 경제(經濟), 경영(經營), 경험(經驗), 신경(神經), 우이독경(牛耳讀經: 쇠귀에 경 읽기)

| 徑 경 |

'위에서 아래로 곧장 내려오다'는 뜻을 지닌 '날(줄) 경(巠)'과 '갈 행 (彳 = 亻 = 行)'을 더해 '곧장 가다'는 뜻을 나타낸 '지름길 경(徑)'.
▶▶ 첩경(捷徑: 지름길, 빠른 방법), 직경(直徑), 반경(半徑: 반지름), 구경(口徑)

輕 경 輕	'날줄 경(巠)'과 '수레 거(車)'를 더해 '베틀의 날줄(巠)처럼 어느 지점과 지점 사이를 곧장 갈 수 있는 가벼운 수레(車)'라는 뜻을 나타낸 '가벼울 경(輕)'. ▶▶ 경중(輕重), 경시(輕視), 경솔(輕率), 경감(輕減), 경거망동(輕擧妄動: 함부로 가볍게 행동한다는 뜻)
頸 경 頸	'위에서 아래로 곧장 내려오다'는 뜻을 지닌 '날줄 경(巠)'과 '머리 혈(頁)'을 더해 '머리에서 몸으로 내려오는 목'이라는 뜻을 나타낸 '목 경(頸)'. ▶▶ 경추(頸椎), 경련(頸聯), 경동맥(頸動脈)
逕 경	'곧장 내려오다'는 뜻을 지닌 '날줄 경(巠)'과 '갈 착(辶)'을 더해 '곧장 가는 지름길'이라는 뜻을 나타낸 '지름길 경(逕)'. ▶▶ 정경(正逕: 옳고 바른 길 정도), 경정(逕庭: 정도(程度)의 매우 심한 차이)
莖 경	'곧장 내려오다'는 뜻을 지닌 '날줄 경(巠)'과 '풀 초(艹)'를 더해 '풀의 한 가운데 줄기'라는 뜻을 나타낸 '줄기 경(莖)'. ▶▶ 괴경(塊莖), 초본경(草本莖), 구경(球莖: 알줄기)

O82_ 키 기(其)

笑 異	대나무로 넓적하게 엮어서 곡식을 고르는데 쓰는 키(笑)를 책상(丌) 위에 올려놓은 모습

其 기 笑 異	대나무로 넓적하게 엮어서 곡식을 고르는데 쓰는 키(笑)를 책상(丌) 위에 올려놓은 모습(異)으로 '언제든지 쓸 수 있도록 편리하고 반듯한 장소에 올려놓고 있는 바로 그것이라는 뜻'을 나타낸 '키 기 혹은 그 기(其)'. ▶▶ 기간(其間), 기타(其他), 기여(其餘: 그 나머지, 그 이외)

'법 전(典)'과 '그 기(其)'에 똑같은 '반듯한 책상(丌)'이 포함된 것은 '무엇인가 반듯한 바로 그 것'이라는 뜻을 담기 위한 것일 것입니다.

箕 기

'두 손으로 키(🗲)질을 하고 있는 모습(🗲'으로, '그 기(🗲)'와 혼동이 되자 '대나무 죽(竹 = 𥫗)'을 더한 모습(箕)으로 다시 만든 '키 기(箕)'.

▶▶ 기수(箕叟 : 늙은이), 기산지절(箕山之節: 굳은 절개(節槪·節介)나, 신념(信念)에 충실(充實)함의 비유)

期 기

'반듯하다'는 뜻을 지닌 '그 기(其)'와 '달 월(月)'을 더해 '달이 때에 따라 찼다 기울기를 반드시 되풀이 한다'라는 뜻을 나타낸 '기약할 기 혹은 정해질 기(期)'.

▶▶ 기대(期待), 기간(期間), 기한(期限)

基 기

'반듯하다'라는 뜻을 지닌 '그 기(其)'와 '흙 토(土)'를 더해 '(집을 짓기 위해) 반듯하게 다듬어 놓은 땅'이라는 뜻을 나타낸 '터 기(基)'.

▶▶ 기본(基本), 기초(基礎), 기준(基準), 기반(基盤)

棋 기

'반듯하다'라는 뜻을 지닌 '그 기(其)'와 '나무 목(木)'을 더해 '(4각형)의 반듯한 나무 판'이라는 뜻을 나타낸 '장기판 혹은 바둑판 기(棋)'.

▶▶ 장기(將棋), 기석(棋石: 바둑돌), 기평(棋枰: 바둑판. 바둑을 두는 판)

旗 기

'(4각형으로) 반듯하다'라는 뜻을 지닌 '그 기(其)'와 '무엇인가 휘날리는 모습(🏳 = 🏳 = 🏳)'을 더해 '4각형의 반듯한 깃발'이라는 뜻을 나타낸 '깃발 기(旗)'.

▶▶ 기수(旗手), 국기(國旗), 기치(旗幟: 옛날 군에서 쓰던 깃)

083_ 그물 망(網)

   물고기나 새를 잡는 그물의 모습으로 된 '그물 망(网 = 罒)'

罔 망

'그물 망(🗗 =网)'과 '안보일 망(🗗 =亡)'을 더해 '물고기나 새가 그물을 못 보고 잡혀 들기 쉽도록 가는 실로 짠 그물'이라는 뜻을 나타낸 '(잘 안 보이는) 그물 망(罔)'.

▶▶ 망극(罔極), 망측(罔測)

網 망	'그물 망(罔)'과 '실 사(糸)'를 더해 만든 '그물 망(網)'. ▶ 망라(網羅), 일망타진(一網打盡)
罪 죄	'그물 망(罒)'과 '양쪽으로 찢다'라는 뜻을 지닌 '아닐 비(非)'를 더해 '법의 그물망을 찢다'라는 뜻을 나타낸 '허물 죄(罪)'. ▶ 범죄(犯罪), 사죄(謝罪), 면죄부(免罪符)
置 치	'그물 망(罒)'과 '곧을 직(直)'을 더해 '새를 잡으려고 그물을 (똑바로) 치다'라는 뜻을 나타낸 '둘 치(置)'. 여기서 '치(置)'라는 한자 발음 역시 우리말의 '그물을 치다, 쳐 두다'에서 나온 말. ▶ 조치(措置), 설치(設置), 장치(裝置)
罰 벌	'그물 망(罒)'과 '말씀 언(言)' 그리고 '칼 도(刀=刂)'를 더해 '말로 옭아매고(꾸짖고) 칼로 벌을 주다'라는 뜻을 나타낸 '벌 줄 벌(罰)'. ▶ 벌금(罰金), 벌칙(罰則), 형벌(刑罰)
罷 파	'그물 망(罒)'과 '잘 할 능(能)'을 더해 '그물로 얽어 힘을 못 쓰게 하다(잘 못하게 하다)'라는 뜻을 나타낸 '내칠 파(罷)' ▶ 파면(罷免), 파직(罷職), 파업(罷業)
署 서	'그물 망(罒)'과 '이 사람 저 사람'의 뜻을 지닌 '놈 자(者)'를 더해 '그물을 치듯 이사람 저사람(공무원)을 배치하다'라는 뜻을 나타낸 '나누어 맡길(맡을) 서(署)'. ▶ 부서(部署), 서명(署名), 관서(官署)
羅 라	'그물 망(罒)'과 '(굵은 줄로 맬) 바 유(維)'를 더해 '큰 그물을 펼치다(펼쳐 잡다)'라는 뜻을 나타낸 '펼칠 라(羅)'. ▶ 망라(網羅), 나열(羅列)

084_ 빗자루 추(帚)

 말린 수수줄기를 묶은 빗자루의 모습

帚 추

말린 수수줄기, 댑싸리 등의 가느다란 줄기를 묶은 빗자루의 모습(帚)으로 나타낸 '빗자루 추(帚)'.

箒 추

'빗자루 추(帚)'에 '대 죽(竹)'을 더한 '(대나무) 비 추(箒)'.
>> 추성(箒星: 빗자루로 쓴 듯한 꼬리 흔적을 남기며 날아가는 살별)

掃 소

'빗자루 추(帚)'와 '손 수(扌)'를 더해 '빗자루로 쓸다'라는 뜻을 나타낸 '쓸 소(掃)'.
>> 청소(淸掃), 소제(掃除), 소탕(掃蕩), 소멸(掃滅)

浸 침

'빗자루를 들고 쓸다'라는 뜻을 지닌 '비 추(帚)'와 '물 수(氵)'를 더해 '비로 쓸 때 차츰 차츰 쓸어나가는 것처럼 물이 차츰 차츰 쓸고 들어오다, 혹은 그렇게 무엇인가를 물에 담그다'라는 뜻을 나타낸 '담글 침(浸)'.
>> 침투(浸透), 침식(浸蝕), 수침(水浸)

婦 부

빗자루(帚)와 여자(女)를 더해 '옛날, 신전(神殿)의 청결(성스러움)을 지키는 여제사장'을 뜻하는 글자였는데, 후대에는 '집안의 청결을 지키는 시집 온 여자'라는 뜻을 나타낸 '지어미 부, 며느리 부(婦)'가 됨.
>> 부부(夫婦), 부인(婦人), 주부(主婦)

歸 귀

'곡물을 키워주는 흙이 있는 고향 언덕, 혹은 그 흙'을 뜻하는 '언덕 퇴(𠂤=𨸏)'와 '집안을 청결히 한다(지킨다)'는 뜻을 지닌 '빗자루 추(帚=帚)'를 더해 '여자가 시집 갈 때 가져가는 고향의 흙과 빗자루'를 뜻하는 글자로 원래는 '여자가 시집을 가다'는 뜻을 나타낸 글자였는데, 후대에 '가다'라는 뜻을 지닌 '발 지(止)'가 더해져 '고향으로 돌아가다'라는 뜻으로 바뀐 '시집갈 귀, 맡길 귀, 돌아올 귀(歸)'.
>> 복귀(復歸), 귀국(貴國), 귀환(歸還), 귀가(歸家), 귀향(歸鄕), 귀국(歸國)

O85_ 수건 건(巾)

巾 건

'장대에 걸어 놓은 크고 넓은 천 조각'으로 나타낸 '걸어 놓을 건 혹은 수건 건(巾)'.
>> 수건(手巾), 두건(頭巾), 망건(網巾)

'수건 건(巾)'이라는 한자의 훈(訓)은 말 그대로 수건(手巾: 손수건)이라는 말이 나온 다음에 잘 못 붙인 훈일 뿐 원래는 '걸쳐 놓거나 펼쳐놓을 수 있도록 커다랗게 짠 직물) 천 건(巾)'이라고 훈(訓)을 붙여야 우리말과 한자 그리고 한글도 살려 나갈 수가 있을 것입니다.

布 포

'걸어 놓은 크고 넓은 천(깃발)'의 뜻을 지닌 '수건 건(巾)'과 '손에 도끼를 쥔 모습(乂)'으로 '한 집안을 다스리는 가장'의 뜻을 지닌 '아비 부(乂=父)'를 더해 '크고 넓은 천을 넓게 펼치다'라는 뜻을 나타낸 '펼칠 포 혹은 (그 주된 재료였던) 베 포(布)'.
>> 공포(公布), 선포(宣布), 살포(撒布), 배포(配布), 보시(布施; 포시)

怖 포

도끼와 깃발로 이루어진 '펼칠 포(布)'자는 (무서운) 통치 권력의 상징이기도 했으므로, '펼칠 포(布)'와 '마음 심(心=忄)'을 더해 '무언가에 덮어 씌워져 두렵다'라는 뜻을 나타낸 '두려워할 포(怖)'.
>> 공포(恐怖), 외포(畏怖)

帽 모

'무릅(덮어) 쓸 모(冒)'와 '수건 건(巾)'을 더한 '모자 모(帽)'.
>> 모자(帽子), 관모(官帽)

席 석

'무리 서(庶)'와 '수건 건(巾)'자를 더해 '여러 사람이 앉을 수 있도록 천을 깔아놓은 자리'라는 뜻을 나타낸 '자리 석(席)'
>> 좌석(座席), 입석(立席) 방청석(傍聽席)

帶 대

'여러 가지 장식을 매단 띠(卅)'와 '수건 건(巾)'을 더한 '띠 대 혹은 두를 대(帶)'.
>> 혁대(革帶), 연대(連帶), 일대(一帶), 휴대전화(携帶電話)

滯 체

'물 수(氵)'와 '띠 대(帶)'를 더해 '허리에 띠를 두른 듯이 물이 흐르다 막혀서 그 자리에서 돌기만 하다(멈추다)'라는 뜻을 나타낸 '막힐 체(滯)'.
>> 침체(沈滯), 연체(延滯), 정체(停滯)

帆 범

원래는 바람을 안고 가는 넓은 천으로 만든 돛의 모습(凡)으로 '돛 범(凡)'이기도 했던 '무릇 범(凡)'과 '수건 건(巾)'을 더해 다시 만든 '돛 범(帆)'.
>> 범선(帆船), 출범(出帆)

| 帥 수 | '쌓이고 쌓인 흙더미 혹은 큰 언덕'의 뜻을 지닌 '언덕 퇴(ᒥ=𠂤)' 와 '커다란 깃발'의 뜻을 지닌 '수건 건(巾)'자를 더해 '(큰 언덕 위 에서) 많은 사람의 집단을 이끄는 깃발 혹은 그 깃발을 든 장수'라 는 뜻을 나타낸 '이끌 수, 우두머리 수(帥)'. |

>> 장수(將帥), 총수(總帥), 통수권(統帥權), 원수(元帥), 솔선(帥先 =率先)

| 師 사 — 𠂤 𠂤 | 처음에는 '무더기 무더기로 싸맨 고깃덩어리(𠂤)'와 '칼(무기)의 모 습(𠂤)'이었다가 나중에는 '칼(𠂤)' 대신 '깃발(帀)'의 모습으로 바 뀌어 '무리 지은 군대 혹은 그 군대를 이끄는 장수'라는 뜻을 나타 낸 '우두머리 사(師)' |

>> 교사(敎師), 의사(醫師), 목사(牧師), 강사(講師)

| 帖 첩 | '수건 건(巾)'자와 '무언가를 골라서 정하다'라는 뜻을 지닌 '차지할 점(占)'을 더해 '옛날 과거시험에서 정해진 문제를 써 붙이거나 그 답이 되는 부분을 가리기위해 늘어뜨렸던 천이나 천 조각'이라는 뜻을 나타낸 '휘장 첩, 표제(標題) 첩 혹은 쪽지 첩(帖)'. |

>> 시첩(試帖: 과거시험의 연습문제집), 수첩(手帖), 명함첩(名銜帖)

| 希 희 — 爻 | '실을 얽어 짜는 모습(爻)'과 '수건 건(巾)'을 더해 '실을 얽어 (촘촘하 게) 짜 놓으니 그 사이로 드물게 보이다 혹은 (잘 안보이므로) 애써서 보려고 하다'라는 뜻을 나타내게 된 '드물 희 혹은 바랄 희(希)'. |

>> 희망(希望), 희구(希求), 희미(希微)

| 稀 희 | '희(希)'자가 주로 '바랄 희(希)'자로만 쓰이게 되자 '(드물어서 얻 기 어려운) 벼 화(禾)'를 더해 '드물다'라는 뜻을 강조해 다시 만든 '드물 희(稀)'. |

>> 희박(稀薄), 희귀(稀貴), 희석(稀釋)하다, 고희(古稀: 70세, 일흔 살까지 살기는 드문 일이라는 뜻에서 나온 말)

| 帳 장 | '수건 건(巾)'과 '길 장(長)'자를 더한 '(길게 늘어뜨릴 수 있는) 휘 장 장, 천막 장 혹은 (긴 천에 쓰던) 장부 장(帳)'. |

>> 장막(帳幕), 휘장(揮帳), 장부책(帳簿冊), 통장(通帳)

| 幅 폭 | '수건 건(巾)'과 '가득할 복(畐)'을 더해 '천을 짤 때 두 무릎에 가득 차는 넓이를 기준으로 천의 폭을 헤아리는 단위'를 나타낸 '넓이 폭(幅)'자. |

>> 증폭(增幅), 진폭(振幅), 대폭(大幅), 전폭적(全幅的)

市 시 屮 屶	원래 '수건 건(巾)'과는 관계가 없는 글자로, '오고 가다'라는 뜻을 지닌 '발 지(止＝屮)'와 '물 위에 떠서 고르게 퍼지는 개구리 밥'에서 나온 '고를 평(平＝ 屶)'을 더해 '사람들이 모여들어 서로의 물건을 고르게 나누고 바꿀 수 있는 저자 거리(시장)'를 나타낸 '저자 시(市)'. ▶ 시장(市場), 도시(都市), 시민(市民), 문전성시(門前成市: 세도가나 부잣집 문 앞이 방문객으로 저자(市)를 이루다시피 한다는 뜻)

086_ 꼬리 잡을 대(隶), 편안할 강(康)

    말꼬리를 잡는 모습

隶 이,대 隶	꼬리(木)를 잡은 손(彐)의 모습(隶)으로 '~~에 이르다, ~~에 미치다'라는 뜻을 나타낸 '이를 이, 미칠 대(隶)'.
逮 체	'미칠 대(隶)'와 '갈 착(辶)'을 더해 '쫓아가서 붙잡다'라는 뜻을 나타낸 '붙잡을 체(逮)'. ▶ 체포(逮捕), 견불체문(見不逮聞: '눈으로 직접 보니 들었던 것보다 못하다'는 뜻으로, 헛된 명성(名聲)을 비유(比喩 · 譬喩)하는 데 사용(使用)되는 말)
隸 예	'능금나무 내(柰)'와 '잡다'라는 뜻을 지닌 '이를 이(隶)'를 더해 '능금을 따서 늘어놓듯 붙잡아다 놓은 종(노예)들'이라는 뜻을 나타낸 '종 예(隸)'. ▶ 노예(奴隸), 예속(隸屬), 예하(隸下: 딸림, 또는 딸린 사람)
康 강 龐	원래는 '두 손(廾)으로 절구 공이(丁)를 들고 방아를 찧는 모습(龐)과 그 때 떨어져 나오는 딱딱한 겨 껍질의 모습으로 '겨 껍질처럼 억세고 단단하다'라는 뜻을 나타낸 '단단할 강(龐)'이었는데, 나중에 '집 엄(广)'을 다시 더해 '방아를 찧어 창고에 쌓아두니 마음이 든든하고 편안하다'라는 뜻을 나타내게 된 '편안할 강(康)'. ▶ 강녕(康寧), 건강(健康), 강건(康健)

| 糠 강 | '단단한 겨 껍질(⋃⋃)'이라는 뜻을 지닌 '단단할 강(穅)'이 '편안할 강(康 =穅)'과 혼용되자 '쌀 미(米＝米)'를 다시 더해 원래의 '쌀 대신 먹어야 했던 (거칠고 억센) 겨 껍질'이라는 뜻을 나타낸 '겨 껍질 강(糠)'.

▶▶ 미강(米糠: 쌀겨), 강하(糠蝦: 보리새우), 대맥강(大麥糠: 보릿겨) |

| 慷 강 | '(곡식이 있어)마음이 든든하다'라는 뜻을 지닌 '편안할 강(康)'에 '마음 심(忄)'을 다시 더해 '마음이 한층 더 꽉 차오르다'라는 뜻을 나타낸 '벅찰 강(慷)'.

▶▶ 조강지처(糟糠之妻), 강개무량(慷慨無量: 의기에 북받쳐 원통하고 슬픔이 한이 없음) |

087_ 겸할 겸(兼)

| 兼 겸 | '벼(禾) 두 포기를 잡은 모습(兼)'으로 '벼를 추려 볏단으로 묶다'라는 뜻을 나타낸 '아우를 겸 혹은 겸할 겸(兼)'.

▶▶ 겸비(兼備), 겸직(兼職), 겸용(兼用), 겸용(兼容: 도량(度量)이 넓음) |

| 鎌 겸 | '볏 다발'의 뜻을 지닌 '아우를 겸 혹은 겸할 겸(兼)'과 '쇠 금(金)'을 더해 '벼를 베는 도구(낫)'라는 뜻을 나타낸 '낫 겸(鎌)'.

▶▶ 구겸(鉤鎌: 낫), 전불괘겸(全不掛鎌) |

| 嫌 혐 | '볏 다발'의 뜻을 지닌 '아우를 겸 혹은 겸할 겸(兼)'과 '계집 녀(女)'를 더해 '볏단을 추리는 여자(살림하는 사람)의 마음처럼 망설이고 또 망설여지는 마음'이라는 뜻을 나타낸 '불만스러울 혐(嫌)'.

▶▶ 혐오(嫌惡), 혐의(嫌疑), 혐기성(嫌氣性) |

| 廉 렴 | '집 엄(广)'과 '아우를 겸(兼)'을 더해 '집 안에 걸어둔 볏단 주렴처럼 검소하고 바르고 깔끔하다'는 뜻을 나타낸 '청렴할 렴(廉)'.

▶▶ 저렴(低廉), 청렴(淸廉), 염치(廉恥), 염가(廉價) |

벼 한 무더기 앞에 섰습니다. 우선 종자 감을 추려서 다발로 잘 묶어 두어야 합니다. 크고 알찬 놈들을 한 움큼 손에 들고 그 중 더 큰 놈들은 우선 빼내 둡니다. 가지런해진 한 움큼씩 미덥지는 않지만 만족합니다. 한 다발 한 다발 잘 묶어 주렴을 만듭니다. 집 안에 걸어두면 마지막 저녁 햇살이 들어와 황홀한 춤을 출 것입니다.

| 簾 렴 |

'주렴(珠簾: 구슬을 볏단 주렴처럼 고르고 길게 엮어 내린 것) 렴(簾)'과 '대 죽(竹)'을 더한 '대나무 주렴 렴(簾)'.
>> 취렴(翠簾), 포렴(布簾: 복덕방이나 술집 등의 문에 늘인 베의 조각)

| 慊 겸 |

'볏 다발'의 뜻을 지닌 '아우를 겸 혹은 겸할 겸(兼)'과 '마음 심(心)'을 더해 '볏단을 추릴 때 좀처럼 만족되지 않는 마음, 혹은 마음에 차지 않다,'라는 뜻을 나타낸 '미덥지 않을 겸(慊)'.
>> 겸연(慊然: 미안하여 볼 낯이 없고 쑥스러움)

| 謙 겸 |

'벼를 추려 볏단으로 묶다'라는 뜻을 나타낸 '아우를 겸 혹은 겸할 겸(兼)'과 '말씀 언(言)'을 더해 '볏단 추릴 때 너무 큰 것들은 빼 내고 그 밑단에서부터 추려서 아우러지도록 하는 마음으로 말을 하다'라는 뜻을 나타낸 '낮추어 말할 겸(謙)'.
>> 겸손(謙遜), 겸양(謙讓), 겸허(謙虛)

088_ 벼 화(禾)

| 禾 화 |

조, 벼 등 곡식의 이삭이 여물어 고개를 숙인 모습으로 나타낸 '벼(쌀) 화(禾)'.
>> 화묘(禾苗: 벼의 묘), 화본과(禾本科: 포아풀과, 댓과를 두루 일컫던 말)

| 秉 병 |

'벼 화(禾＝朿)'과 '오른 손'의 뜻을 지닌 '또 우(又＝ㅋ)'를 더해 '벼 한 움큼을 쥔 모습(秉)'으로 '(중요한 것을) 손에 쥐다'라는 뜻을 나타낸 '한 움큼의 벼 병, 잡을 병(秉)'.
>> 병권(秉權), 병촉야행(秉燭夜行: 촛불을 들고 밤길을 가듯, 때가 늦은 일을 한다는 말)

稻 稲 도	'벼 화(禾)'와 '절구에서 찧은 곡식을 꺼내는 모습'을 그린 '꺼낼 요(舀)'를 더해 '찧어 먹는 벼'라는 뜻을 나타낸 '벼 도(稻)'. ▶▶ 수도(水稻), 육도(陸稻: 밭벼), 입도선매(立稻先賣)
稼 가	'벼 화(禾)'와 '집 가(家)'를 더해 '집안을 먹여 살리기 위해 꼭 해야 하는 농사 일'이라는 뜻을 나타낸 '심을 가, 농사 가(稼)'. ▶▶ 가색(稼穡: 심고 거둠), 가동(稼動)
穡 색	'벼 화(禾)'와 '저장하다'라는 뜻을 지닌 '아낄 색(嗇)'을 더해 '곡식을 거두어들이다'라는 뜻을 나타낸 '거둘 색(穡)'. ▶▶ 가색(稼穡), 색부(穡夫: 농부)
租 조	'벼 화(禾)'와 '쌓고 또 쌓다'라는 뜻을 지닌 '또 차(且)'를 더해 '벼를 거둔 만큼에 따라 거기에 얹어 세금을 걷다'라는 뜻을 나타낸 '구실(세금) 조(租)'. ▶▶ 조세(租稅), 십일조(十一租: 중세 유럽의 교회가 교구민(敎區民) 들이 수확한 농작물, 가축, 수공업 등의 생산물이나 소금 따위를 대상으로 하여 거두어들이던 현물세), 도조(賭租: 농부가 남의 논밭을 빌어서 부치고 그 세로 해마다 바치는 벼)
秒 초,묘	'벼 화(禾)'와 '작을 소(少)'를 더해 '벼 이삭 끝에 보일 듯 말 듯 뾰족하게 나와 있는 까끄라기 혹은 벼 이삭이 패기 전 잠깐 동안 피었다가 지는 아주 작은 꽃 술(?)'이라는 뜻을 나타낸 '까끄라기 묘 혹은 아주 짧은 순간 초(秒)'. ▶▶ 초속(秒速), 분초(分秒), 초침(秒針)
移 이	'벼 화(禾)'와 '많을 다(多)'를 더해 '벼의 모를 그 포기 수가 많아지도록 옮겨 심다'라는 뜻을 나타낸 '옮길 이(移)'. ▶▶ 이앙(移秧), 이전(移轉), 이사(移徙), 이동(移動), 추이(推移), 우공이산(愚公移山)
稚 치	'벼 화(禾)'와 '(동작이 늦은) 무소 서(犀)'를 더해 '늦자라는 작은 벼'라는 뜻으로 만들어진 '어릴 치(穉)'자가 잘못 쓰여 지게 된 '어릴 치(稚)'. ▶▶ 치자(稚子: 어린아이), 유치원(幼稚園), 유치(幼稚), 치졸(稚拙)
程 정	'벼 화(禾)'와 '똑바로 서서 말하다'라는 뜻을 지닌 '드러낼 정, 바칠 정(呈)'을 더해 '똑바로 솟은 벼 이삭의 크기를 가늠하다'라는 뜻을 나타낸 '헤아릴 정(程)'. ▶▶ 정도(程度), 일정(日程), 과정(過程), 과정(課程)

稽 계

'늙을 노(老=耂)'와 '달 감(甘=曰)'을 더해 만든 '늙은이 입맛 기(耆)' 혹은 '늙을 노(老=耂)'와 '뜻 지(旨=曰)'를 더해 만든 '늙은이의 뜻(생각) 기(耆)'에 '벼 화(禾=尢)'를 더해 '농사를 제대로 지으려면 노인들의 입맛을 존중하고 그 뜻(생각)을 잘 새겨야한다'라는 뜻을 나타낸 '(옛일을 되돌아보며 잠시 머물러) 생각할 계(稽)'.
▶▶ 계수(稽首), 계고(稽考), 골계(滑稽)

089_ 몽둥이 수(殳)

몽둥이( )를 손( )에 쥔 모습

殳 수

몽둥이를 손에 쥔 모습( )으로 '때리다, 내치다, ~ ~하게 하다'라는 뜻을 나타낸 '몽둥이 수(殳)'.
▶▶ 과수(戈殳: 창)

股 고

'몽둥이 수(殳)'와 '몸'의 뜻을 지닌 '고기 육(肉=⺼=月)'을 더해 '(윗부분이 넓적하게 생긴) 몽둥이( )처럼 생긴 짐승의 넓적다리뼈'라는 뜻을 나타낸 '넓적다리 고(股)'.
▶▶ 고관절(股關節), 고율(股慄: 두려워서 다리가 떨림)

疫 역

'몽둥이 수(殳)'와 '병들어 누울 녁(疒)'을 더해 '몽둥이로 맞은 듯이 아파지는 병'이라는 뜻을 나타낸 '염병 혹은 돌림병 역(疫)'.
▶▶ 역병(疫病), 방역(防疫), 홍역(紅疫), 구제역(口蹄疫)

毆 구

'구석구석'의 뜻을 지닌 '지경 구(區)'와 '때리다'의 뜻을 지닌 '몽둥이 수(殳)'를 더해 '구석구석까지 마구 때리다'라는 뜻을 나타낸 '때릴 구(毆)'.
▶▶ 구타(毆打), 구살(毆殺; 때려죽임), 투구(鬪毆: 서로 다투거나 싸우며 때림)

投 투

'때리다, 내치다'의 뜻을 지닌 '몽둥이 수(殳)'와 '손 수(扌)'를 더해 '때리듯 내던지다'라는 뜻을 나타낸 '던질 투(投)'.

▶▶ 투수(投手), 투표(投票), 투자(投資), 투기(投機)

沒 몰

'때리다, 내치다'의 뜻을 지닌 '몽둥이 수(殳)'와 '물 수(氵)'를 더해 '물에 내던져 빠트리다'라는 뜻을 나타낸 '(물에) 빠질 몰(沒)'.

▶▶ 몰살(沒殺), 몰두(沒頭), 몰락(沒落), 매몰(埋沒)

歿 몰

'때리다, 내치다'의 뜻을 지닌 '몽둥이 수(殳)'와 '뼈 조각 알(歹)'을 더해 '뼈 조각이 되도록 때리다 혹은 매를 맞아 죽다'라는 뜻을 나타낸 '죽을 몰(歿)'.

▶▶ 진몰(盡歿: 모조리 다 죽음), 전몰일(戰歿日: 전사(戰死)한 날)

殺 살

처음엔 '씨알이 좀처럼 안 떨어지는 차좁쌀(🌾)을 몽둥이(🔨)로 때려서 털다'라는 뜻의 글자였는데 나중에 다시 '벨 예(乂)'와 '차조 출(朮)' 그리고 '몽둥이 수(殳)'를 더해 만든 '벨 살 혹은 죽일 살(殺)'.

▶▶ 살해(殺害), 살인(殺人), 살신성인(殺身成仁)

役 역

'~ ~하게 하다'라는 뜻을 지닌 '몽둥이 수(殳)'와 '걸을 척(彳=行)'을 더해 '무슨 일을 하게 하다'라는 뜻을 나타낸 '부릴 역(役)'.

▶▶ 역할(役割), 용역(用役), 현역(現役), 징역(懲役)

毁 훼

'절구(臼=臼: 절구 구)에 흙(土=土: 흙 토)을 넣고 몽둥이(殳)로 빻다(부수다)'라는 뜻을 나타낸 '헐 훼(毁)'.

▶▶ 훼손(毁損), 폄훼(貶毁), 훼방(毁謗), 훼절(毁節)

鑿 착

'헐 훼(毁)'와 '쇠 금(金)'을 더해 '쇠로 된 도구로 구멍을 뚫다 혹은 캐내다'라는 뜻을 나타낸 '쇠 끌 착, 뚫을 착(鑿=鑿)'.

▶▶ 굴착(掘鑿), 천착(穿鑿), 착공(鑿空)

毅 의

'멧돼지 시(豕)'와 '(새김)칼'의 뜻을 지닌 '매울 신(辛)', '몽둥이 수(殳)'를 더해 '칼로 찌르고 몽둥이로 쳐도 끄덕 않고 버티는 멧돼지 같이 굳세다'라는 뜻을 나타낸 '굳셀 의(毅)'.

▶▶ 의연(毅然), 강의(剛毅: 강직(剛直)하여 굴하지 않음), 엄의(嚴毅: 엄숙(嚴肅)하고 굳셈)

設 설

새김칼(Ɣ=辛) 혹은 '칼로 새기듯 분명히 하는 말'이라는 뜻을 지닌 '말씀 언(ㅣ, 홈=言)'과 '망치'의 뜻을 지닌 '몽둥이 수(殳)'를 더해 '어떤 형태나 틀을 갖추다(새기어 베풀다)'라는 뜻을 나타낸 '베풀 설(設)'.
>> 설립(設立), 설치(設置), 설정(設定), 개설(開設), 건설(建設)

殿 전

'높은 단상'의 뜻을 지닌 '책상 궤(几=∩)'와 의자 혹은 걸상(ㅠ)위에 앉은 사람(厂)의 모습(ᄃ, ᄅ) 그리고 '~ ~하게 하다'라는 뜻을 지닌 '몽둥이 수(殳=氛)'를 더해 '높은 곳에 자리를 잡고 앉아 아래 사람들에게 무엇인가를 호령하거나 다스리고 있다 혹은 그렇게 하고 앉아 있는 큰 자리나 큰 집'이라는 뜻을 나타낸 '큰 집 전, 전각 전(殿)'.
>> 전각(殿閣), 궁전(宮殿), 대전(大殿), 내전(內殿), 전당(殿堂), 집현전(集賢殿)

段 단

'절벽에 기대어 지은 집'의 뜻을 지닌 '집 엄(厂=广)'과 그 안에 계단(ᄐ)을 놓은 모습(ᄃ) 그리고 '~ ~하게 하다'라는 뜻을 지닌 '몽둥이 수(殳=氣)'를 더한 형태(庖)로 '사다리를 놓다 혹은 층을 구분하다'라는 뜻을 나타낸 '계단 단, 구분 단(段)'.
>> 단계(段階), 단락(段落), 수단(手段), 단수(段數)

般 반

처음엔 '넓은 판자나 넓은 천(ㅂ)'의 뜻을 지닌 '무릇 범(凡=ㅂ=ㅂ)'과 '~ ~하게 하다'라는 뜻을 지닌 '몽둥이 수(殳=氣=氣)'를 더해 '넓게 펼치다'라는 뜻을 나타냈었는데 나중에 '무릇 범(凡=ㅂ=ㅂ)'이 '배 주(舟=月=夕)'로 바뀌면서 '배에 싣거나 혹은 배처럼 생긴 그릇에 담아 물건이나 음식 등을 널리 돌리다'라는 뜻도 나타내게 된 '돌릴 반, 나눌 반, 여러 가지 반(般)'.
>> 일반(一般), 전반(全般), 만반(萬般)

搬 반

'돌릴 반, 나눌 반, 여러 가지 반(般)'과 '손 수(扌)'를 더해 '(돌리기 위해) 옮겨 나르다'라는 뜻을 나타낸 '옮길 반, 나를 반(搬)'.
>> 운반(運搬), 반출(搬出), 반입(搬入)

盤 반

'돌릴 반, 나눌 반, 여러 가지 반(般)'과 '그릇 명(皿)'을 더해 '돌려 먹는데 쓰는 넓은 그릇'이라는 뜻을 나타낸 '소반 반 쟁반 반(盤)'.
>> 반석(盤石), 음반(音盤), 나침반(羅針盤), 기반(基盤)

<table>
<tr><td>磐 _반</td><td>'넓게 펼치다'라는 뜻을 지닌 '돌릴 반, 나눌 반, 여러 가지 반(般)'과 '돌 석(石)'을 더해 '넓고 평평한 바위'라는 뜻을 나타낸 '너럭바위 반(磐)'.</td></tr>
</table>

'넓게 펼치다'라는 뜻을 지닌 '돌릴 반, 나눌 반, 여러 가지 반(般)' 과 '돌 석(石)'을 더해 '넓고 평평한 바위'라는 뜻을 나타낸 '너럭바위 반(磐)'.

➤➤ 반석(磐石), 낙반(落磐)

090_ 가죽 피(皮)

皮 _피

짐승의 몸통(𠂤)과 손(ㅋ)을 더해 '가죽을 털까지 통째로 벗기는 모습'으로 나타낸 '가죽 피(皮)'.

➤➤ 피혁(皮革), 피부(皮膚), 철면피(鐵面皮)

剝 _피

'가죽 피(皮)'와 '칼 도(刀=刂)'를 더해 '칼로 가죽을 벗기다'라는 뜻을 나타낸 '벗길 피(剝)'.

破 _파

'가죽 피(皮)'와 '돌 석(石)'을 더해 '돌(도끼)로 가죽을 벗기니 모양이 흐트러지다'라는 뜻을 나타낸 '깨질 파(破)'.

➤➤ 파탄(破綻), 파괴(破壞), 돌파(突破), 폭파(爆破)

波 _파

'가죽 피(皮)'와 '물 수(水=氵)'를 더해 '물의 겉(가죽)처럼 출렁이다.'라는 뜻을 나타낸 '물결 파(波)'.

➤➤ 파도(波濤), 파문(波紋), 파동(波動), 여파(餘波)

彼 _피

'가죽 피(皮)'와 '조금 걸을 척(彳=行)'을 더해 '저기 바깥(겉)'이라는 뜻을 나타낸 '저 피(彼)'.

➤➤ 피차(彼此), 지피지기(知彼知己), 차일피일(此日彼日)

疲 _피

'가죽 피(皮)'와 '병들 녁(疒))'을 더해 '깊은 속까지는 아니지만 지쳐서 아프다'라는 뜻을 나타낸 '지칠 피(疲)'.

➤➤ 피로(疲勞), 피곤(疲困), 피폐(疲弊)

被 _피

'가죽 피(皮)'와 '옷 의(衣=衤)'를 더해 '가죽을 걸치다(입다)'라는 뜻을 나타낸 '입을 피(被)'.

➤➤ 피해(被害), 피랍(被拉), 피고인(被告人), 피의자(被疑者)

坡 파	'가죽 피(皮) 혹은 물결 파(波)'와 '흙 토(土)'를 더해 '일렁이는 물결 같은 언덕'이라는 뜻을 나타낸 '언덕 파(坡)'. >> 직파(直坡: 손아래 사람에게 보내는 경우, 남에게 보이지 않고 직접(直接) 전달(傳達) 받음을 나타냄)
頗 파	'가죽 피(皮)'와 '머리 혈(頁)'을 더해 '겉치레뿐인 머리를 쓰는 사람'이라는 뜻을 나타낸 '자못(젠체하는) 파(頗)'. >> 편파(偏頗), 파다(頗多: 자못 많음)
婆 파	'물결 파(波)'와 '계집 녀(女)'를 더해 '살갗에 주름이 많이 생긴 여자'라는 뜻을 나타낸 '할미 파(婆)'. >> 노파(老婆), 노파심(老婆心: 남의 일에 대(對)하여 너무 많이 염려(念慮)하는 마음)

O91_ 가죽 혁(革)

革 혁 茟 革	짐승의 가죽을 벗겨 잘 펴서 말리는 모습(茟), 혹은 짐승(才)의 털을 뽑고 두 손(ㅌㅋ)으로 공을 들여 가죽을 벗기는 모습(革)으로 나타낸 '가죽 혁(革)'. >> 혁신(革新), 혁명(革命), 혁파(革罷), 개혁(改革)
勒 륵	'가죽 혁(革)'과 '힘 력(力)'을 더해 '가축(말)을 다루기(부리기) 쉽게 머리에 씌우는 가죽 끈'을 나타낸 '굴레 륵(勒)'. >> 미륵(彌勒), 늑화(勒花: 추위가 꽃을 못 피게 하는 일), 늑주(勒住: (사람을)억지로 살게 하거나 머물게 함)
靷 뉴	'가죽 혁(革)'과 '움켜쥐는 손의 모습(ㅋ, ㅋ)'으로 나타낸 '소 축, 수갑 축(丑)'을 더해 만든 '가죽 끈 뉴(靷)'.
鞋 혜	'가죽 혁(革)'과 '끝이 뾰족하게 생긴 홀의 모습'에서 나온 '홀 규(圭)'를 더해 '끝이 뾰족한 말 탈 때 신는 가죽신'을 나타낸 '가죽신 혜(鞋)'. >> 혜전(鞋廛: 예전에, 신을 파는 가게를 이르던 말), 혜장(鞋匠: 갖바치), 목혜(木鞋: 나막신)

靴 _화	'가죽 혁(革)'과 '바뀔 화(化)'를 더해 '가죽에서 신으로 바뀌다'라는 뜻을 나타낸 '가죽신 화(靴)'. ▶▶ 군화(軍靴), 장화(長靴), 단화(短靴), 양화점(洋靴店)

'가죽 혁(革)'과 '바뀔 화(化)'를 더해 '가죽에서 신으로 바뀌다'라는 뜻을 나타낸 '가죽신 화(靴)'.

▶▶ 군화(軍靴), 장화(長靴), 단화(短靴), 양화점(洋靴店)

鞭 편

'가죽 혁(革)'과 '편할 편(便)'을 더해 '짐승을 사람이 부리기 편하도록 길들이는데 쓰는 채찍'이라는 뜻을 나타낸 '채찍 편(鞭)'.

▶▶ 지도편달(指導鞭撻), 교편(敎鞭)

鞍 안

'가죽 혁(革)'과 '편안할 안(安)'을 더해 '말 위에 편히 앉기 위해 가죽으로 만든 자리'라는 뜻을 나타낸 '안장 안(鞍)'.

▶▶ 안마지로(鞍馬之勞: 먼 길을 달려가는 수고), 안장접(鞍裝接: 접을 붙이는 방법(方法)의 하나)

O92_ 가려 나눌 변(釆)

釆 변

밭에서 손(手)으로 씨(丷)를 뿌리는 모습(釆)으로 '씨를 뿌리려면 종자를 가려서 (밭에) 잘 나누어 심어야 한다'라는 뜻을 나타낸 '가려 나눌 변(釆)'.

釆 변

'밭이랑(十)' 사이에 잘 나누어 심어야하는 '씨(丷)'를 그린 모습(釆)것으로, '(씨를) 잘 나누어야 한다'는 뜻을 나타낸 또 다른 형태의 '(잘) 나눌 변(釆)'.

悉 실

'잘 나누다'라는 뜻을 지닌 '나눌 변(釆)'과 '마음 심(心)'을 더해 '고루 마음을 써주다(다하다)'라는 뜻을 나타낸 '다할 실(悉)'.

▶▶ 실심(悉心: 마음을 다함), 실개(悉皆: 모두 다), 실달다(悉達多: 석가(釋迦) 여래(如來)가 정반왕(淨飯王)의 태자(太子)였을 때의 이름)

番 번

'씨를 잘 가려 나누어 심다'라는 뜻의 '나눌 변(釆=釆)'과 '밭 전(田)'을 더해 '씨 뿌릴 때는 (때와 장소를 잘 가려) 차례대로 뿌려야 한다'는 뜻을 나타낸 '차례 번(番)'.

▶▶ 번호(番號), 번지(番地), 순번(順番), 당번(當番), 번번(番番)히

播 파

'씨를 잘 가려 나누어 심다'라는 뜻을 지닌 '번(番)'이 주로 '차례 번(番)'으로만 쓰이게 되자, 원래의 '씨를 (차례대로) 뿌리다'라는 뜻을 살리기 위해 동사 기호인 '손 수(手=扌)'를 더해 다시 만든 '씨 뿌릴 파(播)'.

>> 파종(播種), 직파(直播), 전파(傳播)

審 심

'씨를 뿌리는 때와 장소를 잘 가리다'라는 뜻을 지닌 '차례 번(番)'과 '집 면(宀=⌒)'을 더해 '집안에서 미리 뿌려야 할 씨를 잘 고르는 일'이라는 뜻을 나타낸 '살필 심(審)'.

>> 심사(審査), 심판(審判), 심문(審問), 주심(主審), 오심(誤審), 즉결심판(卽決審判)

093_ 다질 용(甬)

甬 용

'무엇인가를 통 속에 넣고 막대기로 콩콩 다지다'는 뜻을 나타낸 '통 용(甬=甬)'이 전서체(篆書體: 진시황 시대의 글씨체)에서는 '양쪽에 벽이 있는 통로'라는 뜻으로 바뀐 '통 용, 혹은 길 용(甬=甬, 甬)'.

>> 용통(甬筒: 종의 음향(音響)을 조절(調節)하는 음관)

여기서 특히 '(양쪽에 담을 쌓은) 길 용(甬=甬)'으로도 쓰이게 된 이유는 '옛날에 담이나 성벽을 쌓을 때 양쪽에 나무판자로 벽을 세워 그 안에 흙을 채우고 사람(⼧ = ⼧ : 허리를 굽힌 모습)이 그 안에 들어가 통통 뛰면서 직접 흙을 다지는 형태(甬)를 그린 것으로 그렇게 해서 만들어진 길'이라는 뜻을 담았기 때문입니다.

誦 송

'양쪽 사이가 뚫려있다(통하다)'라는 뜻을 지닌 '길 용(甬), 대롱 동(甬)'과 '말씀 언(言)'을 더해 '처음부터 끝까지 통째로 외우다'라는 뜻을 나타낸 '욀 송(誦)'.

>> 암송(暗誦), 낭송(朗誦), 송독(誦讀)

桶 통

'(도구를 넣었다 뺐다 할 수 있는) 통 용(甬)'과 '나무 목(木)'을 더해 '나무로 만든 통'이라는 뜻을 나타낸 '(나무) 통 통(桶)'.

>> 수통(水桶), 칠통(漆桶), 급수통(給水桶)

| 通 통 | '들어갔다 나왔다 하다'라는 뜻을 지닌 '길 용(甬)'과 '걸을 착(辶)'을 더해 '꿰뚫다 혹은 뚫고 다니다'라는 뜻을 나타낸 '통할 통(通)'. |

‣ 통과(通過), 통용(通用), 통상(通商), 통상(通常), 통화(通話), 통화(通貨)

| 痛 통 | '쑤셔대다 혹은 꿰뚫다'라는 뜻을 지닌 '길 용(甬)'과 '병들어 누울 녁(疒)'을 더해 '몸을 꿰뚫는 듯 쑤셔대듯 아프다'라는 뜻을 나타낸 '아플 통(痛)'. |

‣ 고통(苦痛), 통증(痛症), 통감(痛感)

| 踊 용 | '통통(펄쩍펄쩍) 뛰다'라는 뜻을 지닌 '통 용(勇)'과 '발 족(足)'을 더해 '뛰어오르다'라는 뜻을 나타낸 '뛸 용(踊)'. |

‣ 무용(舞踊), 용약(踊躍)

| 勇 용 | '통통(펄쩍펄쩍) 뛰다'라는 뜻을 지닌 '통 용(勇)'과 '힘 력(力)'을 더해 '펄쩍펄쩍 뛰듯이 솟는 힘'이라는 뜻을 나타낸 '(뚫고 나오듯)용솟는 힘 용 혹은 날랠 용(勇)'. |

‣ 용기(勇氣), 용감(勇敢), 용사(勇士), 용단(勇斷)

| 湧 용 | '(뚫고 나오듯) 용솟는 힘 용(勇)'과 '물 수(水=氵)'를 더해 '샘물이나 온천물이 솟아오르다'라는 뜻을 나타낸 '샘솟을 용(湧)'. |

‣ 용출(湧出), 용천(湧泉=龍泉: 솟는 샘) 용일(涌溢: 물이 솟아 넘침)

094_ 물꼬 틀 결(決)

 필요하지 않은 부분을 캐내는 모습

夬 쾌

어딘가 필요하지 않은 (마음에 안 드는) 부분을 캐내버리려고 손 (ㅋ)에 도구를 쥐고 (킂) 오목하게 (ㅡ) 파내는 모습(킂)으로 '캐내고 나니 제 속까지 다 시원해졌다'라는 뜻을 나타낸 '캐낼 쾌 혹은 상쾌할 쾌(夬)'. (킂 : 일본 어린이 한자 사전에 나온 그림)

快 쾌

'캐낼 쾌(夬)'과 '마음 심(心 = 忄)'을 더해 만든 '상쾌할 쾌(快)'.
≫ 상쾌(爽快), 유쾌(愉快), 쾌활(快活), 쾌락(快諾)

缺 결

'장군(깡통) 부(缶)'와 '캐낼 쾌(夬)'를 더해 '지고 다니던 똥 장군(큰 통)의 한 귀퉁이를 웬 귀신이 와서 캐내가 버려서 통에 흠이 생겼다'는 뜻을 나타낸 '이지러질 결 혹은 흠 결(缺)'.
≫ 결함(缺陷), 결핍(缺乏), 결여(缺如), 결례(缺禮)

決 결

'물 수(水 = 氵)와 '캐낼 쾌(夬)'를 더해 '물 많은 논의 물을 물 적은 논으로 보내기위해 둑 한 귀퉁이를 캐내서 물꼬(물 길)를 터주고 나니 마음까지 다 상쾌해지다'라는 뜻을 나타낸 '물꼬 틀 결(決)'.
≫ 결정(決定), 해결(解決), 판결(判決)

여기서 중요한 점은 우리말의 '캐내다'에서 나온 '쾌(夬)'와 '물길을 내다'에서 나온 '결(決)'입니다. '決'자를 써놓고 학생들에게 뜻을 물으니, '결정할 결(決)'이랍니다. 그럼 결정(決定)의 결(決)자는 무슨 뜻이냐고 하니, 학생들의 표정이 멍청해지면서 그냥 그렇게 배웠답니다. 결정이 결정 아니냐는 학생도 있습니다.
그럼 결정은 무슨 뜻이냐고 다시 묻습니다.
뭔가를 확실히 정(定)하는 것이랍니다.
그럼 '정(定)'자는 무슨 뜻이냐고 또 묻습니다.
정(定)할 정(定)자랍니다. 동어반복……, 할 말이 없습니다.
이제껏 '물꼬 틀 결(決)'자를 '결정할 결(決)'이라고 가르쳐 온 데는 어떤 음모가 숨겨져 있습니다. '결정(決定)이란 확실히(決) 정(定)해진 것이니 바꾸면 안 된다.'라는 식으로 말입니다. '정(定)'자 역시 동어반복에 불과한 '정(定)할 정(定)'으로 쓰기보다는 '바로 잡을 정(定)'이라는 우리말로 써야 할 것입니다. 그러면 결정(決定)이란 '정해진 무엇'이 아니라 '무언가를 바로 잡기 위해 끝없이 새로운 물꼬를 터 가는 길'이 됩니다. '물꼬를 트다'라는 우리말에는 막힌 둑을 새롭게 열어젖힌다는 뜻이 담겨있습니다. 물이 필요한 곳에 물을 보내주듯이, 이래저래 엉킨 세상살이가 잘 풀어지도록 항상 새로운 물길을 열어 나가는 것이 바로 결정(決定)이라는 말이지요.

095_ 클 거(巨)

巨 거
킂 巨 킂

'줄이 달려 있는 자, 혹은 손잡이가 달린 큰 자의 모습(巨)'으로 '줄을 늘어트려 사물의 크기나 사물과 사물 사이의 거리를 재다 혹은 그렇게 재어봐야 할 만큼 그 거리가 크다(멀다)'라는 뜻을 나타낸

'클 거(巨)'.

>> 거대(巨大), 거인(巨人), 거창(巨創)

'클 거(巨)'자가 사물이나 사물 사이의 거리를 줄로 재는 도구일 것 같다는 저의 생각은 '클 거(巨)'자의 처음 형태 중에 '줄이 달려 있는 모습(𝔸)'이 나오기 때문이기도 하지만 또 한 편으로는 우리말의 '거리'라는 말입니다. '크다, 작다'라고 하는 말은 상대적인 것 이어서 절대적으로 단정될 수는 없는 단위인 반면에 사물의 크고 작음이나 사물간의 거리의 크기(정도)는 어느 지점과 지점을 연결해서 재어 보면 그 거리를 통해 사물의 크기도 규정될 수 있었을 것입니다. 따라서 '어떤 크기를 재는 자'라기 보다는 '어떤 거리를 재는 자'라는 뜻에서 그 자를 우리말의 '거리'라는 뜻을 지닌 '거(巨)'라고 했던 것 이며, 이야 말로 한자의 발음이 우리말과 연결되는 우리말 한자(漢字)의 발음에서 출발되었다는 증거의 하나이기도 할 것입니다.

距 거
跰

'걷다'의 뜻을 지닌 '발 족(𝔸 = 足)'과 '거리를 재는 줄자'라는 뜻을 지닌 '클 거(𝔸 = 巨)'를 더해 '줄을 쥐고 걸어서 어느 지점 간의 떨어져 있는 거리를 재다'라는 뜻을 나타낸 '떨어질 거(距)'.

>> 거리(距離), 거절(距絶: 거부(拒否)함), 거금(距今: 지금으로부터 지나간 어느 때)

拒 거

'떨어진 거리를 재는 자'라는 뜻을 지닌 '클 거(巨)'와 '손 수(手 = 扌)'를 더해 '거리(사이)가 떨어지도록 손으로 밀다'라는 뜻을 나타낸 '(밀어) 막을 거(拒)'.

>> 거부(拒否), 거절(拒絶), 항거(抗拒)

矩 구
𝔸

'떨어진 거리를 재는 자'라는 뜻을 지닌 '클 거(巨)'와 '화살 시(矢)'를 더해 '화살처럼 똑바르게 거리를 재는 도구'라는 뜻을 나타낸 '곱자 구(矩)'.

>> 규구(規矩), 구묵(矩墨: 곱자와 먹물)

096_ 뱀 혀 설(舌)

뱀의 혀 모습

舌 설

끝이 갈라진 뱀의 혀 모습(舌), 침을 튀겨가며 냄새를 맡고 핥고 거리를 가늠하고 독을 뿜고, 사람의 '혀' 보다는 훨씬 더 '혀'답게 생겼을 뿐만 아니라 엄청난 감지 기능 위에 들락날락하며 대화를 하는 기능까지 가지고 있는 '혀 설, 세 설(舌)'.

'혀 설(舌)'의 고음(古音)은 원래 '세, 쎄'라는 것이 한자 음운 학자들에 의해 밝혀져 있습니다. '혀 설(舌)'의 '혀'라는 훈이 붙게 된 이유는 물론 '핥는 혀(舌)'라는 말도 있어 왔기 때문입니다. 그러나 우리에게는 원래의 한자음(漢字音)인 '쎄(舌)' 그대로가 우리 입 안의 '세, 쎄(혀)'라는 말로도 쓰여 왔기 때문에 그에 따라 만들어진 우리말 한자(漢字)였던 것입니다. 그 증거로는 지금도 쓰고 있는 '쐐기'라는 말로, '셋바닥 같이 생긴 삼각형의 나무 조각'을 '쎄(쐐기)'라고 해 왔으며 어떤 구조물의 틈이 벌어졌을 때 그 틈 사이에 끼워 넣어 고정시키는 데 씁니다. 따라서 지금의 '설(舌)'자를 우리는 그냥 우리말 '쎄(舌)'라고 읽고 써 왔던 것인데, 후대의 양반들이 한자를 역 수입해서 중국식 발음을 흉내내다보니 '핥다'에서 나온 '혀'라는 말과 '(뱀의 입에서 나온) '쎄(舌)'를 구별 없이 쓰게 되고 근래에 와서는 한자음(漢字音)과 그 뜻의 구분이 잘 안 되는 국어학자들에 의해 '혀가 곧 '세, 혹은 설(舌)'이라는 표준말이 된다는 식으로 가르쳐지게 된 것이지요. 일본에서는 '시타 혹은 세츠(舌)'라고 하는데 오히려 원음의 하나로 추정되는 'siet'에 더 가까우며, 바로 우리말 '셋바닥'과 관계가 있는 말입니다. 그리고 중국어에서는 '세, 서(舌)'라는 글자의 원 소리 말 자체가 자기네 말에서 나온 것이 아니므로 처음부터 '머리 두(頭)'자를 덧붙여서 '서터우(舌頭: 셋바닥)'라는 말을 만들어 써야 했습니다.

舌 설

'숟가락'이라는 뜻을 지닌 '삽 시(舌, 舌, 舌, 舌 = 舌)'와 '입 구(ㅂ = 口)'를 더해 '입에 붙은 숟가락(먹거리를 둘둘 말아 입 안에 넣고 삼키는데 쓰는 삽 같은)'이라는 뜻을 나타낸 '(혀가 아닌) 셋바닥 설(舌 = 舌)'.
>> 구설수(口舌數), 독설(毒舌), 필설(筆舌), 작설차(雀舌茶)

括 괄

'떠내는 삽'이라는 뜻을 지닌 '셋바닥 설(舌 = 舌)'과 '~~하게 하다'라는 뜻을 지닌 '손 수(手 = 扌)'를 더해 '무엇인가를 떠서 입 안에 담아 (묶어)넣다'라는 뜻을 나타낸 '묶을 괄(括)'.
>> 괄호(括弧), 일괄(一括), 포괄(包括)

刮 괄

'삽'의 뜻을 지닌 '셋바닥 설(舌)'과 '칼 도(刂)'를 더해 '후비듯 도려내다'라는 뜻을 나타낸 '깎아낼 괄(刮)'. 혹은 '(혀로 핥듯이 싹 쓸어가 버리는) 모진 바람 괄(刮)'.
>> 괄목상대(刮目相對: 눈을 후벼내듯 비비고 다시 대하다)

舐 지

'혀 설(舌)'과 '숟가락'의 뜻을 지닌 '삽 시(舌, 舌 = 舌)'를 더해 '혀를 삽처럼 넓게 펴서 핥아 먹다'라는 뜻을 나타낸 '핥을 지(舐)'.
>> 연옹지치(吮癰舐痔: 종기(腫氣)의 고름을 빨고, 치질(痔疾) 앓는 밑을 핥는다는 뜻으로, 남에게 너무 지나치게 아첨(阿諂)함을 이르는 말)

話 화

'잘도 구비치는 뱀의 혀'라는 뜻을 지닌 '혀 설(舌)'과 '말씀 언(言)'을 더해 '말을 술술 풀어내다'라는 뜻을 나타낸 '이야기 화(話)'.

▶▶ 대화(對話), 전화(電話), 동화(童話), 화두(話頭), 화제(話題)

活 활

'잘도 구비치는 뱀의 혀'라는 뜻을 지닌 '혀 설(舌)'과 '물 수(氵)'를 더해 '물이 콸콸 굽이치며 흐르다'라는 뜻을 나타낸 '콸콸 흐를 괄 혹은 (살아 흐를) 활(活)'.

▶▶ 활력(活力), 활기(活氣), 활성(活性), 생활(生活)

097_ 개 코 자(自)

개의 코 모습(🐾)

自 자

개의 코 모습(🐾)으로 '(냄새를 맡는) 코'라는 뜻을 나타낸 '코 자, 스스로 자(自)'.

▶▶ 자유(自由), 자립(自立), 자주(自主), 자연(自然)

'코다운 코'는 아무래도 냄새를 잘 맡는 '개의 코'가 더 적절했던 듯하며, '코 자(自)'가 '스스로'라는 뜻을 갖게 이유는 아마도 서양 사람들이 제 자신을 가리킬 때 제 코를 가리키는 오랜 습관과도 관계가 있을 듯합니다. 또한 '~~로부터'라는 뜻을 갖게 된 것은 사람들이 자신과 어떤 사물간의 거리를 가늠해보려면 결국 제 코 앞에서부터 잴 수밖에 없었기 때문인 것으로 생각됩니다.

臭 취

'냄새를 맡다'라는 뜻을 지닌 '(개의) 코 자(🐾, 🐾 = 自)'가 주로 '스스로 자(自)'로만 쓰이게 되자 다시 '개 견(犭=犬)'을 더해 '냄새 맡다'라는 뜻을 나타낸 '냄새 취(臭)'.

▶▶ 향취(香臭), 악취(惡臭), 체취(體臭), 취슬(臭蝨: 빈대)

鼻 비

'코 자(自)'와 '(증기를 통과시키는 역할을 하는) 시룻밑 비(畀)'를 더해 '숨이 드나드는 코'라는 뜻을 나타낸 '코 비(鼻)'.

▶▶ 비염(鼻炎), 이목구비(耳目口鼻), 이비인후과(耳鼻咽喉科)

辠 죄	'코 자(自)'와 '새김칼'의 뜻을 지닌 '매울 신(辛)'을 더해 '코를 베다 혹은 코를 베야하는 죄'라는 뜻을 나타낸 '허물 죄(辠)'. 나중에 '허물 죄(罪)'자로 바뀜. ≫ 죄악(罪惡), 범죄(犯罪), 사죄(謝罪)

'코 자(自)'와 '새김칼'의 뜻을 지닌 '매울 신(辛)'을 더해 '코를 베다 혹은 코를 베야하는 죄'라는 뜻을 나타낸 '허물 죄(辠)'. 나중에 '허물 죄(罪)'자로 바뀜.
≫ 죄악(罪惡), 범죄(犯罪), 사죄(謝罪)

息 식

'코 자(自)'와 '심장'이라는 뜻을 지닌 '마음 심(心)'을 더해 '숨쉬기와 심장의 박동이 함께 고르게 되도록(편안히 어울려지도록) 쉬다'라는 뜻을 나타낸 '쉴 식(息)'.
≫ 자식(子息), 휴식(休息), 서식(棲息), 소식(消息)

憩 게

'쉴 식(息)'과 '잘도 구비치는 뱀의 혀'라는 뜻을 지닌 '혀 설(舌)'을 더해 '엉켜 있던 가쁜 숨이 고르게 잘 흐르도록 한 숨 돌려 쉬다'라는 뜻을 나타낸 '쉴 게(憩)'.
≫ 휴게소(休憩所), 유게(流憩: 이리저리 거닐며 쉼)

098_ 내 것 사(厶)

厶 =丩 사

내 팔처럼 맘대로 자유자재로 유용하게 쓸 수 있게 잘 구부려져 있는 나무작대기 같은 도구의 모습으로 나타낸 '내 것 사(厶)'.

私 사

'내 것 사(厶)'와 '벼 화(禾)'를 더해 '한 팔 가득 끼어 안은 볏 다발'로 나타낸 '내 것 사(厶)'.
≫ 사학(私學), 사생활(私生活), 사교육(私敎育), 사심(私心), 사유(私有)

公 공

'내 것 사(厶)'와 '(제일 큰 나누임 수)인 여덟 팔(八)'을 더해 '내 것을 나누다 혹은 함께 나누다'라는 뜻을 나타낸 '공변될 공(公)'.
≫ 공개(公開), 공공(公共), 공무원(公務員), 공식(公式)

弘 홍

구부린 팔의 모습으로 맘대로 쓸 수 있는 내 팔이라는 뜻을 지닌 '내 것 사(厶)'와 '(멀리 쏠 수 있는) 활 궁(弓)'을 더해 '널리 쓸 수 있다'는 뜻을 나타낸 '클 홍(弘)'.
≫ 홍보(弘報), 홍익인간(弘益人間)

以 ^이

내 맘대로 쓸 수 있는 내 팔의 모습으로 나타낸 '내 것 사(δ=厶)'와 '돕는 손'이라는 뜻을 지닌 '또 우(又=ㅋ)'를 더해 '무엇이든 하는데 필요한'이라는 뜻을 나타낸 '~써, ~로, ~를 가지고, 어조사 이(以)'.
▶▶ 이후(以後), 이전(以前), 이상(以上), 이하(以下)

似 ^사

'내 팔처럼 자유자재로 쓸 수 있는 도구'의 뜻을 지닌 '내 것 사(δ=厶)'와 '(또한) 돕는 손'이라는 뜻을 지닌 '또 우(又=ㅋ)'를 더해 '내 것 사(厶)'와 '또 우(又=ㅋ)'는 '서로 닮았다(厶:又)'라는 뜻을 나타낸 '이(以)', 그리고 '이(以)'와 '사람 인(亻)'을 더해 '닮게 만들다'라는 뜻을 나타낸 '닮을 사, 혹은 닮게 만들 사(似)'
▶▶ 사이비(似而非), 유사(類似), 흡사(恰似), 근사(近似)

能 ^능

'내 팔처럼 자유자재로 쓸 수 있는 도구'라는 뜻을 지닌 '내 것 사(δ=δ=ㅎ=厶)'와 '바위투성이 절벽도 잘 올라 다니는 염소나 산양, 혹은 곰의 발 모습(比)' 그리고 '몸'을 나타내는 '고기 육(ᄼ=肉)'을 더해 '유능한 짐승(能)'이라는 뜻을 나타낸 '잘할 능, 능할 능(能)'.
▶▶ 능력(能力), 능률(能率), 능동(能動), 가능(可能), 기능(機能)

熊 ^웅

발(ヲ) 3개를 손(亻)처럼 그린 곰의 모습(熊)으로 '앞발을 팔처럼 잘 쓸 수 있는 곰'이라는 뜻을 나타낸, '곰 웅(熊)'.
▶▶ 웅담(熊膽), 토웅(土熊: 오소리), 웅녀(熊女)

態 ^태

'재주 좋은 곰'이라는 뜻을 지닌 '잘 할 능(能)'과 '마음 심(心)'을 더해 '잘 하려는 마음가짐과 그 태도'라는 뜻을 나타낸 '몸가짐 태, 모습 태(態)'.
▶▶ 태도(態度), 태세(態勢), 자태(姿態)

099_ 별 태(台)

 구부린 팔. 내 맘대로 쓸 수 있는 팔의 모습(δ, δ)

厶 사

구부린 팔, 내 맘대로 쓸 수 있는 내 팔의 모습으로 나타낸 '내 것 사(厶)'.

口 구

입의 모습으로 나타낸 '입 구, 구멍 구(口)'.

台 이

'내 것 사(厶)'와 '입 구(口)'를 더해 '마음대로 쓸 수 있는 팔다리와 입이 있어서 좋다'라는 뜻을 나타낸 '기쁠 이(台)'.

台 태

북극성을 중심으로 한 우리 인간계, 북두칠성과 함께 돌며 우리를 보살피는 별자리 삼태성(三台星)의 이름, '별 태(台)'.
▶▶ 천태종(天台宗), 태감(台監: 대감(大監)을 편지(便紙) 같은 데에 서 쓰는 말)

怡 이

'기쁠 이(台)'에 '마음 심(忄)'을 더해 '마음이 기쁘다'라는 뜻을 나타 낸 '기쁠 이(怡)'.
▶▶ 이성(怡聲: 부드러운 소리, 기쁜 목소리), 이연(怡然: 기쁘고 좋음)

始 시

'계집 녀(女)'와 '별 태(台)'를 더해 '사람 씨가 맺히다'라는 뜻을 나 타낸 '비로소 시(始)'.
▶▶ 시작(始作), 시조(始祖), 시초(始初), 시종일관(始終一貫)

胎 태

'고기 육(肉＝月)'과 '기쁠 이(台)'를 더해 '(뱃속에서) 처음으로 몸을 받은 자리'라는 뜻을 나타낸 '아이 밸 태(胎)'.
▶▶ 태동(胎動), 태반(胎盤), 태아(胎兒), 잉태(孕胎), 태교(胎敎)

颱 태

'바람 풍(風)'과 '팔다리와 입이 있다'는 뜻을 지닌 '기쁠 이(台)'를 더해 '제 맘대로 휘젓고 다니는 바람'이라는 뜻을 나타낸 '큰 바람 태(颱)'.
▶▶ 태풍(颱風)

治 치

'물 수(氵)'와 '(팔다리와 입이 있어 마음대로 움직일 수 있는) 나 이(台)'를 더해 '(강)물을 마음대로 움직이다'라는 뜻을 나타낸 '다 스릴 치(治)'.
▶▶ 정치(政治), 통치(統治), 자치(自治), 치수(治水), 치안(治安), 치 료(治療), 치유(治癒)

冶 야

'단단하다'라는 뜻을 지닌 '얼음 빙(冫)'과 '마음대로 할 수 있는 나 이(台)'를 더해 '단단한 쇳덩이를 주무르다'라는 뜻을 나타낸 '풀무 야(冶)'.
>> 야방(冶坊: 대장간), 야금(冶金), 도야(陶冶)

殆 태

'부서진 뼈 알(歹)'과 '(팔다리와 입이 있는) 나 이(台)'를 더해 '내가 부서질 수도 있다'라는 뜻을 나타낸 '위태할 태(殆)'.
>> 위태(危殆), 태반(殆半: 거의 절반), 태무(殆無: 거의 없음)

苔 태

'내가 생긴 자리'라는 뜻을 지닌 '아이 밸 태(胎＝台)'와 '풀 초(草＝艹)'를 더해 '바위 위에서도 움을 틔우는 최초의 생명(풀)'이라는 뜻을 나타낸 '이끼 태(苔)'.
>> 녹태(綠苔: 푸른 이끼), 설태(舌苔: 혓바닥에 생기는 물질), 선태류(蘚苔類: 이끼식물)

笞 태

'(매로 쓸 수 있는) 대 죽(竹)'과 '마음대로 할 수 있는 나 이(台)'를 더해 '맞는 사람을 보아가면서 마음대로 조절하며 때리는 벌할 수 있는 가벼운 형벌'이라는 뜻을 나타낸 '볼기칠 태(笞)'.
>> 태형(笞刑), 갑태(甲笞: 태형에 쓰던 굵은 매), 태장(笞杖: 태형과 장형)

跆 태

'발 족(足)'과 '마음대로 할 수 있는 나 이(台)'를 더해 '팔다리를 자유자재로 움직이며 싸우다'라는 뜻을 나타낸 '택견 태(跆)'.
>> 태권도(跆拳道)

이 '택견 태(跆)'자를 '짓밟을 태, 업신여길 태(跆)'라고 하는 것은 무예를 멸시했던 조선조의 양반들과 (지금의 옥편을 만든) 그 후예들의 책임일 것입니다.

飴 이,사

'먹을 식(食)'과 '마음대로 할 수 있는 나 이(台)'를 더해 '여러 가지 거친 음식을 씹을 수 없는 아기나 노인들에게 쉽게 먹을 수 있도록 만들어주는 음식'이라는 뜻을 나타낸 '엿 이, 먹일 사(飴)'.
>> 수이(水飴: 물엿), 이당(飴餳: 엿)

怠 태

'마음 심(心)'과 '마음대로 할 수 있는 나 이(台)'를 더해 '제 맘대로 놀고먹으려는 마음'이라는 뜻을 나타낸 '게으를 태(怠)'.
>> 태만(怠慢), 태업(怠業), 나태(懶怠), 권태(倦怠)

'기쁠 이(怡)'와 '게으를 태(怠)'는 똑같은 마음 심(心＝忄)에 똑같은 '마음대로 할 수 있는 나 이(台)'를 더해 만든 글자이지만 그 뜻이 상당히 다릅니다. 풀어보자면 '기쁠 이(怡)'는 '마음대로 할 수 있으니 기쁘다'가 되고, '게으를 태(怠)'는 '저 좋은 대로만 하려는 마음'이라는 뜻이 됩니다.

100_ 휘어진 칼 도(刀)

멋있게 휘어진(굽은) 청동기 시대의 칼

召 소

'구부린 칼날'의 뜻을 지닌 '칼 도(刀＝刂)'에 '말하다, 부르다'라는 뜻을 지닌 '입 구(口＝ㅂ)'를 더해 '손바닥을 구부리며 오라고 부르다'라는 뜻을 나타낸 '부를 소(召)'.
>> 소집(召集), 소환(召喚), 소명(召命)(藤堂明保의 '한자어원연구' 참조)

招 초

'부를 소(召)'와 '하게 하다'라는 뜻의 동사 기호인 '손 수(手＝扌)'를 더해 '보다 적극적으로 오도록 부르다'라는 뜻을 나타낸 '부를 초(招)'.
>> 초대(招待), 초청(招請), 초빙(招聘), 초혼(招魂), 자초(自招)

紹 소

'부를 소(召)'와 '실 사(糸)'를 더해 '양쪽을 불러 이어주다'라는 뜻을 나타낸 '이을 소(紹)'.
>> 소개(紹介), 소흥(紹興: 이어서 일으킴)

沼 소

'물 수(水＝氵)'자와 '반달처럼 휘어지다'라는 뜻을 지닌 '부를 소(召)'를 더해 '폭포 밑에 고인 물처럼 밑이 움푹 파인 못'을 나타낸 '못 소(沼)'.
>> 소지(沼池: 깊게 파인 못과 넓게 퍼진 못), 소택지(沼澤地)

昭 소

'날 일(日)'자와 '반달처럼 휘어지다'라는 뜻을 지닌 '부를 소(召)'를 더해 '흐린 날씨를 뚫고 해 주위에 생기는 빛의 테두리'를 나타낸 '밝을 소, 밝힐 소(昭)'.
>> 소명(昭明), 소상(昭詳)하게 밝히다.

照 조

'밝힐 소(昭)'와 '불 화(火＝灬)'를 더해 '불을 피워 더욱 널리 밝히다 혹은 안개 속의 불빛처럼 동그랗게 빛나다'라는 뜻을 나타낸 '비칠 조(照)'.
>> 조명(照明), 조회(照會), 대조(對照), 낙조(落照)

超 초	‘달릴 주(走)’자와 ‘반달처럼 둥그렇게 휘어지다’라는 뜻을 지닌 ‘부를 소(召)’를 더해 ‘둥그렇게 포물선을 그리며 건너뛰다’라는 뜻을 나타낸 ‘뛰어넘을 초(超)’. ▶ 초월(超越), 초과(超過), 초인(超人)

| 倉 창 | ‘모을 합(△)’, ‘외짝문 호(𦥑=戶)’, ‘담다’라는 뜻을 지닌 ‘입 구(ㅂ)’를 더해 ‘곡물을 보관하는 곳집’이라는 뜻을 나타낸 ‘곳집 창(倉)’.
▶ 창고(倉庫), 영창(營倉), 사창(社倉) |

| 創 창 | 처음의 글자 모습(𠚴)은 ‘새로 갈아 푸른 별처럼 빛나는 칼’이라는 뜻을 나타냈었는데 나중에 ‘여러 가지 성과나 결실들을 모아둔 곳’이라는 뜻을 지닌 ‘곳집 창(倉)’과 ‘칼 도(刂)’를 더해 ‘이제까지의 모든 성과들을 모은 바탕위에 비로소 다시 무엇인가를 만들어내기 위한 첫 칼을 대다’라는 뜻을 나타낸 ‘비롯할 창, 시작할 창(創)’.
▶ 창출(創出), 창제(創製), 창조(創造) |

| 蒼 창 | ‘새로 갈아 푸른 별처럼 빛나는 칼’이라는 뜻을 지닌 ‘비롯할 창(創)’의 약자로 쓰인 ‘곳집 창(倉)’과 ‘풀 초(艹)’를 더해 ‘별이 빛나는 밤하늘처럼 깊고도 푸르다’라는 뜻을 나타낸 ‘푸를 창(蒼)’.
▶ 창공(蒼空), 울창(鬱蒼) |

101_ 씨 뿌릴 파(播)

宷 심	‘집 면(宀)’과 ‘가릴 변(釆)’을 더해 ‘집에서 미리 심을 만한 씨를 살펴서 가려내다’라는 뜻을 나타낸 ‘살필 심(宷)’.

| 番 번 | ‘씨를 잘 가려서 나누어 심다’라는 뜻을 지닌 ‘가릴 변 혹은 분별할 변(釆=𤴩)’과 ‘밭 전(田=⊞)’을 더해 ‘씨를 가리고 뿌리는 때와 장소까지를 차례대로 잘 가려서 뿌리다’라는 뜻을 나타낸 ‘차례 번(番)’.
▶ 번호(番號), 번지(番地), 당번(當番) |

飜 번

'갈마들 번(番)'과 '날 비(飛)'를 더해 '씨가 고르게 펼쳐지도록 휙! 하고 흩뿌리다'라는 뜻을 나타낸 '뒤척일 번(飜)'.
≫ 번역(飜譯), 번복(飜覆), 번안(飜案)

審 심
審

('씨를 가리고 뿌리는 때와 장소까지를 차례대로 잘 가려서 뿌리다'라는 뜻을 지닌 '차례 번(番 = 番)'과 '집 면(宀 = 宀)'을 더해 '모든 일을 잘 살펴서 하다'라는 뜻을 나타낸 '살필 심(審)'.
≫ 심판(審判), 심의(審議), 심사(審査), 심리(審理)

播 파

'씨를 잘 가려서 나누어 심다'라는 뜻을 지닌 '번(番)'자가 주로 '차례 번(番)'으로만 쓰이게 되자 원래의 '씨를 뿌리다'라는 뜻을 살리기 위해 다시 '손 수(手 = 扌)'를 더해 만든 '씨 뿌릴 파(播)'.
≫ 파종(播種), 전파(傳播), 파다(播多)하다

釋 석

'(씨를) 제자리에 뿌려주다'라는 뜻을 지닌 '가릴 변(釆)'과 '죄인들을 가려내기 위해 하나하나 살펴보다(엿보다)'라는 뜻을 지닌 '엿볼 역(睪)'을 더해 '씨를 잘 가리고 추슬러서 각기 제자리를 찾아 뿌려주듯이 죄인들을 추슬러서 풀어주다'라는 뜻을 나타낸 '풀 석(釋)'.
≫ 석방(釋放), 해석(解釋), 수불석권(手不釋卷)

102_ 아기 낳는 면(免), 빛날 환(奐)

쪼그리고 앉은 사람()과 벌린 사타구니()
그리고 무엇인가가 나오다()라는 뜻을 더한 모습()

免 면
免

쪼그리고 앉은 사람()과 벌린 사타구니() 그리고 무엇인가가 나오다()라는 뜻을 더한 모습()으로 '(여자의 몸에서) 아기가 나오다(벗어나다), 아기를 낳다'라는 뜻을 나타낸 '벗어날 면 혹은 아기 낳을 면(免)'.
≫ 모면(謀免), 면역(免疫), 면제(免除),

娩 만

'아기 낳을 면 혹은 벗어날 면(免)'이 주로 '벗어날 면(免)'으로만 쓰이게 되자 '아기를 낳다'라는 뜻을 살리기 위해 '계집 녀(女)'를 더해 다시 만든 '아기 낳을 만(娩)'.
>> 분만(分娩), 순만(順娩: 순산)

挽 만

'아기 낳을 면 혹은 벗어날 면(免)'과 '손 수(手=扌)'를 더해 '(아기를 나오게 하도록) 손으로 잡아당기다'라는 뜻을 나타낸 '당길 만(挽)'.
>> 만회(挽回), 만류(挽留)

勉 면

'아기 낳을 면(免)'과 '힘쓸 력(力)'을 더해 '(아기를 낳느라고) 엄마가 힘을 주며 애를 쓰다'라는 뜻을 나타낸 '애쓸 면(勉)'.
>> 면학(勉學), 면려(勉勵), 권면(勸勉), 근면(勤勉)

冕 면
顥 冕

'아기 낳을 면(免=免)'과 '덮어쓸 모(冒=冃)'를 더해 '아기가 뱃속에 있을 때 들어 있던 아기주머니를 벗고 나오는 모습 혹은 아기가 머리에 쓰고 나오는 모습'으로 나타낸 '면류관 면(冕)'.
>> 면류관(冕旒冠), 관면(冠冕: 벼슬을 하는 것), 면복(冕服: 조선시대 임금의 정복)

晚 만
綏

'아기 낳을 면(兔=冤=免)'과 '태양'이라는 뜻을 지닌 '날 일(☉ =日)'을 더해 '태양(아기)을 낳는 모습(晜)'으로 '아기가 왜 빨리 안 나오고 이렇게 늦어지나 하는 마음이 들다'라는 뜻을 나타낸 '늦을 만(晚)'.
>> 만찬(晚餐), 만추(晚秋), 만혼(晚婚), 조만간(早晚間)

奐 환
奐

쪼그리고 앉은 사람(⺅)과 벌린 사타구니(⌒) 그리고 아기를 받는 두 손(⺕)을 더한 모습(奐)으로 '(아기가 잘 나오니) 온 세상이 환해지다'라는 뜻을 나타낸 '빛날 환, 성대할 환(奐)'.
>> 윤환(輪奐: 집이 크고 넓으며 아름다움)

喚 환

'아기를 꺼내다'라는 뜻을 지닌 '빛날 환, 성대할 환(奐)'과 '입 구(口)'를 더해 '아기가 나오려 할 때 어미가 부르짖는 비명소리'라는 뜻을 나타낸 '부를 환(喚)'.
>> 환기(喚起), 소환(召喚), 규환(叫喚), 아비규환(阿鼻叫喚)

| 換 _환 | '아기를 꺼내다'라는 뜻을 지닌 '빛날 환, 성대할 환(奐)'과 '손 수(扌)'를 더해 '아기를 배고 낳을 때까지의 어둡고 힘든 세상이 아기를 꺼내들자 성대하게 빛나는 세상으로 바뀌다'라는 뜻을 나타낸 '바꿀 환(換)'. |

>> 환율(換率), 전환(轉換), 외환(外換), 교환(交換)

| 煥 _환 | '빛날 환, 성대할 환(奐)'과 '불 화(火)'를 더해 '아기가 어둠 속에서 자궁문(사타구니)을 열고나오니 불을 밝힌 듯 세상이 환하게 빛나다'라는 뜻을 나타낸 '빛날 환(煥)'. |

>> 재기환발(才氣煥發: 사리(事理) 판단(判斷)이 날카롭고 재능(才能)이 빛난다는 뜻으로, 재주와 슬기가 불 일어나듯이 나타남을 이르는 말)

103_ 어긋날 천(舛)

| 舛 _천
𠂤𠂤 舛 | 양쪽으로 벌린 혹은 서로 어긋나 있는 두 발의 모습(𠂤𠂤)으로 나타낸 '어긋날 천(舛)'. |

>> 천박(舛駁), 천잡(舛雜: 뒤섞여서 고르지 못하거나, 어수선하여 바르지 못함), 천역(舛逆), 천오(舛誤)

| 桀 _걸
𣏾 | '나무 목(木)'과 '양쪽으로 벌린 두 발'을 그린 '어긋날 천(舛)'을 더해 '(닭이 횃대 위에 올라서듯) 나무위에 올라 서 있는 (용감한) 모습'으로 나타낸 '홰를 칠 걸, 하나라 왕 이름 걸(桀)'. |

>> 걸걸(桀桀: 무성(茂盛)한 모양), 걸오(桀驁: 성정(性情)이 어렴성이 없이 사나움(거셈))

| 傑 _걸 | '나무위에 올라 선 (용감한) 모습'으로 나타낸 '홰를 칠 걸(桀)'과 '사람 인(人)'을 더해 '용감하고 뛰어난 사람'이라는 뜻을 나타낸 '뛰어날 걸, 호걸 걸(傑)'. |

>> 준걸(俊傑), 걸작(傑作), 호걸(豪傑), 영웅호걸(英雄豪傑)

| 舞 _무
𣍍 𣍲 | 양 손에 대나무 가지를 들고 있는 사람의 모습(𣍍)과 양쪽으로 벌린 두 발(𠂤𠂤)을 더해 '무당이 춤을 추는 모습(𣍲)'으로 나타낸 '춤출 무(舞)'. |

>> 무용(舞踊), 무대(舞臺), 고무(鼓舞), 승무(僧舞), 고무격려(鼓舞激勵)

粦 린 燐	'불 화(火)'가 두 개 들어간 '불꽃 염(炎＝燚)'과 '양쪽으로 벌린 두 발'을 그린 '어긋날 천(舛＝舛)'을 더해 '여기저기서 연달아 뛰어 오르는 불꽃'이라는 뜻을 나타낸 '도깨비 불 린(粦)'.
燐 린	'도깨비불 린(粦)'에 '불 화(火)'를 다시 더한 '도깨비불 린(燐)'. ▶▶ 황린(黃燐), 적린(赤燐), 인광(燐光: 밤에도 저절로 빛을 내는)
隣 린	'연달아 이어지는 불빛'의 뜻을 지닌 '도깨비불 린(粦)'과 '사람이 모여 사는 언덕 혹은 고을 읍(阝)'을 더해 '불빛이 연달아 켜져 있는 마을'이라는 뜻으로 나타낸 '이웃 린(隣)'. ▶▶ 선린(善隣), 교린(交隣), 근린공원(近隣公園), 덕필유린(德必有隣)
憐 련	'연달아 이어지다'라는 뜻을 지닌 '도깨비불 린(粦)'과 '마음 심(心＝忄)'을 더해 '끊임없이 마음이 쓰이다'라는 뜻으로 나타낸 '가엾어 할 련(憐)'. ▶▶ 가련(可憐), 애련(哀憐), 연민(憐憫), 동병상련(同病相憐)
鱗 린	'물고기 어(魚)'와 '도깨비불 린(粦)'을 더해 '연달아 이어지며 반짝이는 물고기의 비늘'이라는 뜻을 나타낸 '비늘 린(鱗)'. ▶▶ 어린(魚鱗), 각린(角鱗), 편린(片鱗), 역린(逆鱗)
麟 린	'사슴 록(鹿)'과 '도깨비불 린(粦)'을 더해 '도깨비불처럼 연달아 이어지는 무늬가 있는 목이 긴 사슴'을 나타낸 '기린 린(麟)'. 기린(麒麟), 기린아(麒麟兒: 슬기와 재주가 남달리 뛰어난 젊은이)

104_ 사람 인(儿)

人 인 亻 亻	앞발을 들고 뒤의 두 발로 서서 걸으며 '앞발'은 팔(앞발이 변한 말)'로 쓸 수 있게 된 사람, 혹은 옆에서 본 자기와 같이 생긴 이웃 사람의 모습(亻) 으로 나타낸 '사람 인, 혹은 이웃 인(亻＝人)'으로 다른 글자에 더해져 사람과 그 행위와 관련이 있다는 뜻을 나타내는 부수(部首)로 쓰임.

儿 인

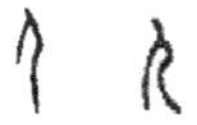

(두 발로 걷는) 다리를 강조해서 그린 사람의 옆모습, 혹은 두 다리의 모습( )으로 나타낸 '사람 인(儿)'.

介 개

'사람( )이 양쪽의 무엇인가(八) 사이에 끼어 있는 모습( )으로 나타낸 '끼일 개(介)'.

>> 개입(介入), 소개(紹介), 매개(媒介)

見 견

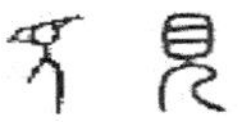

눈(=目: 눈 목)을 강조해서 그린 사람의 모습(=)으로 '보다'라는 뜻을 나타낸 '볼 견(見)'.

>> 견해(見解, 의견(意見), 발견(發見), 견해(見解), 편견(偏見: 공정하지 못하고 한쪽으로 치우친 생각), 견물생심(見物生心: 물건 보면 '꼭 욕심만이 아니라' 여러 가지 마음이 생긴다)

兄 형

말하는데 쓰는 입(ㅂ=口: 입 구)을 강조해서 그린 사람의 모습( )으로 마을의 큰 어른, 혹은 신을 맞이하거나 빌어주는 역할을 하는 사람이라는 뜻을 나타낸 '맏 형(兄)'.

>> 형제(兄弟), 대형(大兄), 아형(雅兄)

우리말 '맏형'의 '맏' 이라는 말은 '신을 맞이하다'라고 할 때의 '마지(맏)'이라는 말에서 나왔습니다. 지금도 시골에 가면 '마지'를 올리는 보살 할머니들을 볼 수 있는데, 이는 원래 절(寺)하고는 별도로 '삼월 삼짇날(태음력 3월 3일)'이 되면 천지신명(天地神明)과 조상(祖上)님들에게 축원(祝願)을 드리는 것으로 '마지'라고 불러왔던 일입니다. 새 봄을 맞이하는 '봄맞이' 의식으로 '마지'를 올릴 때 큰 어른 노릇을 하는 사람이 바로 '마지'이자 '맏형'의 '맏'이라는 말이지요.

祝 축

'제단'의 모습에서 나온 '보일 시(示)'와 '맏 형(兄)'을 더해 '하늘 혹은 신에게 빌다'라는 뜻을 나타낸 '빌 축(祝)'.

>> 축원(祝願), 축하(祝賀), 축복(祝福), 축제(祝祭)

呪 주

신을 맞이하고 빌어주는 역할을 하는 사람이라는 뜻을 지닌 '맏 형(兄)'과 '입 구(口)'를 더해 '마지를 올릴 때 비는 말'이라는 뜻을 나타낸 '빌 주(呪)'.

>> 주문(呪文), 주술(呪術), 저주(咀呪)

況 황

'(나보다는) 더 크다'라는 뜻을 지닌 '맏 형(兄)'과 '물 수(水=氵)'를 더해 '더 큰물이 되고 있는 형편'이라는 뜻을 나타낸 '더욱 더 황, 하물며 황 혹은 그런 형편 황(況)'.

>> 상황(狀況), 정황(情況), 불황(不況), 현황(現況)

元 원

'사람의 둥근 머리를 강조해서 그린 모습(ㅈ)'으로 '으뜸이 되는 중요한 부분'이라는 뜻을 나타낸 '으뜸 원(元)'.

>> 원래(元來), 원형(元型), 차원(次元), 복원(復元)

玩 완

'구슬 옥(玉)'과 '동그랗다'라는 뜻을 지닌 '으뜸 원(元)'을 더해 '옥이 좋아서 동그랗게 되도록 굴리며 만지고 놀다'라는 뜻을 나타낸 '가지고 놀 완(玩)'.

>> 완구(玩具), 완상(玩賞), 애완동물(愛玩動物)

寇 구

'집 면(宀)'과 '사람'의 뜻을 지닌 '으뜸 원(元)', 그리고 '칠 복(攴)'을 다시 더해 '(남의) 집 안까지 들어와 사람을 치고 노략질을 하다'라는 뜻을 나타낸 '도둑 구(寇)'.

>> 왜구(倭寇), 궁구(窮寇)

冠 관

'덮을 멱(冖)', '(손가락)마디 촌(寸)', '으뜸 원(元)'을 더해 '으뜸(우두머리)이 된 표시로 머리에 씌우는 갓'이라는 뜻을 나타낸 '갓 관(冠)'.

>> 관례(冠禮), 관혼상제(冠婚喪祭), 약관(弱冠)

完 완

('집 면(宀)'과 '으뜸 원(元)'을 더해 '모든 것을 두루두루(둥글게) 잘 갖춘 집'이라는 뜻을 나타낸 '두루 갖출 완(完)'.

>> 완성(完成), 완벽(完璧), 완료(完了), 보완(補完)

院 원

'언덕 부(阝)'와 '두루 갖출 완(完)'을 더해 '안에 모든 것을 두루두루 잘 갖추어 놓은 담, 혹은 집'이라는 뜻을 나타낸 '담 원, 집 원(院)'.

>> 원장(院長), 병원(病院), 법원(法院)

頑 완

'으뜸 원(元)'과 '머리 혈(頁)'을 더해 '자기 머리가 으뜸이고 완전하다고 생각하는 융통성 없는 머리'라는 뜻을 나타낸 '완고할 완(頑)'.

>> 완고(頑固), 완강(頑强)

105_ 함께할 공(共)

共 공
於 莳

'양쪽 손(ソ)으로 무엇인가를 다루거나 함께 받드는 모습'으로 나타낸 '함께할 공(共)'.
▶▶ 공동(共同), 공존(共存), 공유(共有), 공영(共營), 공명(共鳴)

供 공

'양쪽 손으로 무엇인가를 받드는 모습'의 '함께할 공(共)'에 '사람 인(人)'을 더한 '받들 공, 이바지할 공(供)'.
▶▶ 공양(供養), 공급(供給), 제공(提供), 공출(供出)

恭 공

'받들 공(供)'에 '마음 심(心)'을 더해 '받드는 마음'을 나타낸 '공손할 공(恭)'.
▶▶ 공손(恭遜), 공대(恭待)

拱 공

'두 손을 함께하다'는 뜻을 지닌 '함께할 공(共)'에 한 번 더 '손 수(手=扌)'를 강조해서 '두 손을 맞잡다'라는 뜻을 나타낸 '두 손 맞잡을 공(拱)'.
▶▶ 공수(拱手), 공읍(拱揖: 두 손을 모으고 절함)

洪 홍

'물 수(水=氵)'와 '함께하다'라는 뜻을 지닌 '함께할 공(共)'을 더해 '모든 물이 함께 하나로 모이다'는 뜻을 나타낸 '큰 물 홍, 클 홍(洪)'.
▶▶ 홍수(洪水), 홍업(洪業: 큰 일), 홍은(洪恩: 큰 은혜)

巷 항
薗

'함께할 공(共=莳)'과 '고을 읍(邑=阝)'을 더해 '여러 마을사람들이 서로 함께 모이는 거리'를 나타낸 '거리 항(巷)'.
▶▶ 항간(巷間), 항담(巷談: 길거리 소문), 누항(陋巷: 누추한 거리)

港 항

'서로 함께 모이는 거리'를 나타낸 '거리 항(巷)'과 '물 수(水=氵)'를 더해 '(물에 있는) 뱃길과 뱃길이 모이는 항구'를 나타낸 '항구 항(港) 혹은 통할 홍(洪)'.
▶▶ 항구(港口), 항만(港灣), 공항(空港)

106_ 먼저 선(先)

之 지

止 业

'발의 모습(止)'과 '땅을 나타낸 횡선(一)'을 더해 '막 걸으려 하는 동작'으로 나타낸 '갈 지(止 = 业 =之)'.
>> 우중지(又重之: 더욱이. 뿐만 아니라), 당지자(當之者: 그 일에 당(當)한 사람)

先 선

ᵡ ᵡ

'막 걸으려 하는 동작'으로 나타낸 '갈 지(止 = 业 =之)'와 '사람 인(𠆢 =人)'을 더한 모습(ᵡ, ᵡ)으로 '앞서서 먼저 가다'라는 뜻을 나타낸 '먼저 선(先)'.
>> 선생(先生), 선배(先輩), 선구자(先驅者)

洗 세

'먼저 선(先)'과 '물 수(水 = 氵)'를 더해 '먼저 담그듯이 씻다'라는 뜻을 나타낸 '씻을 세(洗)'.
>> 세탁(洗濯), 세련(洗練), 세수(洗手), 세면(洗面), 세례(洗禮)

跣 선

'먼저 선(先)'과 '발 족(足)'을 더해 '(마음이 먼저 바빠 신도 안 신고) 맨발로 뛰쳐나가다'라는 뜻을 나타낸 '맨발 선(跣)'.
>> 도선(徒跣: 맨발. 아무것도 신지 아니한 발), 선족(跣足: 맨발)

銑 선

'먼저 선(先)'과 '쇠 금(金)'을 더해 '쇳물을 갓 부어낸 (제련하지 않은) 쇠'라는 뜻을 나타낸 '무쇠 선(銑)'.
>> 선철(銑鐵)

兟 신

'먼저 선(先)'을 두 번 써서 '앞을 나란히 하며 나아가다'라는 뜻을 나타낸 '나아갈 신(兟)'.

贊 찬

'앞을 나란히(함께) 하다'라는 뜻을 지닌 '나아갈 신(兟)'과 '재물'이란 뜻을 지닌 '조개 패(貝)'를 더해 '어떤 일에 함께 하기 위해 재물로 돕다'라는 뜻을 지닌 '도울 찬(贊)'.
>> 찬성(贊成), 찬조금(贊助金), 협찬(協贊)

讚 찬

'함께 하다'라는 뜻을 지닌 '도울 찬(贊)'과 '말씀 언(言)'을 더해 '어떤 일에 나란히(함께) 해주는 말'이라는 뜻을 나타낸 '기릴 찬(讚)'.
>> 찬양(讚揚), 찬사(讚辭), 칭찬(稱讚), 자화자찬(自畵自讚)

107_ 늙을 로(老)

 머리가 길고 허리가 굽은 노인(🧍)이 지팡이(🚩)를 짚고 있는 모습

老 로

머리가 길고 허리가 굽은 노인(🧍)이 지팡이(🚩)를 짚고 있는 모습(🧍)으로 나타낸 '늙을 로(老)'.

▶▶ 노후(老後), 노화(老化), 노인(老人), 경로(敬老), 백년해로(百年偕老)

孝 효

'머리가 길고 허리가 굽은 노인(🧍=🧍)'과 '자식(🧒=子:새끼 자)'을 더해 '자식이 늙은 부모에게 지팡이(🚩) 노릇을 하는 모습(🧍)'으로 나타낸 '효도할 효(孝)'.

▶▶ 효도(孝道), 효심(孝心), 불효(不孝), 효행(孝行)

酵 효

'술(술병) 유(酉)'와 '부모를 뒷받침하다'라는 뜻을 지닌 '효도할 효(孝)'를 더해 '술이 발효되도록 그 씨(새끼) 노릇을 하다'라는 뜻을 나타낸 '술 밑 효(酵)'.

▶▶ 발효(醱酵), 효모(酵母), 효소(酵素)

耆 기

'늙을 로(老=🧍)'와 '달 감(甘=▣)'을 더해 '성숙된 입맛(그 경험과 지혜)을 가지고 있는 노인'이라는 뜻을 나타낸 '(성숙한) 어른 기(耆)'.

▶▶ 숙기(宿耆: 늙은이. 노인), 기로(耆老), 기몽(耆蒙: 늙은이와 어린이)

嗜 기

'늙은이들의 입맛'이라는 뜻을 지닌 '어른 기(耆)'에 '입 구(口)'를 다시 더해 '자기에게 맞는 것만을 좋아하다'라는 뜻을 나타낸 '즐길 기(嗜)'.

▶▶ 기호(嗜好), 기면증(嗜眠症), 기벽(嗜癖: 치우쳐 좋아하는 버릇)

考 고

'힘든 일을 두드려보고 살펴보다'라는 뜻을 지닌 '힘들 고(丂=丁)'와 '늙은 사람의 모습(🧍=🧍)'을 더해 '이리 저리 살피다(생각하다)'라는 뜻을 나타낸 '(꼼꼼하게) 생각할 고(考)'.

▶▶ 고찰(考察), 고려(考慮), 고증(考證), 숙고(熟考)

拷 고	'힘들 고(丂)'와 '~~하게 하다'라는 뜻을 지닌 '손 수(扌)'를 더해 '힘들게 하다'라는 뜻을 나타낸 '힘들게 할 고, 혹은 때릴 고(拷)'. ▶▶ 고문(拷問), 고타(拷打: 피의자를 고문하여 때림)

108_ 손톱 조(爪)

손(扌)의 손톱 부분을 강조한 손의 모습(爫)

爪 = 조 爫 冖 爪	손(扌)의 손톱 부분을 강조한 손의 모습(爫)으로 나타낸 '손톱 조 (爪)'. ▶▶ 조갑(爪甲: 손톱과 발톱을 통틀어 일컫는 말)
抓 조	'손톱 조(爪)'와 '~하게 하다'라는 뜻의 동사 기호 '손 수(扌)'를 더 해 '손톱으로 긁다'라는 뜻을 나타낸 '긁을 조(抓)'.
爬 파	('손톱 조(爪)'와 '무릎 꿇고 엎드리려는 사람의 모습(巴=巴)'을 더 해 '박박 기어가다'라는 뜻을 나타낸 '긁을 파, 기어갈 파(爬)'. ▶▶ 파충류(爬蟲類), 파양(爬痒: 가려운 데를 긁음)
采 채	'손톱 조(爪=爫)'와 '나무 목(木)'을 더해 '나무에서 무엇인가(열매) 를 따내다'라는 뜻을 나타낸 '딸 채(采)' ▶▶ 갈채(喝采), 풍채(風采)
採 채	'딸 채(采)'와 '손 수(手=扌)'를 더해 '가려서 따거나 캐내다'라는 뜻 을 나타낸 '가릴 채, 캘 채(採)'. ▶▶ 채택(採擇), 채용(採用), 채취(採取)
菜 채	'딸 채(采)'와 '풀 초(草= 艹)'를 더해 '캐먹거나 따서먹는 야채나 나물'의 뜻을 나타낸 '나물 채(菜)'. ▶▶ 채소(菜蔬), 채식(菜食), 채송화(菜松花)

彩 채

'딸 채(采)'와 '여러 가지 무늬나 빛깔 등이 모여 있다는 부호(彡)'를 더해 '무늬나 빛깔을 내다'라는 뜻을 나타낸 '무늬 채 혹은 빛깔 낼 채(彩)'.
➤➤ 채색(彩色), 채도(彩度), 광채(光彩)

109_ 안보일 망(亡)

乚 은

벽을 세워 무엇인가를 가리는 (숨기는) 모습으로 나타낸 '숨을 은(乚)'.

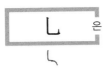

亡 망

'숨을 은(乚)'과 '사람 인(人)'을 더해 '안 보이다, 잃어버리다 혹은 없어지다'라는 뜻을 나타낸 '안 보일 망(亡)'.
➤➤ 사망(死亡), 멸망(滅亡)

忘 망

'없어질 망(亡)'과 '마음 심(心)'을 더해 '마음에서 없어지다'라는 뜻을 나타낸 '잊을 망(忘)'
➤➤ 망각(忘却), 물망초(勿忘草), 망년회(忘年會),

忙 망

'마음 심(忄=心)'과 '안 보일 망(亡)'을 더해 '안 보이니 마음이 안타깝고 바쁘다'는 뜻을 나타낸 '바쁠 망(忙)'.
➤➤ 다망(多忙: 매우 바쁨), 망중한(忙中閑: 바쁜 가운데에서도 한가로운 때)

盲 맹

'눈 목(目)'과 '안 보일 망(亡)'을 더해 '눈이 안 보이다'라는 뜻을 나타낸 '안 보일 맹(盲)'.
➤➤ 맹목적(盲目的), 맹인(盲人), 맹점(盲點), 맹장(盲腸)

妄 망

'계집 녀(女)'와 '안 보일 망(亡)'을 더해 '여자에게 빠져서 자신(의 역할)을 잃어버리다'라는 뜻을 나타낸 '허망할 망, 망령될 망(妄)'.
➤➤ 망언(妄言), 망령(妄靈), 망상(妄想)

| 芒 망 | ‘풀 초(草＝艹)’와 ‘안 보일 망(亡)’을 더해 ‘잘 안 보이는 풀, 보리 등의 *까끄라기*’를 나타낸 ‘까끄라기 망(芒)’. |

▶▶ 망종(芒種: 24절기 중 하나), 죽장망혜(竹杖芒鞋: 대지팡이와 짚신이라는 뜻으로, 먼 길을 떠날 때의 간편한 차림을 이르는 말)

| 茫 망 | 눈에 잘 안 보인다는 뜻을 지닌 ‘까끄라기 망(芒)’과 ‘물 수(水＝氵)’를 더해 ‘물의 끝이 잘 안 보일 정도로 멀고 넓다’라는 뜻을 나타낸 ‘아득할 망(茫)’. |

▶▶ 망망대해(茫茫大海), 망연자실(茫然自失), 망막(茫漠)

| 荒 황 | ‘안 보일 망(亡)’과 ‘내 천(川)’이 더해져 ‘(냇)물이 아무 것도 안 보이도록 다 쓸어가 버리다’라는 뜻을 나타낸 ‘망할 황(巟)’에 다시 ‘풀 초(艹)’를 더해 ‘풀이 모든 작물을 뒤덮어 버리도록 망하다 혹은 땅에 풀도 안 남을 정도로 거칠어지다’라는 뜻을 나타낸 ‘거칠 황(荒)’. |

▶▶ 황폐(荒廢), 황무지(荒蕪地), 허황(虛荒), 황야(荒野)

110_ 손 수(手)

식물의 넝쿨손

| 手 수 | 식물의 넝쿨손으로 나타낸 ‘손 수(手)’. |

▶▶ 수족(手足), 수단(手段), 수술(手術), 착수(着手)

| 扌 수 | 손 수(手)의 약자, ‘손 수(扌)’. |

| ナ 좌 | 양 손(𠂇)의 왼쪽에 있는 ‘왼손 좌(𠂇＝左)’. |

| 又 우 | 양 손(𦥑)의 오른쪽에 있는 오른 손 우(ㄱ=又) |

又

| 又 우 | '무엇인가를 감싸다, 또 손을 대다(원인 미상)'라는 뜻으로 쓰이는 '또 우(ㄱ=又)'. (원인 미상) ▶ 우중지(又重之: 더욱이. 뿐만 아니라), 우황(又況: 하물며) |

| 受 수 | 배(舟)를 가운데에 두고 양쪽에서 (물건을) 주고받는 두 손의 모습(⺕ㄱ)을 그려서 '무엇인가를 주고받다'라는 뜻을 나타낸 '줄 수, 받을 수(受)'. ▶ 수용(受容), 수락(受諾), 접수(接受), 인수(引受) |

| 授 수 | '줄 수, 받을 수(受)'가 주로 '받을 수(受)'로만 쓰이게 되자 '손 수(扌)'를 다시 더해 만든 '줄 수(授)'. ▶ 수업(受業), 수수(授受), 교수(敎授) |

| 把 파 | '손 수(扌)'와 '손바닥을 땅에 대다'라는 뜻을 지닌 '엎드릴 파(巴)'를 더해 '손(바닥)을 바짝 대고 쥐다'라는 뜻을 나타낸 '잡을 파, 한줌 파(把)'. ▶ 파악(把握), 파수(把守) |

| 左 좌 | '왼 손(屮)'와 '일할 공(工)'을 더해 '(오른 손이 하는)일을 받쳐주는 손'이라는 뜻을 나타낸 '왼쪽 좌, 받쳐줄 좌(左)'. ▶ 좌우(左右), 좌익(左翼), 좌파(左派), 좌지우지(左之右之) |

| 佐 좌 | '왼손 좌(左)'가 주로 '왼쪽'이라는 뜻으로만 쓰이게 되자 '사람 인(亻)'을 다시 더해 '받쳐주다 혹은 받쳐주는 사람'이라는 뜻을 나타낸 '(받쳐서) 도울 좌(佐)'. ▶ 보좌(補佐), 보좌관(輔佐官) |

| 右 우 | (갑골문 당시) 제사 때, '제기그릇의 뜻'을 지닌 '입 구(ㅂ=口)'와 그릇을 감싸고 있는 모습의 오른 손(ㄱ=크)을 더해 '감싸는 오른 손'이라는 뜻을 나타낸 '오른쪽 우, 감쌀 우(右)'. ▶ 우익(右翼), 우파(右派), 우경화(右傾化), 극우(極右) |

佑 우

'오른쪽 우, 감쌀 우(右)'가 주로 '오른 쪽'의 뜻으로만 쓰이게 되자 '사람 인(亻)'을 다시 더해 '감싸 주다 혹은 감싸주는 사람'이라는 뜻을 나타낸 '(감싸서) 도울 우(佑)'.

>> 우조(佑助: 도움), 천우(天佑: 하늘의 도움 또는 신명(神明)의 가호(加護))

友 우

양 손을 더한 모습()과는 달리 '(두) 사람의 손()을 나란히 그린 모습()'으로 '두 사람이 함께 하다 혹은 (일을) 함께하는 두 사람(손)'이라는 뜻을 나타낸 '벗 우(友)'.

>> 우정(友情), 우호(友好), 우해(友愛), 붕우(朋友)

叉 차

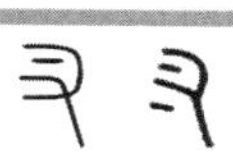

손()으로 무엇인가(一)를 집어내거나 깍지 끼는 모습() 혹은 칼(=  =刀: 칼 도)로 무엇인가를 둘(二)로 가르거나, 둘(二) 사이를 찌르는 모습()으로 나타낸 '집을 차, 깍지 낄 차, (찌르는) 작살 차, 갈래 차(叉)'.

>> 교차로(交叉路), 야차(夜叉)

蚤 조

'갈래 차 혹은 깍지 낄 차(叉)'와 '벌레 충(虫)'을 더해 '이리저리 튀어 달아나는 벼룩'이라는 뜻을 나타낸 '벼룩 조(蚤)'. 또한 '물리면 손톱으로 긁어대야 하다'라는 뜻에서 '손톱 조(爪=蚤)'로도 쓰임.

>> 구조(狗蚤: 개벼룩), 조슬(蚤蝨: 벼룩과 이), 서조(鼠蚤: 쥐벼룩)

搔 소

'벼룩 조, 손톱 조(爪=蚤)'와 '손 수(扌)'를 더해 '벼룩에게 물려 긁어대다'라는 뜻을 나타낸 '긁을 소(搔)'.

>> 소양증(搔痒症), 소파(搔爬)

探 탐

'아궁이나 화덕'의 뜻을 지닌 '구멍 혈(=穴)'과 '불씨를 찾는 손의 모습()' 그리고 다시 '손 수(=扌)'를 더해 '아궁이 속 깊은 곳까지 손을 넣어 불씨를 찾다'라는 뜻을 나타낸 '찾을 탐(探)'.

>> 탐구(探究), 탐사(探査), 탐색(探索)

深 심

아궁이 속(冂) 깊이 손을 넣어 불씨를 찾는 모습(灾)'과 '물 수(川 = 氵)'를 더해 '물이 깊다, 혹은 깊은 데까지 물이 찼다'라는 뜻을 나타낸 '깊을 심(深)'.

>> 심각(深刻), 심화(深化), 심야(深夜)

騷 소

'벼룩 조, 손톱 조(爪 = 蚤)'와 '말 마(馬)'를 더해 '말이 벼룩한테 물려서 벼룩처럼 이리저리 뛰다'라는 뜻을 나타낸 '요란할 소, 떠들썩할 소(騷)'.

>> 소동(騷動), 소음(騷音), 소란(騷亂)

釵 채

'집을 차, 깍지 낄 차(叉)'와 '쇠 금(金)'을 더해 머리 채 사이에 끼워 넣는 '비녀 채(釵)'.

>> 옥채(玉釵: 옥비녀. 옥으로 만든 비녀), 은채(銀釵: 은비녀. 은으로 만든 비녀)

擧 거

'더불어 여, 줄 여(與)'와 '손 수(手)'를 더해 '함께 들어 올리다'라는 뜻을 나타낸 '들 거(擧)'.

>> 선거(選擧), 쾌거(快擧), 과거(科擧), 거론(擧論)

輿 여

두 손과 두 손, 그리고 가운데 있는 가마의 모습으로 '두 사람이 앞과 뒤에서 가마를 메다'라는 뜻을 나타낸 '가마 여(輿)'.

>> 여론(輿論), 승여(乘輿), 상여(喪輿)

동이(東夷), 곧 한족(韓族)의 은(殷)나라 갑골문에서는 두 사람이 들거나 멘 가마의 모습(♠)이었는데 한족(漢族)의 주(周)나라 금문에서 그만 수레의 모습(車)으로 바뀌어 결국은 수레를 타야할 사람이 그 수레를 메고 가는 꼴이 되고만 글자.

擊 격

'바퀴 걸쇠(브레이크)의 모습(惠)'과 '~~하게 하다'라는 뜻을 지닌 '몽둥이 수(殳)'를 더한 '부딪힐 격(毄)'에 다시 '손 수(手)'를 더해 만든 '칠 격(擊)'.

>> 충격(衝擊), 공격(攻擊), 타격(打擊)

拜 배

'손 수(手 = 手)'와 '고개 숙인 곡식의 모습(￥)'을 더해 '두 손을 합장하고 머리를 숙여 예를 갖추는 절'이라는 뜻을 나타낸 '절 배(拜)'.

>> 세배(歲拜), 참배(參拜), 숭배(崇拜)

攝	섭

'귀 이(耳)'가 셋이 모인 '소곤거릴 섭(聶)'과 '손 수(扌)'를 더해 '여러 소리를 하나로 묶어 내다'라는 뜻을 나타낸 '당길 섭, 쥘 섭(攝)'.
▶▶ 섭취(攝取), 섭씨(攝氏), 포섭(包攝)

擔	담

'덮쳐누르다'의 뜻을 지닌 '이를 첨, 넉넉할 담(詹)'과 '~하게 하다'라는 뜻의 동사 부호 '손 수(扌)'를 더해 '덮쳐눌러오는 일을 감당해 내다'라는 뜻을 나타낸 '멜 담, 맡을 담(擔)'.
▶▶ 부담(負擔), 분담(分擔), 담보(擔保)

111_ 발 지(止)

엄지발가락과 뒤꿈치가 뚜렷한 발자국 혹은 그 발의 모습

止	지

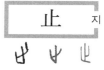

발가락과 뒤꿈치, 특히 밖으로 튀어나온 엄지발가락이 강조되어 '발바닥이 모두 땅에 닿아 있는(서 있는) 상태'를 나타낸 '발 지, 설 지, 멈출 지(止 = 止)'.
▶▶ 정지(停止), 통행금지(通行禁止) 등 주로 '서다(멈추다)'라는 뜻으로 많이 쓰이고 있습니다만, 다른 글자와 더해질 때는 '발, 발걸음, 가다' 등의 발을 쓰는 동작을 나타내는 '동사 기호'로 쓰임.

之	지

발의 뒤꿈치 부분에 땅을 나타낸 횡선(一)이 그어져 있는 모습, '발꿈치를 막 내 딛는 순간의 모습(屮)'으로 나타낸 '갈 지(之)'.
▶▶ 가다, (발을)쓰다, 이르다, ~가, ~이(=是), ~의 ~에 있어서, 등의 조사로도 쓰임.
낭중지추(囊中之錐: 주머니 속의 송곳, 재능(才能)이 아주 빼어난 사람은 숨어 있어도 저절로 남의 눈에 드러난다는 뜻)
우중지(又重之: 더욱이. 뿐만 아니라), 사제지간(師弟之間)

乏	핍

'갈 지(之)' 앞에 가로막는 횡선(一) 혹은 '삐침 별(丿)'을 더해 '나아가던 발이 막혀서 더 못 나가다'는 뜻을 나타낸 '막힐 핍, 모자랄 핍(乏)'.
▶▶ 결핍(缺乏), 궁핍(窮乏), 핍진(乏盡)

涉 섭

'물 수(氵=水)'와 '(걷는) 두 발의 모습(步)'을 더해 '물을 건너다'라는 뜻을 나타낸 '건널 섭(涉)'.

步 보

두 발을 앞뒤로 그린 모습(步)으로 '걸어가다'라는 뜻의 걸음 보(步)'.

▶▶ 보병(步兵), 양보(讓步), 진보(進步), 초보(初步), 답보(踏步: 제자리에 서서 하는 걸음), 오십보백보(五十步百步: 오십보(五十步) 도망친 자가 백보(百步) 도망친 자를 비웃는다는 뜻)

徙 사

'걸음 보(步)'와 '다닐 행(行=彳)'을 더해 '한 곳에서 다른 한 곳으로 움직여 가다'라는 뜻을 나타낸 '옮길 사(徙)'.

▶▶ 이사(移徙), 삼사(三徙: 맹자(孟子)의 모친이 세 번이나 이사(移徙)를 하여 가며 맹자(孟子)가 좋은 습성(習性)을 가지도록 했던 일)

歲 세

풀을 베거나 곡식을 거두는데 쓰는 낫(戊=戌: 마름질 할 술)과 그 낫의 위 아래로 두 개의 발자국(步)을 그려 넣은 모습(歲)으로 '밭을 일구고 그 곡식을 거두는데 걸리는(지나가는) 기간'이라는 뜻을 나타낸 '해 세 혹은 나이 세(歲)'.

▶▶ 세월(歲月), 연세(年歲), 세모(歲暮: 연말), 세배(歲拜)

武 무

'가다'라는 뜻의 '발 지(止=止)'와 '창 과(戈)'를 더해 '무기를 들고 가다'라는 뜻을 나타낸 '굳셀 무(武)'.

▶▶ 무기(武器), 무술(武術), 무공(武功), 무력(武力)

歷 력

'절 벽 밑 석굴(창고)'의 뜻을 지닌 '석굴 한(厂)'과 '차례차례 쌓은 벼의 모습(秝)' 그리고 '지나가다'라는 뜻을 지닌 '갈 지(止=止)'를 더해 '세월이 지나가 쌓여간다'라는 뜻을 나타낸 '지날 력(歷)'.

▶▶ 역사(歷史), 역임(歷任), 경력(經歷), 이력서(履歷書)

曆 력

'지날 력(歷)' 안의 '갈 지(止=止)' 대신 '매일 매일 떠오르는 해'를 뜻하는 '날 일(日)'을 넣어 '햇수(세월)가 매일 매일 지나가다'라는 뜻을 나타낸 '달력 력(曆)'.

▶▶ 음력(陰曆), 양력(陽曆), 역법(曆法)

志 지

'갈 지(止=止)'와 '마음 심(🖐 = 心)'을 더해 '마음이 가다(바라
다)'라는 뜻을 나타낸 '바랄 지, 뜻 지(志)'.

▶▶ 의지(意志), 지원(志願), 지조(志操)

'뜻 지(志)'의 윗부분을 '선비 사(士)'로 보고 '선비의 마음이 뜻이다'라는 식의 해석을 하는
것은 원래의 '우리말 한자(漢字)'를 잃고 살았던 옛날 양반들의 왜곡된 해석임.

正 정

어느 한 지점(●)이나 한 구역(□)을 곧바로 향하고 있는 발(🖐,🖐
=止: 갈 지)을 그린 모습(🖐, 🖐)으로 '곧바로 가다(공격하다)'라
는 뜻을 나타낸 '나아갈 정, 바를 정(正)'.

▶▶ 정면(正面), 정당(正當), 정공법(正攻법法), 부정(不正), 개정(改正)

征 정

'곧바로 가다(공격하다)'라는 뜻을 지닌 '정(正=🖐)'이 '바를 정
(正)'으로만 쓰이게 되자 원래의 뜻을 살리기 위해 다시 '갈 행(行
=彳)'을 더해 만든 '나아갈 정, 칠 정(征)'.

▶▶ 정벌(征伐), 원정(遠征), 정복(征服)

政 정

원래 '똑바로 (공격하고) 나아가다'라는 뜻을 지닌 '나아갈 정, 바
를 정(正)'과 '～ ～ 하게 하다'라는 뜻을 지닌 '칠 복(攵)'을 더해
'사회가 똑바로 나아가도록 하다'라는 뜻을 나타낸 '다스릴 정, 구
실(세금) 정(政)'.

▶▶ 정사(政事), 정부(政府), 정책(政策), 시정(施政), 정치(政治), 정
　　권(政權)

그런데 이 '정(政)자도 실은 '～ ～를 공격해서 세금을 걷다'라는 뜻으로 더 많이 쓰였습니다.
이런 저런 구실(세금)을 붙여서 말입니다.

企 기

'서 있는 사람과 아래쪽의 발(🖐)을 강조해서 그린 모습'으로 '사람
이 서서 먼 곳을 바라보며 어디로 어떻게 갈 것인가 하고 궁리하는
모습'으로 나타낸 '바랄 기, 꾀할 기(企)'.

▶▶ 기획(企劃), 기대(企待), 기업(企業), 학기(鶴企: 학처럼 고개를
　　빼고 발돋움하여 바라본다는 뜻)

此 차

'발 지(止)'와 '사람 인(𠤎)'을 더해 '발걸음을 떼려고 막 일어서는
참'의 뜻을 나타낸 '이 (참) 차(此)'.

▶▶ 차제(此際: 때마침 주어진 이참에), 어차피(於此彼: 이 참이든
　　저 참이든 간에), 여차(如此: 이와 같음, 이렇게), 차후(此後: 이
　　뒤로), 재차일거(在此一擧: 이 한 번으로 흥하거나 망하거나 끝
　　장을 낼 담판(談判)을 짓는다는 뜻)

麥 맥	밀(來)과 발(夊)을 더해 '밀 종류 중에 겨울을 나기 위해 뿌리가 깊이 내리도록 밟아주어야 하는 종자'라는 뜻을 나타낸 '보리 맥(麥)'.

>> 맥아(麥芽), 맥주(麥酒), 맥수지탄(麥秀之歎)

齒 치	이빨을 그린 모습(⿶=⿶)과 '멈출 지(止)'를 더해 '이빨로 물다(멈추게 하다)'라는 뜻을 나타낸 '씹는 이 치(齒)'.

>> 치아(齒牙), 치과(齒科), 백치(白齒)

肯 긍	'그칠 지(止)'와 '고기 육(肉=月)'을 더해 '뼈의 꼭 필요한(그래야만 하는) 부분에 붙어있는 살, 혹은 옳게 자리 잡은 살'이라는 뜻을 나타낸 '그러할 긍, 옳을 긍(肯)'.

>> 긍정(肯定), 긍지(肯志), 수긍(首肯)

112_ 발 소(疋)

疋 소	정강이까지 그린 발의 모습(⿂)으로 '벌려 서다'라는 뜻을 나타낸 '벌릴 소(疋)'. '짝 필(匹=疋)'자 대신으로도 씀

>> 필단(疋緞: 필로 된 비단), 포필(布疋: 무명의 필)

匹 필	'천 조각의 짝을 맞추다'라는 뜻을 나타낸 '짝 필(匹)'.

>> 필적(匹敵), 필부필부(匹夫匹婦: 평범(平凡)한 남자와 평범한 여자

胥 서	'짝 필, 혹은 벌릴 소(疋)'와 '고기 육(肉=月)'을 더해 '고기를 저며 짝을 맞추어 나란히 늘어 놓다'라는 뜻을 나타낸 '서로 서, 모두 서(胥)'.

>> 서리(胥吏: 말단의 행정(行政) 실무(實務)에 종사하는 하급 관리 (官吏), 서실(胥失: 서로 잘못한 허물)

婿 서	'짝 필, 혹은 벌릴 소(疋)'와 '계집 녀(女)'를 더해 '딸의 짝'이라는 뜻을 나타낸 '사위 서(婿=壻)'.

>> 동서(同壻), 옹서(翁婿: 장인(丈人)과 사위), 국서(國婿: 임금의 사위)

旋 선

바람 부는 대로 나부끼는 '깃발 언($\nearrow\hspace{-0.3em}\wedge$ = 〿)'과 '다리를 벌리고 걷다'라는 뜻을 지닌 '벌릴 소(疋)'를 더해 '바람 부는 대로 돌다'라는 뜻을 나타낸 '돌 선(旋)'.
>> 선회(旋回), 선율(旋律), 알선(斡旋)

蛋 단

'짝 필, 혹은 벌릴 소(疋)'와 '뱀의 모습'에서 나온 '벌레 충($\wr$, $\wp$ = 虫)'을 더해 '똑같이 생긴 것을 가지런히 벌려서 낳아 놓은 뱀이나 새의 알'이라는 뜻을 나타낸 '새알 단(蛋)'.
>> 단백질(蛋白質), 단황(蛋黃: 노른자위)

疎 소

'벌릴 소(疋)'와 '묶을 속(束)'을 더해 '묶어 놓은 것이 벌어지다(성기게 되다)'라는 뜻을 나타낸 '성길 소(疎)'.
>> 소홀(疎忽), 소외감(疎外感), 생소(生疎)

疏 소

'벌릴 소(疋)'와 '물 수(氵)'가 생략된 '흐를 류(流)'를 더해 '무엇인가의 틈을 벌려서 (물이) 통하게 하다(흐르게 하다)'라는 뜻을 나타낸 '트일 소(疏)'
>> 소통(疏通), 소원(疏遠)

蔬 소

'트일 소(疏)'와 '풀 초(艹)'를 더해 '성글어서 씹어 먹기 좋은 풀'이라는 뜻을 나타낸 '푸성귀 소(蔬)'.
>> 채소(菜蔬), 소반(蔬飯), 효소(肴蔬: 고기 안주와 나물)

楚 초

'수풀 림(林)'과 '짝 필, 벌릴 소(疋)'를 더해 '우거진 수풀 사이에서 짝지어 길게 자라는 나무나 나뭇가지'라는 뜻을 나타낸 '우거질 초, 회초리나무 초, 초나라 초(楚)'
>> 고초(苦楚), 초달(楚撻: 회초리로 종아리를 때림), 초한가(楚漢歌)

礎 초

'짝지어 길게 자라는 나무나 나뭇가지'라는 뜻을 지닌 '우거질 초, 회초리나무 초(楚)'와 '돌 석(石)'을 더해 '가지런히 돌을 놓아 집의 주춧돌을 삼다'라는 뜻을 나타낸 '주춧돌 초(礎)'.
>> 주초(柱礎), 기초(基礎), 초석(礎石), 초고(礎稿)

疑 의

뒤돌아보는 사람의 모습($\curlyvee$, γ)과 어린아이의 모습($\wp$), '설 지(止)'를 더해 '어린애가 걱정이 되어 서서 뒤돌아보다'라는 뜻을 나타낸 '의심할 의(疑)'.
>> 의문(疑問), 의혹(疑惑), 의심(疑心)

凝 응

'멈추다'라는 뜻을 지닌 '의심할 의(疑)'와 '얼음 빙(冫)'을 더해 '(몸이) 얼어붙듯 엉기다'라는 뜻을 나타낸 '엉길 응(凝)'.

▶▶ 응결(凝結), 응고(凝固), 응축(凝縮)

定 정
圖 圇

'집 면(宀)'과 '한 곳으로 곧바로 가다'라는 뜻을 지닌 '바를 정 (疋 =正)'을 더해 '가서 살 곳으로 정하다'라는 뜻을 나타낸 '정 할 정(定)'인데 벌릴 소(疋)를 더한 모습으로 잘못 쓰고 있음

▶▶ 정의(定義), 정착(定着), 결정(決定), 인정(認定)

113_ 설 립(立)

大 介	사람이 두 발을 땅에 딛고 서 있는 모습(大)

立 립
大 介

사람이 두 발을 땅에 딛고 서 있는 모습(大)으로 나타낸 '설 립 (立)'.

▶▶ 입장(立場), 입춘(立春), 설립(設立), 자립(自立)

竝 병
大大

두 사람이 나란히 서 있는 모습(大大)으로 나타낸 '아우를 병(竝)'.

▶▶ 병행(竝行), 병설(竝設), 병견(竝肩: 어깨를 나란히 함)

位 위

'설 립(立)'과 '사람 인(亻)'을 더해 '사람이 서 있는 곳, 혹은 전체에 서 차지하고 있는 어떤 자리'라는 뜻을 나타낸 '자리 위(位)'.

▶▶ 위치(位置), 위상(位相), 지위(地位), 단위(單位)

泣 읍

'설 립(立)'과 '물 수(氵)'를 더해 '두 눈에서 똑바로 흘러내리는 눈 물'이라는 뜻으로 나타낸 '울 읍(泣)

▶▶ 읍소(泣訴), 곡읍(哭泣), 감읍(感泣)

| 笠 립 | '설 립(立)'과 '대 죽(竹)'을 더해 '우산처럼 머리 위에 똑바로 얹어 쓰는 대나무로 엮은 모자'라는 뜻을 나타낸 '삿갓 립(笠)'
▶▶ 평량립(平凉笠: 패랭이), 초립동(草笠童: 초립을 쓴 사내아이) |

'설 립(立)'과 '대 죽(竹)'을 더해 '우산처럼 머리 위에 똑바로 얹어 쓰는 대나무로 엮은 모자'라는 뜻을 나타낸 '삿갓 립(笠)'
▶▶ 평량립(平凉笠: 패랭이), 초립동(草笠童: 초립을 쓴 사내아이)

粒 립

'설 립(立)'과 '쌀 미(米)'를 더해 '고르게(나란히) 생긴 씨알'이라는 뜻을 나타낸 '(씨)알 립(粒)'.
▶▶ 입자(粒子), 미립자(微粒子)

翌 익

처음엔 '활짝 편 날개깃의 모습(⻆)'으로 '언젠가 날개깃을 활짝 펴게 될 날 혹은 (새로운 해가 밝아 올) 다음날'이라는 뜻을 나타낸 '이튿날 익(翌)'. 나중에 '설 립(立)'과 '깃 우(羽)'를 더한 모습으로 바뀜.
▶▶ 익월(翌月), 익조(翌朝), 익일(翌日)

站 참

'설 립(立)'과 '자리 잡을 점(占)'을 더해 '어느 한 곳에 우뚝 서다, 혹은 어떤 길의 중간에 미리 세워놓은 쉬는 곳'이라는 뜻을 나타낸 '우두커니 설 참, 역마을 참(站)'.
▶▶ 병참(兵站), 역참(驛站)

竪 수

'설 립(立)'과 '명령을 기다리는 종'이라는 뜻을 지닌 '굳을 간(臤)'을 더해 '종을 옆에 세워놓다'라는 뜻을 나타낸 '세울 수(竪)'.
▶▶ 수립(竪立), 동수(童竪), 고수(賈竪: 장사치)

拉 랍

'설 립(立)'과 '~~하게 하다'라는 뜻의 동사 부호 '손 수(扌)'를 더해 '끌어다 세워놓다'라는 뜻을 나타낸 '끌 랍(拉)'.
▶▶ 납치(拉致), 피랍(被拉)

昱 욱

'설 립(立)'과 '날 일(日)'을 더해 '해가 곧추 서며 빛나기 시작하다'라는 뜻을 나타낸 '빛날 욱(昱)'.
▶▶ 욱요(昱耀: 밝게 빛남)

端 단

'설 립(立)'과 '(짜고 있는) 천의 양쪽 끄트머리'라는 뜻을 지닌 '끄트머리 단(耑)'을 더해 '처음을 세우거나 끝을 마무리하다'라는 뜻을 나타낸 '실마리 단, 끝 단(端)'.
▶▶ 단서(端緒), 단오(端午), 이단(異端), 폐단(弊端)

114_ 다리 꼴 교(交)

 사람(大)이 다리를 꼬고 서 있는 모습

交 교

사람(大)이 다리를 꼬고 서 있는 모습( )으로 나타낸 '꼴 교, 엇걸 교, 사귈 교(交)'.
>> 교차(交叉), 교류(交流), 교감(交感), 교환(交換), 교우(交友), 교미(交尾), 교배(交拜)

效 효

'엇걸 교(交)'와 '~ ~하게 한다'는 뜻의 동사 기호인 '칠 복(攵= 攴=)'을 더해 '무엇인가를 엮어 내거나 무엇인가를 섞어 (서로 주고받아) 새로운 것이 생기도록 하다'는 뜻을 나타낸 '(서로 섞어) 본받을 효, 보람 효(效)'.
>> 효과(效果=効果), 효력(效力), 효능(效能=効能), 시효(時效), 특효(特效), 실효(失效), 실효(實效), 즉효(卽效), 약효(藥效)

効 효

'효(效)'의 '칠 복(攵=攴=)' 대신 또 다른 동사 기호인 '힘 력(力)'을 쓴, '힘쓸 효, 본받을 효, 보람 효(効)'.
>> 효과(效果=効果), 효능(效能=効能), 즉효(則効)

絞 교

'실 사(糸)'와 '엇걸 교(交)'를 더해 '실을 꼬거나 묶다'라는 뜻을 나타낸 '꼴 교, 묶을 교 혹은 목맬 교(絞)'.
>> 교수형(絞首刑), 교살(絞殺), 교박(絞縛)

校 교

'나무 목(木)'과 '엇걸 교, 사귈 교(交)'를 더해 '나무를 엇걸어 (사람을) 묶는 수갑 등의 형구, 나무를 엇세워서 친 (군부대가 있는) 울타리 혹은 이것저것을 비교하며 배우고 가르치는 곳'을 나타낸 '질곡 교, 부대 교, 혹은 (서로)견줄 교, (서로 배우는) 학교 교(校)'.
>> 장교(將校), 교정(校訂), 교열(校閱), 향교(鄕校), 학교(學校), 교사(校舍)

狡 교

짐승을 뜻하는 '개 견(犬＝犭)'과 '왔다 갔다' 한다는 뜻의 '엇갈릴 교(交)'를 더해 '토끼처럼 이리저리 뛰면서 약게 논다'라는 뜻을 나타낸 '어지러울 교, 약을 교(狡)'.

▶▶ 교활(狡猾), 교토사주구팽(狡兎死走狗烹: 약은 토끼를 잡고나면 사냥개를 삶는다)

郊 교

'왔다 갔다'한다는 뜻의 '엇갈릴 교(交)'와 '고을 읍(邑＝阝)'을 더해 '중심 읍에서 왔다 갔다 할 수 있는 가까운 시골 마을(들)'을 나타낸 '들 교, 성 밖 교(郊)'.

▶▶ 근교(近郊), 교외(郊外)

115_ 거듭 재(再)

再 재

무엇인가를 양쪽으로 나누어 같이 들어 올리는 모습(　)으로 '올리고 거듭해서 다시 올리다, 혹은 두 쪽을 재어보다'라는 뜻을 나타낸 '거듭 재, 두 재(再)'

▶▶ 재개(再開), 재건축(再建築), 재심(再審)

冓 칭

손(　)으로 좌우 대칭의 어떤 물건(　)을 들어 올리는 모습으로, '둘을 같이 들어 올릴 칭(冓)' 혹은 '두개의 물건을 양 손에 같이 들어서 그 무게를 재어본다'는 뜻의 '저울 칭(冓)'.

稱 칭

'둘을 한 번에 들어 올릴 칭(冓)'과 '벼 화(禾)'를 더해 '볏단을 양 손에 들고 그 무게를 가늠해 보다(~ ~이라 말하다)'라는 뜻을 나타낸 '일컬을 칭(稱)'.

▶▶ 칭찬(稱讚), 칭호(稱號)

116_ 높일 상(尙)

연기나 냄새 등의 공기가 빠져나가도록
집의 뒷벽에 뚫어놓은 창문을 그린 모습

向 향

연기나 냄새 등의 공기가 빠져나가도록 집의 뒷벽에 뚫어놓은 창문을 그린 모습(向)으로 '어떤 냄새가 어디론가 빠져 나가다'라는 뜻을 나타낸 '향할 향(向)'.
>> 향상(向上), 향후(向後), 향배(向背), 향일(向日), 방향(方向), 풍향(風向)

尙 상

'연기나 냄새 등이 어디로인가를 향해서 나가다'라는 뜻을 지닌 '향할 향(向, 向=向)'과 '나뉘다'라는 뜻을 지닌 '여덟 팔(八, 八=八)'을 더해 '빠져나간 연기나 냄새가 다시 더 높이 넓게 퍼져나가다, 혹은 맛있는 냄새가 나가서 손해를 보는 게 아니라 널리 퍼지니 더 많이 서로 나누어 먹게 되어 오히려 더 좋아지다'라는 뜻을 나타낸 '(더)높일 상, 오히려 상(尙)'.
>> 숭상(崇尙), 고상(高尙), 상서(尙書), 상무(尙武), 가상(嘉尙)

常 상

'높일 상(尙=尙)'과 긴 천을 늘어뜨린 모습의 '수건 건(巾=巾)'을 더해 '높이 걸어 늘어뜨린 깃발처럼 길게 늘 한결 같기를---.'이라는 뜻을 나타낸 '늘 상(常)'.
>> 항상(恒常), 평상(平常), 상식(常識), 상설(常設), 상시(常時), 상습(常習), 비상(非常), 심상(尋常)

裳 상

'높일 상(尙)'과 '옷 의(衣=衣)'를 더해 '사람들이 스스로의 자부심, 혹은 자존(自存)을 더 높이려는(尙) 마음을 담아 늘 몸에 두르기 시작한 치마'를 나타낸 '치마 상(裳)'.
>> 의상(衣裳), 홍상(紅裳), 녹의홍상(綠衣紅裳: 연두저고리에 다홍치마)

사람들이 위아래가 분리된 '치마'를 따로 입는다는 것은 바로 모든 인류가 '자신과 가족, 가족과 사회의 공존과 분립'이 가능해진 인류적 진보의 성과물일 것입니다.

敞 창	'더 멀리 퍼져나가다'라는 뜻을 지닌 '높일 상(尙)'과 '～하게하다'라는 뜻을 지닌 동사 부호 '칠 복(攵)'을 더해 '넓고 시원하게 하다'라는 뜻을 나타낸 '시원할 창, 넓을 창(敞)'. >> 관창(寬敞: 앞이 탁 트여 넓음), 고창군(高敞郡)

廠 창	'넓을 창(敞)'과 '집 엄(厂)'을 더해 '넓은 헛간, 혹은 창고'라는 뜻을 나타낸 '창고 창(廠)'. >> 공창(工廠), 선창(船廠: 배 만드는 곳), 병기창(兵器廠)

掌 장	'넓게 퍼져나가다'라는 뜻을 지닌 '높일 상(尙)'과 '손 수(手)'를 더해 '손을 넓게 펴다, 혹은 그 손바닥'이라는 뜻을 나타낸 '손바닥 장(掌)'. >> 장악(掌握), 장갑(掌匣), 관장(管掌), 박장대소(拍掌大笑: 손뼉을 치면서 크게 웃음), 고장난명(孤掌難鳴: 한 손으로는 손뼉을 칠 수 없다), 여반장(如反掌: 손바닥을 뒤집는 것과 같이 일이 쉬움)

當 당	'밭 전(田)'과 '넓게 퍼져나가다'라는 뜻을 지닌 '높일 상(尙)'을 더해 '밭을 넓히거나 땅을 거래할 때 그 값어치에 맞추어 마땅(맞는 땅)하게 해야 하는 일, 혹은 그를 위해 밭에서 올리는 제사'라는 뜻을 나타낸 '마주할 당, 마땅 당(當)'. >> 당연(當然), 해당(該當), 감당(堪當), 당국(當局), 담당(擔當), 당면(當面), 당시(當時), 노당익장(老當益壯: 나이를 먹을수록 기력이 더욱 좋아짐), 천부당만부당(千不當萬不當)

賞 상	'높일 상(尙)'과 재물의 뜻을 지닌 '조개 패(貝)'를 더해 '좋고 잘한 일을 더욱 널리 퍼지도록 여러 사람 앞에서 재물을 주어 높이는 일'을 나타낸 '기릴 상, 상줄 상(賞)'. >> 상벌(賞罰), 수상(受賞), 상찬(賞讚: 상을 주고 칭찬함), 포상금(褒賞金)

償 상	'기릴 상(賞)'과 '남(다른 사람)'이라는 뜻을 지닌 '사람 인(人)'을 더해 '(좋거나 나쁜 일에 관계없이) 그 한 일에 대해 마땅한 값을 치르도록 하다'라는 뜻을 나타낸 '갚을 상(償)'. >> 보상(報償), 상환(償還), 배상(賠償), 감가상각(減價償却: 값어치가 떨어진 만큼 그 값을 덜어내는 일)

黨 당
鸞

'넓게 퍼져나가다'라는 뜻을 지닌 '높일 상(尙)'과 '그을음'의 뜻을 지닌 '검을 흑(黑)'을 더해 '오래 있으면 자연히 같이 시커멓게 변할 수밖에 없는 무리(패거리)'라는 뜻을 나타낸 '무리 당(黨)'.

>> 정당(政黨), 여당(與黨), 야당(野黨), 탈당(脫黨), 불편부당(不偏不黨: 어느 한 쪽으로 기울어짐 없이 공평함)

嘗 상

'넓게 퍼져나가다'라는 뜻을 지닌 '높일 상(尙)'과 '맛있을지(旨)'를 더해 '맛있는 것이 널리 더 퍼져나가도록 임금이 직접 맛을 보고 평가하다'라는 뜻을 나타낸 '맛볼 상(嘗)'.

>> 상시(嘗試), 미상불(未嘗不: 아닌 게 아니라, 아마도, 과연), 상분도(嘗糞徒: 똥이라도 핥으며 아첨하는 무리), 와신상담(臥薪嘗膽: 섶에 눕고 쓸개를 씹는다는 뜻으로, 치욕을 잊지 않으려고 온갖 괴로움을 참고 견딤을 이르는 말)

堂 당

'높일 상(尙)'과 '흙 토(土)'를 더해 '흙을 돋우어 만든 땅'을 나타낸 '마당 당(堂)'.

>> 당당(堂堂), 식당(食堂), 강당(講堂), 당구풍월(堂狗風月: 서당 개 3년에 풍월을 한다)

현재의 우리나라 옥편에는 한결같이 '집 당(堂)'으로 나와 있을 뿐 아니라, 실제로도 많은 사람들이 '당(堂)'자를 '무슨 거창한 집'이라도 되는 양 쓰고 있습니다만, 이 '당(堂)'자는 원래 아주 오랜 옛 날부터 한 마을 사람들이 함께 모여 제사를 지내고 마당놀이도 하던 바로 그 '이마처럼 높고 넓은 땅'이라는 말의 줄임말인 '마당', 혹은 '맞는 땅'이라는 말의 줄임말인 '마땅 당(當)'과도 그 뜻이 통하는 '마당'이라는 우리의 '소리 말' 그대로를 나타낸 '우리말 한자(漢子)'입니다. 그런데 '지붕이 있는 마당'도 생기다 보니 뭣도 모르는 중국의 지배층들이 아예 '집 당(堂)'자로 만들어 버린 것을 우리 양반들도 다시 수입해서 '무슨 거창한 집'에다 갖다 붙이는 글자가 된 것입니다. 그러나 중국이나 일본만 해도 실은 지붕을 씌웠다 하더라도 최소한 벽은 없는, 많은 사람들이 모일 수 있는 '마당 집'이라는 의미로 쓰이고 있습니다. 물론 우리에게도 '마당 당, 봉당 당, 혹은 동네 한가운데 여럿이 모일 수 있도록 땅을 돋우어 만든 마당에 세운 집'이라는 뜻의 '당(堂) 집, 혹은 당산(堂山)'이라는 말 등으로 살아있던 말입니다. 다만 일본의 식민지 지배가 아직도 청산되지 않은 우리 학계가 우리의 아이들을 위한 한자 사전 하나도 못 만들고 그저 남의 사전을 베껴만 먹고 있는 현실에 눌려있을 뿐입니다.

117_ 붙일 부(付)

付 부
付 付

'사람 인(亻=人)'과 오른 손(彐) 혹은 손가락을 나타낸 '마디 촌(寸)'을 더해 '뒤에서 붙들다 혹은 어떤 사람에게 무엇인가를 하게 한다'라는 뜻을 나타낸 '붙일 부 혹은 넘겨줄 부(付)'.

>> 부탁(付託), 부착(付着), 부여(付與)

附 부	옛날 사람들이 의지해서 살던 계단식 벼랑의 모습(𨸏)으로 된 '언덕 부(𨸏 = 阝)'와 '붙일 부'를 더해 '~ ~에 붙어살다 혹은 붙어사는 집'이라는 뜻으로 만든 글자인데 지금은 '붙일 부(付)' 대신 많이 쓰이게 된 '붙일 부(附)'.

》 부속(附屬) 건물, 첨부(添附), 부착(附着)

符 부	'붙일 부(付)'자와 '대 죽(竹)'을 더해 '서로의 약속을 그리거나 적어놓은 대나무를 쪼개서 나누어 가졌다가 나중에 서로 붙여(맞추어) 보기 위한 신표(信標)'라는 뜻을 나타낸 '맞을 부 혹은 부신 부(符)'.

》 부호(符號), 부적(符籍), 부절(符節: 돌이나 대나무·옥 따위로 만들어 신표로 삼던 물건), 부합(符合), 명실상부(名實相符: 이름 혹은 말과 사실이 서로 들어맞음)

府 부	'(넘겨)줄 부(付)'와 '집 혹은 창고'의 뜻을 지닌 '집 엄(广)'을 더해 '재물이나 문서 등을 넘겨받아 모아두는 곳집'을 나타낸 '곳집 부 혹은 관청 부(府)'.

》 정부(政府), 사법부(司法府), 창부(倉府: 미창(米倉)과 금고(金庫) 탕창(帑倉))

腑 부	몸을 나타내는 '고기 육(肉 = 月)'과 '곳집(창고) 부(府)'를 더해 '뱃속의 오장육부(五臟六腑) 중 창자 등의 육부(六腑)'라는 뜻을 나타낸 '장부 부(腑)'.

腐 부	'곳집 부 혹은 관청 부(府)'자와 '고기 육(肉 = 月)'을 더해서 '곳집이 관청에 잔뜩 쌓아놓다 보니 썩어나는 고기'를 나타낸 '썩을 부(腐)'.

》 부패(腐敗), 부식(腐蝕)

118_ 낄 협(夾)

	한 사람(大)이 양쪽의 두 사람(人人)을 감싸고 있는 모습

夾 夾 협	'한 사람(大)이 양쪽의 두 사람(人人)을 끼고(감싸고) 있는 혹은 양쪽의 두 사람(人人)이 한 사람(大)을 돕고 있는 모습(夾)'으로 나타낸 '낄 협 혹은 도울 협(夾)'. ▶ 협로(夾路: 큰 길거리에서 갈려 나간 좁은 길), 협각(夾角: 두 직선(直線)이나 두 호 사이에 끼인 각. 낀각)
俠 협	'낄 협 혹은 도울 협(夾)'과 '사람 인(亻)'을 더해 '약한 사람을 돕는 사람'이라는 뜻을 나타낸 '의로울 협(俠)'. ▶ 의협심(義俠心), 협객(俠客)
峽 협	'낄 협(夾)'과 '뫼 산(山)'을 더해 '산과 산 사이에 끼어 있는 골짜기'라는 뜻을 나타낸 '골짜기 협(峽)'. ▶ 협곡(峽谷), 해협(海峽)
陝 협	'낄 협(夾)'과 '언덕 부(阝)'를 더해 '양쪽에 언덕을 끼고 있는 좁은 길'이라는 뜻을 나타낸 '좁을 협(陝)'.
狹 협	'낄 협(夾)'과 '개 견(犭)'을 더해 '개가 끼일 정도로 좁다'라는 뜻을 나타낸 '좁을 협(狹)'. ▶ 협착(狹窄), 협소(狹小), 편협(偏狹)
挾 협	'낄 협(夾)'과 '~~하게 하다'라는 뜻의 동사 기호 '손 수(扌)'를 더해 '끼우다, 끼워 넣다'라는 뜻을 나타낸 '끼울 협(挾)'. ▶ 협공(挾攻), 협잡(挾雜), 협순(挾旬: 열흘 동안)

119_ 붓 필(筆)

	붓(丨, 朿)을 손(又)으로 (똑바로 세워) 잡고 있는 모습

聿 률

붓(丨, 𦘒)을 손(⺕)으로 (똑바로 세워) 잡고 있는 모습으로 나타낸 '붓 혹은 붓 세울 률(聿)'.

筆 필

'붓 혹은 붓 세울 률(聿)'과 '대 죽(竹)'을 더한 '붓 필(筆)'.
▶▶ 연필(鉛筆), 필기(筆記), 필담(筆談)

書 서

'붓 세울 률(肀＝聿)'과 '끌어 모으다'라는 뜻을 지닌 '놈 자(者＝者)'를 더해 '이것저것 끌어 모아 써두다'라는 뜻을 나타낸 '쓸 서(書)'.
▶▶ 서책(書冊), 독서(讀書), 서류(書類), 서적(書籍)

律 률

'붓 혹은 붓 세울 률(聿)'과 '다닐 행(行＝彳)'을 더해 '자연과 세상 사물의 오고 가는 가락, 혹은 법칙에 따라 붓을 세워 글을 쓰다'라는 뜻을 나타낸 '자연의 가락 률(율), 혹은 법 률, 율(律)'.
▶▶ 법률(法律), 규율(規律), 음률(音律)

建 건

'똑바로 세우다'라는 뜻을 지닌 '붓 세울 률(聿)'과 '길게 나아가다'라는 뜻의 '길게 끌 인(＝廴)'을 더해 '길게 나아갈 수 있도록 똑바로 세우다'라는 뜻을 나타낸 '세울 건(建)'.
▶▶ 건축(建築), 건조(建造), 건설(建設), 건의(建議)하다

健 건

'똑바로 세우다'라는 뜻의 '세울 건(建)'과 '사람 인(人＝亻)'을 더해 '바로 선 건강한 사람'이라는 뜻을 나타낸 '굳셀 건(健)'.
▶▶ 건강(健康), 건전(健全)

鍵 건

'길게 나아갈 수 있도록 똑바로 세우다'라는 뜻을 지닌 '세울 건(建)'과 '쇠 금(金)'자를 더해 '어떤 사물이 오래 가도록 잠가둔다'라는 뜻을 나타낸 '열쇠 건(鍵)'.
▶▶ 관건(關鍵), 건반(鍵盤)

肅 숙

'붓 세울 률(肀＝聿)'과 '깊은 연못'을 그린 '못 연(淵＝𣶒)'을 더해 '마치 깊은 연못에다 붓을 세우는 듯(글을 쓰는 듯)한 엄숙한 마음가짐'을 나타낸 '삼갈 숙(肅)'
▶▶ 엄숙(嚴肅), 숙연(肅然)하다

畫 획,화

畫

'붓 세울 률(聿=肀)'과 잘 정리된 밭(田: 밭 전)의 모습(𤰸)을 더해 '밭이 잘 정리 되도록 (미리) 그리다'라는 뜻을 나타낸 '(미리 금 그어) 가를 획, 꾀할 획, 그림 화(畫)'.

>> 화가(畫家), 화랑(畫廊), 화폭(畫幅), 화첩(畫帖)

劃 획

'미리 금 그어 가르다'라는 뜻을 지닌 '가를 획, 꾀할 획(畫)'과 '칼 도(刀=刂)'를 더해 '금 그은 대로 (실제로) 가르다'라는 뜻을 나타낸 '그을 획, 자를 획(劃)'.

>> 계획(計劃), 기획(企劃), 구획(區劃)

晝 주

晝

'긋다'라는 뜻을 지닌 '붓 율(聿=肀)'과 '날 일(☉=日)'을 더해 '(금을 그을 수 있는 해가 떠 있는 언제부터 언제까지의 때'라는 뜻을 나타낸 '낮 주(晝)'.

>> 백주(白晝), 주야장천(晝夜長川: 밤낮으로 계속 흐르는 강처럼 쉬지 않고 연달아), 금의주행(錦衣晝行: 비단 옷을 낮에 입고 돌아다닐 정도로 출세하여 고향에서 돌아옴)

120_ 무거울 중(重)

사람(𠆢)이 무거운 짐 보따리(𨨡)를 등에 지고 서있는 모습.

重 중

重

'사람(𠂉)과 무거운 짐 보따리(𨨡)가 땅(土) 위에 무게를 가하고 있는 모습(𡔝)'으로 '무겁다'라는 뜻을 나타낸 '무거울 중(重)'.

>> 중량(重量), 중력(重力), 경중(輕重), 중요(重要), 귀중(貴重), 신중(愼重), 소중(所重), 중복(重複), 중첩(重疊), 구중궁궐(九重宮闕), 권토중래(捲土重來), 애지중지(愛之重之)

또한 '사람(𠂉)이 무거운 짐(𨨡) 위에서 무게를 실어 (쿵쿵) 흙(土)을 다지는 모습(𡔝)'으로 '거듭해서 땅을 다지다'라는 뜻을 나타낸 '거듭할 중(重)'.

動 동

勳

'무거울 중, 거듭할 중(重)'과 '힘쓸 력(力)'을 더해 '(힘을 주어) 발을 구르다'라는 뜻을 나타낸 '움직일 동(動)'.

'발을 동동 구르다 혹은 아이들이 동동 뛰다'라고 할 때의 우리 말 '동동'과 같이 아주 오래된 우리가 만든 '우리말 한자(漢字)', 동(動) 동(動)

▶▶ 동작(動作), 행동(行動), 활동(活動), 운동(運動), 준동(蠢動), 경거망동(輕擧妄動)

踵 종

'발 족(足)'자와 '발을 구르다'라는 뜻을 지닌 '무거울 중, 거듭할 중(重)'자를 더해 '땅에서 끌어당기는 사람 몸의 무게를 받쳐주는 발뒤꿈치', 또한 '발을 구르거나 땅을 다질 때 힘을 쓰는 발뒤꿈치'를 뜻하는 '발꿈치 종(踵)'.

▶▶ 거종(擧踵: 몹시 기다리느라 발꿈치를 들고 서있음), 추종(追踵: 발뒤꿈치를 쫓다)

腫 종

'몸'을 뜻하는 '고기 육(肉＝月)'과 '거듭되다'라는 뜻을 지닌 '무거울 중, 거듭할 중(重)'을 더해 '몸을 쿡쿡 쑤셔대는 종기'라는 뜻을 나타낸 '부스럼 종 혹은 부을 종(腫)'.

▶▶ 종기(腫氣), 부종(浮腫)

種 종

'곡식'의 뜻을 지닌 '벼 화(禾)'와 '무거울 중(重)'을 더해 '알이 차서 무거워진 곡식의 (씨 노릇을 할 수 있는) 열매'라는 뜻을 나타낸 '씨 종(種)'.

'다 자란 곡식이 무거워져 다시 땅에 씨로 심어지다 혹은 사람이 다시 그렇게 되도록 심다'라는 뜻을 나타낸 '심을 종(種)'.

▶▶ 종자(種子), 종류(種類), 각종(各種), 종두득두(種豆得豆: 콩 심은 데 콩 난다)

衝 충

'갈 행(行)'과 '무거울 중(重)'을 더해 '무거운 것으로 부딪치듯 가다'라는 뜻을 나타낸 '부딪칠 충(衝)'.

▶▶ 충돌(衝突), 충격(衝擊), 충천(衝天), 요충지(要衝地)

量 량

量 量

보따리(   )와 보따리의 입(口)을 더해 '보따리에 들어갈 수 있는 량'을 나타낸 '헤아릴 량 혹은 (되로) 잴 량(量)'.

▶▶ 수량(數量), 계량(計量), 분량(分量), 기량(器量)

童 동

蓥 童

'송곳으로 눈을 찔러 장님으로 만든 어린 아이의 모습(蓥)'과 '무거울 중(重)'을 더해 '무거운 짐을 나르는 데 쓰기위해 어릴 때 장님으로 만든 노예'라는 뜻에서 나온 '아이(兒孩: 아해) 동(童)'.

>> 아동(兒童), 동화(童話), 동자(童子)

121_ 바로 설 정(壬)

　사람의 무릎 부분에 '무릎을 폈다'라는 표시(一)를 해서
'사람이 무릎을 펴고 똑바로 선'모습

壬 정

乊 𡈼 𡈼 𡈼

사람의 무릎 부분에 '무릎을 폈다'라는 표시(一)를 해서 '사람이 무릎을 펴고 똑바로 섰다'라는 뜻을 나타낸 '바로 설 정(壬)'인데 흔히 '壬'으로 잘못 쓰이고 있음.

呈 정

'바로 설 정(壬＝壬)'과 '입 구(口)'를 더해 '똑바로 서서 말하다, (감추지 않고) 내 놓다'라는 뜻을 나타낸 '드러낼 정(呈)'. ('壬'이 '壬'으로 잘 못 쓰이고 있음.)

>> 정색(呈色: 본색을 드러내다), 증정(贈呈), 헌정(獻呈), 상정(上呈)

廷 정

'바로 설 정(壬＝呈)'과 '길게 나아갈 인(廴)'을 더해 '바로 나아가다, 사사롭지 않고 공변되게 나아가 서야한다'라는 뜻을 나타낸 '조정 정, 공변될 정(廷)'.

>> 조정(朝廷), 법정(法廷)

庭 정

'바로 나아가다'라는 뜻을 지닌 '조정 정(廷)'과 '집 엄(广)'을 더해 '집 앞에서 바로 이어지는 마당'이라는 뜻을 나타낸 '뜰 정 혹은 집안 정(庭)'.

>> 정원(庭園), 가정(家庭), 친정(親庭), 정구(庭球)

| 挺 _정 | '바로 나아가다'라는 뜻을 지닌 '공변될 정(廷)'과 '~ ~을 하게 하다'라는 뜻의 동사 기호인 '손 수(手＝扌)'를 더해 '바로 서서 나아가게 하다, 빼어나게 앞장서도록 하다'라는 뜻을 나타낸 '빼어날 정(挺)'. |

▶▶ 정출(挺出), 정진(挺進), 정신대(挺身隊)

| 望 _망 | 처음에는 '크게 눈(◢)을 뜨고 서 있는 사람의 모습'으로 '무엇인가를 바라보고 서 있다'라는 뜻이었는데, 나중에 '바로 설 정(壬＝ 壬)'과 '안보일 망(亡＝)' 그리고 '달 월(月)'을 더해 '(안 보이는)달을 애타게 기다리며 바라보다'라는 뜻까지 나타낸 '바라볼 망 혹은 바랄 망(望)'. |

▶▶ 망원경(望遠鏡), 망루(望樓), 조망(眺望), 희망(希望), 실망(失望),
　　 망부석(望夫石)

122_ 고개 돌릴 기(旡)

| 旡 = 旡 | 사람이 고개를 뒤로 돌린 모습 |

| 旣 _기 | '고봉으로 담긴 밥그릇(♎) 앞에 앉아 있는 사람이 고개를 돌린 모습(♎)'으로 '밥을 (이미) 다 먹었다'라는 뜻을 나타낸 '이미 기(旣)'. |

▶▶ 기존(旣存), 기득권(旣得權), 기왕(旣往)

| 槪 _개 | '이미 기(旣)'와 '나무 목(木)'을 더해 만든 '평미레 개(槪)'. |

▶▶ 개념(槪念), 개괄(槪括), 대개(大槪), 절개(節槪)

학생들이 '개론(槪論)', '개괄(槪括)하다.'라는 어려운 말을 쓰기에 '개괄(槪括)하다'가 무슨 뜻이냐고 물었더니, '대충' 묶어서 설명하는 것이랍니다. '대충(代充)'은 '적당히 대신 채운다.'는 말입니다. '(한 덩어리로) 잘 묶다'라는 뜻의 '개괄(槪括)'과는 아주 다릅니다. '큰일이다' 싶어서 동료 국어 선생에게 물었더니, 자기들도 그렇게 가르치고 있다면서 '대개(大槪)'의 '개(槪)'자 아니냐고 되묻습니다. '개(槪)'자는 '평미레 개(槪)'라고 하는데 그 '평미레'가 무엇인지를 국어 선생님도 모릅니다. '평미레'란 됫박에 곡식을 가득 넣은 후에 넘치지도 않고 부족하지도 않도록 됫박이나 말 통 위를 평평하게 밀어주는 둥근 막대기를 말합니다. 더도 말고 덜도 말고 한 되, 한 말의 수량을 정확하게 재기 위해 둥그런 막대기로 됫박이나 말 통에 곡식을 넉넉히 넣고 그 위가 평평하게 되도록 밀어서 그 양을 맞추는 게 평평하게 민다고 해서 평미레입니다. 따라서 '개념(概念)'이나 '개괄(概括)'이란 말에는 '대충 묶어서 설명하다'라는 뜻이 아니라, 전체적으로 크게 묶어서 설명하되 그 속에는 분명히 됫박의 평미레를 밀 듯이 '더도 덜도 아니게 딱 맞게 바르게 묶어서 설명한다.'라는 뜻이 이미(旣) 담겨져 있습니다.

漑	개

'이미 기(旣)'와 '물 수(氵)'를 더해 '(논에 물을 채울 때) 서로 주고받는 논의 물이 '평미레로 됫박을 밀듯이 꼭 알맞게 채워져야 한다.'라는 뜻을 담은 '물 댈 개(漑)'.
≫ 관개(灌漑), 개분(漑糞: 농작물에 물이나 비료를 줌)

慨	개

'밥을 다 먹었다'라는 뜻을 지닌 '이미 기(旣)'와 '마음 심(忄)'을 더해 '마음속에 어떤 느낌이 꽉 차다'라는 뜻을 나타낸 '마음 벅찰 개(慨)'. (이를 '슬퍼할 개(慨) 혹은 분노할 개(慨)'라고 올려놓은 옥편들이 너무 많습니다.)
≫ 개탄(慨歎), 분개(憤慨), 감개(感慨)

123_ 보살필 보(保)

아기를 업은 모습

呆	보,매

아기(우)를 기저귀 혹은 포대기(ㄴ)로 감싸는 모습(呆)으로 나타낸 '갓난아기 보(呆)' 혹은 아기(우)를 양쪽으로 감싸는(ハ) 모습(保)으로 '갓난아기를 보듬어 지키다'라는 뜻을 나타낸 지킬 보(保)'. 한편으로는 '아이가 제법 컸는데도 똥오줌을 못 가려서 기저귀를 채워야하다, 아기처럼 제 앞가림도 못하는 아이'라는 뜻을 나타낸 '어리석을 매(呆)'로도 쓰임.
≫ 치매(癡呆)

保 보

'갓난아기( )를 등에 업은 사람( )의 모습( )' 혹은 '사람 인(人 =)'과 '보듬은 아기( )'를 더해 나타낸 '보살필 보(保)'.
▶▶ 보호(保護), 보관(保管), 보육원(保育院)

褓 보

'보살필 보(保)'와 '옷 의(衣 = 衤)'를 더해 '아기를 싸안거나 업을 때 쓰는 포대기'를 나타낸 '포대기 보(褓)'.
▶▶ 강보(襁褓: 아기 포대기), 책상보(冊床褓), 보부상(褓負商)

堡 보

'보살필 보(保)'와 '흙 토(土)'를 더해 '물길을 막아 저장해(보살펴) 두기 위한 작은 둑 혹은 위험을 막아주는 작은 성'이라는 뜻을 나타낸 '둑 보, (작은)성 보(堡)'.
▶▶ 보루(堡壘), 보초(堡礁), 교두보(橋頭堡)

124_ 아낄 색(嗇)

	: 농촌(시골)에 있는 곡식 창고의 모습

㐭 비

농촌(시골)에 있는 곡식 창고의 모습으로 나타낸 '시골 비(㐭)'.

鄙 비

'시골 비(㐭)'자가 '촌스럽다', '어리석다', '초라하다', 심지어는 '더럽다' 등으로까지 쓰이게 되자, 또 다시 '고을 읍(邑 =)'을 더한 '시골 비(鄙)'.
▶▶ 비열(鄙劣), 비루(鄙陋), 비천(鄙賤)

嗇 색

보리( )를 거두어 잘 보관하는( ) 모습( )으로 나타낸 '아낄 색(嗇)'.
▶▶ 인색(吝嗇)

이 '아낄 색(嗇)'이 요즈음엔 보통 '인색할 색(嗇)'으로 사전에도 나오는데, 결국 '서울의 잘 지은 창고'는 곡식 외에도 여러 가지 진귀한 물품들이 가득 쌓이는 '서울 경(京)'이 되고 '농촌의 곡식 창고'는 시골 혹은 촌구석이라는 뜻의 '시골 비(鄙)', 심지어는 '더러울 비(鄙)'가 된 것처럼 '아낄 색(嗇)' 또한 우리말의 '아끼다(사랑하다)'라는 말이 '인색(吝嗇: 이런 저런 이유를 붙여 안 내놓다)'이라는 말과 결합되면서 그만 '아낄 색(嗇)'자 자체가 '아까워하다(내놓지 않고 인색하다)'라는 말인 것처럼 바뀌게 된 것입니다.

125_ 멋 낼 교(喬)

 높은 건물의 모습   건물의 지붕을 더 멋지게 만든 모습

高 고	높은 건물의 모습으로 나타낸 '높을 고(高)' ▶▶ 고층(高層), 고등학교(高等學校), 고가(高價), 고위(高位)
毫 호	'높을 고(高)'의 약자(髙)와 '털 모(毛)'를 더해 '뾰족하게 솟은 털'이라는 뜻을 나타낸 '터럭 호, 붓털 호(毫)'. ▶▶ 휘호(揮毫), 호리(毫釐)
豪 호	'높을 고(高)'의 약자(髙)와 '멧돼지 시(豕)'를 더해 '멧돼지처럼 굳세고 용감하다'라는 뜻을 나타낸 '호걸 호(豪)'. ▶▶ 호화(豪華), 호걸(豪傑), 호사(豪奢)
臺 대	'흙 토(土)'와 '높을 고(高)'를 합쳐진 생략 형태와 '이를 지(至)'를 더해 '높이 올려 평평하게 전망대로 쓸 수 있도록 만든 건물'이라는 뜻을 지닌 '돈대 대(臺)'. ▶▶ 토대(土臺), 무대(舞臺), 청와대(靑瓦臺)
喬 교	'지붕 부분을 멋있게 휘어지도록 꾸민 높은 건물(髙=高: 높을 고)의 모습' 나타낸 '높을 교, 멋 낼 교(喬)'. ▶▶ 교목(喬木: 키 크고 잘 퍼진 나무), 교만(喬慢=驕慢)

橋 교	'나무 목(木)'과 '높을 교(喬)'를 더해 '둥글게 휘어서 (아치형으로) 만든 다리를 나타낸 '다리 교(橋) ▶ 교량(橋梁), 교각(橋脚), 가교(架橋), 석교(石橋), 철교(鐵橋)

嬌 교	'계집 녀(女)'와 '멋 낼 교(喬)'자를 더해 '여자가 잘 보이려고 아양을 부리다'라는 뜻을 나타낸 '아리따울 교, 아양 부릴 교(嬌)'. ▶ 애교(愛嬌), 교태(嬌態), 교성(嬌聲)

矯 교	'바르다'라는 뜻을 지닌 '화살 시(矢)'와 '휘어지다'라는 뜻을 지닌 '멋 낼 교(喬)'를 더해 '휘어진 화살을 다시 휘어 바로 잡는다'는 뜻을 나타낸 '바로 잡을 교(矯)'. ▶ 교정(矯正), 교도소(矯導所), 교각살우(矯角殺牛: 소의 뿔을 바로 잡으려다 소 죽인다)

驕 교	'말 마(馬)'와 '높을 교, 멋 낼 교(喬)'를 더해 '(실용적이지는 못한) 키 크고 멋있기만 한 말'을 나타낸 '뻣뻣할 교(驕)'. ▶ 교만(驕慢), 교병필패(驕兵必敗: 자기 군대의 힘만 믿고 교만하면 적의 군대에게 반드시 패한다는 뜻)

僑 교	'사람 인(亻)'과 '다리 교(橋=喬), 멋 낼 교(喬)'를 더해 '고향을 떠나 타향으로 건너가서 사는 사람'이라는 뜻을 나타낸 '더부살이 교(僑)'. ▶ 교포(僑胞), 화교(華僑)

126_ 진칠 둔(屯)

	새싹(屮)이 땅(一) 위로 미처 나오지를 못하고 밑에서 용을 쓰고 있는 모습(屯)

屯 둔	새싹(屮)이 땅(一) 위로 미처 나오지를 못하고 밑에서 (뿌리를 옆으로 벌리며) 용을 쓰고 있는 상태(屯)를 나타낸 '진칠 둔(屯)'. ▶ 주둔(駐屯), 운둔(雲屯: 사람이 구름처럼 많이 모임)

鈍 둔	'진칠 둔(屯)'과 '쇠 금(金)'을 더해 '아직 날을 세우지 못한 무딘 쇠'라는 뜻을 나타낸 '무딜 둔(鈍)'. ➤ 우둔(愚鈍), 둔탁(鈍濁), 둔자(鈍者: 슬기롭지 못하고 머리가 둔한 사람)
沌 돈	'진칠 둔(屯)'과 '물 수(氵)'를 더해 '흐르지 못하고 소용돌이만 치고 있는 흐린 물'을 나타낸 '어두울(흐릴) 돈(沌)'. ➤ 혼돈씨(混沌氏: 하는 짓이 모호(模糊)하거나 정신(精神)이 흐리멍덩한 사람을 농조로 이르는 말), 혼돈(混沌)
純 순	'진칠 둔(屯)'과 '실 사(糸)'를 더해 '누에고치에서 나온 아직 누이지 않은(잿물에 삶아 희게 만들어 지기 전 상태의) 명주실'이라는 뜻을 나타낸 '생사 순(純)'. ➤ 순수(純粹), 불순(不純), 단순(單純), 순정(純情), 순결(純潔)

127_ 문자(文字)

몸에 여러 가지 그림이나 글자를 새긴 사람의 모습.

文 문 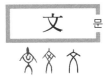	'사람의 몸에 여러 가지 그림을 그린 모습'으로 나타낸 '글 문(文)'. ➤ 문신(文身), 문서(文書), 문채(文彩: 잘 꾸며져 아름답게 빛나는 무늬), 문명(文明)

문(文)자는 실은 우리말의 '무늬'라는 말이 '몸에 그린 무늬이자 글'인 '무늬 문(紋)과 글 문(文)'이라는 '우리말 한자(漢字)'로 만들어 진 것이며 그 증거가 바로 중국이나 일본에는 없는 우리말의 '무늬(문)'라는 말입니다.

✗ , ∪ , ⑧ 등의 무늬들이 무엇을 뜻하는지는 아직 분명하지 않지만, 여러 부족(部族)들이 저마다의 상징이나 이름 혹은 자신만의 어떤 의사(意思), 의지(意志)등을 자신의 몸에 그려서 나타낸 것으로, 결국 '문(文)'이란 사람이 몸짓이나 말과는 다른 방법으로 스스로의 몸에 그림을 그려 자신의 의사나 뜻을 표현하는 '글자 이전의 그림이자 글자'였을 것입니다.

紋 문

'사람의 몸에 여러 가지 그림을 그린 모습'으로 나타낸 '무늬 문 혹은 글 문(文)'이 주로 '글 문(文)'으로만 쓰이게 되자 '실 사(糸)'를 더해 '(몸이 아닌) 옷감에 실로 아름답게 꾸민(새긴) 무늬'라는 뜻을 나타낸 '무늬 문(紋)'.

>> 문양(文樣＝紋樣), 파문(波文＝波紋)

紊 문

'(반듯해야할) 글 문(文)'과 '(잘 엉키기도 하는) 실 사(糸)'를 더해 '(반듯해야할) 무늬나 글이 세상을 어지럽히다'라는 뜻을 나타낸 '어지러울 문 혹은 어지러울 문(紊)'.

>> 문란(紊亂), 문서(紊緖: 어지러움의 시초), 문요(紊擾: 어지럽고 시끄러운 세상)

子 자

'갓난아기 혹은 자라나고 있는 아이'를 나타낸 '새끼 자 혹은 (자라나는) 아이 자(子)'.

>> 자녀(子女), 친자(親子)

仔 자

'아이를 업은 모습(犳)'으로 '아이를 잘 자라도록 알뜰하게 보살피다'라는 뜻을 나타낸 '알뜰히 살필 자(仔)'.

>> 자상(仔詳), 자세(仔細), 자견(仔肩: 양 어깨에 지워진 짐을 견디다)

알뜰히 살필 자(仔)'는 '견딜 자(仔)'로도 쓰이는 이유는 아마도 '아이를 잘 자라도록 알뜰하게 보살피는 일은 바로 참고 견디지 않으면 안 된다'라는 뜻일 것입니다.

字 자

'집 면(宀)'과 '새끼 자(子)'자를 더해 '새끼(아이)가 하나의 집(宀＝家)을 꾸릴 수 있는 어른이 되려면 사람이 몸짓이나 말을 스스로의 몸에 그림으로만 표현하는 '무늬 문(文)'의 단계를 넘어 '보다 구체적이고 분명한 의사를 표현할 수 있는 글자처럼 되어야 한다.'라는 뜻을 나타낸 '글자 자(字)'.

>> 문자(文字), 자구(字句), 자전(字典)

이 '글자 자(字)'는 '한 사람이 보다 구체적이고 분명한 자신만의 의지를 갖게 되었다'는 뜻을 나타낸 '성년이 되어 새로 갖게 된 이름 자(字)'로도 쓰입니다.

이율곡의 자(字), 이이(李珥), 이황의 자(字), 퇴계(退溪) 등.

128_ 껍질 갑(甲)

 갑골문이 새겨진 거북의 배 껍질

甲 갑

처음엔 '거북의 (글자를 새기는) 배 껍질(⊕)'로 '처음, 시작, 첫째 날' 등의 뜻을 나타냈으나 나중엔 '껍질을 쓰고 나오는 새싹의 모습'과도 같은 형태로 바뀐 '껍질 갑 혹은 갑옷 갑(甲)'.

▶ 둔갑(遁甲), 조갑(爪甲), 동갑(同甲), 갑남을녀(甲男乙女)

이 거북의 껍질에 새겨 쓴 글들이 바로 갑골문으로 국사(國事)의 길흉을 묻는 점사(占辭)들이 적혀 있는데 그 10일간의 단위를 뜻하는 십간(十干) 중에서도 '갑(甲)'은 그 '갑을병정무기경신임계(甲乙丙丁戊己庚辛壬癸: 一二三四五六七八九十)'의 '첫째 날'에 해당됩니다.

鉀 갑

'껍질 갑 혹은 갑옷 갑(甲)'과 '쇠 금(金)'을 더해 '쇠로 된 갑옷'이라는 뜻을 나타낸 '갑옷 갑(鉀)'.

▶ 파갑유탄(破鉀榴彈: 요새 따위의 견고한 시설을 공격하는 데 쓰는 파괴력이 강한 유탄)

匣 갑

'상자 방(匚)'과 '껍질 갑 혹은 갑옷 갑(甲)'을 더해 '갑옷처럼 단단하게 만든 상자'라는 뜻을 나타낸 '갑 갑(匣)'.

▶ 지갑(紙匣), 장갑(掌匣), 수갑(手匣)

押 압

'껍질을 덮어쓰다'라는 뜻을 지닌 '껍질 갑(甲)'과 '~~하게 하다'라는 뜻의 동사 기호 '손 수(扌)'를 더해 '덮어씌우듯 누르다'라는 뜻을 나타낸 '누를 압(押)'.

▶ 압수(押收), 압류(押留), 압운(押韻), 압송(押送)

岬 갑

'껍질을 쓰고 (땅을 뚫고) 나오다'라는 뜻을 지닌 '껍질 갑(甲)'과 '뫼 산(山)'을 더해 '바다 쪽으로 뚫고 나온 산'이라는 뜻을 나타낸 '곶 갑(岬)'.

▶ 갑각(岬角: 바다 쪽으로, 부리 모양으로 뾰족하게 뻗은 육지), 사갑(沙岬: 모래곶)

鴨 압

'껍질을 쓰고 (땅을 뚫고) 나오다'라는 뜻을 지닌 '껍질 갑(甲)'과 '새 조(鳥)'를 더해 '추운 겨울 얼어붙은 계곡을 뚫고 올라오는 새 혹은 압! 압! 하고 우는 새'라는 뜻을 나타낸 '오리 압(鴨)'.

>> 가압(家鴨: 집오리), 안압지(雁鴨池), 압록강(鴨綠江)

129_ 주인 주(主)

   불꽃이 있는 촛대나 등잔의 모습

 丶 주 丨

불꽃의 모습으로 나타낸 '불꽃 주 혹은 점 주(丶)'.
'불 화(火＝🔥)'가 마구 튀며 타오르는 불꽃의 모양이었다면, '점 주(丶)'의 원형인 '불꽃 주(🔥)'는 마치 제자리에서 가만히 서 있는 하나의 '점'같은 '불꽃'이었다고 할 것입니다.

主 주 🔥

'불꽃 주 혹은 점 주(丶)'와 등잔 혹은 촛대까지 그린 모습(🔥)으로 '어느 한 지점이나 한 집안의 불을 관장하는 주인'이라는 뜻을 나타낸 '주인 주(主)'.

>> 주인(主人), 주빈(主賓), 주부(主婦), 주장(主張), 주요(主要)

'주인 주(主)'는 원래 글자 모습(🔥) 그대로 '등잔불 혹은 촛불 주(主)'였겠지만 언제 부터인가 '주인 주(主)'로 쓰이게 되었습니다. 그 이유로는 사람들이 불을 처음으로 사용하게 되었을 때를 생각해보면 알 수 있을 것도 같습니다. 어느 한 지점에 불꽃을 지펴 놓고 그 불꽃과 한 씨족을 지켜냈던 우리 아버지 어머니들이야 말로 바로 그 집안의 주인(主人)들이기도 했겠지요.

炷 주

'불 화(火)'와 '주인 주(主)'를 더해 '모든 불의 원래 주인인 불씨 혹은 그 불씨를 당기고 지켜내는 근본'이라는 뜻을 나타낸 '(불꽃의) 심지 주(炷)'.

>> 주향(炷香: 향을 피움), 등주(燈炷: 불의 심지)

'등잔불 혹은 촛불 주(🔥)'가 '주인 주(主)'로만 쓰이게 되고 '불꽃 주(🔥)' 역시 '점 주(丶)'로만 쓰이게 되자 원래의 '불꽃 주(🔥)'와 '등잔불 혹은 촛불 주(🔥)'의 원뜻을 살려 나가기 위해 모든 불꽃의 불씨를 잡고 있는 '심지'를 나타내는 글자를 다시 만든 것이지요. 여기서 '심지'라는 말은 '불씨를 지피고 불꽃을 지키는 그 무엇'이라는 점만이 명백할 뿐 그 어원이 밝혀지지 않고 있는 말입니다. 다만 저로서는 '사람 몸의 불기운(피)을 지켜주는 심장 혹은 그 심장을 지켜주는 무엇'이라는 뜻에서 '마음 심(心)'과 불씨를 당기고 불꽃을 지키는데 쓰던 꼰 종이를 말하는 '종이 지(紙)'를 더해 '심지(心紙)'라고 했던 '우리 한자(漢字)말'이었을 것이라고 추측이 됩니다.

住 주	'사람 인(人＝亻)'과 '주인 주(主)'를 더해 '누군가가 어딘가를 지키고 살고 있다'라는 뜻을 나타낸 '살 주(住)'. ▶▶ 주거(住居), 주소(住所), 정주(定住)
注 주	'물 수(水＝氵)'와 '주인 주(主)'를 더해 '어딘가 한 곳에 물을 주다'라는 뜻을 나타낸 '물 댈 주(注)'. ▶▶ 주목(注目), 주시(注視), 주문(注文), 주의(注意)
柱 주	'나무 목(木)'과 '주인 주(主)'를 더해 '지붕의 어느 한 곳을 받쳐주고(지키고) 있는 나무'라는 뜻을 나타낸 '기둥 주(柱) ▶▶ 주초(柱礎), 지주(支柱), 전신주(電信柱)
駐 주	'말 마(馬)'와 '주인 주(主)'를 더해 '(사람이 탄) 말이 지나가는 어느 한 곳에 머무르게 하다'라는 뜻을 나타낸 '머무를 주(駐)'. ▶▶ 주둔(駐屯), 주차장(駐車場), 주재(駐在)
註 주	'말씀 언(言)'과 '주인 주(主)'를 더해 '글의 어느 한 곳에 대해 설명을 하다'라는 뜻을 나타낸 '주낼 주(註)'. ▶▶ 주석(註釋), 주해(註解), 각주(脚註)

130_ 머리 매달 현(縣)

 사람의 머리를 거꾸로 매단 모습

縣 현	'머리 수(首)의 뒤집어진 형태'와 '이을 계(系)'를 더해 '사람의 머리를 거꾸로 매달다'라는 뜻을 나타낸 '매달 현(縣)'. ▶▶ 현감(縣監), 현령(縣令), 군현(郡縣)
懸 현	'매달 현(縣)'과 '마음 심(心)'을 더해 '거리에 머리를 매달아 어떤 일을 마음에 새기도록 알리는 일'이라는 뜻을 나타낸 '매달 현, 걸 현(懸)'. ▶▶ 현수(懸首), 현상금(懸賞金), 현안(懸案), 현수막(懸垂幕), 현판(懸板)

鎭 진	'쇠 금(金)'과 '머리를 거꾸로 처박다, 혹은 거꾸로 매달다'라는 뜻을 지닌 '참 진(眞)'을 더해 '쇳물에 사람을 거꾸로 처넣어 다른 모든 사람들을 억누르다'라는 뜻을 나타낸 '억누를 진(鎭)'. ▶ 진압(鎭壓), 진화(鎭火), 진정(鎭靜)
顚 전	'머리를 거꾸로 처박다'라는 뜻을 지닌 '참 진(眞)'에 '머리 혈(頁)'을 다시 더해 만든 '엎어질 전, 이마 전(顚)'. ▶ 전도(顚倒), 전말(顚末), 전복(顚覆), 전락(顚落)
塡 전	'머리를 거꾸로 처박다'라는 뜻을 지닌 '참 진(眞)'과 '흙 토(土)'를 더해 '파냈던 자리를 다시 메우다'라는 뜻을 나타낸 '메울 전(塡)'. ▶ 보전(補塡), 장전(裝塡), 충전(充塡)

131_ 머리 수(首)

스웨덴 학자 C.링크비스트(Cecilia Lindqvist)의 CHINA에서

首 수	양 혹은 사슴의 머리 해골 모습으로 그려진 '머리 수(首)'. ▶ 수도(首都), 수석(首席), 수뇌(首腦), 수구초심(首丘初心: 여우는 죽을 때 구릉을 향(向)해 머리를 두고 초심으로 돌아간다는 뜻으로, 자신의 근본을 잊지 않고 고향을 그리워함을 비유하는 말)
道 도	'머리 수(首=䈅)'와 '갈 착(辶=辵)'을 더해 '머리를 앞세워 가다 혹은 머리를 앞세워 가는 그 길'이라는 뜻을 나타낸 '길 도, 말할 도(道)'. ▶ 도로(道路), 도리(道理), 도덕(道德), 보도(報道)

'말할 도(道)'라고도 쓴 이유는 '사슴 혹은 모든 짐승이 머리를 앞세운다'는 것은 곧 '무언가를 가리키고 말하는 것'이기도 했기 때문이었을 것입니다.

導 도

'길 도, 말할 도(道)'가 주로 '길 도(道)'로만 쓰이게 되자, 원래의 '무언가를 가리키다 혹은 앞서다.'라는 뜻을 살리기 위해 동사 기호 '하게 하다'의 뜻을 지닌 '(손)마디 촌(手=扌=寸)'을 더해 만든 '이끌 도(導)'.

>> 도입(導入), 유도(誘導), 주도(主導), 지도(指導)

頁 혈

처음에는 짐승의 해골, 혹은 눈과 머리카락만으로 나타낸 '머리 수(首 = 𦣻, 𦣝, 𦥞)'와 '앉아 있는 사람(𠂤)'을 더한 모습(𦣻)이었는데, 나중에 사람의 몸통 부분을 나타낸 '사람 인(亻=儿=人)'을 더한 모습(頁)으로 바뀐 '머리 혈(頁)'.

煩 번

'불 화(火)'와 '머리 혈(頁)'을 더해 '여러 가지 걱정거리와 잡된 생각에 머리 속이 뜨겁다'라는 뜻을 나타낸 '번거로울 번, 괴로울 번(煩)'.

>> 번뇌(煩惱), 번민(煩悶), 번잡(煩雜)

項 항

'머리 혈(頁= 頁)'과 '구멍을 뚫다'라는 뜻을 지닌 '장인 공(工)'을 더해 '머리와 몸통 사이가 (구멍으로) 연결되는 목'을 나타낸 '목 항(項)'.

>> '항목(項目: 어떤 일이나 사물의 중요한 가닥(목)이 되는 부분)', '제 일항(弟 一項), 제 이항(第 二項)'.

頻 빈

'건널 섭(歩 =歩)'과 '머리 혈(頁)'을 더해 '물을 건널 때 생기는 여러 겹으로 자주 생기는 물의 주름처럼 이마에 생기는 주름'이라는 뜻을 나타낸 '자주 빈(頻)'.

>> 빈발(頻發), 빈도(頻度), 빈번(頻繁)

類 류

'비슷한 것들을 모아 끼리끼리 구별해 놓은 모습(𩏬)'과 '머리 혈(혈)'을 더해 '머리를 보아 끼리끼리 구별하다'라는 뜻을 나타낸 '무리 류, 떼 류(類)'.

>> 유사(類似), 종류(種類), 서류(書類), 인류(人類)

頹 퇴

'대머리 독, 민둥산 독(禿)'과 '머리 혈(혈)'을 더해 '작물 등이 다 쓰러져서 거둬들일 만한 것이 하나도 없게 되다'라는 뜻을 나타낸 '무너질 퇴, 쇠락할 퇴(頹)'.

>> 퇴폐(頹廢), 쇠퇴(衰頹), 퇴락(頹落)

顯 현

𣌳 顯

'염색한 (젖은) 실 꾸러미를 햇볕에 말리는 모습(𣌳)'과 '머리 혈(頁)'을 더해 '실머리를 잘 들어나게 하다, 혹은 의도한 색깔을 잘 나타나게 하다'라는 뜻을 나타낸 '드러낼 현 나타낼 현(顯)'.
>> 현저(顯著), 현미경(顯微鏡)

濕 습

'(젖은) 실 꾸러미'라는 뜻을 지닌 '드러낼 현(㬎)'에 '물 수(氵)'를 다시 더해 '젖어있다'라는 뜻을 강조한 '축축할 습(濕)'.
>> 습지(濕地), 습윤(濕潤), 습기(濕氣)

頭 두

頭

'머리 혈(頁 = 𩑋)'과 '동그랗다'는 뜻을 지닌 '콩 두(豆 = 쿄)'를 더해 '똑바로 세워진 사람의 (둥근) 머리'를 나타낸 '머리 두(頭)'.
>> 두발(頭髮), 두각(頭角), 몰두(沒頭), 염두(念頭), 출두(出頭), 만두(饅頭), 진두지휘(陳頭指揮), 구두선(口頭禪: 실행(實行)함이 없이 말로만 거창하게 떠들어대는 것), 양두구육(羊頭狗肉: 양 머리를 걸어놓고 개고기를 판다는 뜻), 거두절미(去頭截尾: 머리와 꼬리를 잘라버리듯 사물의 요점만을 말함), 백척간두(百尺竿頭: 백 자나 되는 높은 장대 위에 올라선 듯 아주 위태로움)

頂 정

'머리 혈(頁)'과 '못 정(丁 = 釘)'을 더해 '납작한 못 대가리처럼 납작한 머리의 윗부분'을 나타낸 '정수리 정(頂)'.
>> 정상(頂上), 천정(天頂), 절정(絶頂) 산정(山頂)

頃 경

'머리 혈(頁)'과 '넘어진 사람의 모습(匕)'을 더해 '사람이 기우뚱하고 넘어지는 순간 혹은 머리를 잠깐 갸우뚱하는 순간'을 나타낸 '기울어질 혹은 잠깐 경(頃)' 혹은 '이랑 경(頃: 밭 넓이를 나타내는 단위, 갈아 놓은 밭의 한 두둑과 한 고랑을 아울러 이르는 말)'.
>> 경각(頃刻: 매우 짧은 시간), 식경(食頃: 한 끼 밥을 먹을 만한 얼마 안 되는 시간), 만경(萬頃: 아주 넓은 땅이나 물), 만경창파(萬頃蒼波: 만 이랑만큼이나 넓은 푸른 물결이 이는 한없이 넓고 푸른 바다)

傾 경

'기울어질 혹은 잠깐 경(頃)'이 주로 '잠깐 경(頃)'으로만 쓰이게 되자 '기울어지다'는 뜻을 강조하기 위해 다시 '사람 인(亻)'을 더한 '기울어질 경(傾)'.
>> 경사(傾斜), 경도(傾倒: 마음이나 형세가 한쪽으로 쏠리는), 경향(傾向), 경청(傾聽), 경국지색(傾國之色: 나라를 기울게 할 만큼 매우 아름다운 여자)

215

順 순

'머리 혈(頁)'과 '내 천(川)'을 더해 '물을 따라 흐르듯 하다'라는
뜻을 나타낸 '따를 순(順)'.
>> 유순(柔順)하다, 순응(順應), 순서(順序), 순위(順位), 순서(順序),
순탄(順坦), 순리(順理), 순종(順從), 이순(耳順: 나이 60세를 이
르는 말로, 공자(孔子)가 60세가 되어 천지(天地) 만물(萬物)의
이치(理致)에 통달(通達)하게 되고, 듣는 대로 모두 이해(理解)
하게 되었다는 데서 나온 말)

頑 완

'머리 혈(頁)'과 '둥근 사람의 머리'에서 나온 '으뜸 원(元)'을 더해
'자신이 으뜸이라고만 생각하는 융통성이 없는 머리'라는 뜻을 나
타낸 '완고할 완(頑)'.
>> 완고(頑固), 완강(頑强), 완미(頑迷; 융통성이 없다가 보니 세상
일에 어두움)

預 예

'머리 혈(頁 = 𩑋)'과 '베를 짤 때 베틀의 앞뒤로 넘기면서 실을 풀
어 주는데 쓰는 북 여 혹은 나 여(予 = 𠄐)'를 더해 '미리미리 (다음
에 짤) 일을 준비하다'라는 뜻을 나타낸 '미리 예(預)'.
>> 예금(預金), 예언(預言)

頒 반

'머리 혈(頁)'과 '나눌 분(分)'을 더해 '사람의 머리수만큼 골고루
나누다'라는 뜻을 나타낸 '나눌 반(頒)'.
>> 반포(頒布), 반사(頒賜: 임금이 물건(物件)을 나누어 줌)

須 수

'사람의 (가늘고 부드러운) 턱 수염'을 그린 것으로 '거추장스럽지
않으려면 (모름지기) 한 곳으로 모아야 한다.'라는 뜻을 나타낸 '모
름지기 수(須)'.
>> 필수적(必須的), 남아수독오거서(男兒須讀五車書: 남자(男子)는
모름지기 다섯 수레에 실을 만큼의 책을 읽어야 한다)

頌 송

'머리 혈(頁)'과 '널리 알리다'라는 뜻을 지닌 '드러낼 공, 공변될
공(公)'을 더해 '여러 사람이 함께 알도록 기리다'라는 뜻을 나타낸
'기릴 송(頌)'.
>> 칭송(稱頌), 찬송(讚頌), 송덕비(頌德碑)

頓 돈

'머리 혈(頁)'과 '땅에 뿌리를 내리는 모습'에서 나온 '어려울 둔, 진칠 둔(屯)'을 더해 '머리를 땅에 쳐 박다'라는 뜻을 나타낸 '(머리를) 조아릴 돈(頓)'.

>> 돈수(頓首: 머리가 땅에 닿도록 절을 함), 돈각(頓覺: 머리를 땅에 처박고 싶도록 문득 깨달음), 돈지(頓智: 순간의 지혜), 사돈(査頓), 두둔(斗頓: 고개를 끄덕이며 편을 듦)

題 제
題

'머리 혈(頁)'과 '삽(𣃹)을 발(𤴔=止: 발 지)로 똑바르게 앞으로 미는 모습'으로 만들어진 '바를 시(𤴔=是)'를 더해 '머리를 앞으로 내밀다'라는 뜻을 나타낸 '내세울 제(題)'.

>> 제목(題目), 문제(問題), 과제(課題), 숙제(宿題)

領 령

'머리 혈(頁)'과 '불러 모으다'라는 뜻을 지닌 '하여금 령(令)'을 더해 '사람들이 모여드는 길목 혹은 그 길목을 다스리다'라는 뜻을 나타낸 '길목 령, 다스릴 령(領)'.

>> 점령(占領), 요령(要領), 대통령(大統領), 요령부득(要領不得)

嶺 령

'길목 령(領)'과 '뫼 산(山)'을 더해 '산을 넘어갈 때 사람들이 많이 몰릴 수밖에 없는 (길목이 되는) 고개'를 나타낸 '재 령(嶺)'.

>> 태산준령(泰山峻嶺: 큰 산과 험한 고개), 분수령(分水嶺), 대관령(大關嶺: 강원도 강릉과 평창 사이에 있는 고개)

顔 안
顔

'머리 혈(頁=𩠐)'과 '(이마가) 번듯하게 잘 생긴 사람'의 뜻을 지닌 '선비 언(彦=𩑋)'을 더해 '훤한 이마'를 나타낸 글자였는데, 지금은 주로 '얼굴 안(顔)'으로 쓰임.

>> 홍안(紅顔), 안면(顔面), 안색(顔色)

願 원

'머리 혈(頁)'과 '근원 원(原)'을 더해 '자신의 뿌리로 향하는 머리 혹은 자신의 뿌리로부터 바라는 마음'이라는 뜻을 나타낸 '바랄 원(願)'.

>> 소원(所願), 기원(祈願), 민원(民願), 지원(志願)

132_ 옛 고(古)

사람의 해골 모습

古 고

사람의 해골 모습으로 '옛날, 선조, 묵다, 오래 되다, 예스럽다, 순박하다, 고리타분하다, 성스럽다'등의 뜻을 나타낸 '옛 고(古)'.
➤ 고희(古稀), 고적(古蹟), 고대(古代), 고풍(古風)

固 고

'옛 고(古)'와 '둘러쌀 위(囗)'를 더해 '굳다, 단단하다, 우기다, 가두다, 안정시키다(安定~, 평온하다平穩~)' 등의 뜻을 나타낸 '굳을 고(固)'.
➤ 고집(固執), 고정(固定), 확고(確固), 견고(堅固)

個 개

'단단하게 겉이 둘러싸여 있는 하나'라는 뜻을 지닌 '굳을 고(固)'와 '사람 인(亻)'을 더해 '섞이지 않고 따로 있는 무엇(사람)'이라는 뜻을 나타낸 '낱 개(個)'.
➤ 개인(個人), 개별(個別), 개성(個性)

箇 개

'단단하게 겉이 둘러싸여 있는 하나'라는 뜻을 지닌 '굳을 고(固)'와 '대 죽(竹)'을 더해 '대나무 산가지로 수효를 헤아리다'라는 뜻을 나타낸 '낱 개(箇)'.
➤ 개수(箇數), 개개고찰(箇箇考察)

痼 고

'병들 녁(疒)'과 '굳을 고(固)'를 더해 '몸에 늘 붙어서 안 떨어지는 병'이라는 듯을 나타낸 '고질 고(痼)'.
➤ 고질병(痼疾病), 고랭(痼冷)

枯 고

'옛 고(古)'와 '나무 목(木)'을 더해 '오래된 나무, 마르다, 시들다, 약해지다(弱~), 쇠하다(衰~), 마른 나무' 등의 뜻을 나타낸 '마를 고(枯)'.
➤ 고목(枯木), 고갈(枯渴), 고엽(枯葉), 고사(枯死)

| 苦 _고 | '옛 고(古)'와 '풀 초(艸)'를 더해 '씀바귀(풀) 혹은 (씀바귀처럼) 쓰다, 괴롭다, 애쓰다, 힘쓰다, 거칠다, 욕되다(辱~), 싫어하다' 등의 뜻을 나타낸 '쓸 고(苦)'. |

'옛 고(古)'와 '풀 초(艸)'를 더해 '씀바귀(풀) 혹은 (씀바귀처럼) 쓰다, 괴롭다, 애쓰다, 힘쓰다, 거칠다, 욕되다(辱~), 싫어하다' 등의 뜻을 나타낸 '쓸 고(苦)'.

>> 고민(苦悶), 고통(苦痛), 고충(苦衷), 고배(苦杯)

'단단하다, 가두다'라는 뜻을 지닌 '굳을 고(固＝古)'와 '그물 망(网＝罒)'을 더해 '촉고(數罟: 눈을 썩 잘게 떠서 촘촘하게 만든 그물) 혹은 (촉고처럼) 빠져 나갈 수 없게 만든 법망, 규칙, 그물로 가두다'라는 뜻을 나타낸 '그물 고(罟)'.

'단단하다, 가두다'라는 뜻을 지닌 '굳을 고(固＝古)'와 '바늘이나 송곳'이라는 뜻을 지닌 '매울 신(辛)'을 더해 '죄인의 시체를 나무에 송곳으로 꽂아놓고 말려 버리는 옛날 형벌의 하나. 혹은 그 시체의 허물을 벗겨 말리는 일, 찢어 죽이다, (가족도 찾아 갈 수 없도록) 저버리다' 등의 뜻을 나타낸 '허물 고(辜)'.

>> 무고(無辜), 불고(不辜: 아무 허물될 것이 아님)

사람(尸)이 의자(几)에 앉은 모습(凥), 혹은 사람(亻)과 '옛날, 선조, 묵다, 오래 되다, 예스럽다, 순박하다, 고리타분하다, 성스럽다' 등의 뜻을 지닌 '옛 고(古)'를 더해 '사람이 의자에 의지하듯 오래 된 것에 의지해 살다'라는 뜻을 나타낸 '살 거(居)'.

>> 거주(居住), 거처(居處), 거소(居所), 주거(住居)

'옛날, 선조, 묵다, 오래 되다, 예스럽다, 순박하다, 고리타분하다, 성스럽다' 등의 뜻을 지닌 '옛 고(古)'와 '~~하게 하다'라는 뜻을 지닌 동사 기호 '칠 복(攵)'을 더해 '연고(緣故), 사유(事由), 까닭, 이유(理由), 도리(道理), 사리(事理), 친숙한 벗' 등의 뜻을 나타낸 '본래 고, 고로 고(故)'.

>> 고향(故鄕), 고인(故人), 고장(故障), 사고(事故)

'옛날, 선조, 묵다, 오래 되다, 예스럽다, 순박하다, 고리타분하다, 성스럽다' 등의 뜻을 지닌 '옛 고(古)'와 '계집 녀(女)'를 더해 '옛날 삼신할머니, 혹은 시어미 등의 여자어른'이라는 뜻을 나타낸 '시어미 고(姑)'.

>> 고부(姑婦), 마고(麻姑)할미.

害 해
甫

'해골'의 뜻을 지닌 '옛 고(古=古)'와 '거적이나 망태로 덮는 모습(甫)'을 더해 '해골이 더 이상 훼손되지 않도록 덮어두다'라는 뜻을 나타낸 글자인데 무슨 이유에선가 점점 '거리끼다, 훼손되다, 해치다'라는 반대의 뜻으로 쓰이게 된 '해칠 해(害)'.
>> 해충(害蟲), 피해(被害), 방해(妨害)

지금도 남쪽 섬 마을에 가면 죽은 사람을 파묻지 않고 백골이 될 때까지 놔두었다가 그 뼈를 다시 묘에 모시는 초분(草墳)이라는 풍속이 있습니다. 그 때까지 시신을 그냥 놔두는 것은 아니고 풀로 덮는다고 해서 '초분(草墳)'이라고 합니다만 실은 칡덩굴 같은 걸로 망을 짜서 덮거나 초막을 지어 큰 짐승들이 시신의 뼈까지 다치지는 못하도록 했다가 깨끗하게 된 백골만을 수습하기 위한 것이지요. 그런데 이렇게 시신을 곱게 잘 모시기 위한 풍속을 후대의 사치스런 문화가 생기면서 그 풍속을 더럽게 여기고는 '시신이 훼손되지 않도록 망으로 덮어주는 일'을 뜻하는 '막을 해(害)'자가 변해서 '거리끼다'가 되고 심지어는 오히려 '해(害)치다'라는 말로까지 쓰이게 된 것입니다.

割 할

'~~까지만'이라는 뜻을 지닌 '막을 해(害)'와 '칼 도(刂)'를 더해 '어느 정도에서 멈추고(끊고) 가려내다'라는 뜻을 나타낸 '분별할 할, 자를 할(割)'.
>> 역할(役割), 할인(割引), 할당(割當)

憲 헌
甫 憲

'덮는 망의 모습(甫)'과 '눈 목(目)'과 '마음 심(心)'을 더해 '덮듯이 전체를 아우르는(살피는) 눈 혹은 아울러보는 마음'이라는 뜻을 나타낸 '아울러 볼 헌(憲)'.
>> 헌법(憲法), 헌장(憲章)

133_ 아우를 병(幷)

幷 병
幷

나란히 선 두 사람의 모습(幷)으로 '사람들을 하나로 아우르다'라는 뜻을 나타낸 '아우를 병(幷)'.

併 병

'아우를 병(幷)'이 다른 글자에도 쓰이게 되자 원뜻을 살리기 위해 '사람 인(亻)'을 다시 더한 '아우를 병(併)'.
>> 합병(合倂), 병용(倂用), 병기(倂記: 함께 아울러 적는 것)

| 屛 병 |

'덮다'는 뜻을 지닌 '주검 시(尸)'와 '아우를 병(幷)'을 더해 '무언가를 덮거나 가리기 위해 돌이나 나무 등을 나란히 세우다'라는 뜻을 나타낸 '울타리 병, 가릴 병(屛)'.

▶▶ 병풍(屛風), 화병(畵屛), 병거(屛居: 세상(世上)에서 물러나서 집에만 있음)

| 瓶 병 |

'지금의 병 모습으로 만들어 도기로 구워 낸 물 긷는 그릇'의 뜻을 지닌 '기와 와(瓦)'와 '아우를 병(幷)'을 더해 '두레박으로 쓰던 두 개의 물병'이라는 뜻을 나타낸 '물 단지 병, 두레박 병(瓶)'.

▶▶ 화병(花瓶), 화염병(火焰瓶),

| 餠 병 |

'먹을 식(食)'과 '아우를 병(幷)'을 더해 '일정한 크기나 모양으로 만든 먹거리'라는 뜻을 나타낸 '떡 병(餠)'.

전병(煎餠: ①부꾸미 ②해놓은 일이나 물건(物件)이 제대로 되지 않았거나 또는 아주 잘못된 현상(現狀)을 비유(比喩·譬喩)하여 이르는 말), 월병(月餠: 달떡. 달 모양으로 둥글게 만든 흰 떡)

134_ 멈춰 볼 간(艮)

| 艮 간 |

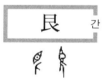

'사람(⺅=儿=人)'과 '(등 쪽에 붙은) 눈 목(☞=目)'을 더해 '멈춰서 (뒤돌아) 보다'라는 뜻을 나타낸 '머물러 볼 간 혹은 머무를 간(艮)'.

▶▶ 간괘(艮卦:①팔괘(八卦)의 하나 ②육십사괘(六十四卦)의 하나), 간시(艮時: 이십사 시(時)의 자시(子時)로부터 넷째 시(時) 오전(午前) 두 시 반부터 세시 반까지의 동안)

그냥 보는 '볼 견(見)'과는 달리 '머물러 볼 간(艮)'은 가다가 말고 (무엇인가에 끌려서) 돌아서 보는 혹은 무엇인가를 뚫어지게 (시선을 고정시키고) 응시하고 있는 모습으로, 그 증거는 '볼 견(見 = ☞)'자의 눈(☞)과는 달리 '머물러 볼 간(艮 = ☞, ☞)'자에는 '눈동자의 초점(☞)'까지 그려져 있다는 점에 있을 것입니다. -

| 眼 안 |

'눈 목(目)'과 '머무를 간(艮)'을 더해 '무엇인가와 마주 친 순간의 눈 모습'을 나타낸 '눈 혹은 눈매 안(眼)'.

▶▶ 안과(眼科), 안중(眼中), 안하무인(眼下無人)

恨 한	'마음 심(忄)'과 '머무를 간(艮)'을 더해 '마음속에 머물러 있는 무엇인가'를 나타낸 '한할 한(恨)'. ≫ 한탄(恨歎), 원한(怨恨), 회한(悔恨)

根 근	'나무 목(木)'과 '머무를 간(艮)'을 더해 '땅에 붙박여 머물러 있는 뿌리'라는 뜻을 나타낸 '뿌리 근(根)'. ≫ 근원(根源), 근본(根本), 근거(根據), 근절(根絶)

限 한	'언덕 부(阝)'와 '머무를 간(艮)'을 더해 '언덕에 걸려 더 못 가다'라는 뜻을 나타낸 '끝 막힐 한(限)'. ≫ 한계(限界), 한도(限度), 제한(制限), 권한(權限)

銀 은	'머물러 볼 간(艮)'과 '쇠 금(金)'을 더해 '발걸음을 멈추게 하는 은은하고 하얀 빛이 나는 쇠'라는 뜻을 나타낸 '은 은(銀)'. ≫ 은행(銀行), 은하수(銀河水), 은장도(銀粧刀)

看 간	'손 수(手)'와 '눈 목(目)'을 더해 '이마(눈) 위에 손을 대고 자세히 살피다 혹은 지켜보다'라는 뜻을 나타낸 '살필 간(看)'. ≫ 간주(看做), 간판(看板), 간과(看過)

狠 간	'멧돼지 시(㣇=豕=㣇)'와 '그칠 간(艮=𥃩,𥃩)'을 더해 '멧돼지가 멈춰서 무엇인가를 간절히 바라다'라는 뜻을 나타낸 '간절할 간(狠)'.

墾 墾 간	'멧돼지가 멈춰서 무엇인가를 간절히 바라다'라는 뜻을 나타낸 '간절할 간(狠)'과 '흙 토(土)'를 더해 '멧돼지가 먹을 것을 바라고 땅을 파다(갈아엎다)'라는 뜻을 나타낸 '따비할 간(墾)'. ≫ 간착(墾鑿), 개간(開墾), 공간전(公墾田)

懇 간	'간절할 간(狠)'과 '마음 심(心)'을 더해 '간절히 바라는 마음'이라는 뜻을 나타낸 '간절할 간, 정성 간(懇)'. ≫ 간절(懇切), 간곡(懇曲), 간청(懇請), 간담회(懇談會)

135_ 몸 신(身)

 = 身   아이를 밴 여자의 모습

身 _신

'아이를 밴 여자의 몸(身)' 혹은 뱃속에 아기가 들었다는 표시로 '점(丶)'까지 찍어서 나타낸 '애 밸 신 혹은 몸 신(身)'.
'뼈 골(骨)'에 '살 찔 풍(豊)'을 더해 그냥 '몸뚱이'를 나타낸 '몸 체(體)'와는 달리 '몸 같은 몸 혹은 스스로의 몸'이라는 뜻을 나타낸 '몸소 신(身)'.
▶▶ 자신(自身), 신체(身體), 신분(身分), 신후(身後: 죽은 뒤)

信 _신

'말씀 언(言)'과 '애를 모습(身)'을 더해 '애를 밴 여자의 말은 믿을 수 있다'라는 뜻을 나타낸 '믿을 신(信)'
▶▶ 신용(信用), 신뢰(信賴), 신앙(信仰), 신호밴 여인의 (信號)

軀 _구

'몸 신(身)'과 '그릇을 구석구석 나누어 담다'라는 뜻의 '나눌 구(區＝區)'를 더해 '(눈 귀 코 귀 입 손 발 등이 있는) 몸 구(軀)'.
▶▶ 체구(體軀)가 좋다, 구명(軀命), 거구(巨軀)

殷 _은

'아이 밴 몸(身)을 손(乂)으로 쓰다듬고 감싸는 모습(殷)'으로 '아이를 가졌으니 넉넉하다, 크다, 한 가운데, 바로잡다 혹은 근심이 되다'라는 뜻을 나타낸 '넉넉할 은 혹은 근심할 은(殷)'.
▶▶ 은부(殷富), 은창(殷昌), 은근(殷勤)

'은근(殷勤)하다'라는 말은 '뱃속의 아기를 조심스레 보살피다'는 뜻입니다. 지금도 시골 할머니들의 이름 중에는 '은근(殷勤)'이라는 이름이 많이 남아 있는데, 바로 그 '은근한 마음, 은근한 몸가짐'을 갖고 살자는 뜻에서 우리의 옛 어른들이 좋아했던 이름입니다. 그런데 '뱃속의 아기를 조심스레 애써 보살피다'라는 뜻의 '은(殷)'이 원래 '우리말 한자(漢字)'의 뜻을 잃어버린 옛날 조선조의 모자란 양반들이 중국식으로 한자를 쓰다 보니 그만 '은밀(隱密)하다' 등에 쓰이는 '숨을 은(隱)'과 혼용되고 말았습니다.

射 _사

원래는 '활과 화살을 그려 활 쏘는 모습(射)'을 나타낸 글자였는데 우리말 한자(漢字)의 근원을 모르는 중국 사람들이 '화살 먹인 활과 손을 그린 모습(射)'을 '몸 신(身＝身)'과 '손가락 마디 촌(寸＝寸)'의 결합으로 잘못 보고 변형시킨, '쏠 사(射)'.
▶▶ 사격(射擊), 사살(射殺), 투사(投射)하다, 방사선(放射線)

謝 사

‘활을 당겼다가 놓다(쏘다)’는 뜻의 ‘쏠 사(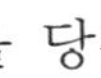 =射)’가 ‘몸 신(身)’이 들어간 ‘쏠 사( =射)’로 바뀌면서 ‘말씀 언(言)’을 더해 말로 ‘당겨졌던 화살을 풀어 놓아 주듯이 마음의 긴장을 풀다’라는 뜻을 나타낸 ‘사죄할 사, (물러나) 끊을 사 혹은 감사할 사(謝)’

>> 사과(謝過), 사죄(謝罪), 사절(謝絶), 감사(感謝), 사의(謝意)

136_ 어금니 아(牙)

牙 아

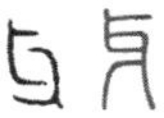

‘어금니 2개가 서로 어긋나게 맞물린 모습’으로 ‘서로 어긋나게 씹어야 꽉 꽉 맞물리면서 잘 씹어지다’라는 뜻을 나타낸 ‘어금니 아(牙)’.

>> 치아(齒牙), 상아(象牙)

芽 아

‘어금니 아(牙)’와 ‘풀 초(艹)’를 더해 ‘새 싹의 눈은 처음 나올 때 잎이 꼭 맞물려 있다’라는 뜻으로 나타낸 ‘새싹 아(芽)’.

>> 배아(胚芽), 맹아(萌芽), 발아(發芽)

訝 아

‘어긋나며 맞물리다’라는 뜻을 지닌 ‘어금니 아(牙)’와 ‘말씀 언(言)’을 더해 ‘서로 만나기 전 까지는 과연 만나질까 의심을 하게 되다 혹은 놀라며 만나다’라는 뜻을 나타낸 ‘의심할 아, 맞을 아(訝)’.

>> 의아(疑訝)하다, 경아(驚訝: 놀랄 만큼 의아하게 여김)

雅 아

‘서로 어긋나는 것끼리 더 잘 맞물리다’라는 뜻을 지닌 ‘어금니 아(牙)’와 ‘새 추(隹)’를 더해 ‘큰 까마귀들의 까악 까악 대는 소리가 하늘에서 어울리며 까아~! 가~아~ 아아 ~, 아 ~ 하며 서로 어울려 퍼지는 소리가 되다’라는 뜻을 나타낸 ‘큰 까마귀 아 혹은 맑게 어울릴 아(雅)’.

>> 아악(雅樂: 종묘제례악 혹은 궁정관현악), 아량(雅量), 아담(雅淡)

137_ 꿇을 절(卪 = 巳)

사람이 무릎을 꿇고 앉은 모습

앞으로 손을 내밀어(巳), 손바닥을 땅에 대고 엎드린 모습(丮)

卪 절

'무릎 꿇고 앉는 사람'으로 나타낸 '구부릴 절(卪)'. 우리말의 '절'을 하는 모습에서 나온 우리말 한자 '절할 절(卪 = 巳)'.

巴 파

'앞으로 손을 내밀어(巳), 손바닥을 땅에 대고 엎드린 모습(丮)'으로 나타낸 '엎드릴 파(巴)'.
>> 구라파(歐羅巴), 파극천(巴戟天: 부조초의 뿌리를 말린 것)

卽 즉

'수북이 담긴 밥(皀) 앞에 무릎 꿇고 앉은 사람(卪)'으로 '밥을 먹으려고 가까이 앉다 혹은 곧 먹으려고 하다'라는 뜻을 나타낸 '가까이 할 즉, 곧 즉(卽)'.
>> 즉석(卽席), 즉위(卽位), 즉시(卽時), 즉효(卽效)

邑 읍

'에워쌀 위 혹은 나라 국(囗 = 口)'과 '무릎 꿇은 사람(卪) 혹은 엎드린 사람 파(丮 = 巴)'를 더해 '왕에게 엎드리는 사람들이 모여 사는 일정한 지역'이라는 뜻을 나타낸 '고을 읍(邑)'.
>> 읍내(邑內), 읍촌(邑村), 읍민(邑民), 도읍지(都邑地)

厄 액

'절벽 엄(厂)'과 '무릎 꿇을 절(卪)'을 더해 '절벽 앞에 무릎 꿇다'라는 뜻을 나타낸 '애꿎을 액(厄)'.
>> 액운(厄運), 액년(厄年), 재액(災厄: 재앙과 액운)

危 위

절벽(厂) 위의 겁먹은 사람(勹)의 모습(⺈)과 절벽 아래 쪼그린 사람(卪)으로 나타낸 '두려워할 위 혹은 위태로울 위(危)'.
>> 위태(危殆), 위기(危機), 위험(危險)

| 節 _절 | '밥을 먹기 위해 무릎 꿇고 (단정하게) 앉은 모습'으로 나타낸 '자리할 즉(卽)'과 '대 죽(竹)'을 더해 '반듯하게 매듭을 짓는 모습 혹은 그렇게 해야 할 때'라는 뜻을 나타낸 '마디 절, 때 절(節)'. |

>> 절도(節度), 절차(節次), 절약(節約), 계절(季節), 절기(節氣), 절제(節制)

| 却 _각 | '갈 거(去)'와 '구부릴 절(卩)'을 더해 '구부리고 물러나다'라는 뜻을 나타낸 '물러날 각 혹은 물리칠 각(却)'. |

>> 각하(却下), 각설(却說), 각주(却走: 뒤로 물러나서 달아남)

| 印 _인 | '누르는 손의 모습(爪)'과 '구부릴 절(卩=卩)'을 더한 '사람을 찍어 누르다'라는 뜻을 나타낸 '누를 인 혹은 (도장) 찍을 인(印)'. |

>> 인쇄(印刷), 인장(印章), 인상(印象), 낙인(烙印), 각인(刻印)

138_ 편안할 안(安)

월경 때 여자가 집안에서 편히 쉬는 모습

여자의 기저귀   아기의 기저귀

| 安 _안 | '집 면(宀=∩)'과 '월경하는 여자의 모습(宀)'을 더해 '여자를 편하게 쉬도록 감싸주다'라는 뜻을 나타낸 '감쌀 안, 편안할 안(安)'. |

| 安 _안 | '집 면(宀=∩, ∩)'과 '계집 녀(女=宀, 宀)'를 더해 '여자가 집안에 있는 혹은 여자를 눌러 앉힌 모습'으로 나타낸 '눌러 앉힐 안, (남자가) 편안할 안(安)'. |

>> 안락(安樂), 안전(安全), 안산(安産), 안도(安堵)

案 _안	'편안할 안(安)'과 '나무 목(木)'을 더해 '편안하게 앉아서 쓸 수 있도록 만든 밥상이나 책상'이라는 뜻을 나타낸 '소반 안, 안석 안, 책상 안(案)'. ≫ 안내(案內), 방안(方案), 현안(懸案), 제안(提案)
按 _안	'집안에다 여자를 눌러 앉힌 모습'을 나타낸 '눌러 앉힐 안(安)'과 동사 기호인 '손 수(手＝扌)'를 더해 '눌러서 안정시키다'라는 뜻을 나타낸 '누를 안(按)'. ≫ 안마(按摩), 안도(按堵)하다, 안무(按舞), 안무(按撫: 없던 일로 만들기 위해 눌러 둠)
鞍 _안	'편안할 안(安)'과 '가죽 혁(革)'을 더해 '(말 위에 사람이 편히 앉을 수 있도록) 올려놓는 안전장치'라는 뜻을 나타낸 '안장(鞍裝) 안(鞍)'.

139_ 함정 함(臽)

	사슴이 함정에 빠지는 모습

臽 _함 甬	처음에는 사슴이 함정에 빠지는 모습(위 이미지)이었는데 나중에 사람(人)이 함정(臼)에 빠지는 모습(甬)으로 바뀐 '빠질 함, 함정 함(臽)'
陷 _함 踊	사람(人)과 구덩이(臼)를 더해 만든 '빠질 함(臽＝甬)'과 '언덕 부(阝＝𨸏)'를 덧붙여 '높은 곳에서 떨어지다 혹은 흙구덩이에 빠지다'라는 뜻을 나타낸 '빠질 함(陷)'. ≫ 함정(陷穽), 함락(陷落), 함몰(陷沒).
餡 _함	'밥 식(食)'과 '빠질 함'을 더해 '떡이나 만두 안에 넣는 소'를 나타낸 '소 함(餡)'. ≫ 적두함(赤豆餡: 팥소), 함밀병(餡蜜餅: 시루떡의 한 가지)

埳 감	'흙 토(土)'와 '빠질 함'을 더해 '짐승이나 사람 등이 빠지기 쉬운 구덩이'라는 뜻을 나타낸 '구덩이 감(埳)'

諂 첨	'말씀 언(言)'과 '빠질 함, 함정 함(臽)'을 더해 '사람을 구덩이에 빠트리는 말'이라는 뜻을 나타낸 '알랑거릴 첨 혹은 아첨 첨(諂)'. ▶▶ 아첨(阿諂), 첨곡(諂曲: 자기(自己)의 지조(志操)를 굽히어 아첨(阿諂)함)

焰 염	'불 화(火)'와 '빠질 함, 함정 함(臽)'을 더해 '처음 불이 일어날 때 휩싸고 도는 불길'이라는 뜻을 나타낸 '당김 불 염(焰)'. 혹은 불길 전체를 싸고도는 '불구덩이 염(焰)'. ▶▶ 화염(火焰), 기염(氣焰), 기염만장(氣焰萬丈: 기세(氣勢)가 대단히 높음)

閻 염	'문 문(門)'과 '빠질 함, 함정 함(臽)'을 더해 '한 번 빠지면 헤어나기 힘든 구덩이 같은 변화가 마을의 속문'이라는 뜻을 나타낸 '마을 속문 염(閻)'. ▶▶ 염라(閻羅), 여염(閻閭: 백성의 살림집이 많이 모여 있는 곳)

140_ 맡을 사(司)

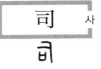 司 사 ᄆ	사람(=)이 손을 앞으로 쭉 내밀고 ( ) 밥 그릇( ) 위를 덮듯이 서 있는 모습( )으로 '밥그릇을 맡아 지키다 혹은 누가 가져갈까 살피다'라는 뜻을 나타낸 '맡을 사 혹은 살필 사(司)'.

飼 사	'밥 식(食 = 飠)'과 '맡을 사 혹은 살필 사(司)'를 더해 '(가축을) 먹이고 지키다'라는 뜻을 나타낸 '(가축을) 먹일 사(飼)'. ▶▶ 사육(飼育), 사료(飼料)

伺 사	'사람 인(人 = 亻)'과 '맡을 사 혹은 살필 사(司)'를 더해 '사람의 눈치를 살피다'라는 뜻을 나타낸 '(윗사람의 눈치를) 살필 사(伺)'. ▶▶ 사찰(伺察), 사극(伺隙: 시간(時間)이나 기회(機會)의 틈을 엿봄)

祠 사

제사상의 뜻을 지니고 있는 '보일 시(示)'와 '맡을 사 혹은 살필 사 (司)'를 더해 '제사를 지내는 일 혹은 그 장소'라는 뜻을 나타낸 '제사 사, 사당 사(祠)'.

>> 사당(祠堂), 사원(祠院: 사당과 서원), 사우(祠宇: 신주(神主)를 두기 위(爲)해 따로 지은 집)

詞 사

'말씀 언(言)'과 '맡을 사 혹은 살필 사(司)'를 더해 '말이나 단어의 역할을 도와주는 어조사 사(詞)'.

>> 가사(歌詞), 동사(動詞), 명사(名詞)

141_ 씨줄 위(緯)

韋 위

원래는 '2개의 발(ᐤ)이 무엇인가를 둥그렇게 에워싸며 서로 반대 방향으로 걷고 있는 모습'으로 나타낸 '에워쌀 위(韋)'였는데, 나중 에는 '무엇인가를 에워싸는(둘러싸는) 가죽'이라는 뜻으로만 쓰이 게 된 '가죽 위(韋)'.

>> 위편삼절(韋編三絶)

여기서 '에워싸다'라는 뜻이 아예 '가죽'이라는 뜻으로 바뀌고 만 이유는 '위편삼절(韋編三絶: 책을 엮은 끈이 세 번이나 끊어졌다)'라는 말 때문입니다. 이 말을 통상적인 유학자들은 '옛날에는 종이가 없어서 글씨를 대나무 조각에 써서 가죽 끈으로 책을 엮어 사용 했는데, 공자가 책을 하도 많이 읽어서 그 끈이 세 번이나 끊어졌다'는 뜻으로 사용하고 있습니다. 공자가 꼭 가죽 끈으로 엮은 책을 썼는지 어쨌는지는 관계없이 당시의 자기들처럼 가죽 끈으로 묶어서 썼으리라고 짐작해서 생긴 말일 것입니다. 어쨌든 '가죽 끈으로 둘러싸서(에워싸서) 묶었다'고 하더라도 '둘러쌀(에워쌀) 위(韋)'가 '가죽 위(韋)'로 바뀐 것만은 사실입니다.

緯 위

'에워쌀 위(韋)'와 '실 사(糸)'를 더해 '직물을 짤 때 날줄을 에워싸 며(둘러싸며) 옆으로 꿰어가는 줄'이라는 뜻을 나타낸 '씨줄 위 (緯)'.

>> 위도(緯度), '경위(經緯: 날줄과 씨줄, 어떤 일의 전후좌우를 뜻 하는 말), 북위(北緯), 남위(南緯), 경천위지(經天緯地: 일의 전 후좌우를 계획적으로 준비하고 다스림)

衛 위

'에워쌀 위(韋)'와 '다닐 행(行)'을 더해 '무엇인가를 에워싸고 지키 다'는 뜻을 나타낸 '지킬 위(衛)'.

>> 호위(護衛), 방위(防衛), 위생(衛生), 위성(衛星)

違 위	'서로 (어긋나게) 반대 방향으로 돌다'는 뜻을 지닌 '에워쌀 위(韋)' 와 '걸을 착(辶)'을 더해 '서로 어긋나게 걷다'라는 뜻을 나타낸 '어긋날 위, 어길 위(違)'.
	≫ 위배(違背), 위반(違反), 위법(違法), 위헌(違憲)

偉 위	'에워쌀 위(韋)'와 '사람 인(人＝亻)'을 더해 '크게 에워싸는(감싸주는) 사람'이라는 뜻을 나타낸 '큰 사람 위(偉)'.
	≫ 위대(偉大), 위력(偉力), 위업(偉業)

圍 위	'무엇인가를 에워싸며 돌고 있는 두 발의 모습'으로 나타낸 '에워 쌀 위(韋)'가 '가죽 위(韋)'라는 말로 쓰이게 되자 '에워쌀 국(囗)'을 다시 더해 만든 '에워쌀 위(圍)'.
	≫ 분위기(雰圍氣), 범위(範圍), 주위(周圍)

142_ 어찌 갈(曷)

匃 개,갈	어떤(앉은) 사람(𠂤)이 어떤 사람(亻)을 막고 사정(구걸)을 하고 있는 모습으로 나타낸 '빌 개, 빌 갈(匃)'. 혹은 '베풀 갈(匃)'.
	≫ 개시(匃施: 분배하여 줌. 베풀어 줌)

曷 갈	'막을 개(匃)'와 '가로 왈(曰)'을 더해 '막고 말하다, 구걸하다, 혹은 어찌하면 좋을까'라는 뜻을 나타낸 '어찌 갈(曷)'.

遏 알	'막다'라는 뜻을 지닌 '어찌 갈(曷)'과 '갈 착(辶)'을 더해 만든 '막을 알, 누를 알(遏)'.
	≫ 저알(沮遏), 알정(遏情)

謁 알	'막고 말하다 혹은 어찌하면 좋을까'라는 뜻을 지닌 '어찌 갈(曷)' 과 '말씀 언(言)'을 더해 '높은 사람에게 말하다'라는 뜻을 나타낸 '아뢸 알(謁)'.
	≫ 알현(謁見), 배알(拜謁)

揭 게	'막고 말하다 혹은 어찌하면 좋을까'라는 뜻을 지닌 '어찌 갈(曷)' 과 '손 수(手＝扌)'를 더해 '어떤 내용의 말을 높이 들어 말하다(알리다)'라는 뜻을 나타낸 '높이 걸 게(揭)'.

>> 게재(揭載), 게시(揭示), 게양(揭揚)

喝 갈	'막고 말하다'라는 뜻을 지닌 '어찌 갈(曷)'과 '입 구(口)'를 더해 '큰 소리로 말하다'라는 뜻을 나타낸 '꾸짖을 갈 혹은 목 메여 말할 갈 (喝)'.

>> 갈취(喝取), 갈채(喝采), 공갈(恐喝), 일갈(一喝: 큰 소리로 꾸짖음)

渴 갈	'막다'라는 뜻을 지닌 '어찌 갈(曷)'과 '물 수(氵)'를 더해 '목마를 갈(渴)'.

>> 고갈(枯渴), 갈구(渴求), 갈망(渴望), 갈증(渴症)

葛 갈	'막다'라는 뜻을 지닌 '어찌 갈(曷)'과 풀 초(艹)를 더해 '줄기가 질 기고 너무 엉켜서 길을 막아대는 덩굴 식물'이라는 뜻을 나타낸 '칡 갈 혹은 베(갈포) 갈(葛)'.

>> 갈등(葛藤), 갈의(葛衣: 갈포로 만든 옷), 갈포(葛布: 칡의 섬유 (纖維)로 짠 베)

褐 갈	'칡 갈 혹은 베(갈포) 갈(葛＝曷)'과 '옷 의(衣)'를 더해 '거친 갈포 베나 거친 털로 만든 옷'이라는 뜻을 나타낸 '베(갈포)옷 갈 혹은 거친 털옷 갈(褐)'.

>> 갈색(褐色), 갈탄(褐炭), 갈부(褐夫)

鞨 갈	'막다'라는 뜻을 지닌 '어찌 갈(曷)'과 '가죽 혁(革)'을 더해 '발을 잘 막아주는(지켜주는) 신'이라는 뜻을 나타낸 '가죽신 갈, 두건 갈(鞨)'.

>> 말갈족(靺鞨族)

碣 갈	'막다'라는 뜻을 지닌 '어찌 갈(曷)'과 '돌 석(石)'을 더해 '길을 막 아서는 서 있는 돌'이라는 뜻을 나타낸 '세워진 돌 갈(碣)'.

묘갈(墓碣: 뫼 앞에 세우는 둥그스름하고 작은 돌비석), 태갈(苔碣: 이끼가 낀 빗돌)

143_ 나눌 팔(八)

八 팔

양쪽으로 나뉘는 모습을 나타냄. '하나(一)를 나누면 둘(二)로 불어나고, 둘(二)을 나누면 넷(四), 넷(四)을 나누면 여덟(八)으로 불어나는 자연수이며, 가장 많이 불어나고 가장 많이 나뉠 수 있는 대표적인 수'라는 뜻을 나타낸 '나눌 팔, 여덟 팔(八)'.

>> 팔순(八旬), 초파일(初八日), 팔월(八月), 팔도강산(八道江山)

公 공

'무언가를 에워싸다(가두다)'라는 뜻을 지닌 '에울 위, 에울 국(囗)'과 '나눌 팔(丿乀)'을 더한 모습(㕣)으로 '(가두어진) 뭔가를 나누고 공유하다 혹은 공개하다'라는 뜻을 나타낸 '드러낼 공, 공변될 공(公)'.

여기서 '(㕣)'은 나중에 네 것 내 것이 분명해지는 세상이 되면서, '에울 위, 에울 국(囗)' 대신 '내 것 사(厶)'가 들어간 지금의 형태(公)로 바뀐 것임.

>> 공공(公共), 공중(公衆), 공무원(公務員), 공식(公式)

兮 혜

'무엇인가가 위로 오르다가 막혀서 잘 못 오르고 있는 모습(丂)'으로 나타낸 '어려울 교(丂)'와 '불어나고 풀어지다'라는 뜻을 지닌 '나눌 팔(八)'을 더해 '막혔던 숨을 토해내다'라는 뜻과 그때 나오는 소리를 나타낸 '어조사 혜(兮)'.

叭 팔

'불어나다'의 뜻을 지닌 '나눌 팔(八)'과 '입 구(口)'를 더해 '입을 벌려 소리를 크게 불어나게 하다'라는 뜻을 나타낸 '입 벌려 크게 불 팔(叭)'.

'나발 분다'의 '나발', 곧 '나팔(喇叭: 부는 악기)'이라는 단어에 쓰이는 '불 팔(叭)'.

分 분

나누다(丿乀)라는 뜻을 지닌 '나눌 팔, 여덟 팔(八)'이 주로 '여덟 팔(八)'자로만 쓰이게 되자 다시 '칼 도(刂=刀)'를 더해 '나누다'라는 원뜻을 분명히 나타낸 '나눌 분(分)'

>> 분석(分析), 충분(充分), 부분(部分), 분야(分野), 분리(分離)

'네 푼수(分數) 좀 알아라.' 할 때의 '푼수(分數: 분수)'는 곧, '네 팔자(八字)로 알아라! 할 때의 '팔자(八字)'와 같은 말입니다. 이 '푼수(分數)'나 '팔자(八字)'라는 말이 비록 오랫동안 윗사람이 아랫사람을 지배하고 무시하는 말로 쓰여 오고는 있습니다만, 그 원뜻은 좋은 말입니다.

우리 모두는 자신을 크게 불리기(汾: 크게 불릴 분) 위해서라도 저마다의 나누어 사는 '푼수(分數)'를 알아야 하며, 모두가 함께 크게 물결치기(汃: 물결 칠 팔) 위해서라도 또한 저마다의 팔자(八字)를 알아야 합니다. 분수(分數)나 팔자(八字)를 아는 것은 세상에서의 자기 역할을 아는 것입니다. 제 역할을 잘 하면 대접받고 크게 불어나고(汾) 크게 물결칠(汃) 수가 있습니다.

忿	분

'나눌 분(分)'과 '마음 심(心)'을 더해 '나눠야할 어떤 마음, 결론을 내고 싶은 어떤 마음, 혹은 속에 쌓아두기 싫은 마음, 쌓이는 울화(鬱火) 를 풀고자하는 마음'이라는 뜻을 나타낸 '성낼 분, 결낼 분, 혹은 지긋지긋하게 싫을 분(忿).

雰	분

'비 우(雨)'와 '나눌 분(分)'을 더해 '빗방울이 부서져 가루처럼 휘날리다'라는 뜻을 나타낸 '안개 분(雰)'.
▶▶ 분위기(雰圍氣), 분홍(雰虹: 무지개)

寡 (篆)	과

'집 면(宀)', '머리 수(首)', '나눌 분(分)'을 더해 '혼자가 된 사람 혹은 집에서 혼자 머리만 써야하는 하는 사람'이라는 뜻을 나타낸 '적을 과(寡)'.
▶▶ 과부(寡婦), 독과점(獨寡占), 다과(多寡)

半 (篆)	반

'나누다'라는 뜻을 지닌 '여덟 팔(丿乀＝八)'과 '소 우(牛＝牛)'를 절반으로 나누는 모습으로 '크고 귀한 것을 둘로 나누다, 혹은 그 반쪽'이라는 뜻을 나타낸 '반 반(半)'.
▶▶ 절반(折半), 상반기(上半期), 반도체(半導體)

判	판

'갈라낸 절반'이라는 뜻의 '절반 반(半)'에 다시 '칼 도(刂)'를 더해 '보다 분명하게 갈라서 보다(분별하다)'라는 뜻의 '판가름 할 판(判)'.
▶▶ 판단(判斷), 판결(判決), 심판(審判)

伴	반

'반 반(半)'과 '사람 인(亻)'을 더해 '무엇인가의 절반이 되는 어느 한 짝'이라는 뜻을 나타낸 '짝 반(伴)'.
▶▶ 수반(隨伴), 동반(同伴), 반려자(伴侶者)

144_ 구부릴 구(句)

句 구

'무엇인가를 아래위로 구부려 감싸거나 한 매듭을 짓는 모습'으로 나타낸 '굽을(구부릴) 구 혹은 구절 구(句)'.
이는 '구부리다'라는 우리말 그대로를 나타낸 우리말 한자(漢字)임.
>> 구절(句節), 구두점(句讀點), 일언반구(一言半句: 한 마디의 말과 반 구절이란 뜻으로, 극히 짧은 말이나 글이라는 뜻)구구절절(句句節節)

拘 구

'구부려 감싸다 혹은 구부려 넣다'라는 뜻을 지닌 '구부릴 구(句)'가 주로 '구절 구(句)'로만 쓰이게 되자 '~~을 하게 하다'라는 뜻의 동사 기호 '손 수(扌=手)'를 더해 다시 만든 '(구부려)잡을 구(拘)'.
>> 구속(拘束), 구애(拘碍), 불구(不拘)하고, 구치소(拘置所)

苟 구

'구부려 감싸다'라는 뜻을 지닌 '굽을(구부릴) 구(句)'와 '풀 초(草 = 艹)'를 더해 '겨우 풀로 감싸거나 묶다'라는 뜻을 나타낸 '겨우 구 혹은 단지 구(苟)'.
>> 구차(苟且), 구생(苟生: 겨우 살아감) 구명도생(苟命圖生: 구차스럽게 겨우 목숨만을 보전(保全)하며 살아감)

苟 경

윗부분이 '풀 초(草=艹)'로 되어있는 '구차할 구(苟)'와는 달리 처음부터 '사람이 무릎을 꿇고 머리를 조아리며 굽실거리는 모습(夋)'으로 나타낸 '굽실거릴 구 혹은 (무서워) 삼가 할 경(苟)'.

敬 경

'굽실거릴 구 혹은 (무서워) 삼가 할 경(苟)'이 '겨우 구 혹은 단지 구(苟)'와 혼동되어 쓰이게 되자 '칠 복(攴=攴=攵)'을 다시 더해 '사람을 잡도리해서 삼가도록 혹은 공경하도록 만들다'라는 뜻을 나타낸 '공경할 경(敬)'.
>> 공경(恭敬), 존경(尊敬), 경노(敬老), 경청(敬聽), 경원(敬遠: 할 수 없이 존경(尊敬)하는 체하면서 속으로는 멀리함)

警 경

'잡도리하다'라는 뜻을 지닌 '공경할 경(敬)'과 '말씀 언(言)'을 더해 '(조심하도록 말로) 깨우칠 경 혹은 경계할 경(警)'.
>> 경고(警告), 경계(警戒), 경보(警報), 경찰서(警察署), 경비정(警備艇)

驚 경	'잡도리하다'라는 뜻을 지닌 '공경할 경(敬)'과 '말 마(馬)'를 더해 '말을 놀라게 하다'라는 뜻을 나타낸 '놀랄 경(驚)'. ≫ 경탄(驚歎), 경이(驚異), 경악(驚愕), 경천동지(驚天動地)
鉤 구	'굽혀서 이어 매다'라는 뜻을 지닌 '굽을 구(句)'와 '쇠 금(金)'을 더한 '갈고리 구(鉤)'.
包 포	'배(태) 안에 들어 있는 새끼'의 모습으로 '태에 싸여있다'라는 뜻을 나타낸 '쌀 포(包)'. ≫ 포괄(包括), 포장(包裝), 포함(包含)
抱 포	'쌀 포(包)'와 '손 수(扌)'를 더해 '손으로 싸안다'라는 뜻을 나타낸 '안을 포(抱) ≫ 포부(抱負), 포옹(抱擁), 포복절도(抱腹絶倒)
胞 포	'새끼를 싸고 있다'라는 뜻을 지닌 '쌀 포(包)'와 '몸'의 뜻을 지닌 '고기 육(肉＝月)'을 더해 '새끼 혹은 씨를 싸고 있는 껍질'이라는 뜻을 나타낸 '포자 포, 세포 포(胞)'. ≫ 세포(細胞), 동포(同胞), 포자(胞子)
曲 곡	'어떤 형태를 구부리거나 꺾을 때 쓰는 도구의 모습(🝁)으로 나타 낸 '구부릴 곡, 곡자 곡(曲)'. ≫ 희곡(戱曲), 간곡(懇曲), 완곡(婉曲)

145_ 문 문(門)

(으레 닫혀있기 마련인) 큰 문

門 문	'커다란 두 짝의 문'을 그린 '문 문(門)'. ≫ 대문(大門), 창문(窓門), 전문(專門), 문외한(門外漢: 어떤 일에 직접 관계가 없는 사람 혹은 어떤 전문적(專門的)인 지식이나 일에 조예(造詣)가 없는 사람)

問 문

'(으레 닫혀있기 마련인) 큰 문'이라는 뜻을 지닌 '문 문(門)'과 '입구(口)'를 더해 '(닫힌) 문에 대고 무엇인가를 묻다'라는 뜻을 나타낸 '물을 문(問)'.
>> 의문(疑問), 탐문(探問), 문제(問題)

聞 문

'닫혀있는 큰 문'이라는 뜻을 지닌 '문 문(門)'과 '귀 이(耳)'를 더해 '문에다 귀를 기울이다 혹은 귀를 대고 듣다'라는 뜻을 나타낸 '들을 문(聞)'.
>> 소문(所聞), 신문(新聞), 청문회(聽聞會), 견문(見聞), 탐문(探聞)

閃 섬

'(닫혀있는) 두 짝의 큰 문'이라는 뜻을 지닌 '문 문(門)'과 '사람 인(人)'을 더해 '닫힌 두 짝 문의 안쪽을 언 듯 들여다보다 혹은 사람이 두 짝 문 사이로 지나가는 한 순간'이라는 뜻을 나타낸 '엿볼 섬, 언 듯 할 섬, 번득일 섬(閃)'.
>> 섬광(閃光), 섬화(閃火)

閒 한

'문 문(門)'과 '달 월(月)'을 더해 '문 바깥의 달을 보고 (느긋하게 앉아) 있는 모습'으로 나타낸 '느긋할 한(閒)'.
>> 농한기(農閒期), 물외한인(物外閒人: 세상의 시끄러움에서 벗어나 한가롭게 지내는 사람)

間 간

처음엔 '두 짝 문의 틈 사이로 보이는 달의 모습'으로 '두 짝 문의 틈 사이'라는 뜻을 나타낸 글자였는데 '느긋할 한(閒)'과 혼동 되자 '달 월(月)' 대신 '날 일(日)'을 쓰게 된 '사이 간, 틈새 간(間)'.
>> 시간(時間), 순간(瞬間), 기간(期間), 간첩(間諜)

簡 간

'벌어진 틈'이라는 뜻을 지닌 '틈새 간(間)'과 '대 죽(竹)'을 더해 '(옛날에 글을 적는데 쓰던) 대나무 조각을 하나하나 벌려가며 읽을 수 있도록 가급적 줄여서 써야 했던 편지'라는 뜻을 나타낸 '대쪽 간, 편지 간(簡)'.
>> 간단(簡單), 간결(簡潔), 간이(簡易), 간략(簡略), 서간(書簡: 편지)

閑 한

원래 '문 문(門)'과 '나무 목(木)'을 더해 '(짐승을 가두는) 우리의 문을 나무로 막아 놓다'라는 뜻을 나타낸 '마구간 한, 막을 한, 익숙할 한, 법 한(閑)'이었으나 지금은 주로 '한가할 한(閒)' 대신 쓰임.
>> 한가(閑暇) 등한(等閑), 한산(閑散), 망중한(忙中閑), 한담설화(閑談屑話: 한가하고 자질구레한 이야기라는 뜻)

'익숙할 한(閑)'으로는 시경(詩經)에 있는 '사마기한(四馬旣閑: 네 마리의 말이 이미 길들여졌다.)'이라는 말을 들 수가 있는데, 이는 '가축이 길들여져 그 우리에 익숙해지다'라는 뜻으로 쓰이게 되었다 하겠습니다. 또한 '법 한(閑)'의 경우로는 논어(論語)의 '대덕불유한(大德不踰閑: 큰 덕은 법을 뛰어 넘지 않는다)'라는 말을 들 수가 있는데, 여기서 만일 '불유한(不踰閑)'을 그 원뜻대로 '마구간(閑)'을 뛰어넘지(踰: 넘을 유) 않는다(不)'라고 해석하고 '大德(큰 덕)'을 '대마(大馬: 큰 말)'로 바꾸어 해석을 하면 결국 2천 몇 백 년 이상 숨겨져 왔던 한 진실이 들어 납니다. 다시 말해서 이 '대덕불유한(大德不踰閑)'이라는 말을 통해서 우리는 '법'이라는 게 실은 누군가를 '가두기 위한 장치(짐승의 우리)'에서 출발되었다는 사실을 알게 된다는 것입니다.

| 閔 민 | '무엇인가를 알아보는 문'이라는 뜻을 지닌 '문 문(門)'과 '여러 가지 무늬'라는 뜻을 지닌 '무늬 문(文)'을 더해 '이것저것 자질구레한 사정을 묻고 걱정하다'라는 뜻을 나타낸 '걱정할 민(閔)'. |

'걱정할 민(閔)'과 '마음 심(忄)'을 더해 '걱정하는 마음'이라는 뜻을 나타낸 '근심할 민, 아파할 민(憫)'.
>> 민망(憫憫), 연민(憐憫), 불민(不憫)열 개(開)

'문 문(門)'과 '두 손으로 빗장을 들어 올리는 모습(𢪒) 혹은 양쪽 문을 나란히 함께 밀어내는 모습(开)'을 더한 '열 개(開)'.
>> 개방(開放), 전개(展開), 공개(公開), 개발(開發), 개척(開拓), 개권유익(開卷有益: 책을 펴 읽으면 반드시 이로움이 있다는 뜻)

처음엔 '문을 단단히 잠근 모습(閑)'이었는데, 후대에 '문 문(門)'과 '물길을 막는다 혹은 끊다'라는 뜻을 지닌 '바탕 재, 재주 재(才)'를 더해 '통로를 끊다, 문을 막다'라는 뜻을 나타낸 '닫을 폐, 막을 폐(閉)'.
>> 폐쇄(閉鎖), 폐막(閉幕), 밀폐(密閉)

'문(門)안에 앉아있는 왕(王)'이라는 뜻으로 '옛날 달력상의 헤아리기 어려워 남기는 날짜에는 임금이 문밖을 안 나오고 조용히 근신해야했던 일'을 나타낸 '윤달 윤(閏)'.
>> 윤월(閏月), 윤년(閏年), 삼세치윤(三歲置閏: 음력으로 3년 만에 한 번씩 윤달을 둠)

'남는다'는 뜻을 지닌 '윤달 윤(閏)'과 '물 수(氵)'를 더해 '어떤 물건에 물기가 넘쳐서 삐져나오다'라는 뜻을 나타낸 '(물에) 불을 윤, 젖을 윤, 넉넉할 윤(潤)'.
>> 윤택(潤澤), 윤기(潤氣), 이윤(利潤), 윤활유(潤滑油)

閣 각

'(제 집에) 따로따로 다다르다 혹은 이르러 자리 잡다'라는 뜻을 지닌 '따로 각(各)'과 '문 문(門)'을 더해 '문설주를 세운 양쪽에 다리가 따로 달린 문이나 그런 큰 문이 있는 높은 건물'을 나타낸 '대궐 각, 누각 각(閣)'.

▶▶ 누각(樓閣), 내각(內閣), 개각(改閣), 각료(閣僚), 사상누각(沙上樓閣: 모래 위에 세운 다락집이라는 뜻)

關 관

'문(門)의 양쪽을 실로 잡아매는(🧵=絲) 모습'으로 나타낸 '엮을 관 혹은 빗장 관(關)'.

▶▶ 세관(稅關), 기관(機關), 난관(難關), 관련(關聯), 관계(關係)

閥 벌

'힘을 떨치다'라는 뜻을 지닌 '칠 벌(伐)'과 '문 문(門)'을 더해 '힘을 떨치는 세력 집단'의 뜻을 나타낸 '가문 벌, 지체 벌(閥)'.

▶▶ 문벌(門閥), 재벌(財閥), 파벌(派閥), 학벌(學閥), 족벌(族閥)

閱 열

'풀어내다, 벗겨내다'라는 뜻을 지닌 '(풀어서) 통할 태(兌)'와 '문 문(門)'을 더해 '문 입구에서 샅샅이 풀어 가려내다'라는 뜻을 나타낸 '가려 풀 열, 점고할 열(閱)'.

▶▶ 검열(檢閱), 열람(閱覽), 교열(校閱: 문서, 원고 등의 어구나 글자의 잘못을 교정하는 일)

146_ 아직 미(未)

木 목

'윗부분의 가지와 아랫부분의 뿌리가 대칭으로 그려진 모습'으로 나타낸 '나무 목(木)'.

▶▶ 목공(木工), 목재(木材), 초목(草木), 목수(木手)

'풀 초(屮屮, 艸 =艹)'는 뿌리 부분이 표현되어 있지 않은데 비해 '나무 목(木=朩)'은 전체적으로 보아 땅속의 뿌리라고 해야 할 부분이 분명하게 표현 되어 있어, 이는 나무의 본질을 더 잘 알고 있었던 우리 조상들의 지혜를 보여줍니다.

本 본

나무뿌리의 중심 부분에 점(●)을 찍거나 일자(一)를 그어 '중요한 생장점'을 나타낸 '밑뿌리 본(本)'.

▶▶ 근본(根本), 자본(資本), 본질(本質), 본인(本人)

모든 나무에는 그냥 잘라져도 살 수 있는 뿌리와는 달리 잘리게 되면 나무 전체가 죽게 되는 생장점 역할을 하는 밑뿌리가 있습니다.

| 末 말 | 나뭇가지의 끝 부분에 점(•)을 찍거나 일자(一)를 그어 '나뭇가지가 더 이상 뻗어나가기를 멈추고 생명의 기운을 뿌리 쪽으로 되돌리는 지점'을 나타낸 '끝 말(末)'.
>> 주말(週末), 연말(年末), 결말(結末) |

'끝 말(末)'과 '~~하게 하다'라는 뜻을 지닌 동사 부호 '손 수(扌)'를 더해 '끝을 내다'라는 뜻을 나타낸 '지울 말(抹)'.
>> 말살(抹殺), 일말(一抹), 말소(抹消)하다

'끝 말(末)'과 '물 수(氵)'를 더해 '물이 공기로 사라지기 직전의 끄트머리 상태'라는 뜻을 나타낸 '거품 말(沫)'.
>> 포말(泡沫), 부말(浮沫: 물거품), 분말(噴沫: 물방울을 내뿜음, 또는 그 물방울)

나무의 가지 중에 아직 덜 자란 혹은 이제 막 자라기 시작하는 작은 가지로 '아직 덜 자라다'라는 뜻을 나타낸 '아직 미(未)'.
>> 미흡(未洽), 미만(未滿), 미숙(未熟), 미증유(未曾有)

'아직 미(未)'와 '계집 녀(女)'를 더해 '아직 덜 자란 여자 아이'라는 뜻을 나타낸 '누이 매(妹)'.
>> 자매(姉妹), 남매(男妹), 매제(妹弟), 매형(妹兄)

'아직 미(未)'와 '날 일(日)'을 더해 '아직 해가 덜 떠오른 때의 어두움'을 나타낸 '어두울 매 혹은 새벽 매(昧)'.
>> 애매(曖昧), 몽매(蒙昧), 우매(愚昧), 삼매경(三昧境)

'처음 나오는 어린 새순(가지)'이라는 뜻을 지닌 '아직 미(未)'와 '입구(口)'를 더해 '입에서 처음 느끼는 미묘한 맛'을 나타낸 '맛 미(味)'.

일반 (학생들이 쓰는)옥편에서 '미(未)'자를 '아닐 비(非)'나 '아닐 부(不)'처럼 '아닐 미(未)'라고 하는 건 정말 아닌 것 같습니다. '아직 덜 자란, 막 자라고 있는 가지'라는 뜻으로 '아직 미(未)'라고 해야 할 것이 어떻게 잘못 된 게 아닌가 싶습니다. 여기에는 한문학자들만이 아니라 국어학자들에게도 책임이 있습니다. 예를 들어 미성년(未成年)은 분명 '성년(成年)이 아니다'라는 뜻이라기보다는 '아직은 성년이 되고 있는 상태'라는 뜻이니 말입니다. 더욱이 조금 미숙(未熟: 덜 익음)한 아이한테 '너는 안 익었다.'라고 하는 것과 '너는 아직 덜 익었을 뿐'이라는 뜻으로 '더 익을 수 있다.'는 여지를 남기며 말하는 것은 참으로 엄청난 차이가 있을 것입니다. '미(未)'라는 우리 소리 말에 대응하는 글자들을 살펴보면, 美(아름다울 미)', '微(미묘할 미)', '米(쌀 미)', '味(맛 미)'등에서 보이듯이 부정적인 느낌이 있는 글자보다는 오히려 맛있고 멋있고 미묘한 아름다운 느낌이 드는 글자들이 많습니다. 우리 스스로 만들어온 우리말 한자(漢字)글자들이기 때문에 더욱 그렇습니다.
조금 덧붙이자면, '끝 말(末)'자 역시 '이제 끝이다'라는 뜻만 있는 게 아니라 '끝없이 뻗어가는 듯 어디론가 사라져가는(살아서 돌아가는) 끄트머리(끝에 있는 새로운 머리)'

239

라는 뜻도 있을 듯합니다. 그리고 '말(末)'이라는 한자의 발음(發音) 또한 우리말의 '끝'보다는 '마지막'에 더 가까운 만큼, 원래는 '끝 말(末)'이 아니라 '무엇인가 새로이 맞이하다'의 '맞이(마지)'라는 뜻이 함께 담긴 '(끝을) 마지할 말(末)'이 아니었을까 여겨지기도 합니다.

147_ 허리띠, 임금 제(帝)

위에서 내려오는 3개의 선을 하나로 묶는다는 뜻의 그림부호 문자

帝 제

'위에서 내려오는 3개의 선(끈)을 하나로 묶는다, 혹은 모든 것을 아울러 하나로 감싸다'라는 뜻을 나타낸 '띠 제(帝)'.

帝 제

'띠 제(帝=帝)'와 '하나의 점(-)'을 더해 '하나'로 묶는다는 뜻을 더욱 강조한 모습(帝)으로 '모든 것을 감싸고 하나로 묶어내는, 혹은 온 세상천지를 주재하는 신과 같은 존재'라는 뜻을 나타낸 '임금 제(帝)'.
▶▶ 황제(皇帝), 제국(帝國), 삼신상제(三神上帝: 아기 낳는 일을 맡은 삼신(三神)을 높이어 이르는 말), 옥황상제(玉皇上帝: 도가(道家)에서 '하느님'을 일컫는 말)

締 체

'띠 제(帝=帝)'가 '임금 제(帝=帝)'와 혼동되자 '실 사(糸)'를 더해 다시 만든 '(띠로)묶을 체(締)'.
▶▶ 체결(締結), 체약(締約)

禘 체

'모든 것을 감싸고 하나로 묶어내는, 혹은 온 세상천지를 주재하는 (제사를 드려야 할) 신'이라는 뜻을 함께 지닌 '임금 제(帝)'와 '제사 지내는 단'이라는 뜻을 지닌 '보일 시(示)'를 더해 만든 '큰 제사 체(禘)'.
▶▶ 약체(礿禘: 임금이 봄과 여름에 지내던 제사)

| 諦 체 | '모든 것을 감싸고 하나로 묶어낸다'는 뜻을 지닌 '띠 제, 임금 제(帝)'자와 '말씀 언(言)'자를 더해 '모든 것을 하나로 묶어주는 이치나 혹은 그 말을 살펴낸다'라는 뜻을 나타낸 '살필 체(諦)'.
>> 요체(要諦), 체념(諦念) |

| 蹄 제 | '모든 것을 감싸고 하나로 묶어낸다'는 뜻을 지닌 '띠 제, 임금 제(帝)'와 '발 족(足)'을 더해 '짐승의 발가락이 하나로 뭉쳐진 부분'을 나타낸 '발굽 제, 혹은 (그 짐승의 발목을 옭아매는) 올무 제(蹄)'.
>> 전제(筌蹄: 고기를 잡는 통발과 토끼를 잡는 올가미란 뜻으로 목적을 위한 수단이나 방편을 이르는 말), 마부정제(馬不停蹄: 달리는 말은 발굽을 멈추지 않는다는 뜻으로, 지난 성과(成果)에 안주(安住)하지 말고 더욱 정진(精進)하자는 말), 구제역(口蹄疫) |

148_ 베틀 북 여(予)

予 여 | 베를 짤 때 씨실을 풀어주며 이쪽에서 저쪽으로 왔다 갔다 하도록 밀어 주는데 쓰는 도구인 '북'의 모습(予)으로 '베틀 북, 내주다, 함께하다'라는 뜻을 나타낸 '북 여, 줄 여, 혹은 나 여(予)'.
>> 여왈(予曰: 내게 말하기를), 여탈(予奪: 주는 것과 빼앗는 것)

여기서 '베틀의 북 여(予)'자가 '나 여(予)'로 쓰이게 된 이유는 '여자가 베를 짜는 북을 손에 쥐고 있다는 것은 곧 여자로서의 '나'를 세우고 자신의 삶을 풀어나가는 일의 상징이었기 때문이었기 때문이었을 것입니다.

| 序 서 | '집 엄(广)'과 '북 여, 줄 여(予)'를 더해 '집이 양쪽으로 점 점 차례대로 뻗어 나가며 지어지다'라는 뜻을 나타낸 '차례 서(序)'.
>> 서문(序文), 서론(序論), 서열(序列), 순서(順序), 질서(秩序) |

| 豫 예 | '베틀의 이쪽저쪽을 계속 왔다 갔다 하며 실을 대주어야하는 베틀 북'이라는 뜻을 지닌 '나 여, 줄 여(予)'와 '몸집이 크고 마음이 너그럽다'라는 뜻을 지닌 '코끼리 상(象)'을 더해 '여유를 갖고 대비하다'라는 뜻을 나타낸 '미리 예(豫)'.
>> 예정(豫程), 예산(豫算), 예상(豫想), 예고(豫告), 집행유예(執行猶豫) |

149_ 실 사(糸)

糸 _사

누에고치에서 나온 가느다란 몇 가닥의 실을 꼰 모습으로 나타낸 '실 사(糸)'.

絲 _사

'실 사(糸)'에 '실 사(糸)'를 더해 '꼰 실을 다시 꼬아 만드는 실'이라는 뜻을 나타낸 '실 사(絲)'.

系 _계

'(같은 종류의) 실과 실을 이어서 늘려나가다'라는 뜻으로 만든 '이을 계(系)'.
>> 계통(系統), 계열사(系列社), 계보(系譜), 생태계(生態系)

係 _계

'같은 종류의 실과 실을 잇다'라는 뜻을 지닌 '이을 계(系)'와 '사람 인(亻)'을 더해 '서로 매여 있다, ~~에 매이다(걸리다)'라는 뜻을 나타낸 '매일 계(係)'.
>> 관계(關係), 계장(係長)

糾 _규

'실 사(糸=纟)'와 '얽힐 규(丩=纠)'를 더해 '(실을) 꼴 규 혹은 끌어모을 규(糾)'.
>> 규명(糾明), 규탄(糾彈), 규합(糾合), 분규(紛糾)

約 _약

'실 사(糸=纟)'와 '(무언가를 떠내는데 쓰는) 구기 작(勺=勺)'을 더해 '실에 매듭을 지어 무언가를 따로 (떼어내) 표시를 하다 혹은 실을 매어 조이다'라는 뜻을 나타낸 '맺을 약 혹은 조여 묶을 약(約)'.
>> 계약(契約), 약관(約款), 약정(約定), 약속(約束), 절약(節約), 공약(公約)

紙 _지

'실 사(糸=纟)'와 '무언가를 납작하게 만드는 도구 혹은 납작한 숟가락 같은 도구의 모습(氏)'을 더해 '실(섬유질)을 풀어서 납작하게 눌러 만든 종이'라는 뜻을 나타낸 '종이 지(紙)'.
>> 지폐(紙幣), 지갑(紙匣), 편지(便紙)

納 _납

'실 사(糸)'와 '들일 내(內)'를 더해 '관청에 세금으로 실을 들이다'라는 뜻을 나타낸 '바칠 납(納)'.
>> 납부(納付), 납세(納稅), 납입(納入), 납득(納得), 출납(出納), 용납(容納)

紛 분	‘실 사(糸)’와 ‘나눌 분(分)’을 더해 ‘실이 어지러울 정도로 (흩어져) 나뉘어 있다’라는 뜻을 나타낸 ‘어지러울 분(紛)’. ≫ 분쟁(紛爭), 분규(紛糾), 분실(紛失), 분란(紛亂)	

紋 문	‘실 사(糸)’와 ‘무늬 문(紋)’을 더해 ‘실로 짠 무늬’라는 뜻을 나타낸 ‘무늬 문(紋)’. ≫ 파문(波紋), 지문(指紋), 화문석(花紋席)	

紡 방	‘실 사(糸)’와 ‘모서리 방(方)’을 더해 ‘실을 양쪽 모서리에 걸고 짜 나가다’라는 뜻을 나타낸 ‘길쌈 방(紡) ≫ 방직(紡織), 방적(紡績)	

紟 금	‘실 사(糸)’와 ‘붙들다’라는 뜻을 지닌 ‘이제 금(今)’을 더해 ‘옷의 양쪽을 붙들어 매다’라는 뜻을 나타낸 ‘옷고름 금(紟)’	

緊 긴	‘실 사(糸)’와 ‘굳을 견(臤)’을 더해 ‘실이 서로 굳게 얽혀져 있다’라는 뜻을 나타낸 ‘얽혀 굳을 긴(緊)’. ≫ 긴장(緊張), 긴급(緊急), 긴요(緊要), 긴밀(緊密)	

細 🔣 세	‘실 사(糸=🔣)’와 ‘어린애의 정수리에 있는 작은 숫구멍의 모습’을 그린 ‘정수리 신(囟=🔣)’을 더해 ‘(실처럼) 가늘고 작다’라는 뜻을 나타낸 ‘가늘고 작을 세(細)’. ≫ 세포(細胞), 세균(細菌), 세심(細心), 세밀(細密), 상세(詳細),	

終 🔣 종	‘실 사(糸=🔣)’와 ‘양쪽의 매듭을 짓다’라는 뜻을 지닌 ‘겨울 동(冬=🔣, 🔣)’을 더해 ‘실을 짤 때 매듭을 지어 마무리하다’라는 뜻을 나타낸 ‘끝낼 종(終)’. ≫ 종료(終了), 종결(終結), 종말(終末), 최종(最終), 시종(始終), 임종(臨終)	

累 🔣 루	‘실 사(糸=🔣)’와 ‘(겹겹이 얽힌) 밭 갈피 뢰(畾)’를 더해 ‘실이 여러 번 묶여 포개지다(이어지다)’라는 뜻을 나타낸 ‘여러 루, 자주 루, 포갤 루(累)’. ≫ 연루(連累), 누적(累積), 누차(累次)	

243

紺 감

'실 사(糸)'와 '입안에 무언가를 품고 있다'라는 뜻을 지닌 '달 감(甘)'을 더해 '실에 깊이 스며든 색깔'이라는 뜻을 나타낸 것인데 주로 '검은색을 품고 있는 청색'이라는 뜻으로 쓰이는 '반물 감 혹은 감색 감(紺)'.

>> 감색(紺色), 감청색(紺靑色)

150_ 원숭이와 짝 우(偶)

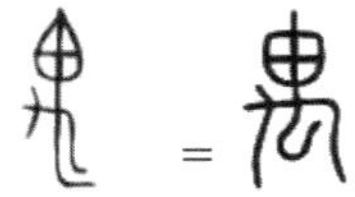

사람 비슷한 짓을 잘 하는 원숭이(나무늘보)의 모습

禺 우

사람 비슷한 짓을 잘 하는 원숭이를 나타낸 '원숭이 우(禺)'.

>> 우연(禺淵: 해가 지는 곳), 우중(禺中: 사시 즉 오전 10쯤)

偶 우

'사람 인(人＝亻)'과 '원숭이 우(禺)'를 더해 '사람과 맞서거나 짝이 될 만큼 비슷하다'는 뜻을 나타낸 '짝(통) 우(偶)'.

>> 토우(土偶: 옛날에 사람 대신 만들어 무덤에 묻었던 흙으로 만든 인형), 우수(偶數: 짝수), 우상(偶像)

寓 우

'집 면(宀)'과 '이 나무 저 나무를 옮겨 다니며 살다'라는 뜻을 지닌 '원숭이 우(禺)'를 더해 '임시로 쓰는 집'이라는 뜻을 나타낸 '(임시) 머물 우(寓)'.

>> 우거(寓居: 임시로 초라한 집에서 살다), 우숙(寓宿: 더부살이), 우화(寓話: 임시로 빌려서 빗대어 하는 이야기)

遇 우

'길 걸을 착(辶)'과 '짝 우(偶＝禺)'를 더해 '길에서 뜻하지 않게 마주치다'라는 뜻을 나타낸 '(뜻하지 않게) 만날 우(遇)'.

>> 조우(遭遇), 경우(境遇), 대우(待遇), 처우(處遇), 예우(禮遇)

愚 우

'비슷한 짓을 하다'라는 뜻을 지닌 '원숭이 우(禺)'와 '마음 심(心)'을 더해 '남이 하는 일을 비슷하게만 따라서 하려는 마음'이라는 뜻을 나타낸 '어리석을 우(愚)'.

>> 우직(愚直), 우매(愚昧), 우롱(愚弄)

隅 우

'사람이 기대어 사는 절벽 아래의 동굴'이라는 뜻을 지닌 '언덕 부(阝, 𨸏, 阜 = 阝)'와 '비슷한 짝이 되다'라는 뜻을 지닌 '원숭이 우(禺)'를 더해 '굴이나 움막 등의 비슷하게 생긴 이 구석 저 구석'이라는 뜻을 지닌 '(한) 구석 우, 모퉁이 우(隅)'.
>> 우각(隅角), 거우법(擧隅法), 사우(四隅)

151_ 달릴 주(走)

달려가는 사람

走 주

사람이 두 손을 저으며 달리는 모습(大)과 '발 지(止 = 止)'를 더해 나타낸 '달릴 주(走)'.
>> 주행(走行), 질주(疾走), 도주(逃走), 동분서주(東奔西走)

奔 분

처음에는 '달리는 사람(大) 밑에다 3개의 발(止)'을 그린 형태로 '아주 바쁘게 달리다'라는 뜻을 나타낸 '달릴 혹은 달아날 분(奔)'이었는데 나중엔 '사람(夫)의 발 대신에 마구 솟아나는 풀들(卉)'을 더한 형태(奔)'로 바뀌어 '바삐 달아날 분 혹은 튀어오를 분(奔)'.
>> 동분서주(東奔西走), 분망(奔忙), 광분(狂奔)

越 월

'달릴 주(走)'와 '큰 도끼 월(戉)'을 더해 '크게 뛰어 넘다'라는 뜻을 나타낸 '넘을 월, 앞지를 월(越)'.
>> 탁월(卓越), 추월(追越), 초월(超越), 월권(越權)

徒 도

'달릴 주(走)'와는 관계없이 '어딘가를 향해 곧바로 나아가다 혹은 곧바로 공격하다'라는 뜻을 나타낸 '正, 𤴓, 正 = : 나아갈 정, 바를 정(正)'에 속한 글자임. 어딘가를 향해 나아가거나 공격한다는 뜻을 나타낸 형태(正)의 양쪽에 두 개의 점(丶 丶)을 더해 '(지도자나 지휘

관과는 달리) 아무런 탈 것 없이 땅을 밟고 타박타박 걸어서 쫓아가는 사람들, 무리, 제자, 일꾼, 보병들'이라는 뜻을 나타낸 '(따르는) 무리 도(徒)'.

>> 도보(徒步), 문도(門徒), 신도(信徒), 교도(教徒), 도소(徒勞), 사도(使徒), 학도(學徒), 상분도(嘗糞徒)

152_ 떠들썩하게 놀 오(吳)

吳 오
吳

'사람이 고개 짓을 하는 모습(夨)'과 '입 구(ㅂ=口)'를 더해 '재미있는 짓과 말로 우스개놀이를 하다'라는 뜻을 나타낸 '떠들썩하게 놀 오 혹은 나라이름 오(吳)'.

>> 오월춘추(吳越春秋), 오람(吳藍), 오음(吳吟)

誤 오

'떠들썩하게 놀 오(吳)'와 '분명한 말'이라는 뜻을 지닌 '말씀 언(言)'을 더해 '분명히 해야 할 말을 우스갯소리나 헛된 말로 잘못 알게 하다'라는 뜻을 나타낸 '그릇될 오(誤)'.

>> 오류(誤謬), 오해(誤解), 착오(錯誤), 과오(過誤)

娛 오

'떠들썩하게 놀 오, 혹은 나라이름 오(吳)'가 주로 '오나라 이름 오(吳)'로만 쓰이게 되자 '부드럽다'는 뜻을 지닌 '계집 녀(女)'를 다시 더해 만든 '떠들썩하게 놀 오(娛)'.

>> 오락(娛樂), 채의이오친(綵衣以娛親)

153_ 감싸서 도울 양(襄)

襄 양

'감싸다'라는 뜻을 지닌 '옷 의(衣=衤, 𠂢, 𧘇)' 안에 '흙(土), 새싹(屮), 섞다(爻) 그리고 식물들이 새끼쳐나가는 모습(𤰈)'들을 그려 넣어 '새끼들이 잘 자라도록 감싸주다'라는 뜻을 나타낸 '도울 양(襄)'.

>> 양봉(襄奉: 장례(葬禮)를 지냄을 높여 이르는 말)

壤 양
壤

‘여러 가지 거름을 섞어 넣어 식물들이 새끼를 잘 치도록 돕다’라는 뜻을 지닌 ‘도울 양(襄)’과 ‘흙 토(土)’를 더해 ‘거름을 넣고 갈아엎어 주어 부드러워 진 흙’이라는 뜻을 나타낸 ‘(부드러운) 흙 양(壤)’.
▶▶ 토양(土壤), 격양가(擊壤歌: 부드러운 흙을 두드리며 노래함)

孃 양
孃

‘계집 녀(女)’와 ‘생물들이 새끼를 잘 치도록 돕다’라는 뜻의 ‘도울 양(襄)’을 더한 ‘어미 양(孃)’인데, 어린 여자의 존칭인 ‘소녀 낭(娘)’과 혼용되어 ‘계집애 양(孃)’으로도 씀.
▶▶ 노양(老孃), 영양(令孃)

釀 양
釀

‘술 담는 그릇’을 뜻을 지닌 ‘익을 유(酉＝酉)’와 ‘새끼들이 잘 자라도록 감싸주다’라는 뜻을 지닌 ‘도울 양(襄)’을 더해 ‘술이 잘 익도록 효소 등을 넣어주다’라는 뜻을 나타낸 ‘술 빚을 양(釀)’.
▶▶ 양조장(釀造場), 가양주(家釀酒)

讓 양
讓

‘말씀 언(言)’과 ‘감싸 넣어 돕다’라는 뜻을 지닌 ‘도울 양(襄)’을 더해 ‘상대방에게 말할 틈이나 자리를 내어준다’는 뜻을 나타낸 ‘사양할 양(讓)’.
▶▶ 양보(讓步), 겸양(謙讓), 양도(讓渡), 양위(讓位)

囊 낭
囊

‘묶을 속(束)’과 ‘감싸 넣다’라는 뜻을 지닌 ‘도울 양(襄)’을 더한 ‘주머니 낭(囊)’.
▶▶ 배낭(背囊), 행낭(行囊), 음낭(陰囊), 낭중지추(囊中之錐: 주머니 속의 송곳)

154_ 옷 의(衣)

介, 仓
사람의 목 부분을 앞뒤로 감싸고 옷깃을 잘 여미어 입은 모습

衣 의

사람의 목 부분을 앞뒤로 감싸고 옷깃을 잘 여며 입은 모습으로 나타낸 '옷 의(衣)'.
>> 의복(衣服), 의식주(衣食住), 탈의(脫衣)

依 의

'사람 인(人＝亻)'과 '옷 의(衣)'를 더해 '옷으로 감싼다, 혹은 (사람은) 옷에 의지 한다'는 뜻을 나타낸 '기댈, 의지할 의(依)'.
>> 의지(依支), 의존(依存), 의뢰(依賴), 의거(依據), 의탁(依託)

被 피

'가죽 피(皮)'와 '입는다, 덮다'라는 뜻을 지닌 '옷 의(衣＝衤)'를 더해 '가죽을 덮다'라는 뜻을 나타낸 '덮을 피, 입을 피(被)'.
>> 피복(被服), 피해(被害), 피고(被告), 피살(被殺)

袍 포

袍'쌀 포(包)'와 '옷 의(衣＝衤)'를 더한 '겉옷 포(袍)'.
>> 도포(道袍), 곤룡포(袞龍袍)

初 초

'옷 의(衤)'와 '칼 도(刀)'를 더해 '옷을 마름질하기 위해 처음으로 칼을 대다'라는 뜻을 나타낸 '처음 초(初)'.
>> 최초(最初), 당초(當初), 초보(初步)

裝 장

'멋있는 남자'라는 뜻을 지닌 '씩씩할 장(壯)'과 '옷 의(衣)'를 더해 '멋있게 꾸며 입다'라는 뜻을 나타낸 '꾸밀 장(裝)'.
>> 장식(裝飾), 분장(扮裝), 가장(假裝), 포장(包裝), 장비(裝備), 장치(裝置), 장착(裝着)

製 제

'필요한 부분만을 잘라서(마름질해서) 꼴을 만든다.'라는 뜻을 지닌 '마를 제, 꼴 제(制)'와 '옷 의(衣)'자를 더해 '옷감을 잘라 꼴을 짓다'라는 뜻을 나타낸, '지을 제(製)'.
>> 제작(製作), 제조(製造), 제품(製品), 제지(製紙), 제과(製菓), 복제(複製)

裂 렬

'벌릴 렬(列)'과 '옷 의(衣)'를 더해 '옷을 찢어 벌린다.'라는 뜻을 나타낸 '찢을 렬(裂)'.
>> 결렬(決裂), 파열(破裂), 분열(分裂), 균열(龜裂), 사분오열(四分五裂)

襲 습

'지렁이, 조개, 뱀, 악어, 사슴뿔, 곰의 발 등 여러 가지가 합쳐져 만든 글자'라는 뜻을 지닌 '룡 용(龍)'자와 '옷 의(衣)'를 더해 '옷을 겹쳐 입다 혹은 뒤를 이어 입다'라는 뜻을 나타낸 '겹쳐 입을 습, 이어 받을 습, 엄습할 습(襲)'.
>> 습격(襲擊), 기습(奇襲), 세습(世襲), 답습(踏襲)

哀 애

'감싸다'라는 뜻을 지닌 '옷 의(衣)' 속에 '입 구(口)'가 들어 있는 형태로 '울음을 참느라 입을 감싸는 모습'으로 나타낸 '슬플 애(哀)'.
>> 비애(悲哀), 애석(哀惜), 애통(哀痛), 애환(哀歡), 애걸(哀乞)

懷 회

'눈물을 흘리는 모습(𥆩)'을 '옷(𧘇 =衣: 옷 의)'로 감추는 모습(𩓣)과 '마음 심(心)'을 더해 '마음속에 고이 품고 있는 슬픔이나 그리움'이라는 뜻을 나타낸 '품을 회(懷)'.
>> 회의(懷疑), 회유(懷柔), 회포(懷抱)

衰 쇠

'옷 의(衣)' 속에 '무엇인가 떨어져 내리는 모습(𣲗)'을 더해 '옷이 (낡아서) 헐다'라는 뜻을 나타낸 '쇠할 쇠(衰)'.
>> 쇠퇴(衰退), 쇠약(衰弱), 쇠진(衰盡), 쇠망(衰亡), 영고성쇠(榮枯盛衰)

衷 충

'안으로 감싸다'라는 뜻을 지닌 '옷 의(衣)'와 '가운데 중(中)'을 더해 '안으로 감싸고 있는(중심을 지키고 있는 마음'이라는 뜻을 나타낸 '속마음 충, 충성 충(衷)'.
>> 충정(衷情), 충심(衷心), 절충(折衷), 고충(苦衷)

155_ 점 복(卜), 조짐 조(兆)

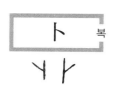

점치는데 쓰던 거북의 껍질이나 소 뼈 등을 불로 지질 때 '뽁!'하는 소리가 나며 금이 가는 모습(卜)으로 나타낸 '금이 갈 복(卜)' 혹은 '점 복(卜)'.
>> 점복(占卜), 복술(卜術), 복채(卜債)

금(卜)이 가서 양쪽으로 갈라진 모습(兆) 혹은 '갈라지고(兆) 또 갈라지는 모습(兆)'을 그려 나타낸 '갈라질 조(兆)' 혹은 점 친 결과 '어떤 조짐(兆朕)이 나타났다'는 뜻을 나타낸 '조짐 조(兆)'.

▶▶ 징조(徵兆: 어떤 낌새), 길조(吉兆), 흉조(凶兆), 조짐(兆朕)

'갈라질 조(兆)'의 의미로는 아주 많은(수도 없이 갈라진?) 수의 단위를 나타내는 '1조, 100조' 등의 '조 단위 조(兆)'로 쓰이고 있을 뿐 단독으로는 잘 안 쓰이고 있으나, 다른 글자들에 더해져 '갈라지다'라는 원뜻을 나타내는 예는 많이 있습니다.

'갈라질 조(兆)'와 '발 족(足)'을 더해 '발이 땅에서 (갈라져서) 뛰어오르다'라는 뜻을 나타낸 '뛸 도(跳)'.

▶▶ 도약(跳躍), 도량(跳梁: 함부로 날뜀)

'걸을 착(辶)'과 '갈라질 조(兆)'를 더해 '어떤 곳에 있지 못하고 (갈라져서) 달아나다'라는 뜻을 나타낸 '달아날 도(逃)'.

▶▶ 도주(逃走), 도망(逃亡), 도피(逃避)

'손 수(手＝扌)'와 '갈라질 조(兆)'를 더해 '가만히 있지 못하고 (갈라져서) 나오도록 건드리다'라는 뜻을 나타낸 '끌어낼 도(挑)'.

▶▶ 도발(挑撥), 도출(挑出), 도전(挑戰)

'나무 목(木)'과 '(뽁! 하는 소리와 함께) 쪼개지다'라는 뜻을 지닌 '갈라질 조(兆)'를 더해 '열매가 둘로 쪼개지는 복숭아나무'라는 뜻을 나타낸 '복숭아나무 도(桃)'.

▶▶ 도화(桃花), 편도선(扁桃腺), 무릉도원(武陵桃源: 이 세상(世上)을 떠난 별천지(別天地)를 이르는 말)

결국 '갈라질 조(兆)'는 '갈라질 조(兆)' 대로 살아있는 셈인데, 여기서 '조, 도 혹은 토'라는 발음이 한중일(韓中日) 모두 비슷하다는 것이 중요합니다. 그 이유는 '兆(조)'자의 '조(쪼), 도(또) 혹은 토'라는 발음이 바로 '쪼개지다', '떨어지다', '터지다'의 'ㅉ(ㅊ), ㄸ(ㄷ), ㅌ'라는 우리말의 원소에서 비롯되었기 때문입니다.

학술적으로는 여러 나라의 학자들에 의해 이미 '상고(上古) 한음(漢音)'이라는 이름으로 다 밝혀져 있어서 동음(同音)인 다른 글자들과의 의미 추적이 가능하지만, 중국과 일본에서는 그들의 살아 있는 말과 그 '상고(上古) 한음(漢音)'이 관련된 소리 말들을 찾을 수가 없습니다. 다시 말해서 '우리말 한자(漢字)'를 알기 전에는 그 '상고(上古) 한음(漢音)'들의 글자 이전에 있었을 '소리 말의 뜻'까지는 전혀 알 길이 없다는 것입니다. 우리 국어(한자 포함)학계를 생각하면 더욱 안타깝기만 합니다. 그래도 우선 '兆'가 '쪼개질 조(兆)'로 시작 되었다는 점만은 다시 한 번 더 강조를 해 둡니다.

156_ 적을 소(少)

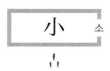

小 소

'3개의 작은(작게 나누어진) 점'으로 나타낸 '작을 소(小)'.
>> 소설(小說), 소설(小雪), 소수(小數), 축소(縮小), 대동소이(大同 小異)

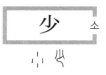

少 소

'4개의 작은 점(ㅣㅣ)'으로 혹은 '작을 소(小)'와 '삐침 별(丿)'을 더해 '작게(적게) 하다'라는 뜻을 나타낸 '적을(작을) 소(少)'.
>> 소년(少年), 소녀(少女), 소수민족(少數民族), 감소(減少), 다소 (多少)

尖 첨

'작을 소(小)'와 '큰 대(大)'로 '위는 작고(좁고) 아래는 크다(넓다)'라 는 뜻을 나타낸 '뾰족할 첨(尖)'.
>> 첨단(尖端), 첨예(尖銳), 첨탑(尖塔), 첨병(尖兵)

肖 초,소

'몸'의 뜻을 지닌 '고기 육(肉=月)'과 '작을 소(小)'를 더해 '몸이 줄다 혹은 작게 줄인 몸(닮은 모습)'이라는 뜻을 나타낸 '줄일 소 혹은 닮을 초(肖)'.
>> 초상화(肖像畵), 불초(不肖)

消 소

'물 수(氵)'와 '줄어들 소(肖)'를 더해 '물이 줄어서 사라지다'라는 뜻을 나타낸 '사라질 소(消)'.
>> 소식(消息), 소비(消費), 소화(消化), 소모(消耗), 해소(解消)

削 삭

'(작게) 줄일 소(肖)'와 '칼 도(刀=刂)'를 더해 '작게 깎아 내다'라 는 뜻을 나타낸 '깎을 삭(削)'.
>> 삭제(削除), 삭감(削減), 첨삭(添削)

哨 초

'(작게) 줄일 소(肖)'와 '입 구(口)'를 더해 '입을 작게 만들어 내는 소리(휘파람) 혹은 그렇게 작고 날카로운 소리를 내는 일'이라는 뜻을 나타낸 '휘파람 초 혹은 망볼 초(哨)'.
>> 초소(哨所), 보초(步哨)

抄 초	'적게(작게) 하다'라는 뜻을 지닌 '적을 소(少)'와 '~~하게 하다'라는 뜻의 '적을 소(少)'를 더해 '적게 떠내다, 작게 해서 주요 부분만 떠내다(베끼다)'라는 뜻을 나타낸 '뜰 초, 베낄 초(抄)'. ▶▶ 초본(抄本), 초록(抄錄), 초서(抄書: 책의 내용(內容)을 빼내어 씀, 또는 빼내어 쓴 책)
炒 초	'불 화(火)'와 '작을 소(少)'를 더해 '불에 볶으면 작아지다 혹은 볶을 때 시끄러운 소리가 나다'라는 뜻을 나타낸 '볶을 초, 시끄러운 초(炒)'. ▶▶ 계초(鷄炒: 닭볶음탕), 생선초(生鮮炒: 생선볶음), 주초(酒炒: 약제(藥劑)를 술에 담갔다가 건져내어 볶음)
沙 사	'물 수(氵)'와 '작을 소(少)'를 더해 '물에 씻겨 작게 만들어진 모래'라는 뜻을 나타낸 '모래 사(沙)'. ▶▶ 사막(沙漠), 사과(沙果), 사기(沙器), 황사(黃沙)
砂 사	'돌 석(石)'과 '작을 소(少)'를 더해 '작아진 돌'이라는 뜻을 나타낸 '모래 사(砂) ▶▶ 사막(砂漠), 사탕(砂糖), 황사(黃砂)
妙 묘	'계집 녀(女)'와 '작을 소(少)'를 더해 '작은 여자아이의 섬세한 아름다움'이라는 뜻을 나타낸 '묘할 묘(妙)'. ▶▶ 묘안(妙案), 묘기(妙技), 묘령(妙齡), 교묘(巧妙), 미묘(微妙)
劣 열	'힘 력(力)'과 '적을 소(少)'를 더해 '힘이 적다(못 미치다)'라는 뜻을 나타낸 '못할 열(劣)'. ▶▶ 열등(劣等), 열악(劣惡), 비열(卑劣), 우열(優劣)
省 성,생	'눈 목(◌ =目=)'과 '새싹의 모습(◌), 혹은 작을 소(=少)'를 더해 '작은 새싹을 살피다, 혹은 작게 줄여서 보다'라는 뜻을 나타낸 '살필 성(省), 혹은 줄일(덜) 생(省)'. ▶▶ 성찰(省察), 반성(反省), 생략(省略)

157_ 나무 심을 예(埶)

나무를 심는 사람의 모습

| 埶 예 | '나무 목(木=木)', '흙 토(土=土)', '일을 하는 사람의 모습(丮)'을 더해 '나무를 심고 가꾸어 키우다'라는 뜻을 나타낸 '(나무를) 심을 예, 혹은 (나무가 크게) 자라날 예(埶)'. |

| 藝 예 | '(나무를) 심을 예, 혹은 (나무가 크게) 자라날 예(埶)'자에 '풀 초(艹)'와 '여러 가지 모습을 만들어 내는 구름의 모습'이라는 뜻을 지닌 '이를 운(云, 云=云)'을 더해 '나무나 풀을 잘 길러내는 기술'이라는 뜻을 나타낸 '기술 예, 재주 예(藝)'.
▶▶ 예술(藝術), 연예인(演藝人), 원예(園藝) |

| 勢 세 | '(나무가 크게) 자라날 예(埶)'와 '힘 력(力)'을 더해 '나무가 자라 오르는 힘'이라는 뜻을 나타낸 '기운 세, 기세 세(勢)'.
▶▶ 형세(形勢), 권세(權勢), 기세(氣勢) |

| 熱 열 | '(나무가 크게) 자라날 예(埶)'와 '불 화(火=灬)'를 더해 '나무가 자라도록 받쳐주는 땅과 태양의 뜨거운 기운'이라는 뜻을 나타낸 '더울 열(熱)'.
▶▶ 과열(過熱), 열중(熱中), 열정(熱情) |

158_ 질그릇 요(䍃)

질그릇 부(缶)의 모습

䍃 요	'고기 육(肉=夕)'과 '질그릇 부(缶)'을 더해 '고기를 담는(요리하는) 그릇'이라는 뜻을 나타낸 '질그릇 요(䍃)'.	

搖 요	'고기를 담는(요리하는) 그릇'이라는 뜻을 나타낸 '질그릇 요(䍃)'와 '손 수(扌)'를 더해 '고기가 끓으며 그릇 뚜껑이 흔들리다, 혹은 고기가 잘 익도록 흔들어 주다'라는 뜻을 나타낸 '흔들릴 요, 흔들 요(搖)'.	

>> 요란(搖亂), 요동(搖動), 요람(搖籃)

謠 요	'흔들릴 요, 흔들 요(搖)'와 '말씀 언(言)'을 더해 '흔들리듯, 흔들 듯 하는 말'이라는 뜻을 나타낸 '노래 요, 풍설(소문) 요(謠)'.	

>> 가요(歌謠), 민요(民謠), 동요(童謠)

遙 요	'고기를 담는 그릇'이라는 뜻을 지닌 '질그릇 요(䍃)'와 '갈 착(辶)'을 더해 '(요로 쪄서 말린 고기를 들고 먼 길을 가다'라는 뜻을 나타낸 '멀 요(遙)'.	

>> 요원(遙遠), 요천(遙天), 소요(逍遙)

徭 요	'먼 길을 가다'라는 뜻을 지닌 '멀 요(遙=䍃)'에 '~하게 하다'의 뜻의 동사 부호 '갈 척(彳)'을 더해 '먼 곳에 (끌려)가서 일을 하다'라는 뜻을 나타낸 '구실 요, 부역 요(徭)'.	

>> 요역(徭役), 요합(徭合), 요부(徭賦)

159_ 울책 책, 책 책(冊)

대나무나 나무 조각들을 엮어 놓은 모습

册 _책

‘대나무나 나무 조각들을 엮어 놓은 모습’ 혹은 그 위에 글씨를 쓴 ‘죽간(竹簡)’이나 ‘목간(木簡)’ 등을 엮어놓은 모습(冊)으로 ‘나무 울타리나 글을 엮은 책’이라는 뜻을 나타낸 ‘울 책 책 혹은 책 책(冊)’.

>> 책방(冊房), 책상(冊床), 서책(書冊)

典 _전

두 손으로 받들고 있는 책의 모습(典) 혹은 책상 위에 올려놓은 모습(典)으로 ‘두 손으로 받들거나 (반듯한) 책상(丌) 위에 올려놓고 늘 참고해야할 어떤 삶의 지식이나 규범’이라는 뜻을 나타낸 ‘법 전(典)’.

>> 사전(事典), 경전(經典), 전형적(典型的)

160_ 비 우(雨)

雨 _우

하늘에서 떨어져 내리는 빗방울의 모습(雨)을 그린 ‘비 우(雨)’.

>> 곡우(穀雨: 24절기(節氣)의 여섯째. 청명(淸明)과 입하(立夏) 사이에 드는 데, 양력(陽曆) 4월 20일이나 21 일이 됨), 우수(雨水: 빗물, 24절기(節氣)의 하나. 양력(陽曆) 2월 19일 경(頃)으로 입춘(立春)과 경칩(驚蟄) 사이에 있음. 날씨가 많이 풀려 초목이 싹트는 시기(時期), 폭풍우(暴風雨), 강우량(降雨量), 우후죽순(雨後竹筍: 우후죽순 단어장 추가 비가 온 뒤에 솟는 죽순(竹筍)이라는 뜻, 어떤 일이 한 번에 많이 일어남)

火 _화

타오르는 불꽃의 모습으로 나타낸 ‘불 화(火)’.

>> 화재(火災), 비화(飛火: 뛰어 오르는 불똥), 화산(火山), 분화구(噴火口)

山 _산

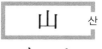

불꽃처럼 땅이 솟아올라 만들어지는 ‘뫼 산(山)’.

>> 산양(山羊), 금강산(金剛山), 우공이산(愚公移山: 우공이 산을 옮긴다는 말로, 남이 보기엔 어리석은 일처럼 보이지만 한 가지 일을 끝까지 밀고 나가면 언젠가는 목적(目的)을 달성(達成)할 수 있다는 뜻), 산천(山川)

161_ 활 궁(弓)

활의 모습

弓 궁

활의 모습으로 나타낸 '활 궁(弓)'.
>> 양궁(洋弓), 궁마(弓馬), 궁술(弓術)

躬 궁

'몸 신(身)'과 '활 궁(弓)'을 더해 '자신의 몸을 활처럼 쓰다'라는 뜻을 나타낸 '스스로 궁, 몸소 궁(躬)'.
>> 궁행(躬行: 몸소 행하다), 궁경(躬耕: 임금이 몸소 농사일을 함), 궁진(躬進: 몸소 감)

窮 궁

'구멍 혈(穴)'과 '활처럼 몸을 구부리다'라는 뜻을 지닌 '몸소 궁 (躬)'을 더해 '(비좁은) 구멍 속에 들어간 듯 몸이 움츠러들다'라는 뜻을 나타낸 '다할 궁, 옹색할 궁(窮)'.
>> 궁리(窮理), 추궁(追窮), 무궁화(無窮花)

引 인

'활 궁(ʒ=弓)'의 손잡이 부분에 '당기다'라는 뜻의 표시(／)를 더해 '활을 당기다'라는 뜻을 나타낸 '당길 인(引)'.
>> 인상(引上), 인하(引下), 견인(牽引), 아전인수(我田引水)

162_ 기와 와(瓦)

瓦 와

(불에 구워서 만드는) 기왓장 2개를 아래위로 서로 어긋나게 포갠 모습(⌒)으로 된 '기와 와(瓦)'.

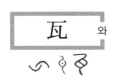

瓷 자	'불에 구워 만드는 질그릇'이라는 뜻을 지닌 '기와 와(瓦)'와 '버금 차(次)'를 더해 '한 번 더 구워 더욱 단단하게 만든 그릇'이라는 뜻을 나타낸 '오지그릇 자(瓷)'. '오지게 단단할 자(瓷)'.
>> 도자기(陶瓷器), 청자(靑瓷)

163_ 꿸 관(串)

어떤 물건이나 먹을 것을 하나의 꼬챙이에 꿴 모양

串 관	'어떤 물건이나 먹을 것을 하나의 꼬챙이에 꿴 모양'으로 나타낸 '꿸 관(串)'.
>> 관시(串柿: 곶감), 친관(親串: 친하여 가까워 짐)

毌 관	돈으로 쓰이던 조개껍데기 등을 줄에 꿰다 혹은 그렇게 꿰어 '한 꿰미, 두 꿰미---'하고 수량이나 액수의 단위로 쓰던 말, '꿰뚫을 관, 꿰미 관(毌)'.

貫 관	'꿰뚫을 관, 꿰미 관(毌)'이 '어미 모(母)'나 '없을 무, 아닐 무(毋)'와 혼동이 되자 '조개 패(貝)'를 더해 원 뜻을 분명히 한 '꿸 관, 꿰미 관(貫)'.
>> 관통(貫通), 관철(貫徹), 일관성(一貫性)

慣 관	'꿸 관, 꿰미 관(貫)'과 '마음 심(忄)'을 더해 '하나의 꿰미에 꿰인 듯이 늘 같은 행동을 버릇처럼 하다'라는 뜻의 '버릇 관(慣)'.
>> 관습(慣習), 관성(慣性), 관행(慣行)

164_ 자 방(匚)

匚 방	'匚'자 형태로 생긴 (직각을 재는?) 도구의 뜻을 나타낸 '자 방(匚)'.

257

<table>
<tr><td>匡 광
匡</td><td>'자 방(☰=匚)'과 '무엇인가(⚡?)'를 바로 잡는 다는 뜻을 나타낸 '바로 잡을 광(匡)'.
▶▶ 광정(匡正), 광필(匡弼), 광곤(匡困)</td></tr>
</table>

'자 방(☰=匚)'과 '무엇인가(⚡?)'를 바로 잡는 다는 뜻을 나타낸 '바로 잡을 광(匡)'.

▶▶ 광정(匡正), 광필(匡弼), 광곤(匡困)

'재다(가늠하다)'라는 뜻을 지닌 '자 방(☰=匚)'과 '도구'라는 뜻으로 쓰인 '도끼 근(斤)'을 더해 '자와 도끼 등을 써서 무엇인가를 잘 만들어내다'라는 뜻을 나타낸 '장인(기술자) 장(匠)'.

▶▶ 장인(匠人), 장색(匠色), 공장(工匠)

'무엇인가를 한 구석(乚)에 넣고 뚜껑(一)을 덮어 가리다'라는 뜻을 나타낸 '감출 혜(匸)'.

'아닐 비(非)'와 '감출 혜(匸)'를 더해 '아닌 걸 감추다, 혹은 감추면 안 된다'라는 뜻을 나타낸 '아닐 비(匪)'.

▶▶ 공비(共匪), 비도(匪徒), 초비(剿匪)

165_ 날릴 양(揚)

'아침 해가 날개 짓을 하듯 힘차게 떠오르는 모습(昜)'과 '~하게 하다'라는 뜻의 동사 부호 '손 수(扌=扌)'를 더해 '올리다, 날아오르게 하다'라는 뜻을 나타낸 '올릴 양, 날릴 양(揚)'.

▶▶ 찬양(讚揚), 지양(止揚), 게양(揭揚)

'나무 목(木)'과 '아름답게 생긴 양(羊)', '길 영(永)'을 더해 '멋있게 생긴 상수리나무와 그 모양'이라는 뜻을 나타낸 '상수리나무 상(樣=橡), (멋있는) 본보기 양(樣)'.

▶▶ 모양(模樣), 다양(多樣), 양상(樣相)

'나르는 듯 오르는 아침 해의 모습'에서 나온 '볕 양(昜=昜)'과 '나무 목(木)'을 더해 높이 솟는 (북쪽에서 자라는?) '버드나무 양(楊)'.

▶▶ 양귀비(楊貴妃), 반양지호(潘楊之好)

場 장

‘오르다’라는 뜻을 지닌 ‘볕 양(昜=易)’과 ‘흙 토(土)’을 더해 ‘높이 올린 땅, 혹은 그 마당’이라는 뜻을 나타낸 ‘마당 장(場)’.

>> 장소(場所)

166_ 말 이을 이(而)

而 이

‘턱수염’의 모습으로 ‘길게 이어지다’라는 뜻을 나타낸 ‘말 이을 이, (어조사) 그리고 이(而)’.

>> 형이상학(形而上學), 이립(而立)

수염이 긴 어른이 말을 하다 뜸을 들이느라(말이 막히면) 에헴! 하고 턱수염을 쓰다듬는 모습이 연상되는 글자입니다. 또한 웬일인지 동서양을 막론하고 말을 하다 막히면 대게 턱을 매만지는 것 같습니다만.

需 수

‘길게 내린 턱수염’의 뜻을 지닌 ‘말 이을 이(而)’와 ‘비 우(雨)’를 더해 ‘비가 내리기를 바라는 마음’이라는 뜻을 나타낸 ‘구할 수, 쓰일 수, 혹은 기다릴 수(需)’.

>> 수요(需要), 내수(內需), 필수(必需)

儒 유

‘비에 젖은 수염, 비를 비는 무당’의 뜻을 지닌 ‘구할 수, 쓰일 수 혹은 기다릴 수(需)’와 ‘사람 인(亻)’을 더해 ‘무당(제사장) 집안의 사람이었던 공자(孔子)와 그 학파를 일컫는 말’로 쓰이게 된 ‘선비 유(儒)’.

>> 유교(儒敎), 유학(儒學), 유가(儒家)

참된 유교(儒敎)의 ‘선비’들은 비(雨)에 수염(而)이 젖는 것을 부끄러워하지 않습니다. 진짜 선비는 마치 무당이 사람들을 위해 추우나 더우나 눈비가 오거나 맨땅에 거적때기 하나 깔고 엎드려 통곡을 하며 하늘에 고하듯이, 백성들을 위해 자신의 목숨을 걸고 임금께 상소를 올려왔습니다.

'비 우(雨)'자는 '하늘에서 내리는 빗방울'을 그린 갑골문의 '⸱⸱⸱'가 금문의 '雨' 전서의 '雨'를 거쳐 되었으며, '말 이을 이(而)'자는 사람의 '턱수염'을 그린 갑골문의 '⺢'가 금문의 '而'자를 거쳐 지금의 '而'가 되었습니다.

그래서 '雨(雨)'와 '而(而)'가 합쳐진 '需(需)'자가 '비(雨)에 젖은 수염(而)'의 뜻과 함께 '비를 바란다'는 뜻의 '구할 수(需)'자로 된 것이지요.

여기에 '사람 인(亻)'자를 더하면 바로 유교(儒敎)의 '선비 유(儒)'자가 됩니다. 원래 '선비(儒)'란 옛날에 기우제(祈雨祭) 등에서 천문을 읽고 점을 치거나 춤을 추고 노래를 부르기도 하는 '무당(巫堂)'들을 일컫는 말로 최초의 '옥편'이랄 수 있는 '설문해자(說文解字)'에서는 '술사(術士)'로도 불렸다고 되어 있습니다.

물론 그 시대에는 공자에 의해서 유교(儒敎)상 최초의 성인으로 추대되고 있는 주(周)나라의 문왕(文王)이나 소공(召公)조차도 무당(巫堂)이었습니다. 다시 말해서 당시의 '무당(巫堂)'들은 곧 이른바 제정일치(祭政一致) 혹은 신정(神政)시대의 최고 지식인 집단이기도 했던 것입니다.

다만 하(夏), 은(殷), 주(周)로 이어지던 마지막 신정(神政)시대와 함께 '고대 봉건제 사회'가 무너지고, 수많은 패왕(霸王)들의 무력(武力)과 권모술수(權謀術數)들만이 판을 치는 춘추전국(春秋戰國)시대에 들어서면서부터는 그 무당들의 지위가 그야말로 한낱 술사(術士)나 기생(妓生)과 같은 위치로 전락될 수밖에 없었던 것이지요.

그러나 하늘과의 소통을 바라는 백성들과 그 하늘의 권위를 빌어 지상의 패권을 잡으려는 통치자들은 여전히 무당들의 역할을 필요로 했는데, 그래서 생겨난 현상이 바로 타락한 무당들로 백성들을 기만하고 권력자들에게 아부하는 '소인유(小人儒)'의 등장과 그에 대비되는 새로운 무당들로 백성을 위하고 하늘을 위하는 군자(君子)의 도리를 가르치고자 했던 '군자유(君子儒)'라는 '유교(儒敎: 무당들의 가르침) 집단'의 등장인바 그 새로운 무당들의 우두머리가 바로 공자(孔子)였던 것입니다.

이들은 춘추전국시대 당시의 수많은 사상가 집단, 즉 제자백가(諸子百家)들과의 윤리, 철학, 통치관, 세계관에 대한 치열한 논쟁과 패권주의자들의 멸시와 핍박 속에서도 '仁(어질 인)'이라는 '더불어 살아야 하는 사람 사이의 기본적인 도리(道理)'를 '천도(天道: 하늘의 길)', 그 자체로까지 삼고자 했던 진정한 무당들이었으며, 예인(藝人)들이자 철인(哲人)들이기도 했습니다.

물론 그 후예(後裔)인 유교(儒敎) 집단의 모든 선비들이 누구나 '비(雨)에 수염(而)이 젖는 것'을 부끄러워하지 않는 선비, 진정한 '무당(儒: 선비 유)'이 될 수는 없었던 듯합니다.

167_ 벌릴 열(列)

| 列 | 렬 |

'부서진 뼈 알(歹)'과 '칼 도(刂)'를 더해 '쪼개서(나누어) 벌려놓다'라는 뜻을 나타낸 '벌릴 렬, 줄지을 렬(列)'.

>> 열차(列車), 진열(陳列), 대열(隊列), 행렬(行列)

| 烈 | 렬 |

'벌릴 렬(列)'과 '불 화(灬)'를 더해 '불길이 매섭게 뼈를 갈라지게 하다'라는 뜻을 나타낸 '매서울 렬(烈)'.

>> 치열(熾烈), 격렬(激烈), 맹렬(猛烈)

| 例 | 례 |

'나란히 할 렬(列)'과 '사람 인(亻)'을 더해 '같은 열에 세울 수 있다, 보기로 들다'라는 뜻을 나타낸 '보기 례, 법식 례(例)'.

>> 차례(次例), 사례(事例), 유례(類例), 조례(條例)

168_ 애벌레 촉(蜀)

부드러운 나뭇잎에 꼬리를 찔러 박고 꼭 들러붙어서
그 잎을 먹어대는 애벌레의 모습

蜀 촉

'부드러운 나뭇잎에 꼬리를 찔러 박고 꼭 들러붙어 있으면서 그 잎을 먹어대는 눈과 입이 크고 꼬리가 매서운 나비 애벌레의 모습'으로 나타낸 '애벌레 촉, 나라이름 촉(蜀)'.
▶▶ 촉서(蜀黍: 수수), 득롱망촉(得隴望蜀), 망촉(望蜀)

獨 독

'개 견(犬)'과 '나비 애벌레 촉(蜀)'을 더해 '개가 우두커니 홀로 집을 지키다, 혹은 혼자서 나뭇잎을 갉아먹고 있다'라는 뜻을 나타낸 '홀로 독(獨)'.
▶▶ 독립(獨立), 독도(獨島), 단독(單獨)

濁 탁

'물 수(氵)'와 '애벌레 촉(蜀)'을 더해 '나뭇잎에 붙어서 잘 안 떨어지는 애벌레처럼 끈끈하고 흐린 물'이라는 뜻을 나타낸 '흐릴 탁(濁)'.

觸 촉

'뿔 각(角)'과 '애벌레 촉(蜀)'을 더해 '뿔이나 꼬리를 대고 찔러 박다, 곤충의 촉각(觸角)이 닿다'라는 뜻을 나타낸 '닿을 촉(觸)'.
▶▶ 혼탁(混濁), 청탁(淸濁), 탁주(濁酒)

燭 촉

'불 화(火)'와 '잎에 붙어 잘 안 떨어지다'라는 뜻을 지닌 '애벌레 촉(蜀)'을 더해 '잘 안 꺼지는 촛불이나 등불'이라는 뜻을 나타낸 '촛불 촉(燭)'.
▶▶ 촉광(燭光), 화촉(華燭)

屬 속,촉

'나비의 애벌레 촉(蜀)'과 '꼬리 미(尾)'를 더해 '애벌레의 꼬리가 나뭇잎에 (안 떨어지고) 붙어있다, 혹은 꽁무니로 이어져 있다'라는 뜻을 나타낸 '엮일 속(屬) 혹은 이을 촉(屬)'.
▶▶ 소속(所屬), 금속(金屬), 직속(直屬)

169_ 밀 탁(乇)

'새싹이 뿌리를 내리는(땅을 밀고 올라오는) 모습'으로 나타낸 '뿌리내릴 탁, 밀 탁(乇)'.

'새싹이 뿌리를 내리는(땅을 밀고 올라오는) 모습'으로 나타낸 '뿌리내릴 탁, 밀 탁(乇)'과 '손 수(扌)'를 더해 '누구에겐가 어떤 일을 밀어붙이다'라는 뜻을 나타낸 '밀(맡길) 탁(托)'.
▶▶ 탁발(托鉢), 탁자(托子), 내탁(內托)

'말씀 언(言)'과 '밀 탁(乇)'을 더해 '무언가를 대신 맡아달라고 부탁하다'라는 뜻을 나타낸 '의지할 탁, 부탁할 탁(託)'.
▶▶ 청탁(請託), 부탁(付託), 결탁(結託)

'집 면(冂=宀)'과 '새싹이 뿌리를 내리는 모습(乇)'을 더해 '누군가가 뿌리를 내린 집'이라는 뜻을 나타낸 '집 택, 집 댁(宅)'.
▶▶ 택지(宅地), 주택(住宅), 댁내(宅內)

제 3 장

보아야 알고
알아야 보이는
글자

170_ 새들 이야기

 (꼬리가 길고 날씬한) '새 조(鳥)' (꼬리가 짧고 통통한) '새 추(隹)'

(꼬리가 길고 날씬한) '새 조(鳥)'.

島 도

'새 조(鳥)'와 '뫼 산(山)'을 더해 '(바다위에) 새가 떠 있는 것처럼 보이는 뫼, 즉 새 뫼'라는 뜻을 나타낸 '섬 도(島)'.
>> '섬 도(島)'를 일본말로는 '시마'라고 하는데 아마도 우리말의 새 뫼와 같은 것이 아닐까 생각됩니다.

隹 추

(꼬리가 짧고 통통한) '새 추(隹)'.
>> 원래는 '꼬리가 길고 날씬한' 새 조(鳥)'와 '꼬리가 짧고 통통한' 새 추(隹)자가 구별되어 쓰였으나 지금은 혼용되고 있음.

進 진

'새 추(隹)'와 '갈 착(辶)'을 더해 '앞으로만 나를 수 있는 새처럼 나아가다'라는 뜻을 나타낸 '나아갈 진(進)'.
>> 진행(進行), 추진(推進), 진전(進展), 진보(進步)

鳩 구

'아홉 구(九)'자와 '새 조(鳥＝)'자를 더해서 만든 '비둘기 구(鳩)'.

'아홉 구(九)'는 '팔뚝을 구부린 손의 모습(, 九 ＝ 九)'으로 우리말의 '꽉 찬 아홉 혹은 한 아름 가득 다 모이다'라는 뜻을 지닌 글자입니다. 여기서 '모이다'라는 뜻과 '구 구 대다'라는 소리 말이 잘 어울려 '구(九) 구(九)대며 모이기 좋아하는 새'라는 뜻의 '비둘기 구(鳩)'가 만들어 졌습니다. 그래서 예부터 '사람들이 많이 모이는 것'을 '구합(鳩合) 혹은 구집(鳩集)'이라고 합니다.

集 집

'새 추(隹)'와 '나무 목(木)'을 더해 '나무 위에 새가 모이듯 모이다'라는 뜻을 나타낸 '모일 집(集)'.
>> 집단(集團), 집중(集中), 수집(蒐集), 모집(募集), 집대성(集大成),

雀 작

'작을 소(⺌ = 小)'와 '새 추(隹 = 隹)'를 더해 '짹(작) 짹(작)대며 우는 작은 새'라는 뜻에서 만들어진 우리말 한자(漢字) '참새 작(雀)'.

>> 작설차(雀舌茶), 작매(雀梅: 산 앵두)

雁 안

'새 조(鳥)'와 '언덕 한(厂 = 厂)'을 더해서 '기역(ㄱ)자 형태로 줄지어 나르다'라는 뜻으로 만든 '기러기 안(雁)'.

>> 안사(雁使: 먼 곳에서 소식을 전하는 편지), 홍안(鴻雁: 큰 기러기와 작은 기러기)

雉 치

'새 추(=隹)'와 '살 시(矢 = 矢)'를 더해 '화살처럼 곧장 날아오르는 새'라는 뜻으로 만들어진 '꿩 치(雉)'.

>> 치악산(雉岳山), 치토자(雉兎者: 꿩과 토끼를 사냥하는 사람)

鷄 계

손(⺤ = ⺤)과 '실 사(糸 = 糸)'가 합쳐져 '사람 손에 묶여 있다'는 뜻을 갖게 된 '어찌 해(奚 = 奚)'와 '새 조(隹 = 鳥)'를 더해 '묶어서 매달고 다니는 새'라는 뜻을 나타낸 '닭 계(鷄)'.

>> 양계(養鷄), 군계일학(群鷄一鶴)

갑골문에는 '묶여 있는 새를 나타내는 글자도 보이는데, 아마도 그때까지는 그렇게 묶어서 기르던 새들이 지금의 닭이 된 듯합니다. 더구나 우리말에서는 '닭'이라고 부르기 전 이름인 '달구(달고) 다니는 새라는 뜻을 지닌 '달구 새 혹은 달구새끼라고 말이 아직도 남아 있습니다.

鴻 홍

'물 수(氵 = 氵 = 水)'와 '꿰뚫다'는 뜻을 지닌 '기술 공(工)'을 더하면 '큰 내 강(江)'이 되는데, 이 '강(江)'자는 원래 중국 대륙을 꿰뚫고 흐르며 많은 생명체들의 삶을 이어주는 일을 하는 '양자강(揚子江)'같은 큰 강에만 쓰던 글자로, 이 '큰 내 강(江)'과 '새 조(鳥)'를 더해 바로 '양자강(揚子江)'처럼 대륙을 하나로 꿰뚫고 다니는 '고니'같은 큰 새라는 뜻을 나타낸 '큰 기러기 홍(鴻)'.

>> 홍학(鴻學: 배운 것이 많고 학식이 넓은 사람)

烏 오

'입을 크게 벌리고 하늘 혹은 태양을 향해 울부짖고 있는 새의 모습'으로 나타낸 '울부짖을 오 혹은 까마귀 오(烏)'.

>> 삼족오(三足烏: 태양 속에 들어 있다는 다리가 셋 달린 전설상의 까마귀로 고구려의 상징)

嗚 오

'울부짖다'라는 뜻도 지닌 '오(烏)'가 '까마귀 오(烏)'로만 쓰이게 되자 '입 구(口)'를 다시 더해 '울부짖다 혹은 오-!하고 탄식하다'라는 뜻을 나타낸 '탄식할 오(烏=嗚)'.

>> 오호(嗚呼: 탄식하는 소리)

鳴 명	'입 구(口 = ㅂ)'와 '새 조(鳥 = )'를 더해 '새가 울다'라는 뜻을 나타낸 '울 명(鳴)'.
	≫ 비명(悲鳴), 공명(共鳴)

171_ 바람 풍(風)

 (깃털)에서 ㅂ(돛)과  (새)를 더한 모습이 으로

風 풍	'새 날개 끝 부분의 아주 작고 가느다란 (솜털 같은) 깃털이 보일 듯 말 듯 일렁이는 모습'으로 '바람'이라는 뜻을 나타낸 '블럼(bliuem), 혹은 바람 풍(,  = 風)'.

풍	'바람을 안고 가는 돛의 모습(ㅂ)'으로 '바람'이라는 뜻을 나타낸 '플럼(pluiem), 혹은 바람 풍(ㅂ, )'.

風 풍	'바람을 안고 가는 돛'이라는 뜻을 지닌 '돛 범(ㅂ, )'과 '바람을 타고 나는 새'라는 뜻을 지닌 '새 조( = 鳥)'를 더한 모습으로 '온 천지가 가라앉아 있는 한낮의 고요 속에서도 보일 듯 말듯 일렁이는 작은 솜털들의 움직임 혹은 움직이게 하는 어떤 힘, 곧 바람'이라는 뜻을 나타낸 '바람 풍(風)'.

風 풍	'바람을 안고 가는 돛'이라는 뜻을 지닌 '돛 범(ㅂ, )'과 '바람을 타고 나는 새'라는 뜻을 지닌 '깃털 끄트머리 모습()'을 더해 '바람'이라는 뜻을 나타낸 '바람 풍(風)'.
	≫ 풍경(風景), 풍속(風俗), 풍속(風速), 풍파(風波), 풍토(風土), 폭풍(暴風)

鳳＝風 봉

'공작새(🦚)'와 '바람을 안고 가는 돛'이라는 뜻을 지닌 '돛 범, 혹은 바람 범(ㅂ, ㅂ, ㅲ)'을 더한 모습으로 '(큰) 바람을 일으키는 신'이라는 뜻을 나타낸 '봉황새 봉(鳳)' 혹은 '바람 풍(風)'.
>> 봉황(鳳凰), 봉아(鳳兒), 봉여(鳳輿: 임금이 타는 수레)

음운(音韻)학자들에 의해 '바람 풍(風)'의 원음(原音)은 'bliuem' 혹은 'pluiem'으로 밝혀졌는데, 'pl(플)'이라는 복자음(複子音)을 발음하기가 어려운 중국어의 특성상 'pl(플)'에서 'l(ㄹ)'이 탈락되어 '플루엄'이 '펌 - 펑(feng)'으로 변화 되었다고 합니다. 그 증거로는 맹자(孟子)에 나오는 '비렴(飛廉: 바람의 신)'이라는 풍족(風族)의 우두머리 이름을 들 수 있는데, 이는 바로 갑골문을 만든 은나라의 풍족(風族), 곧 '비렴(飛廉)＝바람＝부루(扶婁)'이라는 우리의 부여(扶餘)족들을 일컫던 말로 '비렴(飛廉)'이란 바로 '바람(風: 바람 풍)'의 또 다른 한자어 표기일 뿐입니다.
다시 말해서 지금의 '풍(風)'이라는 발음은 중국식 발음인 '펑(feng:風)'이 역수입 된 것으로 실은 '우리말 한자(漢字)'의 훈(訓)인 '바람(風)'이야말로 그 원음(原音)인 'pluiem 혹은 bliuem'이 '비렴(飛廉)'을 거쳐서 바뀌어 온 것일 뿐입니다. 그리고 'bliuem'이라는 원음은 우리말 '불다 혹은 바람'으로 되었으며, 'pluiem'은 우리말의 '풀풀대다, 펄럭이다 혹은 (바람을 넣는) 풀무'라는 말 등으로 남아있게 된 것입니다.

楓 풍

'바람 풍(風)'과 '나무 목(木)'을 더해 '아주 작은 살랑대는 바람에도 잘 흔들리는 잎을 가진 나무'라는 뜻을 나타낸 '단풍나무 풍 혹은 신나무 풍(楓)'.
>> 단풍(丹楓), 상풍(霜楓: 서리 맞은 단풍잎)

崩 붕

'뫼 산(山)'과 '일렁이는 새의 깃털'이라는 뜻을 지닌 '바람 풍(風)'을 더해 '산이 일렁이다(무너지다)'라는 뜻을 나타낸 '무너질 붕(崩)'.
>> 붕괴(崩壞), 붕어(崩御: 임금이 세상을 떠나는 것), 분붕(分崩)

諷 풍

'바람 풍(風)'과 '말씀 언(言)'을 더해 '지나가는 바람처럼 슬쩍 스치듯이 빗대어 하는 말'이라는 뜻을 나타낸 '빗대어 말할 풍(諷)'.
>> 풍자(諷刺), 풍유(諷諭), 풍독(諷讀: 외어 읽음)

鵬 붕

'바람 풍(🦚, 風＝風)'과 '새 조(鳥＝鳥)'를 더해 '수 천 수 만 리를 부는 바람, 혹은 그 바람을 일으키는 새'라는 뜻을 나타낸 '큰새 붕, 붕새 붕(鵬)'.
>> 붕정만리(鵬程萬里)

172_ 새싹과 흙 토(土)

흙속의 싹이 움을 틔우며 촉을 내미는 모습

땅 위로 솟아 오른 새싹(　)과 그 싹이 계속 자라나도록 하는 힘, 혹은 어떤 기운(　)까지 그린 모습

땅 위로 솟아오르고 있는 새싹의 기운(　)을 보다 간단하게 줄기 부분에 하나의 점으로 찍어 표현한 문자.

土 토
土

'새싹을 토해내는(틔워내는) 흙'이라는 뜻을 나타낸 '토할 토, 혹은 흙 토(土)'.

▶▶ 토양(土壤), 토질(土質), 토장(土醬: 된장), 향토(鄕土), 영토(領土)

吐 토

'(싹을) 토해낸다'는 뜻의 '토할 토(土)'이기도 했던 '토(土)'자가 '흙 토(土)'로만 쓰이게 되자 다시 '입 구(口)'를 더해 '(입으로) 토해낸다'는 뜻을 나타내게 된 '토할 토, 뱉을 토(吐)'.

▶▶ 토로(吐露: 속마음을 드러내어 말함), 구토(嘔吐),

위의 '흙 토(土)'와 '토할 토(吐)'를 연결시켜 생각해 보면, 이 '토(土)'가 원래 '싹을 틔워낸다(토한다)'는 우리말의 '틔(土)'라는 발음에 붙인 글자로 결국 우리말을 쓰는 사람들이 만든 전형적인 '우리말 한자(漢字)'라는 걸 알 수 있습니다. 중국말로는 '투(土)', 일본말로는 '토(土)'라고 합니다만 그들의 말에서는 그와 관련된 다른 말을 찾을 수가 없습니다. 다시 말해서 그들의 말에서는 그 글자가 생기기 이전에 당연히 있었어야할 원래의 소리말(발음)과 그 뜻을 찾을 수가 없지만 우리말에서는 '토'라는 발음만으로도 '(싹) 트다, 틔우다, 토하다' 등을 연상할 수가 있는 '우리말 한자(漢字)'가 된다는 것입니다.

社 사
社

'신이 내려오는(보이는) 제단'의 뜻을 지닌 '보일 시(示)'와 '흙 토(土)', '나무 (木)'을 더해 '생명(싹)이 잘 트는 좋은 흙들을 모아 단을 쌓고 나무를 심어 제사를 지내는 곳, 혹은 사람들이 모여 제사를 지내는 그 곳의 신을 나타낸 '토지 신 사(社), 혹은 모일 사(社)'.

▶▶ 사직단(社稷壇: 흙의 신(社)과 곡식의 신(稷)을 모시는 곳), 결사(結社), 회사(會社)

갑골문을 쓰던 은나라 시절에는 이 '토(土)'가 곧 '토지 신 사(社)'자이기도 했으며, 그 토지 신(社)의 상징으로 '흙무더기'를 쌓아 놓고 제사를 지냈습니다. 그래서 이제껏 많은 학자들은 이 '흙 토(土)'를 '땅과 새싹'의 모습이 아닌 무슨 흙덩이나 흙무더기의 모습으로 잘못 알고 있었던 것입니다.

地 지

'흙 토(土)'에 '머리를 든 뱀'의 형태에서 나온 '뱀 야, 혹은 잇달을 야(也 = 𠃌)'를 더해 흙이 뱀처럼 구불구불 이어지는 곳이라는 뜻을 나타낸 '땅 지(地)'.

>> 토지(土地), 지방(地方), 지구(地球)

'잇달을 야(也)'의 다른 용법으로는 '활 궁(弓)'에 '也'를 더해서 '(활줄을) 길게 잇달아 늘어뜨린다.'는 뜻으로 쓰는 '늘어질 이(弛)'가 있습니다.

怪 괴

'~을 하다'라는 뜻을 지닌 동사 부호 '오른 손 우, 또 우(又)'와 '흙 토(土)'를 더해 '알 수 없는 일을 하는 흙'이라는 뜻을 나타낸 '힘쓸 골(𡉏)'. 그리고 다시 '마음 심(心)'을 더해 '알 수 없는 일을 생각하다 혹은 그 마음'이라는 뜻을 나타낸 '기이할 괴, 의심할 괴(怪)'.

>> 괴한(怪漢), 괴담(怪談), 해괴(駭怪), 기괴(奇怪)

埋 매

처음엔 '살쾡이, 혹은 너구리 리(貍)'와 '풀 초(艹)'를 더해 '그 시체를 풀로 덮어두다'라는 뜻이었는데 나중에 '풀 초(艹)' 대신 '흙 토(土)'로 쓰게 된 '묻을 매(埋)'.

>> 매몰(埋沒), 매립(埋立), 매장(埋葬)

均 균

'흙 토(土 = 土)'와 '손을 돌리며 문지르는 모습(𠃌)' 그리고 '두 이(二 = 二)'를 더해 '손바닥으로 흙이 고르게 펴지도록 여러 차례 돌리며 문지르다'라는 뜻을 나타낸 '고를 균(均)'.

>> 균형(均衡), 균등(均等), 평균(平均)

墨 묵

'끄름'의 뜻을 지닌 '검을 흑(黑)'과 '흙 토(土)'를 더해 '끄름과 진흙을 섞어 만드는 먹'이라는 뜻을 나타낸 '먹 묵(墨)'.

>> 수묵화(水墨畵), 근묵자흑(近墨者黑)

塞 새,색

'흙 토(土 = 土)', '두 손(𦥑)', '벽돌을 쌓은 모습(𡨄)' '집 면(宀 = 宀)'을 더해 '먼 국경에 흙과 벽돌로 성벽과 요새를 쌓다'라는 뜻을 나타낸 '변방 새(塞), 막힐 색(塞)'.

>> 경색(梗塞), 군색(窘塞), 어색(語塞), 요새(要塞)

堯 요

'흙 토(土)'자 3개와 '우뚝할 올(兀)'을 더해 '흙을 우뚝하게 쌓아 놓다'라는 뜻을 나타낸 '높을 요, 요임금 요(堯)'.

>> 요순(堯舜), 걸견폐요(桀犬吠堯)

燒 소

'높을 요(堯)'와 '불 화(화)'를 더해 '불길이 높이 솟다'라는 뜻을 나타낸 '불 사를 소(燒)'.

>> 소각(燒却), 소주(燒酒), 연소(燃燒)

<table>
<tr><td>曉 _효</td><td>'흙을 점점 높이 쌓아 올리다'라는 뜻을 지닌 '높을 요(堯)'와 '날 일(일)'을 더해 '해가 점점 올라가기 시작하다(동이 트다)'라는 뜻을 나타낸 '새벽 효(曉)'.</td></tr>
</table>

▶ 효무(曉霧), 효득(曉得), 효시(曉示)

173_ 거북이(居卜), 기러기(記歷)

거복이(居卜-)와 기력이(記歷-)

거북이의 모습을 그려서 나타낸 '거북 구(龜)'.

점치는데 쓰던 거북의 배 껍질()을 불로 지질 때 '뾱!'하는 소리가 나며 '금이 가는 모습(卜)'으로 나타낸 '금 갈 복 혹은 점 복(卜)'.

▶ 구복(龜卜: 거북이로 치는 혹은 구점(龜占)), 귀감(龜鑑),
  구선(龜船: 거북선)

사람(ᄀ)이 의자(Ո)에 앉은 모습(ᄀᄀ)으로 나타낸 '있을 거(居)'.

사람(ᄼ)과 '옛날, 선조, 묵다, 오래 되다, 예스럽다, 순박하다, 고리타분하다, 성스럽다' 등의 뜻을 지닌 '옛 고(古=古)'를 더해 '사람은 의자에 의지하듯 오래 된 것에 의지해서 살아야 한다.'라는 뜻을 나타낸 '살 거(居)'.

▶ 거처(居處), 거소(居所), 주거(住居)

한자(漢字)를 원래의 '우리말 한자(漢字)'식으로 써온 일반 백성들은 '구복(龜卜) 혹은 구점(龜占: 거북이로 치는 점)'을 그냥 간단하게 '거복(居卜)'이라고 썼습니다. 그리고 큰 강이나 바다에서 잡히는 '거북이' 또한 같은 글자를 써서 '거복(居卜)'이라고 했는데, 여기서 '(의지해) 있을 거(居)'와 '점 복(卜)'을 이어서 해석해보면 '의지하다 점에 혹은 점 칠 때 의지하는 동물'이라는 뜻이 되어 아주 자연스러운 우리말 한자인 '거북이(居卜)'가 됩니다. 혹시 '거북이'는 원래 우리말이고 '거복(居卜)이'는 나중에 한자(漢字)에 무식한 일반 백성들이 그냥 소리에 대충 맞춰서 쓴 게 아니냐는 생각을 할 수도 있겠지만 이미 3000년도 더 지난 때의 얘기입니다. 지금의 황해(黃河) 유역엔 중국의 한족(漢族)들은 아예 살지도 않았을 때였으며 보다 구체적인 얘기는 다음으로 미루겠습니다만 '우리말 한자(漢字)'에서는 소리 말인 '거북(복)이'와 한자(漢字)의 '거복(居卜)이'가 실제로 같은 말로 쓰여 왔다는 점만은 분명히 말할 수 있습니다.

일본에서는 '카메(龜)'라고 하는 말이 따로 있으며, 중국에서는 더구나 자기네 말이고 글자라고 하는 '거북 구(龜)'를 그 '꿰이(龜)'라는 중국식 발음만으로는 자기들 스스로가 못 알아듣기 때문에 '까마귀 오(烏)'를 덧붙여 '우꿰이(烏龜)'라고 말을 해야만 실제의 '거북이'라는 말로 알아들을 수가 있습니다.

또 다른 예로는, '기러기(記歷이)', 즉 겨울이면 왔다가 이른 봄이면 돌아가는 철새인 기러기를 두고 '기력(記歷)이'라는 말을 썼습니다. '기력(記歷)이'라는 말은 '기록(記錄)하다' 할 때의 '쓸 기(記)'와 '역사(歷史)'라고 할 때의 '지날 력(歷)'을 더해서 만든 말로 '세월의 흐름을 알려주는 새라는 뜻을 담았는데, 이 역시 '기력(記歷)이'라는 글자를 통해 우리의 선조들이 우리의 소리 말과 우리 말 한자(漢字)가 그 뜻에서 하나가 될 수 있도록 끊임없이 노력해왔다는 분명한 증거의 하나가 될 것입니다. '기러기'라는 말 자체가 '기력(記歷)이'라는 말 이후에 생긴 것으로 그 증거의 하나로는 '기러기'의 일본 말인 '카리(記歷: 키레키)' 혹은 '카리가네'를 들 수가 있는데, 아무래도 바로 우리 한자말인 '기력(記歷)이'에서 나간 말일 것이라 여겨집니다.

174_ 메마른 하늘 건(乾)

힘들게(丂) 떠오른 해(☉)가 온 누리를 밝혀나가는(🐍) 모습과 그 땡볕으로 초목들을 꺾어(乙) 메마르게도 하는 하늘

힘들게(丂) 떠오른 해(☉)가 온 누리를 밝혀나가는(🐍) 모습으로 나타낸 '아침 해 빛날 간(倝)'.

'아침 해 빛날 간(倝)'과 '꺾이고 꺾이다'라는 뜻을 지닌 '새길 을(乙＝乙)'을 더해 '메마른 세상 살아가는 일도 힘들다(乙)'는 뜻을 나타낸 '메마른(강퍅한) 하늘 건(乾)'.
>> 건조(乾燥), 건달(乾達), 건전지(乾電池)

'아침 해 빛날 간(倝＝倝)'과 '배 주(夕, 月, 舟＝月)'를 더해 '사라지는 어둠과 함께 아침 해 빛나는 하늘가로 유유히 떠가듯 사라지는 배'라는 뜻으로 나타낸 '아침 조(韩＝朝)'.
>> 조석(朝夕), 조찬(朝餐), 조회(朝會), 조삼모사(朝三暮四)

韓 한

韓

'아침 해 빛날 간(𩰲 = 𩰴)'과 '에워쌀 위(𢀩 = 韋)'를 더해 '아침 해에 빛나는 온 누리 환한 세상'이라는 뜻을 나타낸 '환한 나라 한(韓)'.

▶▶ 한국(韓國), 한반도(韓半島), 주한(駐韓)

翰 한

翰

'아침 해 빛날 간(𩰲 = 𩰴)'과 '깃 우(羽 = 羿)'를 더해 '머리에는 금 빛 벼슬이 아침 해처럼 빛나고 날개를 봉황처럼 펼치고 나는 새'라 는 뜻을 나타낸 '금계 한(翰)'.

▶▶ 서한(書翰), 한지(翰池: 먹통), 한묵(翰墨: 문필)

175_ 응할 응(應)

        해 위의 매의 모습

唯 유

唯 唯

'유~!' 하고 사람이 새를 부르는 것은 자신의 뜻을 하늘에 고(告)하 고, 오로지 하늘의 응답을 구하기 위함입니다.

'부르다'는 뜻을 지닌 '입 구(口 = ㅂ)'와 '새 추(隹 = 𠅘)'를 더해 '오 로지 하늘에 고하는 소리 <유~!>'를 나타낸 '오직 유(唯)'.

▶▶ 유일(唯一), 유독(唯獨: 오직 홀로), 유물론(唯物論)

惟 유

'마음 심(忄)'과 '새 추(隹)'를 더해 '오로지 생각하다'라는 뜻을 나 타낸 '생각할 유(惟)'.

▶▶ 사유(思惟), 유독(惟獨,唯獨)

'(오직) 생각할 유(惟)'는 광개토태왕 비문의 첫 글자이기도 하며 '오직 하늘에 고(告)합 니다'라는 뜻으로 쓰인 것입니다.

應 응

應 應 應

해 위에 앉은 매(𠅘)와 팔을 위로 올린 사람의 모습(厂)을 더한 형 태(𥥌)로 '사람 품에 안긴 매 혹은 사람(𠤎 = 人)과 새(𠅘 = 隹)가 마음(心 = 心)으로 하나(丶)가 되었다'는 뜻을 나타낸 '응할 응(應)'.

▶▶ 응답(應答), 응원(應援), 반응(反應), 대응(對應)

이 '응할 응(應)'의 뜻과 소리 말은 우리말 그대로 '응'입니다. 다시 말해서, 글자는 '새가 사 람의 품에 안겼다, 즉 하늘의 응답을 받았다'라는 뜻으로 만들어졌지만 그 보다 먼저 있었을 소리말로 보면 새끼와 어미가 '응, 응'하고, 좋아하는 처녀 총각이 서로'응, 응'하는 우 리말 '응'에 그 음(音: 소리)과 뜻을 다 담고 있다는 말입니다.

鷹 응	'사람과 새가 하나 되다'라는 뜻을 지닌 '응할 응(應)'에 다시 '새 조 (鳥)'를 더해 '(가장 힘들게) 길들인 새'라는 뜻을 나타낸 '매 응(鷹)'. ≫ 어응(魚鷹: 물수리), 응견(鷹犬)

176_ 긴팔원숭이 원(猨)

爰 원	두 손(⿰) 사이에 작대기(ㅣ) 혹은 고리(○)가 들어(끼어) 있는 모습(⿰), ⿰)으로 '무엇인가를 늘어뜨려 풀어주다, 무엇인가로 끌어주다(돕다) 혹은 ~에 이르다'라는 뜻을 나타낸 '끌 원 혹은 이에 원(爰)'. ≫ 원거원처(爰居爰處: 여기저기 옮겨 삶)

猨 원	짐승의 뜻을 지닌 '개 견(犭)'과 '무엇인가를 늘어뜨려 풀어주다, 무엇인가를 가지고 끌어주다(돕다) 혹은 ~에 이르다'라는 뜻을 나타낸 '끌 원 혹은 이에 원(爰)'을 더해 '긴 팔을 늘어뜨려 새끼나 동료들을 돕는 긴팔원숭이'라는 뜻을 나타낸 '긴팔원숭이 원(猨)'. ≫ 유인원(類人猿)

援 원	'무엇인가를 가지고 끌어주다(돕다)'라는 뜻을 지닌 '끌 원(爰)'과 '손 수(扌)'를 더해 '(무엇인가를 가지고) 돕다'라는 뜻을 나타낸 '당겨줄 원, 도울 원(援)'. ≫ 지원(支援), 응원(應援), 성원(聲援), 원조(援助)

緩 완	'무엇인가를 늘어뜨려 풀어주다'라는 뜻을 지닌 '끌 원 혹은 이에 원(爰)'과 '실 사(糸)'를 더해 '바짝 조여진 실을 늘어뜨려 풀어주다'라는 뜻을 나타낸 '느슨할 완(緩)'. ≫ 완화(緩和), 완충(緩衝), 이완(弛緩)

煖 난	'느슨할 완(緩)'과 '불 화(火)'를 더해 '얼어붙은 무엇인가를 불로 따듯하게 풀어주다'라는 뜻을 나타낸 '따듯이 할 난(煖)'. ≫ 비백불난(非帛不煖)

暖 난	'느슨할 완(緩)'과 '날 일(日)'을 더해 '얼어붙은 날씨를 해가 따듯하게 풀어주다'라는 뜻을 나타낸 '따듯해질 난(暖)'. ≫ 난방(暖房), 온난화(溫暖化), 난류(暖流)

媛 원	'무엇인가를 풀어주다'라는 뜻을 지닌 '끌 원 혹은 이에 원(爰)'과 '계집 녀(女)'를 더해 '사람들 사이의 긴장을 풀어주는 부드러운 여자'라는 뜻을 나타낸 '우아한 여자 원 혹은 궁녀 원(媛)'.

>> 영원(令媛: 남을 높이어 그의 딸을 이르는 말), 재원(才媛: 재주가 있는 젊은 여자)

瑗 원	'끌 원(爰)'과 '구슬 옥(玉=王)'을 더해 '구멍이 커서 손잡이 혹은 고리로 쓸 만큼 큰 옥고리'라는 뜻을 나타낸 '도리 옥 원(瑗)'.

177_ 길 영(永)과 갈라질 𣲙=𠂢(파)

𣲖	모여서 흐르는 모습	𠂢	갈라져서 흐르는 모습

永 영 𣲖 𣲖	물이 모여 흐르는 모습

>> 영원(永遠), 영구(永久), 영면(永眠), 영겁(永劫)

하늘에서 내리는 한 방울의 비 혹은 작은 샘에서 솟는 물들이 흘러내리며 모여서 내를 이루고 내가 모여 다시 강으로, 길고 길게 흘러 끝내는 더 넓은 바다로 하나가 되어가며 흐르는 물줄기를 나타낸 '길 영(永)'.

詠 영	'말씀 언(言)'과 '길 영(永)'을 더해 '소리(시)를 길게 빼며 읊다'라는 뜻을 나타낸 '읊을 영(詠)'.

>> 영탄(詠歎), 음영(吟詠), 영가(詠歌)

泳 영	'물 수(氵)'와 '길 영(永)'을 더해 '물 위에서 길게 오래 동안 떠 있다 (헤엄치다)'라는 뜻을 나타낸 '헤엄칠 영(泳)'.

>> 수영(水泳), 접영(蝶泳), 평영(平泳)

𠂢 파 𠂢	'永=𣲖, 𣲖 (영)'자가 '물이 모여 흐르는 모습'이라면 '𠂢=𠂢(파)'는 물이 갈라져 흐르는 모습으로 보입니다. 그래서 흔히들 '물갈래 파(𠂢)'로 알고 있습니다. 하지만 물은 (특별한 경우가 아니라면) 모이면서 흐르지 갈라지며 흐르지는 않습니다. 산맥이나 몸의 핏줄이 갈라져 흐르는 모습'으로 나타낸 '갈라질 파(𠂢)'.

脈 맥

'피가 흐르는 몸'의 뜻을 지닌 '고기 육(⫯=肉=⺼=月)'과 '갈라질 파(⫯=⫯)'를 더해 '굵은 핏줄에서 점점 가는 핏줄로 갈라져 흐르는(모이며 흐르기도 하는) 핏줄기'라는 뜻을 나타낸 '핏줄 맥 혹은 연달을 맥(脈)'.

>> 맥락(脈絡), 맥박(脈搏), 산맥(山脈), 혈맥(血脈)

派 파

'물 수(氵=⫯)'와 '갈라질 파(⫯=⫯)'를 더해 '물이 나뉘어 흐르다, 혹은 핏줄이 갈라져 흐르다'라는 뜻을 나타낸 '갈래 파, 보낼 파(派)'.

>> 파견(派遣), 파병(派兵), 좌파(左派), 우파(右派)

178_ 마을 리(里)

잘 나뉘어 있는 땅과 밭, 사람이 서로 어울려 사는 마을

里 리

'잘 나뉘어 있는 혹은 잘 구획 정리된 땅과 밭'의 뜻을 지닌 '밭 전(田)'과 '(생명이 자라는) 흙이 있는 땅'의 뜻을 지닌 '흙 토(土)'를 더해 '사람이 서로 잘 어울려 사는 곳'이라는 뜻을 나타낸 '잘 나누어 헤아릴 리 혹은 (그렇게 사는) 마을 리(里)'

>> 동리(洞里), 향리(鄕里), 오리무중(五里霧中)

理 리

'서로 잘 어울려 있다'라는 뜻을 지닌 '마을 리(里)'와 '구슬 옥(玉)'을 더해 '옥을 잘 갈았을 때 나타나는 아름다운 무늬'라는 뜻을 나타낸 '(옥 같은) 결 리, 이치 리 혹은 (그 이치에 맞도록) 다스릴 리(理)'.

>> 목리(木理: 나뭇결), 기리(肌理: 살결), 관리(管理), 정리(整理)

野 야

잘 정리된 밭이나 마을을 뜻하는 '마을 리(里)'와 '실을 풀어주다 혹은 풀어 줄 실을 감고 있다'라는 뜻을 지닌 '(베틀)북 여(予)'를 더해 '앞으로 펼쳐져 나갈 여유가 있는 (그러나 아직 개척되지는 않은) 땅'이라는 뜻을 나타낸 '(길들지 않은) 거친 땅 야 혹은 들 야(野)'.

>> 야생(野生), 황야(荒野), 평야(平野)

裏 리	'옷 의(衣)'와 '옥을 잘 갈아야 속에서 드러나는 아름다운 무늬'라는 뜻을 지닌 '결 리(理=里)'를 더해 '옷(겉껍질)을 벗어야 나오는 속살의 살결'이라는 뜻을 나타낸 '속 리(裏)'. ≫ 표리부동(表裏不同), 암암리(暗暗裏: 남이 모르는 사이), 이면(裏面)

179_ 옛 석(昔)

오랜 세월에 걸쳐 쌓인 단층의 모습

昔 석	'날 일(☉=日)'에 '무엇인가 겹쳐 쌓인 모습(∿∿)'을 더해 '해(날짜)가 쌓여 오래되다'라는 뜻을 나타낸 '옛 석(昔)'. ≫ 석년(昔年), 석시(昔時), 석일(昔日)
惜 석	'마음 심(忄=心)'자와 '쌓이다'라는 뜻을 지닌 '옛 석(昔)'을 더해 '무언가 쌓여 얼른 버려지지 않는 마음'을 나타낸 '아쉬울 석(惜)'. ≫ 석별(惜別), 애석(哀惜), 통석(痛惜)
錯 착	'쇠 금(金)'과 '겹치다'라는 뜻을 지닌 '옛 석(昔)'을 더해 '나무나 쇠 등의 표면에 금, 은 따위를 겹쳐 씌우다(도금하다)'라는 뜻에서 나온 '꾸밀 착(錯)'으로 쓰였는데 '옛 석(昔)'때문인지 (도금이 오래 되어 벗겨져?) '뒤섞일 착 혹은 어긋날 착(錯)'으로 많이 쓰이게 됨. ≫ 착각(錯覺), 착시(錯視), 착오(錯誤), 착란(錯亂), 착잡(錯雜), 착종(錯綜)
醋 초	'발효된 음식을 담는 그릇'의 뜻을 지닌 '(술)익을 유(酉)'와 '오래되다'는 뜻을 지닌 '옛 석(昔)'을 더해 '발효가 지나쳐 초가 되었다'라는 뜻을 나타낸 '초 초(醋)'. ≫ 식초(食醋), 초산(醋酸)
措 조	'손 수(手=扌)'와 '겹치다'라는 뜻을 지닌 '옛 석(昔)'을 더해 '이미 벌어진 일에 추가로 손을 대다'라는 뜻을 나타낸 '손 댈 조(措)'. ≫ 조처(措處), 조치(措置)하다

借 차

'사람 인(人＝亻)'과 '겹치다(더하다)'라는 뜻을 지닌 '옛 석(昔)'을 더해 '어떤 일이나 재물에 힘을 더하기 위해 빌리다'라는 뜻을 나타낸 '빌릴 차(借)'.

≫ 차용(借用), 차관(借款), 대차(貸借)

耤 적

'쟁기 뢰(耒)'와 '쌓이다(거듭하다)'라는 뜻을 지닌 '옛 석(昔)'을 더해 '쟁기질을 거듭하다'라는 뜻을 나타낸 '밭갈 적(耤)'으로 특히 옛날에 밭가는 법(쟁기질)을 처음 가르쳤다는 신농(神農)씨의 본을 따라 '임금이 직접 밭을 가는 일'에 쓰이는 글자로 '전적(田耤: 임금이 친히 가는 밭)' 등에 쓰였는데 후대의 임금들이 실제로 밭을 직접 갈지는 않고 밟고만 가다 보니 지금은 '밟을 적(耤)'으로 쓰게 됨.

籍 적

'거듭 쌓이다'라는 뜻을 지닌 '밭갈 적(耤)'과 '대 죽(竹)'을 더해 '전부터 거듭 쌓인 죽간(竹簡: 대나무에 적힌 문서)'이라는 뜻을 갖게 된 '문서 적(籍)'.

≫ 호적(戶籍), 국적(國籍), 재적(在籍), 제적(除籍), 서적(書籍)

180_ 같을 동(同)

위아래가 똑같은 (구멍이 보이는) 대나무마디 모습

同 동
㠯

'위아래 굵기가 같은 대나무의 마디부분(冄)'과 '위아래 구멍(ㅂ＝ㅁ＝O)'을 같이 그려서 '대나무 토막의 위아래 구멍 크기가 같다'는 뜻을 나타낸 '같을 동, 한 가지 동(同)'.

≫ 동일(同一), 동등(同等), 동급(同級), 동거(同居), 동갑(同甲), 동의(同意)

筒 통
筒

'대나무 토막으로 만든 그릇 혹은 통'의 뜻으로도 쓰는 '동(同)'이 주로 '같을 동(同)'으로만 쓰이게 되자 '대 죽(艹＝竹)'을 다시 더해 만든 '대(나무)통 통(筒)'.

≫ 연통(煙筒), 필통(筆筒), 우체통(郵遞筒)

銅 동	'대통 혹은 대롱'의 뜻도 있는 '같을 동(同)'과 '쇠 금(金)'을 더해 '대롱, 쇠파이프도 만들 수 있는 부드러운 쇠'라는 뜻을 나타낸 '구리 동(銅)'.

>> 청동(靑銅), 동전(銅錢), 동선(銅線)

桐 동	'대롱'의 뜻도 지닌 '같을 동(同)'과 '나무 목(木)'을 더해 '대롱처럼 줄기 속이 빈 나무'라는 뜻을 나타낸 '오동나무 동(桐)'.

>> 오동(梧桐), 오동일엽(梧桐一葉: 오동나무 한 잎이라는 뜻으로, 오동나무 한 잎이 떨어졌음을 보고 가을이 왔음을 알 듯 한 가지 일로 전체를 볼 수 있다는 말)

興 흥 興	'4개의 손(𦥑)'과 '같을 동(舁＝同)'을 더해 '네 사람이 한꺼번에 들어 올리다'라는 뜻을 나타낸 '일으킬 흥(興)'.

>> 흥분(興奮), 흥미(興味), 부흥(復興)

洞 동	'물 수(水＝氵)'와 '대롱'의 뜻을 지닌 '같을 동(同)'을 더해 물이 만들어낸 동굴이나 골짜기 혹은 물이 그렇게 굴이나 골짜기를 만들어내는 힘을 나타낸 '골(짜기) 동(洞) 혹은 꿰뚫을 통(洞)'.

>> 동굴(洞窟), 동구(洞口), 동혈(洞穴), 통달(洞達＝通達), 통찰(洞察: 꿰뚫어 보다), 통철(洞徹)하게 느끼다, 통촉(洞燭: 촛불을 밝히듯 꿰뚫어 보다)

여기서 '골 혹은 고을 동(洞)'자는 원래 '동부(洞府)'라 해서 옛날 신선들이 혹은 신선처럼 사는 곳에만 쓰는 글자였으며, 한중일(韓中日) 중에서도 특히 우리나라에서만 '고을(마을)'이라는 뜻으로 유일하게 쓰고 있는 글자이기도 합니다.

垌 동	'흙 토(土)'와 '대통'의 뜻을 지닌 '같을 동(同)'을 더해 '흙으로 빚은 (굴뚝같은) 관'이라는 뜻을 나타낸 '동이 혹은 물동이 동(垌)'.

>> 동답(垌畓: 간석지(干潟地)에 둑을 쌓고 푼 논), 축동(築垌: 동둑을 쌓음, 또는 쌓은 동둑)

이 '동(垌)'자 역시 우리말에서만 그 원뜻대로 살아있는(일본에는 아예 없고 중국에서는 지명으로만 남아있는) 글자입니다.

胴 동	'몸'이라는 뜻을 지닌 '고기 육(肉＝月)'과 '(위아래가) 같을 동(同)'을 더해 '대롱처럼 생긴 큰창자 혹은 머리와 팔 다리를 뺀 위아래가 같은 크기의 몸통'이라는 뜻을 나타낸 '큰창자 동, 몸통 동 (胴)'.

>> 동체(胴體: 팔 다리를 떼어낸) 어떤 물체의 중심부분)

181_ 두루마리 권(卷)

 두 손( )으로 무엇인가(|)를 들어 올리는 일.

 '들어 올리는 일( )을 하다가 등 돌린 채 구부리고 앉은 모습
(= 已)'으로 나타낸 '구부릴 권 혹은 싫증 낼 권(卷)'.

卷 권

'흩어져 있는 무엇인가( )를 감싸듯 두 손( )으로 둥그렇게 사
람이 몸을 구부리고 앉은 모습( ) 말고 있다'라는 뜻을 나타낸
'구부릴 권 혹은 두루마리 권(卷)'.
>> 석권(席卷), 권두언(卷頭言: 머리말), 압권(壓卷), 권운(卷雲)

倦 권

'구부릴 권, 싫증 낼 권 혹은 두루마리 권(卷)'이 주로 '두루마리 권
(卷)'으로 쓰이게 되자, '싫증낼 권(卷)'의 뜻을 살리기 위해 '사람
인(亻)'을 더해 나타낸 '싫증낼 권 혹은 게으를 권(倦)'.
>> 권태(倦怠), 호학불권(好學不倦: 학문(學問)을 좋아하여 책읽기
에 게으름이 없음)

券 권

'두루마리 권(卷)'자 안의 구부린 사람(已) 대신 '칼 도(刀)'를 더해
'나무에 새긴 계약서, 부절 등을 쪼갠 조각들을 둥글게 말아 묶어
두다'라는 뜻을 나타낸 '두루마리(책) 권(券)'.
>> 권면(券面), 채권(債券), 복권(福券), 증권(證券)

拳 권

'두루마리 권(卷)'자 안의 구부린 사람(已) 대신 '손 수(手)'를 넣어
'손을 둥그렇게 말아 쥐다'라는 뜻을 나타낸 '주먹 권(拳)'.
>> 권총(拳銃), 권투(拳鬪), 권법(拳法)

圈 권

'두루마리 권(卷)'과 '에워 쌀 국(□)'을 더해 '두루마리들을 다시
크게 묶다'라는 뜻을 나타낸 '둘레 권, 우리 권(圈)'.
>> 권역(圈域), 수도권(首都圈), 여권(與圈), 상위권(上位圈)

| 捲 권 | '두루마리 권(卷)'과 '손 수(扌)'를 더해 '두루마리처럼 감아 말다'라는 뜻을 나타낸 '(감을 권, 말 권(捲)'. |

>> 권토중래(捲土重來: 흙먼지를 날리며 다시 온다는 뜻으로, 한 번 실패(失敗)에 굴하지 않고 몇 번이고 다시 일어남 패한 자가 세력(勢力)을 되찾아 다시 쳐들어옴, 한번 실패(失敗)하고 나서 다시 그 일에 도전(挑戰)함)

182_ 욕볼 욕(辱)

| | 갯벌을 파고드는 조개의 모습 |

| 辰 신 | 입을 벌린 조개껍질(厂)가 삐죽 내민 혀(씨)를 푸르르 떨며(불어대며) 모래 뻘 속을 파고 들어가는 모습(厞)으로 나타낸 '조개 신(辰)'. |

>> 성신(星辰), 탄신(誕辰), 임진왜란(壬辰倭亂)

'해와 달과 별의 총칭'으로 쓰인 '일월성신(日月星辰)', '석가 탄신일(誕辰日)' 등에서는 '날 신(辰)'이라고도 하는데, '아주 좋은 날'이라는 뜻입니다. 북극성을 뜻하는 '북진(北辰)'에서는 '별이름 진(辰)'이라고도 하며, 하늘을 나는 용(龍)이라는 '용 진(辰)'으로도 쓰입니다. '한낱 조개'라고만 하기엔 참으로 엄청난 의미가 있는 글자입니다.

| 蜃 신 | '조개 신(辰)'이 여러 가지 다른 뜻으로 쓰이게 되자 '조개'라는 원 뜻을 살리기 위해 '벌레 충(虫)'을 더해 다시 만든 '무명조개 신(蜃)' |

>> 신기루(蜃氣樓)

| 振 진 | '조개가 혀를 떨어대며 갯벌 혹은 모래를 파고 들어가는 모습'으로 된 '조개 신(辰)'자에서 '조개가 혀를 떨어대다'라는 뜻만을 살리기 위해 움직임을 나타내는 동사 기호 '손 수(扌)'를 더해 만든 '떨칠 진(振)'. |

>> 진동(振動), 진작(振作: 흔들어서 일으킴)하다, 진흥(振興)

| 震 진 | '비 우(雨)'와 '흔들다'라는 뜻을 지닌 '떨칠 진(振=辰)'을 더해 '비가 오기 전 번개와 함께 하늘을 울리는 큰 소리'를 나타낸 '우뢰 진(震)'. |

>> 지진(地震), 진동(震動), 진원지(震源地), 여진(餘震)

辱 욕

'조개가 갯벌 혹은 모래를 파고 들어가는 모습'의 '조개 신(辰)'과 동작을 나타내는 기호 '(손)마디 촌(寸)'을 더해 '땅을 파다, 애쓰다'라는 뜻을 나타낸 '욕볼 욕(辱)'.

▶▶ 욕설(辱說), 모욕(侮辱), 오욕(汚辱), 치욕(恥辱)

옛날에는 땅을 갈아엎기 위해 실제로 큰 조개껍질로 만든 삽을 쓰기도 했습니다. 농사(農事) 일은 숲을 열고 땅을 갈아 밭을 만드는 일에서 시작되었을 것입니다. 지금도 지방에 가면 어른들의 말씀 중에 '욕(辱) 보다'라는 말이 있는데, 바로 땅을 파고 밭을 가느라 애쓰거나, 그런 힘든 일을 하는 사람들에 대한 미안함에서 하는 말입니다. 그야말로 욕(辱) 보는 일을 하는 사람에게 격려의 뜻으로 쓰는 것이지요. 그런데 이 '욕(辱)'자가 웬일인지 지금은 그만 '욕(辱: 나쁜 말)을 하다'라는 말로까지 쓰이게 되고 말았습니다.

農 농

'수풀 림(林=𣏟)'과 '밭 전(田=⊞)'을 더해 '숲을 개간해서 밭을 만든다는 뜻(𦥑⊞)'과 조개가 갯벌을 파고 들어가는 모습에서 나온 '조개 신(辰=🐚)'을 더해 '밭을 갈다'라는 뜻을 나타낸 '농사 농(農)'.

▶▶ 농자천하지대본(農者天下之大本: 농사는 세상살이의 근본), 농부(農夫), 농민(農民)

'농사 농(農)'은 밭을 가는 일일 텐데, 그 속에 '별 진(辰)'이 들어 있어서 이게 어떻게 된 일인가 어렸을 때부터 늘 궁금했습니다. '별 진(辰)'의 원 모습은 '조개 신(辰)'이며 그것도 삽, 가래, 보습 등과 같이 '땅을 파고 있는 조개의 모습'인 줄을 몰랐던 것입니다. 이제 나이 60이 훌쩍 넘어 마음 가는 대로 진짜 '욕설(辱說)'을 해봅니다. 잘못된 한자사전과 잘못된 국어사전을 갈아엎어 보겠습니다. 힘닿는 한 말입니다. 별이 곧 진(辰)이 아니라, 많은 별들 중에서 삽처럼 생긴 별자리, 그 북두칠성을 진(辰)이라고 했습니다. 그래서 그 보습처럼 생긴 북두칠성이 하루에 한 바퀴씩 돌고 있는 우리 은하계의 중심 별, 북극성은 북진(北辰)이라고 했습니다. 이 진(辰)자가 들어간 해에 태어나면 용띠라고도 합니다. 삽을 나타내는 진(辰)이 그럼 또 어째서 용도 되는 것일까요. 그래서 용(龍)자를 갑골문에서 찾아보니 꼭 지렁이처럼 그려져 있는 게 나옵니다!

183_ 두루 주(周)

밭의 곡식이 구석구석까지 잘 심어져 있는 모습

周 주

'밭 전(田=田)'자 안에 곡식이 가득 심어져 있는 모습(周)과 '그릇'의 뜻을 지닌 '입 구(口)'를 더해 '곡식을 알차게 길러서 모두 거두다, 두루 미치다, 골고루 온전히 다하다'라는 뜻을 나타낸 '두루 주(周)'.

▶▶ 주변(周邊), 주위(周圍), 주선(周旋), 주지(周知)

週 주	'두루 주(周)'와 '갈 착(辶)'을 더해 '두루 다 미치다(돌다)'라는 뜻을 나타낸 '돌 주(週)'. ▶▶ 주말(週末), 주기적(週期的), 매주(每週), 격주(隔週)
彫 조	'두루 주(周)'와 '빛 삼(彡)'을 더해 '구석구석 모두 (빛이 비치도록) 새기고 꾸미다'라는 뜻을 나타낸 '아로 새길 조, 꾸밀 조(彫)'. ▶▶ 조각(彫刻), 조소(彫塑), 조폐(彫弊: 마르고 시들어 쇠약(衰弱)해짐)
凋 조	'두루 주(周)'와 '오그라들다'라는 뜻을 지닌 '얼음 빙(冫)'을 더해 (곡식이) 모두 시들어 오그라들다'라는 뜻을 나타낸 '시들 조(凋)'. ▶▶ 고조(枯凋: 마르고 시듦), 조상(凋傷: 시들어 상함)
稠 조	'곡식이 구석구석 가득 차다'라는 뜻을 지닌 '두루 주(周)'와 '벼 화(禾)'를 더해 '곡식이 빽빽하게 여물다'라는 뜻을 나타낸 '빽빽할 조(稠)'. ▶▶ 조밀(稠密), 조림(稠林), 점조(粘稠: 차지고 밀도(密度)가 조밀(稠密)함)
調 조	'두루 주(周)'와 '말씀 언(言)'을 더해 '모두가 고르게 합의 될 수 있도록 하다'라는 뜻을 나타낸 '고를 조(調)'. ▶▶ 조사(調査), 조절(調節), 조정(調整), 강조(强調)

184_ 열매 실(實)

나무에 달린 열매의 모습(🌱)과
열매 부분이 두루 주(🟦)로 바뀐 모습

實 실 	'조개 패(貝=🐚)'와 '조개껍질'의 뜻으로 쓴 '집 면(宀=⋂)' 그리고 '두루 주(周=🟦: 구석까지 두루 채워짐)'를 더해 '조개 속이 꽉 찼다'라는 뜻을 나타낸 '(속이) 찰 실, 익을 실 혹은 열매 실(實)'. ▶▶ 실시(實施), 실천(實踐), 실현(實現), 현실(現實), 결실(結實)

果 과

처음엔 '나무에 달린 열매'의 모습(♈)이었는데 나중에 '두루 주(周=⊞: 구석까지 두루 채워짐)'가 더해진 모습(♈)으로 '열매 속이 꽉 찼다'라는 뜻까지 나타낸 '열매 과(果)'.
>> 결과(結果), 효과(效果), 성과(成果)

菓 과

'열매 과(果)'자가 '끝내, 마침내, 만약, 이루다'등의 다른 뜻으로도 많이 쓰이게 되자 나무(식물)의 열매라는 원뜻을 살리기 위해 다시 '풀 초(艹)'를 더한 '과실(과일) 과(菓)'.
>> 과자(菓子), 빙과(氷菓), 다과(茶菓)

顆 과

'열매 과(果)'와 '동그랗다'라는 뜻을 지닌 '머리 혈(頁)'을 더해 '(작고) 동그란 열매'라는 뜻을 나타낸 '낟알 과(顆)'.
>> 과립(顆粒), 귤과(橘顆: 귤나무의 열매. 귤. 귤알)

課 과

'열매 과(果)'와 '말씀 언(言)'을 더해 '일의 열매(성과)를 매기다, (열매가 열린 만큼의) 세금을 부과하다(賦課~)' 등의 뜻을 나타낸 '(성적을) 매길 과(課)'.
>> 과정(課程), 과제(課題), 과세(課稅), 부과(賦課)

裸 나

'열매 과(果)'와 '옷 의(衣=衤)'를 더해 '옷 속의 열매, 즉 알몸'이라는 뜻을 나타낸 '알몸 나 혹은 벌거숭이 나(裸)'.
>> 나체(裸體), 나신(裸身), 나맥(裸麥: 쌀보리. 볏과의 한해살이풀)

185_ 먹을 식(食)

ᄉ	'모이다, 모으다'라는 뜻의 기호
ᄋ	그릇에 고봉으로 담긴 밥을 그린 모습
ᄂ	칼이기도 했던 숟가락의 모습

食 식

'그릇에 고봉으로 담긴 밥의 모습(ᄋ)'과 '모으다'라는 뜻의 부호(ᄉ),그리고 칼, 혹은 '숟가락'의 뜻을 지닌 '칼 비(ᄂ = 匕)'를 더해 만든, '먹을 식(食)'.
>> 식사(食事), 식기(食器), 식량(食糧), 식구(食口), 식성(食性)

飾 식

'먹을 식(食)'과 '두를 잡(帀)'을 '이것저것 둘러서 갖추어 낸 먹을거리'라는 뜻에서 '꾸미다'라는 뜻으로 된 '꾸밀 식(飾)'.
>> 장식(裝飾), 가식(假飾), 분식(粉飾)

飼 사

'먹을 식(食)'과 '맡을 사(司)'를 더해 '(맡아서) 먹여 기를 사(飼)'.
>> 사육(飼育), 사료(飼料)

餌 이

'먹을 식(食)'과 '부드럽다, 솔깃해하다'라는 뜻을 지닌 '귀 이(耳)'를 더해 '거저 생기는 먹이거리'라는 뜻을 나타낸 '먹잇감 이(餌)'.
>> 연이(軟餌: 끓여 익힌 부드러운 모이), 약이(藥餌: 약이 되는 음식), 섭이(攝餌: 먹이를 먹음)

飽 포

'먹을 식(食)'과 '품을 포(包)'를 더해 '애를 밴 엄마처럼 배가 불룩하도록 많이 먹다'라는 뜻을 나타낸, '배부를 포(飽)'.
>> 포식(飽食), 포만(飽滿)

養 양

'양 양(羊＝羊)'과 '먹을 식(食)'을 더해 '기름지고 좋은 음식을 먹여 기른다.'는 뜻을 나타낸, '기를 양(養)'.
>> 양육(養育), 양로(養老), 영양(營養), 부양(扶養), 양잠(養蠶), 수양(修養)

饑 기

베를 짤 때 날실을 조금씩만 올렸다 내렸다 하는데 쓰는 '잉아'에서 나온 '거의, 조금 기(幾)'와 '먹을 식(食)'을 더해 '먹을 것이 거의 없는 상태'를 나타낸, '굶주릴 기(饑)'. '기(飢)'자는 그 약자.
>> 기아(饑餓), 기갈(饑渴), 기근(饑饉)

餓 아

'삐죽 삐죽 튀어나온 갈퀴나 톱 같은 무기'를 그린 '나 아(扙＝我)'와 '먹을 식(食)'을 더해 '무기를 들고 무엇이든 먹으려고 덤벼드는 상태, 혹은 못 먹어서 뼈마디가 삐죽 삐죽 튀어나온 상태'를 나타낸 '굶주릴 아(餓)'.
>> 기아(饑餓), 아사(餓死), 아귀(餓鬼: 굶어죽은 귀신)

餐 찬

'뼈다귀(歺)'를 손(彐)에 든 모습(歺彐)과 '먹을 식(食)'을 더해 '겨우 뼈다귀를 먹는다, 혹은 뼈다귀 채 들고 많이 먹는다.'라는 뜻을 나타낸, '먹을 찬(餐)'.
>> 만찬(晩餐), 성찬식(聖餐式)

186_ 업을 업(業)

편종(編鐘)의 종을 매달아 세운 양 쪽 받침대

業 업
业 業

'종을 매달아 놓는 걸침 목과 양쪽에 세운 받침대의 윗부분을 강조해서 그린 모습'으로 '종이 달린 걸침 목을 업고 있는 받침대'라는 뜻을 나타낸 '업을 업, 혹은 일 업(業)'.
>> 업체(業體), 업무(業務), 업적(業績)

'일 업(業)'자로도 쓰이게 된 것은 '받침대(业)'위의 걸침 목이 미끄러져 떨어지지 않도록 윗부분에 '일'부러 걸침대를 세웠다는 점에서 '일을 하다'라는 뜻이 덧붙여졌기 때문입니다. '업 업(業)'자가 불교 상의 용어인 '업(業＝karma: 중생들이 짊어지고 사는 짐)'의 뜻으로도 쓰여 온 점을 생각해보면 '업 업(業)'의 '업'은 바로 우리말 '걸쳐 업다, 혹은 업히다'의 어소(語素: 말의 뿌리)인 '업'과 같은 것으로 실은 '짊어질 업, 혹은 업을 업(業)'이라는 의미로 쓰여 왔던 것이며, '업(業)'이라는 한자의 발음 역시 실은 처음부터 우리말 '업다'에서 나온 것으로 바로 우리가 만든 우리말 한자(漢字)'의 근거가 되기도 합니다.

對 대
對

'업을 업(业＝業)'과 '어떤 행위를 하다'라는 뜻의 동사 부호로 쓰이는 '(손)마디 촌(寸)'을 더해 '종을 매다는 걸침 목을 얹기 위해 2개의 받침대를 양쪽으로 마주 세우다'라는 뜻을 나타낸 '마주할 대(對)'.
>> 대책(對策), 대상(對象), 반대(反對)

僕 복

'업을 업(业＝業)'과 '사람 인(亻)'을 더해 '누군가를 업고 다니면서 모시다'라는 뜻을 나타낸 '종 복(僕)'.
>> 신복(臣僕), 노복(奴僕), 종복(從僕), 공복(公僕)

幞 복

'위에 얹다(씌우다)'라는 뜻을 지닌 '업을 업(业＝業)'과 '수건 건(巾)'을 더해 '머리 위에 쓰는 두건'이라는 뜻을 나타낸 '두건 복(幞)'.
>> 복두(幞頭: 과거에 급제한 사람이 홍패를 받을 때 쓰던 관)

撲 박

'두드려서 소리를 내는 편종'이라는 뜻을 지닌 '업을 업(业＝業)'과 '손 수(扌)'를 더해 '편종을 두드리다'라는 뜻을 나타낸 '두드릴 박(撲＝撲)'.
>> 박멸(撲滅), 박살(撲殺)

187_ 고할 고(告)

 위험을 방지하기 위해 소의 뿔을 자르거나(Ψ) 묶은 모습(Ψ)

告 고

'(위험을 방지하기 위해) 소의 뿔을 자르거나(Ψ) 묶은 모습(Ψ)으로 '위험을 방지하거나 그 위험을 알리다'라는 뜻을 나타낸 '알릴 고(告)'.
>> 고백(告白), 고발(告發), 고시(告示), 경고(警告)

告 고

'조상'의 뜻을 지닌 '소 우(Ψ=牛)'와 '말하다 혹은 그릇'의 뜻을 지닌 '입 구(ㅂ=口)'를 더해 '소(조상)에게 말하다 혹은 소를 잡아 (그릇에 담아) 조상에게 바치다'라는 뜻을 나타낸 '고할 고(告)'.

誥 고

'위험을 방지하거나 그 위험을 알리다'라는 뜻을 지닌 '알릴 고(告)'와 '말씀 언(言)'을 더해 '아는 (윗)사람이 모르는 (아래)사람을 가르치다'라는 뜻을 나타낸 '가르칠 고(誥)'.
>> 제고(制誥: 임금이 내리던 사령(辭令)), 서고(誓誥: 윗사람이 아랫사람에게 맹세(盟誓)하여 말함)

梏 곡

'(위험을 방지하기 위해) 소의 뿔을 자르거나 묶다'라는 뜻을 지닌 '묶을 고(告)'와 '나무 목(木)'을 더해 '소의 뿔에 다치지 않도록 막대기를 대고 묶다'라는 뜻을 나타낸 '두드레 곡, 쇠고랑 곡(梏)'.
>> 질곡(桎梏)

酷 혹

'소의 뿔을 자르거나 묶다'라는 뜻을 지닌 '묶을 고(告)'와 '술'의 뜻을 지닌 '술그릇 유(酉)'를 더해 '매우 독한 술'이라는 뜻을 나타낸 '독할 혹(酷)'.
>> 혹사(酷使), 혹독(酷毒), 잔혹(殘酷), 냉혹(冷酷)

造 조

'사거리(行)'의 뜻을 지닌 '갈 척(彳=行)'과 '멈출 지(止=止)' 그리고 '묶어 모으다'라는 뜻을 지닌 '묶을 고(告)'를 더해 '무엇인가를 하거나 만들기(진행하기) 위해 여러 가지 것들을 한 곳에 (멈추도록) 묶어 모으다'라는 뜻을 나타낸 '꾸릴 조, 지을 조(造)'.
>> 구조(構造), 제조(製造), 위조(僞造), 조성(造成)

牿 곡	'쇠뿔에 가로 된 나무를 묶다 혹은 묶어 모으다'라는 뜻을 지닌 '묶을 고(告)'와 '소 우(牛)'를 더해 '소나 말을 기르는 곳, 사람이 다치지 않도록 하다'라는 뜻을 나타낸 '우리 곡(牿)'. >> 출필곡(出必牿), 곡뢰(牿牢)
窖 교	'묶어 모으다'라는 뜻을 지닌 '묶을 고(告)'와 '구멍 혈(穴)'을 더해 '땅 속에 구멍을 파고 여러 가지 먹을거리를 저장해두는 굴'이라는 뜻을 나타낸 '움 교(窖)'. >> 교창(窖倉), 궁교(穹窖)
窖＝竈 조	'묶어 모으다'라는 뜻을 지닌 '묶을 고(告)'와 '구멍 혈(穴)'을 더해 '여러 먹을거리를 저장하고 조리하는 땅을 파고 만든 곳'이라는 뜻을 나타낸 '부엌 조(窖＝竈)'. >> 조왕신(竈王神: 부엌을 지키는 신)
浩 호	(어원 미상) 넓다, 크다, 물이 넓게 흐르는 모양, 술을 거르다 '넓을 호, 술 거를 호(浩)' >> 호가(浩歌), 호연지기(浩然之氣: 하늘과 땅 사이에 가득 찬 넓고 큰 정기), 호기(浩氣)
衡 형	'큰 대(大)', '뿔 각(角)', '사거리'의 뜻을 지닌 '다닐 행(行)'을 더해 '위로(세로로) 솟은 쇠뿔에 받혀 다치지 않도록 크게 가로로 댄 나무'라는 뜻을 나타낸 '뿔막이 나무(쇠뿔 가름대) 형(衡)'. 또한 그 생김새가 천칭처럼 보여서 '저울대 형(衡)'으로도 쓰이게 됨. >> 균형(均衡), 형평(衡平)

188_ 어울릴 화(和)

	생황(악기)의 모습

龠 약 	'여러 개의 피리(ⵊ)를 하나로 묶어(○) 모아서(A) 같이 불다(ⵠ)'라는 뜻을 나타낸 '피리 약(龠)'.

龢 화

'피리 약(龠)'과 '벼 화(⑨=禾)'를 더해 '가을에 추수를 하고 풍악을 올리다'라는 뜻을 나타낸 '풍류 어울릴 화(龢)'.

和 화

'벼 화(禾)'와 '입 구(口)'를 더해 '벼(쌀)를 보고 저절로 나오는 노래'라는 뜻을 나타낸 '어울릴 화(和)'. 지금은 '풍류 어울릴 화(龢)' 대신으로 많이 쓰이게 됨.

>> 화목(和睦), 온화(溫和), 화해(和解), 화합(和合)

189_ 누르 황(黃)

불화살의 모습

黃 황

'화살 시(矢=朮)'와 '빛날 광(光=光)'을 더해 '(불을 이고 날아가는 화살의 불빛에) 온 누리가 샛노란 빛으로 환하게 빛나다'라는 뜻을 나타낸 '누를(노랗게 빛나는 누리) 황 혹은 불화살 황(黃)'.

>> 황시(黃矢: 불화살), 황금(黃金), 황토(黃土), 황사(黃砂), 황혼(黃昏)

그래서 (불화살처럼) 밤하늘을 샛노란 빛으로 길게 가르며 날아가는 유성(流星) 또한 '황(黃)'이라고도 합니다.

廣 광

'집 엄(广)'과 '누르 황(黃)'을 더해 '사방이 환하게 트인 넓은 창고 같은 집'이라는 뜻을 나타낸 '광(창고) 광 혹은 넓을 광(廣)'.

>> 광(廣: 넓은 창고), 광대(廣大), 광장(廣場), 광고(廣告), 광야(廣野), 광막(廣漠)

擴 확

'~ ~을 하게 하다'라는 뜻의 동사 기호로 쓴 '손 수(手=扌)'와 '넓을 광(廣)'을 더해 '빛이 퍼져 나가듯 넓게 하다'라는 뜻을 나타낸 '넓힐 확(擴)'.

>> 확대(擴大), 확장(擴張), 확충(擴充)

鑛 광

처음에는 '노란 빛이 나는 쇳돌'이라는 뜻의 '돌 석(石)'과 '누를 황(黃)'을 더한 '쇳돌 황(磺)'이었는데 나중에 '쇠 금(金)'과 '넓을 광(廣)'을 더해 지금처럼 바뀌게 된 '쇳돌 광(鑛)'.

>> 광산(鑛山), 광석(鑛石), 광맥(鑛脈), 광천수(鑛泉水), 광부(鑛夫)

橫 횡	'나무 목(木)'과 '넓게 퍼지다'라는 뜻을 지닌 '누르(넓을) 황(黃)'을 더해 '나무가 옆으로 가지를 마구 뻗쳐 나가다'라는 뜻을 나타낸 '가로 횡, 옆으로 횡(橫)'.

>> 횡포(橫暴), 횡령(橫領), 횡단(橫斷)

190_ 이룰 성(成)

 돌도끼 모습( ), 창과 돌도끼의 모습( )

戈 과	찌르고 베고 걸어 당길 수도 있었던 옛날의 창으로 무기의 총칭으로 쓰이게 된 '창 과(戈)'.

>> 간과(干戈: 방패 간, 창 과)

戍 수	'창(戈=)을 메고 있는 사람( )'으로 나타낸 '지킬 수(戍)'.

위수(衛戍: 둘레를 지키다), 수루(戍樓:보초를 서는 망루)

戰 전	'새 등의 짐승을 잡는 올가미 채'라는 뜻을 지닌 '홑 단(=單)'과 '창과(戈)'를 더해 '무기를 휘두르다(싸우다)'라는 뜻을 나타낸 '싸울 전(戰)'.

>> 전투(戰鬪), 전율(戰慄: 두려워 떨림)

戉 월	'자루 달린 돌도끼( )'로 시작된 '도끼 월(戉)'.

鉞 월	'돌도끼 월(=戉)'과 '쇠 금(金)'을 더해 '나무를 찍어내기 좋도록 날이 안쪽으로 휘도록 만든 쇠도끼의 모습( )'으로 나타낸 '(쇠)도끼 월(鉞)'.

>> 궁월(弓鉞: 활과 도끼), 부월(斧鉞: 작은 도끼와 큰 도끼)

戌 술

풀을 베어 모으는데 쓰는 '(날이 넙적하고 긴 자루가 달린) 낫 술(戌)'. '자귀 무(戊 = 𢦏)'와 구별하기가 어려워 '한 점(-)'이 더해진 형태(戌 = 𢦏)가 되었음.

≫ 술시(戌時: 오후 7시~9시 사이), 무술주(戊戌酒: 누른 수캐의 삶은 고기를 찹쌀과 함께 쪄서 빚은 약술)

滅 멸

'물 수(氵)', '불 화(火)', '마름질 술 혹은 낫 술(戌)'을 '불씨와 불길을 자르고 물로 완전히 꺼버리다'라는 뜻을 나타낸 '끌 멸, 멸할 멸(滅)'.

≫ 소멸(消滅), 궤멸(潰滅), 인멸(湮滅)

成 성

'베어서 거두어들이다 혹은 깎아내다'라는 뜻을 지닌 '낫 술(戌)'과 '열 십(丨, 丨)'을 더해 '여러 차례 거두어들이거나 여러 번 깎고 다듬어 무엇인가를 이루어(만들어) 나가다'라는 뜻을 나타낸 '이룰 성, 다듬을 성(成)'.

≫ 성공(成功), 성취(成就), 성과(成果), 성숙(成熟)

城 성

'흙 토(土)'와 '(다듬어) 이룰 성(成)'을 더해 '흙을 모아 높이 (다듬어) 쌓은 언덕(재)'을 나타낸 '재 성(城)'.

≫ 궁성(宮城), 성벽(城壁), 성곽(城郭), 성문(城門), 간성(干城: 지키는 성)

盛 성

'여러 번 거두어들이다'라는 뜻을 지닌 '이룰 성(成)'과 '그릇 명(皿)'을 더해 '(많이) 담을 성 혹은 성할 성(盛)'.

≫ 성대(盛大)하다, 성행(盛行)하다, 왕성(旺盛)하다

誠 성

'반듯한 말'의 뜻을 지닌 '말씀 언(言)'과 '여러 번 깎고 다듬어 무엇인가를 이루어(만들어) 나가다'라는 뜻을 지닌 '다듬을 성 혹은 이룰 성(成)'을 더해 '반듯한 말과 잘 다듬어진 마음가짐'이라는 뜻을 나타낸 '참되게 할 성 혹은 정성 성(誠)'.

≫ 성의(誠意), 성실(誠實), 성금(誠金), 정성(精誠)

191_ 푸를 청(靑)

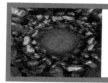

우물 속 맑고 푸른 물

靑 청

'날 생(生＝生)'과 '우물 정(井＝丼＝丼)'을 더해 '우물 속의 물이 파랗게 보이다'라는 뜻을 나타낸 '푸를 청(靑)'.
>> 청년(靑年), 청소년(靑少年), 청와대(靑瓦臺)

淸 청

'푸를 청(靑)'과 '물 수(水＝氵)'를 더해 '파랗게 보이는 맑은 물'이라는 뜻을 나타낸 '맑을 청(淸)'.
>> 청렴(淸廉), 청결(淸潔), 청탁(淸濁)

靜 정

'맑고 고요한 물'이라는 뜻을 지닌 '푸를 청(靑)'과 '다툴 쟁(爭)'을 더해 '다툼을 가라앉혀 고요하게 하다'라는 뜻을 나타낸 '고요할 정(靜)'.
>> 안정(安靜), 정숙(靜肅)

晴 청

'푸를 청(靑)'과 '날 일(日)'을 더해 '하늘이 푸르게 보이면 맑은 날이다'라는 뜻을 나타낸 '맑을 청(晴)'.
>> 청천(晴天), 청경우독(晴耕雨讀 : 갠 날에는 밖에 나가 농사일을 하고, 비오는 날에는 책을 읽는다는 뜻으로, 부지런히 일하면서 틈나는 대로 공부함)

請 청

'푸를 청(靑)'과 '말씀 언(言)'을 더해 '맑고 푸른 마음으로 해야 하는 말'이라는 뜻을 나타낸 '바랄 청 혹은 빌 청(請)'.
>> 청탁(請託), 청원(請願), 청구(請求), 청약(請約)

情 정

'푸를 청(靑)'과 '마음 심(忄＝心)'을 더해 '사람과 사람 사이에서 솟아나는 맑고 깨끗한 끌림'을 나타내는 '뜻 정(情)'.
>> 정보(情報), 정서(情緖), 감정(感情)

精 정

'푸를 청(靑)'과 '쌀 미(米)'를 더해 '씨앗이 될 수 있는 맑고 깨끗한 곡식 낟알' 혹은 '곡식을 맑고 깨끗하게 찧는 일'이라는 뜻을 나타낸 '(순수한) 알맹이 정 혹은 찧을 정(精)'. '갓 껍질을 베껴낸 쌀알처럼 (푸르른 빛이 살아있는) 맑고도 한 결 같다'는 뜻
>> 정미소(精米所), 정교(精巧), 정성(精誠), 정밀(精密)

192_ 맛있을 지(旨)

칼, 혹은 (칼에서 나온) 숟가락의 모습으로 나타낸 '숟가락 비(匕)'.
>> 비수(匕首), 반비(飯匕: 수저. 숟가락)

'숟가락 비(匕＝∥)'와 '입 구(口)'를 더해 '칼처럼 날카롭게 꾸짖는 말'이라는 뜻을 나타낸 '꾸짖을 질(叱)'.
>> 질책(叱責), 질타(叱咤), 질정(叱正)

'숟가락 비(匕＝∥)'와 '달 감(甘＝日)'을 더해 '맛있게 먹는다 혹은 먹을 생각이 있다'라는 뜻을 나타낸 '맛있을 지(旨) 혹은 뜻 지(旨)'.
>> 지감(旨甘), 지주(旨酒), 취지(趣旨), 밀지(密旨), 성지(聖旨)

脂 지

'고기 육(肉＝月)'과 '맛있을 지(旨)'를 더해 '맛있는 고기인 기름'이라는 뜻을 나타낸 '비계(기름) 지(脂)'.
>> 지방(脂肪), 지육(脂肉), 연지(臙脂), 지분(脂粉)

指 지

'손 수(手＝扌)'와 '맛있을 지(旨)'를 더해 '맛있는 걸 보면 저절로 가는 손(가락)'을 나타낸 '손가락 지, 가리킬 지(指)'.
>> 식지(食指: 두 번째 손가락), 약지(藥指), 굴지(屈指: 손가락을 꼽을 만한), 지목(指目), 지시(指示), 지령(指令), 지침(指針), 지향(指向), 지남철(指南鐵)

193_ 길흉(吉凶)

 잘 간수하다   ⊠ 쓰레기통에 버리다

吉 길

'그릇(ㅂ)에 넣어 단단히 덮어(슙) 간수해야 할 좋은 무엇(슙)'이
라는 뜻을 나타낸 '길할 길(吉)'.
>> 입춘대길(立春大吉), 길흉화복(吉凶禍福), 불길(不吉), 길일(吉
日: 좋은 날), 길조(吉兆)

凶 흉

凶

'쓰레기 통(凵)에 버려야할(乂) 나쁜 무엇'이라는 뜻의 '흉할 흉(凶)'.
>> 길흉(吉凶), 음흉(陰凶), 흉조(凶兆), 흉악(凶惡), 흉년(凶年)

옛날에 중요한 국가 대사를 결정하기 위해서는 반드시 점을 쳐서 그 길흉(吉凶)을 판
단해야했었는데 바로 그 때 사용하던 용어가 지금도 우리말의 '길(吉)하다, 흉(凶)하다'
그대로 남아 있는 것입니다. 물론 지금은 점칠 때의 '길흉((吉凶)'과는 관계없이 '좋을
길(吉)', '나쁠 흉(凶)'이라는 식으로 쓰는 경우가 더 많아졌습니다만, '길(吉)'자 속에는
분명히 '(힘들어도) 잘 마무리해야 할 일'이라는 뜻이 들어 있으며 '흉(凶)'자 속에는
'(아까워도) 버려야 할 일'이라는 뜻도 함께 들어있습니다.

結 결

'잘 마무리해 두다'라는 뜻을 지닌 '길할 길(吉)'과 '실 사(糸)'를
더해 '잘 마무리해서 맺어(묶어)두다'라는 뜻을 나타낸 '맺을 결(結)
>> 결실(結實), 결과(結果), 체결(締結), 타결(妥結)

拮 길

'단단히 마무리하다'라는 뜻을 지닌 '길할 길(吉)'과 '~ ~하게 하다'
라는 뜻의 동사 부호 '손 수(扌)'를 더해 '옥조일 길(拮)'.
>> 길항(拮抗: 옥조이는 힘과 버티는 힘의 동시성), 길거(拮据:애써
서 몹시 바삐 일함)

詰 힐

'(마무리를 위해) 옥조이다'라는 뜻을 지닌 '길할 길(吉)'과 '말씀
언(言)'을 더해 '(사람을) 옥조이는 말을 하다'라는 뜻을 나타낸 '따
지고 들 힐(詰)'.
>> 힐난(詰難), 힐문(詰問), 힐책(詰責)

喆 철

길할 길(吉)'을 두 번 넣어 '(점괘가) 길하고 길하니 앞길이 환하다'
라는 뜻을 나타낸 '밝을 철(喆)'.

兇 흉

흉할 흉(凶)과 '사람 인(儿=人)'을 더해 '흉한 사람'이라는 뜻을 나
타낸 '흉악할 흉(兇)'.
>> 원흉(元兇), 흉물(兇物)

194_ 그럴 시(是)

```
↓ = 무    발 댈 자리가 있는 삽의 모습
```

是 시
무 **묻**

쟁기나 괭이 등과는 달리 똑바로 밀어 넣으며 쓰도록 만들어진 삽 (무)과 '발 지(止 = 止)'를 더해 '발을 삽에 바로 대고 밀다 혹은 삽질을 바르게 하다'라는 뜻을 나타낸 '바를 시, 그럴 시(是)'.
>> 시비(是非), 시인(是認), 시정(是正), 실사구시(實事求是)

匙 시

삽의 뜻을 지닌 '그럴 시(是)'와 '칼 비(匕)'를 더해 '밥을 푸는 삽처럼 쓰게 된 칼'이라는 뜻을 나타낸 '숟갈 시(匙)'.
>> 삽시(揷匙), 다시(茶匙), 십시일반(十匙一飯)

提 제

'삽질을 똑바르게 하다'라는 뜻을 지닌 '바를 시(是)'와 '손 수(扌)'를 더해 '무엇인가를 똑바로 퍼 올리다'라는 뜻을 나타낸 '끌어낼 제(提)'.
>> 제기(提起: 문제를 드러냄), 제공(提供), 제시(提示: 어떠한 뜻을 글이나 말로 드러내어 보이거나 가리킴), 제안(提案), 제출(提出)

題 제

'똑바로 내밀다(세우다)'라는 뜻을 지닌 '바를 시(是)'와 '머리 혈(頁)'을 더해 '머리를 앞으로 내밀다 혹은 바로 세운 (머리의) 이마'라는 뜻을 나타낸 '내세울 제(題)'.
>> 제목(題目), 문제(問題), 과제(課題), 숙제(宿題)

堤 제

'똑바로 내밀다(세우다)'라는 뜻을 지닌 '바를 시(是)'와 '흙 토(土)'를 더해 '물이 밀려들어 오는 것을 막기 위하여 세워 쌓은 둑'을 나타낸 '둑 제, 방죽 제(堤)'.
>> 방조제(防潮堤), 방파제(防波堤), 제방(堤防), 언제(堰堤: 물을 가두어 두기 위해 하천이나 골짜기에 쌓은 둑), 제궤의혈(堤潰蟻穴: 큰 둑도 개미구멍으로부터 무너지니, 작은 일이라도 조심해서 해야 한다는 뜻)

隄 제

'둑 제(堤)'의 '흙 토(土)' 대신 '언덕 부(阝)'를 넣은 '둑 제(隄)'.

195_ 구할 구(求)

 가죽을 상하지 않게 잘 베껴낸 모습(求)

求 구
家 耒 求

가죽을 상하지 않게 잘 베껴낸 모습(求)으로 '잘 추려내다, 찾아 모으다'라는 뜻을 나타낸 '추릴 구, 혹은 구할 구(求)'.

>> 요구(要求), 촉구(促求), 청구(請求), 추구(追求), 연목구어(緣木求魚), 각주구검(刻舟求劍), 가렴주구(苛斂誅求), 실사구시(實事求是)

救 구

'추릴 구, 혹은 구할 구(求)'와 '~하게 하다'라는 뜻의 동사 기호로 쓴 '칠 복(攵)'을 더해 '(가죽을) 잘 추려서 건져내다'라는 뜻을 나타낸 '건져낼 구(救)'.

>> 구제(救濟), 구조(救助), 구출(救出), 구휼(救恤)

球 구

'둘둘 말아서 안으로 잘 추스르다'라는 뜻을 지닌 '추릴 구(求)'와 '구슬 옥(王=玉)'을 더해 '옛날 가죽을 둘둘 말아 만들었던 공, 혹은 그 공 모양으로 다듬은 옥'이라는 뜻을 나타낸 '공 구, 혹은 둥근 옥 구(球)'.

>> 지구(地球), 축구(蹴球), 탁구(卓球), 전력투구(全力投球)

裘 구
裘

'잘 벗겨낸 가죽의 모습(求 = 求)'으로 나타낸 '추릴 구(求)'와 '옷 의(衣 = 衣)'를 더해 나타낸 '갖(가죽)옷 구(裘)'.

>> 갈구(葛裘: 칡 옷과 가죽 옷), 경구비마(輕裘肥馬), 하갈동구(夏葛冬裘)

196_ 오랠 구(久)

久 구

'살아 온 지가 오래 되어 등이 굽은 사람(노인)의 모습(ㄱ=人)'과 '바로 여기다'라는 뜻으로 '오른 쪽 삐침 별(㇏=㇏)'을 더해 '오래 되다'라는 뜻을 나타낸 '오랠 구(久)'.

>> 영구(永久), 내구성(耐久性), 항구(恒久: 변하지 아니하고 오래 감)

灸 구

'오랠 구(久)'와 '불 화(火)'를 더해 '오랫동안 불기운을 쪼이다, 혹은 뜸을 뜨다'라는 뜻을 나타낸 '뜸뜰 구(灸)'.

>> 침구(鍼灸), 면구(面灸: 남을 마주 대하기에 부끄러운 데가 있음. 면구스러움)

畝 무

'밭 전(田=⊕)'과 '칸이 나뉘다'라는 뜻의 '부호(丨)', '등이 굽다'라는 뜻을 지닌 '오랠 구(久=ㄱ)'를 더해 '밭의 칸을 나누고 있는 등이 굽어져 올라온 밭의 이랑'이라는 뜻을 나타낸 '이랑 무, 혹은 밭의 면적을 세는 단위 무(畝)'.

>> 전묘(田畝), 묘구(畝溝)

197_ 둘러쌀 원(袁)

袁 원

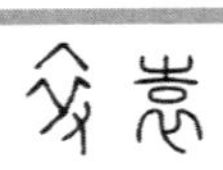

'옷 의(衣=亠, 亠)'와 '~ ~을 하다'라는 뜻의 '손(又)'을 더해 '몸에 둘러쓰다 혹은 옷으로 몸을 통째로 말다'라는 뜻을 나타냈던 '둘러 쓸 원(袁=亠又)'이었는데 나중에는 '옷 의(衣=亠, 衣)'와 '둥그런 원(○)'을 더해 '둥글둥글 헐렁하게 혹은 길게 걸치는 옷'이라는 뜻을 나타낸 '헐렁하고 긴 옷 원(袁)'.

園 원

'헐렁하고 긴 옷 원(袁)'과 '에워싸다'라는 뜻을 지닌 '나라 국(口)'을 더해 '널찍하게 둘러싼 커다란 밭이나 동산'이라는 뜻을 나타낸 '동산 원(園)'.

>> 공원(公園), 정원(庭園), 낙원(樂園), 유치원(幼稚園), 도원결의(桃園結義)

遠 원

'쉬엄쉬엄 갈 착(辶)'과 '긴 옷 원(袁)'을 더해 '멀게 돌아가야 하는 길'이라는 뜻을 나타낸 '멀 원(遠)'.

>> 원근(遠近), 원시(遠視), 원격(遠隔), 원정(遠征), 영원(永遠), 요원(遙遠)

猿 원

'짐승'이라는 뜻의 '개 견(犭)'과 '헐렁하고 긴 옷 원(袁)'을 더해 '긴 팔 원숭이'라는 뜻을 나타낸 '원숭이 원(猿)'.

>> 유인원(類人猿), 견원지간(犬猿之間)

罞＝睘 경

'눈 목(⊕＝目)'과 '헐렁하고 긴 옷 원(袁)'을 더해 만든 '눈 동그랗게 뜨고 볼 경(罞＝睘)'.

環 환

'구슬 옥(玉)'과 '눈 동그랗게 뜰 경(睘)'을 더해 '동그랗게 만든 옥 고리'라는 뜻을 나타낸 '고리 환(環)'.

>> 환경(環境), 일환(一環), 순환(循環)

還 환

'걸을 착(辶)'과 '눈 동그랗게 뜰 경(睘)'을 더해 '(둥글게) 돌아서 오다'라는 뜻을 나타낸 '돌아올 환(還)'.

>> 환원(還元), 환갑(還甲), 환수(還收), 환생(還生), 반환(返還), 상환(償還)

198_ 쇠 금(金)

金 금
숲 金

'흙 토(土＝土)'와 '모을 집(▲＝亼)', 쇠 부스러기(⠿)를 더해 '땅(흙) 속에서 나오는 쇠 부스러기를 모아 만든 쇠'라는 뜻을 나타낸 '쇠 금(金)'.

>> 금요일(金曜日), 금광(金鑛), 금석문(金石文)

針＝鍼 침

'쇠 금(金)'과 '놀라게 하다'라는 뜻을 지닌 '(입) 다물 함(咸)'을 더해 '쇠바늘로 몸의 일정한 곳을 찔러서 몸의 기운을 돌리게 하다'라는 뜻을 나타낸 '침 침(鍼)'. '침(針)'은 '鍼'의 약자.

>> 방침(方針), 지침(指針), 침엽수(針葉樹), 침술(鍼術)

鉛 연	'쇠 금(金)'과 '물이 흘러나올 연(㕣)'을 더해 '(불이 닿으면) 물처럼 흐르는 쇠'라는 뜻을 나타낸 '납 연(鉛)'. ▶▶ 연필(鉛筆), 아연(亞鉛), 흑연(黑鉛)
鐵 鐵 철	'쇠 금(金)'과 '단번에 곧바로(𡿸=呈: 바로 드릴 정) 베어지는 큰 창'이라는 뜻(𢧕=𢧃)의 글자를 더해 '강력하고 좋은 쇠'라는 뜻을 나타낸 '쇠 철(鐵)'. ▶▶ 철도(鐵道), 철강(鐵鋼), 철근(鐵筋), 지하철(地下鐵)
銘 명	'쇠 금(金)'과 '이름 명(名)'을 더해 '쇠에 이름을 새기다'라는 뜻을 나타낸 '새길 명(銘)'. ▶▶ 명심(銘心), 명기(銘記), 명문(銘文: 금석(金石)·기물(器物) 등 (等)에 새겨 놓은 글)
鐘 종	'쇠 금(金)'과 '(바늘로) 찌르다, 박다'라는 뜻을 지닌 '아이 동(童)'을 더해 '박듯이 부딪쳐서 소리를 내는 쇠 종'이라는 뜻을 나타낸 '쇠북 종(鐘)'. ▶▶ 종각(鐘閣), 경종(警鐘), 타종(打鐘), 자명종(自鳴鐘)
鍾 종	'쇠 금(金)'과 '무거울 중, 거듭할 중(重)'을 더해 만든 '(거듭 때려도 되는) 쇠북 종, 여러 잔 따를 수 있는 큰 술병 종, 거듭할 종(鍾)'. ▶▶ 종유석(鍾乳石) 다종(茶鍾: 차를 따라 마시는 종지), 종애(鍾愛: 애정을 한 데로 모음)
錦 금	'쇠 금(金)'과 '비단 백(帛)'을 더해 '금처럼 빛나는 화려한 비단'이라는 뜻을 나타낸 '비단 금(錦)'. ▶▶ 금의(錦衣:비단옷), 금상첨화(錦上添花)
錫 석	'쇠 금(金)'과 '(바꾸기) 쉬울 이(易)'를 더해 '바꾸기 쉬운 혹은 다른 쇠의 성질을 바꾸기 쉬운 쇠'라는 뜻을 나타낸 '주석 석(錫)'. ▶▶ 석장(錫杖: 승려(僧侶)가 짚고 다니는 지팡이), 석혼식(錫婚式: 결혼 10주년)
鎖 鎖 쇄	'쇠 금(金)'과 '작을 소(小)', '조개 패(貝)'를 더해 '쇠를 작은 조개처럼 고리로 만들어 꿰어 놓은 쇠사슬'이라는 뜻을 나타낸 '쇠사슬 쇄(鎖)'. ▶▶ 봉쇄(封鎖), 폐쇄(閉鎖), 쇄국(鎖國)

199_ 좋을 량(良)

 체로 곡식을 씻는 모습

良 량

'쌀(곡식)을 체에 담아 물에 걸러서 씻어내는 모습'으로 '잘 씻어 깨끗하고 좋다'라는 뜻을 나타낸 '좋을 량(良)'.
>> 양심(良心), 양식(良識), 개량(改良), 불량(不良)

粮 량

'좋을 량(良)'과 '쌀 미(米)'를 더해 '좋은 쌀'이라는 뜻을 나타낸 '양식 량(粮)'.

娘 량

'깨끗하다'라는 뜻을 지닌 '좋을 량(良)'과 '계집 녀(女)'를 더해 '시집 안 간 아가씨'라는 뜻을 나타낸 '아가씨 랑(娘)'.
>> 낭가(娘家: 어머니의 친정(親庭)), 낭자(娘子)

郞 량

원래는 '좋은 쌀'의 뜻을 지닌 '좋을 량(良)'과 '사람 사는 곳'의 뜻을 지닌 '언덕 부(阝)'를 더한 '좋은 쌀이 나는 지역의 이름(춘추전국시대)'이었는데 나중에 '좋은 사내'라는 뜻을 나타내게 된 '사내 랑(郞)'.
>> 신랑(新郞), 화랑(花郞), 서랑(壻郞: 남의 사위를 높이어 일컫는 말)

廊 량

'사내 랑(郞)'과 '집 엄(广)'을 더해 '방과 방 혹은 집안의 양끝을 이어주는 통로'라는 뜻을 나타낸 '복도 랑(廊)'.
>> 사랑(舍廊), 행랑(行廊)

朗 량

'깨끗하다'라는 뜻을 지닌 '좋을 량(良)'과 '달 월(月)'을 더해 '구름 한 점 없이 깨끗하게 보이는 달'이라는 뜻을 나타낸 '밝을 랑(朗)'.
>> 명랑(明朗), 낭독(朗讀), 낭송(朗誦)

浪 량

'깨끗하다, 씻다'라는 뜻을 지닌 '좋을 량(良)'과 '물 수(氵)'를 더해 '물가를 (일렁이며) 씻어내는 물결'이라는 뜻을 나타낸 '물결 랑(浪)'.
>> 낭비(浪費), 낭인(浪人), 격랑(激浪)

狼 랑	'짐승'의 뜻을 지닌 '개 견(犬＝犭)'과 '깨끗하다'라는 뜻을 지닌 '좋을 량(良)'을 더해 '개처럼 생겼지만 사람에게 물들지 않고 본래의 야성을 그대로 (깨끗하게) 가지고 있는 짐승'이라는 뜻을 나타낸 '이리 랑(狼)'.

>> 시랑(豺狼:승냥이와 이리), 낭자(狼藉), 낭려(狼戾)

200_ 아재비 숙(叔)

朿	땅 파는 도구(土, 丰)로 땅 속의 감자나 토란 등(八)을 캐내는 모습

朿 숙 朿 朿	땅 파는 도구(土, 丰)로 땅 속의 감자나 토란 등(八)을 캐내는 모습 (朿)으로 나타낸 '감자 혹은 토란 숙(朿)'.

叔 숙 朿	'감자 혹은 토란 숙(朿)'과 '오른 손 우, 혹은 또 우(又)'를 더해 '감자나 토란 등을 캘 때 줄기나 뿌리에서 떨어져나간 작은 알맹이들을 하나하나 줍고 또 줍다 혹은 잇달아 줍다'라는 뜻을 나타낸 '주울 숙, 혹은 잇달을 숙(叔)'. 또한 어미 토란에 다닥다닥 붙어있는 새끼 토란들은 잘 떨어지기 마련이라 하나하나 손으로 주어내야만 하는데 그 작은 새끼(형제) 토란들을 '어버이의 작은 형제들'이라는 뜻으로 쓰게 된 '아재비 혹은 아짐 숙(叔)'.

>> 숙부(叔父), 당숙(堂叔), 가숙(家叔: 남에게 자기 숙부를 일컫는 말)

督 독	'감자나 토란 등을 캘 때 줄기나 뿌리에서 떨어져나간 작은 알맹이들을 하나하나 줍고 또 줍다 혹은 잇달아 줍다'라는 뜻을 나타낸 '주울 숙, 혹은 잇달을 숙(叔)'과 '눈 목(目)'을 더해 '하나하나를 전체적으로 엮어서 보다'라는 뜻을 나타낸 '살펴볼 독, 바로잡을 독(督)'.

>> 감독(監督), 독려(督勵), 기독교(基督敎)

| 戚 척 |

'큰 도끼 월(戉)'과 '작은 (형제) 토란'이라는 뜻을 지닌 '토란 숙(尗)'을 더해 '큰 도끼 월(戉)'에 비해 '늘 몸에 지닐 수 있는 작은 손도끼'라는 뜻으로 쓴 '작은 도끼 척(戚)'이었는데, 나중에 '몸에 척척 달라붙듯 가깝다'는 뜻을 지니게 된 '척척 달라붙을 척 혹은 (큰 도끼가 왕이라면 작은 도끼는 왕의 친족이라는 뜻의) 친족 척', '가깝다보니 늘 걱정이 되는, 혹은 걱정근심거리가 되기도 하는 걱정할 척(戚)'.

>> 척척(戚戚) 달라붙다, 친척(親戚), 인척(姻戚), 외척(外戚), 척연(戚然＝慼然: 근심)

| 淑 숙 |

'물 수(水＝氵)'와 '(토란) 주울 숙(叔)'을 더해 '새끼 토란을 줍듯이 알뜰한 마음가짐 혹은 물로 잘 씻어낸 알토란같이 맑고 깨끗하다'라는 뜻을 나타낸 '참할 숙 혹은 맑을 숙(淑)'

>> 숙녀(淑女), 정숙(貞淑), 숙부인(淑夫人)

| 寂 적 |

'말씀 언(言＝)'과 '따로 떨어진 토란'의 뜻을 지닌 '주울 숙(叔)'을 더해 '외따로 떨어져 나간 작은 새끼토란처럼 어디 있는지 모르게 말소리가 없다'라는 뜻 그리고 다시 '집 면(宀)'을 더해 '(그렇게) 집이 조용하다'라는 뜻을 나타낸 '조용할 적, 고요할 적(寂)'.

>> 적적(寂寂)하다, 적막(寂寞), 적멸(寂滅), 정적(靜寂), 한적(閑寂)

| 菽 숙 |

감자나 땅콩 등을 캐다가 떨어진 것들을 줍는 모습으로 나타낸 '주울 숙(叔)'자를 후대 사람들이 '떨어진 작은 콩알을 줍는 모습(尗)'으로 잘 못 알고 쓰게 된 '콩 숙(菽)'.

>> 숙아채(菽芽菜: 콩나물), 숙맥불변(菽麥不辨: 콩인지 보리인지 분별(分別)하지 못한다는 뜻으로, 어리석고 못난 사람)

201_ 푸를 록(綠)

| 彔 록 |

쇠 끌(	)로 나무의 껍질을 벗기거나 파낼 때 떨어져 내리는 조각들까지 그린 모습()으로 나타낸 '벗길 록 혹은 파낼 록(彔)'.

곡록(曲彔: 승려용 의자. 두 다리가 교차되고 뒤쪽으로 만곡한 등받이가 있으며 좌부에 가죽을 걸고, 하부 전면에는 발을 놓을 수 있도록 횡목을 대었음)

| 剝 박 |

'벗길 록 혹은 파낼 록(彔)'과 '칼 도(刀=刂)'를 더해 '칼로 껍질을 벗기다'라는 뜻을 나타낸 '벗길 박(剝)'.
>> 박탈(剝奪), 박피(剝皮), 박제(剝製)

| 錄 록 |

'쇠 금(金)'과 '벗길 록 혹은 파낼 록(彔)'을 더해 '쇠에다 그림이나 글을 새기다'라는 뜻을 나타낸 '새길 록(錄)'.
>> 기록(記錄), 등록(登錄), 수록(收錄)

| 碌 록 |

'돌 석(石)'과 '벗길 록 혹은 파낼 록(彔)'을 더해 '나무를 벗기거나 깎을 때 떨어져 나오는 껍질 혹은 조각처럼 절벽이나 큰 돌에서 껍질이 벗겨지듯 떨어지는 돌 부스러기'라는 뜻을 나타낸 '돌 부스러기 록(碌)'
>> 녹록(碌碌)치 않다, 녹록(碌碌)하게(돌 부스러기처럼) 보지마라.

| 綠 록 |

'실 사(糸)'와 '돌 부스러기 록(碌)'을 더해 '돌의 이끼처럼 푸르다'라는 뜻을 나타낸 '푸를 록(綠)'. 여기서 '록(碌)'자의 '돌 석(石)' 부분은 생략되었음.
>> 초록(草綠), 녹차(綠茶), 녹말(綠末)

이 '푸를 록(綠)'자는 '돌의 (껍질 같은) 푸른 이끼의 색깔'이라는 뜻으로도 쓰이게 되며, 나중에는 '청동기(놋그릇)에 스는 녹(碌)가루의 색깔'이라는 뜻으로도 쓰이게 되어 실이나 옷감뿐만이 아니라 나무나 흙(회) 벽 등에 푸른 색깔을 입힐 때 쓰는 '녹청(綠靑: 놋그릇의 녹(碌)가루)'이라는 염료(染料)가 되어 궁궐이나 절의 단청(丹靑)칠 등에도 쓰이게 됩니다. 따라서 '녹청(綠靑)'의 '푸를 록(綠)'은 원래부터 '실 사(糸)'와 '놋그릇의 푸른 녹(碌)'이 합쳐진 글자였으며, '푸른색 물감'이라는 뜻 또한 처음부터 가지고 있던 글자입니다.
약 5천 년 전 청동기(靑銅器)시대, 우리말로는 '놋그릇의 시대'가 시작되었다고 합니다. 이 '놋그릇'의 재료가 되는 '청동(靑銅)'이란 구리와 주석, 아연 등의 쇠붙이들을 '녹'여서 만드는 합금의 하나로, 또한 '파란 녹'이 스는 특징이 있는데, 바로 그 '파랗다'라는 뜻의 '푸를 청(靑)'과 '구리 동(銅)'에서 '청동(靑銅)'이라는 말도 생긴 것입니다.
단청(丹靑)이란 절이나 궁궐 같은 옛날 건물에 색깔을 입히는 데 쓰던 염료(染料)로 '丹(붉을 단)'은 붉은색의 재료가 되는 '단사(丹砂: 붉은 돌가루)'를 말하며, '靑(푸를 청)'은 파란색의 재료가 되는 '녹청(綠靑: 파란 구리의 녹가루)'을 말합니다.
단청(丹靑)에 쓰는 '파란 구리의 녹가루'가 바로 구리(銅) 혹은 놋그릇이나 청동기(靑銅器)에 '녹(綠: 푸를 록)이 슬다'고 할 때의 우리말 '녹'이며, 현재의 국어사전에도 분명히 '푸를 록(綠)'자를 쓴 '녹(綠)이 슬다'로 나와 있습니다.
따라서 우리말 '녹슬다'의 '녹'이라는 말 자체는 분명 '푸를 록(綠)'과 함께 나온 것으로, 이는 곧 우리가 알아야 할 우리말 한자(漢字)인 '록(綠)'이자 '녹(綠)', 놋그릇의 '(놋)'이 되기도 하는 것입니다.

202_ 굳셀 병(丙)

丙 병

책상의 양쪽 다리(冂)가 벌어지지 않도록 '삼각대'로 단단하게 받치고 잡아주는 모습(丙,丙)으로 '단단히 잡아주다'라는 뜻을 나타낸 '굳셀 병(丙)'.
▶ 부병(付丙: 비밀편지 등을 불사름)

柄 병

'단단히 잡아주다'라는 뜻을 지닌 '굳셀 병(丙)'과 '나무 목(木)'을 더해 '어떤 도구나 기물(器物)을 잡기 쉽도록 만든 자루'의 뜻을 나타낸 '자루 병(柄)'.
▶ 신병(身柄), 정병(政柄)

炳 병

'잘 받쳐주다'라는 뜻을 지닌 '굳셀 병(丙)'과 '불 화(火)'를 더해 '책상의 단단한 두 다리처럼 양쪽에서 빛을 비추어 보다 잘 보이게 해주다'라는 뜻을 나타낸 '빛날 병(炳)'.
▶ 병연(炳然: 빛이 비춰 밝은 모양), 병영(炳映: 번쩍번쩍 빛남)

病 병

'단단한 책상 다리'라는 뜻을 지닌 '굳셀 병(丙)'과 '병이 들어 침대에 눕다'라는 뜻을 지닌 '병들어 기댈 녁(疒 = 疒)'을 더해 '단단히 굳어서 오래된 병'이라는 뜻을 나타낸 '병들 병(病)'.
▶ 병원(病院), 병환(病患), 병자(病者)

更 경

책상의 양쪽 다리를 더욱 단단하게 받쳐주는 '삼각 받침대'라는 뜻을 지닌 '굳셀 병(丙=丙)'과 '도구를 쥔 손으로 ~~하게 하다'라는 뜻을 지닌 '칠 복(攴 = 攵)'을 더해 '보다 좋게(단단하게) 고치다'라는 뜻을 나타낸 '고칠 경(更)'.
▶ 경질(更迭), 경신(更新)

硬 경

'(더 단단하게) 고칠 경(更)'과 '돌 석(石)'을 더해 '돌처럼 단단하게 하다'라는 뜻을 나타낸 '굳을 경(硬)'.
▶ 경직(硬直), 경도(硬度)

便 편

'보다 좋게(단단하게) 고치다'라는 뜻을 지닌 '고칠 경(更)'과 '사람 인(人 = 亻)'을 더해 '사람들이 편하도록 보다 단단히 만들다'라는 뜻을 나타낸 '편할 편(便)'.
▶ 편리(便利), 편안(便安), 편의점(便宜店)

鞭 편	'보다 단단히 만들다'라는 뜻을 지닌 '편할 편(便)'과 '가죽 혁(革)'을 더해 '보다 단단하고 쓰임새 있게 만들기 위해 채찍질하다'라는 뜻을 나타낸 '채찍 편(鞭)'. ▶ 지도편달(指導鞭撻), 주마가편(走馬加鞭)
兩 량 丙	'천칭 저울처럼 양쪽에 물건을 올려놓거나 매달아서 양쪽의 무게를 똑같이 해서 재는 모습(兩)'으로 나타낸 '짝 량, 두 량(兩)'. ▶ 양측(兩側), 양극화(兩極化), 양반(兩班), 양서류(兩棲類)

203_ 누릴 향(享)

 두 집이 서로 마주보고 하나로 어울려 있는 모습

享 향 倉 食	두 집이 서로 마주보고 하나로 어울려 있는 집 혹은 둘러싼 성벽의 망루를 그린, '함께 누릴 향(享)' 혹은 '(신께) 드릴 향(享)'. 향유(享有: 있는 걸 함께 즐김), 향수(享受), 향수(享壽), 향락(享樂), ▶ 향사(享祀)= 제향(祭享: 함께 제사 드림)
亨 형 宮 倉	'두 집이 서로 마주보고 있는 집'의 모습의 '함께 누릴 향(享)'과 같은 글자의 변형으로, '서로 통할 형(亨)'. ▶ 만사형통(萬事亨通)
厚 후 厚	'덮다'의 뜻을 지닌 '벼랑 엄(厂=厂)과 '높을 고(高)'자를 뒤집은 모습(厚)'을 더해 '높은 건물의 밑 부분을 더욱 두텁게 덮어주다'라는 뜻을 나타낸 '두터울 후(厚)'. ▶ 후대(厚待), 후생(厚生), 농후(濃厚)

孰 숙

鞏

처음엔 '(삶는데 쓰는) 질그릇 향(䵼)'과 '양 양 (羊)', '(요리하는 사람의 모습을 나타낸) 잡을 극(丮)'을 더해 '좋은 음식을 삶아 누군가를 대접하다'라는 뜻을 나타낸 모습(鞏)이었는데 나중에 지금의 자형으로 바뀐 '삶을 숙, 누구 숙(孰)'
수원숙우(誰怨孰尤: 누구를 원망하고 탓할 수가 없다는 뜻)

熟 숙

'삶을 숙, 누구 숙(孰)'이 주로 '누구 숙(孰)'으로만 쓰이게 되자 '불화(火＝灬)'를 더해 다시 만든 '삶을 숙, 익을 숙(熟)'.
>> 성숙(成熟), 미숙(未熟), 숙성(熟成)

郭 곽

둘러싼 성벽의 망루를 그린 '함께 누릴 향(享)'과 '마을'이라는 뜻을 지닌 '고을 읍(阝)'을 더해 '성 안의 주민을 지키는 바깥 울타리'의 뜻을 나타낸 '성벽 곽(郭)'.
>> 성곽(城郭), 곽내(郭內: 성곽 안), 외곽(外郭), 윤곽(輪郭)

槨 곽

'성벽 곽(郭)'과 '나무 목(木)'을 더해 '성의 바깥 울타리 혹은 관의 덧널'이라는 뜻을 나타낸 '덧널 곽(槨)'.
>> 목곽(木槨), 외곽(外槨), 관곽(棺槨), 석곽(石槨), 전곽(磚槨)

廓 곽

'성벽 곽(郭)'과 '집 엄(广)'을 더해 '건물이 성벽처럼 둘러싸여 가운데 크고 넓은 마당이 있는 집'이라는 뜻에서 나온 '넓고 큰 집 곽(廓)' 혹은 '넓을 확(廓)'.
>> 윤곽(輪廓), 외곽(外廓)

敦 돈

'함께 누릴 향(享)'과 '~ ~하게 하다'라는 뜻의 동사 기호인 '칠복(攵)'을 더해 '서로의 사이를 좋게 하다 혹은 둘레(울타리)를 두텁게 하다'라는 뜻을 나타낸 '도타울 돈(敦)'.
>> 돈독(敦篤), 돈후(敦厚), 돈화(敦化)

淳 순

'함께 누릴 향(享)'과 '물 수(氵)'를 더해 '(함께 누릴 수 있는 깨끗하고 풍부한 물, 혹은 속이 트인 마음'을 나타낸 '깨끗할 순(淳)'.
>> 순후(淳厚), 순박(淳朴), 순량(淳良), 순실(淳實)

醇 순

'돈독하다'는 뜻을 지닌 '함께 누릴 향(享)'과 '술(병)'이라는 뜻을 지닌 '닭 유(酉)'를 더해 '처음 꺼낸 진한(물을 타지 않은) 술'을 나타낸 '진한 술 순(醇)'.

\>> 순주(醇酒), 순화(醇化), 순후(醇厚)

204_ 안석 궤(几), 돛 범(帆)

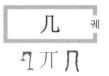

안정된 다리가 있는 책상의 모습으로 나타낸 '안석 궤(几)'.

\>> 서궤(書几), 궤안(几案), 사궤장(賜几杖 : 나라에서 늙은 대신(大臣)에게 내려 주던 궤(几)와 지팡이(杖)

机 궤

'안석 궤(几)'와 '나무 목(木)'을 더해 만든 '책상 궤(机)'

\>> 궤상공론(机上空論 : 책상 위에서만 오가는 실현성 없는 이론)

軌 궤

안정된 다리가 있는 책상의 모습으로 나타낸 '안석 궤(几)'와 '수레 거(車)'를 더해 '양쪽 수레바퀴를 다리 삼아 잡고 있는 바퀴 굴대, 혹은 그 바퀴 사이의 거리'라는 뜻을 나타낸 '(수레바퀴) 굴대 궤, (바퀴 간의) 거리 궤, (좇아야 할) 법도 궤(軌=軌)'.

\>> 궤도(軌度), 궤적(軌跡)

几=幾 기

'(누에고치에서 나온) 실'의 뜻을 지니고 있는 '작을 요(幺)' 2개(88)와 '도구'를 뜻하는 '창 과(戈=戈)', 그리고 '사람(亻=亻)'을 더한 모습(88戈)으로 '거의 눈에 안 보이는 몇 가닥의 명주실을 짜내는 기계'라는 뜻을 나타낸 '거의 안 보이는 얼마 안 되는 몇 가닥의 실, 혹은 그 실을 짜는 틀'이라는 뜻을 나타낸 '거의 기, 몇 기, (幾)'의 약자로 쓰이는 '몇 기(几)'.

\>> 기미(幾微), 기하학(幾何學), 기회(幾回)

処 처
   '아래를 향한 발의 모습(夂, ㄑ=夂)'과 '안석 궤(几)'를 더해 '돌아오다 혹은 돌아와서 쉬는 곳'이라는 뜻을 나타낸 '곳 처(処)'.
   ▶▶ 처리(処理), 처벌(処罰), 처서(処暑)

飢 기
   '먹을 식(食)'과 '거의 안 보이는 얼마 안 되는 몇 가닥의 실'이라는 뜻을 지닌 '낌새 기, 몇 기(幾=几)'를 더해 '먹을 것이 거의 없다'라는 뜻을 나타낸 '굶주릴 기(饑=飢)'.
   ▶▶ 기아(飢餓), 기근(飢渴), 허기(虛飢)

凡 범
   '넓게 펼친 천의 모습(月)'으로 '넓게 펼친 천으로 모두 감싸다, 혹은 (그 천으로 만든) 돛'이라는 뜻을 나타낸 '무릇 범, 모두 범, 돛 범(凡)'.
   ▶▶ 평범(平凡), 비범(非凡), 범인(凡人)

月 月 凡

帆 범
   '넓게 펼친 천으로 모두 감싸다, 혹은 (그 천으로 만든) 바람을 모두 안고 가는 배의 돛'이라는 뜻을 지닌 '모두 범, 무릇 범, 혹은 돛 범(凡)'이 주로 '무릇 범, 모두 범(凡)'으로만 쓰이게 되자 '넓은 천을 길게 늘어뜨리다'라는 뜻을 지닌 '수건 건(巾)'을 다시 더해 '바람을 안고 가는 돛'이라는 뜻을 나타낸 '돛 범(帆)'.
   ▶▶ 범선(帆船), 출범(出帆)

月

汎 범
   '바람을 안고 가는 돛'이라는 뜻을 지닌 '돛 범(凡)'과 '물 수(氵)'를 더해 '돛을 달고 물위를 널리 떠돌다'라는 뜻을 나타낸 '넓을 범, 떠돌 범(汎)'.
   ▶▶ 범람(汎濫), 범애(汎愛), 범태평양(汎太平洋)

肌 기
   '몸'의 뜻을 지닌 '고기 육(肉=月)'과 '모두 감싸다'라는 뜻을 지닌 '무릇 범, 모두 범(凡=几: 凡의 생략형)'을 더해 '몸을 모두 감싸고 있는 살가죽'이라는 뜻을 나타낸 '살가죽 기, 혹은 피부 기(肌)'.
   ▶▶ 기골(肌骨), 송기(松肌), 옥기(玉肌: 옥과 같이 깨끗하고 고운 살갗)

凱 개
   '(북치고 노래할) 개가 개(豈)'와 '넓은 천으로 만든 깃발'이라는 뜻을 지닌 '돛 범(凡=几: 凡의 생략형)'을 더해 '북을 치고 깃발을 휘날리며 승리를 축하하다'라는 뜻을 나타낸 '개선할 개(凱)'.
   ▶▶ 개가(凱歌), 개선(凱旋), 개풍(凱風: 따듯한 바람)

205_ 비롯할 유(由)

(양의 밥통 등으로 만든) 주둥이 꼭지를 좁게 해서 우유 등의
내용물을 꺼낼 때는 쥐어짜도록 만든 가죽주머니

由 유

주둥이 꼭지를 좁게 해서 내용물을 꺼낼 때 쥐어짜도록 만든 주머
니의 모습(◐)으로, '~에서부터 나오다'라는 뜻을 나타낸 '비롯할
혹은 말미암을 유(由)'.
➤➤ 유서(由緒) 깊은 집, 유래(由來), 자유(自由)

油 유

'쥐어짜다'라는 뜻을 지닌 '비롯할 유(由=◐)'와 '액체'를 뜻하는
'물 수(水= 氵)'를 더해 '쥐어짜서 빼내는 기름'이라는 뜻을 나타
낸 '기름 유(油)'.
➤➤ 식용유(食用油), 석유(石油), 유전(油田)

抽 추

'짜서 뽑아내다'라는 뜻을 지닌 '비롯할 유(由)'와 동작을 나타내는
'손 수(手=扌)'를 더해 만든 '뽑을 추(抽)'.
➤➤ (기름을) 추출(抽出)하다, 추첨(抽籤), 추상화(抽象畵)

笛 적

'짜서 뽑아내다'라는 뜻을 지닌 '비롯할 유(由)'와 '대나무 죽(竹)'을
더해 '대나무에서 소리를 뽑아내다'라는 뜻을 나타낸 '피리 적(笛)'.
➤➤ 기적(汽笛)소리, 야적(夜笛: 밤 피리 소리), 옥적(玉笛: 옥피리)

軸 축

'말미암을 유(由)'와 '수레(바퀴) 거(車)'를 더해 '바퀴가 구를 수 있
도록 해주는(말미암는) 중심'이라는 뜻을 나타낸 '굴대 축(軸)'.
➤➤ 차축(車軸), 지축(地軸)

袖 수

'(기름이) 빠져 나오다'라는 뜻을 지닌 '비롯할 유(由)'와 '옷 의(衣=
衤)'를 더해 '옷에서 손이 빠져나오는 구멍 부분'을 나타낸 '소매 수
(袖)'.
➤➤ 수수방관(袖手傍觀: 소매 속에 손을 넣고 옆에서 보기만 하다),
무슨 당의 영수(領袖: 팔짱을 끼고 앉아 사람을 부리는 우두머리)

206_ 시루 증(曾)

 = 떡시루(이중그릇)의 모습

曾 증
篆 篆

가마솥 그릇 위에 밑에 구멍이 뚫린 그릇을 또 얹어 김으로 곡식을 쪄내는 이중 그릇으로 김이 올라오는 모습(篆)까지 그려진 '시루 증(曾)'의 원형인데, '그릇이 이중으로 거듭 놓이다'라는 뜻에서 '거듭 증(曾)'으로도 쓰이게 됨.
>> 증조(曾祖: 아버지 어머니의 할아버지 할머니), 증손(曾孫: 아들 딸의 손자 또는 손녀)

甑 증

'시루 증(曾)'이 주로 '거듭 증(曾)'으로만 쓰이게 되자 '질그릇'의 뜻을 상징하는 '기와 와(瓦)'를 더해 다시 만든 '시루 증(甑)'.
>> 증중생진(甑中生塵: 밥 짓는 시루를 오래 쓰지 아니하여 먼지가 앉았다는 뜻으로, 매우 가난함을 이르는 말), 증이파의(甑已破矣: 시루가 이미 깨졌다는 뜻으로, 다시 본래(本來)대로 만들 수 없음을 뜻함)

增 증

'흙 토(土)'와 '거듭 증(曾)'을 더해 '흙을 덧붙여 쌓다'라는 뜻을 나타낸 '불을 증, 늘릴 증(增)'.
>> 증가(增加), 증폭(增幅), 급증(急增), 증식(增殖)

層 층

원래는 '거듭 증(曾)'과 집 호(戶), 혹은 '지붕 엄(广)'을 더해 '지붕이 여러 겹 얹힌 높은 건물'이라는 뜻을 나타낸 '층집 층(層)'인데, '지붕 엄(广)'이 '주검 시(尸)'처럼 잘 못 쓰여 지고 있는 글자.
>> 층계(層階), 계층(階層), 부유층(富裕層), 저소득층(低所得層), 고층(高層)

贈 증

'거듭 증(曾)'과 '재물 패(貝)'를 더해 '더 얹어준다'는 뜻을 나타낸 '선물 증(贈)'.
>> 기증(寄贈), 증여(贈與), 수증(受贈: 선물(膳物)을 받음)

憎 증	'거듭 증(曾)'과 '마음 심(心＝忄)'을 더해 '마음에 뭔가가 자꾸 쌓여서 미워지다'라는 뜻을 나타낸 '미움 증(憎)'. ≫ 증오(憎惡), 가증(可憎), 애증(愛憎)
僧 승	인도어의 '상가(sangha: 중이라는 뜻)'라는 소리 말을 나타내기 위해 만든 '승가(僧伽)'라는 단어에서 만들어진 글자로 한자의 원뜻과는 관계가 없음. ≫ 승려(僧侶), 승무(僧舞), 고승(高僧)

원래 '시루(그릇)'라는 말은 '곤충이나 벌레들이 새끼가 불어나도록 알을 슬다.'의 '슬다'에서 나온 말이며, '불어나다'라는 뜻이 함께 담긴 말입니다. 다시 말하면 '곡식이 더 많이 불어나도록(알을 많이 슬도록) 찌는 도구'라는 뜻에서 '시루 증(甑)'자가 된 것입니다. 그리고 '시루 증(甑)'이 '찔 증(烝)'과 같은 '증'이라는 발음이 된 이유도 실은 양쪽 다 '찌다'라는 우리말에서 나왔기 때문인 듯하며, 그 증거의 하나로 이 '시루 증(甑)'의 '증(甑)'자를 중국말로는 '쩡'이라고 한다는 점입니다. 시루하고 관련 된 '찌다'라는 말은 모르면서 말입니다.

207_ 짤 구(冓)

冓	어떤 도구나 구조물을 상하, 좌우 대칭으로 짜 나가는 모습

冓 구	'어떤 도구나 구조물을 상하, 좌우 대칭으로 짜 나가는 모습(冓)'으로 나타낸 '짤 구(冓)'. ≫ 내구(內冓: 궁중의 깊숙한 방, 또는 그 속의 비사)
構 구	'짤 구(冓)'에 짜나가는 재료의 상징으로 '나무 목(木)'을 더했을 뿐, '짤 구(冓)'와 똑같이 쓰는 '짤 구(構)'. ≫ 구조(構造), 구성(構成), 구축(構築), 기구(機構)
溝 구	'양쪽을 똑같게 올리면서 짜다'라는 뜻을 지닌 '짤 구(冓)'와 '물 수(氵)'를 더해 '양쪽 논의 물이 골고루 같아지도록 그 사이에 파는 도랑'이라는 뜻을 나타낸 '봇 도랑 구(溝)'. ≫ 하수구(下水溝), 해구(海溝: 바다 밑바닥에 있는 좁고 길게 움푹 팬 곳), 지구대(地溝帶)

購 구	'양쪽을 똑같게 하다'라는 뜻을 지닌 '짤 구(冓)'와 '재물'을 뜻하는 '조개 패(貝)'를 더해 '어떤 물건이나 일에 필요한, 혹은 그에 걸맞은 (짝이 되는) 값을 맞추어 주고 구하다'라는 뜻을 나타낸 '살 구(購)'.

>> 구입(購入), 구매(購買), 구독(購讀)

講 강	'짤 구(冓)'와 '말씀 언(言)'을 더해 '각자의 의견이나 지식 등을 서로 맞추어 나가기 위해 함께 이야기를 풀어 나가다 혹은 익혀 가다'라는 뜻을 나타낸 '풀이할 강 혹은 익힐 강(講)'.

>> 강의(講義), 강사(講師), 강구(講究), 강연(講演)

208_ 되풀이할 복(复)

바람을 넣기 위해 밀었다 당겼다 하면서 쓰는 풀무( )의 모습

复 복	대장간에서 바람을 넣기 위해 밀었다 당겼다 하면서 쓰는 풀무( )와 그 풀무를 밟는 발( )을 더한 모습( )으로 '되풀이해서 발로 밟다'라는 뜻을 나타낸 '돌아올(갈) 복 혹은 되풀이할 복(复)'.

復 복,부	'돌아갈 복 혹은 되풀이 할 복(夏)'자와 '갈 행(行=彳)'을 더해 '돌아 올(갈) 복(復)'. 혹은 '다시 부(復)'.

>> 회복(回復), 복권(復權), 부활(復活), 부흥(復興), 중언부언(重言復言)

複 복	'되풀이 할 복(夏)'자에 '옷 의(衣=衤)'자를 더해 '옷을 겹쳐 입다'라는 뜻을 나타낸 '겹칠 복(複)'자.

>> 중복(重複), 복잡(複雜), 복제(複製), 복수(複數), 복잡다단(複雜多端)

腹 복	'되풀이 할 복(夏)'자와 몸의 뜻을 지닌 '고기 육(肉=月)'자를 더해 '마치 풀무처럼 부풀었다 꺼졌다하는 (짐승) 배의 모습'을 나타낸 '배 복(腹)'.

>> 복부(腹部), 복통(腹痛), 복안(腹案), 심복(心腹), 면종복배(面從腹背: 겉으로는 순종(順從)하는 체하고 속으로는 딴 마음을 먹음), 포복절도(抱腹絶倒: 몹시 우스워서 배를 안고 넘어지다)

覆 복

'돌아 올(갈) 복(復)'과 '덮을 아(襾)'를 더해 '위아래를 뒤 짚어 엎다'라는 뜻을 나타낸 '뒤엎을 복(覆)'.
>> 번복(飜覆), 전복(顚覆), 반복(反覆), 복거지계(覆車之戒: 앞의 수레가 뒤집히는 것을 보고 뒤의 수레는 미리 경계(警戒)한다는 뜻)

209_ 오로지 전(專)

 '방추'의 모습
가느다란 여러 가닥의 실을 모아 한 가닥의 실로 만드는 도구

專 전

'방추= '와 '손= '을 더해 '여러 가닥을 오로지 한 가닥으로 만들다'라는 뜻을 나타낸 '오로지 전(專)'.
>> 전문가(專門家), 전공(專攻), 전유물(專有物), 전용(專用)

團 단

'방추= '와 '에워쌀 위(囗)'를 더해 '방추처럼 동그랗게 뭉친 덩어리'를 나타낸 '둥글 단, 경단 단(團)'.
>> 단체(團體), 단결(團結), 단합(團合), 단지(團地)

傳 전

'오로지 전(專)'과 '사람 인(亻)'을 더해 '사람에서 사람에게로 오로지 (한 가닥으로) 그대로 옮기다'라는 뜻을 나타낸 '전할 전(傳)'.
>> 전달(傳達), 전설(傳說), 전통(傳統), 전염(傳染)

塼 전

'오로지 전(專)'과 '흙 토(土)'를 더해 '흙을 둥글납작하게 (뭉쳐 굳힌 후에) 벽을 쌓을 때 쓰는 것'을 나타낸 '벽돌 전(塼)'.
>> 와전불(瓦塼佛), 전실분(塼室墳), 전벽(塼甓: 벽돌로 쌓은 벽)

| 磚 전 | '오로지 전(專)'과 '돌 석(石)'을 더해 '돌로 만든 벽돌'이라는 뜻을 나타낸 '벽돌 전(磚)'. |

'오로지 전(專)'과 '돌 석(石)'을 더해 '돌로 만든 벽돌'이라는 뜻을 나타낸 '벽돌 전(磚)'.

>> 전와(磚瓦: 벽돌과 기와), 전벽(磚壁), 전곽(磚槨)

'오로지 전(專)'과 '수레(바퀴) 거(車)'를 더해 '오로지 한 방향으로만 구르다'라는 뜻을 나타낸 '구를 전(轉)'.

>> 전환(轉換), 전락(轉落), 이전(移轉), 전화위복(轉禍爲福)

'여러 가닥을 한 가닥으로 만드는 실감개의 모습(￥)으로 된 '오로지 전(叀)'과 '마음 심(心)'을 더해 '한 마음으로 주는 사랑'이라는 뜻을 나타낸 '은혜 혜(惠)',

>> 혜택(惠澤), 은혜(恩惠), 특혜(特惠)

210_ 모 방(方)

밭을 갈 때 쓰는 '쟁기'의 모습

밭을 갈 때 쓰는 '쟁기', 윗부분에 양 쪽으로 가로 댄 손잡이(一)를 강조한 모습(方)으로, 소가 끄는 '쟁기'의 '방향(方向)'을 잡아 주는 손잡이의 양쪽 끝'에 의미를 두고 만들어진 '모(서리) 방(方)'. (스웨덴의 상형문자학자 칼그렌(B. Karlgren)과 일본의 한문학자 토도 아키야스(藤堂明保)의 학설)

어른들과 같이 일을 하다보면 밭의 양쪽 끝이나 구석구석의 '모서리'를 잘 잡으라는 말을 자주 듣게 되는 그 '모서리'가 바로 '모 방(方)'의 '모'입니다. 후대에 '방(方)'은 '양쪽', '이쪽저쪽의 방향(方向)', '이 구석 저 구석의 모서리', '전후좌우(前後左右)의 사방(四方)'이라는 뜻을 갖게 됩니다.

'모 방(方)'과 '언덕 부(阝)'를 더해 '개울이나 강물이 넘치는 것을 막기 위해 '양쪽으로 쌓은 '뚝'을 나타낸 '뚝 방, 막을 방(防)'.

>> 방어(防禦), 예방(豫防), 방지(防止)

| 彷 방 | '모 방(方)'과 '다닐 행(行)'을 더해 '길을 갈 때 똑바로 안 가고 이쪽저쪽으로 어정거리며 가다'라는 뜻을 나타낸 '거닐 방(彷)'.
≫ 방황(彷徨), 방불(彷彿:비슷한데 헷갈린다) |

| 肪 방 | '모 방(方)'과 '고기 육(肉＝月)'을 더해 '사람이 살이 쪄서 양쪽으로 벌어지다'라는 뜻을 나타낸 '살찔 방(肪)'.
≫ 지방(脂肪) |

'기름 방(肪)'이라고 나온 사전(옥편)도 있지만 이는 잘못된 것으로, '기름'을 뜻하는 글자는 '맛있을 지(旨)'와 '고기 육(肉＝月)'을 더한 '기름 지(脂)'가 따로 있습니다. 이 '기름 지(脂)' 자와 '살찔 방(肪)'자를 합쳐서 '지방(脂肪:기름)이 많다'는 식으로 말을 하다 보니 그만 '肪' 자까지 '기름 방(肪)'이라고 잘못 쓰게 된 것일 뿐입니다.

| 妨 방 | '모 방(方)'과 '계집 녀(女)'를 더한 '거리낄 방(妨)'.
≫ 방해(妨害), 무방(無妨) |

이를 '방해할 방(妨)'이라고 한 사전도 있는데 '계집 녀(女)'자가 들어가서 여자는 방해(妨害)가 된다는 뜻이라고도 합니다. 하지만 실은 '못 쓰게 만들다'는 뜻의 '해칠 해(害)' 자를 붙여서 '방해(妨害)한다'는 말이 생긴 것이지 '방(妨)'자 자체가 '방해(妨害)한다'는 뜻을 가지고 있는 것은 아닙니다. 다만 여자(女)가 양쪽 팔을 벌리고(方) '어린애나 남자들이 위험한 곳에 가지 못하도록 막아서는 모습'일 수는 있으며(藤堂明保), 또한 어쩌면 오히려 남자가 자기의 여자를 보호하기 위해 다른 남자들을 막아서는 모습일지도 모르겠습니다. 무엇인가 '거리끼는 게 있어서 막아서다'라는 뜻을 나타낸 '거리낄 방(妨)'

| 放 방 | '양쪽'의 뜻을 지닌 '모서리 방(方)'과 '~~하게 하다'라는 뜻의 '칠 복(攵)'을 더해 '벌려놓다, 풀어주다'라는 뜻을 나타낸 '놓을 방, 내칠 방, 넓힐 방(放)'.
≫ 방송(放送), 개방(開放), 방치(放置) |

| 訪 방 | '말씀 언(言)'과 '모서리 방(方)'을 더해 '구석구석(모서리)까지 물어서 찾다'라는 뜻을 나타낸 '찾을 방(訪)'.
≫ 방문(訪問), 순방(巡訪), 방한(訪韓) |

| 倣 방 | '양쪽으로 벌려놓다'라는 뜻을 지닌 '놓을 방(放)'과 '사람 인(亻)'을 더해 '양쪽에 놓고 본뜨다, 닮다'라는 뜻을 나타낸 '본뜰 방, 닮을 방(倣)'.
≫ 모방(模倣), 방사(倣似) |

| 傍 방 |

'두루 방, 곁 방(旁)'과 '사람 인(亻)'을 더해 '곁으로 가다'라는 뜻을 나타낸 '곁 방(傍)'.

▶▶ 방증(傍證), 방관(傍觀), 방점(傍點)

| 旁 방 |

'모서리 방(方)'의 손잡이(ㅓ) 혹은 돛 범(ㅛ=帆)을 한 번 더 더해 '가고 싶은 방향대로 움직이다'라는 뜻을 나타낸 '두루(널리) 방(旁)'.

▶▶ 방관(旁觀), 방국(旁國: 이웃 나라), 방지(旁支: 본체에서 갈려 나간 가닥)

211_ 나 여(余)

| 余 여 |

땅을 파거나 고르게 펼치는데 쓰는 삽 혹은 가래의 모습으로, '삽 (가래) 여, 펼칠 여, 나머지 여 혹은 나 여(余)'.

▶▶ 여등(余等: 우리들), 여배(余輩: 우리들 혹은 나머지 무리)

여기서 '펼칠 여, 나머지 여(余)'가 되는 이유는 원래 '여(余 = 余)'라는 도구가 '(땅을 파는) 곡괭이'와는 달리 '(땅을 고르게 펼치는 데 쓰는 삽(가래)'이었다는 점과 '밭을 고르게 펼치려면 한 곳에 뭉쳐 있는 나머지 흙덩이를 계속 펼쳐 나가야'하는 점에 있습니다. 또한 '나 여(余)'가 된 이유는 삽, 가래 등의 농기구가 귀하던 시절, (남자가) 삽이나 가래를 자신의 손에 쥐고 있다는 것은 곧 '나 스스로'를 세우고 펼쳐나가는 일이기도 했기 때문이었을 것입니다.

| 途 도 |

'걸을 착(辶)'과 '곧바로 찔러 넣어 써야하는 삽'의 뜻을 지닌 '나여(余)'를 더해 '곧장 가는 길'이라는 뜻을 나타낸 '길 도(途)'.

▶▶ 도중(途中), 중도(中途), 용도(用途)

| 餘 여 |

'삽 여(余)'가 주로 '나 여(余)'로 쓰이게 되자 '나머지 여(余)'의 뜻을 살리기 위해 '먹을 식(食)'을 더해 '고르게 나눠 나가야 할 나머지 밥'이라는 뜻으로 만들어진 '남을 여(餘)'.

▶▶ 여분(餘分), 여유(餘裕), 여생(餘生), 여한(餘恨)

| 敍 서 |

'(흙을) 펼쳐나간다'라는 뜻의 '삽 여(余)'와 '~~하게 하다'라는 뜻의 '칠 복(攴)'을 더해 '잘 펼쳐지도록 차례로 풀어나간다'는 뜻을 나타낸 '차례 서 혹은 늘어세울 서(敍)'.

▶▶ 서술(敍述)하다, 서사시(敍事詩), 서훈(敍勳)

徐　서

‘갈 행(彳＝行)’에 원래 ‘(땅을) 풀어준다’는 뜻을 담고 있는 ‘여(余)’를 더해 ‘여유 있게 몸을 풀어주듯이 걷다’라는 뜻을 나타낸 ‘천천히 갈 서(徐)’

>> 서서(徐徐)히, 서행(徐行)

斜　사
衺

‘땅을 고르게 펼치다’라는 뜻의 ‘삽(余＝亼)’과 ‘(자루 달린) 되 혹은 말 두(斗＝𣁽)’를 더해 ‘됫박의 곡식을 고르게 펼치기 위해 됫박을 기울여(비껴서) 붓다’라는 뜻을 나타낸 ‘기울일 사 혹은 비낄 사(斜)’.

>> 경사면(傾斜面), 사선(斜線), 사시(斜視: 옆으로 비껴서 뜨는 눈)

除　제
𨽏

‘옛날 사람들이 의지해서 살던 계단식 벼랑(𨸏) 혹은 집을 짓고 살던 언덕’을 나타낸 ‘언덕 부(阝＝阜)’와 ‘펼칠 여(余)’를 더해 ‘가로막힌 언덕 부분을 펼쳐서(덜어서) 치우다’라는 뜻을 나타낸 ‘덜어낼 제(除)’.

>> 제거(除去), 제외(除外), 제적(除籍), 소제(掃除)

涂　도

‘물 수(氵)’와 ‘펼칠 여(余)’를 더해 ‘흙덩어리에 물을 부어 펼쳐서 바닥이나 벽에 칠하다 혹은 흙바닥에 물이 흘러서 작은 물길(도랑)이 펼쳐지다(파이다)’는 뜻을 나타낸 ‘칠할 도 혹은 도랑 도(涂)’.

塗　도

‘도(涂)’가 주로 ‘도랑 도(涂)’로 쓰이게 되자 다시 ‘흙 토(土)’를 더해 다시 만든 ‘(진흙) 칠할 도(塗)’.

>> 도배(塗褙 : 종이를 벽·반자·장지 등에 바르는 일), 도료(塗料: 물건의 거죽에 칠하는 재료), 도장(塗裝: 칠을 해서 꾸민다) 호도(糊塗: 겉에만 풀을 바른다), 도탄지고(塗炭之苦: 진흙이나 숯불에 떨어진 것과 같은 고통)

茶　다
荼

‘풀 초(艹)’와 ‘풀어준다’는 뜻을 담고 있는 ‘펼칠 여(余)’를 더해 ‘뜨거워진 몸이나 마음의 긴장을 풀어주는 좋은 풀’을 나타낸 ‘차 다(茶)’.

>> 다례(茶禮: 명절이나 조상의 생일 혹은 제삿날에 상을 차려 올리는 일), 감차(甘茶: 단술, 쌀밥에 엿기름을 우린 물을 부어서 삭힌 뒤 끓인 음식(식혜), 작설차(雀舌茶: 갓 눈이 튼 차나무의 새싹을 따서 만든 차), 녹차(綠茶: 푸른빛이 그대로 나도록 말린 부드러운 찻잎을 끓인 차)

舍 사
舍 𤔔

'굴이나 집의 입구(入口)'를 나타내는 '입 구(口=ㅂ)'와 '풀어주다'라는 뜻을 지닌 '펼칠 여(余 = 令)'를 더해 '가쁜 숨을 한 숨 돌리고 쉬는(풀어주는) 집'이라는 뜻을 나타낸 '집 사(舍)'.

>> 기숙사(寄宿舍), 청사(廳舍: 관청의 건물), 역사(驛舍: 기차가 쉬는 건물), 축사(畜舍), 돈사(豚舍)

捨 사

'한숨 돌리고 쉬다'라는 뜻의 '집 사(舍)'와 '손 수(手=扌)'를 더해서 '손을 놓고 쉬거나 (가축의 굴레를) 잠시 풀어준다'는 뜻을 담은 '(놓아)버릴 사 혹은 베풀 사(捨)'.

>> 희사(喜捨: 마음에 즐기어 재물을 내놓음), 취사선택(取捨選擇: 취할 것은 취(取)하고, 버릴 것은 버려서 골라잡음)

舖 포

'집 사(舍)'와 '잘 펼쳐져 있는 모판'의 뜻을 지닌 '비로소(처음) 보, 모 키울 보(甫 = 峀)'를 더해 '팔 물건을 펼쳐 놓은 집'을 나타낸 '펼칠 포(舖)'자.

>> 점포(店鋪), 금은포(金銀鋪), 군포(軍鋪: 군인들이 주둔하는 곳)

212_ 삼 마(麻)

麻 마
𣏟 𣏟

'비 가림'의 뜻을 지닌 '집 엄(广=厂=广)'과 '삼의 껍질 혹은 그 껍질을 벗겨 비벼서 실로 만드는 모습(𣏟)'을 더해 '삼, 삼베, 중독성이 있는 대마'라는 뜻을 나타낸 '삼 마(麻)'.

>> 마의(麻衣: 삼베옷), 쾌도난마(快刀亂麻)

摩 마

'비벼서 벗겨내다'라는 뜻을 지닌 '삼 마(麻)'와 '손 수(手)'를 더해 '손으로 비벼대다, 주무르다'라는 뜻을 나타낸 '비빌 마, 문지를 마(摩)'.

>> 마찰(摩擦), 무마(撫摩), 안마(按摩)

磨 마

'비벼대다'라는 뜻을 지닌 '삼 마(麻)'와 '돌 석(石)'을 더해 '돌로 비벼대다 혹은 돌을 갈다'라는 뜻을 나타낸 '갈 마(磨)'.

>> 연마(研磨), 마모(磨耗), 절차탁마(切磋琢磨)

| 痲 마 | '중독성이 있는 대마'라는 뜻을 지닌 '삼 마(麻)'와 '병들어 누울 녁(疒)'을 더해 '삼(대마)에 몸이 마비되다'라는 뜻을 나타낸 '저릴 마, 얼굴 얽을 마(痲)'. |

>> 마약(痲藥), 마비(痲痺), 마취(痲醉), 마진(痲疹)

| 魔 마 | '중독성이 있는 대마'라는 뜻을 지닌 '삼 마(麻)'와 '귀신 귀(鬼)'를 더해 '무엇인가 어느 한 가지에 중독된 귀신'이라는 뜻을 나타낸 '마귀 마, 인이 박힐 마(魔)'. |

>> 마법(魔法), 마녀(魔女), 마귀(魔鬼), 마술(魔術)

| 靡 미 | '비벼대다(갈다)'라는 뜻을 지닌 '삼 마(麻)'와 '흩어지다'라는 뜻을 지닌 '아닐 비(非)'를 더해 '갈아 버린 듯이 산산 조각으로 흩어져 쓰러지다'라는 뜻을 나타낸 '쓸어버릴 미(靡)'. |

>> 미령(靡寧), 풍미(風靡)

| 糜 미 | '비벼대다(갈다)'라는 뜻을 지닌 '삼 마(麻)'와 '쌀 미(米)'를 더해 '싸라기 쌀'이라는 뜻을 나타낸 '싸라기 미, 죽 미(糜)'. |

>> 미란(糜爛: 썩거나 헐어서 문드러짐), 강미(糠糜: 겨로 만든 죽(粥)

213_ 허드렛일 용(庸)

| 庸 용 (甬 甫) | '절구질 하는 모습(甬, 甫)'과 '대롱 같은 통(肀)에 지게 작대기(丨)같은 늘 쓰는 도구를 넣어둔 모습(肀)', 그리고 '집 엄(广)'을 더해 '늘 해야 하는 허드렛일이나 그에 쓰는 도구'라는 뜻을 나타낸 '일 용(庸)'. |

>> 중용(中庸), 용렬(庸劣: 못생기고 재주가 남만 못하고 어리석음, 변변하지 못함)

| 傭 용 | '허드렛일이나 그에 쓰는 도구'라는 뜻을 지닌 '일 용(庸)'과 '사람 인(亻)'을 더해 '허드렛일에 (단순한 도구처럼) 쓰이는 사람'이라는 뜻을 나타낸 '품팔이 용(傭)'. |

>> 고용(雇傭), 상용(常傭), 용병(傭兵)

214_ (입)다물 함(咸)

咸 함

旪 𠨧 咸

'도끼 월(戉=𢁉)'과 '입 구(口= 𠙛)'를 더해 '커다란 도끼(𢁉) 앞에서 모두 다 그만 입(𠙛)을 다물다'라는 뜻을 나타낸 '(입) 다물 함(咸)'.

≫ 함유일덕(咸有一德: 임금과 신하(臣下)가 다 한 가지 덕이 있음), 함흥차사(咸興差使)

喊 함

'모두 다 그만 입(𠙛)을 다물다'라는 뜻을 지닌 '(입) 다물 함(咸)'에 '입 구(口= 𠙛)'를 다시 더해 '모두가 다 소리를 지르다'라는 뜻을 나타낸 '소리 칠 함(喊)'.

≫ 함성(喊聲), 고함(高喊), 대함(大喊: 큰 함성)

緘 함

'(입) 다물 함(咸)'과 '실 사(糸)'를 더해 '실로 꿰매서 무엇인가의 아가리(입구)를 다물게 하다'라는 뜻을 나타낸 '꿰매어 막을 함 혹은 봉할 함(緘)'.

≫ 함구(緘口), 함봉(緘封: 봉한 문서), 함구무언(緘口無言)

鹹 함

'소금 로(鹵)'와 '(입) 다물 함(咸)'을 더해 '소금이 입에 들어가니 입이 오므라(다물어)지도록 짜다'라는 뜻을 나타낸 '짤 함(鹹)'

≫ 함수(鹹水), 함채(鹹菜: 소금에 절인 채소)

醎 함

'짤 함(鹹)'의 속자(俗字)

感 감

'(입) 다물 함(咸)'과 '마음 심(心)'을 더해 '입이 다물어질 만큼의 마음에 어떤 충격(느낌)을 받다'라는 뜻을 나타낸 '느낄 감(感)'.

≫ 감정(感情), 감격(感激), 감성(感性), 감동(感動), 공감(共感)

憾 감

'느낄 감(感)'에 '마음 심(心)'을 다시 더해 '어떤 느낌이 계속 마음에 남다'라는 뜻을 나타낸 '섭섭할 감(憾)'.

≫ 유감(遺憾), 함감(含憾: 원망의 뜻을 가짐)

減 감

'(입) 다물 함(咸)'과 '물 수(水= 氵)'를 더해 '(강)물을 막아서(다물게 해서) 흐르는 물의 양을 줄이다'라는 뜻을 나타낸 '줄일 감(減)'.

≫ 감축(減縮), 감원(減員), 삭감(削減), 감면(減免), 감가상각(減價償却)

215_ 잡을 획(獲)

 새를 잡은 손의 모습

推 추

'앞으로만 가는 새'라는 뜻으로 쓴 '새 추(隹)'와 '~하게 하다'라는 뜻의 동사 부호 '손 수(扌)'를 더해 '앞으로 가게하다(밀다)'라는 뜻을 나타낸 '밀 추(推)'.
>> 추진(推進), 추천(推薦), 추정(推定)

隻 척

새 한 마리 (隹)를 손(又)으로 쥐고 있는 모습으로 나타낸 '한 마리 척, 외짝 척(隻)'.
>> 선척(船隻), 척각(隻脚: 외다리), 척언(隻言: 한 마디 말, 간단한 말)

誰 수

'새 추(隹)'의 '추'라는 말이 가지고 있는 옛 발음인 'TIEUR, TSUEI (우리말에서는 저!- 저거)'에 해당되는 의문사, '저게(새가) 뭐지? 하고 말하다'라는 뜻을 나타낸 '무어(뭐?) 수, 누구 수(誰)'.
>> 수원수구(誰怨誰咎)

雖 수

'벌레 충(虫)'과 '오로지 유(唯)'를 더해 도마뱀, 혹은 딱정벌레를 부르는 이름으로도 쓴 옛 발음인 DIEUR, ZIUI, SIUI, SUEI (우리말에서는 이!- 이거)에 해당되는 감탄 지시사, '이것만은 혹은 비록 이렇지만'이라는 뜻을 나타낸 '비록 수(雖)'.
>> 수연(雖然: 그렇지만, 그렇다지만, 비록 ~라 하더라도. 비록 ~라고는 하지만)

萑 추,환

'풀 초(艹=草)'와 '새 추(隹)'를 더해 '풀숲에 많은 새'를 나타낸 '풀숲에 많은 새 추(萑), 혹은 새들이 많은데 있는 물 억새 환(萑)'.

蒦 확

'물 억새 환(萑)'과 손의 뜻을 지닌 '또 우(又=又)'를 더해 '확 새를 잡아채다'라는 뜻을 나타낸 '잡아 챌 확(蒦)'.

嗶 획

새 잡아챌 때 획, 하고 나는 소리 획(嗶)

攫 획,확

'(새)잡아 챌 확(隻)'과 '손 수(手＝扌)'를 더해 '숲에 숨어서 새가 앉을 때를 기다리고 있다가 획 잡아채다'라는 뜻을 나타낸 '(사람)덫 획, 확(攫)'.
▶▶ 생획(生攫: 산채로 잡음)

穫 확

'벼 화(禾)'와 '(새)잡아 챌 확(隻)'을 더해 '숲에서 새를 잡아채듯 어렵게 하나하나 벼를 거두다'라는 뜻을 나타낸 '(벼) 거둘 확(穫)'.
▶▶ 수확(收穫), 운확(耘穫: 풀을 베고 곡식을 거두어들임)

獲 획

'짐승'을 뜻하는 '개 견(犭)'과 '잡아 챌 확(隻)'을 더해 '짐승을 잡다, 혹은 짐승처럼 남의 것을 빼앗다 혹은 얻었다'라는 뜻을 나타낸 '얻을 획(獲)'.
▶▶ 획득(獲得), 포획(捕獲), 획리(獲利: 이익을 얻음)

護 호

'잡아 챌 확(隻)'과 '말씀 언(言)'을 더해 '새 잡을 때 소리를 지르거나 모는 일을 돕다'라는 뜻을 나타낸 '(말로) 도울 호(護)'.
▶▶ 보호(保護), 옹호(擁護), 수호(守護), 변호사(辯護士)

離
離 리

'그물로 새나 짐승을 잡다'라는 뜻을 나타낸 '사로잡을 금(禽)'과 '새 추(隹)'를 더해 '새가 그물을 벗어나다(새와 그물이 서로 떨어지다)'라는 뜻을 나타낸 '떨어질 리, 떼놓을 리(離)'.
▶▶ 거리(距離), 분리(分離), 괴리(乖離)

雙
雙 쌍

'두 마리, 특히 암수 두 마리의 새를 손에 쥔 모습'으로 나타낸 '한 쌍 쌍, 짝될 쌍(雙)'.
▶▶ 쌍방(雙方), 쌍곡선(雙曲線)

焦 초

'새 추(隹)'와 '불 화(火＝灬)'를 더해 '새를 불에 끄슬리다'라는 뜻을 나타낸 '끄슬릴 초(焦)'.
▶▶ 초점(焦點), 초조(焦燥), 노심초사(勞心焦思)

奮 분

'옷 의(衣)'와 '(바구니의 모습으로도 보이는) 밭 전(田)' 그리고 '새 추(隹)'를 더해 '옷이나 바구니 속의 새가 떨치고 날아오르려고 필사적으로 퍼덕이다'라는 뜻을 나타낸 '떨칠 분, 성낼 분(奮)'.
>> 흥분(興奮), 분발(奮發), 분투(奮鬪)

216_ 놈 자(者)

화로 위에 많은 땔감을 모아 불길을 세게 피우는 모습.

者 자

화로 위에 많은 땔감을 모아 불길을 세게 피우는 모습으로 '이것저것 많이 모으다'라는 뜻을 나타낸 '~~것 자, 놈 자(者)'.
>> 당사자(當事者), 작자(作者), 신자(信者), 환자(患者)

煮 자

'불길을 세게 피우다'라는 뜻을 지닌 '~~것, 놈 자(者)'에 '불 화(火 = 灬)'를 더해 '불길을 세게 지펴 익히다'라는 뜻을 나타낸 '끓일 자, 익힐 자(煮)'.
>> 자장면(煮醬麵), 자두연기(煮豆燃萁: 콩을 익히려다 콩 자루를 태운다)

暑 서

'불길을 세게 피우다'라는 뜻을 지닌 '~~것 자, 놈 자(者)'와 '따가운 해'를 뜻하는 '날 일(日)'을 더한 모습(暑)으로 '해가 위에서 불을 피우는 듯 뜨겁다(덥다)'라는 뜻을 나타낸 '더울 서(暑)'.
>> 소서(小暑), 대서(大暑), 피서(避暑)

猪 저

'이것저것 많이 모으다'는 뜻을 지닌 '~~것 자, 놈 자(者)'와 '짐승'의 뜻을 지닌 '개 견(犬)'을 더해 '이것저것 아무거나 다 먹고 살도 많이 찌는 멧돼지 혹은 암돼지'라는 뜻을 나타낸 '멧돼지 저(猪)'.
>> 저지(猪脂: 돼지기름), 저돌(猪突)

諸 제

'이것저것 많이 모으다'는 뜻의 '놈 자(者)'와 '말씀 언(言)'을 더해 '여러 가지 의견이나 여러 사람'이라는 뜻을 나타낸 '모두 제(諸)'
>> 제위(諸位), 제군(諸君), 제국(諸國), 제반(諸般)

都	도

'사람들이 사는 곳'을 뜻하는 '고을 읍(阝)'과 '놈 자(者)'를 더해 '사람들이 많이 모이고, 불도 가장 많이 피우고 사는 큰 고을'이라는 뜻을 나타낸 '모을 도, 도읍 도(都)'.

▶▶ 도성(都城), 도읍지(都邑地), 수도(首都), 도회지(都會地), 도합(都合)

奢	사

'불길을 세게 피우다'라는 뜻을 지닌 '놈 자(者)'와 '큰 대(大)'를 더해 '불을 너무 세게 (많이) 피우다'라는 뜻을 나타낸 '지나칠, 과분할 사(奢)'.

▶▶ 사치(奢侈), 호사(豪奢)

署	서

'여러 사람'이라는 뜻을 지닌 '놈 자(者)'와 '그물 망(网 = 罒)'을 더해 '여러 사람들을 잡도리하기 위해 그물을 치듯 관리들을 배치하다'라는 뜻을 나타낸 '(나누어)맡길 서 혹은 관청 서(署)'.

▶▶ 경찰서(警察署), 관공서(官公署), 부서(府署), 서장(署長)

緒	서

'이것저것 많이 모으다'라는 뜻을 지닌 '놈 자(者)'와 '실 사(糸)'를 더해 '(옷감을 짜기 위해)여러 가지 실 끄트머리를 한 데 모으다'라는 뜻을 나타낸 '실마리 찾을 서(緒)'.

▶▶ 서론(緒論), 단서(端緒), 유서(由緒), 두서(頭緒)가 없다

箸	저

'이것저것 모으다'라는 뜻을 지닌 '놈 자(者)'와 '대 죽(竹)'을 더해 '음식 등 여러 물건을 집어 모으는 데 쓰는 도구(대나무 가지)'라는 뜻을 나타낸 '젓가락 저(箸)'.

▶▶ 시저(匙箸: 숟가락과 젓가락. 수저로 발음이 바뀜), 화저(火箸)

著=箸	저

'이것저것 모으다'라는 뜻을 지닌 '놈 자(者)'와 '대 죽(竹)'을 더해 '글을 써 놓은 죽간(竹簡)을 모아 붙이다(책으로 만들어 의견을 드러내다)'라는 뜻을 나타낸 '드러낼 저(著) 혹은 붙일 착(著)'
나중에 '젓가락 저(箸)'와 구분이 안 되자 '대 죽(竹)'을 '풀 초(艹)'로 바꾸어 '드러낼 저(著)'가 되었음.

▶▶ 저서(著書), 저자(著者), 저작권(著作權), 현저(顯著), 착용(着用 =著用), 착의(着意=著意), 저명인사(著名人士), 입이착심(入耳著心: 귀로 들어온 것을 마음에 붙인다), 불두착분(佛頭著糞: 부처의 얼굴에 똥을 묻힌다는 뜻으로, 훌륭한 저서(著書)에 서투른 서문(序文)을 쓴다는 말)

躇 저	'붙일 착(著)'과 '발 족(足)'을 더해 '발이 붙어 잘 안 떨어지다'라는 뜻을 나타낸 '머뭇거릴 저(躇)'. ▶▶ 주저(躊躇)하다

賭 도	'어느 한 곳에 이것저것 많이 모으다'라는 뜻을 지닌 '놈 자(者)'와 '재물(돈)'을 뜻하는 '조개 패(貝)'를 더해 '각자의 재물을 한 곳에 모아놓고 한 번 더 어느 한 쪽에서 몰아 먹는 놀이'를 나타낸 '걸 도, 노름 도(賭)'. ▶▶ 도박(賭博), 도전(賭錢: 돈내기)

書 서 書	'글을 쓰다'라는 뜻의 '붓 세울 률((聿=肀)'과 '한 곳에 끌어 모으다'라는 뜻을 지닌 '놈 자(者=耆)'를 더해 '써서 모아놓다'라는 뜻을 나타낸 '글 서, 책 서(書)'. ▶▶ 서당(書堂), 서재(書齋), 서점(書店), 도서(圖書), 서가(書架)

着 착 蒼	'차곡차곡 가까이 붙어 (새끼쳐가며) 자라는 대나무(艸=竹)'와 '나무토막들을 차곡차곡 쌓아 올리며 불을 때는 모습(蒼,耆=者: 놈 자)'을 더해 '착 달라붙다'라는 뜻을 나타낸 '(착) 붙을 착(着)'. ▶▶ 살아있는 우리말 한자(漢字): 유착(癒着), 도착(到着), 집착(執着), 정착(定着)

217_ 언덕 강(岡)

网 망 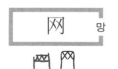	물고기나 새를 잡는 그물의 모습으로 된 '그물 망(网)'.

岡 강 岡	'그물 망(网)'과 '뫼 산(山)'을 더해 '(질긴) 그물처럼 엉켜서 지나갈 수가 없는 산 고개'라는 뜻을 나타낸 '언덕 강(岡)'. ▶▶ 구강(丘岡: 땅이 비탈지고 조금 높은 곳), 강만(岡巒: 언덕과 산)

| 崗 강 | '언덕 강(岡)'과 '뫼 산(山)'을 더해 다시 만든 '언덕 강(崗) |

| 剛 강 | '질기다'라는 뜻을 지닌 '언덕 강(岡)'과 '(굳센) 칼 도(刀＝刂)'를 더해 '질기고 굳세다'라는 뜻을 나타낸 '굳셀 강(剛)'.
▶ 강경(剛勁), 강건(剛健), 강팍(剛愎), 외유내강(外柔內剛) |

| 綱 강 | '질긴 그물과 같다'라는 뜻을 지닌 '언덕 강(岡)'과 '실 사(糸)'를 더해 '그물을 둘러싸고 있는 테두리와 잡아당기는데 쓰는 질기고 굵은 줄'이라는 뜻을 나타낸 '벼리 강(綱)'.
▶ 강령(綱領), 기강(紀綱), 대강(大綱) |

| 鋼 강 | '질기고 굳세다'라는 뜻을 지닌 '언덕 강(岡)'과 '쇠 금(金)'을 더해 '굳세고 질긴 쇠'라는 뜻을 나타낸 '강철 강(鋼)'.
▶ 강철(鋼鐵), 철강(鐵鋼), 제강(製鋼) |

218_ 덮을 아(襾)

| 賈 고,가 | '덮을 아(襾)'와 재물의 뜻을 지닌 '조개 패(貝)'를 더해 '재물을 쌓아두고(덮어두고) 파는 일'이라는 뜻을 나타낸 '앉은장수 고' 혹은 '값 가(賈)'.
▶ 상고(商賈: 장사꾼), 고선(賈船: 장사하는 배), 고수(賈竪: 장사치) |

| 價 가 | '값 가 혹은 앉은장수 고(賈)'와 '사람 인(亻)'을 더해 '장사(수)가 파는 물건에 붙이는 값'이라는 뜻을 나타낸 '값 가(價)'. '価(가)'는 '價(가)'의 속자(俗字).
▶ 가격(價格), 가치(價值), 물가(物價) |

| 覇 패 | '가죽 혁(革)'과 '달 월(月)'을 더해 '(가죽처럼) 팽팽하게 당겨진 활처럼 보이는 초승달', 그리고 다시 '덮을 아(襾)'를 더해 '어두운 밤을 밝히며 세상을 덮쳐오는 기세'라는 뜻을 나타낸 '으뜸 패(覇)'.
▶ 패권(覇權), 패기(覇氣), 패자(覇者) |

堙 인	'흙 토(土)'와 '덮을 아(襾=覀)'를 더해 '흙으로 덮다'라는 뜻을 나타낸 '묻을 인, 막을 인(堙)'.
亜	

현재 중국과 일본에서는 '덮을 아(覀 + 土 = 亜)'자가 들어간 형태로 (바르게) 쓰고 있는데 한국에서만 '서녘 서(西 + 土 = 堙)'자가 들어간 형태로 잘못 쓰이고 있는 글자임.

煙 연	'불 화(火)'와 '화덕의 모습(亜)'을 더해 '불을 흙으로 덮었을 때 나오는 연기'라는 뜻을 나타낸 '연기 연(煙=亜)'.
煙	▶▶ 연기(煙氣), 연초(煙草), 흡연(吸煙), 금연(禁煙)

219_ 가릴 간(柬)

柬 간	'무엇인가 둥글게 싸서 양쪽을 묶은 모습( )'으로 된 '묶을 속 (=束)'자 안에 2개의 점을 찍은 모습( )으로 '무엇인가를 가려서 묶다 혹은 묶인 것 속에서 가려내다'라는 뜻을 나타낸 '가릴 간(柬)'.
	▶▶ 간서(柬書: 편지의 글), 서간체(書柬體)

揀 간	'가릴 간(柬)'에 '손 수(扌)'를 더해 다시 만든 '가려낼 간(揀)'.
	▶▶ 간택(揀擇), 분간(分揀)

諫 간	'가릴 간(柬)'과 '말씀 언(言)'을 더해 '(윗사람에게) 어떤 일의 옳고 그름을 가려서 올리는 말'이라는 뜻을 나타낸 '간할 간(諫)'.
	▶▶ 간언(諫言), 간소(諫疏: 간하여 상소(上疏)함), 간원(諫院: 사간원 (司諫院))

煉 련	'가릴 간(柬)'과 '불 화(火)'를 더해 '어떤 물질에서 불순물을 가려 뽑기 위해 불에 고거나 달이는 일'이라는 뜻을 나타낸 '골 련, 달굴 련(煉)'.
	▶▶ 연탄(煉炭), 연와(煉瓦: 벽돌)

鍊 련	'가릴 간(柬)'과 '쇠 금(金)'을 더해 '쇠를 불에 불려서 불순물을 가려 뽑다'라는 뜻을 나타낸 '불릴 련(鍊)'.
	▶▶ 훈련(訓鍊), 단련(鍛鍊), 노련(老鍊), 제련(製鍊)

| 練 _련 | '가릴 간(柬)'과 '실 사(糸)'를 더해 '무더기 실을 삶아 누여서 좋은 실을 가려내다'라는 뜻을 나타낸 '누일 련 혹은 익힐 련(練)'. |

'가릴 간(柬)'과 '실 사(糸)'를 더해 '무더기 실을 삶아 누여서 좋은 실을 가려내다'라는 뜻을 나타낸 '누일 련 혹은 익힐 련(練)'.
≫ 연습(練習), 미련(未練), 정련(精練)

'가릴 간(柬)'과 '문 문(門)'을 더해 '출입을 제한하다'라는 뜻으로 쓰였으나 나중엔 '복도나 층계 등의 옆에 세운 안전을 위한 막음 대'라는 뜻으로 쓰이게 된 '울 난, 칸막이 난(闌)'.
≫ 난입(闌入), 흥란(興闌)

'울 난, 칸막이 난(闌)'과 '나무 목(木)'을 더해 다시 만든 '울 난, 칸막이 난 혹은 난간 난(欄)'.
≫ 난간(欄干), 공란(空欄)

'일정한 모양으로 세워져 있다'라는 뜻을 지닌 '울 난, 칸막이 난(闌)'과 '풀 초(艹)'를 더해 '가지런히 정갈하게 자라는 풀과 나무'라는 뜻을 나타낸 '난초 난(蘭) 혹은 목련 난(蘭＝欄)'.
≫ 난초(蘭草), 금란지교(金蘭之交)

'일정한 모양으로 세워져 있다'라는 뜻을 지닌 '울 난, 칸막이 난(闌)'과 '불 화(火)'를 더해 '어떤 일정한 모양이 (불 때문에) 문드러지다 혹은 꽃이 불타는 듯 흐드러지다'라는 뜻을 나타낸 '문드러질 란, 빛날 란(爛)'.
≫ 찬란(燦爛), 현란(絢爛), 난상토론(爛商討論)

220_ 거둘 취(取)

늘 열어 놓고 모든 소리를 거두어들이는 '귀'의 모습으로 나타낸 '귀 이(耳)'.
≫ 이목구비(耳目口鼻), 마이동풍(馬耳東風: 바람의 방향에 관계없이 달리는 말처럼 남의 말을 아랑곳 하지 않다), 우이독경(牛耳讀經: 쇠귀에 경 읽어주기처럼 쓸데없는 짓을 하다)

取 취

'(소리를) 거두어들이다'라는 뜻을 지닌 '귀 이(耳)'와 '손으로 감싸 쥐다'라는 뜻을 지닌 '또 우(又=ㅋ)'를 더해 '거두어 가지다'라는 뜻을 나타낸 '가질 취(取)'. 또는 '귀(耳)를 손(ㅋ)으로 쥐는 모습(取)'으로 '짐승의 귀를 쥐고 잡거나 전쟁에서 적의 귀를 잘라 오다'라는 뜻을 나타낸 '빼앗을 취(取)'.

➤ 취득(取得), 취재(取材), 취소(取消), 탈취(奪取), 채취(採取), 섭취(攝取), 착취(搾取), 사생취의(死生取義), 낭중취물(囊中取物)

聯 련

'귀(耳)를 실(絲)로 꿰어 늘어놓다, 혹은 이어 놓다'라는 뜻을 나타낸 '잇달을 련(聯)'.

➤ 관련(關聯), 연관(聯關), 연합(聯合)

恥 치

'귀 이(耳)'와 '마음 심(心)'을 더해 '귀가 빨개지면서 나타나는 부끄러운 마음'이라는 뜻을 나타낸 '부끄러울 치(恥)'.

➤ 수치(羞恥), 염치(廉恥), 치욕(恥辱)

娶 취

'거둘 취, 빼앗을 취(取)'와 '계집 녀(女)'를 더해 '여자를 손아귀에 넣다'라는 뜻을 나타낸 '여자 얻을 취(娶)'.

➤ 가취(嫁娶: 장가들고 시집가는 일), 취례(娶禮: 아내를 맞는 예(禮)), 재취(再娶)

趣 취

'가질 취(取)'와 '달릴 주(走)'를 더해 '가지려고 달려들다'라는 뜻을 나타낸 '달려들 취, 뜻 취(趣)'.

➤ 취미(趣味), 취향(趣向), 취지(趣旨), 정취(情趣), 흥취(興趣)

最 최

'덮어쓸 모(冃)'와 '가질 취(取=取)'를 더해 '덮어 쓰고(무릎 쓰고)라도 가지려 하다 혹은 (덮혀 있는 것에서) 가장 좋은 것을 골라 내다'라는 뜻을 나타낸 '가장(으뜸) 최(最)'.

➤ 최초(最初), 최고(最高), 최종(最終), 최저(最低), 최대(最大), 최근(最近), 최선(最善)

撮 촬

'가장(으뜸) 최(最)'가 '덮어 쓰고(무릎 쓰고)라도 꼭 가지려고 하다'라는 뜻으로만 쓰이게 되자 '여럿 중에서 골라 갖다'라는 뜻을 더 강조하기 위한 '손 수(手=扌)'를 더해 '손(가락)으로 골라 집다'라는 뜻을 나타낸 '집을 촬(撮)'.

또는 '자밤 촬(撮)'이라고도 하며, '자밤'이란 바로 '꼭 자기의 두 손가락에 집힐 만큼만 집다'라는 뜻임.)

➤ 촬기(撮記: 골라서 적는다), 촬영(撮影=撮映)

聚	취
𦆬	

'거둘 취(取=𦆬)'와 '여러 사람'이라는 뜻의 '무리 중(𣥠=乑)'을 더해 '사람들을 모으다'라는 뜻을 나타낸 '모일 취(聚)'.

▶▶ 취합(聚合), 취산(聚散), 취락(聚落: 끼리끼리 모이거나 사는 장소)

聘	빙

'안 나오는 기름통을 짜내볼 빙, 혹은 부딪혀볼 빙(甹)'과 '귀 이(耳)'를 더해 '무언가를 듣기위해 찾아가 보다 혹은 불러보다'라는 뜻을 나타낸 '찾을 빙(聘)'.

▶▶ 초빙(招聘), 빙가(聘家), 빙장(聘丈)

221_ 관절(뼈) 골(骨)

  잘 굽어지고 펴지고 돌아가는 관절의 모습

冎	과
𦙲	

'뼈마디의 오목한 부분(冂=凹)과 뼈마디의 볼록한 부분(宀=凸)이 서로 맞물려있는 관절의 모습(𦙲)'으로 '잘 굽어지고 펴지고 돌아가다'라는 뜻을 나타낸 '관절 과(冎)'.

咼	와

'잘 굽어지고 펴지고 돌아가다'라는 뜻을 지닌 '관절 과(冎)'와 '오목한 그릇'의 뜻을 지닌 '입 구(口)'를 더해 '입이 돌아가다, 혹은 관절이 관절을 싸고 있는 오목한 부분, 혹은 뼈마디가 서로 부딪치지 않고 스쳐 돌아가는 부분'이라는 뜻을 나타낸 '입 돌아갈 와, 뼈마디 갈릴 과(咼)'.

渦	와

'돌다'라는 뜻을 지닌 '입 돌아갈 와(咼)'와 '물 수(氵)'를 더해 '돌아가는 물'이라는 뜻을 나타낸 '소용돌이 와(渦)'.

▶▶ 와중(渦中), 선와(旋渦: 소용돌이)

骨 골

㕇

뼈의 마디와 마디가 만나는 관절의 모습(㕇)에 몸의 일부분임을 나타내는 '고기 육(肉＝月＝⺼)'을 더해 '몸을 잘 꺾어 돌릴 수 있도록 해주는 뼈의 관절'이라는 뜻을 나타낸 '뼈 골(骨)'.

이는 결국 '뼈 골(骨)'이 그냥 '뼈'라기 보다는 '(뼈마디, 혹은 뼈마디가 서로 만나 결합되는) 관절 골(骨)'이라는 것을 보여준다.

▶▶ 골자(骨子: 일이나 말의 골갱이, 중요한 부분), 노골적(露骨的: 숨기지 않고 있는 그대로 드러냄), 각골난망(刻骨難忘: 입은 은혜가 뼈에 새겨져 잊히지 않음), 슬개골(膝蓋骨)

滑 활

'미끄러지듯 돌아간다.'는 뜻을 지닌 '뼈 골(骨)'과 '물 수(水＝氵)'를 더해 '물처럼 잘 미끄러지다'는 뜻을 나타낸 '미끄러질 활(滑)'.

▶▶ 원활(圓滑), 활강(滑降), 윤활유(潤滑油), 활주로(滑走路)

猾 활

'잘 미끄러지다'는 뜻을 지닌 '뼈 골(骨)'과 '짐승'이라는 뜻을 지닌 '개 견(犬＝犭)'을 더해 '쥐나 여우 등이 (미끄러지듯) 잘 빠져 나간다'는 뜻을 나타낸 '교활할 활(猾)'.

▶▶ 교활(狡猾), 간활(奸猾)

過 과

'잘 미끄러진다.'는 뜻을 지닌 '뼈 골(骨)'과 '걸을 착(辶)'을 더해 '사물과 시간이 미끄러지듯 지나간다.'는 뜻을 나타낸 '지날 과, 지나칠 과(過)'.

▶▶ 경과(經過), 초과(超過), 과정(過程), 과거(過去), 과잉(過剩), 사과(謝過), 과유불급(過猶不及: 모든 사물(事物)이 정도(程度)를 지나치면 도리어 안한 것만 못함이라는 뜻)

禍 화

'맞물려 돌아가다'라는 뜻을 지닌 '관절 과(咼)'와 '귀신을 모시는 제사상'의 뜻을 지닌 '보일 시(示)'를 더해 '귀신한테 잡혀서 벗어나기를 못하다'라는 뜻을 나타낸 '재앙 화(禍)'.

▶▶ 재화(災禍), 화근(禍根), 앙화(殃禍), 전화위복(轉禍爲福)

體 체

'뼈 골(骨)'과 '풍성할 풍(豊)'을 더해 '뼈에 살이 (풍성하게) 붙어 있는 몸뚱이'라는 뜻을 나타낸 '몸 체(體)'.

▶▶ 신체(身體), 물체(物體), 서체(書體), 체험(體驗), 체득(體得), 단체(團體), 구체적(具體的), 실체(實體), 체제(體制), 전체(全體), 군사부일체(君師父一體)

| 骸 해 | '뼈 골(骨)'과 '짐승의 뼈만 남은 모습(歺=亥)'을 더해 '뼈만 남은 시체'라는 뜻을 나타낸 '뼈 해, 시체 해(骸)'. |

>> 해골(骸骨), 유해(遺骸), 잔해(殘骸)

| 別 별 | '뼈의 관절'이라는 뜻을 지닌 '뼈 골(咼, 冎=骨)'과 '칼 도(刂=刀)'를 더해 '관절 부분에 칼끝을 넣어 뼈와 뼈를 떼어내다'라는 뜻을 나타낸 '뗄 별, 갈라질 별(別)'. |

>> 별도(別途), 별세(別世), 차별(差別), 변별(辨別)

222_ 수갑 행(幸)

| 幸 행 | 사람(죄인)의 양 손을 묶어두는 '수갑(쇠고랑)'의 모습(幸)으로 '수갑을 안차게 되어 다행이다'라는 뜻을 나타낸 '운 좋을 행, 혹은 요행 행(幸)'이라는 설명은 사전에 나와 있는 일반적인 정설이지만 |

'수갑(쇠고랑)'의 모습(幸)만 있을 뿐 '수갑(을 안차게 되어) 다행이다'에서 (~을 안차게 되어)라고 해석할 수 있는 아무런 근거도 없으므로 잘못된 설명임. '수갑 행, 혹은 (수갑 찬) 행복 행(幸)'으로 고침

>> 행복(幸福), 행운(幸運), 다행(多幸)

'수갑의 모습(幸=幸)'만을 가지고 '수갑을 (안 차서) 운이 좋다'라는 뜻의 '요행 행(幸)'이 되어 '행복(幸福)하다'라는 말에도 쓰이게 되었다는 설명을 들은 아이들이 어쩐지 납득이 안 되는지 고개를 갸우뚱하며 힘들어 하는 모습을 보고 외국의 사전과 논문들까지 찾아보았습니다만 저에게도 또한 납득할 수 없는 설명들뿐이어서 제 나름의 가설을 세워 보았습니다. 어떤 가설이라기보다는 제 나름의 고민 끝에 나온 한 생각입니다. (수갑을 벗어났다는 등의 다른 설명이 없는 글자 모습 그대로) 수갑의 모습만으로 '행복'이라는 뜻을 나타낸 옛 사람들의 생각은 어떤 것이었을까, 수갑을 차는 일과 행복이 도대체 무슨 관계라는 말인가 하는 문제의식 끝에 나온 한 생각입니다. '행복하다는 것은 곧 수갑을 차고 사는 일과 같은 것'이라는 것, 다시 말하면 '무엇인가, 어딘가, 누구에겐가 붙들려 사는 것, (사람이 수갑을 차듯) 서로를 붙들고 붙들려 사는 것이 곧 행복한 삶이구나.'하는 한 깨달음일지도 모르겠습니다.

| 執 집 | '수갑(幸)'과 '앞으로 두 손을 모으고 무릎 꿇고 앉은 사람의 모습(丮)'을 더해 '잡아서 수갑을 채우다, 혹은 잡혀서 수갑을 차다'라는 뜻을 나타낸 '잡을 집(執)'. |

>> 집행(執行), 집권(執權), 집착(執着), 고집(固執)

悻 행	'수갑 행(幸)'과 '마음 심(忄)'을 더해 '수갑을 찬 사람의 성난 마음'이라는 뜻을 나타낸 '성낼 행(悻)'. ▶▶ 행역(悻逆), 행탈(悻脫)
倖 행	'수갑 행, 혹은 (수갑 찬) 행복 행(幸)'과 '사람 인(亻)'을 더해 '행복한 사람, 혹은 사람의 행복'이라는 뜻을 나타낸 '요행 행(倖)'. ▶▶ 요행심(僥倖心) : '난장이, 난장이의 커지기를 바라는 마음'이라는 뜻을 지닌 '바랄 요(僥)'와 '요행 행(倖)', 그리고 '마음 심(心)'을 더해 만든 단어로 '난장이의 행복을 바라는 마음'이라는 뜻의 말.
報 보 報	수갑(幸)과 무릎 꿇은 사람(卩), 그리고 '~~하게 하다'라는 뜻의 동사기호 '오른 손 우(又＝亻)'를 더해 '(어떤 죄의 값으로) 수갑을 차게 하다, 죄 값을 갚게 하다'라는 뜻을 나타낸 '갚을 보(報)'.

223_ 나눌 분(分)

分 분 川	'칼 도(刀＝刀)'와 '둘로 나뉜 모습(八)'을 더해 만든 '나눌 분(川＝分)'. ▶▶ 분리(分離), 분배(分配), 분할(分割), 분수(分數), 분별(分別)
粉 분	'쌀 미(米)'와 '나눌 분(分)'을 더해 '쌀을 가루로 만들다'라는 뜻을 나타낸 가루 분(粉). ▶▶ 가루분(粉)', 분말(粉末), 분진(粉塵), 분쇄(粉碎)
紛 분	'실 사(糸)'와 '나눌 분(分)'을 더해 '실이 잘게 나뉘어 있어 어지럽게 섞이다'라는 뜻을 나타낸 '어지러울 분(紛)'. ▶▶ 분란(紛亂), 분규(紛糾), 분쟁(紛爭)
芬 분	'풀 초(艹)'와 '나눌 분(分)'을 더해 '풀이 잘려 부드러워지면서 나는 좋은 냄새'라는 뜻을 나타낸 '향기로울 분(芬)'. ▶▶ 분방(芬芳: 꽃다운 향내), 방분(芳芬: 향기(香氣)로움. 향긋함)
扮 분	'~~하게 하다'라는 뜻을 지닌 '손 수(扌)'와 '나눌 분(分)'을 더해 '나뉜 역할을 하도록 꾸미다'라는 뜻을 나타낸 '꾸밀 분(扮)'. ▶▶ 분장(扮裝), 분식(粉飾: 몸치장)

| 盆 분 | '그릇 명(皿)'과 '나눌 분(分)'을 더해 '나누어 먹기 좋게 그릇의 입 부분을 크게 벌린 그릇'이라는 뜻을 나타낸 '동이 분(盆)'. |

>> 분지(盆地), 분재(盆栽), 화분(花盆)

| 頒 반 | '중심'이라는 뜻을 지닌 '머리 혈(頁)'과 '나눌 분(分)'을 더해 '중심에서부터 널리 나누거나 알리는 일'이라는 뜻을 나타낸 '나눌 반(頒)'. |

>> 반포(頒布: 널리 펴서 알게 함), 반사(頒賜: 임금이 물건(物件)을 나누어 줌)

| 貧 빈 | '재물'의 뜻을 지닌 '조개 패(貝)'와 '나눌 분(分)'을 더해 '재물이 나뉘어 쪼개지니 가난하다'라는 뜻을 나타낸 '가난할 빈(貧)'. |

>> 빈곤(貧困), 빈부(貧富), 빈천(貧賤)

이는 사전에 나오는 해석이긴 합니다만 문제가 있는 해석으로 원래는 '재물을 나눌 빈(貧)'이 더 맞는 해석일지도 모르겠습니다.

"가난한 자(貧者)는 복이 있나니 천국이 저희 것이요."

배재중학교 시절에 배운 성경 말씀입니다. 산동네 판자촌에서 수제비나 겨우 먹고 살았는데 뭐, 아예 가난한 게 더 좋은 거다?

뭔가 좋은 뜻이 담긴 말일 거라는 생각도 하기는 했지만, 그 천국이라는 게 또 죽은 다음에나 가는 거라니⋯⋯.

그리고 성경 말씀 중에는 "부자(富者)가 천당에 가는 건 낙타가 바늘구멍에 들어가기보다 어렵다."는 것도 있었는데, 설날 세배를 할 때마다 "복(福)많이 받고 부자(富者)가 되라."는 동네 어른들의 말씀하고는 전혀 안 맞습니다. 더구나 정작 우리 동네에서는 교회가 먹을 것도 많은 제일 부자이기도 했습니다.

나중에 징역에서 옥편이나 자전 찾아보는 게 유일한 소일거리가 되고 보니, 우선 '가난할 빈(貧)'자와 '욕심 부릴 탐(貪)'자가 비교 됩니다.

빈(貧)자는 재물(貝)을 나눈다(分)는 뜻에서 시작되어 있었습니다. 그러니까 '가난할 빈(貧)'자가 사실은 '나누어 먹고 산다'는 뜻이었던 것입니다. 나누어 먹고 살면 당연히 천국을 가야겠지요. 아니 그 자체로 이미 천국을 사는 거겠지요.

탐(貪)자는 재물의 뜻인 '조개 패(貝)'에 '한순간을 (한자리에)잡아챈다'는 뜻의 '이제 금(今)'이 합쳐진 글자였습니다. 무엇인가를 '입에 머금을 함(含)'자에서도 그 뜻을 짐작할 수 있습니다. '부유할 부(富)'자는 글자 생긴 그대로 지붕 밑(곳간?)에 무엇인가를 잔뜩 쌓아놓은 모습을 그린 것입니다. 그러니 부자(富者)는 안심이 안돼도 천국을 살기는 힘들다고 봐야겠지요. 안빈낙도(安貧樂道)가 안 될 거라는 말입니다. 그래도 나눠 먹고 살기는 싫고, 해서 부자(富者)들이 꾀를 낸 게 기부(寄附: 기대어 붙이다.)라는 것이지요. 쌓지 않고 함께 나누어 먹으며 사는 게 아니라, 우선 잔뜩 자기 걸로 만들어 놓고는 나중에 적당한 구실이나 명분을 붙여서 재단 등의 공적 안전장치에 걸어(공익에 빌붙어) 보다 안전한 소유 형태로 바꾸는 것입니다. 결국은 탐욕(貪慾)의 또 다른 형태일 뿐인 거죠.

가난하게 사는 것과는 아주 다릅니다. 그래서 그 성경 말씀도 지금은 배고프고 어려운 가난한 삶(貧)을 살라는 게 아니라, 쌓지 않고 조금씩이라도 나누며 사는 사람(貧者)라야 천국을 사는 거라는 말로 이해하고 있습니다. (기부(寄附): 구실(세금)붙여 먹기! 빈(貧): 나눠먹기!)

224_ 표 표(票)

票 표

🔥 🔥

'불 판 혹은 불 위를 나타낸 모습(🔥)'과 '양 손으로 무엇인가를 들어 올리는 모습(🔥)'을 더해 '불 위로 튀어 오르는 불똥'이라는 뜻을 나타낸 '(피우-, 피우- 하고 가볍게 튀어 오르는) 표 표(票)'.

▶▶ 투표(投票), 우표(郵票), 수표(手票)

'표 표(票)'에는 '불 판 혹은 불 위를 나타낸 모습(🔥)'과 '(술을 거르거나 기름을 짜기 위해) 두 손으로 자루를 쥐어짜는 모습(🔥)'을 더한 것으로 보고 '자루에서 떨어지는 술 방울이나 기름방울이 불똥처럼 튀어 오르다'라는 뜻이라는 견해도 있습니다. 이제까지의 연구에 의하면 'pieu'로 추정 되고 있으며 중국어에서는 '피아오-', 일본어에서는 '효오-'로, 우리말에서는 '표-'로 남게 된 것입니다.

熛 표

'(피우-, 피우- 하고 가볍게 튀어 오르는) 표 표(票)'에 다시 '불 화(火)'를 더해 만든 '불똥 표(熛)'.

漂 표

'(피우-, 피우- 하고 가볍게 튀어 오르는) 표 표(票)'와 '물 수(氵)'를 더해 '물 위로 떠다니다, 나부끼다'라는 뜻을 나타낸 '떠돌 표(漂)'.

▶▶ 표류(漂流), 표박(漂泊), 표백제(漂白劑)

慓 표

'(피우-, 피우- 하고 가볍게 튀어 오르는) 표 표(票)'와 '마음 심(忄)'을 더해 '가볍고 재빠르게 날아다니는 마음'이라는 뜻을 나타낸 '날랠 표, 재빠를 표(慓)'.

▶▶ 표독(慓毒)

標 표

'높이 오르다'라는 뜻을 지닌 '표 표(票)'와 '나무 목(木)'을 더해 '가장 높은 나뭇가지 혹은 그 (흔들리는) 끝'이라는 뜻을 나타낸 '우듬지 표(標)'. 또한 '어떤 물건(화물)을 보낼 때 물건의 이름, 받을 사람의 이름이나 목적지 등을 적어서 매다는 나무 조각'이라는 뜻을 나타낸 '표할 표(標)'.

▶▶ 목표(目標), 표방(標榜), 표준(標準), 지표(指標), 표지(標識)

飄 표

'(피우-, 피우- 하고 가볍게 튀어 오르는) 표 표(票)'와 '바람 풍(風)'을 더해 '빠르게 몰아치는 바람'이라는 뜻을 나타낸 '질풍 표 혹은 회오리바람 표(飄)'.

▶▶ 표연(飄然), 표전(飄轉)

瓢 표

'가볍게 떠다니다'라는 뜻을 지닌 '표 표(票)'와 '오이 과(瓜)'를 더해 '가볍게 매달려 흔들리는 혹은 가볍게 물위에 뜨는 표주(瓢舟: 바가지 배)박'이라는 뜻을 나타낸 '박 표(瓢)'.
▶▶ 패표(佩瓢: 쪽박을 참), 단사표음(簞食瓢飮)

225_ 사나울 폭(暴)

暴 폭,포

사납게 내리 쬐는 태양(⊙) 볕 아래에서 두 손(⺇)으로 내장을 꺼내고 벌려 놓은 짐승의 사체(𣓐)를 통째로 말리는 모습(𣊫)으로 나타낸 '사나울 폭, 포(暴)'.
▶▶ 폭력(暴力), 폭등(暴騰), 횡포(橫暴)

曝 폭

'사나울 폭, 포(暴)'에 다시 '뜨거운 태양 볕'이라는 뜻을 지닌 '날 일(⊙=日)'을 더해 '사나운 뙤약볕을 쬐다'라는 뜻을 나타낸 '쬘 폭(曝)'.
▶▶ 폭양(曝陽: 뙤약볕), 폭서(曝暑), 폭염(暴炎), 포백계(曝白契: 베·무명 같은 것을 표백(漂白)하여 바치던 계(契)

爆 폭

'사나울 폭, 포(暴)'와 '불 화(火)'를 더해 '사납게 불사르다 혹은 사납게 터지다'라는 뜻을 나타낸 '터질 폭(爆)'.
▶▶ 폭발(爆發), 폭탄(爆彈), 폭격(爆擊), 폭죽(爆竹), 폭소(爆笑)

瀑 포,폭

'사나울 폭, 포(暴)'와 '물 수(氵)'를 더해 '사나운 물줄기'라는 뜻을 나타낸 '소나기 포, 폭포 폭(瀑)'.
▶▶ 폭포(瀑布), 일장폭(一長瀑: 하나의 긴 폭포)

226_ 모두 첨(僉)

僉 첨

'그릇'의 뜻을 지닌 '입 구(口=ㅂ)' 2개와 '사람 인(人=人)' 2개, 그리고 '모으다'라는 뜻을 지닌 '삼합 집(스)'을 더해 '물건과 사람들을 다 모으다'라는 뜻을 나타낸 '모두 첨(僉)'.

>> 첨위(僉位: 여러분), 첨의(僉議: 여러 의논), 첨지(僉知: 첨지중추
부사(僉知中樞府事)의 준말)

여기서 '첨지(僉知)'라는 말은 원래 조정의 모든 것을 다 알고 확인해주어야 하는 중요한 관직명이었으나, 나중에는 한 마을의 이런저런 일들을 챙겨주는 벼슬 이름이 되었음.

| 儉 검 |

'물건이나 사람 모두를 낭비하거나 빠트리지 않고 알뜰하게 다 챙기다'라는 뜻의 '다 첨(僉)'과 '사람 인(人＝亻)'을 더해 '물건을 알뜰히 챙기며 살다'라는 뜻을 나타낸 '알뜰할 검, 검소할 검(儉)'.
>> 검소(儉素), 근검절약(勤儉節約), 검세(儉歲: 알뜰하게 살아야하는, 넉넉지 못한 흉년)

| 檢 검 |

'목간(木簡: 서류)'을 나타내는 '나무 목(木)'과 '모두 첨(僉)'을 더해 '모든 서류를 (거머쥐고) 조사하는 일'을 나타낸 '검사할 검(檢)'.
>> 검사(檢查), 검문(檢問), 검차(檢車), 검증(檢證), 검거(檢擧)

| 驗 험 |

'말 마(馬)'와 '모두 첨(僉)'을 더해 '말들의 상태를 이리저리 조사하다'라는 뜻을 나타낸 '시험할 험(驗)'.
>> 시험(試驗), 경험(經驗), 체험(體驗), 효험(效驗)

| 劍 검 |

'모두 첨(僉)'과 '칼 도(刀＝刂)'를 더해 '양쪽 날 모두를 쓰는 칼'을 나타낸 '칼 검(劍)'.
>> 단검(短劍), 검술(劍術), 검객(劍客), 검무(劍舞)

| 險 험 |

'모두 첨(僉)'과 '언덕 부(阝)'를 더해 '모든 산이 한 곳에 모여 있는 험악한 지형'의 뜻을 나타낸 '험할 험, 높을 험, 어려울 험(險)'.
>> 험준(險峻), 험악(險惡), 험난(險難), 험로(險路), 험담(險談)

227_ 저 짐(朕)

| 朕 짐 |

배의 모습(舟＝月)과 두 손으로 무엇인가를 밀어 올리는 모습(𠂇)을 더해 '배를 뜨게 하는 부력(浮力)', 곧 '무엇인가를 떠받친다는 뜻'을 나타낸 '떠받칠 짐(朕)'.

떠받쳐지는 것은 배만이 아닙니다. 우리는 모두가 아이들을 떠받치며 살지요 물론 우리 자신들 또한 누군가에게는 떠받침을 받아야만 살 수 있습니다. 누군가에게 짐이 되는 것이지요

그래서 우리 옛 어른들은 자기 자신을 가리킬 때 그 누구나 혼자서는 살수 없는 '당신의 짐'이라는 뜻으로 '저 짐, 혹은 떠받칠 짐(朕)'이라고 했던 것입니다.

은나라(갑골문) 때 복사(卜辭: 점친 기록) 중에 '불질짐천(弗疾朕天: 제 머리(朕天)가 아픈데 혹시 병이 아닐까요(弗疾)?'하고 하느님께 묻는 구절이 나옵니다. 하느님한테 '나'라는 말을 썼을 리는 없고 분명 '저'라고 했을 터인데, 지금은 '(임금들만 써 왔다는)나 짐(朕)'자가 되었습니다. 그 이유는 진시황이 '짐(朕: 나 짐)은 이제부터 황제(皇帝)다.'라고 한 이후, '朕(나 짐)'과 황제(皇帝)'라는 말은 '천자(天子)'이외에는 그 누구도 함부로 쓸 수 없게 만들었기 때문이라고 합니다.

勝 승

'무엇인가를 떠받치다'라는 뜻을 지닌 '저 짐(朕, 朕, =朕)'과 '힘 력(力=力)'을 더해 '무엇인가를 떠받치고 견뎌내는(이겨내는) 힘'이라는 뜻을 나타낸 '이길 승(勝)'.

>> 승리(勝利), 승패(勝敗), 승부(勝負)

여기서 '이기다'는 분명 '어떤 무게를 이겨내다(견뎌내다)'라는 뜻입니다만, 어느덧 '무엇인가를 누르고 이기다'라는 뜻이 되고 말았습니다.

騰 등

'이길 승(勝)'이 그만 '무엇인가를 누르고 이기다'라는 뜻으로 변질이 되자 이번에는 '힘 력(力)' 대신 '말 마(馬)'를 넣어 아예 '올라타다'라는 뜻으로 만들어진 '오를 등(騰)'.

>> 폭등(暴騰), 비등(沸騰)

藤 등

'오를 등(騰)'과 '풀 초(艹)'를 더해 '다른 나무를 올라타고 자라는 나무'라는 뜻의 '등나무 등(藤)'.

>> 갈등(葛藤), 장춘등(長春藤: 담쟁이덩굴)

228_ 조리 세울 륜(侖)

** 륜**

'울타리 책 혹은 책 책(冊)'과 '무언가 모으다'라는 뜻의 부호(△)를 더해 '이미 묶여 있는 것(冊)을 다시 좋게 묶어 모으다'라는 뜻을 나타낸 '조리 세울 륜(侖)'.

倫 륜

'조리 세울 륜(侖)'과 '사람 인(人=亻)'을 더해 '사람의 무리가 서로 잘 어울리도록 하다'라는 뜻을 나타낸 '차례 륜 혹은 인륜(人倫) 륜(倫)'.

>> 윤리(倫理), 천륜(天倫), 패륜(悖倫)

輪 륜
'조리 세울 륜(侖)'과 '수레 거(車)'를 더해 '수레의 잘 어울려 있는 바퀴살'이라는 뜻을 나타낸 '수레바퀴 륜(輪)'.
▶▶ 윤곽(輪廓), 윤회(輪廻), 차륜(車輪), 연륜(年輪)

論 론
'조리 세울 륜(侖)'과 '말씀 언(言)'을 더해 '말을 조리 있게 하다'라는 뜻을 나타낸 '말할 론(論)'.
▶▶ 논문(論文), 논리(論理), 논설(論說), 이론(理論)

龠 약
묶어 부는 피리(龷)와 '조리 세울 륜(侖＝龠)'을 더한 모습(龠)으로 '여러 개의 피리를 묶어 화음을 낼 수 있는 '합주 피리, 생황(笙簧)'을 나타낸 '피리 약(龠)'.

龢 화
'피리 약(龠＝龠)'과 '벼 화(禾)'를 더해 '가을에 추수를 하고 풍악을 울리다'라는 뜻을 나타낸 '풍류 어울릴 화(龢)'.

和 화
'피리 약(龠＝龠)'을 단순화한 '입 구(口)'와 '벼 화(禾)'를 더해 만든 '풍류 어울릴 화(龢)'의 약자(略字)
▶▶ 화해(和解), 화합(和合), 완화(緩和), 화답(和答), 평화(平和)

229_ 구멍 뚫을 공(工)

사람이 구멍 뚫는 일을 하고 있는 모습.

工 공
'뚫을 곤(丨)'과 '입(구멍) 구(口)'를 더해 '(나무나 돌 등에) 구멍을 뚫는 어려운 일 혹은 그 일을 하는 사람'이라는 뜻을 나타낸 '구멍 뚫을 공, 장인 공(工)'.
▶▶ 공부(工夫), 공사(工事), 공작(工作)

巧 교
巧

‘구멍을 뚫는 기술’이란 뜻을 지닌 ‘장인 공(工)’과 ‘무엇인가, 공기 위로 오르다가 막혀서 잘 못 오르고 있는 모습(丂)’으로 나타낸 ‘어려울 교(丂)’를 더해 ‘어려운 일을 해내다’라는 뜻을 나타낸 ‘재주 교, 공교할 교(巧)’.

▶▶ 교묘(巧妙), 기교(技巧), 정교(精巧), 교언영색(巧言令色: 약은 말과 환하게 꾸민 얼굴)

功 공

‘(구멍을 뚫는) 어려운 일’을 나타낸 ‘기술일 공(工)’과 ‘힘 력(力)’을 더해 ‘어려운 일을 해내다’라는 뜻을 나타낸 ‘보람 공 혹은 공 세울 공(功)’.

▶▶ 공부(功夫), 공적(功績), 공력(功力), 성공(成功), 무공(武功), 공로(功勞)

紅 홍

옷감이나 실 등을 나타내는 ‘실 사(糸)’와 ‘어렵고 힘든 일’의 뜻을 지닌 ‘장인 공(工)’을 더해 ‘물들이는데 가장 힘든 공을 들여야 하는 붉은 실이나 천’이라는 뜻으로 나타낸 ‘붉을 홍(紅)’.

▶▶ 백일홍(百日紅), 홍도(紅桃), 진홍(眞紅), 홍안(紅顔), 홍일점(紅一點), 홍역(紅疫), 홍차(紅茶), 홍동백서(紅東白西: 제사 때 제물을 차려놓는 차례로, 붉은 과일은 동쪽에 하얀 과일은 서쪽에 둠을 말함), 홍녀(紅女: 베를 짜고 물을 들이는 여자)

肛 항
肛

‘몸 육(肉=肉=月)’에 ‘구멍을 뚫다 혹은 어려운 일을 하다’라는 뜻을 지닌 ‘장인 공(工)’을 더해 ‘(몸이 잘 순환되도록 해주는) 똥구멍 항(肛)’.

▶▶ 항문(肛門), 탈항(脫肛: 치질)

項 항
項

‘구멍 뚫을 공(工)’과 ‘머리 혈(頁=頁)’을 더해 ‘머리와 몸통 사이의 구멍’이라는 뜻을 나타낸 ‘목 항(項)’.

▶▶ 항목(項目: 일이나 사물의 중요한 대목이 되는 부분)

空 공

‘구멍 혈(穴)’과 ‘구멍 뚫을 공(工)’을 더해 ‘구멍을 뚫어 속을 비우다’라는 뜻을 나타낸 ‘비울 공(空)’.

▶▶ 공백(空白), 공중(空中), 공간(空間), 공허(空虛)

江 강

‘물 수(水=氵)’와 ‘구멍 뚫을 공(工)’을 더해 ‘중국 대륙을 꿰뚫는 가장 긴 강인 양자강(揚子江)’에 처음 쓰인 ‘물 이름 강 혹은 큰 내 강(江)’.

▶▶ 강하(江河: 황하강과 양자강), 한강(漢江), 강변(江邊), 강호(江湖), 강산(江山)

| 鴻 홍 | '큰 내 강(江)'과 '새 조(鳥)'를 더해 중국 대륙을 꿰뚫는 양자강(揚子江)처럼 먼 길을 오가는 '큰 기러기 홍(鴻)'. |

▶ 홍안(鴻雁: 큰 기러기와 작은 기러기), 홍대(鴻大＝弘大), 홍업 (鴻業＝弘業: 큰 사업)

| 虹 홍 | 뱀의 모습에서 따온 '벌레 충(虫＝ⅆ)'과 '꿰뚫을 공(工)'을 더해 '비온 뒤 하늘과 땅을 하나로 꿰뚫는 커다란 뱀 같은 무지개의 모습'이라는 뜻을 나타낸 '무지개 홍(虹)'. |

▶ 홍교(虹橋: 무지개다리), 홍예(虹蜺: 암컷과 수컷 무지개)

| 攻 공 | '꿰뚫을 공(工)'과 '칠 복(攵＝攴＝ㄐ)'을 더해 '(적진을) 쳐서 꿰뚫다'라는 뜻을 나타낸 '칠 공(攻)'. |

▶ 공격(攻擊), 공략(攻略), 공박(攻駁), 선공(先攻), 침공(侵攻)

| 鞏 공 | '불을 일으키거나 돌이나 나무에 구멍을 뚫는, 도끼를 만들거나 흙을 빚어내는 혹은 흙을 단단히 다지는 달구질 등의 어려운 일을 하는 모습'의 뜻인 '구멍 뚫을 공(工)'과 '가죽 혁(革)'을 더해 '가죽 끈으로 구멍에 끼워 쓰듯 단단히 묶다'라는 뜻을 나타낸 '군게 묶을 공(鞏)'. |

▶ 공고(鞏固: 군게 묶어 단단함)

| 銎 공 | '구멍을 뚫는 일'이라는 뜻을 지닌 '군을 공, 묶을 공(鞏)'과 '쇠 금(金)'을 더해 '도끼에 자루를 끼우기 위해 구멍을 뚫다'라는 뜻을 나타낸 '도끼 구멍 공(銎)'. |

| 筑 축 | '흙을 단단히 다지는 달구질'이라는 뜻을 지닌 '군을 공, 묶을 공(鞏)'과 '대 죽(竹)'을 더해 '대나무로 양쪽에 벽을 세우고 흙을 넣어 쌓다(다지다)'라는 뜻을 나타낸 '쌓을 축(筑)'. |

| 築 축 | '흙을 단단히 다지는 달구질'이라는 뜻을 지닌 '쌓을 축(筑)'과 '흙을 다지는데 쓰는 달구'라는 뜻으로 쓴 '나무 목(木)'을 더해 '달구질을 해서 집 터를 닦다'라는 뜻을 나타낸 '달구 축, 터다질 축(築). |

▶ 구축(構築), 건축(建築), 신축(新築)

| 恐 공 | 구멍 뚫는 모습(ⅆ)에서 나온 '구멍 뚫을 공(鞏)'과 '마음 심(ⅆ ＝心)'을 더해 '구멍이 펑 뚫린 듯한 마음'이라는 뜻을 나타낸 '두려울 공(恐)'. |

▶ 공포(恐怖), 공갈(恐喝), 공황(恐慌)

230_ 반드시 필(必)

 나뭇가지나 화살 등을 반듯하게 하기 위해 양쪽에 부목을 대고 끈으로 감아 조이는 모습.(그림: 일본 한화(漢和) 대자전)

必 필

나뭇가지나 화살 등을 반듯이 하기 위해 양쪽에 부목을 대고 끈으로 감아 바짝 조이는 모습(㐱)으로 '반듯하게 되도록 조이다 혹은 반드시 꼭 그래야 한다'라는 뜻을 나타낸 '반드시 필(必)'.
>> 필승(必勝), 필요(必要), 필수(必須: 꼭 필요로 함)

泌 비

'반드시 필(必)'과 '물 수(氵)'를 더해 '감아 조이듯 쥐어 짤 때(必) 나오는 물(氵)'이라는 뜻을 나타낸 '스며 나올 비(泌)'.
>> 분비물(分泌物), 비뇨기(泌尿器), 내분비(內分泌)

柲 비

반듯하게 만든 자루, '활과 화살을 바로 잡는 도지개 비 혹은 자루 비(柲)'.

祕 비

'제단'을 뜻하는 '보일 시(示)'와 '양쪽을 막다'라는 뜻을 지닌 '반드시 필(必)'을 더해 '제단이나 신전 등의 경계를 짓거나 보이지 않도록 벽으로 막다'라는 뜻을 나타낸 '감출 비, 숨길 비(祕)'.

秘 비

'보일 시(示)'를 '벼 화(禾)'로 잘 못 보고 쓰게 된 '감출 비(秘)'.
>> 신비(神秘), 비밀(秘密), 비술(秘術), 비결(秘訣), 비서(秘書)

宓 밀

'집 면(宀)'과 '양쪽을 막다'라는 뜻을 지닌 '반드시 필(必)'을 더해 '모든 문을 꼭 닫고 집 안에 가두어 꼼짝 못하게(잠잠하게) 하다'라는 뜻을 나타낸 '잠잠할 밀(宓)'.

密 밀

'집 면(宀)'과 '빽빽하게 바짝 조이다'라는 뜻을 지닌 '반드시 필(必)' 그리고 '뫼 산(山)'을 더해 '산에 나무들이 빽빽하게 들어찬 모습'을 나타낸 '빽빽할 밀, 잠잠할 밀(密)'.
>> 밀림(密林), 밀착(密着), 밀도(密度), 밀실(密室), 비밀(秘密), 밀약(密約), 밀항(密航)

蜜 밀

'집 면(宀)'과 '빽빽하다'라는 뜻을 지닌 '반드시 필(必)' 그리고 '벌레 충(虫)'을 더해 '빽빽하게 몰려 사는 벌들이 집 안에 가득 채운 꿀'을 나타낸 '꿀 밀(蜜)'.

≫ 봉밀(蜂蜜), 밀납(蜜蠟), 밀월(蜜月)

231_ 절 사(寺)

寺 사
𡧛 𡨄

'발뒤꿈치가 땅에 닿아 있는 상태(止, 㞢)'로 나타낸 '멈출 지(止)'와 '일을 하다'라는 뜻을 지닌 '도울 우(又=㣺)'를 더해 '(돌아다니지 않고) 어느 한 곳에서 공적인 일을 하는 사람 혹은 그런 사람들이 일하는 곳'이라는 뜻을 나타낸 글자였는데 한(漢)나라 때 외국에서 처음 들어온 불교 승려들이 묵는 곳으로도 쓰이면서 바뀌게 된 '절 사(寺)'.

≫ 사찰(寺刹), 사원(寺院), 산사(山寺)

侍 시

'우두머리 곁을 지키면서 (시중드는) 일을 하는 사람'이라는 뜻을 나타낸 '모실 시(侍)'.

≫ 시종(侍從), 시녀(侍女), 내시(內侍)

持 지

'어느 한 곳에 있다'라는 뜻을 지닌 '절 사(寺)'와 '손 수(手=扌)'를 더해 '손에 쥐고 있다'라는 뜻을 나타낸 '지닐 지, 지킬 지(持)'.

≫ 지지(支持), 지속(持續), 지구전(持久戰)

待 대

'어느 한 곳을 지키다'라는 뜻을 지닌 '절 사(寺)'와 '어떤 동작을 나타내는 동사 기호'로 쓰인 '조금 걸을 척(彳)'을 더해 '무엇인가를 혹은 어느 때를 기다리다'라는 뜻을 나타낸 '기다릴 대(待)'.

≫ 기대(期待), 대기(待期), 대령(待令), 접대(接待), 대우(待遇)

詩 시

노래를 뜻하는 '말씀 언(言)'과 '한결같이 지켜지다'라는 뜻을 지닌 '절 사(寺)'를 더해 '한 결 같이 불리게 되는 노래'라는 뜻을 나타낸 '시 시(詩)'.

≫ 시가(詩歌), 시인(詩人), 시상(詩想)

時 시

처음에는 '설지(止=止)'와 '날 일(⊙=日)'을 더해 '해가 서 있는 (있다고 생각한) 어느 한 때'라는 뜻을 나타냈으나 나중에 '멈출 지(止)'와 '일을 하다'라는 뜻을 지닌 '마디 촌(寸)'을 더해 '(돌아다니지 않고) 어느 한 곳에서 공적인 일을 하는 사람 혹은 그런 사람들이 일하는 곳'이라는 뜻을 나타낸 '절 사(寺)'와 '날 일(日)'을 더한 형태로 바뀐 '때 시(時)'.

➤➤ 시간(時間), 시각(時刻), 시절(時節), 시대(時代)

特 특

'소 우(牛)'와 '어느 한 곳을 지키다'라는 뜻을 지닌 '절 사(寺)'를 더해 '어느 한 곳에 우뚝 서서 자기의 암소 들을 지켜보고 있는 수소'라는 뜻을 나타낸 '수소 특 혹은 유별날 특(特)'.

➤➤ 특권(特權), 특기(特技), 특이(特異), 특별(特別), 특수(特殊)

等 등

'죽간(竹簡: 대나무에 쓴 서류)'의 뜻을 지닌 '대 죽(竹)'과 '어느 한 곳에 있다'라는 뜻을 지닌 '절 사(寺)'를 더해 '죽간(서류)을 같은 종류 별로 가지런하게 보관하다'라는 뜻을 나타낸 '가지런할 등(等), 같을 등, (쓰임새를) 기다릴 등(等)'.

➤➤ 등급(等級), 상등(上等), 등분(等分), 균등(均等), 평등(平等)

232_ 우러러 볼 앙(卬)

ﻩ	서 있는 사람
ﻩ = ﻩ = 巴 = 卩	앉은 사람
ﻩ	서 있는 사람과 앉은 사람이 마주 하고 있는 모습

卬 앙

서있는 사람(ﻩ = ﻩ)과 앉은 사람(ﻩ = ﻩ = 卩)이 서로 마주한 모습(ﻩ)으로 '서 있는 사람이 앉은 사람을 내려다보거나 앉은 사람이 서 있는 사람을 올려다보다'라는 뜻을 나타낸 '내려(깔고)볼 앙 혹은 올려볼 앙(卬)'

仰 _앙	‘올려볼 앙(卬)’과 ‘사람 인(亻)’을 더해 ‘무엇인가를 우러러(쳐다)보다’라는 뜻을 나타낸 ‘우러를 앙(仰)’. ▶▶ 신앙(信仰), 앙망(仰望)하다, 앙천대소(仰天大笑: 하늘을 쳐다보며 크게 웃음)

‘올려볼 앙(卬)’과 ‘사람 인(亻)’을 더해 ‘무엇인가를 우러러(쳐다)보다’라는 뜻을 나타낸 ‘우러를 앙(仰)’.

▶▶ 신앙(信仰), 앙망(仰望)하다, 앙천대소(仰天大笑: 하늘을 쳐다보며 크게 웃음)

昂 _앙

‘우러를 앙(卬)’에 ‘날 일(日)’을 더해서 ‘해가 오르듯 올라가다’라는 뜻을 나타낸 ‘오를 앙(昂)’.

▶▶ 물가앙등(物價昂騰), 감정이 격앙(激昂)되다

迎 _영

‘서로 마주 보는 모습(卬=卬)’과 ‘걸을 착(辵=辶)’을 더해 ‘맞이하러 가다’라는 뜻을 나타낸 ‘맞이할 영(迎)’.

▶▶ 영접(迎接), 환영(歡迎), 영합(迎合), 영고(迎鼓: 부여시대 섣달에 지내던 추수감사제)

印 _인

‘무릎 꿇은 사람’ 위에 ‘손(=爪)’이 얹어진 모습으로 ‘사람을 무릎 꿇도록 하다 혹은 누르다’라는 뜻을 나타낸 ‘누를 인 혹은 찍을 인(印)’.

▶▶ 인쇄(印刷), 인주(印朱), 날인(捺印)하다, 무인(拇印), 인감(印鑑) 낙인(烙印)

抑 _억

‘누를 인(印=㧾)’ 혹은 ‘내려 볼 앙(卬)’과 ‘~ 하게 하다’라는 뜻의 동사 기호인 ‘손 수(手=㞋=扌)’자를 더해 ‘강제로 누르다’라는 뜻을 나타낸 ‘누를 억(抑)’자.

▶▶ 억제(抑制), 억압(抑壓), 억류(抑留)

233_ 옳을 가(可)

‘꺾이고 억눌렸다(丂)가 나오는 소리(ㅂ: 입 구(口))’라는 뜻으로 ‘(억지로 동의가 된) 그럴 가(可)’.

▶▶ 가능성(可能性), 가변(可變), 허가(許可), 불가피(不可避)

何 하

'사람이 무거운 짐을 어깨에 메고 겨우 중심을 잡고 가는 모습 (　) 혹은 '사람 인(亻)'과 '(억지로 동의가 된) 그럴 가(可)'를 더해 '(무겁고 힘이 들어) 어찌해야 좋을지 잘 모르다'라는 뜻을 나타낸 '어찌 하, 무엇 하(何)'.

▶▶ 하등(何等), 하필(何必), 여하(如何: 아무런 조금도), 육하원칙(六何原則)

荷 하

'사람이 무거운 짐을 어깨에 메고 비틀대며 겨우 중심을 잡고 가는 모습(　)'으로 만들어진 '어찌 하, 무엇 하(何)'와 '풀 초(　 = 艹 = 草)'를 더해 만든 '(무겁고 버거운) 짐 하 혹은 연꽃 하(荷)'.

▶▶ 하중(荷重), 하역(荷役), 부하(部下), 적반하장(賊反荷杖)

河 하

'물 수(氵,水,水)'와 '꺾이고 억눌리다 터지다 혹은 어찌해야 좋을지 잘 모르다'라는 뜻을 지닌 '어찌 하, 무엇 하(可=何)'를 더해 '꺾이고 꺾이며 억눌렸다가는 터지는 황하(강)'이라는 뜻을 나타낸 '황하 하 혹은 강 이름 하(河)'.

▶▶ 하천(河川), 하구(河口), 빙하(氷河)

哥 가

'억눌렸다 터져 나오는 소리'라는 뜻을 지닌 '옳을 가 혹은 그럴 가(可)'를 2번 써서 '깍, 까아-깍! 소리(노래)를 하다'라는 뜻을 나타낸 '노래 가(哥)'.

▶▶ 가가(哥哥: 형을 부르는 말), 가금(哥禁: 옛날 고귀(高貴)한 사람이 행차(行次)할 때에 잡인의 무례(無禮)한 행동(行動)이 없도록 금(禁)하던 일)

歌 가

'노래 가(哥)'와 '입 벌린 사람'이라는 뜻을 지닌 '하품 흠(欠)'을 더해 '입을 크게 벌리고 노래하다'라는 뜻을 나타낸 '노래할 가(歌)'.

▶▶ 가사(歌詞), 가요(歌謠), 가창(歌唱), 가수(歌手)

苛 가

'풀 초(　 = 艹 = 草)'와 '억눌렸다 터져 나오는 소리'라는 뜻을 지닌 '옳을 가 혹은 그럴 가(　 = 可)'를 더해 '꺾고 억누르고 아무리 짓밟아도 솟아오르는 잡풀 잡듯이 하다'라는 뜻을 나타낸 '맵고 사나울 가(苛)'.

▶▶ 가혹(苛酷), 가학(苛虐), 가정(苛政), 가렴주구(苛斂誅求)

阿 아	'언덕 부(阝)'와 '꺾이고 억눌려서 어찌해야 좋을지 잘 모르다'라는 뜻을 지닌 '어찌 하, 무엇 하(可＝何)'를 더해 '어찌해야 좋을지 모르게 비탈이 심한 고갯길'이라는 뜻을 나타낸 '비탈 아(阿)'. ≫ 아부(阿附), 아첨(阿諂), 아비규환(阿鼻叫喚)

'사람의 모습(大)'과 '꺾이고 억눌렸다(丂)가 나오는 소리(ㅂ : 입 구(口)라는 뜻을 지닌 '그럴 가(可)'를 더해 '편하지 않은 비정상적인 상태'라는 뜻을 나타낸 '기이할 기(奇)'.
≫ 기적(奇跡), 기이(奇異), 기발(奇拔), 기묘(奇妙), 신기(神奇)

'뫼 산(山)'과 '편하지 않은 비정상적인 상태'라는 뜻을 지닌 '기이 할 기(奇)'를 더해 '어찌해야 좋을지 모르게 험악한 산'이라는 뜻을 나타낸 '험할 기(崎)'.
≫ 기구(崎嶇)하다, 기구망측(崎嶇罔測: ①산길이 험하기 짝이 없음 ②운수(運數)가 사납기 짝이 없음)

'집 면(宀)'과 '편하지 않은 비정상적인 상태'라는 뜻을 지닌 '기이 할 기(奇)'를 더해 '자기 집이 아니라 어렵지만 임시로 더부살이를 하다'라는 뜻을 나타낸 '붙어 살 기, 붙일(부칠) 기(寄)'.
≫ 기여(寄與), 기증(寄贈), 기부(寄附), 기생(寄生), 기숙사(寄宿舍)

'나무 목(木)'과 '편하지 않은 비정상적인 상태'라는 뜻을 지닌 '기 이할 기(奇)'를 더해 '나무 가지가 옆으로 쏠리는 상태가 되어 걸쳐 앉을 수 있는 나무'라는 뜻을 나타낸 '의 나무 의, (옆으로 걸터앉 는) 의자 의(椅)'.
≫ 의자(椅子), 교의(交椅), 죽의(竹椅: 대를 결어서 만든 의자)

'사람 인(亻)'과 '편하지 않은 비정상적인 상태'라는 뜻을 지닌 '기 이할 기(奇)'를 더해 '편하지 않고 치우쳐 있어서 어딘가 의지할 필 요가 있다'는 뜻을 나타낸 '치우칠 의, 의지할 의(倚)'.
≫ 친의(親倚: 가까이 의지함), 신의(信倚: 믿고 의지함), 의장(倚仗: 의지(依支)하고 믿음)

'말 마(馬)'와 '편하지 않은 비정상적인 상태'라는 뜻을 지닌 '기이 할 기(奇)'를 더해 '말을 타려면 비정상적인 자세로 올라타야 하다' 라는 뜻을 나타낸 '말 탈 기 혹은 걸터앉을 기(騎)'.
≫ 기마(騎馬), 기수(騎手), 경기병(輕騎兵)

234_ 힘쓸 력(力)

힘쓰는 팔뚝(　)과 밭을 가는 쟁기, 가래 혹은 삽의 모습(　)에서 나온 '힘쓸 력(　 = 力)'.

>> 역학(力學), 노력(努力), 능력(能力), 권력(權力), 세력(勢力)

지금의 '힘 력(力)'자는 아무래도 '어떤 도구를 그린 모습(　, 　 = 力)'에 더 가까워 보입니다. 그러나 이제껏 학자들이 '힘을 쓰다'라는 뜻을 갖게 된 이유를 '쟁기질이나 삽질을 하려면 힘이 있어야하니까 혹은 힘을 쓰는 도구이니까'라는 식으로 해석하는 데는 공감이 안 갑니다. 오히려 힘을 주고 있는 팔뚝을 그린 모습(　, 　, 　 = 力)이 '힘을 쓰다'라는 뜻을 더 잘 나타내고 있다고 여겨집니다. 여기서 유의해야 할 점은 바로 팔뚝의 '튀어나온 근육 부분'과 쟁기나 삽 같이 생긴 도구(　)의 목 부분에 있는 '발 디딤대(　)'입니다. 바로 이 '발 디딤대(　)'가 사람이 삽질을 할 때 발을 대고 힘을 주어야하는 부분이며 그래서 강조되다 보니까 그 형태(　)가 '발 디딤대(　)'를 보다 강조한 형태(　)로 바뀌어 지금의 '힘 력(　 = 力)'자가 되었을 것입니다.

'힘쓸 력(　 = 力)'과 '입구(　 = 口)'를 더해 '힘을 쓸 때 입으로 기합(에잇!)을 넣어 힘을 더하다'라는 뜻을 나타낸 더할 가(加).

>> 부가(附加), 추가(追加), 가입(加入), 가공(加工), 가속(加速)

'팔에 힘을 줄 때 입(口)으로 기합을 더하면 힘이 더 세지 듯이 삽질을 할 때 역시 그 목 부분의 발 디딤대에 발을 올려놓고 함께 힘을 맞춰주면 그 힘이 더욱 세어진다(더해진다)'라는 뜻에서 만들어진 글자입니다. 지금도 중국 사람들이 운동 경기에서 '힘을 더 내라고 응원을 할 때 '지아 여우(加油)! 지아 여우(加油)!'하고 외치는데 이 또한 '더할 가(加)'와 '땀'의 뜻을 지닌 '기름 유(油)'를 쓴 말로 '땀(油)을 더 내서(加) 힘을 쓰라'는 뜻입니다.

架 가

'나무 목(木)'과 '더할 가(加)'를 더해 '방이나 창고 등의 벽에 긴 나무를 걸쳐서 물건을 더 많이 올려놓을 수 있도록 만든 시렁'을 뜻하는 '시렁 가 혹은 횃대 가(架)'.

▶▶ 가교(架橋), 가공(架空), 가설(架設)

嘉 가

'더할 가(=加)'와 '좋은 북(승전고)의 모습( )'을 더해 '무엇인가 기쁘게 축하하다'라는 뜻을 나타낸 '기쁠 가(嘉)'.

▶▶ 가배절(嘉俳節: 음력(陰曆) 팔월(八月) 보름날. 추석날, 한가윗날, 가윗날, 가위)

賀 하

'더할 가(加)'와 '재물'의 뜻을 지닌 '조개 패(貝)'를 더해 '재물(선물)로 더욱 기쁘게 하다'라는 뜻을 나타낸 '하례 하(賀)'.

▶▶ 축하(祝賀), 치하(致賀), 연하장(年賀狀), 근하신년(謹賀新年)

袈 가

'더할 가(加)'와 '옷 의(衣)'를 더해 '평상복 위에 걸치는 승려의 예복'이라는 뜻을 나타낸 '가사 가(袈)'.

▶▶ 가사(袈裟: 승려가 입는 법의), 금가(錦袈: 비단(緋緞)으로 만든 가사(袈裟))

務 무

'미늘 창 모(矛)'와 '칠 복(攴)', '힘쓸 력(力)'을 더해 '곤란을 헤치며 나아가다'라는 뜻을 나타낸 '힘쓸 무(務)'.

▶▶ 업무(業務), 의무(義務), 근무(勤務)

霧 무

'비 우(雨)'와 '힘쓸 무(務)'를 더해 '애를 써서 헤쳐 나가야할 수밖에 없을 만큼 잘 안보이게 만드는 비'라는 뜻을 나타낸 '안개 무(霧)'.

▶▶ 운무(雲霧), 오리무중(五里霧中)

勵 려

'언덕 한(厂)'과 '매섭게 쏘는 전갈'의 뜻을 지닌 '만 만(萬)'을 더해 만든 '매섭게 잘 갈아내는데 쓰는 갈 돌(숫돌)'이라는 뜻을 지닌 '갈 돌 려(厲)'와 '힘쓸 력(力)'을 더해 '애써 힘쓰게 하다'라는 뜻을 나타낸 '힘쓰게 할 려(勵)'.

▶▶ 격려(激勵), 독려(督勵), 장려(獎勵)

協 협

'힘쓸 력(力)'자 3개를 더한 '힘 합칠 력(劦)'에 다시 '모두를 새로운 하나로'라는 뜻을 지닌 '열 십(十)'을 더해 만든 '힘 모을 협(協)'.

▶▶ 협상(協商), 협의(協議), 협력(協力), 타협(妥協)

脅 협	'여럿의, 혹은 여러 가지의 힘'이라는 뜻을 지닌 '힘 합칠 력(劦)'과 '몸'의 뜻을 지닌 '고기 육(肉=月)'을 더해 '(자신의) 몸에 느껴지는 (다가서는) 여러 가지 힘의 압력'이라는 뜻을 나타낸 '위협할 협(脅)'.

>> 협박(脅迫), 위협(威脅)

脇 협	'고기 육(肉=月)'과 '여러 가지의 힘이 모아지다'라는 뜻을 지닌 '힘 합칠 력(劦)'을 더해 '여러 가지 힘이 모아지는, 혹은 몸의 모든 힘을 모아 쓸 수 있는 양쪽 옆구리'라는 뜻을 나타낸 '겨드랑이 협(脇)'.

>> 협장(脇杖), 협통(脇痛)

235_ 거짓 가(叚)

 2개의 무언가(=)를 놓고 한 손(彐)으로는 덮개(厂)로 덮고(⊨彐), 또 한 손(彐)으로는 덮여 있는 무언가(⺕)를 빼내고(⺻) 있는 모습(⺻⺻)

叚 가	'한 손으로는 덮고 또 한 손으로는 빼내다'라는 뜻을 나타낸 '거짓 가(叚)'.

假=叚 가	'사람 인(亻)'과 '거짓 가(叚)'를 더해 '사람이 무언가를 덮어쓰고 진짜 모습은 빼내다(감추다)'라는 뜻을 나타낸 '거짓 가, (거죽을) 빌릴 가. 겨를(틈) 가(假), (진짜와는) 멀 하(假)'.

>> 가정(假定), 가처분(假處分), 가식(假飾), 가칭(假稱)

仮=假 가	'사람 인(亻)'과 '되돌릴 반, 뒤집을 반(反)'을 더해 '거짓으로 빌리다'라는 뜻을 나타낸 '빌릴 가(仮)'.

>> 가과(仮果: 헛열매)

暇 가	'날 일(日)'과 '빌릴 가, 겨를(틈) 가(叚)'를 더해 '원래 하는 일에서 잠시 틈을 내다'라는 뜻을 나타낸 '겨를 가(暇)'.

>> 휴가(休暇), 여가(餘暇), 한가(閑暇)

蝦 하	'벌레 충(虫)'과 '거짓 가, (거죽을) 빌릴 가(叚)'를 더해 '껍질은 멀쩡한데 속이 비어있는 듯 환히 보이는 벌레'라는 뜻을 나타낸 '새우 하(蝦)' ≫ 대하(大蝦), 경전하사(鯨戰蝦死: 고래 싸움에 새우 등 터진다는 뜻으로, 강한 자끼리 서로 싸우다 상관없는 약한 자가 피해를 받음을 비유하여 이르는 말)

瑕 하	'구슬 옥(玉＝王)'과 '거짓 가(叚)'를 더해 '겉은 멀쩡한 옥 같은데 잘 안 보이는 티가 있다'라는 뜻을 나타낸 '티 하(瑕)'. ≫ 하자(瑕疵), 백옥지미하(白玉之微瑕: 흰 옥(玉)에도 흠(欠)이 있다는 뜻으로, 훌륭한 것에도 약간의 결점(缺點)이 있음을 비유하여 이르는 말)

霞 하	'비 우(雨)'와 '거짓 가(叚)'를 더해 '하늘이 실제로 타오르는 것은 아닌데 마치 정말로 타오르듯이 시뻘겋게 보이다'라는 뜻을 나타낸 '노을 하(霞)'. ≫ 경하(輕霞: 엷은 저녁놀 또는 아침놀), 석하(夕霞: 해질 무렵의 안개)

遐 하	'갈 착(辶)'과 '(진짜와는) 멀 하(叚)'를 더해 '원래의 장소나 원래의 것으로부터는 먼 무엇이 되다'라는 뜻을 나타낸 '멀 하(遐)' ≫ 승하(昇遐: 임금이 세상을 떠남), 하년(遐年: 오래 삶), 하면(遐緬: 아득하게 멂)

236_ 힘쓸 노(努)

奴 노 坱秒史	처음에는 '일하는 손(又, 彐, ⺕＝又: 오른 손 우, 도울 우, 또 우)'과 '계집 녀(𡥀＝女)'를 더해 '(끈질기게 꾸준히 해야 하는) 여자의 집안 일'을 나타내는 글자였는데, 나중에는 '계집 녀(𡥀, 屮＝女)'와 '오른 손 우(⺕, 彐＝又)'를 더해 '여자를 잡다(有), 여자를 잡아와서 일을 시키다'라는 뜻을 나타낸 '종 노(奴)'. ≫ 노예(奴隷), 노비(奴婢), 매국노(賣國奴)

努 노

'(끈질기게 꾸준히 해야 하는) 여자의 집안 일'이라는 뜻을 지닌 '종 노(奴)'와 '힘쓸 력(力)'을 더해 '꾸준히 힘을 쓰다'라는 뜻을 나타낸 '힘쓸 노(努)'.

>> 노력(努力), 노목(努目: 성을 내어 눈을 부라림)

弩 노

'끈질기게 꾸준히 일을 하다'라는 뜻을 지닌 '종 노(奴)'와 '활 궁(弓)'을 더해 '화살을 꾸준히 연달아서 쏠 수 있는 활'이라는 뜻을 나타낸 '쇠뇌 노(弩)'.

>> 궁노수(弓弩手: 활과 쇠뇌를 쏘던 군사(軍士)), 강노(強弩)

怒 노

'끈질기게 꾸준히 일을 하다'라는 뜻을 지닌 '종 노(奴)'와 '마음 심(↑)'을 더해 '마음속에 서서히(꾸준히) 쌓여진 응어리 같은 노여움'이라는 뜻을 나타낸 '억압된 마음 노, 노할 노(怒)'

>> 분노(憤怒), 격노(激怒), 노발대발(怒發大發)

237_ 될 화(化)

化 화

서 있는 사람(↑)과 쓰러진(뒤집어진) 사람(↓)을 같이 그려 '(서있던 사람이 쓰러진 사람으로) ~~이 바뀌어 ~~이 되다'라는 뜻을 나타낸 '바뀔 화, 될 화(化)'.

>> 화학(化學), 화장품(化粧品), 화석(化石)

花 화

'풀 초(草=艹)'와 '될 화(化)'를 더해 '풀이 바뀌어 꽃이 되다'라는 뜻을 나타낸 '꽃 화(花)'.

>> 화초(花草), 금상첨화(錦上添花), 화용월태(花容月態: 꽃다운 얼굴과 달 같은 자태(姿態)라는 뜻으로, 아름다운 여자(女子)의 고운 자태(姿態)를 이르는 말)

貨 화

'조개 패(貝: 재물의 뜻)'와 '될 화(化)'를 더해 '돈으로 바꿀 수 있는 재물'이라는 뜻을 나타낸 '재화 화(貨)'.

>> 화폐(貨幣), 화물(貨物), 재화(財貨)

訛 와

'말씀 언(言)'과 '될 화(化)'를 더해 '말이 사실대로가 아니라 (잘못) 바뀌어 전해지다'라는 뜻을 나타낸 '그릇될 와 혹은 거짓말 와(訛)'.

>> 와전(訛傳), 와설(訛設)

원래 꽃 자체를 그대로 묘사한 '꽃 화(華＝華)'자는 따로 있었는데, 한(漢)나라 이후 육조(六朝)시대에 '꽃 화(華)'가 '빛나다, 좋다' 등의 뜻으로 많이 쓰이게 되자, 일반적으로 '풀이 꽃으로 변하는 것'을 나타내는 '꽃 화(花)'가 되었습니다.

238_ 다닐 행(行)

行 행

‘(사람들이) 오고가는 4거리의 모습’을 그린 ‘다닐 행, 갈 행(行)’.
>> 통행(通行), 행상(行商), 행군(行軍), 실행(實行), 행정(行政), 은행(銀行)

街 가

처음엔 4거리(行) 안에 ‘걸음 보(步＝彳)’를 더해 ‘사람들이 많이 다니는 모습(街)’이었는데, 후대에 ‘걸음 보(步＝彳, 彳)’를 ‘홀 규(圭)’로 잘못 쓰게 된 ‘거리 가(街)’.
>> 가두(街頭), 가도(街道), 가로등(街路燈), 번화가(繁華街), 시가지(市街地)

衍 연

‘다닐 행(行)’과 ‘물 수(氵)’를 더해 ‘물이 사방으로 넘쳐흐르다’라는 뜻을 나타낸 ‘넘칠 연(衍)’.
>> 부연(敷衍), 만연(蔓衍)

術 술

갈 행(行＝彳)’과 ‘찰수수 출(朮＝朮)’을 더해 ‘찰싹 붙어 따라가다 혹은 익숙해진 길’이라는 뜻을 나타낸 ‘(방법이나 수단이 되는) 길 혹은 재주 술(術)’.
>> 기술(技術), 의술(醫術), 수술(手術), 미술(美術), 술법(術法), 술수(術數), 술책(術策)

衝 충

‘갈 행(行)’과 ‘무거울 중(重)’을 더해 ‘무거운 것으로 부딪쳐 가다’라는 뜻을 나타낸 ‘부딪칠 충(衝)’
>> 충돌(衝突), 충격(衝擊), 충천(衝天), 요충지(要衝地)

239_ 걸을 척(彳)

彳 척

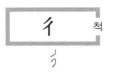

‘다닐 행(行＝彳)’의 한 부분(약자)으로 ‘다니다 걷다 혹은 어떤 행동을 하다’라는 뜻의 동사 기호로 쓰이는 ‘다닐 행, 걸을 척(彳)’.

彷 방

'다닐 행(彳)'과 '전후좌우 사방(四方)'의 뜻을 지닌 '모 방(方)'을 더해 '이리 저리 헤매고 다니다'라는 뜻을 나타낸 '헤매고 다닐 방(彷) 혹은 헷갈릴 방(彷)'.

▶▶ 방불(彷佛: 비슷해서 헷갈림), 방황(彷徨)

役 역

'다닐 행(彳=彳=彳)'과 '몽둥이 수(殳=殳, 殳)'를 더해 '몽둥이를 들고 주위를 돌아다니며 지키다 혹은 어떤 일(역할)을 하다'라는 뜻을 나타낸 '수자리 역, 일꾼 역(役)'.

▶▶ 역할(役割), 복역(服役), 고역(苦役), 주역(主役)

往 왕

'왕(王=王)'의 거침없는 발길(止=止: 발 지)'를 더해 '거침없이 가다'라는 뜻을 나타낸 글자였는데, 후대에 '王=止+王=王'을 그만 '王=主'로 잘못 보고 쓰이게 된 '(왕처럼 맘대로) 다닐 왕(往=往)'.

▶▶ 왕래(往來), 왕복(往復), 왕왕(往往), 왕진(往診)

征 정

殳, 殳, 正 '어딘가를 향해 (똑바로) 쳐들어가다'라는 뜻을 나타낸 '바로 쳐들어갈 정(正)'이었는데 나중에 '바를 정(正=正)'으로만 쓰이게 되자 '다닐 행(彳)'을 더해 '쳐들어가다'라는 뜻을 다시 살린 '칠 정(征)'.

▶▶ 정복(征服), 원정(遠征), 정벌(征伐)

後 후

'묶는 끈'의 뜻을 지닌 '실 사(糸=糸)'와 '끌려가는 (뒤집어진)발'을 그린 '뒤쳐져 올 치(夂=夂)'를 더한 모습(後) 그리고 다시 '갈 행(彳)'을 더해 '뒤쳐져서 끌려가다'라는 뜻을 나타낸 '뒤떨어질 후, 뒤 후(後)'.

▶▶ 후대(後代), 후배(後輩), 전후(前後), 배후(背後)

從 종

'갈 행(彳)'과 '사람이 사람 뒤를 따르는 모습(从)' 그리고 '발 지(止=止)'를 다시 더해 '뒤따르다'라는 뜻을 나타낸 '따를 종(從)'.

▶▶ 시종(侍從), 복종(僕從), 종복(從僕), 종사(從事), 종군(從軍)

微 미

'~하게 하다'라는 뜻의 동사 부호로 쓴 '칠 복(攵)'과 '천의 양쪽 끝에 생기는 보푸라기의 모습(散)', 그리고 '조금 걸을 척(彳)'을 더해 '보일 듯 말 듯 희미한 것 혹은 잘 모르게 가다'라는 뜻을 나타낸 '작을 미, 희미할 미(微)'.

▶▶ 미묘(微妙), 미세(微細), 현미경(顯微鏡), 기미(幾微)

240_ 마디 촌(寸)

| 寸 촌 |
| 彐 |

손(彐)의 손가락 부분 밑에 '점 주(=ヽ)'를 더해 '손의 일부분인(작은) 손가락'이라는 뜻을 나타낸 '(손가락) 마디 촌(寸)'. 또한 손의 뜻을 지닌 '扌', '又' 등과 함께 '~~하게 하다'라는 뜻의 동사 기호, '한 마디'라는 길이의 단위로도 쓰임.

▶▶ 사촌(四寸), 촌수(寸數), 촌지(寸志), 촌극(寸劇), 촌철살인(寸鐵殺人)

| 肘 주 |

'몸'의 뜻을 지닌 '고기 육(肉=月)'과 '마디 촌(寸)'을 더해 '팔의 한 마디를 이루는 부분'이라는 뜻을 나타낸 '팔꿈치 주(肘)'. '(손가락) 마디 촌(寸)'과 함께 '(팔뚝) 길이'의 단위로도 쓰임

▶▶ 주관절(肘關節: 팔꿈치의 관절(關節)) 주액(肘腋: 팔꿈치와 겨드랑이)

| 討 토 |

'말씀 언(言)'과 '(손)마디 촌(寸)'을 더해 (손가락을 펴서) 싹 쓸어오듯이 이것저것 다 가져다가 말로 따지다, 혹은 모든 죄를 추궁하다'라는 뜻을 나타낸 '꾸짖을 토, 따져볼 토(討)'.

▶▶ 토론(討論), 토벌(討伐), 검토(檢討)

| 導 도 |

'길 도(道)'와 '~~하게 하다'라는 뜻의 동사 기호로 쓰인 '마디 촌(寸)'을 더해 '길을 가도록 이끌어 주다'라는 뜻을 나타낸 '이끌 도(導)'.

▶▶ 도입(導入), 지도(指導), 유도(誘導)

| 村 촌 |

'나무 목(木)'과 '~~하게 하다'라는 뜻의 동사 기호로 쓰인 '마디 촌(寸)'을 더해 '자연의 나무가 아닌 사람이 모여 살기 위해 일부러(임의로) 나무를 심어 놓은 곳'이라는 뜻을 나타낸 '마을 촌(村)'.

▶▶ 촌락(村落), 촌민(村民), 농촌(農村), 지구촌(地球村)

| 耐 내 |

'부드럽고 기다란 턱수염의 모습(兩, 兩 =而)'에서 나온 '말 이을(그리고) 이(而)'와 '~~하게 하다'라는 뜻의 동사 기호로 쓰인 '마디 촌(寸)'을 더해 '오랫동안(길게) 참고 견디다'라는 뜻을 나타낸 '견딜 내(耐)'.

▶▶ 인내(忍耐), 감내(堪耐), 내구성(耐久性)

得 득

得後得

'조개를 손으로 쥔 모습(得)'과 '갈 척(彳)'을 더해 '가서 손에 넣다'
라는 뜻을 나타낸 '얻을 득(得)'.

>> 소득(所得), 납득(納得), 획득(獲得), 기득권(旣得權)

尋 심

尋骨

'두 손을 벌려 어떤 길이를 재는 모습(尋)' 혹은 '입 구(ㅂ=口)'를
더해 '두 손을 번갈아 가며 무엇인가를 더듬어 찾아 묻다(尋)'라는
뜻을 나타낸 '찾을 심(尋)'. 또한 길이의 단위로도 씀.

>> 심상(尋常), 추심(推尋), 심방(尋訪), 심문(尋問)

241_ 오랑캐 호(胡)

胡 호

'옛 고(古)'와 '고기 육(肉=⺼=月)'을 더해 '턱 밑으로 늘어지는 오
래 된 살'이라는 뜻을 나타낸 '턱 밑살 호(胡)'. 또는 '오랑캐 호(鬍
=胡)'

鬍 호

'턱 밑살 호(胡)'와 '늘어진 터럭 표(髟)'를 더해 '중국의 서북쪽에
서 물밀 듯이 쳐들어온 턱수염이 긴 오랑캐'라는 뜻을 나타낸 오랑
캐 호, 혹은 '턱 밑 수염 호(鬍)'.

湖 호

'얼굴이 온통 수염으로 뒤덮였다'는 뜻을 지니게 된 '오랑캐 호
(胡)'와 '물 수(氵)'를 더해 '넓은 땅을 온통 뒤덮은 크고 넓은 물'
이라는 뜻을 갖게 된 '호수 호(湖)'.

>> 호수(湖水), 호반(湖畔), 강호(江湖)

瑚 호

'얼굴이 온통 수염으로 뒤덮였다'는 뜻을 지니게 된 '오랑캐 호
(胡)'와 '옥 옥(玉=王)'을 더해 '바다 속에서 온통 뒤덮인 수염처럼
자라나는 옥'이라는 뜻을 나타낸 '산호 호(瑚)'.

>> 산호(珊瑚)

糊 호

'온통 뒤덮다'라는 뜻을 지닌 '오랑캐 호(胡)'와 '쌀 미(米)'를 더해
'뭐가 뭔지 모르게 표면을 뒤덮는 (쌀가루를 끓여 풀어서 만드는)
풀'이라는 뜻을 나타낸 '풀 호(糊)'.

>> 애매모호(曖昧模糊), 호구지책(糊口之策), 호도(糊塗)

| 餬 호 |

'턱 밑에 늘어진 군살'이라는 뜻을 지닌 '턱 밑살 호(胡)' 혹은 '풀 호(糊)'의 뜻으로 쓴 '오랑캐 호(胡)'를 더해 '남의 집에 살면서 입에 풀칠이나 하면서 겨우 얻어먹고 살다'라는 뜻을 나타낸 '얻어먹을 호, 기식할 호(餬)'.

| 蝴 호 |

'온통 뒤덮다'라는 뜻을 지닌 '오랑캐 호(胡)'와 '벌레 충(虫)'을 더해 '온통 뒤덮듯이 떼지어나는 큰 나비'라는 뜻을 나타낸 '나비 호(蝴)'.
≫ 호접(胡蝶)

| 葫 호 |

'풀 초(艹)'와 '오랑캐 호(胡)'를 더해 '서북쪽의 오랑캐들이 들여온 큰 마늘 혹은 호리병처럼 생긴 박'이라는 뜻을 나타낸 '큰 마늘 호 혹은 호리병(조롱) 박 호(葫).
≫ 호리병(葫蘆瓶: 호리병박 모양으로 만든 병)

242_ 뒤집을 반(反)

| 反 반 |
| 反 反 |

위쪽이 덮여있는 절벽이나 큰 바위 밑(厂)을 나타낸 '덮을 엄(厂)'과 '손 수(手=⺕)'를 더해 '뒤집었다 손을, 되돌리다'라는 뜻을 나타낸 '뒤집을 반 혹은 되돌릴 반(反)'.
≫ 반복(反復), 배반(背反=背叛), 반대(反對), 반발(反撥), 반박(反駁), 반영(反映), 반사(反射), 반포지효(反哺之孝: 까마귀 새끼가 자란 뒤에 늙은 어미에게 먹이를 물어다 주는 효성(孝誠)이라는 뜻), 전전반측(輾轉反側: 이리저리 뒤척이다)

| 返 반 |

'되돌릴 반(反)'과 '걸을 착(辶)'을 더해 '돌이켜 가다'라는 뜻을 나타낸 '돌이킬 반(返)'.
≫ 반려(返戾), 반환(返還), 반납(返納), 반송(返送), 거자필반(去者必返: 떠난 사람도 언젠가는 반드시 돌아오게 된다는 말), 회광반조(回光返照: 해가 지기 직전에 잠깐 하늘이 밝아진다는 뜻)

| 扳 반 |

'뒤집을 반, 되돌릴 반(反)'과 '손 수(扌)'를 더해 '무엇이든 잡고 자기 앞으로 끌어당기다'라는 뜻을 나타낸 '끌어당길 반(扳)'.

叛 반
鞁

'뒤집을 반, 되돌릴 반(斥=反)'과 '(하나를) 둘로 나누다'라는 뜻을 지닌 '절반 반(半=半)'을 더해 '함께하던 동료(반쪽)가 돌아서다'라는 뜻을 나타낸 '배반할 반(叛)'.

▶▶ 배반(背反=背叛), 이반(離叛), 반란(叛亂), 반역(叛逆)

販 판

'뒤집을 반, 되돌릴 반(反)'과 재물 혹은 돈의 뜻을 지닌 '조개 패(貝)'를 더해 '어떤 물건을 돈이나 다른 재물로 되돌리다 혹은 재물이 돌려 쓰일 수 있도록 사거나 팔았던 물건을 다시 팔거나 사는 일'을 나타낸 '팔 판, 살 판 혹은 장사할 판(販)'.

▶▶ 판매(販賣), 시판(市販), 판로(販路), 공판(共販), 총판(總販)

板 판

'나무 목(木)'자와 '되돌릴 반(反)'자를 더해 '납작(반반)하게 켜 놓으면 저절로 자꾸만 뒤집어지려는 성질을 가진 나무'라는 뜻을 나타낸 '널조각 판(板)'.

▶▶ 판목(板木), 판자(板子), 간판(看板), 게시판(揭示板), 판교(板橋), 현판(懸板: 글자나 그림을 새기어서 문 위에 다는 널조각)

版 판

'뒤집을 반, 되돌릴 반(反)'과 '나무(朱=木: 나무 목)를 세로로 쪼갠 모습에서 나온 '조각 편(乛, 片=片)'을 더해 '쓰기 좋게 잘 다듬어 놓은 널조각'이라는 뜻을 나타낸 '널조각 판(版)'

▶▶ 판목(版木), 판축(版築), 출판(出版), 판도(版圖: 한 나라의 영토나 어떤 세력이 미치는 범위), 번호판(番號版)

阪 판

'언덕 부(阝)'자와 '되돌릴 반(反)'자를 더해 기울어져 있어서 뒤집어지거나 엎어지기 쉬운 언덕을 나타낸 '비탈 판(阪)'.

▶▶ 준판(峻阪: 몹시 가파른 언덕), 판상주환(阪上走丸: 언덕 위에서 공을 굴리듯 어떤 세력(勢力)에 힘입어 일을 꾀하면 쉽게 이루어진다는 뜻)

坂 판

'비탈 판(阪)'에 들어있는 '언덕 부(阝)' 대신 '흙 토(土)'자를 쓴 '비탈 판 혹은 고개 판(坂)'.

▶▶ 준판(峻坂 = 峻阪), 구절판(九折坂: 꾸불꾸불한 고개)

| 飯 반 |

'손으로 덮다'라는 뜻을 지닌 '뒤집을 반, 되돌릴 반(反)'과 '먹을 식(食)'을 더해 '손으로 (덮어) 움켜쥔 먹을거리'라는 뜻을 나타낸 '밥 반(飯)'.

>> 반찬(飯饌), 일상다반사(日常茶飯事), 반주(飯酒), 조반(朝飯), 백반(白飯), 십시일반(十匙一飯)

243_ 살필 감(監)

물이 담긴 그릇(皿 = 𝌦)을
내려다보는 사람( )의 (깜짝 놀란) 눈( )의 모습

| 監 감 |

물이 담긴 그릇(皿 = 𝌦)을 내려다보는 사람( )의 (깜짝 놀란) 눈( )까지 그려 '자신의 모습이 비쳐 보이는 물이 담긴 그릇'이라는 뜻을 나타낸 '거울 감 혹은 볼 감(監)'.

>> 감독(監督), 감시(監視), 감사(監査), 감옥(監獄)

| 鑑 감 |

'거울 감(監)'과 '볼 감(監)'이 혼동되자 구별하기 위해서 '쇠 금(金)'을 더해 다시 만든 '거울 감(鑑)'.

>> 감상(鑑賞), 감정(鑑定), 감별(鑑別), 명심보감(明心寶鑑)

| 覽 람 |

'볼 감(監)'에 '볼 견(見)'을 다시 더해 '그냥 보는 게 아니라 보고 또 살펴보다'라는 뜻을 나타낸 '살필 람(覽)'.

>> 관람(觀覽), 열람(閱覽), 유람(遊覽)

| 濫 람 |

'거울 감(監)'과 '물 수(水 = 氵)'를 더해 '물로 된 거울 그릇에 자신의 모습을 더 많이 보려고 물을 많이 붓다 보면 물이 넘친다.'라는 뜻을 나타낸 '물 넘칠 람(濫)'.

>> 범람(氾濫), 남발(濫發), 남용(濫用)

<table>
<tr><td>襤 _람</td><td>'물 넘칠 람(濫)'과 '옷 의(衣=衤)'를 더해 '옷이 해져서 낡은 실오라기들이 (물이 넘쳐 흘러내리듯) 떨어져 내리다'라는 뜻을 나타낸 '누더기 람(襤)'. 원래의 '물 넘칠 람(濫)'에 있던 '삼수 변(氵)'은 그 과정에서 생략된 것입니다.
≫ 남루(襤褸), 남의(襤衣: 해지고 낡은 너절한 옷)</td></tr>
</table>

<table>
<tr><td>藍 _람</td><td>'물 넘칠 람(濫)'과 '풀 초(草=艹)'를 더해 '(넘치도록 짙푸른) 쪽빛 색깔' 혹은 쪽물을 들일 때 짙푸른 색을 내기 위해서는 '실이나 옷감을 몇 번이고 쪽물이 넘치도록 담가야 나오는 색깔'이라는 뜻을 나타낸 '쪽(짙푸른) 람(藍)'.
≫ 청출어람(靑出於藍: 푸른색이 쪽에서 나왔으나 쪽보다 더 푸르다는 뜻으로, 제자가 스승보다 나은 것을 비유하는 말)</td></tr>
</table>

244_ 나갈 출(出) 돌아올 각(各)

<table>
<tr><td> 굴(∪)에서 나가는 발(Ψ)</td><td> 굴(∪)로 돌아오는 발(𝐀)</td></tr>
</table>

<table>
<tr><td>出 _출
ᄴ</td><td>굴(∪)에서 나가는 발(Ψ)을 그린 '나갈 출(出)'.
≫ 출발(出發), 출세(出世), 출연(出演)</td></tr>
</table>

<table>
<tr><td>各 _각
𝐀 𝐀</td><td>굴(∪)로 돌아오는 발(𝐀)을 그린 '제 굴로 돌아올 각(各)'자였는데 나중에는 마을로 돌아와서 (제 굴로 들어갈 때는) '따로따로 들어가다'라는 뜻을 나타내게 된 '따로 각(各)'.
≫ 각각(各各), 각종(各種), 각자(各自)</td></tr>
</table>

<table>
<tr><td>格 _격
ᄴ</td><td>'돌아오다'라는 뜻을 지닌 '따로 각(各=各)'과 '나무 목(木=木)'을 더해 '나뭇가지들이 서로 얽혀서 겨루며 자라다 보니 얼기설기 얽혀서 (지금의) 격자무늬처럼 되다'라는 뜻을 나타낸 '(가지들이) 서로 겨룰 격, (얽힌 끝에) 자리 잡을 격(格)'.
≫ 인격(人格), 자격(資格), 격자(格子), 합격(合格), 격식(格式)</td></tr>
</table>

많은 나무가 몰려 있는 숲에서 나뭇가지가 길게 뻗어 나가다 보면 서로 걸려서 도로 아래로 자라기도(돌아가기도)하기 때문에 마치 '나무를 서로 엇갈리게 짠 격자창(格字窓)'과 같은 모습이 됩니다. 사람의 자격이나 인격도 서로 그렇게 얽혀서 생기듯이 말입니다.

落 락

'물이 되돌아 흐르다'라는 뜻을 지닌 '물 이름 락(洛)'과 '풀 초(艹)'를 더해 '풀잎이 떨어져 흘러가 버리다'라는 뜻을 나타낸 '떨어질 락(落)'.
> 추락(墜落), 하락(下落), 누락(漏落)

客 객

'이를 격(格)'과 '집 면(宀)'을 더해 '우연히 이런 저런 사정에 따라 집에 들어와 잠시 머무르다 가는 사람'이라는 뜻을 나타낸 '나그네 객, (잠시)붙어 살 객(客)'
> 객사(客舍), 객실(客室), 객관적(客觀的)

額 액

'우연히 이런 저런 사정에 따라 오게 되어 잠시 머무르다 가는 사람'이라는 뜻을 지닌 '나그네 객, (잠시)붙어 살 객(客)'과 '머리 혈(頁)'을 더해 '처음 만날 때의 느낌, 특히 상대방의 눈과 그 위의 이마 부분에서 받게 되는 인상, 혹은 이마'라는 뜻을 나타낸 '이마 액, 혹은 이마에 서 알게 되는(쓰여 있는) 값어치 액(額)'.
> 액면가(額面價), 편액(扁額), 액자(額字)

閣 각

'따로 각(各)'과 '문 문(門)'을 양쪽에 따로 따로 세워진 문설주 혹은 그런 문이 양족에 큰 집 각(閣)
> 누각(樓閣), 개각(改閣), 각료(閣僚)

路 로

'따로 각(各)'과 '발 족(足)'을 더해 되돌아 올 수 있는 길, 혹은 '일정한 목적 아래 별도로 지정된 길'이라는 뜻을 나타낸 '길 로, 겪을 로(路)'.
> 노정(路程), 선로(線路), 통로(通路)

露 로

'비 우(雨)'와 '되돌아 올 수 있는 길'이라는 뜻을 지닌 '길 로(路)'를 더해 '올라가서 구름이 되지 못하고 다시 빗방울처럼 떨어져 내리는 이슬'이라는 뜻을 나타낸 '이슬 로(露)'.
> 노출(露出), 폭로(暴露), 백로(白露), 한로(寒露)

賂 뢰

'일정한 목적아래 별도로 지정된 길'이라는 뜻을 지닌 '따로 각(各)'과 '조개 패(貝)'를 더해 '어떤 길을 지나기 위해 따로 바치는 돈'이라는 뜻을 나타낸 '뇌물 뢰(賂)'.
> 뇌물(賂物), 수뢰(受賂)

| 略 | 락 |

'일정한 목적 아래 별도로 지정된 길'이라는 뜻을 지닌 '따로 각(各), 혹은 길 로(路)와 '여러 경계로 나뉘다'라는 뜻을 지닌 '밭 전(田)'을 더해 '얼기설기 얽혀 있는 여러 밭 사이에 모두에게 보다 편리한 길을 내기 위해 각자의 밭까지도 조정하고 다스려야 하는 일'이라는 뜻을 나타낸 '간략할 략, 다스릴 략(略)'.

▶▶ 생략(省略), 침략(侵略), 계략(計略)

| 絡 | 락 |

'따로따로 제 자리로 돌아가다'라는 뜻을 지닌 '따로 각(𠮷=各)'과 '실 사(糸)'를 더해 '따로따로 무더기 채로 있는 솜의 여러 가닥의 실을 제자리를 찾아 이어주다'라는 뜻을 나타낸 '이을 락, 얽을 락 혹은 굴레에 잡아매는 줄 락, 조리를 세울 락(絡)'.

▶▶ 연락(連絡), 맥락(脈絡), 농락(籠絡)

| 酪 | 락 |

'따로 따로 제 자리로 돌아가다'라는 뜻을 지닌 '따로 각(各)'과 '발효 식품을 만드는 그릇'이라는 뜻을 지닌 '술 그릇 유(酉), 혹은 닭 유(酉)'를 더해 '여러 먹을거리들이 묵어서 시어지면 원래의 제 성질대로만 새끼를 치는(발효된) 새로운 먹을거리로 되다'라는 뜻을 나타낸 '식초, 술, 쇠젖 락(酪)'.

▶▶ 낙농업(酪農業), 타락(駝酪: 우유)

245_ 잠 잘 숙(宿)

| 宿 | 숙 |
| 佰宿宿 | |

사람(亻)과 여러 명이 누울 수 있는 돗자리(𠖔)와 '집 면(∩ =宀)'을 더한 모습(𠖔)으로 나타낸 '잠잘 숙(宿)'.

▶▶ 숙소(宿所), 숙박(宿泊), 숙직(宿直), 숙제(宿題), 숙원(宿願)

| 縮 | 축 |

'사람들이 다닥다닥 붙어서 자다'라는 뜻을 지닌 '잠잘 숙(宿)'과 '실 사(糸)'를 더해 '실을 촘촘히 엮으니 옷감이 더 작게 된다(줄어든다)'는 뜻을 나타낸 '줄어들 축(縮)'.

▶▶ 축소(縮小), 수축(收縮), 감축(減縮)

寢 침	'집 면(∩ =宀)'과 '빗자루 들고 청소하는 모습(彐=帚)', '침대(爿 =爿 : 침대를 세워서 그린 모습)'를 더해 '집의 깊숙한 곳에 있는 방, 혹은 (방에서) 잠자다'라는 뜻을 나타낸 '잠잘 침(寢)'.

▶ 침실(寢室), 침대(寢臺), 침식(寢食), 침구류(寢具類)

侵 침	자는 사람(亻)을 청소(⺕)해 버리는 모습(⺕)으로 나타낸 '침노할 침(侵)'.

▶ 침략(侵略), 침범(侵犯), 침입(侵入)

寑 침	자는 사람(亻)을 청소(⺕)해 버리는 모습(⺕)으로 나타낸 '침노할 침(侵)'과 '(남의) 집 면(∩ =宀)'을 더한 모습(⺕)으로 나타낸 '잠 잘 침(寑)'.

그 내력이 분명치는 않습니다만 '잠잘 숙(宿)'은 '숙'이고 들어가서 잠을 자다라는 뜻인 반면에 '잠잘 침(寢)'은 어쩌면 정말로 '나치처럼 유대인들을 '치'워 버리고(청소해 버리고) 잠을 자다'라는 뜻으로 만들어진 것인지도 모르겠습니다.

246_ 미쁠 윤(允)

允 윤	'쓸모 있는 도구, 내 손처럼 쓸 수 있는 도구의 모습(吕 =厶)'과 '사람 인(𠑹 =儿)'을 더해 '미덥고 예쁜 사람'이라는 뜻을 나타낸 '미쁠 윤 혹은 진실로 윤(允)'.

▶ 윤허(允許), 윤당(允當: 진실(眞實)로 맞음. 이치(理致)에 적합(適合)함)

夋 준	'미쁠 윤 혹은 진실로 윤(夋 =允)'과 '편안히 걸을 쇠(夂 =夂)'를 더해 '믿음직한 행동과 모습'이라는 뜻을 나타낸 '미더울 준(夋)'.

俊 준	'사람 인(亻)'과 '미더울 준(夋)'을 더해 '미더운 사람 준 혹은 뛰어 날 준(俊)'.

▶ 준수(俊秀), 준걸(俊傑), 준민(俊敏)

峻 준

'뫼 산(山)'과 '미더운 사람 준 혹은 뛰어날 준(俊)'을 더해 '믿음직하고 뛰어난 산'이라는 뜻을 나타낸 '높을 준(峻)'.

▶▶ 준엄(峻嚴), 험준(險峻), 태산준령(泰山峻嶺: 큰 산과 험한 고개)

浚 준

'물 수(氵)'과 '미더운 사람 준 혹은 뛰어날 준(俊)'을 더해 '깊고 긴 물(강)'이라는 뜻을 나타낸 '깊을 준 혹은 깊게 할 준(浚)'.

▶▶ 준설(浚渫: 물의 깊이를 증가(增加)시켜 배가 잘 드나들게 하기 위(爲)하여 하천(河川)·항만(港灣) 등(等)의 바닥에 쌓인 모래나 암석(巖石)을 파내는 일), 준조(浚照: 물이 깊고 맑음), 준정(浚井: 우물 안의 흙이나 모래 따위를 깨끗이 쳐내는 일)

여기서 '깊게 할 준(浚)'자는 '깊게 하기 위해 물밑을 쳐내다'라는 뜻으로 전용되어, 지금은 아예 '빼앗다'라는 뜻으로 사전을 만든 사람도 있음.

駿 준

'말 마(馬)'와 '미더운 사람 준 혹은 뛰어날 준(俊)'을 더한 '준마 준(駿)'.

▶▶ 준마(駿馬), 준견(駿犬: 걸음이 아주 빠른 개)

陖 준

'언덕 부(阝)'와 '미더운 사람 준 혹은 뛰어날 준(俊)'을 더한 '언덕 준(陖)'.

梭 사

'나무 목(木)'과 '미더운 사람 준 혹은 뛰어날 준(俊)'을 더해 '베를 짤 때 이쪽저쪽을 넘나들며 실을 대주는 실꾸리'를 나타내는 '(실꾸리)북 사(梭)'.

▶▶ 척사(擲梭: 피륙을 짤 때에 북을 이리저리 던지는 일), 앵사(鶯梭: 꾀꼬리가 이 가지에서 저 가지로 자꾸 날아 옮겨 앉는 것을, 베를 짤 때 북이 이리저리 왔다 갔다 하는 데 비유한 말. 나뭇가지 사이로 이리저리 날아다니는 꾀꼬리)

狻 산

'짐승'이라는 뜻을 지닌 '개 견(犭)'과 '미더운 사람 준 혹은 뛰어날 준(俊)'을 더한 '사자 산(狻)'.

▶▶ 산예(狻猊: 사자의 탈을 쓰고 춤을 추는 가면극)

酸 산

발효식품의 뜻을 지닌 '술 담는 그릇 유(酉)'와 '미더운 사람 준 혹은 뛰어날 준(俊)'을 더해 '발효된 음식 중에서도 가장 뛰어난 음식'이라는 뜻을 나타낸 '식초 산(酸)'.

▶▶ 산소(酸素), 산화(酸化), 산성(酸性), 탄산(炭酸), 염산(鹽酸)

<table>
<tr><td>唆 사</td><td>'입 구(口)'와 '미더운 사람 준 혹은 뛰어날 준(俊)'을 더해 '그럴듯한 말로 (다른 사람에게 무엇인가를 하도록) 부추기는 말'이라는 뜻을 나타낸 '부추길 사(唆)'.</td></tr>
</table>

>> 시사(示唆), 교사(敎唆: 남을 선동하여 못된 일을 하게 함)

247_ 공변될 공(公)

독수리와 수탉의 목털

<table>
<tr><td>公 公 공</td><td>'내 것 사(厶 = 🔔)'와 '자연수(0,1,2,3,4,5,6,7,8,9) 중 제일 큰 나누임수인 여덟 팔(八 = 八)'을 더해 '내 것을 나누다 혹은 함께 나누다 (공유하다, 공개하다)'라는 뜻을 나타낸 '공변될 공(公)'.</td></tr>
</table>

'공변(公~)되다'라는 말의 어원은 분명히 밝혀지지 않고 있으나 말의 쓰임새로 보아서는 공변(公變, 公便: 공적인 입장으로 바뀌다)' 혹은 공분(公分:공평하게 나누다)에 해당된다고 여겨집니다.

아버지가 사적(私的)이라면 할아버지는 공적(公的)입니다. 제 새끼뿐만 아니라 남의 여러 새끼들도 두루 감싸주는 아버지들의 아버지가 되는 '한 아버지'의 역할 말입니다.

<table>
<tr><td>翁 翁 옹</td><td>'공변될 공(公)'과 '새'라는 뜻을 지닌 '깃 우(羽)'를 더해 '수탉이나 독수리의 목 부분을 감싸고 있는 깃털처럼 자신의 품안에 모두를 품어주는 사람'이라는 뜻을 나타낸 '목덜미 깃털 옹(翁)' 혹은 '할아버지 옹(翁)'.</td></tr>
</table>

>> 노옹(老翁), 옹고(翁姑:시아버지 시어머니), 옹온(翁媼: 할아버지 할머니)

추운 겨울날에도 날뛰며 놀려고만 하는 철부지 아이들의 목에 수건이라도 한 장 두르라고 호령을 하는 할배가 생각납니다. 겉은 무섭지만 속 내용은 따뜻한 호령이지요. 아무리 두꺼운 옷을 입었어도 목을 감싸주지 않으면 아무런 소용이 없습니다. '우리 사람 사는 세상의 그 목도리 같은 구실을 해주는 사람'이라는 뜻에서 '할아버지 혹은 어르신네 옹(翁)'이 된 것입니다.

<table>
<tr><td>松 송</td><td>'공변될 공(公)'과 '나무 목(木)'을 더해 '(널리 감싸주는) 공변된 나무'라는 뜻을 나타낸 '소나무 송(松)</td></tr>
</table>

>> 송진(松津), 송백(松柏: 소나무와 잣나무)

| 瓮 옹 | '공변될 공(公)'과 '(흙을 구워서 만드는) 기와 와(瓦)'를 더해 '큰 항아리'라는 뜻을 나타낸 '독 옹(瓮)' |

| 頌 송 | '공변될 공(公)'과 '머리 혈(頁)'을 더해 '널리(공적으로) 으뜸으로 떠받들어 기리다'라는 뜻을 나타낸 '기릴 송(頌)'.
▶ 송가(頌歌), 칭송(稱頌), 찬송(讚頌), 송덕비(頌德碑) |

| 訟 송 | '공변될 공(公)'과 '말씀 언(言)'을 더해 '널리 말을 해서 공적으로 시비를 다투다'라는 뜻을 나타낸 '드러낼 송, 다툴 송(訟)'.
▶ 송사(訟事), 소송(訴訟), 쟁송(爭訟) |

| 昷 온 | 밥을 따듯하게 보관하거나 데우기 위해 (가마)솥에 밥그릇을 엎어서 넣어 두거나 작은 뚜껑으로 덮어 넣어둔 모양으로 나타낸 '따듯할 온, 어질 온(昷)'. |

| 溫 온 | '따듯할 온(昷)'에 '물 수(水=氵)'를 다시 더해 만든 '따듯할 온(溫)'.
▶ 온도(溫度), 온유(溫柔), 온화(溫和), 온고지신(溫故知新) |

| 媼 온 | '따듯할 온(昷)'과 '계집 녀(女)'를 더해 '밖에 나가 있는 자식들을 위해 가마솥에 밥을 덥혀 놓고 가슴 졸이고 있는 할머니'라는 뜻을 나타낸 '할머니 온(媼)'. |

248_ 귀할 귀(貴)

 갓 올라오는 새싹(𡴝)을 두 손(𦥑)으로 귀여워하는 모습

| 貴 귀 | '갓 올라오는 새싹(𡴝)을 두 손(𦥑)으로 귀여워하는 모습으로 나타낸 우리말 한자(漢字), '귀여워 할 귀(貴)'. |

| 貴 귀 | '귀여워 할 귀(貴 = 臾)'와 재물을 뜻하는 '조개 패(貝 =貝)'를 더해 '귀한 재물과 돈'이라는 뜻을 나타낸 '귀할 귀(貴)'.
▶ 귀중(貴重), 귀천(貴賤), 부귀(富貴), 귀골(貴骨) |

| 遺
 유 | '귀할 귀(貴)'와 '(길게) 가다'라는 뜻의 '걸을 착(辶)'을 더해 '귀한 것이 길게(오래) 가도록 하다'라는 뜻을 나타낸 '남길 유, 끼칠 유(遺)'.
 ▶▶ 유물(遺物), 유산(遺産), 유족(遺族), 유적(遺蹟), 유훈(遺訓) |

'상자 방(匚)' 안에 '귀할 귀(貴)'가 들어 있다 해서 통상 '함(상자) 궤, 혹은 (귀한 것이 상자 안에 들어갔으므로?) ~~이 다할 궤(匱)'.

'~~이 다할 궤(匱)'라는 해석은 잘못된 것으로 아직 그 어원이 분명하질 않습니다만, 저로서는 그 이유를 '상자 방(匚)' 안에 들어 있는 '귀할 귀(貴)'가 '쌓아 놓은 귀한 재산과 돈(貝=貝)'이 아니라 사실은 '귀여워하다'라는 '우리말 한자(漢字)'인 '귀여워 할 귀(𧶠 = 𧷴)'인 것을 모르고들 있기 때문이라고 생각됩니다. 그래서 제 나름의 해석을 해보면 '상자(匚) 안에 생명체(土 = 𧶠 = 𧷴)를 넣으니 망해서 죽고 말다'가 되어 그나마 이제까지의 '~~이 다하다(없어졌다)'라는 해석도 통용될 수 있는 여지가 생깁니다. 실은 재물과 돈도 상자 안에 넣어 두기만 하면 쓸모가 없어지는 것도 사실이니까 말입니다. 그렇지만 '쌓아 놓은 재물과 돈(貝=貝)의 귀함'과 '새 생명인 새싹(土 = 土)을 귀여워하는 것'은 아주 다르겠지요.

| 潰
 궤 | '쌓아 놓은 재산과 돈'이라는 뜻을 지닌 '귀할 귀(貴)'와 '물 수(水=氵)'를 더해 '귀하게 쌓아놓은 재물을 물이(로) 쓸어버리다'라는 뜻을 나타낸 '무너질 혹은 무너뜨릴 궤(潰)'.
 ▶▶ 궤멸(潰滅), 위궤양(胃潰瘍) |

| 櫃
 궤 | '함 궤(匱)'와 '나무 목(木)'을 더해 다시 만든 '함 궤(櫃)'.
 ▶▶ 금궤(金櫃), 철궤(鐵櫃) |

249_ 같을 여(如)

| 如
 여

 | '무엇인가를 부드럽게 감싸 안는다'는 특성을 지닌 '계집 녀(女)'와 '무엇인가를 안에 담는 그릇'이라는 특성을 지닌 '입 구(口)'를 함께 써서 '여자와 그릇은 깨지기 쉬우니 부드럽게 대해야 한다는 점에서 같다'는 뜻을 나타낸 '부드러울 여, (안에 담아낸다는 특성이) 같을 여(如)'.
 ▶▶ 여전(如前), 여실(如實: 사실과 꼭 같음), 결여(缺如), 물심일여 (物心一如) |

| 茹
 여 | '부드럽다'는 뜻을 지닌 '같을 여(如)'와 '풀 초(艹)'를 더해 '먹을 수 있는 부드러운 풀'을 나타낸 '먹을 여, 부드러울 여, 채소 여(茹)'.
 ▶▶ 여소(茹素: 채식과 소박한 음식) |

絮 서

'부드러울 여(如)'와 '실 사(糸)'를 더해 '솜털처럼 부드러운 실'이라는 뜻을 나타낸 '솜 서(絮)'.

>> 서설(絮雪: 솜이나 눈송이처럼 하얗게 날리어 흩어진다는 뜻으로 '버들개지'를 이르는 말), 비서(飛絮: 바람에 날려 떠다니는 버들개지), 유서지재(柳絮之才: 버들가지 같은 여자의 글재주를 기리는 말)

恕 서

'같을 여(如)'자와 '마음 심(心)'자를 더해 '마음을 같이하다'라는 뜻을 나타낸 '어질 서(恕)'.

>> 용서(容恕), 충서(忠恕: 충실하고 인정이 많음)

'어질 서(恕)'자가 어떤 사전에는 '마음을 같이하다'가 아니라 '누가 누구의 잘못이나 죄를 용서해주다'라는 뜻의 '용서(容恕)할 서(恕)'자가 되어 있는데, 이는 '용서(容恕)'라는 말 이후에 생긴 잘못된 훈(訓)입니다. 또 어떤 한자 교재에는 '같을 여(如)'자는 여자(女)의 입에서 나오는 말(口)은 남자(아버지, 남편, 아들)의 의견과 같다는 뜻을 가진 글자라는 설명도 있는데 참으로 너무나 심한 해석입니다. 비록 가부장제적 유교의 영향으로 '계집 녀(女)'자가 비하 되어 왔다고는 하지만, 아무리 옛 어른들이라도 이렇게까지 무지막지한 설명을 한 적은 없었을 것입니다.

250_ 마루 종(宗)

宗 종

'집 면(宀=冂)'과 '제사상'의 뜻을 지닌 '보일 시(示=礻)'를 더해 '조상에게 제사를 지내는 사당(宗)'이라는 뜻을 나타낸 '마루 종(宗)'.

>> 종교(宗敎), 종주(宗主), 종묘(宗廟), 종파(宗派)

우리말의 '마루'는 지붕의 용마루, 고갯마루, 산마루처럼 높다는 뜻과 서까래나 산줄기처럼 여러 갈래로 나뉘어 흐른다는 뜻을 가지고 있습니다. (대청)마루는 한집안의 여러 식구들을 거느리는 장소였으며 그 마루의 주인이 마누라였습니다. 가부장제가 철저했던 조선조에서도 양반 상놈이든 자기의 처를 마누라고 불렀는데 바로 '저는 당신의 '마루 하(밑)'입니다'라는 뜻으로 생긴 말입니다. 폐하(陛下: 당신의 큰 섬돌 밑), 각하(閣下: 당신의 대문 문지방 아래) 보다 먼저 생긴 말.

崇 숭

'마루 종(宗)'과 '뫼 산(山)'을 더해 '제사를 높이 모시다'라는 뜻을 나타낸 '높일 숭(崇)'.

>> 숭배(崇拜), 숭앙(崇仰), 숭고(崇高), 숭상(崇尙)

綜 종

'실 사(糸)'와 '마루 종(宗)'을 더해 '(베를 짤 때) 짜 내려가는 모든 실을 위에서 묶어 쥐고 있는 실(잉아)'이라는 뜻을 나타낸 '모을 종(綜)'.

>> 종합(綜合), 착종(錯綜: 여러 가지가 뒤섞여 모임)

| 踪 종 |

'발 족(足)'과 '마루 종(宗)'을 더해 '오랫동안 걸어온(살아온) 흔적 (역사)'라는 뜻을 나타낸 '(조상의) 발자취 종(踪)'.

≫ 실종(失踪), 매종(眜踪: 자취를 감춤)

251_ 무리 서(庶)

| 庶 서
㡳 庻 |

'불 화(灬, ꙮ =火)'와 '돌조각 독(丆)'을 더해 '불과 불에 구워진 따듯한 돌무더기 주위에 모여 있는 사람들 혹은 모이다, 모두가 바라다, 넉넉하다, 살찌다' 등의 뜻을 나타낸 '여럿 서, 무리 서, 바랄 서, 넉넉할 서(庶)'. 후대에는 '짐승의 머리를 태우는 모습(莊)'과 '집 엄(广)'을 더한 형태로 바뀜.

≫ 서민(庶民), 서자(庶子)

삼국유사 고조선(古朝鮮)조에 '환인(桓因)의 서자(庶子) 환웅(桓雄)이 웅녀(熊女)를 만나 단군(檀君)을 낳았다'는 기록이 있습니다. '서자(庶子)'라는 말을 현행 옥편대로 해석을 하면 '우리 단군 할아버지의 아버지는 하느님의 첩의 자식이었다.'라는 뜻이 되는데 말이 안 되는 얘기이지요. 설혹 첩의 자식이었다 하더라도 우리 민족사를 그렇게 비하하는 기록을 남겼을 리는 없겠지요. '첩의 자식'이라는 말은 후대에 와서 한자의 원뜻을 잃어버린 유학자들의 해석일 뿐 실은 '뭇(무리) 서(庶)'라는 글자의 원뜻 그대로 '뭇사람들의 자식'이라고 해야 말이 됩니다. 다시 말하면 '단지 한 사람의 자식이 아닌 뭇 사람들의, 뭇 사람들을 위한 하느님의 아들 환웅(桓雄)이 웅녀라는 지상의 여자를 만나 고조선을 세웠는데 그 첫 임금의 이름을 단군(檀君)이라고 했다'라고 해석해야합니다. 하나의 민족 단위를 탄생시킨 우두머리가 어느 누구 한 사람의 자식이라는 것은 애초부터 말이 안 되는 얘기입니다. 당연히 하느님과 모든 사람들의 자식이어야 했을 테지요. 이는 비단(非但) 우리 민족뿐만이 아니라 모든 인류의 공통된 전통과 유산일 것이며 우리 선조들은 그 진실한 기록을 전해왔을 뿐입니다.

| 遮 차 |

돌무더기라는 뜻을 지닌 '뭇 서 모일 서(庶)'와 '갈 착(辶)'을 더해 '돌무더기로 길을 막다'라는 뜻을 나타낸 '막을 차, 덮을 차(遮)'.

≫ 차단(遮斷), 차양(遮陽), 차광(遮光)

| 摭 척 |

돌무더기라는 뜻을 지닌 '뭇 서 모일 서(庶)'와 '손 수(扌)'를 더해 '돌조각들을 모으다'라는 뜻을 나타낸 '모을 척(摭)

≫ 채척(採摭 : 뽑아서 가려냄) 군척(攈摭: 거둠. 주움)

| 蔗 자 |

'뭇 서 모일 서(庶)'와 '풀 초(艹)'를 더해 '사람들이 많이 몰리는 풀'이라는 뜻을 나타낸 '맛있을 자, 사탕수수 자(蔗)'.

≫ 자당(蔗糖), 감자(甘蔗)

| 度 도 | '여러 서(庶)'와 '오른 손 우(又)'를 더해 '(긴 거리를 여러 차례 손을 써서 재다'라는 뜻을 나타낸 '법 도, 여러 차례 도(度)'.
▶▶ 정도(程度), 태도(態度), 속도(速度) |

| 渡 도 | '손으로 건너짚어 가면서 재다'라는 뜻을 지닌 '법 도, 여러 차례 도(度)'와 '물 수(氵)'를 더해 '물을 건너다'라는 뜻을 나타낸 '건널 도(渡)'.
▶▶ 양도(讓渡), 매도(賣渡), 부도(不渡) |

252_ 버금 아(亞)

집의 기초나 무덤의 봉분 밑 부분을 파낸 자리의 모습

| 亞 아
{} | 움집의 기초나 무덤의 봉분 밑 부분을 파낸 자리의 형태를 그린 모습(𢀖 = {})으로 '움집이나 무덤의 밑(아래) 부분으로 이어진 자리'라는 뜻을 나타낸 '버금 아(亞)'.
▶▶ 아류(亞流), 아열대(亞熱帶), 아연(亞鉛) |

이 '아(亞)'자의 형태에는 '무엇인가(건물)에 버금가는 형태를 갖추고 있다'는 특징과 '사방이 막힌 한 덩어리로 되어 있다'는 특징을 함께 가지고 있습니다.

| 堊 악 | '버금 아(亞)'와 '흙 토(土)'를 더해 '움집이나 무덤의 지하를 조성할 때 사용하는 회성분의 흰 흙'이라는 뜻을 나타낸 '흰 흙 악 혹은 백토 악(堊)'.
▶▶ 백악관(白堊館), 백악기(白堊紀: 중생대를 셋으로 나눈 것 중의 마지막 지질시대) |

| 惡 악,오 | '사방이 막혔다'는 뜻을 지닌 '버금 아(亞)'와 '마음 심(心)'을 더해 '건물(움집이나 무덤 등) 밑에서 눌린 채 사방의 벽에 막혀있는 억눌린 마음'이라는 뜻을 나타낸 '악할 악(惡) 혹은 미워할 오(惡)'.
▶▶ 악용(惡用), 열악(劣惡), 증오(憎惡), 권선징악(勸善懲惡) |

| 啞 아 | '사방이 막혔다'는 뜻을 지닌 '버금 아(亞)'와 '입 구(口)'를 더해 '아무 것도 안 들리고 말도 못하다'라는 뜻을 나타낸 '벙어리 아(啞)'.
▶▶ 농아(聾啞), 아연실색(啞然失色) |

맹자(孟子)의 '수오지심(羞惡之心)'이라는 말은 그 뜻을 '(스스로가) 착하지 못함을 부끄러워하고(羞:부끄러워 할 수), 미워하는(惡: 미워할 오) 마음'이라고 해석되고 있습니다. 흔히 '모질거나 나쁘다'라는 뜻으로 쓰고 있는 '악 악(惡)'자가 여기서는 '(스스로 착하지 못함을) 미워하다'라는 뜻의 '미워할 오(惡)'로 해석됩니다. 여기서 '악 악(惡)'에 대해서도 다시 생각해보면, 원래 '亞'자가 갖고 있는 '억눌림, 막혀 있음과 답답함'의 뜻에서부터 '억울하고 미워하는 마음 오(亞+心=惡)'도 생기고, 또한 '다른 사람과 소통이 안 되는 외로움(亞)'속에서부터 결국 '(나뿐이 모르는) 나쁘고 모진 마음인 악 악(亞+心=惡)'도 생긴 것이라 생각됩니다.

253_ 언덕 부(阜, 阝)

𨸏 = 𨸏 = 阜 = 阝   옛날 사람들이 의지해서 살던 계단식 벼랑의 모습

降 강,항
𨸏 𨸐

'언덕 부(阝 = 阜)'와 '밑으로 향한 두 발(夊)'을 더해 '내려가다'라는 뜻을 나타낸 '내릴 강(降)' 혹은 '굽히고 내려가다'는 뜻을 나타낸 '항복할 항(降)'.
▶ 하강(下降), 강우량(降雨量), 강림(降臨), 항복(降伏), 투항(投降)

陟 척
𨸏

'언덕 부(阝 = 阜)'와 '위로 향한 두 발(步)'을 더해 '올라가다'라는 뜻을 나타낸 '오를 척(陟)'.
▶ 승척(昇陟), 진척(進陟)

限 한

서서 뒤돌아보는 모습(𥃉, 𥃉, 𥃉 =艮)을 그린 '머무를 간(艮)'과 '언덕 부(阝)'를 더해 '(언덕에 막혀) 가다가 머물다'라는 뜻을 나타낸 '그칠 한(限)'.
▶ 한정(限定), 한계(限界), 한도(限度), 기한(期限), 무한(無限)

除 제
𨸏

'언덕 부(阝 = 𨸏)'와 '땅을 파거나 고르게 펼치는데 쓰는 삽 혹은 가래의 모습(余, 余)'을 그린 '삽(가래) 여, 나머지 여 혹은 나 여(余)'를 더해 '(가로 막힌) 언덕을 펼치거나 치우다'라는 뜻을 나타낸 '덜어낼 제(除)'.
▶ 제거(除去), 제외(除外), 제적(除籍), 소제(掃除)

| 阿
 아 | '언덕 부(阝 = 阜)'와 '꺾이다, 혹은 굽히다'의 뜻을 지닌 '그럴 가 (可)'를 더해 '꺾이다 언덕, 혹은 그래요 하고 끄덕거리다'라는 뜻을 나타낸 '(꺾인) 언덕 가, 그럴 가, 혹은 끄덕거릴 아(阿)'.
≫ 아부(阿父), 아첨(阿諂), 아비규환(阿鼻叫喚) |

'언덕 부(阝 = 阜)'와 '꺾이다, 혹은 굽히다'의 뜻을 지닌 '그럴 가 (可)'를 더해 '꺾이다 언덕, 혹은 그래요 하고 끄덕거리다'라는 뜻을 나타낸 '(꺾인) 언덕 가, 그럴 가, 혹은 끄덕거릴 아(阿)'.

≫ 아부(阿父), 아첨(阿諂), 아비규환(阿鼻叫喚)

陳 진

'언덕 부(阝, 阜=阝)', '흙 토(土=土)', '무엇인가 싸는 보따리' 라는 뜻을 지닌 '보따리 동, 동녘 동(東=東)'을 더해 '흙을 넣은 보따리(흙주머니)를 언덕처럼 쌓아 쭉 늘어놓다'라는 뜻을 나타낸 '늘어놓을 진(陳)'.

≫ 진술(陳述), 진열(陳列), 진부(陳腐), 진정서(陳情書)

陣 진

'언덕 부(阝, 阜=阝)'와 '수레 거(車)'를 더해 '수레(마차)를 나란 히 언덕(방어벽)처럼 세우다'라는 뜻을 나타낸 '진칠 진(陣)'.

≫ 진영(陣營), 진통(陣痛), 퇴진(退陣), 경영진(經營陣)

陸 육

'언덕 부(阝, 阜=阝)'와 '흙 토(土,土)+나뉠 팔(八,儿: 양 옆으로 퍼지다)+흙 토(土)=坴'를 더해 '흙으로 된 언덕과 들'이라는 뜻을 나타낸 '뭍 육(陸)'.

≫ 육지(陸地), 육군(陸軍), 대륙(大陸), 착륙(着陸)

陵 능

'언덕 부(阝, 阜=阝)'와 '흙 토(土,土)+나뉠 팔(八,儿: 양 옆으로 퍼지다)+발(夊)=坴(夌: 언덕 능)' 혹은 '위로 뻗은 팔(十)과 사람(夂)'을 더해 '사람이 산에 오를 때 타고 오르게 되는 산등'이라 는 뜻을 나타낸 '큰 언덕 능 혹은 능선 능(陵)'.

≫ 구릉(丘陵), 왕릉(王陵), 태릉(泰陵)

凌 능

'얼음 빙(冫, 仌, 冫)'과 '큰 언덕 능 혹은 능선 능(陵)'을 더해 '산등을 타고 오르듯 무엇인가를 얼음처럼 차갑게 짓밟다'라는 뜻을 나타낸 '깔볼 능, 범할 능(凌)'.

≫ 능멸(凌蔑), 능욕(凌辱), 능가(凌駕)

陶 도

'언덕 부(阝,阜=阝)'와 '질그릇 부(缶) + 쌀 포(勹) = 질그릇 도, 가마 도(匋)'를 더해 '질그릇이나 기와, 도기 등을 굽는 가마'라는 뜻을 나타낸 '가마 도(陶)'.

≫ 도공(陶工), 도취(陶醉), 도자기(陶瓷器)

陽 양

'언덕 부(阝,阜＝阝)'와 '빛을 뿌리며 떠오르는 해의 모습(昜)'을 더해 '언덕의 햇빛이 비치는 쪽'이라는 뜻을 나타낸 '볕 양(陽)'.
>> 양력(陽曆), 양지(陽地), 태양(太陽), 음양(陰陽)

隆 융

'내려올 강(降＝䧏)'과 '풀이 자라 오르다'라는 뜻을 지닌 '날 생(生)'을 더해 '내리누르는 힘을 거슬러 오르다'라는 뜻을 나타낸 '커오를 융, 높아질 융(隆)'.
>> 융기(隆起), 융성(隆盛), 융숭(隆崇)

隊 대

'흙이 쌓이고 또 쌓이다'라는 뜻을 지닌 '언덕 퇴(阝＝𨸏＝自＝阜＝阝)'와 같이 쓰기도 하는 '언덕 부(阝,阜＝阝)'와 '뚱뚱한 돼지'라는 뜻을 지닌 '돼지 시(豕＝豕)'를 더해 '사람이 모이고 모인 무리'라는 뜻을 나타낸 '무리 대(隊)'.
>> 대장(隊長), 대열(隊列), 부대(部隊), 군대(軍隊)

墜 추

'사람(亻)이 언덕(阝＝阝)에서 거꾸로(𠂤) 떨어지는 모습(隊)'으로 나타낸 '떨어질 추(隊?)였는데 '무리 대(隊)'와 혼용이 되자 다시 '흙 토(土)'를 더해 만든 '떨어질 추(墜)'.
>> 추락(墜落), 실추(失墜), 격추(擊墜)

階 계

'언덕 부(阝,阜＝阝)'와 '코끝을 나란히 하다'라는 뜻을 지닌 '모두 개(皆)'를 더해 '언덕을 오르기 쉽도록 한 걸음씩 같은 높이가 되게 단을 쌓은 길'이라는 뜻을 나타낸 '섬돌 계, 사다리 계(階)'.
>> 계단(階段), 계층(階層), 계급(階級)

隔 격

'언덕 부(阝,阜＝阝)'와 '그릇의 다리 부분에 물이 끓는 공간을 두고 음식이 들어가는 몸통 사이에 칸을 막은 그릇 격(鬲)'을 더해 '사물과 사물 사이를 막다'라는 뜻을 나타낸 '사이 띄울 격(隔)'.
>> 격리(隔離), 격차(隔差), 원격(遠隔), 격세지감(隔世之感)

際 제

'언덕 부(阝,阜＝阝)'와 '하늘과 땅이 만나는 경계'라는 뜻을 지닌 '제사 제(祭)'를 더해 '양쪽이 만나는 지점이나 그 때'라는 뜻을 나타낸 '사이 제, 즈음 제(際)'.
>> 실제(實際), 국제(國際), 교제(交際)

| 隱 隱 | 은 |

'언덕 부(阝,阜=阝)'와 '무엇인가를 아래 위 두 손으로 덮어서 감추는 모습(⿱)', '마음 심(心=⺗)'을 더해 '감추어 숨기다'라는 뜻을 나타낸 '숨길 은(隱)'.

›› 은폐(隱蔽), 은닉(隱匿), 은퇴(隱退), 은둔(隱遁), 은밀(隱密)

| 陛 | 폐 |

'언덕 부(阝,阜=阝)'와 '견줄 비, 쫓을 비(比)', '흙 토(土)'를 더해 '땅을 돋우어 높인 (궁궐의) 섬돌'이라는 뜻을 나타낸 '섬돌 폐(陛)'.

›› 폐하(陛下), 단폐(丹陛), 천폐(天陛: 제왕이 있는 궁전의 섬돌)

254_ 고을 읍(邑= 阝)

| 邑= 阝
 옹 | 읍 |

'에워싸일 위(口) 혹은 나라 국(囗=口)'과 '무릎 꿇은 사람의 모습(⻄)'을 더한 모습(⻖)으로 '왕의 영지 내에 소속된 사람들이 사는 지역'이라는 뜻을 나타낸 '고을 읍(邑= 阝)'.

›› 도읍(都邑), 읍내(邑內), 경읍(京邑: 한 나라의 중앙(中央) 정부 (政府)가 있는 곳)

| 邦
 堂 举옹 | 방 |

'논밭에 곡식이 심어진 모습(堂)'과 '왕의 영지 내에 소속된 사람들이 사는 지역'이라는 뜻을 나타낸 '고을 읍(邑= 阝)'을 더해 '왕에게 소속된 제후들의 곡식이 심어져 있는 지역'이라는 뜻을 나타낸 '나라(봉토) 방(邦)'.

›› 연방(聯邦), 우방(友邦), 합방(合邦), 만방(萬邦)

| 邪 | 사 |

'어금니 아(牙)'와 '고을 읍(邑= 阝)'을 더해 '서로 엇갈리게 씹어야 하는 어금니처럼 늘 싸우는 고을'이라는 뜻에서 나온 '어긋날 사(邪)'.

›› 사악(邪惡), 간사(奸邪), 사념(邪念: 사특한 생각)

| 郡 | 군 |

'고을 읍(邑= 阝)'과 '임금 군(君)'을 더해 '임금이 사는 혹은 임금에게 소속된 고을'이라는 뜻을 나타낸 '고을 군(郡)'.

›› 군수(郡守), 군청(郡廳)

那 那	나	'여러 가지로 물산이 풍부하게(冄) 몰리던 어느 고을(邑=몸=阝: 고을 부)'의 이름으로 나타낸 '풍부할 나, 어찌 나(那)'. ▶▶ 찰나(刹那), 나락(那落)

'고을 읍(邑= 阝)'과 '여러 사람'이라는 뜻을 지닌 '놈 자(者)'를 더해 '많은 사람들이 사는 고을'이라는 뜻을 나타낸 '도읍 도(都)'.
▶▶ 도시(都市), 수도(首都), 도대체(都大體), 천도(遷都)

도읍: 都 도

'양쪽에 높은 절벽이 있는 땅'의 모습으로 나타낸 '언덕 구(丘)'.
▶▶ 구릉(丘陵), 구분(丘墳)

'가파른 절벽이나 산에 둘러싸인 땅'이라는 뜻을 지닌 '언덕 구(丘)'와 '뫼 산(山)'을 더해 '험한 산'이라는 뜻을 나타낸 '큰 산 악(岳)'.
▶▶ 산악(山岳)

'언덕 구(丘)'와 '고을 읍(阝)'을 더해 '언덕에 둘러싸인 고을'이라는 뜻을 나타낸 '지명 이름 구(邱)'
일구일학(一邱一壑: 때로는 언덕에 오르고 때로는 골짜기에서 낚시질을 한다는 뜻으로, 은자(隱者)의 삶을 이르는 말), 대구(大邱)

255_ 집 가(家)

여러 가지 집의 모습

위쪽을 지붕 삼아 그 아래에서 눈이나 비를 가릴 수 있는 절벽의 모습을 그린 '절벽 한(厂)'

'절벽 한(厂)'과 '막다'는 뜻을 지닌 '방패 간(干)'을 더해 '몸과 물건 등을 안전하게 지킬 수 있는 방패막이가 있는 절벽 굴 같은 곳이라는 뜻을 나타낸 '석굴 한(厈)'.

厓 애	'절벽 한(厂)'과 '(흙(土)이 쌓이고 또 쌓인) 쌍 토 규(圭)'를 더해 만든 '언덕 애(厓)'.
原 원	'절벽 한(厂)'과 그 밑에서 흘러나오는 물을 뜻하는 '샘 천(泉)'을 더해 만든 '근원 원(原)'. ▶▶ 원인(原因), 원칙(原則), 원리(原理)
庫 고	'절벽 혹은 석굴 한(厂)'과 '수레 거(車)'를 더해 '말이나 수레 등을 넣어 둘 수 있도록 지붕을 얹어 놓은 곳'이라는 뜻을 나타낸 '곳간 고(厍＝庫)'. ▶▶ 창고(倉庫)
歷 력 歷	창고의 뜻을 지닌 '석굴 한(厂)'과 '차례로 쌓아놓은 벼이삭의 모습 (秝)' 그리고 '걷다, 지나가다'는 뜻을 지닌 '발 지(止)'를 더해서 '세월이 지나가다 혹은 쌓여간다'라는 뜻을 나타낸 '지날 력(歷)'. ▶▶ 역사(歷史), 경력(經歷), 이력(履歷)
广 엄 广	지붕과 한 쪽 벽만으로 절벽에 기대어 지은 집의 모습(𠆢＝广)으로 나타낸 '집 엄(广)'. ▶▶ 엄호(广戶)
店 점	'집 엄(广)'과 '차지할 점(占)'을 더해 '시장에서 일정한 장소를 차지하고 있는 가게'라는 뜻을 나타낸 '가게 점(店)'. ▶▶ 상점(商店), 점포(店鋪)
床 상	'집 엄(广)'과 '나무 목(木)'을 더해 '지붕이 있는 마루'를 나타낸 '마루 상(床)'. ▶▶ 평상(平床), 병상(病床)
府 부	'집 엄(广)'과 '(넘겨) 줄 부(付)'를 더해 '백성들의 재물이나 문서 등을 넘겨받아 모아두는 곳집'이라는 뜻을 나타낸 '곳집 부 혹은 관청 부(府)'. ▶▶ 정부(政府), 사법부(司法府)
宀 면 宀	지붕과 벽이 다 갖추어진 '집 면(宀)'. ▶▶ 집 가(家), 집 택(宅), 집 우(宇)

穴 혈
穴

'집 면(∩=宀)'과 '양쪽으로 벌어지다'라는 뜻을 지닌 '여덟 팔(八=八)'을 더해 '앞이 벌어진 구멍 같은 집'이라는 뜻을 나타낸 '구멍 혈(穴)'.

>> 경혈(經穴), 혈거(穴居: 흙이나 바위의 굴속에서 삶)

突 돌

'구멍 혈(穴)'과 '개 견(犬)'을 더해 '구멍에서 갑자기 튀어나오는 개'라는 뜻을 나타낸 '갑자기 돌(突)'.

>> 돌격(突擊), 돌파(突破), 충돌(衝突)

空 공

'구멍 혈(穴)'자에 '구멍을 뚫는 모습에서 나온 '일할 공(ठ=工)'을 더해 '구멍을 뚫어 속을 비우다 혹은 속이 비었다'라는 뜻을 나타낸 '비울 공 혹은 빌 공(空)'.

>> 공간(空間), 공기(空氣), 공석(空石)

이 '空(공)'자에는 단지 '텅 비었다'라는 뜻만 있는 게 아니라 '비울 공(空)'이 말해주듯 '애를 써서 비워낸다'라는 뜻이 함축되어 있어 불교 신앙의 중요한 화두(話頭)로 쓰기도 합니다.

宏 굉

'집 면(면)'과 '팔뚝 굉(玄)'을 더해 '힘을 써서 크게 튀어나온 팔뚝처럼 떡 벌어진 집'이라는 뜻을 나타낸 '크고 넓을 굉(宏)'.

>> 굉장(宏壯), 굉곽(宏廓), 굉유(宏猷)

宣 선

'집 면(∩=宀)'과 '끝에서 끝까지 빠진데 없이 두루 걸쳐 뻗치다'라는 뜻을 지닌 '걸칠 긍, 뻗칠 긍(ë=亘)'을 더해 '임금의 말이 두루 안 가는데 없이 뻗쳐 나가도록 하다, (은혜를) 베풀다'라는 뜻을 나타낸 '베풀 선(宣)'.

>> 선언(宣言), 선고(宣告), 선전(宣傳)

256_ 뛰어난 선비 언(彦)

彦 언

'무늬 문(文)', '절벽 한(厂)', '빛날 삼(彡)'이 합쳐진 '회의(會意: 뜻을 모은) 문자'로, '글(文)이 절벽(厂)처럼 반듯하고 빛나는(彡) 멋진 사람'이라는 뜻의 '선비 언(彦)'.

>> 언사(彦士), 제언(諸彦)

諺 언

'선비 언(彦)'과 '말씀 언(言)'을 더해 '반듯하고 멋진 말, 바른 (선비의) 말'이라는 뜻을 나타낸 '상말(常말) 언(諺)'.

>> 고언(古諺: 신성한 말), 귀언(貴諺: 귀중한 말)

일찍부터 교훈(敎訓)이나 풍자(諷刺)등이 들어 있는 '격언(格言)' 혹은 예부터 내려오는 지혜가 담긴 멋진 '속담(俗談)' 등의 뜻으로 써온 글자로, '상말(常말)'의 원뜻은 '귀중한 매일의 일상에 반드시 필요한 한결같아야 할 말'이라는 뜻인데, 지금은 그만 욕을 말하는 '쌍말'이 되고 말았습니다. 또한 이 '멋지고 바르고 한결같아야 할 일상적인 말'이라는 뜻을 가진 이 '상말 언(諺)'이 논어(論語), 맹자(孟子)등의 경전들이 생겨난 이후, 중국(中國)에서는 슬그머니 '격언(格言)'이나 '고언(古諺)'이 아닌 '리언(里諺: 촌스러운 말)' 심지어는 '야언(野諺: 거친 말)', 비언(鄙諺: 저속한 말)'이라는 말로 쓰이게 되었는데, 우리나라에서만 '우리말 한자(漢字)'로 그 뜻이 살아남아 여전히 귀하고 한결같은 '고언(古諺)'과 '귀언(貴諺)'의 '諺'자로 남았습니다.

특히 세종대왕은 그 '고언(古諺: 신성한 말)'과 '귀언(貴諺)'을 지켜온 '언(諺)'의 문자(文字)', 즉 예부터 내려오는 '언문(諺文: 반듯하게 생긴 한글)'이 모든 백성들의 일상(日常)적인 말과 글이 되도록 하기 위해 고심 끝에 드디어 1446년 11월 8일 '언문청(諺文廳)'을 설치했습니다. 다시 말해서 세종대왕은 한자(漢字)를 대신한 '훈민정음(訓民正音)'으로 '언문(諺文)'을 처음 만든 것이 아니라 예부터 내려온 귀한 '언문(諺文)'을 보다 많은 사람들이 익혀 쓰도록 새롭게 함과 동시에, 또 한편으로는 '우리말 한자(漢字)의 소리 말(발음)'이 중국식 한자발음과 서로 어긋나 잘못되어가는 것을 바로 잡기위해 훈민정음(訓民正音)을 만들었던 것이며, 동시에 그래서 세종대왕은 새로운 28개의 표음문자(表音文字), 즉 '언문(諺文: 빠르고 뛰어난 글자)'을 새롭게 만드는 '언문청(諺文廳)'과는 별도로 '우리말 한자(漢字)의 소리 말(발음)'을 위한 '정음청(正音廳)' 또한 함께 세웠던 것입니다. 그 이유는 '한글'이 뛰어난 '언문(諺文)'일 뿐만 아니라, 바로 '우리말 한자(漢字)'를 위한 '정음(正音)'이기도 했기 때문입니다.

257_ 달 감(甘)

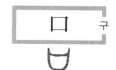

입(구멍)의 모습

입(구멍)에서 무엇인가 나오는 모습

입(구멍) 안에 무엇인가 들어 있는 모습

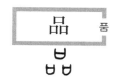

口 구

무엇인가 들어 갈 수 있는 굴이나 그릇, 사람의 입 등을 그린 모습
(ㅂ)으로 나타낸 '입 구(口)'.
>> 인구(人口), 구실(口實), 구설수(口舌數)

'구(口)'라는 한자 발음을 중국말로는 '커우', 일본말로는 '코오'라고 합니다만 그들의 원래 말 속에는 없었던 발음(소리 말)이기 때문에 그 어원을 찾을 수가 없고 단지 우리말의 '구멍'이라는 말을 통해서만 어째서 입이 '구, 커우, 코오'라는 발음의 한자인 '입 구(口)'자가 되었는지 짐작해 볼 수 있을 뿐입니다.

品 품

'그릇'의 뜻을 지닌 '입 구(口)' 3개를 더한 모습으로 '여러 가지의 그릇(물건)'이라는 뜻을 나타낸 '물건 품(品)'.
>> 품질(品質), 품목(品目), 상품(商品)

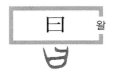

입(ㅂ)의 윗부분에 한 점(丶)을 더해 '입에서 나오는 무엇인가를 그린 모습(ㅂ)'으로 '무슨 말을 하다'라는 뜻을 나타낸 '가라사대 왈(曰)'.

≫ 공자왈(孔子曰), 맹자왈(孟子曰), 왈왈(曰曰)대다

'입 구(口=ㅂ)'자 안에 무엇인가 들어있다는 뜻의 한 점(丶)을 찍은 모습(日)으로 '무엇인가를 물고 있다 혹은 입에 달아서 물고는 잘 안 놓으려 하다'라는 뜻을 나타낸 '달 감(甘)'.

≫ 감수(甘受), 감미(甘美), 감초(甘草), 고진감래(苦盡甘來), 감언이설(甘言利說)

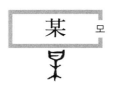

'달 감(甘=日)'과 '나무 목(木=朩)'을 더해 '나무 위에 달고 맛있는 열매가 맺었다 혹은 입 안에 무엇인가를 머금고 있다'는 뜻을 나타낸 '그 무엇 모 혹은 아무개 모(某)'.

≫ 모년 모일(某年某日), 모모(某某)라는 사람

'무엇 모 혹은 아무개 모(某)'는 한 편 '아기를 배서 입덧을 하는 여성이 입에 머금고 있기를 좋아하는 매실 열매'를 나타내는 글자이기도 했기 때문에 별도로 그 뜻을 명확히 하기 위해 '나무 목(木)'자를 더해 만든 '매실나무 매(楳)'.

그런데 이 '매실나무 매(楳)' 또한 매실나무와 다른 맛있는 열매를 맺는 나무들과의 구별이 어렵게 되자 나중에는 '나무 목(木)'자에 '어미들의 일상'이라는 뜻을 지닌 '매양 매(每)'자를 더한 지금의 '매실나무 매(梅)'자를 다시 만듭니다.

'말씀 언(言)'과 '그 뭐시기 모(某)'를 더해 '그 무엇인가를 찾거나 일을 꾀하기 위해 함께 이야기하다'라는 뜻을 나타낸 '꾀할 모(謀)'.

≫ 모의(謀議), 음모(陰謀), 도모(圖謀), 참모(參謀), 모면(謀免)

'계집 녀(女)'와 '아기를 배서 입덧하는 여자를 도와주는 매실 나무'라는 뜻을 지닌 '무엇 모 혹은 아무개 모(某)'를 더해 '여자가 아기를 낳을 수 있도록(결혼을 할 수 있도록) 도와주는 사람 혹은 서로 잘 모르는 아무개 남자와 아무개 여자가 맺어질 수 있도록 도와주는 사람(여자)'라는 뜻을 나타낸 '맺어줄 매 혹은 중매 매(媒)'.

≫ 중매(仲媒), 매개(媒介), 매체(媒體), 촉매(觸媒)

여기서 '매(媒)'라는 한자 발음 역시 우리말의 나무가 열매를 '맺다'나 '맺어주다'라는 말을 모르면 그 어원을 잘 알 수가 없습니다.

敢 감
鬊 骰

'달 감(貞=甘)'과 '남의 손을 치우는(弓) 손(手)을 그린 모습(骰)' 혹은 '(남의) 손에 있는 고기(月=彐+月)와 (그것을) 빼앗으려는 손(手=攵)'으로 '남의 것을 빼앗는 짓'이라는 뜻을 나타낸 '감히 감(敢)'.
>> 과감(果敢), 용감(勇敢), 감행(敢行)

嚴 엄
嚴 嚴

'감히 감(敢)'과 '덮을 엄(厂)', 2개의 '입 구(口)'를 더해 '남의 것을 빼앗는 짓을 못하도록 말리는(덮는) 소리를 치다'라는 뜻을 나타낸 '엄할 엄(嚴)'.
>> 엄격(嚴格), 엄숙(嚴肅), 엄정(嚴正)

甚 심
芘

'달 감(甘)'과 '짝 필(匹)'을 더해 '단맛에 너무 빠져 짝이 되다 혹은 짝끼리 단맛에 너무 빠지다'라는 뜻을 나타낸 '심할 심(甚)'.
>> 심지어(甚至於), 극심(極甚), 심심(甚深), 격심(激甚), 막심(莫甚), 심난(甚難).

堪 감

'심할 심(甚)'과 '흙 토(土)'를 더해 '아무리 심한 경우라도 흙은 견뎌낸다'라는 뜻을 나타낸 '견딜 감(堪)'.
>> 감당(堪當), 감내(堪耐), 난감(難堪)

258_ 포갤 루(婁)

婁 루
婁

여자(虍=女)가 머리에 그릇(凵)을 이고(耒), 무엇인가(串)를 더 얹어서(포개어) 이고 있는 모습(婁)으로 '이고 또 포개어 이다'라는 뜻을 나타낸 '포갤 루(婁)'.

數 수

'이고 또 포개어 이다'라는 뜻을 지닌 '포갤 루(婁)'와 '~~하게 하다'라는 뜻의 동사 부호 '칠 복(攵)'을 더해 '이고 또 이어지는(포개지는) 가짓수(수효)'라는 뜻을 나타낸 '셀 수(數)'.
>> 수학(數學), 수량(數量), 수치(數値), 다수(多數)

屢 루

'~위에 앉다'라는 뜻을 지닌 '앉힐 시(氵,仒,尸=尸)'와 '포갤 루(婁)'를 더해 '(사람이 앉는) 집을 여러 차례 포개어 짓다(앉히다)'라는 뜻을 나타낸 '여러 루, 누(屢)'.
>> 누차(屢次), 누년(屢年), 누누이(屢屢-)

樓 _루	'포갤 루(婁)'와 '나무 목(木)'을 더해 '집 위에 포개어 지은 집'이라는 뜻을 나타낸 '다락 루(樓)'. ≫ 망루(望樓), 마천루(摩天樓), 누각(樓閣)
褸 _루	'포갤 루(婁)'와 '옷 의(衣=衤)'를 더해 '옷을 깁고 또 기워 입다 혹은 옷을 입고 (떨어지니) 또 껴입다'라는 뜻을 나타낸 '해진 옷 루, 누더기 루(褸)'. ≫ 남루(襤褸)하다

259_ 새김 칼, 매울 신(辛)

옛날에 글자나 문신을 새길 때 쓰던 '새김 칼'의 모습

辛 _신 	'새김칼'로 '(찌르면) 아프다, 매섭다, 맵다'는 뜻을 나타낸 '매울 신(辛)'. ≫ 신고(辛苦: 매운맛 쓴맛), 신랄(辛辣)하다
親 _친 	처음엔 '칼'의 뜻을 지닌 '매울 신(辛)'과 '볼 견(見)'을 더해 '무엇인가를 자르려면 칼을 맞대고 자르듯이 늘 가까이서 살펴보는 사이'라는 뜻을 나타낸 '가까울 친(親)'. ≫ 친척(親戚), 친구(親舊), 가친(家親)
言 _언	'새김 칼(辛)'과 '입(ㅂ)'을 더해 '칼로 새기듯 분명히 하는 말'이라는 뜻을 나타낸 '말씀 언(言)'. ≫ 언어(言語), 언약(言約), 언론(言論), 언변(言辯)
計 _계	'말씀 언(言)'과 '모두 아우르다'라는 뜻을 지닌 '열 십(十)'을 더해 '모두를 헤아리다'라는 뜻을 나타낸 '헤아릴 계, 셀 계, 꾀할 계(計)'. ≫ 계획(計劃), 시계(時計), 계좌(計座)

音 음

말씀 언(👄:言)'과 같은 형태인데 '새김 칼(👆)' 밑의 입(ㅂ)부분이 '안쪽에 점(-)이 들어있는 입의 모습(ㅂ)'으로 바뀌어 밖으로 나오지 않은 '입 속에 들어 있는 말, 즉 말 이전의 소리'라는 뜻을 나타낸 '소리 음(音)'자.

>> 음성(音聲), 음악(音樂), 음향(音響), 화음(和音), 방음(防音)

意 의

'입 속에 들어 있는 말'이라는 뜻을 지닌 '소리 음(音)'과 '마음 심(心)'을 더해 '마음속의 생각'이라는 뜻을 나타낸 '뜻 의(意)'.

>> 의견(意見), 의의(意義), 의미(意味), 의식(意識)

億 억

'마음속의 생각'이라는 뜻을 지닌 '뜻 의(意)'와 '사람 인(亻)'을 더해 '사람이 생각할 수 있는 최대의 수'라는 뜻을 나타낸 '헤아릴 억, 억 억(億)'.

>> 억대(億臺), 억겁(億劫)

憶 억

'마음속의 생각'이라는 뜻을 지닌 '뜻 의(意)'에 '마음 심(忄)'을 다시 더해 '마음속에 계속 다시 떠오르는 생각'이라는 뜻을 나타낸 '생각날 억(憶)'.

>> 기억(記憶), 추억(追憶), 억측(臆測)

暗 암

'입 안의 소리'라는 뜻을 지닌 '소리 음(音)'과 '날 일 (日)'을 더해 '해가 가려지거나 져서 어둡다'라는 뜻을 나타낸 '어두울 암(暗)'.

>> 암시(暗示), 암담(暗澹), 명암(明暗)

宰 재

'매서운 새김칼'이라는 뜻을 지닌 '매울 신(辛)'과 '집 면(宀)'을 더해 '한 공동체의 귀중한 식량인 가축의 도살과 고기 및 여러 귀중한 필수품들의 관리를 매섭게 하는 일'이라는 뜻을 나타낸 '맡아 다스릴 재 혹은 재상 재(宰)'.

>> 주재(主宰), 재상(宰相)

滓 재

'고기 등 음식물의 관리'라는 뜻을 지닌 '다스릴 재(宰)'와 '물 수(氵)'를 더해 '도살된 육류나 음식물을 씻거나 다루는 과정에서 남게 되는 음식물 찌꺼기'라는 뜻을 나타낸 '찌꺼기 재, 앙금 재(滓) 혹은 더럽힐 치(滓)'.

>> 잔재(殘滓), 광재(鑛滓: 쇠찌끼)

辭 사

'얽혀있는 실을 풀고 있는 두 손의 모습(亂)'과 '범죄자에게 묵형(먹으로 몸에 문신을 새기는데 쓰는 '새김칼(후:신)'을 더해 '범죄 혐의를 소상하게 밝히고 판단하는 말과 그 일'이라는 뜻을 나타낸 '하소연할 사, 논술할 사(辭)'.
>> 사퇴(辭退), 사표(辭表), 찬사(讚辭)

亂 란

'엉켜 있는 실 무더기에서 실을 뽑아내려는 모습(亂)'과 '삐걱거리다'라는 뜻을 지닌 '새길 을(乚=乙)'을 더해 '어지럽게 엉켜서 서로 삐걱대다'라는 뜻을 나타낸 '어지러울 란(亂)'.
>> 혼란(混亂), 교란(攪亂), 요란(搖亂)

辯 변

'죄의 여부를 판단하다'라는 뜻을 지닌 2개의 '새김칼 신(후)'과 '말씀 언(言)'을 더해 '죄의 여부를 놓고 서로 주고받는 말'이라는 뜻을 나타낸 '말 바룰 변(辯)'.
>> 변호사(辯護士), 웅변(雄辯), 답변(答辯)

辨 변

'죄의 여부를 판단하다'라는 뜻을 지닌 2개의 '새김칼 신(후)'과 '칼도(刀=刂)'를 더해 '죄 혹은 옳고 그름의 여부를 분별하여 결정하다'라는 뜻을 나타낸 '분별할 변(辨)'.
>> 변명(辨明), 변별력(辨別力), 변상(辨償)

辟 벽

'앉은 사람과 항문을 그린 모습(辟)'과 '새김칼의 모습(후=辛: 매울신)'을 더해 '옛날 가장 몹쓸 임금들이 사람을 짐승처럼 잡아서 양쪽 가랑이부터 갈라놓는 형벌'이라는 뜻을 나타낸 '피할 피, 물러날 벽, 허물 벽, 법 벽, 임금 벽(辟)'.
>> 징벽(徵辟), 비벽(荊辟), 벽곡(辟穀)

壁 벽

'양 옆으로 가르다'라는 뜻을 지닌 '피할 피, 물러날 벽(辟)'과 '흙토(土)'를 더해 '양 옆을 흙으로 쌓아 막다, 혹은 양 옆의 벼랑'이라는 뜻을 나타낸 '벽 벽, 벼랑 벽(壁)'.
>> 장벽(障壁), 안벽(岸壁), 벽화(壁畫)

避 피

'양 옆으로 가르다'라는 뜻을 지닌 '피할 피, 물러날 벽(辟)'과 '갈착(辶)'을 더해 '물러나 피해가다'라는 뜻을 나타낸 '피할 피(避)'.
>> 불가피(不可避), 기피(忌避), 회피(回避), 도피(逃避)

章 장

'새김 칼()'과 '무늬(글자)가 있는 거북의 배 껍질 모습(⊕＝甲)'을 더해 '한 장의 거북 껍질에 새긴 한 단락의 글'이라는 뜻을 나타낸 '(한 단락의) 글 장(章)'. 나중에는 '소리 음(音)'과 '하나로 아울러 묶다'는 뜻을 지닌 '열 십(十)'을 더해 '음악의 한 단락'을 나타내는 '단락 장(章)'으로도 쓰이게 됨.

▶▶ 문장(文章), 인장(印章), 기장(旗章), 도장(圖章), 제1장(第一章), 일장일절(一章一節)

彰 창

'단락 장(章)'과 '빛 무늬 삼(彡)'을 더해 '한 단락의 글이나 음악 등 무엇인가를 분명히 밝혀 드러내다'라는 뜻을 나타낸 '밝힐 창, 드러낼 창(彰)'.

▶▶ 표창(表彰), 현창(顯彰)

障 장

'단락 장(章)'과 '언덕 부(阝)'를 더해 '한 단락을 짓기 위해 칸을 막는다.'라는 뜻을 나타낸 '가로 막을 장(障)'.

▶▶ 장벽(障壁), 장애(障碍), 보장(保障), 고장(故障)

260_ 새길 시(戠)

진흙 판에 (쐐기) 문자를 새기던 쐐기 혹은 진흙 위에 새긴(찍힌) 쐐기 무늬의 자국.
– 갑골문(한자)에 남아 있는 설형문자(楔形文字: 쐐기문자)와 관련된 최초의 흔적 –

戠 시

'글자를 새기는데 쓰는 쐐기(▽＝▽)'와 '글자의 가로 세로를 맞추기 위한 어떤 틀의 모습(†＝丁)'을 더해 '진흙 판 혹은 직물 위에 글자(기호나 표시)를 새기다'라는 뜻을 나타낸 '새길 시 혹은 진흙 시(戠)'.

識 식,지

'어떤 기호나 표시, 글자 등을 새기다'라는 뜻을 나타낸 '새길 시(戠)'와 '말씀 언(言)'을 더해 '확실하게 알고 적었다 혹은 적힌 걸 알았다'는 뜻을 나타낸 '알 식 혹은 적을 지(識)'.

▶▶ 지식(知識), 인식(認識), 의식(意識), 상식(常識)

織 직

織纖

처음에는 '직물 위에 글자(기호나 표시)를 새기다'라는 뜻을 지닌 '새길 시(𢽳=戠)'와 '계집 녀(𡚩=女)'를 더한 모습(纖)으로 '여자가 (짜고 있는) 천(직물)에다 어떤 무늬나 기호, 상징 등을 새겨 넣는 모습'이었는데 나중에 '계집 녀(𡚩=女)' 대신 '실 사(𢆶=糸)'로 바꾸어 '무엇인가를 짜거나 엮어내다'라는 뜻을 나타낸 '짤 직(織)'.
≫ 직조(織造), 직물(織物), 방직(紡織), 조직(組織)

幟 치

'어떤 기호나 표시, 글자 등을 새기다'라는 뜻을 나타낸 '새길 시(𢽳, 𢽳=戠)'와 '수건 건(巾)'을 더해 '수건(가죽이나 천)에 어떤 기호나 상징을 새긴(표시한) 깃발'이라는 뜻을 나타낸 '기(깃발) 치(幟)'.
≫ 기치(旗幟), 백치(白幟: 백기)

職 직

𢽳職

'어떤 기호나 표시, 글자 등을 새기다'라는 뜻을 지닌 '새길 시(𢽳, 𢽳=戠)'와 '귀 이(耳)'를 다시 더해 '보고 듣고 잘 알아서 (처리)하다'라는 뜻을 나타낸 '맡을 직 혹은 벼슬 직(職)'.
≫ 직분(職分), 직책(職責), 직업(職業), 취직(就職)

261_ 없을 무(無)

사람이 춤추는 모습

无 무

旡旡旡

사람이 춤추는 모습으로 '자신을 잊고 무아지경에 빠지다'라는 뜻을 나타낸 '없을 무(无)'.

無 무

霖霖霖

사람(大)이 양 손에 대나무 가지(𣓤, 𣓤)를 들고 있는 모습으로 '무당이 자신을 잊고 무아지경에 빠져 신을 받다'라는 뜻을 나타낸 '무당 무, 없을 무(無)'.
≫ 무죄(無罪), 무정(無情), 무관(無關), 무리(無理), 허무(虛無)

<table>
<tr><td>舞 무</td><td>'무당 무(=無)'와 '엇갈리는 두 발의 모습(ﾠ,ﾠ=舛: 어그러질 천)'을 더해 '(무당처럼) 춤을 추다'라는 뜻을 나타낸 '춤출 무(舞)'.
≫ 무대(舞臺), 무용(舞踊), 승무(僧舞)</td></tr>
</table>

'무당 무(=無)'와 '엇갈리는 두 발의 모습(ﾠ,ﾠ=舛: 어그러질 천)'을 더해 '(무당처럼) 춤을 추다'라는 뜻을 나타낸 '춤출 무(舞)'.
≫ 무대(舞臺), 무용(舞踊), 승무(僧舞)

霝 령

'하늘에서 내리는 빗방울의 모습(ﾠ)'으로 나타낸 '비올 령, 빗방울 령, 신령 령(霝)'.

靈 령

'비올 령, 빗방울 령, 신령 령(霝)'과 '무당 무, 의사 무(巫)'를 더해 만든 '신령 령(靈)'.
≫ 망령(亡靈), 유령(幽靈), 심령(心靈), 영혼(靈魂)

零 령,영

'(빗방울) 떨어질 령, 신령 령(霝=0)'과 '방울소리 령(令)'을 더해 '흩어져 없어지는 빗방울, 나머지(우수리), 수(數)가 없음'이라는 뜻을 나타낸 '영 영(零=0)'.

巫 무

사람과 사람이 함께(ﾠ) 하늘과 땅을 꿰뚫고(工) 천지 사방이 하나가 되는 모습(巫=十)으로 나타낸 '무당 무, 의사 무(巫)'.
≫ 무당(巫堂), 무녀(巫女), 무격(巫覡: 무당과 박수)

撫 무

'무당'이라는 뜻을 지닌 '없을 무(無)'와 '손 수(扌)'를 더해 만든 '어루만질 무(撫)'.
≫ 위무(慰撫), 애무(愛撫), 선무(宣撫), 진무(鎭撫), 무마(撫摩)

262_ 가려 뽑을 손(巽)

巽 손

단상(兀) 위에 (공손하게) 앉아있는 두 사람(ﾠ)의 모습(ﾠ)으로 '누구를 희생의 제물로 가려서 뽑다'라는 뜻을 나타낸 '공손할 손, 뽑을 손, 8괘(卦)중의 하나 손괘(巽卦) 손(巽)'.
≫ 손괘(巽卦), 손풍(巽風: 동남풍), 손열(巽劣: 낮고도 못 생김)

選 선

'뽑을 손(巽)'과 '~~하다'라는 뜻을 지닌 '갈 착(辶)'을 더해 '가려 뽑다, 뽑히다'라는 뜻을 나타낸 '가릴 선(選)'.
≫ 선수(選手), 선거(選擧), 선발(選拔)

| 撰 _찬 | '뽑을 손(巽)'과 '~~하다'라는 뜻을 지닌 '손 수(扌)'를 더해 '~~을 가려 뽑다 혹은 뽑아서 지어내다'라는 뜻을 나타낸 '가릴 선, 지을 찬(撰)'. |

'뽑을 손(巽)'과 '~~하다'라는 뜻을 지닌 '손 수(扌)'를 더해 '~~을 가려 뽑다 혹은 뽑아서 지어내다'라는 뜻을 나타낸 '가릴 선, 지을 찬(撰)'.

>> 찬술(撰述), 찬수(撰修: 책(冊)이나 문서(文書) 따위를 저술(著述)하고 편집(編輯)함)

'제단에 올리다'라는 뜻을 지닌 '뽑을 손(巽)'과 '먹을 식(食)'을 더해 '(제단 위에) 음식을 가려서 차려 놓다'라는 뜻을 나타낸 '반찬 찬(饌)'.

>> 세찬(歲饌), 반찬(飯饌), 찬수(饌需: 반찬거리가 되는 것)

263_ 거스를 역(屰)

'사람이 거꾸로 된 모습( )'으로 나타낸 '거스를 역(屰)'

'거꾸로 선 사람의 모습(=屰)'과 '걸을 착(辶)'을 더해 '거슬러 가다'라는 뜻을 나타낸 '거스를 역(逆)'.

>> 역전(逆轉), 역행(逆行), 역풍(逆風), 거역(拒逆)

'거스를 역(屰)'과 '입을 크게 벌린 모습'의 '하품 흠(=欠)'을 더해 '기(氣)가 머리로 거슬러 오르다'라는 뜻을 나타낸 '기(氣)가 거슬러 오를 궐(欮)'.

'기(氣)가 머리로 거슬러 오르다'라는 뜻을 나타낸 '상기(上氣) 궐(欮)'에 '절벽(벼랑) 한(厂)'을 더해 '절벽을 파내며 기어오르다'라는 뜻을 나타낸 '파낼 궐, 다할 궐, 그 궐(厥)'.

>> 궐각(厥角), 궐공(厥公)

'입을 크게 벌리다'라는 뜻을 지닌 '기(氣)가 거슬러 오를 궐(欮)'과 '문 문(門)'을 더해 '중앙에서 크게 벌어지는 문'이라는 뜻을 나타낸 '대궐문 궐(闕)'

>> 궁궐(宮闕), 보궐(補闕), 대궐(大闕), 궐내(闕內)

朔 삭

'거꾸로 선 사람의 모습(ꑶ, ꑶ = 屰)'과 '달 월(ꑶ = 月)'을 더해 '달이 처음으로 다시 돌아가다'라는 뜻을 나타낸 '초하루 삭(朔)'.

≫ 삭망(朔望), 삭풍(朔風), 만삭(滿朔)

遡 소

'초하루 삭(朔)'과 '걸을 착(辶)'을 더해 '거슬러가다'라는 뜻을 나타낸 '거스를 소(遡)'.

≫ 소급(遡及), 불소급(不遡及), 소구권(遡求權)

264_ 기를 육(育)

ꑶ = 𠫓	머리부터 나오는 아기의 모습

育 육

처음에는 여자(ꑶ = 𡰣 = 女)가 아기(ꑶ = 𠫓 = 子)를 낳는 모습(ꑶ)이었는데, 나중에 '낳은 아기(ꑶ)'와 '몸'의 뜻을 지닌 '고기 육(肉 = ꑶ = 月)'을 더해 '살찌워 키우다'라는 뜻을 나타낸 '기를 육(育 = 𡧇)'.

≫ 육아(育兒), 교육(敎育), 육성(育成)

결국 '낳을 육(育)'이 '기를 육(育)'으로 바뀌었는데, 이는 엄마가 이미 뱃속에서부터 아기를 기르는 것 또한 사실이기 때문일 것입니다.

充 = 충

'아기(ꑶ)가 거꾸로 나오는 모습(ꑶ)'과 '다리가 튼튼(충실)한 성인의 모습(ꑶ, ꑶ = 儿: 사람 인)'을 더한 형태(充)로 '아이가 어른처럼 다 자라다, 갖추다, 채우다'라는 뜻을 나타낸 '갖출 충, 채울 충(充)'.

≫ 충분(充分), 충실(充實), 충족(充足), 확충(擴充)

統 통

'갖출 충, 채울 충(充)'과 '실 사(糸)'를 더해 '빠짐없이 다 하나의 줄기로 연결하다(갖추다)'라는 뜻을 나타낸 '큰 줄기 통(統)'.

≫ 통합(統合), 통제(統制), 통일(統一), 전통(傳統), 계통(系統)

銃 총

'갖출 충, 채울 충(充)'과 '쇠 금(金)'을 더해 '쇠 공(알)을 꽉 채워 쏘는 무기'라는 뜻을 나타낸 '쇠도끼 구멍 총, 총 총(銃)'.
>> 총기(銃器), 총격(銃擊), 권총(拳銃)

毓 육

젖을 먹이는 어미의 모습(𣎆)과 (양수와 함께 흘러나오는) 갓난아기의 모습(𠫓)으로 '아기를 기르다'라는 뜻을 나타낸 '기를 육(毓)'.
>> 육정(毓精: 정기(精氣)를 받음)

流 류

양수와 함께 흘러나오는 아기의 모습(𠫓)에 다시 '물 수(氺=水, 氵)'를 더해 만든 '흐를 류(流)'.
>> 유통(流通), 유출(流出), 유수(流水), 교류(交流), 표류(漂流)

265_ 다할 경(竟)

竟 경

(맏형 같은) 사람(儿)이 음악 연주를 시작하거나 끝낼 때 하늘에 대고 나팔(音)을 부는 모습(竟)으로 '어떤 일이나 사물 혹은 장소의 시작과 끝'이라는 뜻을 나타낸 '마침내 혹은 다할 경(竟)'.
>> 필경(畢竟), 경야(竟夜: 밤새도록)

境 경

'어떤 일이나 사물 혹은 장소의 시작과 끝'이라는 뜻을 지닌 '다할 경(竟)'과 '흙 토(土)'를 더해 '(바로)어떤 장소의 시작과 끝'이라는 뜻을 나타낸 '지경 경(境)'.
>> 국경(國境), 환경(環境), 역경(逆境), 지경(地境), 경우(境遇)

鏡 경

'어떤 일이나 사물 혹은 장소의 시작과 끝'이라는 뜻을 지닌 '다할 경(竟)'과 '쇠 금(金)'을 더해 '어떤 사물들의 구별되는 경계선이 비쳐지는 모습을 비추어 볼 수 있는 쇠거울'이라는 뜻을 나타낸 '거울 경(鏡)'.
>> 수경(水鏡), 명경지수(明鏡止水), 파경(破鏡), 안경(眼鏡)

거울(鏡)에 비쳐지는 인간의 몸이 사물과의 어떤 경계(境界)를 가지고 있듯이, 사람이 살아간다는 것은 그 자체가 또한 수많은 경계선(境界線)에 부딪치는(만나는) 일이기도 합니다. 그래서 사람은 그 누구든 (심지어는 부모자식간이라 하더라도) 이웃이나 국가 간의 경계를 지키듯 서로 그 '경우(境遇: 경계선의 만남)'를 잘 지켜야 합니다.

266_ 벗을 탈(脫)

兌 태
(古文)

'나누다, 풀다'라는 뜻을 지닌 '여덟 팔(八 = 八)'과 '세상 사람들의 이런 저런 사정을 하늘에 고하는 역할을 하는 무당'의 뜻을 지닌 '맏(마지) 형(兄 = 兄)'을 더해 '세상 사람들의 이런 저런 사정을 하늘에 고하고 그 하늘의 가르침을 곧이곧대로 풀어준다'는 뜻을 나타낸 '풀어낼 태, 곧을 태 혹은 통할 태(兌)'.

>> 태환화폐(兌換貨幣), 발태(發兌: 서적 · 잡지 따위를 출판하여 널리 팖)

說 설,세
(古文)

'풀어낼 태(兌 = 兌)'와 '말씀 언(言 = 言)'을 더해 '무엇인가를 말로 풀어내다'라는 뜻을 나타낸 '(풀어) 말할 설(說), 혹은 구슬리고 달랠 세(說)'.

>> 해설(解說), 설명(說明), 설교(說敎), 연설(演說), 유세(遊說: 돌아다니면서 하는 연설)

脫 탈

'풀어낼 태(兌)'와 '몸'을 뜻하는 '고기 육(肉 = 月)'을 더해 '몸을 벗다'라는 뜻을 나타낸 '벗을 탈(脫)'.

>> 탈피(脫皮: 껍질을 벗다), 탈출(脫出), 해탈(解脫)

悅 열

'마음 심(忄 = 心)'과 '풀어낼 태(兌)'를 더해 '마음속을 시원히 풀어내니 기쁘다'라는 뜻을 나타낸 '기쁠 열(悅)'.

>> 희열(喜悅), 열락(悅樂)

銳 예

주물(鑄物)에서 나오는 청동합금(靑銅合金)의 뜻을 지닌 '쇠 금(金)'과 '벗길 태, 풀어낼 태(兌)'를 더해 '거푸집을 떼어 냈을 때의 날카로운 부분'이라는 뜻을 나타낸 '날카로울 예(銳)'.

>> 예리(銳利)하다, 첨예(尖銳)한 대립, 예민(銳敏)

稅 세

'벼 화(禾)'와 '벗겨낸다'는 뜻을 지닌 '풀어낼 태(兌)'를 더해 '백성들이 거둔 곡식에서 껍질을 벗겨내듯 이런 저런 구실을 붙여 구실(세금)을 뜯어내다'라는 뜻을 나타낸 '구실(세금) 세(稅)'.

>> 세금(稅金), 세관(稅關), 세무서(稅務署)

벗길 탈(脫)'과 같은 소리 말을 가진 '빼앗을 탈(奪)'이 있는데, 여기에 공통 된 '탈'이라는 소리 말도 중국말이나 일본말에서는 그 어소(語素: 말의 씨)와 이어지는 다른 소리 말을 찾을 수가 없는데, 우리말에서는 어쩐지 '(세금을) 탈탈 털어간다'고 할 때의 '탈 탈' 혹은 '털다'의 '털'과도 분명 어떤 관련이 있는 듯합니다.

267_ 백성 민(民)

 눈 혹은 눈동자를 화살로 꿴 모습

民 민
눈 혹은 눈동자를 화살로 꿴 모습(✦, ✦)으로 '눈을 부릅뜨고 저항하는 사람의 눈동자를 화살로 꿰어 장님으로 만든 노예'라는 뜻을 나타낸 '백성 민(民)'.
≫ 민중(民衆), 민란(民亂), 민족(民族), 국민(國民), 민주주의(民主主義)

怋 민
'눈동자를 찔린 장님'이라는 뜻을 지닌 '백성 민(民)'과 '마음 심(忄)'을 더해 '차마 볼 수 없는 마음'이라는 뜻을 나타낸 '민망할 민(怋)'.

眠 면
'눈을 감았다'라는 뜻을 지닌 '백성 민(民)'에 '눈 목(目)'을 다시 더해 만든 '눈 감을 면 혹은 잠잘 면(眠)'.
≫ 수면(睡眠), 동면(冬眠), 휴면(休眠), 영면(永眠: 죽음)

昏 혼
'안 보이다'라는 뜻을 지닌 '백성 민(民=✦)'과 '날 일(日=☉)'을 더해 '해가 안 보이는 밤(저녁)'이라는 뜻을 나타낸 '어두울 혼(昏)'. 여기서 윗부분의 '씨(氏)'자는 '민(民)'이 잘못 쓰이게 된 것임.
≫ 혼란(昏亂), 혼미(昏迷), 혼절(昏絶), 혼수상태(昏睡狀態)

婚 혼
'어두울 혼(昏)'과 '계집 녀(女)'를 더해 '어두운 밤에 (데리고 살기 위해) 여자를 데려오다'라는 뜻을 나타낸 '(옛 풍습상의) 혼인할 혼(婚)'.
≫ 혼인(婚姻), 혼례(婚禮), 화혼(華婚), 이혼(離婚)

268_ 신하 신(臣)

 무릎을 꿇고 고개 숙인 사람의 눈의 옆 모습

臣 신

'무릎을 꿇고 고개 숙인 눈의 옆모습'으로 나타낸 '노예 마름 신 혹은 신하 신(臣)'.
>> 신하(臣下), 신복(臣僕: 신하), 공신(功臣)

臤 견

'무릎 꿇은 포로'라는 뜻을 지닌 '노예 마름 신(臣)'과 '~하게 하다'라는 뜻을 지닌 동사 부호 '(오른손을 그린) 또 우(又)'를 더해 '불려 세워진 노예가 몸이 딱딱하게 굳다'라는 뜻을 나타낸 '굳을 견(臤)'.

竪 수

'불려 세워져 몸이 굳어있다'라는 뜻을 지닌 '굳을 견(臤)'과 '설 립(立)'을 더해 '똑바로 서다'라는 뜻을 나타낸 '세울 수(竪)'.
>> 수립(竪立), 횡설수설(橫說竪說)

堅 견

'굳을 견(臤)'과 '흙 토(土)'를 더해 '딱딱해진 흙 혹은 흙을 딱딱하게 하다'라는 뜻을 나타낸 '굳을 견(堅)'.
>> 견지(堅持), 견고(堅固), 중견(中堅), 견인성(堅忍性)

腎 신

'굳을 견(臤)'과 '고기 육(肉=月)'을 더해 '몸을 굳게(튼튼하게) 해주는 역할을 하는 장기(臟器)'라는 뜻을 나타낸 '콩팥 신(腎)'
>> 신장(腎臟), 부신(副腎),

緊 긴

'굳을 견(臤)'과 '실 사(糸)'를 더해 '실을 팽팽하게 당기다 혹은 실로 굳게 얽다'라는 뜻을 나타낸 '팽팽할 긴, 조일 긴(緊)'.
>> 긴장(緊張), 긴급(緊急), 긴요(緊要), 긴밀(緊密)

賢 현

'굳을 견(臤)'과 재물의 뜻을 지닌 '조개 패(貝)'를 더해 '재물을 굳게 지키다'라는 뜻을 나타낸 '똑똑할 현(賢)'.
>> 현명(賢明), 성현(聖賢), 현모양처(賢母良妻)

臥 와

옆으로 누운 사람의 모습(𦣻)으로 나타낸 '누울 와(臥)'.
>> 와석(臥席: 병으로 누워 있음), 와상(臥床: 베개의 위), 와신상담(臥薪嘗膽)

臨 임

사람이 서서 무엇인가를 내려다보는 모습(𥄉)으로 나타낸 '내려다 볼 임(臨)'.
>> 임시(臨時), 임기응변(臨機應變), 군림(君臨)

監 감

그릇 속의 무엇인가를 들여다보는 모습(鍋)으로 나타낸 '살필 감
(監)'

>> 감독(監督), 감시(監視), 감찰(監察)

269_ 꿇릴 굴(屈)

사람이 앉으려 하거나, 구부리고 누워있는 모습으로
'뒤로 뺀 엉덩이'와 '굽힌 무릎'이 특히 눈에 뜨입니다.

尾 미

'엉덩이'라는 뜻을 지닌 '앉힐 시(尸＝ ⟩)'와 '털 모(毛＝ 乇)'를 더
해 '짐승의 꼬리'라는 뜻을 나타낸 '꼬리 미(尾)'.

>> 미행(尾行), 어미(語尾), 미괄식(尾括式)

尿 뇨

'엉덩이 부분'이라는 뜻의 '꼬리 미(尾＝ 屍)'와 '물 수(水＝ 氺)'를 더
해 '엉덩이에서 나오는 물(오줌)'이라는 뜻을 나타낸 '오줌 뇨(尿)'.

'앞으로 오줌을 싸는 모습(⟩)'도 있었지만 하나의 글자로는 발전 못
한 듯.

>> 요도(尿道), 당뇨(糖尿), 분뇨(糞尿), 비뇨기과(泌尿器科)

展 전

'엉덩이'라는 뜻을 지닌 '앉힐 시(尸＝ ⟩ ＝ 厂)'와 '무엇인가(벽돌?)
를 잘 쌓거나 펼쳐 놓은 모습(𡨄)', '(옷을) 여미다'라는 뜻을 지
닌 '옷 의(衣)'를 더해 '잘 추스르고 펼쳐서 앉혀놓다'라는 뜻을 나
타낸 '펼칠 전(展)'.

>> 전개(展開), 전망(展望), 전시(展示), 발전(發展)

居 거

'앉을 시(尸)'와 '옛 고(古)'를 더해 '(자리를 잡고) 오래 동안 앉아
있을 수 있다'라는 뜻을 나타낸 '있을 거, 차지할 거(居)'.

>> 거처(居處), 거주(居住), 주거(住居)

屋 옥

'앉을 시(尸)'와 '이를 지(至)'를 더해 '이르러 앉을(쉴) 수 있는 곳'
이라는 뜻을 나타낸 '집 옥(屋)'.

>> 옥상(屋上), 옥내(屋內), 가옥(家屋), 서옥(書屋: 글방)

屈 굴

'꼬리 미(尾=屐)'와 '나갈 출(出=屮=屮)'을 더해 '꽁무니를 빼다'라는 뜻을 나타낸 '물러날 굴 혹은 굽힐 굴(屈)'.
>> 굴복(屈伏), 굴욕(屈辱), 굴절(屈折), 비굴(卑屈)

窟 굴

'굽힐 굴(屈)'과 '구멍 혈(穴)'을 더한 '굴 굴(窟)'.
>> 동굴(洞窟), 소굴(巢窟), 굴혈(掘穴), 석굴암(石窟庵)

掘 굴

'굽힐 굴(屈)'과 '손 수(扌)'를 더한 '(굴) 팔 굴(掘)'.
>> 굴착기(掘鑿機), 발굴(發掘), 채굴(採掘)

여기서 위의 세 글자 '굴(屈, 窟, 掘)'을 살펴보면 '굽힐 굴(屈)'의 모습 그대로 '사람이 무릎 굽혀 엉덩이 뒤로 빼고(?) 굴(窟)을 파다(掘)'라는 말로 이어지고 있습니다. 그러나 일본의 '쿠츠(窟)'나 중국의 '쿠(窟)'의 뜻은 우리말의 '굴(窟)'과 같지만, 한자(漢字)가 없는 발음만으로는 '쿠츠(窟)'나 '쿠(窟)'라고 말해봐야 그들은 아예 알아듣지도 못하며, 그 소리 말과 이어지는 더 이상의 다른 말도 없습니다. 어느 나라 말이든 글자 이전에 그 소리 말이 먼저 있었을 텐데 말입니다. 우리말에서는 이 '굴(屈)'자가 심지어는 '(꿀)리지 마라'라고만 해도 '무릎 굽히고 엉덩이 뒤로 빼지(?) 마라'라는 뜻으로 이어집니다. 그래서 한자(漢字)가 우리는 '꿀릴 굴(屈)'이라고 해도 되는 '우리말 한자(漢字)'라는 것입니다.
중국에 한(漢)나라가 생기기 이전 고대(古代) 한자발음(漢字發音)으로는 '굽을 굴(屈), 구멍 혈(穴), 굴 굴(窟)'을 모두 '쿠엇 혹은 쿠얼'이라고 했는데 일본은 '쿠츠(屈), 케츠(穴), 쿠츠(窟)'로 바뀌고 중국은 '취(屈), 쉬에(穴), 쿠(窟)'로 바뀌었습니다. 그 이유에는 원래의 '굴(쿠얼)'이라는 복합음절이나 복자음을 표기할 수 있는 한글처럼 편리하고 뛰어난 말의 받침까지도 자유롭게 구사할 수 있는 소리(표음)문자가 없었기 때문이기도 하지만, 실은 최초의 한자(漢字)가 자기들 스스로 만든 글자가 아니기 때문에 더더욱 그렇다는 말입니다. -

屍 시

'주검 시(尸)'와 '죽을 사(死)'를 더한 '주검 시(屍)'.
>> 시체(屍體), 시신(屍身)

屠 도

'주검 시(尸)'와 '이것저것 많은 것'이라는 뜻의 '놈 자(者)'를 더해 '시체들이 많이 있는 곳'이라는 뜻을 나타낸 '(짐승을) 잡을 도(屠)'. >> 도살(屠殺), 도축(屠畜)

尉 위

'사람이 앉아있는 모습'으로 나타낸 '시동 시(亻=尸)'와 '물건(천)을 나란히 하다'라는 뜻을 지닌 '두 이(二=二)', '불 화(火=火)', '~하게 하다'라는 뜻의 동사 부호 '(손)마디 촌(寸=寸)'을 더해 '사람이 천을 깔고 앉아 납작하게 누르듯, 불에 달군 무언가로 천을 눌러 펴다'라는 뜻을 나타낸 '다리미 위, 눌러 다스릴 위, 벼슬 위(尉)'.
>> 대위(大尉), 위관(尉官)

| 慰 위 | '펴다, 편안하게 하다'라는 뜻을 지닌 '다리미 위, 벼슬 위(尉)'와 '마음 심(心)'을 더해 '사람의 마음을 편하게 하다'라는 뜻을 나타 낸 '위로할 위(慰)'.
▶▶ 위로(慰勞), 위안(慰安), 위자료(慰藉料) |

270_ 열흘 순(旬)

| 旬 순 | '한 아름으로 감싼 팔(勹)'과 '날 일(ⵔ =日)'을 더한 모습(勻, ⵔ = 旬)으로 '한 바퀴, 열 번 혹은 열흘'이라는 뜻을 나타낸 '열흘 순 (旬)'.
▶▶ 초순(初旬), 중순(中旬), 하순(下旬), 오순절(五旬節) |

| 殉 순 | '주검'의 뜻을 지닌 '부서진 뼈 알(歹)'과 '한 바퀴, 해를 따라 돌다' 라는 뜻을 지닌 '열흘 순(旬)'을 더해 '주군(主君)을 따라 죽다'라는 뜻을 나타낸 '따라 죽을 순(殉)'.
▶▶ 순장(殉葬), 순국(殉國), 순교(殉敎), 순직(殉職) |

| 筍 순 | '한 바퀴 돌다'라는 뜻을 지닌 '열흘 순(旬)'과 '대 죽(艹 =竹)'을 더해 '껍질에 뺑 둘러 싸여 나오는 (대나무의) 어린 새싹'이라는 뜻 을 나타낸 '새싹 순(筍)'.
▶▶ 죽순(竹筍), 종자순(種子筍: 종자(種子)에서 나는 어린 새 순) |

| 恂 순 | '마음 심(忄)'과 '한 바퀴, 해를 따라 돌다'라는 뜻을 지닌 '열흘 순 (旬)'을 더해 '구석구석을 미쁘고 극진하게 살펴주는 마음'이라는 뜻을 나타낸 '미쁠 순, 정성 순(恂)'.
▶▶ 순연(恂然: 별안간, 갑자기), 순율(恂慄: 무서워서 떪) |

271_ (버리고) 갈 거(去)

| 去 | '서 있는 사람의 모습'을 그린 '큰 대(大 =夭)'와
'사람의 가랑이 사이에 오줌구멍이나 똥구멍'을 뜻하는
'(거꾸로 된) 입 구(口 =ꙅ)'를 더한 모습 |

去 거

去合 充 去

'서 있는 사람의 모습'을 그린 '큰 대(大＝亣)'와 '사람의 가랑이 사이에 오줌구멍이나 똥구멍'을 뜻하는 '(거꾸로 된) 입 구(口＝ﾍ)'를 더한 모습(去)으로 '오줌이나 똥을 싸다, 싸버리다 혹은 싸버리고 가다'라는 뜻을 나타낸 '버릴 거 혹은 버리고 갈 거(去)'.

>> 거세(去勢: 세력을 없애다 혹은 동물의 생식 기능을 잃게 하다), 과거(過去: 지나가 버린), 거취(去就: 어떤 직책을 버릴 건지, 아니면 그 직책에 나아갈 건지), 거래(去來: 가고 오는 것)

却 각

'버릴 거 혹은 버리고 갈 거(去)'와 '사람이 엉덩이를 뒤로 빼고 구부린 모습(ﾌ)'에서 나온 '병부 절(卩＝ﾌ)'을 더해 '물러나다 혹은 물리치다'라는 뜻을 나타낸 '물러날 각, 물리칠 각(却)'.

>> 망각(忘却), 각설(却說), 기각(棄却)

脚 각

'몸'의 뜻을 지닌 '고기 육(肉＝月)'과 '물러날 각, 물리칠 각(却)'을 더해 '뒤로 물러날 때 많이 쓰이는 무릎 뒤 정강이 근육'이라는 뜻을 나타낸 '다리(정강이) 각(脚)'.

>> 각광(脚光), 각본(脚本), 입각(立脚)

怯 겁

'(똥오줌을) 버리고 가다'라는 뜻을 지닌 '버릴 거(去)'와 '마음 심(忄＝心)'을 더해 '꽁무니를 빼고(그 자리를 버리고) 싶은 마음'이라는 뜻을 나타낸 '겁낼 겁(怯)'.

>> 비겁(卑怯), 식겁(食怯: 겁을 먹다)

劫 겁

'버리고 가다'라는 뜻을 지닌 '버릴 거(去)'와 '~~하게 하다'라는 뜻의 동사 부호로 쓰인 '힘쓸 력(力)'을 더해 '꽁무니를 빼도록(버리고 가도록) 겁을 주다'라는 뜻을 나타낸 '겁줄 겁(劫)'.

>> 겁탈(劫奪), 겁도(劫盜), 영겁(永劫: 영원한 세월)

法 법

灋

'물 수(氵＝水)'와 '버릴 거(去)'를 더한 형태(灋)로 '물(우리)에 버리다(가두다)'라는 뜻을 나타낸 '법 법(法)'.

>> 법률(法律), 법령(法令), 법관(法官), 법식(法式), 법도(法度), 법전(法典)

법 法

'물 수(氵=水)'와 '해치(薦)' 그리고 '우리(◯)'를 더해 '해태라는 동물이 들어 있는 물로 둘러싸인 우리(薦) 안에 죄인(용의자)을 밀어 넣어 해태가 들이 받으면 그 죄를 물어 죽이는 방법을 나타낸 글자라고 함.

'물 수(氵=水)'와 '해치(薦)' 그리고 '버릴 거(去=厺=去)'를 더해 '(죄인을) 해치가 있는 물로 둘러싸인 우리 속에 넣어버리다'라는 뜻을 나타낸 '법 법(法)'.

천 薦

'선악을 판단한다고 하는 궁정에서 기르던 진귀한 사슴종류의 짐승 모습(薦, 薦 =薦: 해태 치)'과 '풀 초(艹)'를 더해 '해태가 골라 먹는 풀, 혹은 해태에게만 골라 주던 풀'이라는 뜻을 나타낸 '골라 드릴(먹일) 천, 추천할 천(薦)'.
>> 추천(推薦), 공천(公薦), 천거(薦居)

272_ 곧을 직(直)

곧바른 것을 보는(볼 수 있는) 시선()

직 直

'위아래를 잇는 직선'이라는 뜻을 지닌 '뚫을 곤(|)'과 '눈 목(罒=目)'을 더해 '곧바른 것을 보는(볼 수 있는) 시선() 혹은 똑바로 보다, 곧게 세우다'라는 뜻을 나타낸 '곧을 직(直)'.
>> 직선(直線), 진진(直進), 솔직(率直), 정직(正直)

식 植

'곧게 세우다'라는 뜻을 지닌 '곧을 직(直)'과 '나무 목(木)'을 더해 '나무를 곧게 세워 심다'라는 뜻을 나타낸 '심을 식(植)'.
>> 식수(植樹), 식물(植物), 이식(移植)

値 치

'정면으로 똑바로 보다(마주치다)'라는 뜻을 지닌 '곧을 직(直)'과 '사람 인(亻)'을 더해 '똑바로 맞댈 있는 역할을 하다'라는 뜻을 나타낸 '값할 치(値)'.
>> 가치(價値), 수치(數値), 기대치(期待値), 부가가치(附加價値)

置 치

圉

'곧게 세우다'라는 뜻을 지닌 '곧을 직(直)'과 '그물 망(网)'을 더해 '(무언가를 잡기 위한) 그물을 똑바로 세워두다'라는 뜻을 나타낸 '둘 치, 세울 치(置)'.
>> 설치(設置), 조치(措置), 장치(裝置), 방치(放置)

德 덕

'곧을 직(直)'과 '마음 심(心)', '갈 척(行＝彳)'을 더해 '곧은 마음으로 가다(살다)'라는 뜻을 나타낸 '큰 덕, 덕 덕(德)'.
>> 도덕(道德), 미덕(美德), 공덕(功德), 덕담(德談)

聽 청

'곧을 직(直)', '마음 심(心)', '귀 이(耳)', '바로 설 정(壬)'을 더해 '바로 서서 곧은 마음으로 듣다'라는 뜻을 나타낸 '들을 청(聽)'.
>> 시청(視聽), 도청(盜聽), 청문회(聽聞會)

廳 청

'집 엄(广)'과 '들을 청(聽)'을 더해 '곧이 곧 대로 백성들의 민원을 듣고 처리해주는 곳'이라는 뜻을 나타낸 '관아 청(廳)'.
>> 관청(官廳), 청장(廳長)

盾 순

'막다'라는 뜻을 지닌 '덮을 엄(厂)'과 '곧을 직(直)'을 더해 '(곧) 바로 막다'라는 뜻을 나타낸 '방패 순(盾)'.
>> 모순(矛盾), 순과(盾戈)

循 순

'방패 순(盾)'과 '갈 척(彳)'을 더해 '(방패를 믿고 전진하듯이) 누군가를 믿고 쫓아가다'라는 뜻을 나타낸 '쫓을 순(循)'. 또한 '똑바로 못가고 (방패를 빙빙 돌리듯) 빙빙 돌며 미적거리다, 돌아다니다'라는 뜻을 나타낸 '돌 순(循)'.
>> 순환(循環), 순행(循行), 인순고식(因循姑息)

273_ 그리울 련(戀)

 실뜨기 놀이

戀 련

예쁜 실( ) 하나로 묶어 쥐고 손과 손을 마주하고( )

실뜨기( )를 합니다.

나랑 같이( ) 해보자.

니 캉( ) 내 캉( ), 니 캉( ) 내 캉( ) ……

이리( ) 된 것도 아니고 저리( ) 된 것도 아니고

요리( ) 되고 말았습니다.

끊어 가질 수도 없는 새끼 실(=糸: 실 사)만 하나 더 생겨 뿌러 ……

티격, 태격 ……, 필요도 없는 말(=말씀 언)

그래 '실( )로 하는 말', 실뜨기( )가 있네요.

새끼 실( )로 합니다. 이제는 말( )로 하는 실뜨기( )

마음(=心) 한 나 얹어서 실뜨기(=戀: 그리울 련)를 합니다.

어려을적 동무들이 그리운 ……, 그리울 련(=戀)이네요.

▶▶ 연애(戀愛), 연모(戀慕), 연가(戀歌), 연인(戀人), 비련(悲戀)

變 변

戀

2개의 실 사(糸)와 '말씀 언(言)' 그리고 '~~하게 하다'라는 뜻의 동사 기호 '칠 복(攵)'을 더해 '몇 개의 실로 서로 말을 하듯 천에 다 모양을 바꾸며 엮어 나가다'라는 뜻을 나타낸 '달라질 변(變)'.
▶▶ 변화(變化), 변동(變動), 변수(變數)

274_ 다섯 오(五)

| 五 오 |
| X |

수를 헤아릴 때 '다섯(5)을 중심으로 그 이전의 수(1,2,3,4)와 그 이후의 수(6,7,8,9)가 서로 만나 교차되다'라는 뜻을 나타낸 '다섯 오(五)'.

≫ 오장육부(五臟六腑), 오리무중(五里霧中), 오미자(五味子)

| 吾 오 |

'자연수 1,2,3,4,5,6,7,8,9' 중에 한 가운데에 있으면서 양 옆의 수들이 교차하는 지점에 있는 수라는 뜻이 들어 있는 '다섯 오(五)'와 '입 구(口)'를 더해 '말이 서로 교차하다, 이야기하다'라는 뜻을 나타낸 '이야기할 오(吾)'. 또한 '저마다 하나의 별이 될 수 있는 정5각형의 수이자 오직 자신만의 황금비율이 실현되는 참된 나의 자리'라는 뜻을 나타낸 '나 오(吾)'.

≫ 오등(吾等), 오비삼척(吾鼻三尺)

| 語 어 |

'말이 서로 교차하다, 이야기하다'라는 뜻을 지닌 '이야기할 오, 나 오(吾)'에 '보다 분명한 말'이라는 뜻을 지닌 '말씀 언(言)'을 더해 다시 만든 '이야기할 어, 말씀 어(語)'.

≫ 어학(語學), 언어(言語), 어불성설(語不成說)

| 悟 오 |

'마음 심(心)'과 '여러 가지 생각이나 말이 서로 오가며 만나는 지점'이라는 뜻을 지닌 '나 오(吾)'를 더해 '여러 가지 복잡했던 생각이 한 군데서 만나며 문득 분명해지다'라는 뜻을 나타낸 '깨달을 오(悟)'.

≫ 각오(覺悟), 오성(悟性), 돈오(頓悟)

275_ 춘하추동(春夏秋冬)

| 春 춘 |

'풀 초(草 = ♈♈)'와 '날 일(日 = ☉)' 그리고 '땅을 뚫고 나오려고 애쓰고 있다'라는 뜻을 지닌 '애쓸 준 혹은 진칠 둔(屯 = ♉, ♊)'을 더해 '점점 높이 솟아오르는 태양과 함께 초목들이 힘겹게 땅을 뚫고 나오는 때'라는 뜻을 나타낸 '봄 춘(春)'.

≫ 입춘(立春), 춘분(春分), 춘하추동(春夏秋冬)

夏 하

처음에는 (여름철) 매미의 모습( )이었는데 나중에는 무당이 화려하게 차려입고 손발을 흔들고 뛰며 춤을 추는 모습( )으로 '만물이 번성하는 때'라는 뜻을 나타낸 '여름 하(夏)'.
▶▶ 입하(立夏), 하지(夏至), 하복(夏服), 동충하초(冬蟲夏草)

秋 추

처음엔 '가을 메뚜기의 모습(=)'이었는데 나중에는 '열매가 익어 고개 숙인 곡식'이라는 뜻을 지닌 '벼 화(禾)'와 '불 화(火)'를 더해 '붉게 익은 곡식을 거두어 불로 구슬리듯 말려 두어야하는 때'라는 뜻을 나타낸 '가을 추(秋)'.
▶▶ 입추(立秋), 추분(秋分), 춘추(春秋)

여기서 '가을 추(秋)'의 '추'라는 발음은 우리말 '추스르다, 추리다(묶어서 거두어들이다)'라는 말의 '추'에서 나왔으며 그 훈(訓: 풀이말)인 '가을' 또한 원래는 '가실하다, 즉 곡식을 거두어 뜨거운 햇볕에 구슬리다'라는 말의 '가실'에서 나온 말입니다.

愁 수

'만물이 꼬시러지다'라는 뜻을 지닌 '가을 추(秋)'와 '마음 심(心)'을 더해 '마음이 움츠러들다, 시름겹다, 슬프다'라는 뜻을 나타낸 '근심 수(愁)'.
▶▶ 향수(鄕愁), 우수(憂愁), 수심(愁心)

冬 동

처음엔 양쪽으로 (무엇인가) 겨울양식을 매달아 놓은 모습(=)이었는데 나중에 '얼음 빙(=)'을 더해 다시 만든 '겨울 동(冬 =)'.
▶▶ 동면(冬眠), 동지(冬至), 입동(立冬), 엄동설한(嚴冬雪寒)

혹자는 지금은 '동(冬)'자의 윗부분이 '발'의 뜻을 지닌 '뒤져 올 치(夂)'로 바뀌어 있으므로 '발이 얼어붙는 겨울'의 뜻이라고도 합니다만, 이는 농사를 짓지 않고도 살 수 있었던 양반들이 생각 없이 변형시킨 것이라 생각됩니다. 저로서는 갑골문의 형태( )가 '양 끝을 잘 동여맨 모습'으로도 보이는데 그 증거로는 '실 사(糸)'와 '겨울 동(冬)'을 더해 '양쪽의 마지막 끝과 처음의 끝을 잘 마무리 하다'라는 뜻을 나타낸 '끝맺을 종(終)'자가 있습니다. 따라서 '겨울 동(冬)'에는 '춥고 배고픈 겨울을 잘 준비해야한다'라는 뜻만이 아니라 '지나가는 세상(가을)과 새로 오는 세상(봄)이 잘 이어지도록 양쪽 세상을 조심스럽게 '겹 울(겨울)'로 잘 '동'여 매고 살자'라는 뜻에서 '겨울 동(冬)'이라는 '우리말 한자(漢字)'가 만들어 진 것으로 보입니다.

276_ 동서남북(東西南北) 1

東 동

'무언가를 싸서 동여매는, 혹은 묶을 속(束 =)'자 안에 무엇인가 들어 있는 모습( )으로 나타낸 '보따리 동, 혹은 동녘 동(東)'.
▶▶ 동해(東海), 동양(東洋), 동궁(東宮: 왕세자)

'동(東)'자가 '무엇인가를 가죽이나 천으로 싸고 양쪽을 동여매어 쓰던 전대나 보따리의 형태'에서 나왔다는 것에 대해서는 이미 많은 학자들이 동의하고 있습니다. 그런데 어째서 '보따리' 같은 모습을 '동'이라고 하고 또 그것을 '동녘 동(東)'이라고 하게 되었는지에 대해서는 그 이유를 알 수 없으나 단지 '동쪽'을 '동'이라고 부르는 소리 말이 먼저 있었기 때문에 그 음(音)을 빌려왔을 거라는 설명을 하고 있을 뿐입니다. 거의 2천여 년 전 중국 최초의 한자 사전을 만든 허신(許愼)이라는 사람이 한자의 어원을 밝히는 중요한 원칙 중의 하나로 삼은 소위 '가차(假借: 임시로 빌리다)'라는 것입니다. 글자 모습의 원뜻과는 관계없이 단지 그 소리만을 빌려서 다른 글자로 쓰는 경우를 말합니다. 그래서 하나의 한자(漢字)는 거의 모두가 2 개의 부분, 즉 (글자보다는 당연히 먼저 있었을) '어떤 소리 말'의 발음을 (빌려서) 나타내는 성부(聲部: 소리부)와 의미부(意味部), 혹은 부수(部首)라는 것으로 이루어 졌는데 이는 당시 한(漢)나라를 세운 한족(漢族)출신의 지배집단이 언어 계통이 다른 한족(韓族) 등의 글자를 자기들의 지배언어와 문자로 삼는 과정에서 어쩔 수 없이 생겨난 일로 허신(許愼)은 바로 그들에 의해 필요한 '중국식 한자(漢字)사전'을 만들어 낸 것입니다. 그 후 중국의 민중을 이루어온 대다수 한족(漢族)들은 참으로 지독한 한자(漢字)에 의한 권력 지배를 받아야 했습니다. 원래 자기들의 말하고는 관계가 없는 글자인 한자(漢字)와 그 한자(漢字)의 발음으로 쓰이는 남의 소리 말을 자기네 말로 대신 써야하는 고통을 겪어 왔습니다. 이는 중국의 장개석(蔣介石) 총통을 비롯한 현대 중국의 많은 선각자들이 이미 누누이 해왔던 말입니다. 그 대표적인 례가 바로 '뚱시(東西)'라는 중국말입니다. '저거 뚱시(東西: 동서), 나거 뚱시(東西: 동서)'라고 하면 '이것저것', 혹은 '이놈의 것 저놈의 것'이라는 말로 '어떤 물건'을 지칭할 때 흔히 쓰는 말입니다. 그런데 어째서 '어떤 물건'이라는 말에 '동(東)녘과 서(西)녘'이라는 '한자(漢字)'를 쓰느냐고 물으면 모른다고 합니다. 아무도 모릅니다. 우리 소리 말을 모르면 그 누구든 알 수도 없을 것입니다. 그래서 대다수 민중들의 일상 언어에는 필요도 없는 한문(漢文) 대신 백화문(白話文)을 만들고 다시 지금의 간자(簡字)라는 것을 만들어 쓰게 된 것이지요. 하지만 중국말이든 한국말이든, 일본말이든 후치민(胡志明)의 베트남(越南)말이든 그 많은 말의 뿌리가 이미 한자어(漢字語)로 되어 있어서 없앨 수도 없습니다. 모든 문화의 절대적 구성 요소인 언어와 역사가 같이 망가지니 말입니다. 그래서 또 중국에서는 이번엔 자신들의 문화적 정체성을 위해서 다시 한자교육에 국가적 노력을 기울이고 있습니다. 일본말은 한자(한자) 없이는 아예 배울 수조차 없습니다. 우리말도 마찬가지입니다. 한자를 모르는 선생들의 국어교육은 물론이고 논술을 비롯한 수학 과학 교육도 불가능해집니다. 국어사전이 망가져 가고 있으며 한자사전은 말할 수도 없이 이미 망가져 있습니다. 세계적으로도 월등한 우리 교육의 언어기반이 무너져가고 있는 것입니다. 이러한 말의 역사를 되찾아 우리말을 살려 나갈 수 있는 길의 하나가 바로 '우리말 한자(漢字) 교육'일 것입니다. '동녘 동(東)'자는 '우리말의 '동그랗다. 동그랗게 동여매다'라는 말의 뿌리가 되는 '동'에서 나온 말입니다. 이 '동'이 바로 '동그란 해가 뜬다, 혹은 동(동쪽)이 튼다.'고 할 때의 '동'그란 해를 뜻하는 말이기도 했고 또한 '동여매다'의 '동'이기도 했던 것입니다. 그래서 '동그랗게 동을 맨 동아리'라는 뜻에서 '동아리'의 모습(東)으로 그린 '동아리'의 줄인 말인 '동(東 = 東)'이라는 글자가 되었습니다.

凍 동

'동여매다, 묶다'라는 뜻을 지닌 '보따리 동, 혹은 동녘 동(東)'과 '얼음 빙(冫)'을 더해 '꽁꽁 묶이듯이 얼어붙다'라는 뜻을 나타낸 '얼을 동(凍)'.
>> 동결(凍結), 동상(凍傷), 해동(解凍)

棟 동

'동여매다, 묶다'라는 뜻을 지닌 '보따리 동, 혹은 동녘 동(東)'과 '나무 목(木)'을 더해 '지붕의 서까래(석가래)들을 위에서 하나의 틀로 묶어주는 용마루'라는 뜻을 나타낸 '용마루 동, 마룻대 동(棟)'.
>> 병동(病棟), 동우(棟宇: 집의 마룻대와 추녀)

西 서

'얼기설기 짠 자루의 모습(⊗)'으로 '저녁 해가 질 때 그 빛이 숲을 넘어가며 마치 '얼기설기 짠 자루 사이를 빠져 나오듯 비치며 스러지다'라는 뜻을 나타낸 '서녘 서(西)'.

▶▶ 서구(西歐), 서양(西洋), 서기(西紀)

洒 쇄

'자루'의 뜻을 지닌 '서녘 서(西)'와 '물 수(氵)'를 더해 '자루 사이로 (샤워처럼) 물이 빠져나오다'라는 뜻을 나타낸 '물 뿌릴 쇄(洒)'.

▶▶ 쇄쇄낙락(洒洒落落:성격이나 태도, 언동 따위가 소탈하여 사물 등에 집착하지 않음)

栖 서

'자루'의 뜻을 지닌 '서녘 서(西)'와 '나무 목(木)'을 더해 '자루처럼 얼기설기 짠 새집'이라는 듯을 나타낸 '깃들 서, 새집 서(栖)'.

粟 속

숲을 넘어가는 햇빛이 산산이 흩어지는 모습으로 나타낸 '서녘 서(覀=西)'와 '쌀 미(米)'를 더해 '좁쌀 속(粟)'.

▶▶ 창해일속(滄海一粟)

'서녘 서(西)'자에서도 '서'라는 발음은 역시 중요합니다. 일본 말로는 '사이' 중국말로는 '시'로 남아 있는데, 일본어나 중국어에서는 같은 '서'라는 말 뿌리를 가진 말 중에 '서쪽'과 관련된 의미를 갖고 있는 말들이 없습니다. 어째서 '서'라는 발음(發音)이 붙게 되었는지를 알 수가 없지요. 하지만 우리말에는 '서녘 서(西)'라는 소리 말과 말 뿌리가 이어지는 다른 말에 '해가, 혹은 불이 사위다(스러지다), 시들다, (물이) 새다.' 등이 있습니다. 동그란 해가 '동 트는 곳'이 동쪽이라면 해가 '스러지고 사위어 가는 곳'이 서쪽이라는 점에서도 분명한 우리 소리 말들의 연결 고리를 찾을 수 있습니다.

그래서 '동서(東西)'라는 말 속에는 원래부터 '어떤 물건들을 넣는 보따리와 자루'라는 뜻이 있었던 것이고 이를 배워서 쓰게 된 중국의 한족(漢族)들은 지금도 '어떤 물건'이라는 뜻으로 쓰게 된 것이지요. 아울러 이미 밝혀진 연구 성과(일본에서는 일반사전에도 나와 있음)에 의하면 '漢字(한자)'라고 불리기 이전의 갑골문이나 금문 시대의 고대발음(古代發音)에 가장 가까운 발음을 한중일(韓中日) 삼국 중에서도 우리나라가 특히 많이 쓰고 있다는 것과 그래서 우리 소리 말과 그 뜻을 모르면 아직도 해독이 안 되고 있는 '기본적인 한자'들이 많다는 얘기도 하고 싶습니다.

동서남북(東西南北) 2

南 남

야외에 설치한 보온이 되는 장막(帳幕)의 모습(帛)과 그 속에서 키우는 모종, 혹은 새싹의 모습(ψ)을 그려 '남향받이로 세운 온실에서 작물의 모나 묘목을 키우다'라는 뜻을 나타낸 '남녘 남(南)'.

나물과 채소를 일컫는 '남새', 추운 겨울에 '남새'를 길러 먹는 남새밭(온실)의 '남'이라는 우리말의 뿌리가 곧 '남녘 남(南)'의 '남(南)'입니다. 남쪽의 해를 따라 치솟는 '나무', 관세음보살님을 애타게 찾으며 부르는 '나무관세음보살(南無阿彌陀佛)'의 '나무(南無)'에도 쓰이는 이 '南'자에는 처음부터 '남쪽의 해를 향하다, 혹은 무엇인가를 바라다'라는 우리말 속뜻이 들어 있었다는 것입니다.

北	북,배
屰 屰	

사람(人=亻,亻)이 서로 등을 지고 서 있는 모습(屰)으로 '사람의 등, 혹은 그 등 쪽'이라는 뜻을 나타낸 '등 배, 혹은 북녘 북(北)'.

'등을 진 쪽'이라는 뜻을 지닌 '북녘 북(北)'에는 '서로 등을 지다'라는 뜻 이전에 먼저 '(해를 바라고 사는) 사람들을 감싸주는 안쪽이 아닌 바깥쪽'이라는 뜻이 들어 있었을 것입니다. 그래서 '햇볕이 닿지 않는 바깥(밖)쪽'이 곧 '해가 우리에게 등을 지고 가버리는 '북녘 북(北)'의 '북(北)'이라는 글자가 되었습니다.

背	배

'등 배, 혹은 북녘 북(北)'이 주로 '북녘 북(北)'으로만 쓰이게 되자 '등 배(北)'라는 뜻을 살리기 위해 '몸'이라는 뜻을 지닌 '고기 육(肉=月=月)'을 더해 다시 만든 '등 배, 혹은 등질 배(背)'.

우리말의 '동(東), 서(西), 남(南), 북(北)'을 중국말로는 '똥(東), 시(西), 난(南), 베이(北)', 일본말로는 '토오(東), 자이(西), 난(南), 보쿠(北)'라고 하는데, 발음상 약간의 차이가 있을 뿐 같은 한자(漢字)말입니다. 그렇다면 '東, 西, 南, 北'이라는 한자와 한자말이 생기기 이전에 이 동서남북(東西南北)에 해당되는 말은 무엇이었을까. 일본말에는 히가시(東), 니시(西), 미나미(南), 키타(北)라는 고유어가 있어 지금도 쓰이고 있습니다만, 우리말과 중국말에는 그 고유어가 달리 없습니다. 중국말에서는 한자(漢字)가 자기네 글자이자 말이니까 당연한 일이라고 생각할 수도 있겠으나 한자(漢字)가 정말 나중에 우리나라에 들어 온 것이라면 한자(漢字)를 쓰기 이전의 우리에게는 동서남북(東西南北)에 해당하는 말이 일본말에는 그 고유어가 있는데 우리말에는 정말 없었다는 것인가. 실은 있었고 지금도 원래의 우리말 그대로 쓰고 있으면서도 스스로 자각을 못하고 있을 뿐입니다. 그리고 이제 와서야 한자의 원형인 갑골문자와 그 이전의 원형인 수메르 상형문자들이 발견되어 서서히 그 사실이 밝혀지고 있는 것입니다. 만일에 '똥(東), 시(西), 난(南), 베이(北)'이라는 중국말이 원래부터 쓰던 중국말이라면 다른 중국말들과 연결되는 어떤 의미상의 어울림이 있어야 합니다. 그러나 글자가 없는 '똥(東)'이나 '시(西)'만으로는 전혀 의미 전달이 안 되니까 똥비엔(東边: 동쪽), 시비엔(西边: 서쪽), 난비엔(南边: 남쪽), 베이비엔(北边: 북쪽)이라는 식으로 묶어서 말을 해야만 서로 알아들을 수가 있는 것입니다. 한자(漢字)는 우리가 중국에서 빌려 온 것이 아니라 우리가 문자를 사용하기 시작한 역사의 처음부터 우리말, 우리 글자로 쓰여 왔던 것입니다. 우리가 '중국(中國)' 노릇을 한두 번 했던 것도 아니니 말입니다. 그래서 우리는 '우리말 한자(漢字)'로 써왔던 것이고 또한 지금도 우리는 우리말의 대부분을 이루고 있는 '우리말 한자(漢字)'를 알아야 한글로 쓰인 우리말도 잘 할 수가 있습니다.

277_ 십간십이지(十干十二支)

十干(십간) : 甲乙丙丁戊己庚辛壬癸(갑을병정무기경신임계)

十二支(십이지) : 子丑寅卯辰巳午未申酉戌亥(자축인묘진사오미신유술해)

3300여 년 전 은(殷)나라 갑골문 시대에 이미 정립된 고대 역법(曆法: 달력)에 쓰이는 계수(計數)로, '십간십이지(十干十二支)' 혹은 천간지지(天干地支)라고 합니다. 십간(十干)과 십이지(十二支)를 그 이름의 순서대로 '갑자(甲子), 을축(乙丑), 병인(丙寅), ……'으로 배합해 나가면 '계해(癸亥)'까지 총 60개의 이름으로 배열 순환되므로 '육십갑자(六十甲子)'라고도 합니다. 수학 용어로 말하면 10진법과 12진법이 결합된 60진법입니다.

사람들은 저마다 태어난 '년월일시(年月日時)'에 십간(十干)과 십이지(十二支), 그리고 60갑자에 해당되는 저마다의 이름과 특징이 있는 '사주(四柱: 생년월일)'를 갖게 됩니다. 다른 말로는 사람이 우주 자연 속에서 하나의 생명체로 만들어진 조건과 그래서 갖게 되는 특성, 혹은 짊어지고 살아야할 팔자를 말합니다. 누구든 세상을 살다보면 문득 제 자신이 뭔지(누군지)를 알고 싶어지는데 그 때 따져보게 되는 '무슨 띠, 무슨 별자리'라는 것과 같은 무엇입니다. 물론 그저 오래된 습관일 뿐 현실적 필요성이나 자연 과학적 관점에서는 이미 진즉에 용도폐기 되었어야할 그 무엇으로 여기는 사람들도 많을 것입니다. 그러나 우선 생각해봐야 할 중요한 점은 우리가 지금도 '60진법'을 쓰는 이유는 전 세계적으로 통용되고 있는 '10진법'을 몰라서가 아닙니다. 지금도 12달, 달력에서는 반드시 써야하는 '12진법'은 우리 생명계와 보다 직접적인 관계가 있는 태양계 안의 태양과 달 그리고 지구가 함께 하고 있는 어떤 흐름(리듬)과 함께 살기 위한 그야말로 자연적인 자기발현의 결과라는 것입니다.

달은 30일 주기(週期)로 차고 기우는 '호흡'을 하고 있습니다. 우리는 한 달 30일을 전통적으로 상순(上旬), 중순(中旬), 하순(下旬)으로 나누고 있는데, 여기서 '순(旬)'이란 바로 모든 인류가 함께 자각해온 자연수 '1,2,4,5,6,7,8,9,10'으로 이루어진 '10진법'상의 '10'을 뜻하는 글자입니다. 그리고 이 '10'이 세 번 들어 있는 한 달 30일(日), 즉 '달력(月歷)'을 알아야 태양의 '360+알파(?)'라는 주기가 곧 '달력(달의 차고 기움)'의 '12개 월(月)'이란 주기라는 것을 알게 됩니다. 덧붙이자면 매일매일 거의 똑같이 보이는 해만 가지고는 한 달을 알 수 없고 매달매달 거의 똑같이 돌아가는 달만 가지고는 1년 12달을 알 수 없었을 것입니다. 따라서 태음력(太陰曆)이란 결코 '태양력(太陽曆)'과 '뭐가 어떻게 배치(?)'된다고 해서 함부로 비하할 수 있는 것이 아니며, 소위 '양력(陽曆)'이라는 것 역시 '달(月)력', 즉 '음력(陰曆)'의 토대가 없이는 아예 존재 자체가 있을 수 없다는 점을 알 수 있습니다.

六十甲子(60갑자)란 바로 십간(十干: 10진법)과 십이지(十二支: 12진법)를 결합한 '60진법'으로 된 '태음 태양력(太陰 太陽曆)'의 하나로 아주 가깝게 쓰고 있는 예로는 '24절기'가 있습니다.

봄   : 입춘(立春), 우수(雨水), 경칩(驚蟄), 춘분(春分), 청명(淸明),
      곡우(穀雨)
여름 : 입하(立夏), 소만(小滿), 망종(芒種), 하지(夏至), 소서(小暑),
      대서(大暑)
가을 : 입추(立秋), 처서(處暑), 백로(白露), 추분(秋分), 한로(寒露),
      상강(霜降)
겨울 : 입동(立冬), 소설(小雪), 대설(大雪), 동지(冬至), 소한(小寒),
      대한(大寒)

278_ 갑을병정(甲乙丙丁)

십간십이지(十干十二支) 혹은 천간지지(天干地支)의 '10천(十天)'은 '10진법'의 수(數: 一二三四五六七八九十)로 나타낸 '우주의 원형계' 그리고 '12지(十二地)'는 '12진법'의 '수(數)'로 나타낸 우리 생명계를 이루고 있는 다양한 물질들의 결합체인 '땅의 조화계'를 나타냅니다. 그 '10진법의 차례수'에 하나하나 이름붙인 것이 곧 '십간(十干): 갑을병정무기경신임계(甲乙丙丁戊己庚辛壬癸)'이며, 아울러 '지지(地支)'라는 '12진법의 차례수'에 이름붙인 것이 곧 '十二支(십이지): 자축인묘진사오미신유술해(子丑寅卯辰巳午未申酉戌亥)'입니다.

껍질 갑(甲)

처음엔 '거북의 (글자를 새기는) 배 껍질의 모습(⊞)'이었으나 나중엔 '겉껍질을 뒤집어쓰고 나오는 새싹의 모습(甲)'으로 '처음, 시작, 첫째 날' 등의 뜻을 나타낸 '껍질 갑 혹은 처음 갑, 첫째 천간

(天干) 갑(甲)'.

>> 갑남을녀(甲男乙女), 회갑(回甲), 환갑(還甲), 둔갑(遁甲)

거북의 껍질에 새겨 쓴 글들이 바로 한자의 원형인 갑골문으로 국사(國事)의 길흉을 묻는 점사(占辭)들이 적혀 있으며, '첫째 천간(天干) 갑(甲)'은 그 10일간의 단위를 뜻하는 천간 (天干), 곧 '십간(十干: 갑을병정무기경신임계(甲乙丙丁戊己庚辛壬癸: 一二三四五六 七八九十)'의 '첫째 날'에 해당됩니다.

처음엔 '거북의 배 껍질이나 뼈 조각에 (칼로) 글을 새길 때 힘들게 그어지는 모습()'이었으나 나중엔 '새싹이 더 자라기 위해 햇빛과 공기의 도움으로 힘들게 뿌리 내리느라 옆으로 굽어지는 모습(ㄴ)' 으로 나타낸 '삐걱거릴 을, 둘째 천간(天干) - 을(乙)'. 이를 '새 을 (乙)'자로도 쓰는 건 그 원 모습(,ㄴ)을 '앉아있는 새의 모습(乙)' 으로 잘못보고 쓰게 된 것임

>> 갑론을박(甲論乙駁), 을사조약(乙巳條約)

'삐걱거릴 을(乙)'과 '수레(바퀴) 거(車)'를 더해 '수레바퀴가 삐걱거 리고 잘 안 구르다'라는 뜻을 나타낸 '삐걱거릴 알(軋)

>> 알력(軋轢), 알형(軋刑), 알궁(軋弓: 아쟁을 긋는 활)

책상의 양쪽 다리(冂)가 벌어지지 않도록 '삼각대로 단단하게 받 치고 잡아주는 모습(丙)'으로 '단단히(굳세게) 잡아주다'라는 뜻을 나타낸 '굳셀 병, 셋째 천간(天干) 병(丙)'.

>> 병좌임향(丙坐壬向: 묏자리나 집터 따위가 병방을 등지고 임방 을 향한 좌향)

이 '굳셀 병(丙)' 또한 갑골문이 발견되기 전에는 전서의 '丙'자 모습만을 보고 '물고기 꼬리의 모습, 떡잎의 뒤집힌 모습, 혹은 제사상의 모습' 등으로 추론하기도 했습니다. 하지만 또 하나의 가설을 세워 보자면 이 '丙=丙,丙'자가 실은 발이 세 개가 달린 '세 발 솥 정(鼎=鼎)'과 그 원 모습이 거의 같습니다. 유의할 점은 다리가 '세 개'인 '세발 솥(鼎)'의 원형인 '鼎'자의 밑 부분과 '굳셀 병(丙)'의 원형인 '丙'자의 모습이 똑같이 다 리가 '두 개'로만 그려져 있지만 이는 단지 칼로 새기기 어려웠기 때문에 나온 통상적 인 일이였을 뿐 실제로는 두 글자 모두 다리가 세 개 달린, 다리를 든든하게 하게 하는 (삼각) 받침대를 나타내고자 했던 것입니다. 또한 '점을 칠 때 거북 껍질(甲) 위에 글을 새기고(乙) 불에 굽는 솥이나 제단의 모습(丙)'이기도 한 '굳셀 병(丙)'자에는 '(하늘의 뜻을 묻는) 세 번째의 행위'라는 뜻도 들어 있어 '셋째 천간(天干)'으로도 쓰이게 된 것 입니다.

丁 정

□ ● ⇑

'뾰족한 나무나 쇠 조각을 어디엔가 때려 박을 때 그 윗부분이 넙적하게 퍼지는 모습(●,□) 혹은 뾰족한 쐐기나 송곳 윗부분에 씌워지게 되는 모습(⇑)'으로 '곧바로 서서 위에서 내리치는 힘을 감당하다 혹은 넓게 퍼지다'라는 뜻을 나타낸 '(내리치는 힘을 똑바로 서서 버텨낼 수 있는 젊은이) 장정 정, (곡식을 거두어 말리기 위해 넓게 펴는데 쓰는) 고무래 정, 혹은 네 번째 천간 정(丁)'.

▶▶ 병정(兵丁), 장정(壯丁), 정향(丁香: 청향나무의 꽃봉오리)

頂 정

'넓게 퍼진 윗부분'이라는 뜻을 지닌 '고무래 정(丁)'과 '머리 혈(頁)'을 더해 '사람의 머리 제일 윗부분'이라는 뜻을 나타낸 '머리 꼭대기 정 혹은 정수리 정(頂)'.

▶▶ 정상(頂上), 정점(頂點), 절정(絶頂)

打 타

'내리치다'라는 뜻을 지닌 '못 정(丁)'과 '~~하게 하다'라는 뜻의 '손 수(扌)'를 더해 '때리다'라는 뜻을 나타낸 '때릴 타(打)'.

▶▶ 타자(打者), 타격(打擊), 타파(打破), 구타(毆打)

訂 정

'바로잡고 내리치다'라는 뜻을 지닌 '장정 정(丁)'과 '말씀 언(言)'을 더해 '말을 바로 잡다'라는 뜻을 나타낸 '바로 잡을 정(訂)'.

▶▶ 정정(訂正), 수정(修訂), 개정(改訂)

釘 정

'쐐기나 송곳'의 뜻을 지닌 '장정 정(丁)'과 '쇠 금(金)'을 더해 '쇠로 만든 못'이라는 뜻을 나타낸 '쇠못 정(釘)'.

▶▶ 정도충(釘倒蟲: 장구벌레. 모기의 애벌레), 각두정(角頭釘: 대가리가 둥글지 않고 모가 난 못) 정두(釘頭: 못의 대가리)

갑골문에서 'ㅁ'의 모습은 통상 'O'의 모습으로 이해해야 하는데 그 이유는 딱딱한 거북 껍질이나 뼈에 칼로 (어렵게) 새겨야 했다는 점에서 그렇습니다. 그래서 정작 사각형(ㅁ)을 나타낼 때는 'O'과 구분하기 위해 통상 'ㄷ'자 형태로 그렸으며 그 예로는 사각형으로 생긴 '궤짝 궤(匱)'나 담배 갑에 쓰이는 '곽 갑(匣)' 등이 있습니다. 이는 '丁'자가 결국 '□'나 '●'의 형태와 그 넙적한 형태를 뜻하는 '앞뒤나 양옆을 가리키는 전후좌우(前後左右) 혹은 동서남북(東西南北)의 사방(四方) 혹은 네 곳으로 넓게 퍼지다'라는 뜻을 지닌 '넉 사(四)'와 십간(十干)중의 '네 번째 정(丁)'자가 된 까닭이라 할 것입니다.

우거질 무(戊), 몸 기(己)

'(나무의 어느 지점만을 찍어내서 잘라 내는 게 아니라) 둥근 나무를 깎아 다듬기 위해 날이 밖으로 둥글게 휘도록 만든 자귀의 모습(ㅓ)'으로 나타낸 '자귀 무, 다섯째 천간 무(戊)'.

▶▶ 무술주(戊戌酒: 누른 수캐의 삶은 고기를 찹쌀과 함께 쪄서 빚은 약술), 무야(戊夜: 오경, 곧 오전(午前) 3시에서 5시 사이의 동안)

'큰 도끼 월(戉)' 비슷한 도끼의 일종인 도끼입니다만 여기서 중요한 점은 날 부분이 둥글게 되어 있어서 나무를 자르는 게 아니라 깎고 다듬는데 쓰는 자귀(짜구)와 비슷하다는 것입니다. 후대의 한(漢)나라 시대에는 '깎을 삭(削)'자를 쓰는 삭도(削刀)바뀌었습니다만 자귀나 삭도로 나무를 깎아 보면 대패질 비슷해서 그 나무의 벗겨지는 부분을 뒤집어쓰면서 날이 들어가는 특징을 알 수 있습니다.

'나무의 깎여지는 부분을 뒤집어쓰면서 (날이) 들어가다'라는 특징을 지닌 '자귀 무(戊＝ㅓ)'와 '풀 초(艹)'를 더해 '풀을 잔뜩 뒤집어쓰다(풀에 뒤덮이다)'라는 뜻을 나타낸 '우거질 무(茂)'.

▶▶ 무성(茂盛)하다, 무림(茂林), 무사(茂士: 재주와 덕행이 뛰어난 선비)

'무(戊)'자는 '위험을 무릅쓰고 쳐 들어간다, 혹은 위험을 뒤집어쓰다'라는 뜻으로 '덮어쓸 모(冒)'자와 같은 뜻으로도 쓰였는데 발음 또한 옛날에는 같은 '보(mbou)'라고 했다는 연구 결과가 있습니다. 지금의 중국어에서는 '무(戊)'는 '우', '모(冒)'는 '마오'로 바뀌고 일본어에서는 '무(戊)'는 '무', '모(冒)'는 '보'로 바뀌었습니다만 그 어느 쪽도 '보(mbou)'라는 발음의 근원이 되는 소리 값의 뜻은 밝혀내지 못하고 있습니다. 하지만 우리말에서는 가위 바위 보의 '보', 즉 보자기의 '보'로 충분히 그 발음이 붙게 된 근거를 찾을 수가 있으며 우리말 속의 '보(戊)'가 어째서 십간(十干)의 다섯 번째에 해당되는 '무, 보(mbou＝戊)'인지도 알 수 있는 열쇠가 있습니다. '가위, 바위, 보'하고 '보자기'를 내밀면 '손가락 다섯 개'가 활짝 펴집니다.

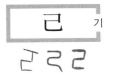

'무엇인가가 막 일어나려는 모습(己), 머리(고개)를 들고 일어나려는 모습(己)' 혹은 음과 양이 하나의 고리를 이루는 모습(己)으로 '음양이 맺어져 새로운 생명으로 일어나다'라는 뜻을 나타낸 '일어날 기, 나 기, 몸 기, 여섯째 천간 기(己)'.

▶▶ 자기(自己), 지피지기(知彼知己: 남을 알고 자기를 안다) 기미년(己未年)

생각하건데, '己(기)'의 문양은 상고 시대 토기 그릇의 테두리 등에서부터 그 어디에서든 흔히 보이는 문양 중의 하나입니다. '옆으로 누여서 계속 연결시킨 모습(╓╖)으로 보면 충분히 연상이 되리라고 믿습니다만, '요철(凹凸)이 결합된 선, 즉 음양이 합쳐져 새로운 생명의 고리(凸凹)로 이어져 나가다'라는 뜻을 나타낸 문양으로 '음(--)과 양 (一)이 끝없이 이어지는 주역의 마지막 괘(卦), 화수미제(火水未濟)의 괘상(卦象 = ䷿) 으로도 보입니다. 그러면 '여섯째 천간 기(己)'로 쓰이게 된 이유를 알기 위해 우선 주 역(周易)의 64괘에 대한 설명을 보겠습니다.

[음(--)과 양(一)으로 표시된 각각의 산가지를 효(爻)라고 부른다. 이러한 3개의 효(爻) 로 만들어지는 경우의 수는 모두 8가지(2 × 2 × 2)로 8괘(卦)라고 하며, 다시 8괘(卦)를 2가지로 결합한 경우의 수는 모두 64가지(8 × 8)로 64괘(卦)라 한다.]

주역의 64괘는 모두가 6개의 효(爻)로 이루어져 있는데, 이렇게 된 필연적인 이유도 들 수가 있습니다. 자연수 '1,2,3,4,5,6,7,8,9'중에 오직 '6'만이 최초의 양성수(1)과 음성 수(2), 그리고 최초의 중성수(3)까지를 모두 더하거나 곱하거나 같은 여섯(6)이 되어 온전한 하나로 만나지는 수(數)라는데 있습니다. 다시 말하면 '1+2+3=6'과 '1×2×3=6'이 된다는 것으로, 같은 경우의 다른 수(數)는 없습니다. 또한 서양에서도 이 '6'자는 'SIX = SEX', 즉 '음양이 만나다'란 뜻을 담고 있습니다.

경신임계(庚辛壬癸)

두 손(𦥑)으로 절굿공이(丨)를 들고 방아를 찧는 모습(庚)으로 '(가을에 곡식을 거두어) 방아를 찧다'라는 뜻을 나타낸 '(만물이 여무는) 가을 경, 일곱째 천간 경(庚)'

>> 경복(庚伏: 여름 중(中) 가장 더울 때. 삼복(三伏)을 달리 일컫는 말), 연경(年庚: 사람이나 생물(生物)이 세상(世上)에 난 뒤에 살 아온 햇수)

천지자연이 '무성(茂盛)'해지면 왕성한 음과 양들이 만나 함께 '방아(庚)'를 통해 무수 한 새 씨앗들을 낳게 됩니다. 우리말의 '일곱(7)'이란 말의 '곱'이라는 어근은 '곱씹는다, 겹친다'라는 말에서처럼 '곱, 겹으로 거듭되다'라는 뜻이며, 무수히 불어나는 '곱셈'의 '곱'이기도 합니다. 또한 '새끼 치다'의 '치'라는 어근은 '칠(7)'에도 함께 들어 있는데 이 '7'이라는 '생식수(生殖數)'는 그 무엇으로도 대치하거나 나누어질 수 없는 독자적인 새 생명이자 다음 세대를 위한 신묘한 미지의 수(數)입니다.

'방아(庚)'를 통한 씨앗들의 무한 분열이 있게 되면, 다음엔 험한 세상의 비수 같은 '가 름질(丨)', 그 매서운 서릿발에 의해 가려지게 됩니다.

단검, 혹은 새김칼의 모습(辛)'으로 '(찌르면) 아프다, 매섭다, 맵다' 는 뜻을 나타낸 '매울 신, 여덟 번째 천간 신(辛)'.

'방아'를 통해 수많은 씨앗(열매)들이 열리게 되지만, 그 모두가 좋은 씨앗으로 맺히는 건 아니지요. 곧 매서운 서릿발을 맞게 됩니다. 험한 세상의 비수(辛)같은 '갈음질' 속에서 가려져 맺히게 되는 것입니다.

>> 간신(艱辛:힘들고 고생스러움), 신승(辛勝: 경기(競技) 등에서 간 신히 이김)

壬 임

베틀의 북, 혹은 베를 짤 때 실을 감아두는 '실패'의 모습으로, 북에 실이 감기면서 '점 점 부풀어 오르다'라는 뜻을 나타낸 '부풀 임, 품을 임, 아홉 번째 천간 임(壬)'.
>> 임진왜란(壬辰倭亂)

모든 만물은 제 자신 안에 새로운 생명체를 품습니다. 새롭고 알찬 새끼들을 가득 품고 꽉 찬 아홉이 되면서 저 자신은 겉껍질이 되어갑니다.

癸 계

십(十)자형으로 생긴 방어용 무기의 모습(🎇)으로 '한 바퀴 돌아 헤아리다'라는 뜻을 나타낸 '헤아릴 계, 열 번째 천간 계(癸)'.
>> 계축일기(癸丑日記)

葵 규

'빙빙 돌다'라는 뜻을 지닌 '헤아릴 계(癸)'와 '풀 초(艹)'를 더해 '해를 따라 도는 해바라기'라는 뜻을 나타낸 '해바라기 규(葵)'.
>> 촉규(蜀葵: 접시꽃), 산규(山葵: 고추냉이)

揆 규

'헤아릴 계(癸)'와 '~~하게 하다'라는 뜻을 지닌 '손 수(扌)'를 더해 '헤아리다, 관리하다'라는 뜻을 나타낸 '헤아릴 규, 법 규(揆)'.
>> 규지(揆地: 의정(議政)의 지위), 도규(度揆: 규칙 또는 법칙)

수를 1부터 10까지 한 바퀴 다 헤아려 열(十)이 된다는 것은 다시 원점(0)으로 돌아간다는 뜻이기도 합니다. 식물로 비교하자면 새 생명을 보호하는 씨앗의 껍질이 되어 품고 있는 새 생명 이외에는 그 어떤 묵은 세상과의 싸움에도 지지 않는 '무기(🎇 = 10)'가 되어 '갑자(甲子: 새로운 세상의 새끼)들의 아득한 지평선 너머로 사라져갑니다.

279_ 자축인묘(子丑寅卯)

자축인묘(子丑寅卯)

子 자

처음에는 '머리카락이 유난히 빨리 자라나는 아이의 모습(🍼)'으로 '새끼가 불어나다, 갓난아기'라는 뜻을 나타낸 '새끼 자 혹은 아들 자, 지지(地支: 12지)의 첫 번째 쥐 자(子)'.
>> 자식(子息), 자손(子孫), 손자(孫子), 자시(子時: 23~01시 : 시간이 불어나는 첫 시각)

갑골문에서 날짜를 표기하는 '12지(支)'의 첫 글자로는 반드시 이 '🍼(자)'를 쓰고 있는데, 이는 단지 아이를 나타낸다기보다는 아기(머리카락?)가 자라듯 '무럭무럭 불어나다 혹은 새끼 쳐 나가다'라는 뜻입니다.

孔 공

처음엔 '아기가 젖을 빨아먹고 있는 모습(鼻,똊)', 나중엔 '새끼 자(子)'와 '힘들다'라는 뜻을 지닌 '새길 을(乙=乚)'더한 모습으로 '아기의 젖이 (힘들게) 나오는 구멍'이라는 뜻을 나타낸 '구멍 공(孔)'.

>> 공명(孔明), 골다공증(骨多孔症), 천공(穿孔), 기공(氣孔), 모공(毛孔)

季 계

벼가 익어 고개를 숙인 모습(禾: 벼 화)과 '새끼 자(子)'를 더해 '곡식이 열매를 맺는 기간(3개월) 혹은 그 기간의 끝'이라는 뜻을 나타낸 '철 계, 끝 계, 마지막(어린) 열매 계(季)'.

>> 계절(季節), 계간지(季刊誌), 사계(四季)

存 존

'물을 막아두다'라는 뜻을 지닌 '바탕 재(才=才, 扌)'와 '새끼 자(子)'를 더해 '새끼를 두다, 무엇인가를 있게 하다'라는 뜻을 나타낸 '있을 존, 둘 존(存)'.

>> 존재(存在), 존속(存續), 의존(依存), 보존(保存)

孫 손

'새끼 자(子)'와 '이을 계(系=糸)'를 더해 '대를 이을 새끼의 새끼들이 이어지다'라는 뜻을 나타낸 '손자 손(孫)'.

>> 손자(孫子), 조손(祖孫), 증손(曾孫), 대대손손(代代孫孫)

갑골문에서 날짜를 기록할 때 쓰던 '12지(支)'를 순서대로 짚어보되 여기서는 매일 매일의 날짜에 맞추기 보다는 편의상 하루 동안의 시간 때에 맞추어 추론하고자 한다는 점을 미리 말씀드립니다.

丑 축

'무엇인가 움켜쥐려는 (손톱 끝이 강조된) 손의 모습(⺕)'으로 나타낸 '움켜쥘 축, 지지(地支: 12지)의 두 번째 소 축(丑)'.

>> 계명축시(鷄鳴丑時: 새벽닭이 축시 곧 새벽 한 시에서 세 시 사이에 운다는 뜻에서, '축시'를 일컫는 말)

시간의 흐름으로 볼 때 '자시(子時)'가 '전날의 끝과 새날의 처음'에 걸쳐 있는 것에 비해 '축시(丑時)'는 '새로운 (하루가)날이 확고하게 자리 잡는다'라는 뜻을 갖고 있습니다.

紐 뉴

'실 사(糸)'와 '쇠고랑 축(丑)'을 더해 '끈으로 쇠고랑을 채우다(묶다)'라는 뜻을 나타낸 '묶을 뉴(紐)'.

>> 유대(紐帶), 결뉴(結紐: 끈을 매는 것)

寅 인

舍 炵 闽

'화살과 둘러 싼 손의 모습(舍)' 혹은 '집 면(宀)'을 더한 모습(宷)으로 '화살을 멀리 나가게 하기 위해 추를 달거나 반듯하게 펴다, 그 일을 함께 하는 사람 혹은 집안에서도 몸을 삼가 반듯이 하다'라는 뜻을 나타낸 '당길 인, 삼갈 인, 동료 인, 지지(地支: 12지)의 세 번째 범 인(寅)'.

동트기 직전 사냥 나갈 준비를 하며 조심스레 몸을 추스르는 사람들의 모습이 떠오르는 글자

卯 묘

夘 吽 甲

'문(門)을 열어젖힌 모습(夘)'으로 '밤이 막 열리다 혹은 범은 들어가고 토끼가 (물 마시러?) 나오는 시각'이라는 뜻을 나타낸 '활짝 열릴 묘, 지지(地支: 12지)의 네 번째 토끼 묘(卯)'.

▶▶ 묘주(卯酒: 아침술. 아침에 마시는 술), 인장묘발(寅葬卯發: 장사 (葬事) 지낸 뒤에 곧 복(福)을 받음)

柳 류

桺

'열어 놓은 문짝 혹은 늘어뜨린 토끼 귀의 모습'을 지닌 가지를 늘어뜨린 양쪽으로 버들 유, 버들 류(柳).

▶▶ 화류계(花柳界), 유요(柳腰: 버들가지처럼 가늘고 부드러운 허리)

진사오미(辰巳午未)

辰 진

丙 辰 辰

조개가 입을 벌리고 (발 같은) 혀를 내밀어 푸르르 떨며 모래나 뻘 속을 파고 들어가는 모습(辰)으로 나타낸 '조개 신, 떨 진, 지지(地支: 12지)의 다섯 번째 용 진(辰)'.

▶▶ 일월성신(日月星辰: 해와 달과 별), 북진(北辰: 북극성)

晨 신

'땅 파는 일'이라는 뜻을 지닌 '조개 신(辰)'과 '날 일(日)'을 더해 '하루의 일을 시작하는 새벽'이라는 뜻을 나타낸 '새벽 신(晨)'.

▶▶ 신성(晨星: 샛별), 신광(晨光: 아침의 햇빛), 신명(晨明: 새벽녘. 날이 샐 무렵)

巳 사

𢀛 𢀛 𢀛

'머리를 들고 입을 쩍 벌린 뱀의 모습(𢀛)'으로 '머리를 들고 일어나는 뱀처럼 태양이 하늘 높이 오르는 때'라는 뜻을 나타낸 '(地支: 12지)의 여섯 번째 뱀 사(巳)'.

▶▶ 상사(上巳: 삼짇날. 음력(陰曆) 3월 3일), 사진신퇴(巳進申退: 벼슬아치가 아침 사시(巳時)에 출근(出勤)하고 저녁 신시(申時)에 퇴근(退勤)하던 일)

절구 공이의 모습(🔨)으로 '하늘의 정 중앙에 올라선 태양이 절구 공이처럼 쿵쿵, 깡깡 내리 찧는(쬐는) 때'라는 뜻을 나타낸 '지지(地支: 12지)의 일곱 번째 말 오(午)'.

>> 오후(午後), 오전(午前), 오찬(午餐), 오수(午睡)

한낮의 태양, 자시(子時)와 대비되는 정오(正午)이며 동지(冬至)에 대비되는 한 여름의 하지(夏至), 그리고 그 하지(夏至)의 동물인 말(발굽)의 상징이기도 합니다.

'절구 공이의 모습(🔨)'과 '나무 목(木)'을 더해 만든 '절구 공이 저(杵)'.

>> 저구(杵臼: 절굿공이와 절구), 저성(杵聲: 다듬이질하는 소리)

'말씀 언(言)'과 '(위와 아래로 일정한 간격을 두고 올렸다 내렸다 하며 방아를 찧는) 절구 공이'라는 뜻을 지닌 '대낮 오(🔨=午)'를 더해 '일정한 기간이나 거리상의 여유를 주는(받아들이는) 말을 하다'라는 뜻을 나타낸 '받아드릴 허, 허락할 허(許)'.

>> 허락(許諾), 허용(許容), 허가(許可)

'아직 덜 자란 가지의 모습(🌿)'으로 '해가 더 이상 오르기를 멈추고 내려앉기 시작하는, 아직 덜 자란 나뭇가지처럼 햇살도 풀이 죽기 시작하는 때'라는 뜻을 나타낸 '아직 미, 지지(地支: 12지)의 여덟 번째 양 미(未)'.

>> 미래(未來), 미만(未滿), 미숙(未熟), 미성년(未成年)

'아직 미(未)'가 '양 양(羊)'에 해당하는 글자로 쓰이는 이유는 갓 자란 풀을 좋아하고 또한 그처럼 고기 맛이 부드럽기 때문인 듯합니다.

신유술해(申酉戌亥)

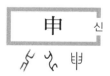

시커먼 비구름 사이에서 번개가 좌충우돌하며 하늘에서 땅으로 내리 꼽히는 모습(⚡) 혹은 두 손으로 무엇인가를 곧게 펴는 모습(🖐)으로 나타낸 '번개 신, 펼 신, 지지(地支: 12지)의 아홉 번째 원숭이 신(申)'.

>> 신청(申請), 신고(申告), 내신(內申)

뜨겁던 한 낮이 지나고 기울기 시작한 햇살이 구석구석까지 뻗치면서 뭇 생명들에게 충실한 하루로 마감하기를 재촉합니다. 가을 장마철의 천둥번개와 같은 '갈음질'입니다.

神 신

'제사상'의 뜻을 지닌 '보일 시(示)'와 '(하늘에 내리는)번개 신(申)'을 더해 '하늘에서 하는 일'이라는 뜻을 나타낸 '귀신 신(神)'.
>> 신경(神經), 신화(神話), 정신(情神)

暢 창

'펼 신(申)'과 '해가 오르는 모습'을 나타낸 '쉬울 이(昜)'를 더해 '수월하게 펼쳐지다(뻗어나가다)'라는 뜻을 나타낸 '펼칠 창(暢)'.
>> 창달(暢達), 화창(和暢), 유창(流暢)

酉 유

새의 둥지처럼 얼기설기 엮은 술 걸러내는 자루의 모습(🍶)으로 나타낸 '술 유, 지지(地支: 12지)의 열 번째 새(닭) 유(酉)'.
>> 묘유(卯酉: 동쪽과 서쪽)

'유(酉)'자는 '서녘 서(西)'와 닮았습니다. 서쪽 하늘에 저녁노을이 집니다. 붉은 해가 새들이 둥지를 찾아가듯, 산 넘고 들을 건너 아득한 수풀 사이로 햇살을 뿌리며 스러집니다.

戌 술

가을걷이, 가실에 쓰는 갈고리를 겸한 기다란 낫 같은 연장의 모습(戌)으로 만든 '마름질 술, 지지(地支: 12지)의 열한 번째 개 술(戌)'.
>> 무술주(戊戌酒: 누른 수캐의 삶은 고기를 찹쌀과 함께 쪄서 빚은 약술), 술월(戌月: 월건(月建)이 '술(戌)'인 달. 곧, 음력 9월)

사냥감을 물어오는 개처럼 먹을 것을 거두어들이는 도구라는 뜻에서인지 '개 술(戌)'이라고도 합니다. 잦아드는 붉은 해를 마치 개처럼 냉큼 물어 가는 어둠 속의 그 무엇인가가 궁금해집니다.

威 위

'무기(戌=자루 달린 커다란 낫)'와 '계집 녀(女=𢀡)'를 위협하는 모습(威)으로 '겁을 주다 혹은 두려워하다'라는 뜻을 나타낸 '겁줄 위(威)'.
>> 위협(威脅), 위세(威勢), 시위(示威), 권위(權威)

歲 세

가을걷이에 쓰는 커다란 낫(戌)과 '걸음 보(步=𣥂, 𣦼)'를 더해 '곡식을 거두어들이느라 가고 온 걸음걸이의 횟수로 햇수를 헤아리다'라는 뜻을 나타낸 '해 세(歲)'.
>> 세월(歲月), 세배(歲拜), 세수(歲首: 해의 첫머리. 설), 세모(歲暮)

亥 해

'돼지 시(豕)'와 비슷하나 실은 '살을 모두 발라낸 뼈만 남은 돼지의 골격 모습(亥)'으로 '단단하다, 보존하다'라는 뜻을 나타낸 '지지(地支: 12지)의 열두 번째 돼지 해(亥)'.
>> 건해풍(乾亥風: 북서풍 혹은 북북서풍)

骸 해	'(뼈만 남은) 돼지 해(亥)'와 '뼈 골(骨)'을 더해 '골격을 알 수 있는 뼈 대'라는 뜻을 나타낸 만든 '뼈 대 해(骸)'. ≫ 해골(骸骨), 유해(遺骸), 잔해(殘骸)

孩 해	'골격(骨格)'이라는 뜻을 지닌 '돼지 해(亥)'와 '새끼 자(子)'를 더해 '골격을 갖춘 어린 아이'라는 뜻을 나타낸 '어린아이 해(孩)'. ≫ 해동(孩童), 해아(孩兒), 해제(孩提) : 모두 '어린아이'라는 뜻

劾 핵	'(뼈만 남은) 돼지 해(亥)'와 '힘쓸 력(力)'을 더해 '뼈만 남을 지경으로 샅샅이 캐어묻다'라는 뜻을 나타낸 '캐물을 핵(劾)'. 탄핵(彈劾), 주핵(奏劾: 임금에게 아뢰어 관리(官吏)의 죄(罪)를 다스림), 핵정(劾情: 정상을 조사(調査)하여 따짐)

核 핵	'모두 갖추어진 골격(骨格)'이라는 뜻을 지닌 '돼지 해(亥)'와 '나무 목(木)'을 더해 '나무의 뿌리와 줄기를 잇는 중심적인 기본 뼈대 혹은 그 중심의 살아있는 생장점'이라는 뜻을 나타낸 '알갱이 핵, 씨 핵(核)'. ≫ 핵심(核心: 잘 여문 씨앗의 중심), 중핵(中核), 원자핵(原子核)

'亥'자가 '12지(支)'의 마지막에 쓰이는 이유 역시 실은 핵심, 즉 다음 세대를 위해 꼭 넘겨야 할 어떤 '기본적인 틀이자 씨앗'의 의미를 갖고 있기 때문일 것입니다. 다시 말하면 어두운 밤과 같은 추운 겨울을 넘어 새로운 세상을 살 수 있도록 '겹울(겨울)'로 잘 싸서 넘겨야할 새로운 종자(DNA)라는 뜻도 들어 있는 말일 것입니다.

280_ 떨칠 불(弗)

弗 불 弗 弗	'일어날 기(ㄹ=己)'와 '양쪽으로 나뉘다(갈라지다)'라는 뜻을 지닌 '여덟 팔(ﾉﾚ=八)'을 더해 '무엇인가가 두 쪽으로 갈라지며 불쑥 일어나다 혹은 둘을 함께 묶었던 끈이 풀어지다'라는 뜻을 나타낸 '떨치고 일어날 불, 떨칠 불 혹은 아니 불(弗)'.

拂 불	'떨칠 불(弗)'과 '~~하게 하다'라는 뜻의 동사 기호 '손 수(扌)'를 더해 '부담이 되는 것 혹은 먼지 따위를 떨어버리다'라는 뜻을 나타낸 '떨칠 불(拂)'. ≫ 지불(支拂), 체불(滯拂), 불입금(拂入金)

怫 불	'떨칠 불(拂)'과 '마음 심(忄)'을 더해 '떨쳐버리고 싶어 불끈하고 일어나려는 마음'이라는 뜻을 나타낸 '불끈할 불(怫)'. ▶▶ 불울(怫鬱), 울불(鬱怫)

'둘을 함께 묶었던 끈이 풀어지다'라는 뜻을 나타낸 '떨칠 불 혹은 아니 불(弗)'과 '사람 인(亻)'을 더해 '둘을 함께 묶었던 끈이 풀어지니 (그 모양새가) 뭔가 아닌 듯하다'라는 뜻을 나타낸 '아닌 듯할 (어렴풋할) 불(佛)'. 부처 불(佛)로 쓰는 것은 음을 빌린 것임.
▶▶ 불교(佛教), 불가(佛家), 불찰(佛刹: 절)

'떨치고 일어날 불, 떨칠 불 혹은 아니 불(弗)'과 '~~하게 하다'라는 뜻의 동사 기호 '갈 척(彳)'을 더해 '불끈하고 떨어버리니 왜 그러는지 뭐가 뭔지 알 듯 말 듯 하다'라는 뜻을 나타낸 '(잘 모르겠지만) 비슷할 불(彿)'.
▶▶ 방불(彷彿), 불연(彿燃)

'재물'의 뜻을 지닌 '조개 패(貝)'와 '풀다'라는 뜻을 지닌 '떨어낼 불, 아니 불(弗)'을 더해 '재물을 풀어 뿌리다'라는 뜻을 나타낸 '쓸 비(費)'.
▶▶ 소비(消費), 낭비(浪費), 비용(費用)

281_ 재주 재(才)

흐르는 물(川 = 川)에 모래 흙더미, 나무 등이 쌓여 물이 막히거나 끊기는 모습

災 재

흐르는 물(川 = 川)에 모래 흙더미, 나무 등이 쌓여 물이 막히거나 끊기는 모습으로 나타낸 '재앙 재(災 = 災)'이었는데, 나중에 '불 화(火)'가 더해진 지금의 '재앙 재(災 = 災)', 바탕 재(災). -스웨덴의 학자 칼그렌. Karlgren)의 학설
▶▶ 재난(災難), 재앙(災殃), 화재(火災), 재해(災害)

才 재

'재앙 재(才)'에서 '물을 막고 있는 부분을 그린 모습(才)'으로 '물이 고이다(쌓이다) 혹은 (물길을 막거나 모아서) 그 물을 돌려쓸 수 있는 바탕을 마련하다'라는 뜻을 나타낸 '바탕 재, 재주 재(才)'.

>> 재기(才氣), 재덕(才德), 재능(才能), 재사(才士)

材 재

'나무 목(木)'과 '바탕 재(才)'를 더해 '나무 베어서 쓸 수 있도록 해놓다'라는 뜻을 나타낸 '재목 재, 쓸 재(材)'.

>> 재목(材木), 재료(材料), 자재(資材), 교재(敎材), 인재(人材)

在 재

'물이 고이다(쌓이다)'라는 뜻을 지닌 '바탕 재(才=才)'와 (물이) 고여(쌓여)있게 하는 도구나 재료인 '도끼(土)' 혹은 '흙 토(土)'를 더해 '있게 하는 무엇 혹은 있다'라는 뜻을 나타낸 '있게 하다 혹은 있을 재(在)'.

>> 재적(在籍), 재임(在任), 현재(現在), 존재(存在)

栽 재

'(물길을) 끊다'라는 뜻을 지닌 '바탕 재(才)'와 '베는 도구'의 뜻을 지닌 '창 과(戈)'를 더한 형태(才, 才)에 '나무 목(木)'을 더해 '나무를 잘라 심다 혹은 가꾸다'라는 뜻을 나타낸 '심을 재(栽)'.

>> 재배(栽培), 분재(盆栽), 식재(植栽)

裁 재

'(물길을) 끊다'라는 뜻을 지닌 '바탕 재(才)'와 '베는 도구'의 뜻을 지닌 '창 과(戈)'를 더한 형태(才, 才)에 '옷 의(衣)'를 더해 '옷을 짓기 위해 옷감을 마름질하다(자르다)'라는 뜻을 나타낸 '마름 재(裁)'.

>> 재판(裁判), 재량(裁量), 재봉(裁縫), 제재(制裁)

載 재

'물이 고이다(쌓이다)'라는 뜻을 지닌 '바탕 재(才=才)'와 그 도구의 뜻을 지닌 '창 과(戈)'를 더한 형태(才, 才)에 '수레 거(車)'를 더해 '수레에 물건을 쌓다'라는 뜻을 나타낸 '실을 재(載)'.

>> 게재(揭載), 등재(登載), 기재(記載)

哉 재

'물이 고이다(쌓이다)'라는 뜻을 지닌 '바탕 재(才=才)'와 그 도구의 뜻을 지닌 '창 과(戈)'를 더한 형태(才, 才)에 '입 구(口)'를 더해 '무언가 가슴 속에 잔뜩 쌓인 어떤 심정을 (입으로) 표현할 때 쓰는 감탄사'를 나타낸 '어조사 재(哉)'.

>> 쾌재(快哉), 애재(哀哉: 한문투로 슬프도소이다), 가연재(可然哉: 그렇게 하오리까)

282_ 마주 칠 적(敵)

商 _적
啇

'모든 것을 하나로 묶어내다'라는 뜻을 지닌 '띠 제(帝 = 釆, 帝)'와 '담다'라는 뜻을 지닌 '입 구(口 = 凵)'를 더해 '(하나의) 그릇에 담다 혹은 마주 모으다'는 뜻을 나타낸 '밑동 적(啇)'.

滴 _적

'뿌리로 모이다, 혹은 마주 모으다'라는 뜻을 지닌 '밑동 적(啇)'과 '물 수(水 = 氵)'를 더해 '가지 끝이나 처마 끝에 모여서 (떨어지는) 물방울'을 나타낸 '물방울 적(滴)'.
>> 적수(滴水), 연적(硯滴: 벼룻물을 담는 그릇), 수적천석(水滴穿石: 물방울이 바위를 뚫는다는 뜻), 대해일적(大海一滴: 넓고 큰 바다에 물방울 하나라는 뜻)

摘 _적

'(하나의) 그릇에 모으다'라는 뜻을 지닌 '밑동 적(啇)'과 '~~하게 하다'는 뜻의 동사 기호인 '손 수(手 = 扌)'를 더해 '(골라서) 따 모으다'라는 뜻을 나타낸 '따 모을 적(摘)'.
>> 적요(摘要: 요점을 따 모음), 지적(指摘), 적발(摘發), 적시(摘示), 적출(摘出), 심장적구(尋章摘句: 옛 사람의 글귀를 여기저기서 뽑아 모아 글을 짓는 일)

適 _적

'마주 모으다'라는 뜻을 지닌 '밑동 적(啇)'과 '갈 착(辶)'을 더해 '마주(맞이) 하러 가다'라는 뜻을 나타낸 '맞을 적(適)'.
>> 적용(適用: 맞추어 씀), 적절(適切), 적응(適應), 유유자적(悠悠自適: 여유(餘裕)가 있어 한가(閑暇)롭고 걱정이 없는 모양(模樣)이라는 뜻), 적자생존(適者生存: 그 환경(環境)에 맞는 것만이 살아남고 그렇지 못한 것은 차차 쇠퇴(衰退)할 수밖에 없는 자연현상(自然現象)을 일컫는 말)

敵 _적

'마주 모이다'라는 뜻을 지닌 '밑동 적(啇)'과 '칠 복(攵)'을 더해 '서로 마주치는 상대'라는 뜻을 나타낸 '맞설 적(敵)'.
>> 적수(敵手), 대적(對敵), 적개심(敵愾心), 무적(無敵), 중과부적(衆寡不敵: 적은 수로는 많은 수를 이기지 못함), 인자무적(仁者無敵: 어진 사람에게는 적이 없음), 경적필패(輕敵必敗: 적을 가볍게 보면 반드시 패배함)

嫡 _적

'마주 모이다'는 뜻을 지닌 '밑동 적(啇)'과 '계집 녀(女)'를 더해 '서로 처음 인연을 맺은 남자의 짝이 된 여자(부인)'라는 뜻을 나타낸 '본 부인 적(嫡)'.
>> 적자(嫡子), 적녀(嫡女), 적서(嫡庶: 본 자식과 뭇 자식)

283_ 일어날 기(己)

己 기
己

'음양이 맺어져 새로운 생명으로 일어나다'라는 뜻을 나타낸 '일어날 기, 나 기, 몸 기, 여섯째 천간 기(己)'. 또는 '여럿 중에 나요, 나! 하며 몸을 일으키다'라는 뜻에서 '나 기 혹은 몸 기(己)'로도 쓰임.

>> 자기(自己), 지피지기(知彼知己: 남을 알고 자기를 안다), 기미년(己未年)

起 기

'일어날 기(己)'와 '달릴 주(走)'를 더해 보다 적극적인 의미를 강조한 '(새롭게) 일어날 혹은 일으킬 기(起)'.

>> 기상(起床), 기원(起源), 기공식(起工式), 융기(隆起), 발기(發起)

紀 기

'일어날 기(己)'와 '실 사(糸)'를 더해 '옷감을 짤 때 실마리(실의 머리)를 찾아 벼리를 세우다'라는 뜻을 나타낸 '벼리 기(紀)'.

>> 기원(紀元), 기강(紀綱), 세기(世紀), 기념(紀念＝記念)

記 기

'실마리(실의 머리)를 일으키다'라는 뜻을 지닌 '일어날 기(己)'와 '반듯하고 분명하게 말을 하다'라는 뜻을 지닌 '말씀 언(言)'을 더해 '어떤 일의 실마리를 삼기 위해 보다 뚜렷한 표시를 하다 혹은 말을 써 두다'라는 뜻을 나타낸 '적을 기, 외워둘 기(記)'.

>> 기록(記錄), 기재(記載), 일기(日記), 등기(登記), 기사(記事), 기념비(記念碑＝紀念碑), 기호(記號), 기억(記憶)

改 개

'일어날 기(己)'와 '~~하게 하다'라는 뜻의 동사 기호 '칠 복(攵)'을 더해 '바로 세우게 하다(펴게 하다, 고치다)'라는 뜻을 나타낸 '고칠 개(改)'.

>> 개조(改造), 개선(改善), 개정(改定), 개혁(改革)

忌 기

'일어날 기(己)'와 '마음 심(心)'을 더해 '무엇인가에 대해 펄쩍 뛰어 일어날 만큼 싫어하는 마음'이라는 뜻을 나타낸 '꺼릴 기(忌)'.

>> 기피(忌避), 금기(禁忌), 시기(猜忌), 투기(妬忌)

配 배

'일어날 기(己)'와 '술 담는 그릇 유(酉)'를 더해 '술이라면 자다가도 벌떡 일어날 만큼 둘은 단짝이다'라는 뜻을 나타낸 '짝 배(配)'.

>> 배우자(配偶者), 배려(配慮), 분배(分配), 지배(支配)

妃 비	'실마리(실의 머리)를 일으키다'라는 뜻을 지닌 '일어날 기(己)'와 '계집 녀(女)'를 더해 '한 나라의 대업을 일으키거나 이어가도록 해 주는 여자'라는 뜻을 나타낸 '왕비 비(妃)'. ≫ 왕비(王妃), 양귀비(楊貴妃), 비빈(妃嬪)

284_ 어찌 해(奚)

	묶는 끈(8 =幺)에 어린 아이(？)를 더해 '데리고 다니는 어린 종'의 모습

奚 해	'묶는 끈(8 =幺)'과 '어린 아이의 모습(？)'을 더해 '데리고 다니는 어린 종'이라는 뜻을 나타낸 '어린아이 종 해 혹은 어찌 해(奚)'. ≫ 해금(奚琴), 해특(奚特: 어찌 특히), 해독(奚毒: 바곳의 덩이뿌리)
傒 해	'마음 심(心=忄)'과 '어린아이 종 해 혹은 어찌 해(奚)'를 더해 '묶여서 끌려 다니는 여자 아이 종을 어찌해야 좋을지 마음이 아프다'라는 뜻을 나타낸 '마음 아플 해(傒)'.
嫇 혜	'어린아이 종 해 혹은 어찌 해(奚)'에 '계집 녀(女)'를 더해 '여자아이 종이 두려워하다'라는 뜻을 나타낸 '겁낼 혜(嫇)'.
縘 계	'어린 아이 종 해 혹은 어찌 해(奚)'에 '실 사(糸)'를 다시 더해 '묶여 있다'는 원뜻을 살린 '맬 계(縘)'.
溪 계	'(끈으로) 이어지다'라는 뜻을 지닌 '어린 아이 종 해 혹은 어찌 해(奚)'와 '물 수(水=氵)'를 더해 '(골짜기에서) 이어지는 물'이라는 뜻을 나타낸 '골짜기 물 혹은 시냇물 계(溪)'. ≫ 계곡(溪谷), 계류(溪流), 청계(淸溪)
鞵 혜	'(끈으로) 잇다'라는 뜻을 지닌 '어린 아이 종 해 혹은 어찌 해(奚)'와 '가죽 혁(革)'을 더해 '가죽 끈으로 만든 신'이라는 뜻을 나타낸 '신 혜(鞵)'.

駿 혜

'(끈으로) 잇다'라는 뜻을 지닌 '어린 아이 종 해 혹은 어찌 해(奚)'와 '말 마(馬)'를 더해 '묶어 놓지 않으면 안 되는 야생마'라는 뜻을 나타낸 '야생마 혜(駿)'.

鷄 계

'(사람 손에) 묶여 있다'라는 뜻을 지닌 '어린 아이 종 해 혹은 어찌 해(奚＝)'와 '새 조(鳥＝)'를 더해 '묶어서 달고 다니는 새'라는 뜻을 나타낸 '닭 계(鷄)'.

>> 양계(養鷄), 계란(鷄卵), 계륵(鷄肋)

갑골문에는 '묶여 있는 새를 그린 모습( )'으로 된 '닭 계(鷄)'도 보이는데, 결국 그때까지는 그렇게 묶여서 키워졌던 새들이 지금의 닭이 되었다는 것이겠지요. 더구나 우리말로는 '닭'이라는 말 이전에 '달구 새'라는 말이 먼저 있었는데, 이 또한 실은 '달구 (달고) 다니는 새'라는 말이었을 것입니다. 지금도 할머니들 중에는 '저 달구새끼'라고 하는 분도 계십니다.

285_ 낌새 기(幾)

幾 기

'(누에고치에서 나온) 실'의 뜻을 지니고 있는 '작을 요(幺)' 2개( )와 '도구'를 뜻하는 '창 과(戈＝)' 그리고 '사람(亻＝)'을 더한 모습( )으로 '거의 눈에 안 보이는 몇 가닥의 명주실을 짜내는 기계'라는 뜻을 나타낸 '거의 안 보이는 얼마 안 되는 몇 가닥의 실 혹은 그 실을 짜는 틀'이라는 뜻을 나타낸 '거의 기, 몇 기, (보일 듯 말 듯한) 낌새 기 혹은 그 세밀한 틀 기(幾)'.

>> 기미(幾微), 기하학(幾何學), 기회(幾回: 몇 번)

機 기

'(미세한 실을 짜는) 틀 기(幾)'가 주로 '거의 기, 얼마(몇) 기(幾)'로만 쓰이게 되자 '나무 목(木)'을 더해 다시 만든 '틀 기(機)'.

>> 기회(機會), 기계(機械), 기관(機關), 위기(危機), 계기(契機)

饑 기

베를 짤 때 날실을 아주 조금씩 올렸다 내렸다 해야 하는 '잉아'의 뜻을 지닌 '거의 기, 낌새 기(幾)'와 '먹을 식(食)'을 더해 '거의 먹을 것이 없는 상태'라는 뜻을 나타낸 '배 주릴 기(饑)'. 약자인 '기(飢)'로도 씀.

>> 기아(饑餓), 기갈(饑渴), 기근(饑饉)

畿 기

'얼마 안 된다'는 뜻을 지닌 '몇 기(幾)'와 '밭 전(田)'을 더해 '임금이 있는 데서 얼마 안 떨어져 있는 밭'이라는 뜻을 나타낸 '기내 기 혹은 경기 기(畿)'.

>> 경기도(京畿道), 기호학파(畿湖學派)

磯 기

'거의 안 보이다'라는 뜻을 지닌 '거의 기, 얼마(몇) 기(幾)'와 '돌 석(石)'을 더해 '거의 안 보이는 모래들이 쌓여 있는 물가'라는 뜻을 나타낸 '물가 기(磯)'.

▶▶ 어기(漁磯: 낚시터)

斷 단

'네 토막으로 잘려진 실(糸 = 絲 = 𢆡 = 𢆡)의 모습(𢇍)'과 '(끊는데 필요한) 도끼 근(斤 = 斤)'을 더해 만든 '끊을 단(斷)'.

▶▶ 판단(判斷), 진단(診斷), 차단(遮斷), 단죄(斷罪)

繼 계

'네 토막으로 잘려진 실(糸 = 絲 = 𢆡 = 𢆡)의 모습(𢇍)'과 '(잇는데 필요한) 실 사(糸 = 絲)'를 더해 '끊어진 실들을 기워 잇다'라는 뜻을 나타낸 '이을 계(繼)'.

▶▶ 계승(繼承), 계속(繼續), 중계(中繼), 승계(承繼)

'잇다'와 '기우다'라는 말은 '이어서 깁다 혹은 기워서 잇다'라는 하나의 뜻으로도 통하는 말입니다. 여기서 '이을 계(繼)'자의 '계'라는 한자 발음은 우리말의 '기우다'라는 말과 이어진다는 것 또한 짐작할 수가 있는데 바로 한자(漢字)를 우리말 한자(漢字)로 읽어야 할 이유의 하나입니다. 그리고 '이을 계(繼)'에는 이미 '네 토막의 끊어진 실'로 나타낸 '끊을 단(𢇍, 𢇍)'이 들어 있습니다. 실이든 실로 짠 천이든 길게 이어지기 위해서는 우선 끊어야하고 기워야 합니다. 우리가 삶을 이어가는 일 또한 마찬가지입니다. 끊고 기우면서 이어 나가는 것이지요.

286_ 가물 현(玄)

𢆡

누에가 고치를 만들 때 입을 8자형으로 움직이며 뽑아내는 실의 모습

幺 요

누에가 고치를 만들 때 입에서 처음 나오는 아주 작고 가물가물하게 보이는 가느다란 실의 모습(𢆡)으로 '아주 가늘고 여리다'라는 뜻을 나타낸 '작을 요(幺)'.

▶▶ 요약(幺弱: 성품이 부드럽고 약함)

玄 현

누에의 입에서 보일 듯 말 듯 가물가물한 그 무엇(실)이 나와 고치(집)를 지으며 들어가는 모습(ㅊ+宀=ㅎ)으로 나타낸 '가물 현(玄)'.

▶▶ 현묘(玄妙), 유현(幽玄), 현실(玄室: 무덤 속의 방), 현관(玄關), 현미(玄米)

幽 유

'뫼 산(山)' 안(사이)에 '아주 작고 가물가물하게 보이다'는 뜻을 지닌 '작을 요(幺)'를 넣어 만든 '그윽할 유(幽)'.

▶▶ 심산유곡(深山幽谷), 유폐(幽閉), 유령(幽靈)

幼 유

'작을 요(幺)'와 '힘쓸 력(力)'을 더해 '작고 힘이 약하다'는 뜻을 나타낸 '어릴 유(幼)'.

▶▶ 유아(幼兒), 유치원(幼稚園)

幻 환

'누에고치에서 나오는 실(ㅎ)이 길게 늘어져 가물가물하게 흔들리는 모습(ꞔ)'으로 '가물가물해서 헷갈리게 보이다'라는 뜻을 나타낸 '헛보일 환, 호릴 환(幻)'.

▶▶ 환상(幻像), 환각(幻覺), 환영(幻影), 환생(幻生), 환멸(幻滅)

弦 현

'활 궁(弓)'과 '그윽할 현, 가물 현(玄)'을 더해 '누에고치에서 나온 명주실을 단단히 더 꼬아 만든 활 줄 혹은 그윽하고 신묘한 소리를 내는 악기의 줄'이라는 뜻을 나타낸 '(활)시위 현(弦)'.

▶▶ 상현(上弦)달, 하현(下弦)달, 현악기(弦樂器)

絃 현

'(활)시위 현(弦)'과는 달리 '악기의 줄'만을 나타내기 위해 '실 사(糸)'를 더해 다시 만든 '악기 줄 현(絃)'.

▶▶ 현악기(絃樂器＝弦樂器)

絹 견

'누에 연(肙=ꞔ)'과 '실 사(糸)'를 더해 '누에고치에서 나온 실'이라는 뜻을 나타낸 '명주실 견(絹)'.

▶▶ 견직물(絹織物), 견사(絹絲), 생견(生絹)

素 소

'두 손(ㅐㅓ)'과 '실 사(糸＝ㅎ)'를 더해 '처음 꼰 실 혹은 처음 나온 하얀 실의 원 바탕'이라는 뜻을 나타낸 '바탕 소(素) 혹은 흰 빛 소(素)'.

▶▶ 소재(素材), 소박(素朴), 소복(素服), 소질(素質), 소양(素養), 요소(要素), 산소(酸素)

索 색

‘실 사(糸=ᢞ)’ 양 옆으로 ‘나눌 팔(八=ᢩᢩ)’을 더해 ‘누에고치에서 실을 나누어 가려 뽑는다, 혹은 실 뭉치에서 다시 실마리(실의 끄트머리)를 찾아 뽑아내다’라는 뜻을 나타낸 ‘찾을 색(索)’.

≫ 색출(索出), 수색(搜索), 탐색(探索), 모색(摸索), 검색(檢索), 사색(思索), 색인(索引)

이 ‘색(索)’은 ‘새끼줄 삭, 노(동아줄) 삭(索)’이라고도 하는데, 그 이유는 아마도 ‘색(索 = ᢞ)’자 안의 ‘실 사(糸)’ 자체가 원래 최초의 ‘(새끼줄처럼) 꼬여있는 실’이었기 때문일 것입니다. 더구나 ‘색 혹은 삭(索)’이라는 발음 또한 우리말의 ‘색(새끼)’과 같다는 점으로 볼 때, 이는 분명 초기 ‘갑골문 한자(漢字)’들이 원래부터 ‘우리말, 우리 글자’인 우리말 한자(漢字)였다는 사실을 전해주고 있다고 보입니다. 다시 말해서 우리는 ‘색(索)’이라는 발음에서 이미 그 소리 말인 ‘새끼줄’이라는 뜻이 연상되지만, 중국어의 ‘SUO(索)’라는 발음에는 그 뜻과 관련된 중국어의 그 어떤 소리 말과도 관련이 없다는 것입니다.

繫 계

‘바퀴 걸쇠(브레이크)의 뜻을 지닌 ‘부딪칠 격(毄)’과 ‘실 사(糸)’를 더해 ‘어떤 일과 일이 서로 맞물려 있다, 혹은 어떤 일에 매달려있다’라는 뜻을 나타낸 ‘매일 계(繫)’.

≫ 연계(連繫), 계류(繫留), 계속(繫屬)

287_ 가운데 앙(央)

央 앙

‘사람의 모습(大)’과 목 부분에 ‘굴레, 혹은 베게(ᗑ)’를 더한 모습(𠈌)으로 ‘몸과 머리의 한가운데 중심이 되는 목을 둘러씌우거나 감싸다, 혹은 받치다’라는 뜻을 나타낸 ‘가운데 앙(央)’.
≫ 중앙(中央), 진앙(震央)

英 영

‘한가운데 중심을 감싸다’라는 뜻을 지닌 ‘가운데 앙(央)’과 ‘풀 초(艹)’를 더해 ‘꽃봉오리를 밑에서부터 받치고 감싸주는 (풀에서 꽃이 맺히는) 중요하고 빼어난 부분‘이라는 뜻을 나타낸 ‘꽃부리 영, 빼어날 영(英)’라는 뜻을 나타낸 ‘꽃부리 영, 꽃 영(英)’.
≫ 영웅(英雄), 영재(英才), 영화(英華), 영명(英明)

映 영

‘한가운데 중심에서 부터 감싸다’라는 뜻을 지닌 ‘가운데 앙(央)’과 ‘날 일(日)’을 더해 ‘햇빛이 한가운데서부터 퍼져 나가다’라는 뜻을 나타낸 ‘비칠 영(映)’.
≫ 영화(映畵), 영사(映寫), 반영(反映)

殃 앙	'목에 (굴레)를 둘러쓰다'라는 뜻의 '가운데 앙(央)'과 '부서진 뼈 알(歹)'을 더해 '위험한 일을 둘러쓰다'라는 뜻을 나타낸 '재앙 앙 (殃)'.

▶▶ 앙화(殃禍), 재앙(災殃)

秧 앙	'한 가운데 중심을 둘러씌우다'라는 뜻을 지닌 '가운데 앙(央)'과 '벼 화(禾)'를 더해 '벼 모의 목 부분을 흙 속에 묻으며 눌러 심다' 라는 뜻을 나타낸 '모 앙, 심을 앙(秧)'.

▶▶ 이앙기(移秧期: 모내기 철), 앙묘(秧苗: 벼의 싹. 볏모)

鴦 앙	'베개를 벤 모습'에서 나온 '가운데 앙(央)'과 '새 조(鳥)'를 더해 '늘 같이 다니는 새'라는 뜻을 나타낸 '원앙새 앙(鴦)'.

▶▶ 원앙(鴛鴦)

288_ 군사 졸(卒)

卒 졸 ⾐	'옷 의(衣=⾐)'자와 '삐침 별(丿=丿)'을 더해 '낡아서 다 떨어진 옷을 입은 사람'이라는 뜻을 나타낸 '군사 졸(卒)'.

▶▶ 졸병(卒兵), 졸업(卒業), 뇌졸중(腦卒中)

猝 졸	'개 견(犭)'과 '군사 졸(卒)'을 더해 '졸병과 개는 (평소에는 잘 따르 지만) 언제 갑자기 덤빌지 모른다.'라는 뜻을 나타낸 '갑자기 졸 (猝)'.

▶▶ 졸부(猝富: 벼락부자), 졸지(猝地)

醉 취	'술 주(酒=酉)'와 '군사 졸(卒)'을 더해 '졸병이 술을 먹어 엉망이 되다 혹은 술을 먹고 졸병처럼 되다'라는 뜻을 나타낸 '취할 취 (醉)'.

▶▶ 도취(陶醉), 마취(痲醉), 심취(心醉), 취객(醉客)

碎 쇄	'돌 석(石)'과 '군사 졸(卒)'을 더해 '돌이 졸병들처럼 부스러지다.' 라는 뜻을 나타낸 '부서질 쇄(碎)'.

▶▶ 분쇄(粉碎), 파쇄(破碎), 분골쇄신(粉骨碎身: 뼈가 가루가 되고 몸이 부서진다는 뜻으로, 있는 힘을 다해 노력(努力)함, 또는 남 을 위(爲)하여 수고를 아끼지 않음)

| 粹 수 |

'쌀 미(米)'와 '(같은 색깔의 옷을 입어야하는) 군사 졸(卒)'을 더해 '불순물이 안 섞인 같은 크기의 쌀알이나 똑같은 옷을 입어서 구별이 안 되는 졸병처럼 유별난 점이 없는 상태'라는 뜻을 나타낸 '같을 수, 순수할 수(粹)'.
>> 순수(純粹), 정수(精粹), 국수주의(國粹主義), 수미(粹美: 순수하게 아름다움)

289_ 오래 살 수(壽)

| 壽 수 |
| 畫 |

'노인(耂=老: 늙을 로)이 되도록 구불구불한 밭고랑(♨)같이 길고 긴 길을 입(ㅂ)과 손(ㅓ)을 움직이며 살다'라는 뜻을 나타낸 '오래 살 수(壽)'.
>> 수명(壽命), 천수(天壽), 장수(長壽)

| 疇 주 |

'긴 밭고랑'의 뜻을 지닌 '오래 살 수(壽)'에 '밭 전(田)'을 다시 더한 '밭고랑 주(疇)'.
>> 범주(範疇), 황주(荒疇: 거친 밭), 주낭(疇曩: 접때. 지난번)

| 濤 도 |

'긴 밭고랑'의 뜻을 지닌 '오래 살 수(壽)'와 '물 수(氵)'를 더해 '긴 밭고랑처럼 길고 큰 물결'이라는 뜻을 나타낸 '큰 물결 도(濤)'.
>> 파도(波濤), 질풍노도(疾風怒濤), 창도(창도漲濤: 가득 차서 넘쳐 흐르는 물결)

| 禱 도 |

'긴 밭고랑'의 뜻을 지닌 '오래 살 수(壽)'와 '제단'의 뜻을 지닌 '보일 시(示)'를 더해 '(천지신명에게) 빌고 또 빌다'라는 뜻을 나타낸 '빌 도(禱)'
>> 기도(祈禱), 묵도(默禱)

| 躊 주 |

'구불구불하고 긴 밭고랑'의 뜻을 지닌 '오래 살 수(壽)'와 '발 족(足)'을 더해 '구불구불하고 긴 길을 망설이며 가다'라는 뜻을 나타낸 '망설일 주(躊)'.
>> 주저(躊躇), 주일(躊日: 접때. 지난번)

鑄 주	'구불구불하고 긴 밭고랑'의 뜻을 지닌 '오래 살 수(壽)'와 '쇠 금(金)'을 더해 '쇠로 된 도구를 만들 때 거푸집의 구석구석 까지 쇳물을 부어 넣다'라는 뜻을 나타낸 '쇳물 부을 주(鑄)'.

▶▶ 주물(鑄物), 주화(鑄貨), 주철(鑄鐵)

籌 주	'구불구불하고 긴 밭고랑'의 뜻을 지닌 '오래 살 수(壽)'와 '대 죽(竹)'을 더해 '복잡하고 길게 수를 헤아릴 때 쓰는 대나무 산가지'라는 뜻을 나타낸 '산가지 주, 헤아릴 주(籌)'.

▶▶ 주판(籌板), 일주(一籌: 하나의 계책), 주상(籌商: 헤아려서 꾀함)

290_ 쌍 토 규(圭)

圭 규 圭	'흙 토(土)'를 두 번 써서 '높이 쌓은 흙 혹은 천자(天子)가 제후(諸侯)들에게 벼슬과 함께 땅을 나누어준다는 표시로 내려주는 홀(笏)'이라는 뜻을 나타낸 '쌍 토 규, 서옥 규, 홀 규(圭)'.

▶▶ 백규(白圭: 희고 맑게 잘 간 구슬), 옥규(玉圭: 임금이 드는 홀(笏))

畦 휴	'쌍 토 규(圭)'와 '밭 전(田)'을 더해 '밭과 밭 (田)사이에 다른 밭두둑(이랑)보다 더 높이 쌓아 밭의 경계로 삼다'라는 뜻을 나타낸 '쉰(50) 이랑 휴(畦)'.

▶▶ 야휴(野畦: 논둑 길. 밭둑 길. 들길), 폐휴(廢畦: 황폐(荒廢)한 밭), 휴간관개(畦間灌漑: 고랑물대기. 고랑에 물을 넣어 농작물(農作物)의 뿌리에 물을 주는 방법)

封 봉	'높이 쌓은 흙'이라는 뜻을 지닌 '쌍 토 규, 홀 규(圭)'와 '~~하게 하다'라는 뜻을 지닌 '(손) 마디 촌(寸)'을 더해 '땅과 벼슬을 내리다'라는 뜻을 나타낸 '북돋을 봉, 봉할 봉(封)'.

▶▶ 봉쇄(封鎖), 봉투(封套), 봉분(封墳), 개봉(開封)

珪 규	'높이 쌓은 흙'이라는 뜻을 지닌 '쌍 토 규, 홀 규(圭)'와 '구슬 옥(玉)'을 더해 '옥으로 만든 홀(笏)'이라는 뜻을 나타낸 '서옥 규, 홀 규(珪)'.

▶▶ 규화(珪化: 바위 속에 규산(硅酸)이 스며드는 일), 규폐(珪幣: 신에게 바치는 귀중(貴重)한 예물)

佳 가

‘밭이랑’이라는 뜻을 지닌 ‘쌍 토 규(圭)’와 ‘사람 인(亻)’을 더해 ‘산과 들의 잘 가꾸어진 밭과 밭이랑들이 보여주는 아름다운 모습처럼 아름다운 사람’이라는 뜻을 나타낸 ‘아름다울 가(佳)’.
>> 가인(佳人), 가객(佳客), 점입가경(漸入佳境)

厓 애

‘흙 위에 흙을 쌓다’라는 뜻을 지닌 ‘쌍 토 규(圭)’와 ‘기슭 엄(厂)’을 더해 ‘높은 벼랑’이라는 뜻을 나타낸 ‘절벽 애(厓)’.

涯 애

‘절벽 애(厓)’와 ‘물 수(氵)’를 더해 ‘땅이 끝나는 물가의 절벽’이라는 뜻을 나타낸 ‘(물의 끝)물가 애(涯)’.
>> 생애(生涯), 천애(天涯), 망무제애(茫無際涯: 아득하게 넓고 멀어 끝이 없음)

挂 괘

‘높이다’라는 뜻을 지닌 ‘쌍 토 규, 홀 규(圭)’와 ‘손 수(扌)’를 더해 ‘높이 걸어 놓는 그림 족자’라는 뜻을 나타낸 ‘족자 괘(挂)’.
>> 괘서(挂筮: ①점 ②점을 침 ③점치는 일), 유괘(遺挂: 죽은 사람이 남기고 간 물건)

奎 규

‘사람이 다리를 벌린 모습’으로 된 ‘큰 대(大)’와 ‘높은 밭이랑’이라는 뜻을 지닌 ‘쌍 토 규, 홀 규(圭)’를 더해 ‘크게 건너다’라는 뜻을 나타낸 ‘건널 규, 별 규(奎: 이십팔수(二十八宿)의 열다섯째 별)’.
>> 규문(奎文: 문학(文學)·문물(文物)·문교(文教)를 이르는 말), 규장각(奎章閣)

卦 괘

‘흙 위에 흙을 쌓다’라는 뜻을 지닌 ‘쌍 토 규(圭)’와 ‘점 복(卜)’을 더해 ‘점칠 때 쓰는 음효(陰爻: --)와 양효(陽爻: 一)를 쌓아 만드는 점괘’라는 뜻을 나타낸 ‘점괘 괘(卦)’.
>> 점괘(占卦)

掛 괘

‘점괘 괘(卦)’와 ‘손 수(扌)’를 더해 ‘걸다, 나누다, 꾀하다’라는 뜻을 나타낸 ‘걸 괘(掛)’.
>> 괘도(掛圖), 우각괘서(牛角掛書)

桂 계

‘쌍 토 규, 홀 규(圭)’와 ‘나무 목(木)’을 더한 ‘계수나무 계(桂)’.
>> 월계수(月桂樹), 계피(桂皮)

蛙 와

‘높은 밭이랑’이라는 뜻을 지닌 ‘쌍 토 규, 홀 규(圭)’와 ‘벌레 충(虫)’을 더해 ‘논과 밭에 많은 개구리’라는 뜻을 나타낸 ‘개구리 와(蛙)’.
>> 와영(蛙泳: 개구리헤엄), 정저지와(井底之蛙)

| 閨 규 |

윗부분이 삼각형으로 새긴 '홀 규(圭)'와 '문 문(門)'을 더해 '작은 삼각형의 문이 달린 집안 은밀한 곳에 있는 안주인의 침 실'이라는 뜻을 나타낸 '안방 규(閨)'

>> 규애(閨愛: 윗사람의 딸을 높여 이르는 말), 규수(閨秀: 남의 집 처녀), 규방(閨房)

291_ 모판 보(甫)

곡식이나 채소를 키우는
모판(고운 흙을 고르고 평평하게 깔아서 어린 새싹들을 틔우는 곳)의
모습

| 甫 보 |
| 峀 甫 |

'밭 전(田)'과 '새싹 철(✦ = 屮)'을 더해 '곡식이나 채소를 키우는 모판(고운 흙을 고르고 평평하게 깔아서 어린 새싹들을 틔우는 곳)'을 나타낸 '모판 보(甫), 처음 보(甫), (새로운 일을 처음 시작한) 어른 보(甫)'.

>> 보전(甫田), 탁보(濁甫)

'처음으로 키워낸다'는 뜻에서 '처음 보 혹은 그 처음을 시작한 어른'이라는 뜻으로도 쓰이게 되었으며, 또 한 편으로는 그러한 모판을 만들려면 고운 흙을 사람의 손바닥(특히 네 손가락을 모아 쫙 펴면 생기는 부분)을 바짝 대고 반반하게 문질러야 했으므로, 그 네 손가락을 고르게 편 것처럼 '반반하다'라는 뜻도 갖게 됨.

| 圃 포 |

'모판 보(甫)'가 주로 '처음 보 혹은 어른 보(흥부 놀부의 보(甫)'라는 뜻으로 쓰이게 되자 '원래의 모판'이라는 뜻을 살리기 위해 '어떤 구역'을 뜻하는 '에워쌀 국(□)'자를 다시 더한, '모판 포 혹은 채마 밭 포(圃)'.

>> 삼포농업(三圃農業: 삼포식 농법(農法)) , 포장(圃場)

| 浦 포 |

'모판 포(圃)'와 '물 수(氵)'를 더해 '물이 빠지면 모판처럼 반반한 모래 벌 혹은 개펄이 들어나는 물가나 갯가'라는 뜻을 나타낸 '개 펄 포(浦)'.

>> 포구(浦口: 배가 드나드는 갯가 어귀, 작은 항구), 경포대(鏡浦 臺), 김포공항(金浦空港)

| 蒲 포 | '개펄 포(浦)'와 '풀 초(艹)'를 더해 갯가에 나는 창포(菖蒲) 등의 부들과 식물을 나타낸 '부들 포(蒲)'. |

▶▶ 수창포(水菖蒲: 붓꽃. 붓꽃과의 여러해살이풀), 포류(蒲柳: 갯버들)

| 補 보 | '네 손가락을 고르게 편 것처럼 반반한 조각'이라는 뜻을 갖고 있는 '모판 보(甫)'와 '옷 의(衣＝衤)'를 더해 '떨어진 옷을 깁기 위해 반반한 천 조각을 대다'는 뜻을 나타낸 '도울 보(補)'. |

▶▶ 보충(補充), 보완(補完), 보상(補償), 보전(補塡: 부족(不足)한 것을 메움), 후보(候補)

| 捕 포 | '벼의 모'라는 뜻을 지닌 어린 '모판 보(甫)'와 '손 수(扌)'를 더해 '모를 심을 때 손으로 한줌씩 움켜쥐듯 무엇인가를 잡아 쥐다'라는 뜻을 나타낸 '잡을 포(捕)'. |

▶▶ 포착(捕捉), 포로(捕虜), 체포(逮捕)

| 舖 포 | '집 사(舍)'와 '잘 펼쳐져 있는 모판'의 뜻을 지닌 '모 키울 보(甫)'를 더해 '물건을 펼쳐 놓고 파는 집'을 나타낸 '펼칠 포, 가게 포(舖)'. |

▶▶ 점포(店舖), 금은포(金銀舖), 군포(軍舖: 군인들이 주둔하는 곳)

| 尃 부 | '고르고 평평한 모판'의 뜻을 지닌 '모 키울 보(甫)'와 '~하게 하다'라는 뜻의 동사 기호로 '(손가락) 마디 촌(寸)'을 더해 '고르고 평평하게 하다'는 뜻을 나타낸 '펼 부(尃)'. |

| 搏 박 | '(손바닥으로) 평평하게 하다'라는 뜻을 나타낸 '펼 부(尃)'와 '~하게 하다'라는 뜻의 동사 부호로 다시 '손 수(扌)'를 더해 '손바닥으로 두드리다 혹은 바짝 붙어서 치다'는 뜻을 나타낸 '두드릴 박, 칠 박(搏)'. |

▶▶ 수박(手搏)치기, 박격(搏擊), 박동(搏動), 박살(搏殺), 맥박(脈搏), 용호상박(龍虎相搏)

| 縛 박 | '묶는 끈'을 나타낸 '실 사(糸)'와 '바짝 붙이다'는 뜻을 지닌 '펼 부(尃)'를 더해 '바짝 묶다'는 뜻을 나타낸 '묶을 박(縛)'. |

▶▶ 포박(捕縛), 속박(束縛), 결박(結縛), 자승자박(自繩自縛: 자기(自己)의 줄로 자기를 묶다)

傅 부

'사람 인(亻)'과 '펼 부(尃)'를 더해 '모판을 만들고 모를 키우듯 혹은 떨어진 옷을 깁기 위해 반반한 천 조각을 대어주듯, 제자들이 고르고 반듯하게 자라도록 도와주는 사람 혹은 어려운 일을 옆에서 돕다'라는 뜻을 나타낸 '스승 부(傅)'.

>> 사부(師傅: 스승), 외수부훈(外受傅訓: 외수부훈 8세(歲)면 바깥 스승의 가르침을 받아야 한다는 뜻).

博 박

'펼 부(尃)'와 '전후좌우 사방'이라는 뜻의 '열 십(十)'을 더해 '평평하고 넓다'는 뜻을 나타낸 '넓을 박(博)'.

>> 박사(博士), 박물관(博物館), 박애(博愛), 도박(賭博)

簿 부

'물이 빠지면 모판처럼 반반해지는 갯가'라는 뜻의 '갯가 포(浦)'와 '~하게 하다'라는 뜻의 동사 기호인 '(손가락) 마디 촌(寸)' 그리고 '대 죽(竹)'을 더해 '글씨를 쓴 대나무 죽간(竹簡)을 반듯하게 정리한 문서'를 나타낸 '장부 부(簿)'.

>> 치부책(置簿冊: 금전이나 물품의 출납(出納)을 기록한 책), 장부(帳簿), 가계부(家計簿) 점귀부(點鬼簿: 죽은 사람 이름에 점을 찍은 장부, 혹은 고인(古人)의 이름을 많이 따다가 지은 시문(詩文)을 조롱(嘲弄)하는 말)

薄 박

'물이 빠지면 모판처럼 반반해지는 갯가'라는 뜻의 '갯가 포(浦)'와 '~하게 하다 '라는 뜻의 동사 기호인 '(손가락) 마디 촌(寸)' 그리고 '풀 초(艹)'를 더해 '물이 빠져서 풀이 넓고 얇게 퍼지다'라는 뜻을 나타낸 '얇을(엷을) 박(薄)'.

>> 박사(薄紗: 얇고 가느다란 실로 짠)고깔, 천박(淺薄), 육박전(肉薄戰: 서로 살이 닿을 정도로 바짝 붙어서 싸움), 희박(稀薄), 박빙(薄氷), 가인박명(佳人薄命: 아름다운 사람은 명이 짧다)

敷 부

'평평하게 하다'는 뜻을 지닌 '모판 보(甫)', '사방(四方)'의 뜻을 지닌 '모 방(方)' 그리고 '~ ~하게 하다'라는 뜻을 지닌 '칠 복(攵)'을 더해 '사방을 넓게 펴다'라는 뜻을 나타낸 '(널리 펴서) 깔 부(敷)'.

>> 부지(敷地), 부연(敷衍: 덧붙여 알기 쉽게 자세한 설명(說明)을 늘어놓음), 부설(敷設: 다리나 철도(鐵道) 또는 기뢰(機雷) 따위를 깔아 놓음), 고수부지(高水敷地: 물의 가장자리, 둔치, 큰물이 날 때에만 잠기는 강가의 평평한 땅)

292_ 공교할 교(巧)

万 _고

'어떤 기운이 오르다가 막히어 힘들어 하는 모습(丂)'으로 나타낸 '힘들 고(丂)'.

丂

号 _호

'입 구(口)'와 '어려움을 뚫고 오르려는 힘'의 뜻을 지닌 '공교할 교(丂)'를 더해 '울부짖는 소리'라는 뜻을 나타낸 '부를 호(号)'.

攷 _고

'힘들 고(丂)'와 '~~하게 하다'라는 뜻의 동사 기호로 쓴 '두드릴 복, 칠 복(攴)'을 더해 '힘든 일을 두드려보고 살펴보다'라는 뜻을 나타낸 '살필 고(攷)'.

>> 논고(論攷=論考), 잡고(雜攷: 가지가지 사항을 질서 없이 고찰한 생각)

巧 _교

'어려운 일을 하다'라는 뜻을 지닌 '장인 공(工)'과 '힘들 고(丂)'를 더해 '힘든 일을 해내다'라는 뜻을 나타낸 '재주 교, 공교할 교(巧)'.

>> 공교(工巧), 기교(技巧),

朽 _후

'나무 목(木)'과 '기운이 오르지 못하고 막히다'라는 뜻을 지닌 '힘들 고(丂)'를 더해 '나무가 썩다'라는 뜻을 나타낸 '썩을 후(朽)'.

>> 노후(老朽), 불후(不朽), 사차불후(死且不朽: 몸은 죽더라도 이름은 썩지 않는다)

亏 _우

亏

'어느 한 지점, 혹은 한 번'이라는 뜻의 부호로 쓴 '한 일(一= ▬)'과 '무엇인가를 하다가(오르다가) 막히다'라는 뜻을 지닌 '힘들 고(丂=丂)'를 더해 만든 '~~에서 혹은 ~~까지 해보다, ~~하다가 막히다(꺾이다, 굽히다)'라는 뜻을 나타낸 '이지러질 휴, 어조사 우(亏)'.

兮 _혜

兮 兮

'어떤 기운이 오르다가 막히다'라는 뜻을 지닌 '막힐 고(丂, 丂=丂)'와 '나누다, 내뿜다'라는 뜻을 지닌 '여덟 팔(丷 =八)'을 더한 모습으로 '막혔던 숨을 다시 내뿜다'라는 뜻을 나타낸 '감탄사, 어조사 혜(兮)'.

>> 적혜요혜(寂兮寥兮: 형체도 소리도 다 없다는 뜻으로, 무위자연을 주장한 노자의 중심 사상을 이르는 말)

| 夸
夺 | 과 | '~~까지 해보다, ~~하다가 막히다(굽히다)'라는 뜻을 지닌 '이지러질 휴, 어조사 우(亏=亐)'와 '팔다리를 활짝 벌리고 서다'라는 뜻을 지닌 '큰 대(大=𡗶)'를 더해 '막혔던 어떤 일을 (다시) 해냈다고 팔다리를 활짝 뻗으며 뽐내다'라는 뜻을 나타낸 '뽐낼 과, 아름다울 후, 노래할 구(夸)'. |

| 誇 | 과 | '뽐낼 과(夸)'와 '말씀 언(言)'을 더해 '뽐내며 말하다'라는 뜻을 나타낸 '자랑할 과(誇)'.
≫ 과장(誇張), 과시(誇示), 과대(誇大) |

| 袴 | 고 | '팔다리를 활짝 뻗으며 뽐내다'라는 뜻을 지닌 '뽐낼 과(夸)'와 '옷 의(衣=衤)'를 더해 '다리를 마음대로 뻗을 수 있는 옷'이라는 뜻을 나타낸 '바지 고(袴)'.
≫ 단고(單袴: 남자의 홑바지), 고의(袴衣) |

| 乎
𠀎 | 호 | '어떤 기운이 오르다가 막히다'라는 뜻을 지닌 '막힐 고(丁=丂)'와 '무엇인가가 흩어져 오르다, 내뿜다'라는 뜻의 부호(丷)를 더해 '막혔던 숨을 내뿜다'라는 뜻을 나타낸 '감탄사, (의문)어조사 호(乎)'.
≫ ~느냐? ~랴! ~지? ~겠지? ~도다, ~에, ~보다(=於, 于), 감탄사(乎=呼)
　학이시습지불역열호(學而時習之不亦說乎: 배우고 때때로 익히면 또한 기쁘지 아니한가?) |

| 呼 | 호 | '막혔던 숨을 내뿜다'라는 뜻을 지닌 '어조사 호(乎)'에 '입 구(口)'를 더해 '숨을 내쉬다'라는 뜻을 나타낸 '숨 내쉴 호, 부를 호(呼)'.
≫ 호흡(呼吸), 호소(呼訴), 호응(呼應) |

293_ 그러할 유(兪)

 배(月)를 만들기 위해 통나무의 끌로 속을 파내는(兪) 모습

兪 유

'배(舟)를 만들기 위해 통나무의 끌로 속을 파내는(巜) 모습'. 병이 낫는 과정을 '병을 고치기 위해 몸속을 파내 원인을 알아, 몸이 아픈 이유를 수긍하고 편안해지며 그렇게 병이 낫는 모습'을 배를 만드는 모습에 비유하여 '그러하다, 수긍하다, 편안하다, 병이 낫다'라는 뜻을 나타낸 '그러할 유(兪)'.

>> 윤유(允兪), 유음(兪音)

愈 유,투

'병이 낫다'라는 뜻을 지닌 '그러할 유(兪)'와 '마음 심(心)'을 더해 '마음이 편안해지다'라는 뜻을 나타낸 '나을 유, 유쾌할 유(愈), 혹은 구차할 투(愈)'.

>> 우심유유(憂心愈愈)

喩 유

'속을 파내다'라는 뜻을 지닌 '그러할 유(兪)'와 '입 구(口)'를 더해 '말로 답답한 (머리)속을 시원하게 깨우쳐주다'라는 뜻을 나타낸 '깨우칠 유(喩)'.

>> 비유(比喩), 환유법(換喩法), 성유법(聲喩法)

輸 수

'(통나무로 배를 만들기 위해) 속을 파내다'라는 뜻을 지닌 '그러할 유(兪)'와 '수레 거(車)'를 더해 '배에 실린 물건들을 퍼 내려서 수레에 싣다'라는 뜻을 나타낸 '실어 보낼 수(輸)'.

>> 수출(輸出), 수입(輸入), 수혈(輸血).

294_ 구할 음(㸒)

㸒 음

'손톱 조(爪)'와 '앞으로 나아가 바로서다'라는 뜻을 지닌 '바로 설 정(壬)'을 더해 '손을 앞으로 내밀고 무엇인가를 구하다(원하다)'라는 뜻을 나타낸 '구할 음, 가까이할 음(㸒)'.

婬 음

'계집 녀(女)'와 '구할 음, 가까이할 음(㸒)'을 더해 '여자를 (너무) 가까이 하다'라는 뜻을 나타낸 '음탕할 음(婬)'.

>> 음계(婬戒)

淫 음
淫淫

원래는 '구할 음, 가까이할 음(㸒)'과 '물 수(氵)'를 더해 '물을 찾다(구하다), 혹은 지나치게 많은 (구해진?) 비'라는 뜻을 나타낸 '구할 음, 지나칠 음, 장마 음(淫)'이었는데 웬일인지 '음탕할 음(婬)'과 혼용되고 있는 글자로 중국, 한국, 일본에서 쓰이고 있는 '淫(음)'보다는 대만에서 쓰이고 있는 '淫(음)'이 바른 형태로 보임.
➤➤ 과음(過淫), 음루(淫淚)

295_ 말미암을 인(因)

因 인
囚

'자리(깔개)위에 대(大)자로 편히 누운 사람의 모습'으로 '편안히 누울 수 있는 것은 그 밑의 깔개 덕분이다(깔개를 깔았기 때문이다)'라는 뜻을 나타낸 '말미암을 인(因)'.
➤➤ 원인(原因), 요인(要因), 인과응보(因果應報)

恩 은

'덕분이다'라는 뜻을 지닌 '말미암을 인(因)'과 '마음 심(心)'을 더해 '마음을 써주다, 혹은 그 덕을 입었다'라는 뜻을 나타낸 '덕을 볼 은, 은혜 은(恩)'.
➤➤ 은혜(恩惠), 은사(恩師), 보은(報恩)

姻 인

'계집 녀(女)'와 '~~위에 눕다(겹쳐지다)'라는 뜻을 지닌 '말미암을 인(因)'을 더해 '결혼을 해서(여자가 시집을 가서) 두 집안이 하나로 겹쳐졌다'라는 뜻을 나타낸 '시집 갈 인, 혼인 인(姻)'.
➤➤ 인척(姻戚), 인가(姻家), 혼인(婚姻)

烟=煙 연

'불 화(火)'와 '말미암을 인(因)'을 더해 '불로 말미암아 생겨나는 연기'라는 뜻을 나타낸 '연기 연(烟)'.
➤➤ 태평연월(太平烟月)

296_ 다스릴 윤(尹)

尹 윤
尹尹

'뚫을 곤(丨)'과 (쥐고 있는) 오른 손(⺕)의 모습으로 '하늘과 땅을 꿰뚫는(잇는) 사람(무당, 혹은 제사장)'이라는 뜻을 나타낸 '다스릴 윤(尹)'.
➤➤ 영윤(令尹), 부윤(府尹)

君 군	'하늘과 땅을 잇는 사람'이라는 뜻을 지닌 '다스릴 윤(尹)'과 '입 구(口)'를 다시 더해 만든 '다스릴 군, 임금 군(君)' ▶▶ 군림(君臨), 군자(君子), 군주(君主)

297_ 물릴 염(猒)

猒 염	'기름기 많은 곰 고기, 혹은 개기름'의 뜻 지닌 모습(= '곰 웅(熊' 자의 왼쪽부분)과 '개 견(犭=犬)'을 더해 '질려서 못 먹을 정도로 기름기가 많은 고기'라는 뜻을 나타낸 '물릴 염(猒)'.

厭 염	'물릴 염(猒)'이 '곰 고기와 개고기도 있어서 편안하다'라는 식으로도 엉뚱하게도 쓰이게 되자 다시 '덮을 엄(厂)'을 더해 본뜻을 살린 '물릴 염, 싫을 염(厭)'. ▶▶ 염증(厭症), 염세주의(厭世主義)

壓 압	'짓눌리다'라는 뜻을 지닌 '물릴 염, 싫을 염(厭)'과 '흙 토(土)'를 더해 '흙에 짓눌리다'라는 뜻을 나타낸 '눌릴 압, 누를 압(壓)'. ▶▶ 압력(壓力), 압박((壓迫), 억압(抑壓)

然 연	'기름기 많은 곰 고기 혹은 개기름'의 뜻 지닌 모습(= '곰 웅(熊' 자의 왼쪽부분과 '개 견(犭=犬)'을 더해 '질려서 못 먹을 정도로 기름기가 많은 고기'라는 뜻을 나타낸 '물릴 염(猒)'과 '불 화(灬)'를 더해 '불이 더 잘 타오르도록 기름기가 많은 고기나 개뼈다귀 등을 넣어 태우다'라는 뜻을 나타낸 '태울 연(然)'. 또한 '태워야 할 것을 태워버리다, (역시) 그렇다'라는 뜻을 나타낸 '그럴 연(然)'. ▶▶ 자연(自然), 태연(泰然), 숙연(肅然)

자연(自然)이라는 말이 하나의 명사로 처음 쓰였다고 하는 도덕경에 보면 노자가 최고의 가치로 삼았던 도(道)까지도 역시 자연(自然)을 따른다고 되어 있습니다. '코의 모습'으로 '사람이 자기(自己)를 가리킬 때 가리키는 코'라는 뜻을 나타낸 '스스로 자, 저절로 자(自)'자와 '태우다'라는 뜻을 지닌 '그럴 연(然)'을 더해 만든 말입니다.

따라서 자연(自然)이란 말에는 '스스로 그러하다'라는 뜻뿐만이 아니라, 보다 구체적으로는 자연 그 자체이기도 한 하나의 생명체가 '자신 속에 들어와 남의 개새끼 노릇을 하게 만드는 잡귀신이 들린 스스로를 불태워 자연으로 거듭나다'라는 뜻이 담겨져 있는 것이지요.

298_ 가를 비(非)

非 비
非非非非

본디 하나인 무엇인가가 양(두) 쪽으로 갈라진(갈려진) 모습으로 '둘로 가르다, 둘로 갈리다(서로 등을 지다), 혹은 (따라서) 본래의 것이 아니다'라는 뜻을 나타낸 '가를 비, 혹은 아닐 비(非)'.

▶▶ 비난(非難), 비리(非理), 비상(非常), 시비(是非)

排 배

'가를 비, 혹은 아닐 비(非)'와 '손 수(扌)'를 더해 '(서로) 아니라고 밀치다'라는 뜻을 나타낸 '밀칠 배(排)'.

▶▶ 배척(排斥), 배제(排除), 배설(排泄), 배타적(排他的)

徘 배

'가를 비, 혹은 아닐 비(非)'와 '걸을 척(彳)'을 더해 '아닌 길을 가다, 바로 안 가고 이쪽저쪽으로 헤매다'라는 뜻을 나타낸 '(이리저리) 노닐 배(徘)'.

▶▶ 배회(徘徊), 배회고면(徘徊顧眄)

俳 배

'(두 쪽으로) 가를 비(非)'와 '사람 인(亻)'을 더해 '(옛날에) 양쪽으로 나뉘어 서로 어떤 역할을 나누어 농담이나 연기를 하는 사람'이라는 뜻을 나타낸 '광대 배(俳)'.

▶▶ 배우(俳優), 배회(俳詼: 실없는 장난), 배해(俳諧)

輩 배

'(두 쪽으로) 가를 비(非)'와 '수레 거(車)'를 더해 '양쪽으로 나뉜 대열 혹은 그 한쪽 대열'이라는 뜻을 나타낸 '무리 배(輩)'.

▶▶ 선배(先輩), 후배(後輩), 배출(輩出), 연배(年輩)

誹 비

'가를 비 혹은 아닐 비(非)'와 '말씀 언(言)'을 더해 '남이 하지 않은 일을 했다고 하거나 헐뜯는 말을 하다'라는 뜻을 나타낸 '헐뜯을 비(誹)'.

▶▶ 비방(誹謗), 복비(腹誹: 말없이 마음속으로 나무람)

悲 비

'가를 비 혹은 아닐 비(非)'와 '마음 심(心)'을 더해 '(슬픔으로)가슴
이 찢어지다'라는 뜻을 나타낸 '슬플 비(悲)'.

❯❯ 비통(悲痛), 비극(悲劇), 비명(悲鳴), 자비(慈悲)

299_ 참 진(眞)

眞 진

'세발솥 정(鼎)'과 '숟가락 시(匕)'를 더해 '솥 속에 무엇인가를 가
득 채우다'라는 뜻을 나타낸 '참 진(眞)'.

❯❯ 진실(眞實), 진정(眞正), 진지(眞摯), 사진(寫眞)

愼 신

'꽉 찬 무엇'이라는 뜻을 지닌 '참 진(眞)'과 '마음 심(忄)'을 더해
'온 마음을 다하다'라는 뜻을 나타낸 '삼가 할 신(愼)'.

❯❯ 신중(愼重), 근신(勤愼), 숙신(肅愼) 현

현

'머리 수(=首)의 뒤집어진 모습'으로 '사람의 머리를
거꾸로 매달다'라는 뜻을 나타낸 '매달 현'.

縣 현

'머리 수(=首)의 뒤집어진 형태'와 '이을 계(=系)'를
더해 '사람의 머리를 거꾸로 매달다'라는 뜻을 나타낸 '매달 현
(縣)'.

❯❯ 현감(縣監), 현령(縣令), 군현(郡縣)

懸 현

'매달 현(縣)'과 '마음 심(心)'을 더해 '거리에 머리를 매달아 어떤 일을
마음에 새기도록 알리는 일'이라는 뜻을 나타낸 '매달 현, 걸 현(懸)'.

❯❯ 현수(懸首), 현상금(懸賞金), 현안(懸案), 현수막(懸垂幕), 현판
(懸板)

顚 전

'사람의 머리를 거꾸로 매달다'라는 뜻을 지닌 '매달 현'자를
잘 못 쓴 '참 진(眞=)'과 '머리 혈(頁)'을 더해 '머리를 거꾸로
처박다'라는 뜻을 나타낸 '엎어질 전, 이마 전(顚)'.

❯❯ 전도(顚倒), 전말(顚末), 전복(顚覆), 전락(顚落)

塡 전	'머리를 거꾸로 처박다'라는 뜻을 '엎어질 전, 이마 전(顚)'자 대신 쓴 '참 진(眞)'과 '흙 토(土)'를 더해 '파냈던 자리를 다시 메우다'라는 뜻을 나타낸 '메울 전(塡)'. >> 보전(補塡), 장전(裝塡), 충전(充塡)
鎭 진	'쇠 금(金)'과 '머리를 거꾸로 처박다, 혹은 거꾸로 매달다'라는 뜻을 지닌 '엎어질 전, 이마 전(顚)'자 대신 쓴 '참 진(眞)'을 더해 '쇳물 가마솥에 사람을 거꾸로 처넣어 다른 모든 사람들에게 겁을 주다, 혹은 억누르다'라는 뜻을 나타낸 '억누를 진(鎭)'. >> 진압(鎭壓), 진화(鎭火), 진정(鎭靜)

300_ 가지 지(支)

𢺵	대나무 가지를 쥔 손

支 지 𢺵	'대나무 가지를 쥔 손'으로 '가르다, 가지를 치다'라는 뜻을 나타낸 '가를 지, 가지 지(支)'. >> 지원(支援), 지지(支持), 지배(支配
技 기	'가를 지(支)'와 '~~하게 하다'라는 뜻의 동사 부호 '손 수(技)'를 더해 '세밀하게 가리어 낼 수 있다'라는 뜻을 나타낸 '재주 기(技)'. >> 기술(技術), 기능(技能), 특기(特技)
枝 지	'가를 지(支)'와 '나무 목(木)'을 더해 '나무의 갈라져 자라는 가지'라는 뜻을 나타낸 '가지 지(枝)'.

301_ 클 태(太)

우주의 음(陰)과 양(陽), 두 기운(氣運)이 하나로 뭉쳐진 태극(太極)의 모습.

'팔 다리를 활짝 펴고 당당하게 선 사람의 모습'을 그린 '큰 대(大)' 자의 가랑이 사이에 있는 가장 중요한 부분, 남녀의 성기를 나타내는 '강조점(ヽ)'을 찍어 '크고도 크다'는 뜻을 나타낸 '클 태(太)'.

>> 태극기(太極旗), 태양(太陽), 태고(太古)

우주가 음양이 하나로 어우러진 태극(太極)이라면 사람도 음양이 하나로 어우러진 태극(太極)입니다.

'남녀의 두 성기 혹은 크고도 크다'는 뜻을 나타내기 위해 사람 모습의 '큰 대(大)' 밑에 '두 이(二)'를 넣어 만든 '클 태(夳)'

'큰 대(大)'와 '물 수(水 = 水)' 그리고 '함께하다'라는 뜻의 '두 손 (廾)'까지 더해 '물에 몸을 담그고 느긋하게 누워있는 사람(大 = 夨)의 모습(㤗, 㤗)'으로 나타낸 '편안할 태 혹은 클 태(泰)'.

>> 태산(泰山), 태연(泰然), 천하태평(天下泰平)

302_ 보일 시(示)

示 시

'제단'의 모습으로 '조상(신)을 볼 수 있는 곳'이라는 뜻을 나타낸 '보여줄 시, 보일 시, 가르쳐줄 시(示)'.

>> 시사(示唆), 시범(示範), 전시(展示)

視 시

'제단'의 뜻을 지닌 '보여줄 시(示)'와 '볼 견(見)'을 더해 '바로 보다' 라는 뜻을 나타낸 '볼 시(視)'.

>> 시각(視覺), 시점(視點), 직시(直視)

禁 금

'제단'의 뜻을 지닌 '보일 시(示)'와 '수풀 림(林)'을 더해 '수풀 속에 가려져 있어 함부로 드나들 수 없는 제사 터'라는 뜻을 나타낸 '꺼릴 금(禁)'.

>> 금지(禁止), 금서(禁書), 금물(禁物)

襟 금

'함부로 드나들 수 없다'라는 뜻을 지닌 '꺼릴 금(禁)'과 '옷 의(衤=衣)'를 더해 '함부로 드러나지 않도록 잠갔다 열었다하도록 되어 있는 목 부분의 옷깃'이라는 뜻을 나타낸 '옷깃 금(襟)'.

>> 금도(襟度), 흉금(胸襟), 염금(斂襟)

303_ 귀신 귀(鬼)

鬼 귀
鬼

커다란 머리, 혹은 머릿속 뇌의 모습(田=囟: 정수리 신)과 사람 인(儿)을 더해 '자기 몸은 없이 다른 사람의 머릿속에 들어와 사는 귀신(사람)'을 나타낸 모습(鬼)과 내 팔 혹은 내 팔처럼 맘대로 자유자재로 유용하게 쓸 수 있게 잘 구부려져 있는 나무작대기 같은 도구의 모습으로 나타낸 '내 것 사(厽, 厶=ㄙ)'를 더해 '귀신, 혹은 귀신처럼 무엇이든 잘 알고 하는 사람'이라는 뜻을 나타낸 '귀신 귀(鬼)'.

>> 귀신(鬼神), 귀곡(鬼哭), 악귀(惡鬼), 마귀(魔鬼)

魅 매
魅

'귀신 귀(鬼)'와 '보일 듯 말 듯 한 작은 가지'라는 뜻을 지닌 '아직 미(未)'를 더해 '보일 듯 말 듯 알 수 없는 힘으로 사람을 홀리는 귀신'이라는 뜻을 나타낸 '도깨비 매, 홀릴 매(魅)'.

>> 매력(魅力), 매혹(魅惑), 매료(魅了)

魄 백

'흰 백(白)'과 '귀신 귀(鬼)'를 더해 '새하얘서 뭔지 모르는 테두리만 보이는 귀신'이라는 뜻을 나타낸 '넋 백(魄)'.

>> 혼백(魂魄), 계백(桂魄), 기백(氣魄)

傀 괴

'사람 인(亻)'과 '귀신 귀(鬼)'를 더해 '귀신처럼 사는 사람'이라는 뜻을 나타낸 '꼭두각시 괴(傀)'.

>> 괴뢰(傀儡), 괴구(傀懼), 괴기(傀奇)

愧 _괴	'마음 심(心)'과 '귀신 귀(鬼)'를 더해 '대낮에는 활동을 못하는 귀신처럼 마음이 움츠러들다, 부끄러워하다'라는 뜻을 나타낸 '부끄러울 괴(愧)'. ≫ 자괴(自愧), 참괴(慙愧), 감괴(感愧)
塊 _괴	'(팔다리가 없는 덩어리처럼 보이는) 귀신 귀(鬼)'와 '흙 토(土)'를 더해 '흙덩어리'라는 뜻을 '덩어리 괴(塊)'. ≫ 금괴(金塊), 괴경(塊莖)

304_ 기록 사(史)

史 _사	'제사 때 축문을 넣은 통의 모습(ᄇ)'과 '쥔 손의 모습(ᄉ)'을 더해 '축문이나 기록을 맡다'이라는 뜻을 나타낸 '기록 사(史)'. ≫ 사기(史記), 사서(史書), 역사(歷史), 여사(女史)
吏 _리	'기록 사(史=史)'의 축문 통 부분이 깃발이 꼽힌 모습(ᄇ=ᄇ)으로 바뀌어 '제사를 집행하거나 기록을 관리하는 사람'이라는 뜻을 나타낸 '벼슬아치 리(吏)'. ≫ 관리(官吏), 서리(胥吏), 이두(吏讀)
事 _사	'기록 사(史=史)'의 축문 통 부분이 깃발이 꼽힌 모습(ᄇ=ᄇ)으로 바뀌어 '제사를 집행하거나 기록을 관리하는 일'이라는 뜻을 나타낸 '일 사, 혹은 섬길 사(事)'. ≫ 사실(事實), 사건(事件), 사태(事態)
使 _사	'사람 인(亻=亻)'과 '일 사(史=事)'를 더해 '어떤 사람에게 그 일을 하게하다(시키다)'라는 뜻을 나타낸 '하여금 사, 부릴 사, 보낼 사(使)'. ≫ 사용(使用), 행사(行使), 대사(大使), 노사(勞使)

305_ 일으킬 사(乍)

무언가를 만들거나 다듬기 위해 원재료가 되는 나무에
처음으로 도끼를 대는(찍는) 모습

乍 사

'무언가를 만들거나 다듬기 위해 원재료가 되는 나무에 처음으로
도끼를 대는(찍는) 모습'으로 '처음으로 도끼를 박는 한 순간, 바로,
어렵사리, 비롯하다' 등의 뜻을 나타낸 '잠깐 사, 일으킬 사(乍)'.
>> 사청(乍晴: 지루하게 내리던 비가 그치고 잠깐 갬), 졸사간(猝乍
間)

怎 즘

'처음으로 도끼를 박는 한 순간'의 뜻을 지닌 '잠깐 사, 일으킬 사
(乍)'와 '마음 심(心)'을 더해 '어찌해야 좋을지 망설여지는 마음'이
라는 뜻을 나타낸 '어찌 즘(怎)'.

詐 사

'말씀 언(言)'과 '다듬다'의 뜻을 지닌 '잠깐 사, 일으킬 사(乍)'를
더해 '실제 행위가 아닌 말로 다듬는 일'이라는 뜻을 나타낸 '꾸밀
사, 속일 사(詐)'.
>> 사기(詐欺), 사칭(詐稱), 사병(詐病: 꾀병)

作 작

'사람 인(亻)'과 '잠깐 사, 일으킬 사(乍)'를 더해 '(사람이) 무언가
를 만들거나 다듬다'라는 뜻을 나타낸 '지을 작(作)'.
>> 작가(作家), 작성(作成), 작곡(作曲), 작명(作名)

昨 작

'잠깐 사, 일으킬 사(乍)'와 '날 일(일)'을 더해 '잠깐 사이의 일이었
던 같은 지나간 날'이라는 뜻을 나타낸 '어제 작, 앞서 작(昨)'.
>> 작년(昨年), 작금(昨今)

炸 작

'불 화(火)'와 '잠깐 사, 일으킬 사(乍)'를 더해 '폭죽이 터지듯 잠깐
사이에 일어나는 불'이라는 뜻을 나타낸 '터질 작(炸)'.
>> 작렬(炸裂), 작약실(炸藥室), 작발(炸發)

窄 착	'도끼로 찍어내다'라는 뜻을 지닌 '잠깐 사, 일으킬 사(乍)'와 '구멍 혈(穴)'을 더해 '도끼자국같이 좁은 구멍'이라는 뜻을 나타낸 '좁을 착, 궁색할 착(窄)' ≫ 협착(狹窄), 착즙(窄汁)
搾 착	'좁을 착, 궁색할 착(窄)'과 '손 수(扌)'를 더해 '좁은 구멍 속까지 쥐어짜내다'라는 뜻을 나타낸 '쥐어짜낼 착(搾)'. ≫ 착취(搾取), 착유기(搾油機), 압착(壓搾)

306_ 서로 상(相)

相 상 木目 相	'나무 목(木)'자는 원래 '위 아래로 마주하며 자라고 있는 나무줄기의 가지와 (겉으로는 안 보이는) 그 뿌리를 함께 그린 모습(木, 木, 木)'에서 나온 것으로, '마주 선다'라는 뜻도 함께 가지고 있습니다. 그 '나무 목(木)'과 '눈 목(目)'을 더해 '나무가 위 아래로 (마주서서 자라듯) 서로 마주 보다 혹은 겉으로는 안 보이는 뿌리까지 (서로 교감하며) 살펴 보다'는 뜻을 나타낸, '서로 상 혹은 보살필 상(相)'. ≫ 상대(相對), 상관(相關), 상생(相生), 재상(宰相), 상군(相君)
想 상	'안 보이는 것(사람)까지 살펴보다'는 뜻을 지닌 '서로 상 혹은 보살필 상(相)'과 '마음 심(心)'을 더해 '안 보이는 사람을 (서로) 마음으로 그리며 보다'는 뜻을 나타낸 '생각할 상(想)'. ≫ 상상(想像), 회상(回想), 공상(空想), 상기(想起)
箱 상	'보살필 상(相)'과 '대 죽(竹)'을 더해 '어떤 물건을 잘 간수하기(보살피기) 위해 대나무로 만든 뚜껑이 있는 그릇 혹은 지붕이 있는 창고'라는 뜻을 나타낸 '상자 상 혹은 곳집 상(箱)'. ≫ 상자(箱子), 차상(車箱: 마차위의 덮개가 있는 부분).
霜 상	'비 우(雨)'와 '서로 마주한다(맞선다)'는 뜻의 '서로 상(相)'을 더해 '밤에 내리는 찬 기운이 땅에서 하늘과 맞서 곤두 서는 물 기운(얼음)'을 나타낸 '서리 상(霜)'. ≫ 상설(霜雪), 상화(霜花), 추상(秋霜), 풍상(風霜).

307_ 바쁠 총(囪)

 공기 구멍의 모습으로 나타낸 창

囪 창,총
囪

집 안의 탁한 공기들이 몰려서 빠져나가는 '공기구멍의 모습(囪)'으로 나타낸 '창 창, 굴뚝 창(囪)'. 또한 '공기들이 바쁘게 몰려서 빠져나가다'라는 뜻을 나타낸 '바쁠 총(囪)'.

窗 창,총

'구멍 혈(穴)'과 '공기구멍의 모습(囪=囪)'을 더해 만든 '창 창, 굴뚝 총(窗)'.

悤 총

'탁한 공기들을 한군데로 끌어 모아서(몰아서) 밖으로 빼내다'라는 뜻을 지닌 '창 창, 굴뚝 창(囪)'과 '마음 심(心)'을 더해 '슬기로운 생각, 바쁜 마음'이라는 뜻을 나타낸 '슬기로울 총, 바쁠 총(悤)'
▶ 총급(悤急), 총망(悤忙)

總 총

'탁한 공기들을 한군데로 끌어 모아서(몰아서) 밖으로 빼내다'라는 뜻을 지닌 '슬기로울 총, 바쁠 총(悤)'과 '실 사(糸)'를 더해 '여러 가닥의 실을 하나로 끌어 모아 만든 총채 같은 실 다발'이라는 뜻을 나타낸 '다 모을 총(總)'.
▶ 총리(總理), 총수(總帥), 총선(總選), 총괄(總括)

窗=窓 창

'창 창, 굴뚝 총(窗)'과 '슬기로울 총, 바쁠 총(悤)'을 더해 '마음의 창(窓)'이라는 뜻도 넣은 '창 창(窗=窓)'.
▶ 창구(窓口), 창문(窓門), 동창(同窓)

308_ 통할 철(徹)

徹 철
𢾖

'길'의 뜻을 지닌 '걸을 척(彳)'과 '아기를 낳다'라는 뜻을 지닌 '기를 육(育)', 그리고 '~~하게 하다'라는 뜻의 동사 부호 '칠 복(攴)'을 더해 '아기가 제 길을 무사히 뚫고 나오다, 무사히 나오게 하다 혹은 아기를 낳아 스스로 걸을 수 있을 때(마지막)까지 길러내다'라는 뜻을 나타낸 '뚫을 철, 통할 철(徹)'.
>> 철저(徹底), 철야(徹夜), 관철(貫徹)

撤 철

'손 수(扌)'와 '아기가 제 길을 무사히 뚫고 나오다'라는 뜻을 지닌 '뚫을 철, 통할 철(徹)'을 더해 '아기가 잘 나오도록 돕기 위해 방해가 되는 일을 치워주다'라는 뜻을 나타낸 '치울 철, 줄일 철(撤)'.
>> 철회(撤回), 철퇴(撤退), 철수(撤收)

轍 철

'수레 거(車)'와 '제 길을 잘 지나오다'라는 뜻을 지닌 '통할 철(徹)'을 더해 '수레가 지나온 길 혹은 그 지나온 바퀴자국'이라는 뜻을 나타낸 '바퀴자국 철, 지나온 흔적 철(轍)'.
>> 소철(蘇轍), 궤철(軌轍), 전철(前轍)

309_ 삼킬 탄(呑)

呑 탄

'어릴 요(夭)'와 '입 구(口)'를 더해 '어린애가 음식을 씹지도 않고 삼키다'라는 뜻을 나타낸 '삼킬 탄(呑)'.
>> 병탄(倂呑), 감탄고토(甘呑苦吐)

忝 첨

'어릴 요(夭)'와 '마음 심(忄)'을 더해 '철없는 어린애처럼 따라붙으려는 마음 혹은 아무거나 손을 대고(묻히고) 더럽히다'라는 뜻을 나타낸 '묻힐 첨, 더럽힐 첨, 욕될 첨(忝)'.
>> 첨도(忝叨)

添 첨

'물 수(氵)'와 '묻힐 첨'을 더해 '어떤 사물에 물 묻히듯이 곁에 붙이다(더하다)'라는 뜻을 나타낸 '더할 첨, 덧붙일 첨(添)'.
▶ 첨가(添加), 첨부(添附), 첨삭(添削)

310_ 법 칙(則)

則 칙

'솥 정(鼎 = 鼎)'과 '칼 도(刂 = 刀)'를 더해 '항상 같이 갖추어져 있어야하는 솥과 칼'이라는 뜻을 나타낸 '법칙 칙(則)'.
▶ 원칙(原則), 규칙(規則), 법칙(法則)

側 측

'늘 곁에 두고 같이 해야 하는 무엇'이라는 뜻을 지닌 '곧 즉, 본받을 칙, 법 칙(則)'과 '사람 인(亻)'을 더해 '곁, 혹은 곁에 있는 사람'이라는 뜻을 나타낸 '곁 측(側)'.
▶ 측면(側面), 측근(側近), 양측(兩側)

測 측

'법 칙(則)'과 '물 수(氵)'를 더해 '물의 양이나 깊이 등을 법에 맞추어 재다'라는 뜻을 나타낸 '잴 측(測)'.
▶ 측정(測定), 관측(觀測), 예측(豫測)

311_ 옻 칠(桼)

桼 칠

'(부러진) 나무에서 떨어지는 수액(진액)의 모습'으로 나타낸 '수액 칠(桼)

漆 칠

'수액 칠(桼)'과 '물 수(氵)'를 더해 '수액 중에 (어디에 발랐을 때) 가장 단단하게 오래가도록 보호해주는 옻나무의 수액'이라는 뜻을 나타낸 '옻 칠(漆)'.
▶ 칠판(漆板), 칠기(漆器)

膝 슬

'몸'의 뜻을 지닌 '고기 육(肉 = 月)'과 '옻 칠(桼)'을 더해 '몸의 관절 중에서도 가장 중요한 무릎 관절을 단단하게 오래가도록 수액으로 보호해주어야 하는 슬개골'이라는 뜻을 나타낸 '무릎 슬(膝)'.
▶ 슬하(膝下), 슬한증(膝寒症), 슬골(膝骨)

312_ 씨족 씨(氏)

먹을 것을 나누어 각자 한 보따리씩 들고 가는 사람( )과 고기 덩어리( )

멋있는 청동 숟가락(,)과 사람 사는 근본의 상징( )

氏 씨

처음엔 '먹을 것을 나누어 들고 가는 모습, 혹은 숟가락의 모습'으로 '같이 밥 먹고 사는 식구'라는 뜻을 나타낸 '씨족 씨, 성 씨(氏)'.
>> 성씨(姓氏), 혼돈씨(混沌氏), 씨족(氏族)

氐 저,지

'같이 밥 먹고 사는 식구'라는 뜻을 나타낸 '씨족 씨, 성 씨(氏)'자 밑에 땅, 혹은 어떤 토대라는 뜻의 부호(一)를 더해 '사는 일의 뿌리'라는 뜻을 나타낸 '근본 저, 혹은 땅 이름 지(氐)'.

低 저

'사는 일의 뿌리'라는 뜻을 나타낸 '근본 저, 혹은 땅 이름 지(氐)'와 '사람 인(亻)'을 더해 '자신을 밑으로 낮추다'라는 뜻을 나타낸 '밑 저, 낮출 저(低)'.
>> 野廣天低樹江淸月近人야광천저수강청월근인　단어장 추가　들이 넓으니 하늘이 나무보다 낮은 듯하고, 강이 맑으니 달이 사람에게 가까이 있는 듯함

底 저

'사는 일의 뿌리'라는 뜻을 나타낸 '근본 저, 혹은 땅 이름 지(氐)'와 '집 엄(广)'을 더해 '사람이 사는 일의 밑이 되어주는 밑, 혹은 바닥'이라는 뜻을 나타낸 '밑 저, 바닥 저(底)'.

祇 지,기

'사는 일의 뿌리'라는 뜻을 나타낸 '근본 저, 혹은 땅 이름 지(氐)'와 제사상의 뜻을 지닌 '보일 示'를 더해 '사람이 살 수 있는 흙이 있는 땅의 주인이 되는 신(神)'이라는 뜻을 나타낸 '공경할 지, 혹은 땅의 신 기(祇)'

抵	저

'사는 일의 뿌리'라는 뜻을 나타낸 '근본 저, 혹은 땅 이름 지(氐)'와 '~~을 하게하다'라는 뜻의 동사 부호로 쓴 '손 수(扌)'를 더해 '사람이 살려면 자신의 삶의 뿌리를 지키기 위해 막고 닥뜨리고 버텨야한다'라는 뜻을 나타낸 '막을 저(抵)'.

邸	저

'사는 일의 뿌리'라는 뜻을 나타낸 '근본 저, 혹은 땅 이름 지(氐)'와와 '고을 읍(邑= 阝)'을 더해 '제후들이 자신의 영토를 지키기 위해왕이 사는 곳, 혹은 고을에 임시로 마련해 두는 집'이라는 뜻을 나타낸 '집 저(邸)'.

>> 관저(官邸), 사저(私邸), 저택(邸宅)

이 '집 저(邸)'가 '왕의 집(궁궐)보다는 낮게 짓는 집'이었겠지만 일반 백성들의 집보다는 좋았기 때문에 결국은 요즘에도 쓰이는 아주 좋은 집이라는 뜻의 '저택(邸宅)'이 됨.

313_ 믿을 단(亶)

'아침 단(旦)'과 '지붕을 이어 만든 인공적인 굴(묘)의 모습

亶	단

'아침 단(旦)'과 '지붕을 이어 만든 인공적인 굴(묘)의 모습'을 더해 '태양을 경배하는 제단', 혹은 '믿어야 하는 제단'이라는 뜻을 나타낸 '믿을 단, 도타울 단(亶)'.

>> 행단(杏亶: 학문을 닦는 곳)

壇	단

'흙 토(土)'와 '지붕을 이어 만든 굴(묘)'이라는 뜻을 지닌 '도타울 단(亶)'을 더해 '높인 땅 위에 세운 태양신을 모시는 제사 터'라는 뜻을 나타낸 '단 단(壇)'.

>> 강단(講壇), 교단(教壇), 사직단(社稷壇)

檀	단

'나무 목(木)'과 '도타울 단(亶)'을 더해 '도타운 나무'라는 뜻을 나타낸 '박달나무 단(檀)'.

>> 단군(檀君), 백단(白檀)

314_ 섞을 효(爻)

爻 효
✕

敎 교
𡥈

'막대기나 (대나무) 산가지 등을 엮거나 엇갈리게 한 모습(✕)'으로 나타낸 '섞을 효, 점괘(占卦) 효(爻)'.

'새끼 자(子=ơ)'와 '사물이 서로 섞이는 이치'를 뜻하는 '괘 효(爻)' 그리고 '하게 하다'라는 뜻의 동사 기호인 '칠 복(攵)'을 더해 '아이 들에게 사물의 이치를 가르치다'는 뜻을 나타낸 '가르칠 교(敎)'.
>> 교단(敎壇) 교사(敎師), 교수(敎授), 교관(敎官), 교실(敎室), 교양(敎 養), 교재(敎材)

學 학

처음엔 '두 사람의 손 모습(𦥑)'과 '무언가 서로 나누며 사귀다'라 는 뜻을 지닌 '사귈 효(爻)'를 더해 '(어른과 아이가 서로) 배우다' 라는 뜻을 나타낸 글자였는데 나중에는 '아이(子)들이 들어있는 집 (宀)의 모습(宀)'이 더해져 '아이들이 선생에게 무언가를 본받고 배우는 집, 혹은 아이들이 학교에서 배우다'라는 뜻의 글자로 바뀐 '배울 학(學)'.
>> 학교(學校), 학생(學生), 대학(大學)

覺 각

'배울 학(學)'과 '볼 견(見)'을 더해 '보고 배워 깨우치다'라는 뜻을 나타낸 '깨달을 각(覺)'.
>> 각성(覺醒), 각오(覺悟), 착각(錯覺)

315_ 닦을 유(攸)

攸 유
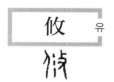

사람의 등(亻)에 물(氵)을 길게 끼얹는(攴) 모습'으로 '몸을 깨끗이 닦다, (물이) 길게 흐르다'라는 뜻을 나타낸 '닦을 유, 어조사 ~바, 이에 유(攸)'
>> 이유유외(易輶攸畏)

修 수

'몸을 깨끗이 닦다'라는 뜻을 지닌 '닦을 유(攸)'에 '빛날 삼(彡)'을 더해 다시 만든 '닦을 수, 길 수(修)'.
>> 수정(修整), 수양(修養), 수사(修辭).

悠 유	'닦을 수, 길 수(修)'와 '마음 심(心)'을 더해 '마음을 길게 넉넉히 가지다'라는 뜻을 나타낸 '한가할 유, 멀 유(悠)'.

≫ 유구(悠久), 유장(悠長), 유유자적(悠悠自適)

316_ 수(數)

1234 5(0) 6789   Ⅰ Ⅱ Ⅲ Ⅳ Ⅴ(Ⅹ) Ⅵ Ⅶ Ⅷ Ⅸ
一二三四 五(十) 六七八九

一 일	'한 번 그은 모습(一)'으로 나타낸 '하나 일(一)'.

≫ 일부(一部), 일단(一旦), 일반(一般), 일정(一定)

二 이	'같은 크기의 것, 혹은 비슷한 것 두 개'를 나란히 그어 놓은 두 개의 선으로 나타낸 '두 이(二)'.

≫ 이중(二重的), 이차원(二次元), 이산화탄소(二酸化炭素)

三 삼	'같은 크기의 것, 혹은 비슷한 것 두 개 사이의 하나, 혹은 산가지 세 개를 늘어놓은 모습(三)'으로 나타낸 '석 삼(三)'.

≫ 삼고초려(三顧草廬), 조삼모사(조삼모사(朝三暮四)

四 사 三 ⊞	처음엔 4개의 산가지로 나타낸 모습(三)이었는데 그 후에 '무엇인가(○)둘로 나누고(八) 또 나누는(二) 모습(⊞)'을 더해 '무엇인가 나누고 또 나누니 넷이 되다'라는 뜻을 나타내게 된 '넉 사(四)'.

≫ 사촌(四寸), 사방(四方), 사서(四書)

五 오 Ⅹ	수를 헤아릴 때 '다섯을 중심으로 그 이전의 수(1,2,3,4)와 그 이후의 수(6,7,8,9)가 서로 만나 교차되다'라는 뜻을 나타낸 '다섯 오(五)'.

≫ 오장육부(五臟六腑), 오리무중(五里霧中)

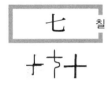

처음에는 '6각형으로 된 벌집의 두 변만을 그린 모습(⌒)'으로 ' ⌒ =六'이라는 숫자를 나타냈는데 나중에 '움집, 혹은 벽도 있는 집의 모습(⌒ , 介)'으로 바뀐 '여섯 육(六)'.

▶▶ 오장육부(五臟六腑), 육하원칙(六何原則)

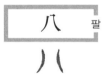

처음엔 '(결승문자에 쓰던) 끈을 잘라내는(╋)' 형태였는데, 또 한편으로는 '10(十: 열 십)'자가 '결승문자의 끈을 매듭짓는(╁) 형태'에서 점차 ' ╁ =十'의 모양으로 바뀌어 혼선이 생기자 '끊어내다'라는 뜻을 강조해 ' ╋ (7)'자의 꼬리를 튼 형태(ꛛ)로 바뀐, 일곱 칠(七)'자.

▶▶ 칠거지악(七去之惡), 북두칠성(北斗七星)

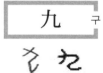

나뉘는 모습으로 '하나(一)를 나누면 둘(二)로 불어나고, 둘(二)을 나누면 넷(四), 넷(四)을 나누면 여덟(八)으로 불어나다'는 뜻을 나타낸 '나눌 팔, 여덟 팔(八)'.

▶▶ 팔순(八旬), 초파일(初八日), 팔월(八月), 팔도강산(八道江山)

여기서 '八(여덟 팔)'이라는 글자는 '1'에서 '9'까지의 모든 숫자 중에서 가장 큰 '나누임 수'로 나누어야 불어나는 자연의 이치를 담은 수(數)임.

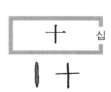

'온 힘을 다해 팔뚝을 구부린 모습'으로 '마지막까지 다하다 (꽉 찬 수 아홉이 되도록)'이라는 뜻을 나타낸 '다할 구, 아홉 구(九)'.

▶▶ 구우일모(九牛一毛), 구곡간장(九曲肝腸), 구절양장(九折羊腸)

(세운) 큰 하나(┃) 혹은 하나로 매듭을 지은 모습(♦)'으로 여러 가지를 (모두) 큰 하나로 묶다'라는 뜻을 나타낸 '열 십(十)'.

▶▶ 십장생(十長生), 십이지(十二支), 십시일반(十匙一飯)

숫자 이야기

인류사회가 서로 아무런 이의 없이 말 그대로 자연스레 합의해서 함께 쓰고 있는 대표적인 자연수로 '1,2,3,4,5,6,7,8,9,그리고 '0'이 있습니다.

한자로는 '一,二,三,四,五,六,七,八,九,그리고 '十'으로 씁니다만 그 근원인즉 거의 같습니다.

'1'은 '一'을 세운 모습일 뿐이며, '2'는 '二'를 이어서, 그리고 '3' 또한 '三'을 이어서 썼을 뿐입니다. 로마자 역시 '一'은 'Ⅰ', '二'는 'Ⅱ', '三'은 'Ⅲ'으로 단지 세워져 있을 뿐, 자연수 '1,2,3'에 관한한 전 인류사회가 공통적으로 '한 번 긋고(一, 혹은 Ⅰ)', '두 번 긋고(二, 혹은 Ⅱ), '세 번 긋는(三, 혹은 Ⅲ)' 것으로 실은 똑같은 기호를 쓰고 있다할 것입니다.

'4'자에 관해서도 초기 문자들에서는 ' 三 '이나 'ⅠⅠⅠⅠ'의 형태로 같은 기호 체계였습니다만, 곧 ' 三 '는 한자로는 '四', 로마자로는 'Ⅳ', 그리고 아라비아 숫자로는 '4'라는 서로 다른 형태들이 됩니다. 하지만 이 또한 표현 양식의 차이일 뿐 실은 같은 뜻을 담고 있다할 것입니다. 우선 아라비아 숫자상의 '4'가 '동서남북(이 교차되는 곳)'을 표시하는 기호(4)와 같다는 점, 그리고 한자의 '四' 역시 '사각형(口)', 혹은 '앞뒤 좌우, 천지 사방(四方)'을 나타내고 있다는 점에서는 결국 같은 의미를 담고 있습니다. '四'자의 이전 형태로 금문(金文)의 ' ⊕ '자가 있는데, 이 역시 '하늘(O)과 땅(口)을 사방(四方)으로 나누다'라는 같은 뜻이라는 말입니다. 그리고 로마자의 'Ⅳ(4)'는 그 형태상 'Ⅴ(5)'자가 생긴 이후에 'ⅠⅠⅠⅠ'자가 'Ⅳ'로 바뀌면서 생겼다고 여겨지는데, 이 'Ⅴ(5)'자가 생기면서 'ⅠⅠⅠⅠⅠ(6)'자 또한 'Ⅵ'로, 'ⅠⅠⅠⅠⅠⅠ(7)'은 'Ⅶ'로, 'ⅠⅠⅠⅠⅠⅠⅠ(8)'은 'Ⅷ'로 쓸 수가 있었을 것입니다.

한자의 '四' 역시 '五(5)'자가 생긴 다음에 생기는데, 그 이유를 찾아보기 위해 우선 '다섯 오(五)'자부터 살펴보겠습니다.

'五(5)'가 갑골문에서는 ' ✕ ', 혹은 ' ✕ '로 쓰여 있는데 그 형태나 의미가 로마자의 'V'나 아라비아 숫자 '5'와도 결국은 같은 의미를 지닙니다. 모든 자연수인 '1,2,3,4,5,6,7,8,9'의 정 한가운데, 즉 양쪽의 '1,2,3,4'와 '6,7,8,9'의 한가운데 있으면서 모든 수가 만나서 '꺾어지고(V)', '갈라지고(✕)', 겹쳐서 새로 시작되고(✕)', '돌아가는(5)' 어떤 지점을 나타내려 했다고 보입니다.

우리말에서도 '5'는 손가락 다섯 개를 다 세워서 '다섯'이었다가 더 세려면 다시 꼽을 수밖에 없는 자리이며, 다 '닫아서, 다섯(5)'이었다가 '열어서, 여섯(6)'으로 가는 자리입니다. 또 한편으로는 닫았다가(5) 다 열어서 열(10)이 되는 자리이기도 한데 여기서 '열(10)'은 사실 기본적인 자연수의 숫자 (1,2,3,4,5,6,7,8,9'에는 못 들어가는 숫자입니다. '하나(1)'를 계속 더해나가다가 꽉 차는 아홉(9)이 되면 모든 것을 다시 '하나(1)'로 돌아갈 수밖에 없게 만드는 '0'을 만나 새로운 '하나(1+0=10'가 된 것일 뿐입니다. 그래서 인류 최초의 문자라고 하는 결승문자(結繩文字: 새끼줄 문자)에서도 '10'은 하나를 나타내는 '한 가닥 선(∣)'이 아니라, '0'을 거친 새로운 '1', 곧 '10'이라는 뜻에서 한 번 매듭을 지은 ' ✝ '으로 표시했던 것입니다.

갑골문에서도 역시 ' ✝ ', 혹은 ' ✝ '로 표기했다가 지금의 '열 십(十)'자로 바뀌어 왔다는 점만을 먼저 말씀드리고, 이제 '六, Ⅵ, 6'으로 가보겠습니다.

'여섯 육(六)'자의 갑골문으로는 ' ⌃ , ⌂ , ⋀ ' 등이 있는 데, 아무래도 '집'을 그린 것으로 여겨지며, 더구나 '지붕'뿐인 움집(⌃))에서부터 벽(⌂)이 생기고, 다시 그럴듯한 집(⋀)으로 옮겨가는 과정까지를 잘 보여주고 있습니다.

기하학에서 정6각형의 손쉬운 작도법을 보면 벌들이 똑 같은 동그라미를 계속 그리면서 정육각형의 '집'을 지어나가는 모습이 소개 되어 있습니다만, 누구든 같은 크기의 동전을 빈틈없이 늘어놓아 보기만 해도 금방 알 수가 있는 일입니다. 동전 하나를 놓고 그 주위를 같은 크기의 동전으로 채워나가다 보면 정확하게 6개의 동전으로 다 채워지며 그 테두리를 직선으로 그으면 정6각형이 그려집니다. 그리고 동전이 아니라 같은 크기의 물방울들이 모여 있는 것을 보면 (그 농도에 따라) 일부러 직선을 그어 보지 않아도 저절로 '정육각형'이 생겨납니다.

어째서 '六=△'자가 집 모양으로 그려지게 되었는지를 우리가 잊게 된 이유는 바로 사람들이 언젠가부터 '사람들이 짓는 집'만을 '집'이라고 생각하게 된 까닭이 아닐까요?

우리 조상들에게는 벌들이 짓는 '정6각형의 집'이야 말로 참으로 '집 같은 집'으로 보였을 것입니다. 갑골문의 '6(六)'자인 ' ∧ '자나 ' ∏ '자는 실제로 정6각형의 한 부분을 그린 형태이기도 합니다.

'七(7)'자의 갑골문은 ' ＋ '으로 오히려 현재의 '＋(10)'자에 가깝습니다. 그 이유는 '10'자의 갑골문인 ' │ =10)'자가 ' ＋ '의 형태를 거쳐 '＋'자 형태로 바뀌게 되자' 혼선을 피하기 위해 ' ＋ (7)'자의 꼬리를 틀어서 지금의 '七 '자를 만들었다고 하며, '七'자가 '끊을 절(切)'자에도 쓰인다는 점을 들어 원래의 ' ＋ '자에도 '무엇인가 끊어낸다.'는 뜻이 있었던 게 아닐까하는 추측도 하고 있습니다. 맞는 말입니다. 저로서는 여기서도 그래서 우리말의 '치다, 쳐내다'라는 뜻을 담은 '칠(七)'이라는 발음이 붙어 있구나하는 생각이 듭니다.

자연수 '1(一),2(二),3(三),4(四),5(五),6(六),7(七),8(八),9(九),그리고 0(＋),' 안에서 '7'이 갖는 성격을 한 번 짚어 보겠습니다. '一'은 안과 밖이 없는 모든 자연수의 기본으로 재론의 여지가 없다 할 것입니다. '二'부터는 각기 제 나름의 짝을 갖고 있어서, '二'는 '四, 六, 八'이라는 배수(倍數)를 가지고 있습니다.

'三'은 '六, 九'라는 배수가 있습니다. '四'는 '八'이 있고 '五'에는 '十'이 있습니다. '六'은 나누임 수(배수관계), '三'이 있습니다. '七'은 ------. '八'은 '二, 四'가 있습니다. '9'는 '3, 6'이 있습니다. '七'은 없습니다. 외롭지요. 물론 외롭기는 '一'도 외롭습니다. 그리고 '五'도 엄밀한 의미에서는 기본적인 자연수 '1,2,3,4,5,6,7,8,9' 안에서는 그 짝이 없는 외로운 수입니다. 그래서 '수(數)의 경전(經典)'이라고 할 수 있는 우리의 천부경(天符經)에는 '五 七 一 妙 衍 (5, 7, 1은 묘하게 다닌다)'라는 구절이 있습니다. 또한 기하학에서도 정7각형만은 이제껏 작도된(그려진) 적이 없다고 합니다. '七'은 그래서 함께 나눌 수(數)가 없습니다. 함께 나누어 먹는 수(數: 방법)가 없으니 우선 '7=6+1'에서 '하나(1)'를 잘라내어(쳐내어) 자투리로 남겨 놓을 수밖에 없는 '칠(7)'이라는 수효(數爻)가 된다는 말입니다.

한자에서 '1,2,3,---'은 산가지를 가로 놓은 '一二三---'의 모습이고, '10,20, 30,---'은 막대기를 세운 모습(Ⅰ, Ⅱ, Ⅲ,---', 혹은 새끼줄에 매듭을 지은 모습 (┃ , ┃┃ , ┃┃┃ ---)이었습니다.

' ┃ '자가 지금의 '十'자로 바뀌었다는 것은 '1세대 30년'을 뜻하는 '세(世)'자가 그 이전의 금문에서는 ' ⩔ ', 소전(小篆)체에서는 ' 世 '의 모습이었다는 점에서도 확인 할 수 있습니다. 하지만 이런 모양으로 '(10= ┃)'자를 계속 늘어놓거나 끈을 묶어서 '50, 60, 70,----'등까지를 계속 나타내기는 점점 어려워졌겠지요. 이는 아마도 '10'안에 들어 있는 '0'의 개념이 명확하게 정립되지 않았던 시기의 흔적이라고 할 것입니다.

' ┃ '자가 지금의 '十'자로 바뀌는 시점에 이르러서는 '十'자가 단지 '10(十)'이 아니라 '一,二,三,(1,2,3,)---'의 세계에서 'Ⅰ, Ⅱ, Ⅲ,(10, 20, 30,)---'의 세계로 차원 이동이 일어나는('0'을 만나는) '一'과 'Ⅰ'의 어떤 '교차점(十)' 자리라는 것을 인지했던 듯합니다. 아울러 로마자에서도 '10'을 ' X '으로 표현한 데는 역시 같은 인식이 있었다고 보입니다.

자연수의 기본은 '1,2,3,4,5,6,7,8,9,'이며, '10'은 '1'과 '0'의 결합일 뿐입니다. 엄격한 의미에서 '0'는 자연수라기보다는 그 모든 자연수를 무(無)화시키거나 혹은 새로운 차원의 수(數)로 환원시켜주는 '수(數)가 아닌 어떤 부호'라고 보아야할 것입니다.

물론 한자에서도 '0'라는 부호는 없었지만 '10(十)'이 모든 수(數)를 다시 새로운 '하나'로 되돌리는 자리라는 것만은 이미 인식했던 듯합니다. '10'을 단지 'ㅣ'로만 표기한 것이 아니라 동그랗게 한 매듭으로 묶어서 '0'의 의미가 포함된 ''으로 표현 한 것을 보더라도 말입니다.

이러한 '十(10, 혹은 0)'으로 가기 직전의 마지막 자연수인 '9'를 한자로는 더 이상 갈 데가 없이 꽉 찬 '아홉 구(九)'라고 씁니다. '九'자의 갑골문은 ', ' 등으로 팔뚝을 잔뜩 구부린 손의 모습으로 나타냈습니다. 우리말 그대로 어디론가 넘어가기 직전의 '꽉 찬 아홉(9)'입니다.

이는 '九()'자를 사용하는 '다할 구(究)'가 '구멍 혈(穴)'과 '아홉 구(九)'를 더해 '마지막까지 (구멍을)파내다.'라는 뜻으로, 연구(硏究)나 탐구(探究)등의 말에 쓰이고 있다는 점을 보더라도 충분히 납득할 수 있을 것입니다. 그리스 수학에서는 '9'를 '궁극의 수(ennead)' 혹은 '지평선(?)'이라고 묘사했다고 하는데 결국은 같은 뜻을 담고 있는 것이라 여겨집니다.

그 지평선을 넘으면 새롭고도 무한한 수의 세계가 열린다는 뜻 또한 담고 있었겠지요. 그래서 '십(十)'을 또한 우리말에서는 모든 수가 새로이 '열린다'해서 '열(10)'이라고 부르는 것일지도 모르겠습니다.

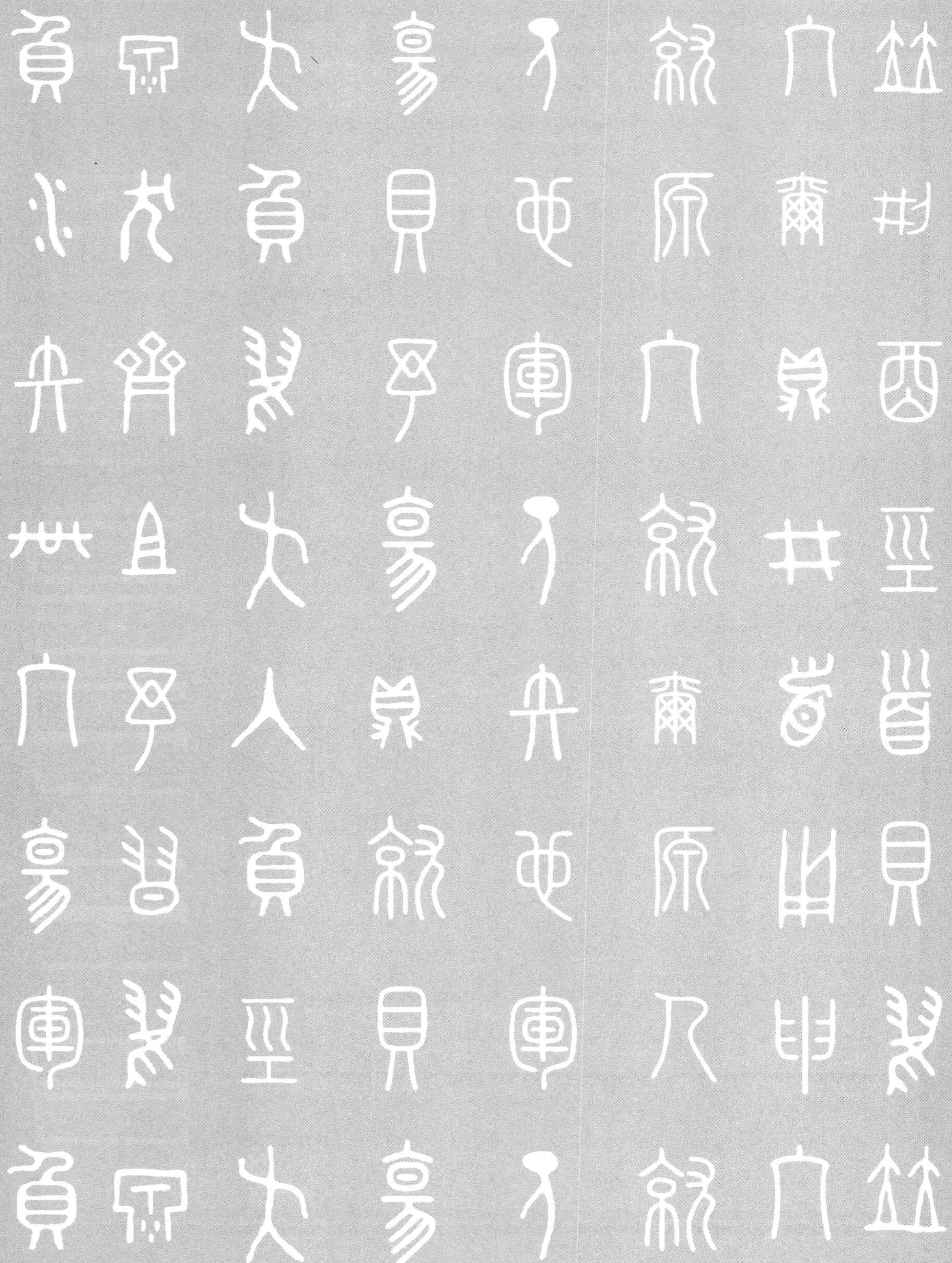

제 4 장

아직
뮤지 못한
글자

317_ 가(嫁)에서 기(棄)까지

嫁 가

'계집 녀(女)'와 '집 가(家)'를 더해 '여자가 시댁 집에 들어가다'라는 뜻을 나타낸 '시집갈 가(嫁)'.
>> 가취(嫁娶), 전가(轉嫁), 출가외인(出嫁外人)

凵 감

'입 벌린 그릇 혹은 구덩이의 모습'으로 나타낸 '입 벌릴 감(凵)'.

耕 경

'쟁기 뢰(耒)'와 '어떤 모양의 틀'이라는 뜻을 지닌 '나무 틀(井 = 井, 丼)'을 더해 '논밭을 일정한 모양으로 일구어 정리하는 일'이라는 뜻을 나타낸 '밭갈 경(耕)'.
>> 경작(耕作), 농경지(農耕地), 주경야독(晝耕夜讀)

競 경

'말씀 언(言 = 言)'과 '사람 인(人 = 人)'을 더해 '말을 하고 있는 두 사람의 모습(言 + 言)'으로 '두 사람이 말로 겨루고(다투고) 있다'라는 뜻을 나타낸 '겨룰 경(競)'.
>> 경쟁(競爭), 경기(競技), 경매(競賣)

契 계

'어떤 다짐이나 약속을 표시하기 위해 나무나 뼈다귀 등에 칼로 새기다'라는 뜻을 지닌 '새길 갈(韧)'과 '떳떳한 사람'의 뜻을 지닌 '큰 대(大)'를 더해 '어떤 약속을 맺다'라는 뜻을 나타낸 '맺을 계(契)'.
>> 계약(契約), 계기(契機)

稿 고

'(막)종이를 만드는데 썼던 수수의 잎이나 볏짚'이라는 뜻을 나타낸 '볏짚 고, 혹은 초고 고(稿)'.

膏 고

'높을 고(高)'와 '고기 육(肉 = 月)'을 더해 '살이 찌다, 고기의 기름, 혹은 기름진 땅'이라는 뜻을 나타낸 '기름질 고(膏)'.
>> 연고(軟膏), 고황(膏肓), 고량진미(膏粱珍味)

穀 곡

'(조개)껍질 각(殼)'자 안에 '벼 화(禾)'를 넣어 '단단한 껍질이 있는 곡식'이라는 뜻을 나타낸 '곡식 곡(穀)'.
>> 곡식(穀食), 곡물(穀物), 양곡(糧穀)

困 곤	'테두리나 울타리'의 뜻을 지닌 '나라 국(□)'과 '나무 목(木)'을 더해 '나무가 잘 자라지 못하다'라는 뜻을 나타낸 '괴로울 곤, 곤란할 곤 (困)'

>> 곤란(困難), 피곤(疲困), 곤경(困境)

科 과	'벼 화(禾)'와 '말 두(斗)'를 더해 '곡식을 말로 재어 그 급수와 종류 별로 나누다'라는 뜻을 나타낸 '품목 과, 그루 과(科)'.

>> 과학(科學), 과목(科目), 과거(科擧)

管 관	'둥그렇게(동그랗게) 에워싸다(둘러싸다)'라는 뜻을 지닌 '벼슬 관 (官)'과 '대 죽(竹)'을 더해 '마디의 양쪽 끝부분이 동그랗게 감싸져 있는 대롱 혹은 마디가 잘린 부분을 동그랗게 감싸서 만드는 피리' 라는 뜻을 나타낸 '대롱 관, 피리 관(管)'.

>> 보관(保管), 주관(主管), 관할(管轄)

臼 구	안쪽 면이 거칠게 된 돌절구의 모습으로 나타낸 '절구 구(臼)'.

>> 구치(臼齒), 구상(臼狀), 소구치(小臼齒)

舊 구	노인처럼 머리털이 긴 새의 모습(雚)과 오랫동안 쓰는 '절구 구(臼 =臼)'를 더해 '오래되다'라는 뜻을 나타낸 '오랠 구(舊)'.

>> 친구(親舊), 복구(復舊), 구태(舊態)

九 구	'온 힘을 다해 팔뚝을 구부린 모습'으로 '마지막까지 다하다 (꽉 찬 수 아홉이 되도록)'이라는 뜻을 나타낸 '다할 구, 아홉 구(九)'.

>> 구우일모(九牛一毛), 구곡간장(九曲肝腸), 구절양장(九折羊腸)

究 구	'다할 구, 아홉 구(九)'가 '아홉 구(九)'로만 쓰이게 되자 '구멍 혈 (穴)'과 '온 힘을 다해 팔뚝을 구부려 마지막까지 다하다'라는 뜻을 지닌 '다할 구, 아홉 구(九)'를 다시 더해 '굴을 끝까지 파다 혹은 파내다'라는 뜻을 나타낸 '다할 구(究)'.

>> 연구(硏究), 탐구(探究), 구명(究明)

懼 구	새가 눈을 이리저리 돌리는 모습(瞿)과 '마음 심(心 =忄)'을 더해 '새가 두려워하다'라는 뜻을 나타낸 '두려워할 구(懼)'.

>> 의구심(疑懼心), 송구(悚懼), 공구(恐懼)

局 국

'서로 맞물려(⼔) 있는 어떤 구역이나 상황(ㅂ)'이라는 뜻을 나타낸 '지역 국, 판 국(局)'.

≫ 결국(結局), 당국(當局), 국면(局面)

菊 국

'쌀 미(米)'와 '둘러싸다'라는 뜻을 지닌 '쌀 포(勹)', 그리고 '풀 초(艹)'를 더해 '쌀알 같이 많은 꽃잎들이 한 송이로 뭉쳐서(둘러싸여) 피는 꽃'이라는 뜻을 나타낸 '국화 국(菊)'.

≫ 국화(菊花), 감국(甘菊), 제충국(除蟲菊)

宮 궁

'집 면(宀)'과 '방이 이어져 있는 모습(呂)'을 더해 '(크게 둘러싸여 있는) 방들이 많은 집'이라는 뜻을 나타낸 '집 궁(宮)'.

≫ 궁궐(宮闕), 궁전(宮殿), 궁녀(宮女)

叫 규

'입 구(口)'와 '얽힐 구(丩)'를 더해 '쥐어짜듯 얽힌 마음속을 쏟아내느라 부르짖다'라는 뜻을 나타낸 '부르짖을 규(叫)'.

≫ 절규(絶叫), 규성(叫聲), 아비규환(阿鼻叫喚)

菌 균

'벼 화(禾)'와 '에워쌀 국(囗)', '풀 초(草)'를 더해 '볏짚을 싸 놓으면 생겨나는 곰팡이 혹은 버섯'이라는 뜻을 나타낸 '버섯 균, 혹은 세균 균(菌)'.

≫ 세균(細菌), 살균(殺菌), 병균(病菌)

克 극

'사람이 무거운 투구를 쓰고 견뎌내는 모습'으로 나타낸 '이길 극(克)'.

≫ 극복(克服), 극기(克己), 초극(超克)

亟 극

하늘과 땅, 혹은 천정과 바닥(二) 사이의 기둥처럼 사람(亻)이 서있는 모습(工)에 입(ㅂ=口)과 도구를 쥐고 있는 손(又=攵)을 더한 모습(亟)으로 '사랑하다, 심하다, 빠르다, 삼가 온 힘을 다하다'라는 뜻을 나타낸 '다할 극, 혹은 극진할 극(亟)'

極 극

'다할 극(亟)'이 '사랑하다, 심하다, 빠르다' 등의 여러 의미로 나누어 쓰이게 되자 '하늘과 땅, 혹은 위와 아래를 꽉 채우는 기둥과 같은 무엇'이라는 뜻을 나타낸 '다할 극, 혹은 다할 극(極)'.

筋 근	'갈비 늑(肋)'과 '대 죽(竹)'을 더해 '몸의 갈비뼈나 대나무의 (질긴) 섬유 줄기'라는 뜻을 나타낸 '힘줄 근. 줄기 근(筋)'. ▶ 근육(筋肉), 근종(筋腫), 복근(腹筋)

氣 기	'기운 기, 숨 기(气)'와 '쌀 미(米)'를 더해 '음식물을 익힐 때 나오는 증기'라는 뜻을 나타낸 '기운 기, 김 기(氣)'. ▶ 기운(氣運), 기체(氣體), 기후(氣候), 기온(氣溫), 기상(氣象), 기질(氣質), 절기(節氣), 경기(景氣), 분위기(雰圍氣)

汽 기	'기운 기, 숨 기(气)'와 '물 수(水=氵)'를 더해 '물이 뜨거워졌을 때 올라오는 김, 혹은 수증기'를 나타낸 '김 기(汽)'. ▶ 기차(汽車), 기적(汽笛)

棄 기	'아기(ㅿ)를 키(甘)에 담아 버리는 두 손(ㅌㅋ)'으로 나타낸 '버릴 기(棄)'. ▶ 포기(抛棄), 폐기(廢棄), 기각(棄却)

318_ 니(泥)에서 두(斗)까지

泥 니	들러붙어 있는 두 사람의 모습(尼)과 '물 수(氵)'를 더해 '물에 젖은 진흙'이라는 뜻을 나타낸 '진흙 니(泥)'. ▶ 니토(泥土), 니추(泥鰍)

紐 뉴	'실 사(糸)'와 '쇠고랑 축(丑)'을 더해 '끈으로 쇠고랑을 채우다(묶다)'라는 뜻을 나타낸 '묶을 뉴(紐)'. ▶ 유대(紐帶), 결뉴(結紐: 끈을 매는 것)

談 담	'말씀 언(言)'과 '불꽃 염(炎)'을 더해 '불꽃이 튀기는 듯한 열띤 논쟁'이라는 뜻을 나타낸 '이야기할 담(談)'. ▶ 회담(會談), 상담(相談), 장담(壯談)

淡 담	'불꽃 염(炎)'과 '물 수(水)'를 더해 '(수증기로 떠올랐다 식어서 내린 아무 맛도 없는 물'이라는 뜻을 나타낸 '싱거울 담(淡)'. ▶ 냉담(冷淡), 농담(濃淡), 담수(淡水), 담백(淡白)

踏 답

'물 수(水)'와 '가로 왈(曰)'이 더해져 '물이 흐르듯 끊임없이 떠들다'라는 뜻으로 쓰인 '겹칠 답(沓)'과 '발 족(足)'을 더해 '밟을 답(踏)'.
≫ 답습(踏襲), 답보(踏步), 답사(踏査)

唐 당

'절구질하는 모습(庚)'과 '입 구(口)'를 더해 '절구로 찧듯 탕탕 하고 큰 소리를 치다'라는 뜻을 나타낸 '큰소리 칠 탕, 혹은 당(唐)'.
≫ 당황(唐慌), 당돌(唐突), 황당(荒唐)

糖 당

'쌀 미(米)'와 '탕탕 찧이기다'라는 뜻을 지닌 '큰소리 칠 당(唐)'을 더해 '쌀을 찧이겨서 달게 만들거나 고아서 엿을 만들다'라는 뜻을 나타낸 '사탕 당, 엿 당(糖)'.
≫ 당뇨(糖尿), 과당(果糖), 포도당(葡萄糖), 가당(加糖)

讀 독

'땅이 연달아 이어지다'라는 뜻의 '이을 독(坴=圥)'과 '창문 경(囧=囧)', 그리고 '돈'이라는 뜻의 '조개 패(貝=貝)'를 더해 '(여행이) 계속 이어지도록 통행세를 내고 숨통을 열다'라는 뜻으로 쓰인 '이을 속(賣)'과 '말씀 언(言)'을 더해 '(책을 읽을 때) 구두점(句讀點)을 찍어가며 읽다'라는 뜻을 나타낸 '읽을 독(讀)'.
≫ 독서(讀書), 독자(讀者), 구독(購讀), 정독(精讀)

篤 독

'대 죽(竹)'과 '말 마(馬)'를 더해 '똑바로 빽빽하게 자라나는 대나무처럼 똑바로 달리는 말, 혹은 (말이 곁눈질 하지 않고 앞만 보고 달리도록) 말 머리에 양쪽으로 씌운 눈가리개'라는 뜻을 나타낸 '오직 독, 도타울 독(篤)'.
≫ 돈독(敦篤), 독실(篤實), 독지가(篤志家)

毒 독

'싹틀 철(屮)'과 '새끼를 밴 어미가 먹고 싶어 하다(탐을 내다)'라는 뜻을 지닌 '탐낼 애(毒)'를 더해 '많이 먹으면 안 되는 풀(독초)'이라는 뜻을 나타낸 '독 독(毒)'.
≫ 독약(毒藥), 독소(毒素), 독감(毒感)

斗 두

자루 달린 됫박 모습의 '말 두(斗)'.
≫ 두둔(斗頓), 북두칠성(北斗七星)

319_ 란(卵)에서 림(林)까지

卵 _란

'잎이나 나무에 슬어놓은 곤충의 알 모습'으로 나타낸 '알 란(卵)'.
>> 계란(鷄卵), 난자(卵子), 수정란(受精卵)

梁 _량

'물 수(氵)', '칼날 인(刃)', '나무 목(木)'을 더해 '물길을 가로 지르는(칼로 자르듯) 나무를 놓아 다리를 놓다, 혹은 고기를 잡기 위해 나무로 물길을 막아(가로 질러) 그물을 치는 일'이라는 뜻을 나타낸 '다리 량, 들보 량(梁)'.
>> 교량(橋梁), 척량(脊梁), 도량(跳梁)

樑 _량

'다리 량, 들보 량(梁)'에 '나무 목(木)'을 다시 더해 만든 '대들보 량(樑)'.
>> 속량(續樑), 상량문(上樑文), 퇴량(退樑)

糧 _량

'헤아릴 량 혹은 (되로) 잴 량(量)'과 '쌀 미(米)'를 더해 '헤아려 쌓아 놓은 곡식'이라는 뜻을 나타낸 '양식 량(糧)'.
>> 식량(食糧), 양곡(糧穀), 양식(糧食)

來 _래

'서쪽에서 들어온 호밀의 모습(夾, 來)'으로 '오다'라는 뜻을 나타낸 '올 래(來)'.
>> 미래(未來), 초래(招來), 내일(來日)

鹵 _로

'젖었던 옷이나 음식물 자루가 마르면서 나타나는 하얀 소금가루의 모습'으로 나타낸 '소금 로(鹵)'.
>> 노석(鹵石), 척로(斥鹵), 사금노석(沙金鹵石)

弄 _롱

'구슬 옥(玉=王)'과 '양 손의 모습(廾)'을 더해 '구슬을 가지고 놀다'라는 뜻을 나타낸 '희롱할 롱(弄)'.
>> 재롱(才弄), 조롱(嘲弄), 농담(弄談)

了 _료

'감싸듯이 하나의 일을 끝내는(마치는) 모습'으로 나타낸 '마칠 료(了)'.
>> 종료(終了), 완료(完了), 만료(滿了)

耒 뢰

쟁기를 그린 '쟁기 뢰(耒)'
>> 뇌사(耒耜: 쟁기)

淚 루

'문짝 밑을 빠져나오는 개의 모습'으로 나타낸 '삐져나올 태(戾)'와 '물 수(氵)'를 더해 '삐져나오는 눈물'이라는 뜻을 나타낸 '눈물 루(淚)
>> 최루탄(催淚彈), 낙루(落淚)

漏 루

'물이 떨어지는 처마의 모습(屚)'과 '물 수(氵)'를 더해 '물이 새서 떨어지다'라는 뜻을 나타낸 '물샐 루(漏)'.
>> 누출(漏出), 누락(漏落), 누설(漏泄)

留 류

수문을 여닫는 모습(卯=夘)과 '밭 전(田)'을 더해 '밭에 물을 대고 머물도록 하다'라는 뜻을 나타낸 '머무를 류(留)'.
>> 체류(滯留), 보류(保留), 억류(抑留)

栗 률

'밤송이, 혹은 도토리가 달린 나무의 모습'으로 나타낸 '밤 률(栗)'.
>> 생률(生栗), 조율(棗栗), 율목(栗木)

慄 률

'밤 률(栗)'과 '마음 심(忄)'을 더해 '까먹으려 들면 계속 찔러대는 밤송이를 대하는 마음'이라는 뜻을 나타낸 '떨릴 률(慄)'.

率 률

'실의 군더더기를 떨어내는 모습(率)'과 '헤아리다'라는 뜻의 '열 십(十)'을 더해 '헤아려 수습하다'라는 뜻을 나타낸 '헤아릴 률(率), 거느릴 솔(率)'.
>> 환율(換率), 비율(比率), 솔직(率直)

李 리

'나무 목(木)'과 '새끼 자(子)'를 더해 '열매(새끼)가 많이 열리는 나무'라는 뜻을 나타낸 '오얏(자두)나무 리(李)'.
>> 장삼이사(張三李四), 과전이하(瓜田李下)

| 林 림 | '나무가 늘어 선 모습(￦￦)'으로 나타낸 '수풀 림(林)'.
➤ 산림(山林), 삼림(森林), 밀림(密林) |

320_ 만(萬)에서 미(眉)까지

| 𐎀 | 치명적인 독을 쏘는 전갈의 모습 |

| 萬 만
𐎀 𐎀 | '무수히 많은 알을 낳는, 혹은 (쏘이면) 너무 많이 아프다'라는 뜻을 지닌 '전갈의 모습(𐎀)'으로 '셀 수 없이 많은 수효'라는 듯을 나타낸 '일 만 만(萬)'.
➤ 만약(萬若), 만물(萬物), 만사(萬事) |

| 滿 만 | '동물의 가죽을 양쪽으로 편 모습'으로 나타낸 '평평할 만(㒼)'과 '물 수(氵)'를 더해 '그릇에 담긴 물이 가득차서 평평하게 되다'라는 뜻을 나타낸 '찰 만(滿)'.
➤ 만족(滿足), 불만(不滿), 미만(未滿) |

| 慢 만
𐎀 | '눈까지 덮이도록 모자를 눌러쓰다'라는 뜻을 지닌 '길게 끌 만(曼)'과 '마음 심(忄)'을 더해 '길게 늘어지는 마음'이라는 뜻을 나타낸 '게으를 만, 여유로울 만, 오만할 만(慢)'.
➤ 오만(傲慢), 교만(驕慢), 태만(怠慢), 만성(慢性) |

| 漫 만 | '길게 끌 만(曼)'과 '물 수(氵)'를 더해 '어디까지나 길고 넓게 퍼져 있는 물처럼 맺힌 데가 없다'라는 뜻을 나타낸 '질펀할 만, 함부로 할 만(漫)'.
➤ 만연(漫然), 만화(漫畵), 만담(漫談) |

| 名 명 | '어둡다'라는 뜻을 지닌 '저녁 석(夕)'과 '입 구(口)'를 더해 '밤중에 이름으로 서로를 찾다'라는 뜻을 나타낸 '이름 명(名)'.
➤ 명예(名譽), 명분(名分), 명절(名節), 유명(有名) |

冥 명

'두 손(𠬞)으로 무엇인가(어딘가)를 완전히 뒤덮는 모습(冖)'으로 '어둡게 되다'라는 뜻을 나타낸 '어두울 명(冥)'.
>> 명복(冥福), 명왕성(冥王星), 명상(冥想)

毛 모

'털끝의 모습'으로 나타낸 '털 모(毛)'.
>> 모피(毛皮), 모발(毛髮), 불모(不毛)

貌 모

모양이 뚜렷하게 나타나는 '표범 표(豸)'와 '사람 그린 모습(皃)'으로 나타낸 '모습 모, 얼굴 모(貌)'.

夢 몽

'밤'이라는 뜻의 '저녁 석(𡖊 = 夕)'과 '덮을 멱(冖 = 冖)', 그리고 '거꾸로 나는 눈썹의 모습(𦰩)'을 더해 '안 보이는 데서 보는 것'이라는 뜻을 나타낸 '꿈 몽(夢)'.
>> 몽매(夢寐), 몽유병(夢遊病), 악몽(惡夢)

蒙 몽

'풀 초(艹)'와 '머리가 털로 뒤덮인 돼지의 모습(冡)'으로 '덮어쓰다, 잡풀에 뒤덮이다'라는 뜻을 나타낸 '덮어쓸 몽(蒙)'.
>> 계몽(啓蒙), 몽리(蒙利)

勿 물

'활이나 칼에서 지장이 될 만한 것들을 떨쳐버리는 모습'으로 '붙어있지 말아야 한다, 없어야 한다, 안 된다'라는 뜻을 나타낸 '말 물, 아닐 물(勿)'.
>> 물론(勿論), 물망초(勿忘草)

眉 미

'눈 위에 나는 털'을 나타낸 '눈썹 미(眉)'.
>> 미간(眉間), 백미(白眉), 곡미(曲眉)

米 미

'이삭에 달린 곡식 씨알들의 모습'으로 나타낸 '쌀 미(米)'.
>> 미수(米壽), 현미(玄米), 백미(白米)

迷 미

'쌀 미(米)'와 '갈 착(辶)'을 더해 '씨알들처럼 그게 그것으로 보여서 어디로 가야할지 구별을 못하고 헷갈리다'라는 뜻을 나타낸 '헤맬 미, 미혹할 미(迷)'.
>> 미신(迷信), 미아(迷兒), 혼미(昏迷)

321_ 반(班)에서 부(浮)까지

| 班 반 | '칼 도(刂=刂)'와 '2개로 나뉜 옥의 모습(玨)'을 더해 '옥(玉)을 두 가지, 혹은 종류별로 나누다'라는 뜻을 나타낸 '나눌 반(班)'. |

▶▶ 양반(兩班), 수반(首班), 반장(班長)

| 發 발 | 양 쪽으로 벌린 발의 모습(癶)과 '활 궁(弓=弓)', '~~하게 하다'라는 뜻의 동사 부호 '몽둥이 수(殳=殳)'를 더해 '활을 당겨(벌려) 쏘다'라는 뜻을 나타낸 '쏠 발, 필 발, 떠날 발(發)'. |

▶▶ 발표(發表), 발전(發展), 개발(開發)

| 伯 백 | '사람 인(亻=人)'과 엄지의 뜻을 지닌 '흰 백(白=白)'을 더해 '나이가 위인 사람, 혹은 우두머리'라는 뜻을 나타낸 '맏 백(伯=伯)' |

| 邊 변 | '코'의 뜻을 지닌 '스스로 자(=自)', '구멍 혈(=穴)', '모서리 방(=方)', 그리고 '갈 착(辶)'을 더해 '양쪽 콧구멍의 바깥 모서리'라는 뜻을 나타낸 '가장자리 변(邊)'. |

▶▶ 변방(邊方), 일변도(一邊倒), 저변(底邊)

| 兵 병 | '도끼 근(斤=斤)'과 '두 손의 모습(廾)'을 더해 '무기를 들다 혹은 그 무기'라는 뜻을 나타낸 '군사 병, 무기 병(兵)'. |

▶▶ 사병(士兵), 파병(派兵), 장병(將兵)

| 孚 부 | 감싸는 손의 모습(=爫)'아기를 감싸다'라는 뜻을 지닌 '미쁠 부, 감쌀 부(孚)' |

| 浮 부 | '물 수(氵)'와 '아기를 감싸다'라는 뜻을 지닌 '미쁠 부, 감쌀 부(孚)'를 더해 '아기를 감싸 안 듯 물을 믿고 감싸니 제 몸이 뜨다'라는 뜻을 나타낸 '뜰 부(浮)'. |

▶▶ 부상(浮上), 부각(浮刻), 부양(浮揚)

322_ 사(四)에서 색(色)까지

四 _사

처음엔 4 개의 산가지로 나타낸 모습(☰)이었는데 그 후에 '4각형(口)'과 '둘로 나누는 모습(八)'을 더해 '둘을 다시 둘로 나누어 넷이 되다'라는 뜻을 나타내게 된 '넉 사(四)'.
>> 사촌(四寸), 사방(四方), 사서(四書)

士 _사

처음엔 '위로 치솟는 성기의 모습(丄)'으로 나타냈었다가 큰 도끼의 모습(土)을 거쳐 지금처럼 바뀐 '사내 사, (큰 도끼를 가질만한) 젊은이 사, 선비 사(士)'.
>> 사병(士兵), 변호사(辯護士), 박사(博士)

死 _사

'부서진 뼈 알(歹)'과 '사람 인(人=亻)'을 더해 '죽은 사람'이라는 뜻을 나타낸 '주검 사(死)'.
>> 사망(死亡), 사체(死體), 사각지대(死角地帶), 사장(死藏)

思 _사

'마음 심(心)'과 '머리(뇌)'의 뜻을 지닌 '정수리 신(囟)'을 더해 '생각하다'라는 뜻을 나타낸 '생각 사(思)'.
>> 사상(思想), 사고(思考), 사모(思慕)

蛇 _사

처음엔 '머리를 쳐든 뱀의 모습(虫)'이었는데 '벌레 충(虫)'자로 쓰이게 되자 머리만을 강조해서 나타낸 '코브라 뱀의 모습(它)'을 다시 더해 만든 '뱀 사(蛇)'.
>> 독사(毒蛇), 사족(蛇足)

寫 _사

'절구 구(臼)'와 '새 조(鳥)', 그리고 '집 면(宀)'을 더해 '물가에서 절구 찧듯 부리로 쪼아대며 쉼 없이 옮겨 다니는 새가 발자국을 찍듯이 (종이를 덮어 눌러) 어떤 그림을 찍어내다(베끼다)'라는 뜻을 나타낸 '베낄 사(寫)'.
>> 사진(寫眞), 묘사(描寫), 필사(筆寫)

瀉 사

'새의 발자국이 찍히는 개펄'이라는 뜻을 지닌 '베낄 사(寫)'와 '물수(氵)'를 더해 '개펄에 물이 들어 왔다가 나가면서 발자국을 쓸고 나가듯이 몸에 박힌 병의 원인을 쓸고 나가다'라는 뜻을 나타낸 '쓸고 나갈 사(瀉)'.
>> 설사(泄瀉), 토사곽란(吐瀉癨亂)

祀 사

처음(갑골문)에는 제단(示)과 '일하는 도구(巳)'의 모습(祀)으로 '제단을 쌓다(차리다)'라는 뜻을 나타냈었는데 나중에 잘못된 형태(祀)로 바뀐 '제사 사(祀)'.
>> 제사(祭祀), 고사(告祀), 기제사(忌祭祀)

卸 사

'절구 공이와 사람의 모습'으로 '절구 공이를 아래로 내려 찧다, 딱딱한 것을 빻아서 부드럽게 풀다'라는 뜻을 나타낸 '짐 내릴 사, 짐 풀 사, 떨어트릴 사(卸)'.
>> 사백(卸白), 적사(積卸), 사담(卸擔)

算=筭 산

처음엔 '대 죽(竹)'과 '구슬 옥(玉)', '두 손(廾)'을 더해 '산가지와 구슬로 셈을 헤아리다'라는 뜻을 나타냈었는데 나중에 지금의 형태로 바뀐 '셀 산(算=筭)'.
>> 산수(算數), 예산(豫算), 계산(計算), 추산(推算)

三 삼

'세 개의 산가지를 늘어놓은 모습(彡)'으로 나타낸 '석 삼(三)'.
>> 삼고초려(三顧草廬), 조삼모사(조삼모사(朝三暮四)

森 삼

'세 그루의 나무'로 '나무가 빽빽하게 들어서다, 무성한 수풀을 이루다'라는 뜻을 나타낸 '무성할 삼, 수풀 삼(森)'.
>> 삼림(森林), 삼엄(森嚴)

上 상

'무엇인가를 위에 올려놓고 싸는 모습'으로 나타낸 '위 상(上)'.
>> 상승(上昇), 세상(世上), 이상(以上), 인상(引上)

下 하

'무엇인가 아래에 내려놓고 덮는 모습'으로 나타낸 '아래 하(下)'.
>> 하강(下降), 하락(下落), 이하(以下)

傷 ^상
陽

세 글자에 모두 들어 있는 '昜(?)'무엇을 말하는 지는 불명이나 세 글자가 모두 '상처를 받았거나 죽었다'라는 뜻으로 쓰여 온 '다칠 상(傷)'.
>> 손상(損傷), 살상(殺傷), 상처(傷處)

喪 ^상
𡘹 𡄣
厸

'크게 울 곡(𡄣=哭)'과 '없어질 망, 안보일 망(厸=亡)'을 더해 '무엇인가를 잃고 슬퍼하다, 죽다'라는 뜻을 나타낸 '잃을 상(喪)'.
>> 상실(喪失), 상처(喪妻), 조상(弔喪)

桑 ^상
𣕥

'크고도 부드러운 잎이 달리는 뽕나무의 모습'으로 나타낸 '뽕나무 상(桑)'.
>> 상전벽해(桑田碧海), 창해상전(滄海桑田)

色 ^색
𢁡

'엎드린 사람과 그 위에 엎드린 사람으로 '남녀가 성교를 하는 모습'으로 나타낸 '남녀가 서로 좋아할 때 보이는 좋은 (얼굴)빛'이라는 뜻을 나타낸 '빛 색(色)'.
>> 색채(色彩), 손색(遜色), 특색(特色)

323_ 선(仙)에서 승(承)까지

仙 ^선

'뫼 산(山)'과 '사람 인(亻)'을 더해 '산에 사는 사람'이라는 뜻을 나타낸 '신선 선(仙)'.
>> 신선(神仙), 선인(仙人), 선녀(仙女)

聲 ^성

'매어 단 돌조각 때려서 소리를 내는 악기인 편경의 모습()'으로 나타낸 '소리 성(殸)'에 '귀 이(耳)'를 다시 더해 만든 '소리 성, 말할 성(聲)'.
>> 성명(聲名), 성원(聲援), 함성(喊聲), 명성(名聲)

| 聖 성 |
| 𦔮 |

'귀 이(耳)'와 '바로 드러내 보이다 혹은 말씀을 드리다'라는 뜻을 지닌 '드러낼 정, 드릴 정(呈)'을 더해 '백성과 하늘의 뜻을 바로 듣고 그대로 고하는 사람'이라는 뜻을 나타낸 '성인 성(聖)'.
>> 성인(聖人), 성역(聖域), 성군(聖君), 성자(聖子)

| 穌 소 |

'물고기 어(魚)'와 '벼 화(禾 : 겨울에도 먹을 게 달린?)'를 더해 '전혀 엉뚱한 일로 깨우치다, 혹은 별걸 다 끌어 모으다'라는 뜻을 나타낸 '깨어날 소, 긁어모을 소(穌)'.
>> 섬소(蟾穌)

| 蘇 소 |

'깨어날 소, 긁어모을 소(穌)'와 '풀 초(艹)'를 더해 '전혀 엉뚱하게 솟아나는 풀 혹은 죽은 줄 알았는데 다시 살아나다'라는 뜻을 나타낸 '차조기 풀 소, 되살아날 소(蘇)'.
>> 소식(蘇息), 소생(蘇生), 소진(蘇秦)

| 束 속 |

'나무 목(木)'과 '둥글게 싸다'라는 표시(○)를 더해 '나무들을 다발로 묶다'라는 뜻을 나타낸 '묶을 속(束)'.
>> 구속(拘束), 약속(約束), 속박(束縛)

| 速 속 |

'묶을 속(束)'과 '갈 착(辶)'을 더해 '두 곳을 하나로 묶어낼 수 있는 가장 빠른 길 혹은 그 방법'이라는 뜻을 나타낸 '빠를 속(速)'.
>> 속도(速度), 신속(迅速), 조속(早速), 속달(速達)

| 續 속 |

'이을 속(賣)'과 '실 사(糸)'를 더해 '실처럼 이어지다'라는 뜻을 나타낸 '이을 속(續)'.
>> 계속(繼續), 지속(持續), 연속(連續)

| 送 송 |
| 𧇛 |

'물건을 받치고 있는 두 손의 모습(𠂤=𠦍=關)'과 '갈 착(辵=辶)'을 더해 '어딘가에 물건을 바치기 위해 보내다'라는 뜻을 나타낸 '보낼 송(送)'.
>> 송환(送還), 송영(送迎), 방송(放送), 운송(運送)

| 刷 쇄 |
| 𡰪 𡰪 |

'사람의 엉덩이(𡰪)를 수건(巾)으로 문질러서 칼(刂)로 베어내듯 깨끗이 닦아내다'라는 뜻을 나타낸 '닦을 쇄, 쓸 쇄(刷)'. 또한 이 '쇄(刷)'자는 '옛날에 인쇄를 하려면 글자나 그림이 새겨진 표면에 먹물을 바른 후 그 위에 종이를 대고 문지르듯 닦아내야' 했기 때문에 '인쇄(印刷)'라는 말에도 쓰이게 되었음.
>> 인쇄(印刷), 쇄신(刷新)

收 수

'두 개의 실(끈)을 엮어 잇는 모습(⿰)'과 '~하게 하다'라는 뜻의 동사 부호 '칠 복(攵)'을 더해 '양쪽을 거두어 잇다(정리하다)'라는 뜻을 나타낸 '거둘 수(收)'.
≫ 수렴(收斂), 수확(收穫), 흡수(吸收)

囚 수

'사람(人)이 어떤 울타리(□) 안에 갇히다, 가두다'라는 뜻을 나타낸 '가둘 수(囚)'.
≫ 수옥(囚獄), 수인(囚人), 죄수(罪囚)

守 수

'집 면(宀)'과 '~하게 하다'라는 뜻의 동사 부호 '(손)마디 촌(寸)'을 더해 '집이 집(안전한 보금자리) 노릇을 하게 지키다'라는 뜻을 나타낸 '지킬 수(守)'.
≫ 준수(遵守), 보수(保守), 고수(固守)

搜 수

'불을 들고 집 안 구석구석을 살피다(찾아보다)'라는 뜻을 지닌 '늙은이 수(叟=叜)'와 '손 수(扌)'를 더해 만든 '찾을 수(搜)
≫ 수사(搜查), 수색(搜索), 수소문(搜所聞)

舜 순

'어두울 때 들고 다니는 등불 상자 안에서 불빛이 번쩍 번쩍하는 모습(⿱)'과 '두 발의 모습(㐄 =舛)'을 더해 '밤에도 불을 켜고 열심히 일을 하다(돌아다니다)'라는 뜻을 나타낸 '뛰어날 순, 무궁화 순, 나팔꽃 순, 순임금 순(舜)'.
≫ 요순지절(堯舜之節)

升 승

술이나 곡식 등을 푸는 자루 달린 됫박의 모습(⿰)과 무엇인가를 퍼 올린다는 것을 나타내기 위해 떨어지는 물방울이나 곡식 낱알까지 그린 모습(⿰)으로 나타낸 '되 승(升)'.
≫ 상승(上升), 두승(斗升: 말과 되)

昇 승

'날 일(日=⊙)'과 '퍼 올리다'라는 뜻을 지닌 '되 승(升=⿰)'을 더해 '해가 떠오르듯 오르다'라는 뜻을 나타낸 '오를 승(昇)'.
≫ 승진(昇進), 승격(昇格), 승화(昇華)

乘 승	사람(🔆 = 大)이 나무(🔆 = 木)를 타고 올라가 서 있는 모습으로 나타낸 '올라탈 승(乘)'.

▶▶ 승객(乘客), 편승(便乘), 승용차(乘用車)

瞬 순	'불이 번쩍 번쩍하다'라는 뜻을 지닌 '뛰어날 순(舜)'과 '눈 목(目)'을 더해 '눈을 깜박거리다'라는 뜻을 나타낸 '눈 깜작일 순(瞬)'

▶▶ 순식간(瞬息間), 순발력(瞬發力)

述 술	'바짝 바짝 달라붙어있는 찰수수의 이삭과 그 수수 알'로 나타낸 '차조 술, 수수 알 술(朮)'과 '갈 착(辶)'을 더해 '바짝 붙어서 뒤를 이어가다'라는 뜻을 나타낸 '따를 술, 글 지을 술(述)'.

▶▶ 진술(陳述), 서술(敍述), 논술(論述), 술어(述語)

承 승	'두 손으로 받들 듯이 이어받는(헹가래?) 모습'으로 나타낸 '이어받을 승(承)'.

▶▶ 승계(承繼), 승인(承認), 승낙(承諾)

心 심	'심장의 모습'으로 나타낸 '마음 심(心)'.

▶▶ 심장(心腸),

324_ 아(兒)에서 염(染)까지

兒 아	'절구 구(🔆=臼)' '사람 인(🔆 =🔆=儿)'을 더한 모습으로 '머리가 큰, 혹은 절구통만큼 크고 위가 열려 있는(백회혈이 열려 있는) 어린 아이 '라는 뜻을 나타낸 '아이 아(兒)'.

▶▶ 아동(兒童), 아해(兒孩), 아명(兒名)

愛 애	'뒤처질 치(🔆=夊)', '마음 심(🔆=心)', '뒤돌아볼 기(🔆=旡)'를 더해 '걱정이 되어 가지를 못하고 뒤돌아보며 어여삐 여기는 마음'이라는 뜻을 나타낸 '사랑 애(愛)'.

▶▶ 영애(令愛), 우애(友愛), 애정(愛情)

夜 야

사람이 사는 낮과 밤 양쪽( ) 중에 달( )이 있는 쪽인 밤이라는 뜻을 나타낸 '밤 야(夜)'.

▶▶ 주야(晝夜), 철야(徹夜), 야간(夜間)

弱 약

'활 궁(弓)'과 '터럭 삼(彡)'을 더해 '잘 휘고 부드럽다'는 뜻을 나타낸 '부드러울 약, 약할 약(弱)'.

▶▶ 취약(脆弱), 나약(懦弱), 약화(弱化)

御 어

'갈 척(彳)'과 '딱딱하고 뻣뻣한(다루기 어려운) 것을 빻아서 부드럽게 풀다'라는 뜻을 지닌 '풀 사(卸)'를 더해 '짐승을 길들이다, 말을 몰다, 다스리다' 등의 뜻을 나타낸 '길들일 어 다스릴 어(御)'.

▶▶ 어사(御使), 붕어(崩御), 제어(制御)

焉 언

'바를 정(正)'과 '언뜻 지나치듯 날아가다'라는 뜻을 지닌 '새 조(鳥)'를 더해 '어떻게? 어디에? 그렇지요? 그렇다!'라는 뜻 등을 나타내는 '어조사 언(焉)'.

▶▶ 어언(於焉: 벌써, 어느새), 언감생심(焉敢生心)

宴 연

'집 면(宀=宀)'과 '계집 녀(女=女)', '날 일(=)'을 더해 '해도 자기 집에 가고 여자도 집에 들어와 편안히 쉬다'라는 뜻을 나타낸 '편안할 연, 쉴 연, 늦을 연, 즐길 연 잔치 연(宴)'.

▶▶ 연회(宴會), 수연(壽宴), 피로연(披露宴)

易 역,이

'도마뱀붙이'의 모습( )과 '햇빛 혹은 빛깔'을 의미하는 부호(彡)를 더해 '햇빛에 따라 색깔이 변하다, 납작한 몸과 빨판이 있는 발바닥으로 벽이든 천정이든 쉽게 다니다'라는 뜻을 나타낸 '변할 역, 쉬울 이(易)'.

▶▶ 무역(貿易), 교역(交易), 안이(安易)

沿 연

'물 수(氵)'와 '산속 높은 곳의 물이 고이는 늪지나 연못, 곧 수원지에서 물이 흘러나오는 모습(㕣: 늪 연)'을 더해 '물이 사방에서 늪으로 흘러들었다가 내(물길)를 이루며 흘러가다'라는 뜻을 나타낸 '물길 따라 흐를 연, 따를 연(沿)'.

▶▶ 연안(沿岸), 연해(沿海), 연혁(沿革)

軟=輭 연
輭

'수레 거(車)'와 '부드럽다, 부드럽다'라는 뜻을 지닌 '부드러울 연(耎)'을 더해 '수레가 부드럽게 잘 움직이다'라는 뜻을 나타낸 '부드러울 연(輭=軟)'. '軟'은 '輭'의 속자.
>> 연약(軟弱), 유연성(柔軟性)

鹽 염

'소금 로(鹵)'와 '고개 숙인 눈'의 뜻을 지닌 '신하 신(臣)', '그릇 명(皿)'을 더해 '그릇 바닥에까지 남아서 보일정도로 소금기가 많다'라는 뜻을 나타낸 '소금 염(鹽)'.
>> 염전(鹽田), 염분(鹽分), 염소(鹽素)

染 염

'샘이 차고 넘쳐서 주위에서도 솟아나는 샘물'이라는 뜻을 지닌 '샘 궤(氿)'와 '나무 목(木)'을 더해 '나무의 상처 난 줄기나 가지, 잎에서 삐져나오는 수액으로 한 번 묻으면(물이 들면) 안 지워지다'라는 뜻을 나타낸 '물들일 염(染)'.
>> 염색(染色), 오염(汚染), 감염(感染)

于 우
于

'오르다 막혀서 휘는 모습'을 나타낸 '휘어질 우, 어조사 ~까지, ~에서 우(于)'.
>> 우선(于先), 선우(單于), 어우야담(於于野談)

宇 우
宇

'집 면(宀)'과 '휘어질 우(于)'를 더해 '휘어진 둥근 지붕, 혹은 천정'이라는 뜻을 나타낸 '집 우(宇)'.
>> 우주(宇宙), 범우(梵宇)

飲 음
飲飲

처음엔 '그릇에 입을 대고 마시는 모습'으로 나타냈었는데 나중에 '먹을 식(食)'과 '입을 벌리다'라는 뜻을 지닌 '하품 흠(欠)'을 더해 다시 만든 '마실 음(飲)'.
>> 음료(飲料), 음식(飲食), 음주(飲酒)

緣 연

'실 사(糸)'와 '살이 쪄서 축 늘어진 돼지'라는 뜻을 지닌 '돝(돼지) 시(豕)'를 더해 '옷의 목덜미나 소매부분의 늘어진 깃이나 옷의 이어진 가장자리, 혹은 멋지게 늘어진 꽃술처럼 매단 장식'이라는 뜻을 나타낸 '가선 연, 활고자 연(緣)'.
>> 인연(因緣), 사연(事緣), 연고(緣故)

炎 염	'불 화(火)'를 두 번 써서 세찬 불꽃으로 나타낸 '불탈 염, 뜨거울 염(炎)'. ≫ 염증(炎症), 염량(炎凉), 염천(炎天)

'담다, 에워싸다'라는 뜻을 지닌 '밥 통 위(胃)'와 '말씀 언(言)'을 더해 '무엇인가를 모두 아울러서 일컫는 말'이라는 뜻을 나타낸 '일컬을 위, 이를 위(謂)'.
≫ 소위(所謂), 운위(云謂), 혹위(或謂)

'(자루가) 긴 창 모(矛)'와 '나무 목(목)'을 더해 '잘 휘면서도 꺾이지는 않는 부드러움'이라는 뜻을 나타낸 '부드러울 유(柔)'.
≫ 유연성(柔軟性), 유도(柔道), 온유(溫柔)

'흔들리는 깃발의 모습(𣃧)과 어린아이의 모습(𡥀)'을 그린 '깃발 유, 어릴 유(斿)'와 '갈 착(辶)'을 더해 '아이들이 흔들리는 깃발처럼 마음대로 가서 뛰놀다'라는 뜻을 나타낸 '놀 유(遊)'.
≫ 유세(遊說), 유희(遊戲), 부유(浮遊)

'물 수(氵)'와 '어떤 기운이 오르다가 막히는 모습'으로 '~~까지, 굽어지다, 막히다' 등의 뜻을 지닌 '어조사 우(亏)'를 더해 '물이 흐르지 못하고 막혀서 더러워지다'라는 뜻을 나타낸 '더러울 오(汚)'.
≫ 오염(汚染), 오명(汚名), 오욕(汚辱)

어디든 잘 들어가게 생긴 뾰족한 무엇인가(人)를 그린 '들 입(入)'.
≫ 입출구(入出口), 입금(入金), 입장(入場)

'집 면(∩=宀)'과 '들 입(人=入)'을 더해 '집 안에 들어가 있다'라는 뜻을 나타낸 '안 내(內)'.
≫ 내용(內容), 내수(內需: 국내 수요), 내부(內部), 내역(內譯)

'대롱처럼 가운데가 빈 큰 통(ㅂ)'에 '지게 작대기 같은 쓸모 있는 나뭇가지(ㅏ,ㅏ)' 등을 넣어둔 모습(用)으로 '늘 필요한 것을 가까운 곳에 아무 때나 쓸 수 있도록 찔러 넣어두는 (속이 트여있는) 통으로 쓰기 좋다'라는 뜻을 나타낸 '쓸 용(用)'.
≫ 고용(雇用), 사용(使用), 적용(適用), 이용(利用), 용도(用途)

異 이

'사람이 악귀를 쫓기 위해 탈을 쓰는 모습'으로 '탈을 쓰고 다른 사람처럼 되다'라는 뜻을 나타낸 '다를 이(異)'.
▶ 이견(異見), 이인(異人), 차이(差異), 이상(異常)

325_ 오(敖)에서 이(二)까지

敖 오

'나갈 출(出)'과 '놓을 방(放)'을 더해 '마음대로 나가 놀다, 함부로 하다'라는 뜻을 지닌 '거만할 오(敖)'.
▶ 오만(敖慢), 오민(敖民), 오유(敖遊)

傲 오

'마음대로 나가 놀다, 함부로 하다'라는 뜻을 지닌 '거만할 오(敖)'에 '사람 인(亻)'을 다시 더해 만든 '거만할 오, 업신여길 오(傲)'.
▶ 오상고절(傲霜孤節), 오만불손(傲慢不遜)

運 운

'전차(戰車)로 둘러싸인 무리'라는 뜻을 지닌 '군사 군(軍)'과 '갈 착(辶)'을 더해 '움직이다, 돌리다, 나르다' 등의 뜻을 나타낸 '움직일 운(運)'.
▶ 운동(運動), 운명(運命), 운행(運行)

怨 원

누워서 웅크리고 있는 두 사람의 모습(夗)과 '마음 심(心)'을 더해 '웅크리고 있는 마음'이라는 뜻을 나타낸 '원망할 원(怨)'.
▶ 원한(怨恨), 원망(怨望), 원수(怨讐)

苑 원

누워서 웅크리고 있는 두 사람의 모습(夗)과 '풀 초(艸=艹)'를 더해 '풀밭과 나무가 있는 둥그렇게 감싸인 나라 동산'이라는 뜻을 나타낸 '동산 원(苑)'.
▶ 비원(秘苑), 후원(後苑), 금원(禁苑)

雄 웅

'어깨가 넓고 튼튼한 팔뚝'이라는 뜻을 지닌 '팔뚝 굉(厷)'과 '새 추(隹)'를 더해 '수탉처럼 용감한 수컷'이라는 뜻을 나타낸 '수컷 웅(雄)'.
▶ 웅변(雄辯), 웅장(雄壯), 영웅(英雄), 자웅(雌雄)

| 剩 잉 | '(위에) 올라탈 승(乘)'과 '칼 도(刀)'를 더해 '잘라내고도 위로 남는 부분'이라는 뜻을 나타낸 '남을 잉, (그 위에) 더구나 잉(剩)'.
▶ 잉여(剩餘), 과잉(過剩), 잉조(剩條: 쓰고 남은 부분) |

| 亦 역
夾 | '사람의 양쪽 겨드랑이에 점을 찍은 모습'으로 '겨드랑이, 혹은 겨드랑이의 이쪽과 (또한) 저쪽'이라는 뜻을 나타낸 '또 역, 모두 역(亦)'.
▶ 역시(亦是), 차역(此亦) |

| 跡 적 | '또 역(亦)',과 '발 족(足)'을 더해 '또박 또박 찍혀있는 발자국'이라는 뜻을 나타낸 '발자취 적, 흔적 적(跡)'.
▶ 추적(追跡), 유적(遺跡) |

| 要 요 | '여자가 양손을 허리에 댄 모습'으로 '무엇인가 중요한 것(허리)을 바라다'라는 뜻을 나타낸 '허리 요, 바랄 요(要)'.
▶ 필요(必要), 요구(要求), 중요(重要), 수요(需要) |

| 二 이 | '같은 크기의 것, 혹은 비슷한 것 두 개'를 나란히 그어 놓은 두 개의 선으로 나타낸 '두 이(二)'.
▶ 이중적(二重的), 이차원(二次元), 이산화탄소(二酸化炭素) |

326_ 장(爿)에서 침(枕)까지

| 爿 장,상 | '나무를 길게 쪼개서 만든 판자로 만든 침상의 모습'으로 나타낸 '나무 (판자)조각 장, 나무 조각 상(爿)'. |

| 赤 적
 | '큰 대(大)'와 '불 화(火)'를 더해 '크게 타오르는 불꽃의 붉은 빛깔'이라는 뜻을 나타낸 '붉을 적(赤)'. |

接 접

늘 곁에 두고 부리는 '계집종 첩(妾)'과 동사부호로 쓰는 '손 수 (扌)'를 더해 '사귀다 잇다'라는 뜻을 나타낸 '이을 접(接)'.
>> 접근(接近), 접속(接續)

旱 조

'날 일(⊖=日)'과 '새싹이 껍질을 쓰고 올라오는 모습(甲)'을 더해 '해가 어둠을 뚫고 올라오는 이른 아침'이라는 뜻을 나타낸 '이를 조, 새벽 조(旱)'.

足 족

발과 무릎을 그린 모습(𩵋)으로 '다리, 혹은 무릎이 제대로 움직이니 좋다'라는 뜻을 나타낸 '다리 족, 혹은 달릴 족(足)'
>> 수족(手足), 만족(만족), 충족(充足)

尊 존

'오래되고 잘 익은 훌륭한 술단지(酋)'라는 뜻을 지닌 '우두머리 추(酋)'와 '두 손의 모습(𠂇 𠂇)'을 더해 '받들어 모시다'라는 뜻을 나타낸 '높일 존(尊)'
>> 존경(尊敬), 존칭(尊稱), 존대(尊待), 존엄(尊嚴)

差 차

'곡식의 이삭이 여물어 늘어진 모습(𠂹)'과 '받치다'의 뜻을 지닌 '왼손 좌(𠂇)'를 더해 '다 여문 볏단이나 보릿단은 베어서 세워 놓아 말려야 하는데 그 때 이삭이 햇볕을 고루 받아 잘 마르도록 서로 어긋나게 받쳐 가며 쌓는 모습'으로 나타낸 '어긋날 차(差)'.
>> 차이(差異), 차별(差別), 격차(格差)

察 찰

'깨끗이 구석구석 잘 씻다'라는 뜻을 지닌 '제사 제(祭)'와 '집 면(宀)'을 더해 '집안을 씻어내기 위해 구석구석을 잘 살펴보다'라는 뜻을 나타낸 '살펴볼 찰(察)'.
>> 검찰(檢察), 경찰(警察), 관찰(觀察)

慘 참

'머리타래가 흐트러지지 않도록 비녀를 꽂아 머리에 얹다'라는 뜻을 지닌 '석 삼(參)' 혹은 '보탤(참가할) 참(參)'과 '마음 심(忄)'을 더해 '마음이 무엇에 꽂힌 듯이 아프다'라는 뜻을 나타낸 '아플 참, 애처로울 참(慘)'.
>> 참담(慘憺), 참패(慘敗), 참사(慘事), 처참(悽慘)

策 책

'가시 자(朿)'와 '대 죽(竹)'을 더해 '점칠 때 바깥쪽으로 마구 튀어나오도록 아무렇게나 댓가지를 손에 쥐고 뽑는 제비(뽑기) 책, 혹은 다급한 상황에서 거칠게 울퉁불퉁 엮은 대나무 죽간에 위기에 대처하기 위해 쓴 의견이나 명령문'이라는 뜻을 나타낸 쓴 '꾀 책(策)'.
>> 대책(對策), 비책(秘策), 정책(政策)

妻 처

'손으로 머리를 올리는 여자의 모습'으로 '머리를 올린(결혼한) 여자'라는 뜻을 나타낸 '아내 처(妻)'.
>> 처자식(妻子息), 처남(妻男), 처가(妻家)

悽 처

'남의 집으로 (시집을) 가다'라는 뜻을 지닌 '아내 처(妻)'와 '마음 심(忄)'을 더해 '시집간 여자의 쓸쓸한 마음'이라는 뜻을 나타낸 '쓸쓸할 처, 슬퍼할 처(悽)

尺 척

'엄지와 나머지 네 손가락과의 사이를 벌려 길이를 재는 모습(✍), 혹은 사람이 다리를 벌리고 걷는 모습(斥=尺)'으로 나타낸 '한 뼘이나 한 걸음의 길이'라는 뜻을 나타낸 '자 척, 길이 척(尺)'.
>> 척도(尺度), 지척(咫尺)

千 천

'사람의 모습(亻)'과 '한 일(━)'을 더해 '(가장 많은) 천 명의 사람을 하나로 묶었다'는 뜻을 나타낸 '일천 천(千)'
>> 천자문(千字文), 수천(數千)

替 체

'머리에 깃을 단 벼슬아치의 모습(旡)' 둘과 '가로 왈(曰)'을 더해 '두 사람의 벼슬아치가 갈마들며(번갈아가며) 말을 하다'라는 뜻을 나타낸 '바꿀 체(替)'.
>> 대체(代替), 교체(交替), 이체(移替)

促 촉

'발 족, 족할 족(足)'자가 주로 '발 족(足)'으로만 쓰이게 되자 '사람 인(亻)'을 다시 더해 원래의 '무릎을 굽혔다 폈다 하며 걷게 하다'라는 뜻을 나타낸 '다그칠 촉(促)'.
>> 촉구(促求), 촉진(促進), 최촉(催促)

追 추

(말린) 고기 덩어리(𠂤)와 '갈 행(彳=行), '발 지(止=止)을 더해 '사냥을 위해 말린 고기 같은 식량을 싸들고 먼 길을 가거나 짐승을 쫓아가다'라는 뜻을 나타낸 '쫓을 추(追)'.
>> 추격(追擊), 추월(追越), 추구(追求)

丑 축

‘무엇인가 단단히 움켜쥐는 손’의 모습으로 ‘소 혹은 쇠고랑 축(丑)’.
>> 계축일기(癸丑日記: 조선 광해군 때에, 궁녀가 쓴 것으로 추정되는 한글 수필. 광해군 5년(1613)에 광해군이 어린 아우 영창 대군을 죽이고 영창 대군의 어머니 인목 대비를 서궁에 가두었을 때의 정경을 일기체로 적었다), 계명축시(鷄鳴丑時: 새벽닭이 축시 곧 새벽 한 시에서 세 시 사이에 운다는 뜻)

虫 충

살모사나 코브라의 모습으로 나타낸 ‘살모사 훼, 벌레 충(虫)’.

蟲 충

‘벌레(총칭)’라는 뜻으로 쓰게 된 ‘벌레 충(虫)’자 세 개를 더해서 ‘수도 많고 종류도 많은 벌레’라는 뜻을 나타낸 ‘벌레 충(蟲)’.
>> 곤충(昆蟲), 기생충(寄生蟲), 파충류(爬蟲類)

致 치

‘이를 지(至)’와 ‘~~하게 하다’라는 뜻의 동사 부호 ‘칠 복(攵)’을 더해 ‘~~까지 이르다, 이르게 하다’라는 뜻을 나타낸 ‘이를 치(致)’
>> 납치(拉致), 일치(一致), 극치(極致)

沈 침

‘물 수(氵=水)’와 ‘사람(亻)이 목에 형틀(⊢⊣)을 찬 모습(冘)’을 더해 ‘물에 잠기다’라는 뜻을 나타낸 ‘잠길 침(沈)’.
>> 침체(沈滯), 침묵(沈默), 침통(沈痛)

枕 침

‘나무 목(木)’과 ‘사람(亻)이 목에 무엇인가(⊢⊣)를 베고 있는 모습(冘)’으로 나타낸 ‘베개 침(枕)’.
>> 금침(衾枕), 한단지침(邯鄲之枕)

327_ 탁(卓)에서 표(表)까지

卓 탁

‘햇볕을 받자마자 껍질을 덮어 쓴 채 막 올라오는 새싹’의 뜻을 지닌 ‘일찍 조, 빠를 조(早=早)’와 ‘비수 비(匕=匕)’를 더해 ‘비수 같이 재빠른 칼놀림 혹은 다른 것보다 빨리 (높이) 올라온 새싹’이라는 뜻을 나타낸 ‘뛰어날 탁, 높을 탁(卓)’.
>> 탁월(卓越), 탁구(卓球), 식탁(食卓)

炭 탄

'산에서 깎여 떨어져 나간 벼랑의 모습(厂)'과 '불 화(火)'를 더해 '벼랑에서 채굴된 불붙는 석탄'이라는 뜻을 나타낸 '숯 탄(炭)'.
>> 석탄(石炭), 탄소(炭素), 탄광(炭鑛)

誕 탄

'말씀 언(言)'과 '늘릴 연, 끌 연(延)'을 더해 '말을 길게 하다'라는 뜻을 나타낸 '허풍 탄, 거짓 탄(誕)'.
>> 탄생(誕生), 성탄(聖誕)

이 '탄(誕)'자는 발음이 '해가 태어나다'라는 뜻의 '아침 단 혹은 탄(旦)'과 같거나 비슷했으므로 '태어날 탄(誕)'으로도 쓰이게 되었다고 하는데 그 기원은 불명임.

湯 탕

'해가 솟아오르다'라는 뜻을 지닌 '바뀔 역(易)'과 '물 수(氵)'를 더해 '물이 끓어 김이 오르다(수증기로 바뀌다)'라는 뜻을 나타낸 '끓일 탕(湯)'.
>> 탕약(湯藥), 잡탕(雜湯), 목욕탕(沐浴湯)

退 퇴

'거꾸로 된 발의 모습(夊)' 혹은 '날 일(日)'과 '갈 착(辶)'을 다시 더해 '물러나다, 돌아오다, 혹은 올라갔던 해가 다시 내려오다'라는 뜻을 나타낸 '물러날 퇴(退)'.
>> 퇴진(退陣), 퇴직(退職), 사퇴(辭退)

敗 패

'솥 정(鼎=貝)'과 '칠 복(攵)'을 더해 '솥을 깨다, 혹은 솥이 부서지다'라는 뜻을 나타낸 '깨뜨릴 패(敗)'.
>> 패배(敗北), 실패(失敗), 승패(勝敗)

片 편

'나무를 길게 반으로 쪼갠 모습'으로 나타낸 '나무 (판자)조각 편(片)'.
>> 파편(破片), 편도(片道), 일편단심(一片丹心)

廢 폐

'집 엄(广)'과 '양쪽으로 갈라지다'라는 뜻을 지닌 '필 발, 떠날 발(發)'을 더해 '집이 양쪽으로 갈라지다(못쓰게 부서지다)'라는 뜻을 나타낸 '부서질 폐, 못쓰게 될 폐(廢)'.
>> 폐지(廢止), 폐기(廢棄), 철폐(撤廢)

表 _표

'옷 의($\widehat{\mathcal{M}}$=衣)' 안쪽에 '털 모(Ψ=毛)'가 들어있는, 즉 '짐승 가죽의 털 부분을 안쪽으로 넣고 가죽의 속 부분을 바깥쪽으로 해서 만든 옷의 모습'으로 '가죽의 안쪽을 겉으로 드러내다'라는 뜻을 나타낸 '드러낼 표, 겉 표(表)'.
>> 표현(表現), 표시(表示), 발표(發表)

328_ 항(恒)에서 휴(休)까지

恒=恆 _항

'달(D)이 천지 사이, 일정한 기간(二) 늘 왔다 갔다 하는 모습(D)'과 '마음 심(Ψ=心)'을 더해 '한결같은 마음'이라는 뜻을 나타낸 '언제나 항, 늘 항(恒)'.
>> 항상(恒常), 항성(恒星), 항구적(恒久的)

解 _해

'뿔 각(角)', '칼 도(刀)', '소 우(牛)'를 더해 '칼로 소의 뿔을 떼어내다(풀다)'라는 뜻을 나타낸 '풀 해(解)'.
>> 해결(解決), 해소(解消), 이해(理解)

獻 _헌

'제사용 그릇(鬲: 솥 력)'과 '개 견(犬)'을 더해 '희생에 쓰는 개고기, 혹은 그 피를 제기(祭器)에 담아 바치다'라는 뜻을 나타낸 '바칠 헌(獻)'.
>> 헌신(獻身), 헌금(獻金), 공헌(貢獻)

現 _현

'구슬 옥(玉=王)'과 '볼 견(見)'을 더해 '옥을 (잘 갈고 닦아서) 보니 이제야 아름다운 무늬가 나타나다'라는 뜻을 나타낸 '나타날 현, 이제 현(現)'.
>> 현재(現在), 현실(現實), 현상(現象)

互 _호

'위 아래가 서로 맞물리는 모습'으로 나타낸 '서로 함께할 호(互)'.
>> 호혜(互惠), 상호(相互), 교호(交互)

忽 홀

'탁, 탁 털어서 떨쳐버리다'의 뜻을 지닌 '말 물, 아닐 물(勿)'과 '마음 심(心)'을 더해 '갑자기 문득 마음에서 사라지다'라는 뜻을 나타낸 '문득 홀, 소홀이 할 홀(忽)'.
>> 홀연(忽然), 홀대(忽待), 소홀(疏忽)

丸 환

'낮은 벼랑(丆) 밑으로 둥글게 몸을 구부리며 들어가는 사람(丸)모습'으로 나타낸 '둥글 환, 알 환(丸)'.
>> 탄환(彈丸), 투환(投丸), 환약(丸藥)

皇 황

얼굴의 한 가운데 있으면서 '앞으로 튀어나와 있는 코'라는 뜻을 지닌 '스스로 자(自=自=白)'와 '임금 왕(王)'을 더해 '왕 중의 왕'이라는 뜻을 나타낸 '임금 황(皇)'.
>> 황제(皇帝), 황실(皇室), 황후(皇后)

回 회

'돌고 있는 물이나 바람의 모습'으로 나타낸 '돌 회(回)'.
>> 회전(回轉), 회복(回復), 선회(旋回)

休 휴

'사람 인(亻)'과 '나무 목(木)'을 더해 '사람이 나무에 기대어, 혹은 그 그늘에 쉬다'라는 뜻을 나타낸 '쉴 휴(休)
>> 휴가(休暇), 휴일(休日), 휴식(休息)

黑 흑

불태우는, 불을 피우는 모습(火)과 창문에 검댕이가 잔뜩 긴 모습(囱)을 더해 '새까만 검댕이'를 나타낸 '검을 흑(黑)'.

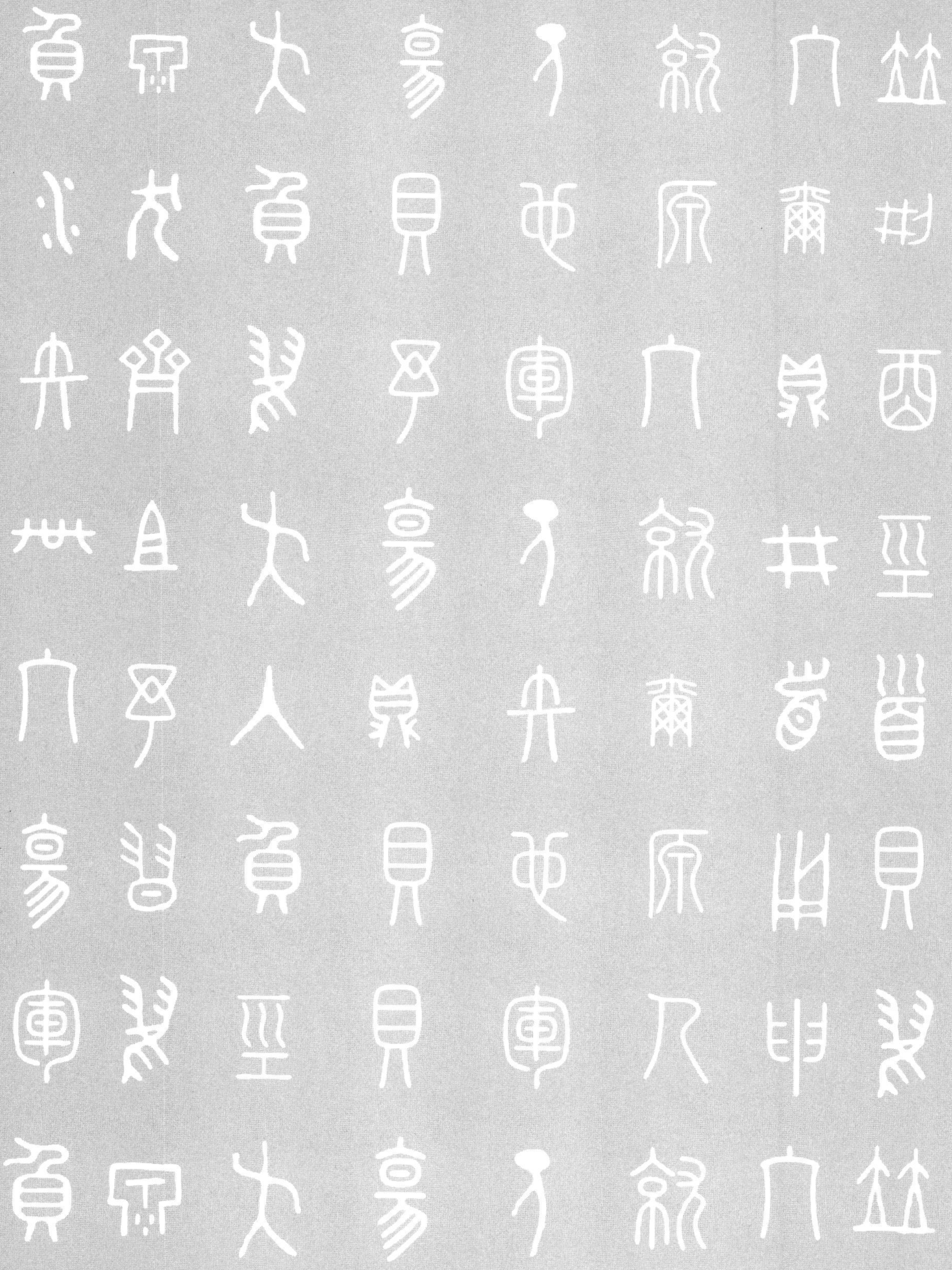

찾아보기

ㅂ

●

501

ㅈ

ㅊ